Autoren: Heinz Hagel, Dr. Hans Hahn, Jörg Kazmierczak, Helge Meyer, Ingo Schaub, Christian Schmidt

Herausgeber: Andreas Blank, Dr. Hans Hahn, Helge Meyer

Ausbildung im Groß- und Außenhandel

Band 3

Nina Jäger
G13

3. Auflage

Bestellnummer 10035

Bildungsverlag EINS

Haben Sie Anregungen oder Kritikpunkte zu diesem Produkt?
Dann senden Sie eine E-Mail an 10035_003@bv-1.de
Autoren und Verlag freuen sich auf Ihre Rückmeldung.

Bildquellenverzeichnis

Beiersdorf AG, Hamburg, S.93 (oben links)
Bergmoser + Höller Verlag AG, Aachen, S.92
Berla/Nöhrbaß GbR, Foto Stephan, Köln, S.14 (3x), 23 (2x), 36, 41, 55, 58, 71, 86, 97, 103, 129, 132, 136, 143, 149 (oben), 155, 165, 172, 183, 186, 191, 200, 208, 225, 247, 287, 305, 316, 323, 337, 341, 348, 350 (2x), 354 (oben), 358 (2x), 367, 368, 375
Bildungsverlag EINS, Köln/Elisabeth Galas, Bad Breisig, S.8 (2x), 52
Bundesministerium für Ernährung, Landwirschaft und Verbraucherschutz, S.45 (unten)
Bundesministerium für Umwelt, Naturschutz und Reaktorsicherheit, S.45 (oben)
Foto: Koelnmesse, S.69, 100
Fotolia.com/zentilia, 30 (unten); Alberto Pérez, S.73; Phototom, S.79; dedi, S.150 (unten); Armin Rose, S.344; Ramona Heim, S.354 (unten)
Inter IKEA Systems, B.V., S.27
KODAK GmbH, Stuttgart, S.93 (oben rechts)
Liebherr-International Deutschland GmbH, Biberach, S.93 (unten links)
MÄURER & WIRTZ GmbH & Co. KG, S.93 (unten Mitte)
MEV Verlag GmbH, Augsburg, Umschlag, S.22, (verändert), 26, 31 (4x), 34 (2x), 39, 43 (unten), 44, 56, 64 (unten), 76, 77, 81, 82, 83 (oben), 89, 91, 130, 131, 139, 149 (unten), 175, 176, 177, 179, 227, 342 (alle), 343, 345 (alle), 351, 359, 362 (2x), 363 (3x), 370 (3x), 371, 372, 378
Nova Development Corporation, Calabasas, USA, S.30 (oben), 38, 48 (2x), 62, 74 (oben), 78, 83 (unten), 95, 99, 110 (4x), 150 (Mitte), 193, 257
OBI, Wermelskirchen, S.68
Office-discount GmbH, Neufahrn bei München, S.74 (unten)
picture-alliance/dpa-infografik: S.166, 184, 192, 255
Project Photos GmbH & Co. KG, Augsburg, S.43 (oben), 80
RAL Deutsches Institut für Gütesicherung und Kennzeichnung e.V., Sankt Augustin, S.45, 93 (unten 4x)
Stiftung Warentest, Berlin, S.45 (Mitte rechts)
TransFair, Verein zur Förderung des fairen Handels mit der „Dritten Welt“ e.V., Köln, S.46 (Mitte)
Trusted Shops GmbH, Köln, S.64 (oben)
Umweltbundesamt/RAL gGmbH, S.45 (Mitte links)
© Europäische Union 1995-2011, S.46 (oben)

www.bildungsverlag1.de

Bildungsverlag EINS GmbH
Hansestraße 115, 51149 Köln

ISBN 978-3-427-**10035**-5

Vorwort

Dieses Buch erfüllt die Anforderungen der Ausbildungsordnung des lernfeldorientierten Rahmenlehrplans für den Ausbildungsberuf **„Kauffrau/Kaufmann im Groß- und Außenhandel"**. Die Gliederung der Inhalte orientiert sich an den Richtlinien des Rahmenlehrplans, der die zu vermittelnden Kompetenzen und die Inhalte einzelnen Lernfeldern zuordnet. Die **Lernfelder** sind didaktisch reduzierte Handlungsfelder der betrieblichen Praxis und durch spezifische Zielformulierungen beschriebene thematische Einheiten. Sie orientieren sich an konkreten beruflichen Aufgabenstellungen und Handlungsabläufen, die mit dem Berufsbild umschrieben sind.

Um den Auszubildenden der verschiedenen Branchen die Lerninhalte zu veranschaulichen und wegen der Verschiedenheit der Ausbildungsbetriebe, werden bei der Erarbeitung einzelner Lernfelder zwei unterschiedliche **Modellunternehmen mit zwei bzw. einem Auszubildenden** zugrunde gelegt:

- **Primus GmbH mit der Auszubildenden Nicole Höver und dem Auszubildenden Andreas Dick**
- **Kröger & Bach KG mit dem Auszubildenden Lukas Breuer**

Im Vergleich mit diesen Modellunternehmen erkennen die Auszubildenden die Besonderheiten ihres Ausbildungsbetriebes. In diesem Buch „Ausbildung im Groß- und Außenhandel, Band 3" sind folgende berufsspezifischen Lernfelder zusammengefasst:

Lernfeld 9: **Marketing planen, durchführen und kontrollieren**
Lernfeld 10: **Finanzierungsentscheidungen treffen**
Lernfeld 11: **Unternehmensergebnisse aufbereiten, bewerten und nutzen**
Lernfeld 12: **Berufsorientierte Projekte für den Groß- und Außenhandel durchführen**

Die **Kapitel innerhalb der Lernfelder** sind in sachlogisch strukturierte Unterrichtseinheiten gegliedert. Jede Unterrichtseinheit ist folgendermaßen aufgebaut:
1. Handlungssituation, 2. Sachinhalt, 3. Zusammenfassung, 4. Aufgaben Jede Unterrichtseinheit (= Gliederungspunkt im Buch) wird mit einer **unternehmenstypischen Handlungssituation** eingeleitet. Über **Arbeitsaufträge** werden die Schüler zur eigenständigen Lösung der darin erkennbaren Problematik aufgefordert.

Betriebliche Probleme werden an Beispielen mit Lösungen veranschaulicht, Zusammenhänge in Schaubildern schematisiert, Lösungswege und wichtige Merkstoffe jeweils aus dem schülergemäßen Text hervorgehoben sowie in einer **Zusammenfassung** als Grundlage der Übung und Wiederholung strukturiert dargestellt. Zu jedem Lernfeld werden **Aufgaben** mit unterschiedlichem Schwierigkeitsgrad und Umfang, einerseits zur Sicherung und Anwendung betriebswirtschaftlicher Begriffe, Definitionen und Abläufe, andererseits zur Auswertung und entscheidungs- und handlungsorientierten Durchdringung der Ergebnisse gestellt. Jedes der Lernfelder wird mit fallbezogenen **Wiederholungsaufgaben und prüfungsvorbereitenden Aufgaben** abgeschlossen.

Verweise zu anderen Lernfeldern, bei denen die zu bearbeitenden Inhalte ebenfalls behandelt werden, sind an den entsprechenden Stellen mit der Unterlegung des Begriffes und einem Verweis auf das jeweilige Lernfeld gekennzeichnet.

Außenhandelsspezifische Inhalte sind durch eine besondere Hinterlegung gekennzeichnet.

Im **Lehrerhandbuch** sind alle Aufgaben ausführlich gelöst. Ferner werden zu jedem Lernfeld handlungsorientierte Unterrichtsskizzen vorgestellt. Darüber hinaus sind zahlreiche Kopiervorlagen enthalten, die die Arbeit der Lehrer und Schüler im Unterricht unterstützen. Zum Lehrerhandbuch ist eine CD-ROM für das interaktive Whiteboard geplant.

Im neuen **Arbeitsheft** (Bestellnr. 10015) werden die Einstiegssituationen des vorliegenden Lehrbuchs aufgegriffen und über zusätzliche Arbeitsaufträge und methodische Hinweise, die einen handlungsorientierten Unterricht steuern, in Lernsituationen überführt. Hinweise auf das Arbeitsheft sind an den entsprechenden Stellen durch das Icon gekennzeichnet.

Zum vorliegenden Lehrbuch existiert eine multimediale Materialsammlung (www.bildungsverlag1.de/just-click). Just Click online unterstützt die Unterrichtsvorbereitung und -durchführung mit interessanten Materialien zu jeder Buchseite, z. B. in Form von Filmen, Audio-Dateien, Weblinks, Animationen, PowerPoint-Präsentationen (als Zusammenfassung zu jedem Kapitel) sowie Word- und PDF-Dokumenten.

Die Verfasser

Verzeichnis der Gesetzesabkürzungen

AbfG	Abfallgesetz
ADSp	Allgemeine Deutsche Spediteurbedingungen
AO	Abgabenordnung
ArbschG	Arbeitssicherheitsgesetz
ArbstättV	Arbeitsstättenverordnung
AWG	Außenwirtschaftsgesetz
AWV	Außenwirtschafts-verordnung
BetrVerfG	Betriebsverfassungsgesetz
BGB	Bürgerliches Gesetzbuch
BildscharbV	Bildschirmarbeitsplatz-verordnung
BImSchG	Bundes-Immissions-schutzgesetz
BilMoG	Bilanzrechtsmodernisie-rungsgesetz
DZG	Deutsches Zollgesetz
EStG	Einkommensteuergesetz
EVO	Eisenbahnverkehrs-ordnung
GebrMG	Gebrauchsmustergesetz
GefStoffV	Gefahrstoffverordnung
GeschmMG	Geschmacksmustergesetz
GewO	Gewerbeordnung
GGV	Gefahrgutverordnung
GPG	Geräte- und Produktsicher-heitsgesetz
GüKG	Güterkraftverkehrsgesetz
GWB	Gesetz gegen Wettbe-werbsbeschränkungen
HGB	Handelsgesetzbuch
KreislWG	Kreislaufwirtschaftsgesetz
KWKG	Kriegswaffenkontrollgesetz
MarkenG	Markengesetz
MitbestG	Mitbestimmungsgesetz
PatG	Patentgesetz
ProdHaftG	Produkthaftungsgesetz
SigG	Signaturgesetz
StabG	Stabilitätsgesetz
TzBfG	Teilzeit- und Befristungs-gesetz
UStG	Umsatzsteuergesetz
UVPG	Gesetz über die Umwelt-verträglichkeitsprüfung
UWG	Gesetz gegen den unlau-teren Wettbewerb (Kartell-gesetz)
VerpackV	Verpackungsverordnung
VIG	Verbraucherinformations-gesetz
ZollG	Zollgesetz
ZK	Zollkodex
ZPO	Zivilprozessordnung

Inhaltsverzeichnis

Einleitung

Die Primus GmbH

Die Primus GmbH wurde 1966 in Duisburg gegründet.

Der Standort

Lager- und Büroräume der Primus GmbH liegen in Duisburg in der Koloniestr. 2–4. Die Grundstücke und Gebäude sind Eigentum der Primus GmbH.

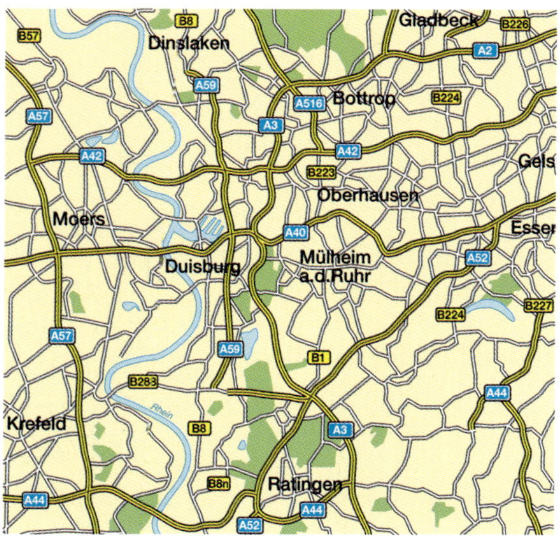

Die Primus GmbH unterhält in ihrem Verwaltungsgebäude eine kleine Verkaufsboutique, in der gewerbliche Kunden und Letztverbraucher Waren kaufen können. Die Verkaufsboutique wird von den Auszubildenden der Primus GmbH geleitet und verwaltet.

Die Primus GmbH ist unmittelbar an der Autobahn A 59 an der Abfahrt Duisburg-Zentrum gelegen. Der Güterbahnhof Duisburg befindet sich ebenfalls in unmittelbarer Nähe. Arbeitnehmerinnen und Arbeitnehmer können mit den Bus- und Straßenbahnlinien fast bis vor den Eingang des Unternehmens fahren. Auf dem Werksgelände befinden sich nur wenige Parkplätze für Mitarbeiter und Kunden, da die Geschäftsleitung der Primus GmbH über die Ausgabe von Jobtickets für die öffentlichen Verkehrsmittel ihre Mitarbeiter zu umweltbewusstem Verhalten anhalten möchte.

Telefon, Telefax und Internet

Telefon: 0203 4453690
Telefax: 0203 4453698

E-Mail: info@modellunternehmen-primus.de
Internet: www.modellunternehmen-primus.de

Organigramm der Primus GmbH, Groß- und Außenhandel für Bürobedarf

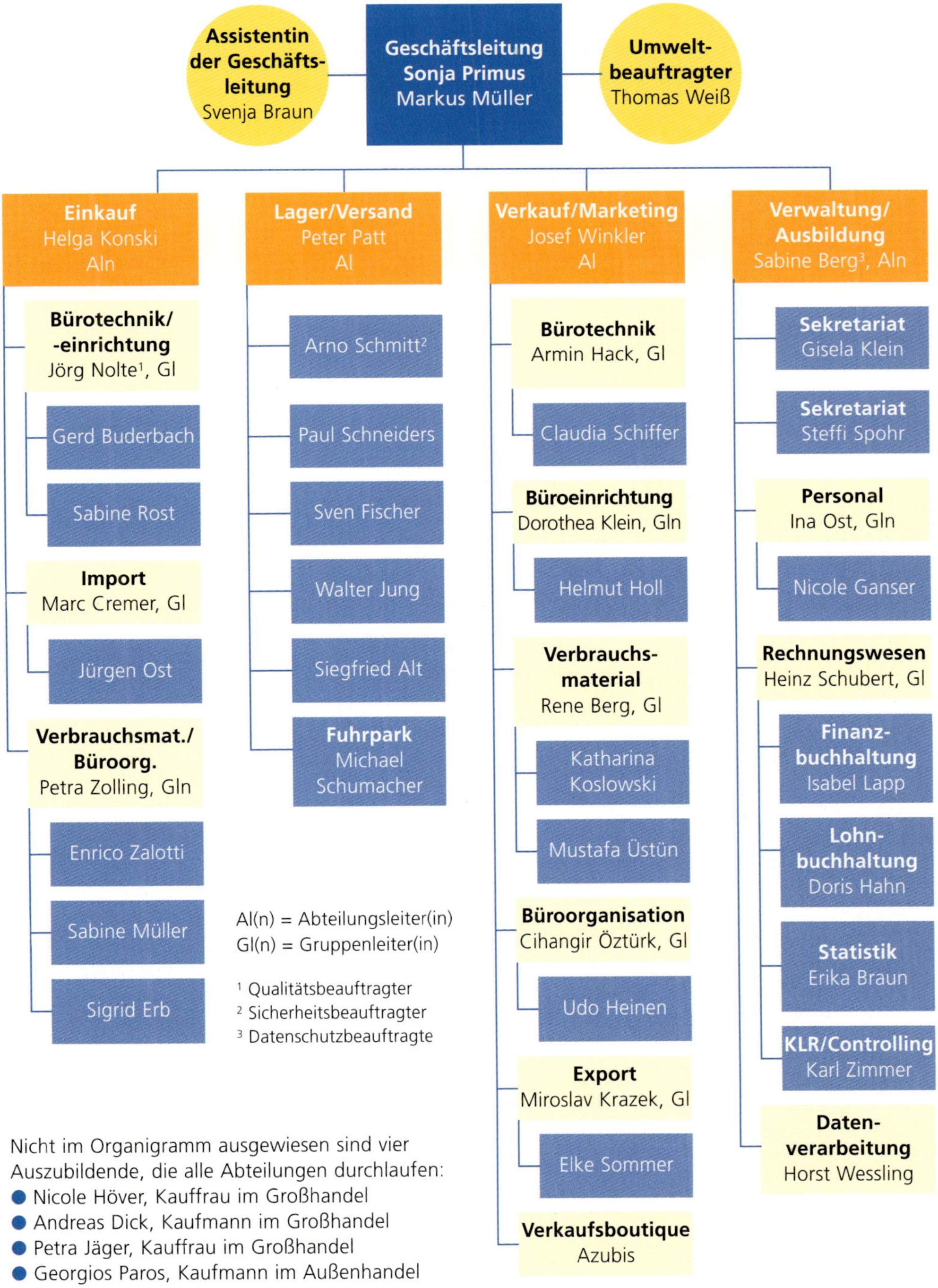

Nicht im Organigramm ausgewiesen sind vier Auszubildende, die alle Abteilungen durchlaufen:

- Nicole Höver, Kauffrau im Großhandel
- Andreas Dick, Kaufmann im Großhandel
- Petra Jäger, Kauffrau im Großhandel
- Georgios Paros, Kaufmann im Außenhandel

Der Gesellschaftsvertrag (Auszug)

Gesellschaftervertrag der Primus GmbH Groß- und Außenhandel für Bürobedarf

durch die Gesellschaftsversammlung am 1. Januar .. in 47057 Duisburg, Koloniestr. 2–4 festgelegt.

§ 1 Die Firma der Gesellschaft lautet Primus GmbH, Groß- und Außenhandel für Bürobedarf.

§ 2 Der Geschäftssitz der Gesellschaft ist in 47057 Duisburg, Koloniestr. 2–4.

§ 3 Die Gesellschaft betreibt die Anschaffung und Weiterveräußerung von Bürobedarf aller Art. Nach Möglichkeit sollen umweltverträgliche Artikel angeboten werden.

§ 5 Das Stammkapital der Gesellschaft beträgt 600.000,00 EUR.

§ 6 Das Stammkapital wird aufgebracht:
1. Gesellschafterin Dipl.-Kauffrau Sonja Primus mit einem Geschäftsanteil von 300.000,00 EUR
2. Gesellschafter Dipl.-Betriebswirt Markus Müller mit einem Geschäftsanteil von 300.000,00 EUR

Die Geschäftsanteile sind in bar oder in Sachwerten zu leisten. Sie sind sofort in voller Höhe fällig.

§ 7 Der Mindestbetrag eines Geschäftsanteils muss 500,00 EUR betragen. Jeder andere Geschäftsanteil muss durch 100,00 EUR teilbar sein. Die Gesellschafter leisten ihre Geschäftsanteile in bar.

§ 8 Die Gesellschafterversammlung beruft einstimmig die Geschäftsführung.

§ 10 Die Gesellschafter treten jährlich einmal zu einer ordentlichen Versammlung zusammen. Die Geschäftsführer laden mit einwöchiger Frist unter Angabe von Tagungsort, Tagungszeit und Tagesordnung ein.

§ 13 Jeder Gesellschafter kann aus wichtigem Grund seinen Austritt aus der Gesellschaft erklären. Der Austritt ist nur zum Ende eines Geschäftsjahres zulässig. Er hat durch Einschreibebrief mit einer Frist von sechs Monaten zu erfolgen. Bei Kündigung der Gesellschafter oder Austritt wird die Gesellschaft nicht aufgelöst.

§ 16 Bekanntmachungen der Gesellschaft nach den gesetzlichen Bestimmungen erfolgen ausschließlich im Unternehmensregister.

§ 20 Außerhalb des Gesellschaftsvertrages wurde folgender Beschluss gefasst:
Als Geschäftsführer gemäß § 9 des Gesellschaftsvertrages werden bestimmt
1. Frau Dipl.-Kauffrau Sonja Primus
2. Herr Dipl.-Betriebswirt Markus Müller

§ 21 Vorstehendes Protokoll wurde den Gesellschaftern vom Notar vorgelesen, von ihnen genehmigt und eigenhändig wie folgt unterzeichnet:

zu 1. Sonja Primus

zu 2. Markus Müller

Das Sortiment

Lieferer-Nr.	Bestell-Nr.	Listeneinkaufspreis, netto/EUR	Artikelbezeichnung	Artikel-Nr.	Listenverkaufspreis, netto/EUR[1]
Warengruppe 1: Bürotechnik[2]			**Kalkulationszuschlag 40 %**		
5641	237060	71,07	Faxgerät TA InkJet -Fax FX 640TI	335B927	99,50
5641	237061	213,93	Handy D2 S453	235B614	299,50
5641	237062	46,07	Anrufbeantworter euroset AB	230B912	64,50
5641	237063	31,79	Telefon Audioline 5300	237B750	44,50
5688	353389	28,21	Taschenrechner Datenbank SF-4300 B	229B906	39,50
5620	253390	13,93	Taschenrechner TI-5028	155B440	19,50
5620	253391	499,64	Tischkopierer Primus Z-52	150B391	699,50
5669	289922	28,21	Primus Mikro-Diktiergerät S 926	149B393	39,50
5694	253321	356,43	HP-Laser Jet 5 P Laserdrucker	261B289	499,00
Warengruppe 2: Büroeinrichtung			**Kalkulationszuschlag 120 %**		
5621	100201	96,59	Schreibtisch Primo	159B574	212,50
5621	100202	90,68	Bildschirm-Arbeitstisch Primo	159B590	199,50
5621	100203	108,86	Rollcontainer Primo	159B632	239,50
5621	100204	64,77	Unterschrank Primo	159B616	142,50
5621	100301	136,14	Schreibtisch Classic	308B049	299,50
5621	100303	58,86	Regalelement Classic	308B122	129,50
5621	100306	179,32	Bandscheiben-Drehstuhl Steifensand	120B592	394,50
5621	100310	90,68	Bandscheiben-Drehstuhl Super-Star	162B388	199,50
5669	289910	97,50	Bürodrehstuhl Modell 1640	381B814	214,50
5669	289934	33,86	Aktenvernichter Fellowes PS 50	228B684	74,50
5669	289958	64,77	Bildschirm-Arbeitstisch Charm	160B994	142,50
5669	289967	72,50	Druckertisch Euratio	305B094	159,50
Warengruppe 3: Verbrauch			**Kalkulationszuschlag 80 %**		
5677	310290	1,10	Primus-Castell TK-Fine 1306 Druckbleistift	125B567	1,98
5677	310294	10,83	Primus EXPRESS RO 33 20 Stück	313B221	19,50
5677	310301	4,43	Tintenroller Ball-Primus R 50 9 Stück	316B158	7,98
5610	420100	1,38	Primus Bleistifte 12 Stück	253B989	2,48
5610	420108	1,15	Primus Textmarker 6 Stück	128B488	2,07
5610	420110	6,25	Seminarmark. Primus 270 Boardmark. 10 St.	312B561	11,25
5681	145220	3,32	Primus Notizblock 4 x 800	236B596	5,98
5681	145237	3,47	Primus Universalblock 10 Stück	116B319	6,25
5681	145250	7,47	Recycling Briefumschläge C 6 1000 Stück	250B423	13,45
5681	145200	14,44	Computerpapier A4 weiß 80 g 2000 Blatt	705B251	26,00
5666	281000	21,94	Kopierpapier Primus XERO-Copy 5000 Blatt	239B632	39,50
5666	281001	3,58	Kopierpapier X-Offit 500 Blatt	251B926	6,45
Warengruppe 4: Organisation			**Kalkulationszuschlag 100 %**		
5641	237064	192,25	Drehsäule für Aktenordner 3 Etagen	182B238	384,50
5666	405129	1,00	Primus Ordner 6 Farben A4	119B263	2,00
5666	405145	0,79	Primus Trennblätter A4 Register 10 Stück	118B364	1,58
5669	289905	4,49	Registraturlocher	200B071	9,98
5669	289908	3,74	Primus Briefablage 5 Stück	310B615	7,48
5669	289915	5,88	Karteikasten aus Kunststoff	138B859	11,76
5669	289916	32,25	Zeitschriftenhalter	240B804	64,50
5610	420115	3,74	Primus Heftzange B 36	194B340	7,48
5610	420130	22,50	Magister-Flip-Chart-Tafel	296B673	45,00
5681	145260	14,00	Primus Hängehefter 50 Stück	128B579	28,00

[1] *Aus Gründen der Vereinfachung wurden einige Verkaufspreise auf glatte Beträge auf- oder abgerundet.*
[2] *Auf die Warengruppe 1 werden keine Rabatte gewährt.*

Lieferdatei der Primus GmbH (Auszug)

Firma	Lieferer-/ Kred.-Nr.	Adresse	Ansprech-partner	Tel./Fax	Kreditinstitut	Produkte	Lieferbedingungen	Zahlungs-bedingungen	Umsatz lfd. Jahr in EUR
Giesen & Co. OHG Herstellung von Kleingeräten für Schulungsbedarf	5610 K 71710	Quarzstr. 98 51371 Leverkusen	Frau Gentgen	02 14 76 67 54 76 67 34	SEB Leverkusen BLZ: 375 100 11 Kto.-Nr.: 674 563 870	Büromaterial, Schulungs-bedarf	Auftragswert bis 1.000 EUR: 50 EUR, über 1.000 EUR: 84 EUR – Verpackungspauschale: 21 EUR	Ziel: 20 Tage Skonto: 7 Tage/2 %	45.000,00
Computec GmbH & Co. KG Hard- u. Software-vertrieb	5620 K 71711	Volkspark-str. 12–20 22525 Hamburg	Herr Ötztürk	040 24 46 69 24 46 64	Postbank Hamburg BLZ: 200 100 20 Kto.-Nr.: 671 190 870	Hard- und Software, Bürogeräte	bis 10 kg: 12 EUR, bis 25 kg: 20 EUR, bis 50 kg: 32 EUR, bis 100 kg: 54 EUR, über 100 kg nach Vereinbarung	Ziel: 14 Tage Skonto: –	600.000,00
Bürodesign GmbH Herstellung von Büromöbeln	5621 K 71712	Stolberger Str. 188 50933 Köln	Herr Stam	02 21 6 68 35 50 6 6 83 57	Sparkasse KölnBonn BLZ: 370 501 98 Kto.-Nr.: 85 313 948	Büromöbel	bis 20 km Lieferpauschale: 80 EUR	Ziel: 50 Tage Skonto: 14 Tage/2 %	210.000,00
Jansen BV. Bürotechnik	5641 K 71713	Jan de Verwers-straat 10 NL-5900 AV Venlo	Frau Sommer	00 31 77 86 63 50 86 64 01	Crédit Lyonnais Bank Nederland Kto.-Nr.: 92 233 723	Bürogeräte aller Art	4 % vom Warenwert, maximal 400 EUR	Ziel: 30 Tage Skonto: –	165.000,00
Latex AG Herstellung von Büro-verbrauchsgütern	5666 K 71714	Neckarstr. 89–121 12053 Berlin	Frau Demming	030 44 55 46 44 55 48	Berliner Sparkasse BLZ: 100 500 00 Kto.-Nr.: 98 453 223	Bürobedarf aller Art	Spesenpauschale: 10 EUR	Ziel: 60 Tage Skonto: 14 Tage/3 %	75.000,00
Bürotec GmbH Büroeinrichtung aller Art	5669 K 71715	Fabrikstr. 24–30 04129 Leipzig	Frau Asbach	03 41 55 46 45 55 48 49	Deutsche Bank Leipzig BLZ: 870 700 00 Kto.-Nr.: 91 111 723	Bürogeräte, Büro-möbel, Büro-einrichtungs-gegenstände	bis Auftragswert 1.000 EUR: 50 EUR, sonst frei Haus	Ziel: 30 Tage Skonto: 10 Tage/2 %	150.000,00
Flamingo-werke AG Fabrikation von Schreibbedarf	5677 K 71716	Palzstr. 16 59073 Hamm	Frau Sydow	0 23 81 41 71 18 98 54 10	Volksbank Hamm BLZ: 410 601 20 Kto.-Nr.: 98 789 723	Schreibbedarf aller Art	ab Bestellwert von 2.000 EUR frei Haus, sonst 3 % vom Warenwert, mindestens jedoch 15 EUR	Ziel: 14 Tage Skonto: –	110.000,00
Papierwerke Iserlohn GmbH Müller & Co	5681 K 71717	Laarstr. 19 58636 Iserlohn	Herr Kern	0 23 71 33 42 31 33 42 32	Deutsche Bank Iserlohn BLZ: 445 700 04 Kto.-Nr.: 674 563 870	Papierwaren aller Art	frei Haus	Ziel: 30 Tage Skonto: 10 Tage/3 %	80.000,00
Silvermann & Smith Co. Ltd	5688 K 71718	GPO Box 1731 18–22 Sydney street, Melbourne VIC 3001 Victoria – Australia	Herr Sussex	0061348 3 36 61 3 36 54	Bank of Melbourne Kto.-Nr.: 1432 698	Hardware, Bürogeräte	Ex Works	Ziel: 30 Tage	110.000,00
Richard D. Wesley, Inc.	5694 K 71719	64–70 John F. Kennedy bvd. Washington, DC 20265-9997 Columbia USA	Frau Jagger	001202 16 34 68 29 34 68 33	Bank of Chicago Kto.-Nr.: 8 866 352	Hard- und Software	C & F	Ziel: 20 Tage	145.000,00

Kundendatei der Primus GmbH (Auszug)

Firma	Kunden-/ Deb.-Nr.	Adresse	Ansprechpartner	Tel./ Fax	Kreditinstitut	Umsatz lfd. Jahr in Euro	Offene Rechnungen	Rabattsätze
Stadtverwaltung Duisburg	8135 D 10110	Am Buchenbaum 18–22 47051 Duisburg	Herr Baum	02 03 66 75 31 66 75 38	Bundesbank Duisburg BLZ: 350 000 00 Kto.-Nr.: 111 222 870	230.000,00	0	20 %
Klöckner-Müller Elektronik AG	8142 D 10120	Taunusring 16–34 63069 Offenbach	Frau Jansen	0 69 44 32 28 44 32 17	Commerzbank Offenbach BLZ: 505 400 28 Kto.-Nr.: 43 978 623	285.000,00	1	25 %
Herstadt Warenhaus GmbH	8155 D 10130	Brunostr. 45 45889 Gelsenkirchen	Herr Kluge	02 09 5 64 99 5 44 90	Postbank Dortmund BLZ: 440 100 46 Kto.-Nr.: 432 056 204	185.000,00	1	35 %
Krankenhaus GmbH Duisburg	8326 D 10140	Emsstr. 30–40 47169 Duisburg	Frau Straub	02 03 56 64 76 56 64 48	Volksbank Rhein-Ruhr BLZ: 350 603 86 Kto.-Nr.: 89 366 223	125.000,00	1	25 %
Modellux GmbH & Co. KG Herstellung von Modelleisenbahnen	8453 D 10150	Hofstr. 55–67 48167 Münster	Frau Simon	02 51 8 94 38 8 94 44	Deutsche Bank Münster BLZ: 400 700 80 Kto.-Nr.: 674 563 870	240.000,00	2	20 %
Computerfachhandel Martina van den Bosch	8564 D 10160	Vinckenhofstraat 45 NL 5900 AV Venlo	Frau van den Bosch	00 31 77 34 17 69 34 17 64	Fortis Bank Nederland Kto.-Nr.: 656 632 120	145.000,00	0	40 %
Bürofachgeschäft Herbert Blank e. K.	8671 D 10170	Cäcilienstr. 86 46147 Oberhausen	Frau Brieger	02 08 11 13 60 11 13 45	Commerzbank Oberhausen BLZ: 365 400 46 Kto.-Nr.: 06 789 763	75.000,00	3	30 %
Carl Wägli Bürobedarf	8784 D 10180	Ostermundigerstr. 121 3030 Bern Schweiz	Herr Wägli	00 41 31 3 38 27 08 3 38 73 08	Postbank Bern Kto.-Nr.: 30-654372-0	90.000,00	0	25 %

Konkurrenzbetriebe

Schäfer & Co. KG, Büroeinrichtungssysteme und Bürobedarf	Kaarster Weg 124–126, 40547 Düsseldorf
Feld OHG, Bürobedarf, Büromöbel, Büromaschinen	Ruhrstr. 48–52, 46049 Oberhausen
Otto Rompf GmbH, Bürobedarf, Direktversand	Baumstr. 108, 45128 Essen
ABE Aktuell Büro-Einrichtungen KG	Dillinger Str. 16, 47059 Duisburg

Sicherheits-, Umwelt-, Datenschutz- und Qualitätsbeauftragter

Sicherheitsbeauftragter: Arno Schmitt
Umweltbeauftragter: Thomas Weiß
Datenschutzbeauftragte: Sabine Berg
Qualitätsbeauftragter: Jörg Nolte

Die Bankverbindungen

Geldinstitut	BLZ	Kontonummer	IBAN	SWIFT
Sparkasse Duisburg	350 500 00	360 058 796	DE12350500000360058796	DUISDE33XXX
Postbank Dortmund	440 100 46	286 778 431	DE76440100460286778431	PBNKDEFF440

Steuer-, Betriebs-Nr. für Sozialversicherung und Handelsregistereintragung

Finanzamt: Duisburg-Süd; **Steuer-Nr.:** 134/130/0146; **USt-IdNr.:** DE-124659333
Betriebs-Nr. für die Sozialversicherung: 43641271
Handelsregistereintragung: Amtsgericht Duisburg HR B 467-0301

Die Verbände

Gemäß § 1 IHK-Gesetz ist die Primus GmbH Mitglied in der Industrie- und Handelskammer zu Duisburg. Die Geschäftsführerin, Frau Primus, die Abteilungsleiterinnen Frau Berg und Frau Konski und der Abteilungsleiter Herr Patt sind Mitglieder in Prüfungsausschüssen der IHK. Das Unternehmen ist in der Tarifgemeinschaft des Groß- und Außenhandels und der Dienstleistungen organisiert, die organisierten Arbeitnehmer sind Mitglieder in der Gewerkschaft Ver.di (Vereinigte Dienstleistungsgewerkschaft).

Der Betriebsrat und die Jugend- und Auszubildendenvertretung

Vorsitzender des Betriebsrates der Primus GmbH ist Marc Cremer, sein Stellvertreter ist Sven Fischer. Jugend- und Auszubildendenvertreterin ist Petra Jäger, Stellvertreter ist Andreas Dick.

Die Modellauszubildenden:

Nicole Höver
Auszubildende bei der Primus GmbH
3. Ausbildungsjahr

Andreas Dick
Auszubildender bei der Primus GmbH
3. Ausbildungsjahr

Lukas Breuer
Auszubildender bei der Kröger & Bach GmbH
3. Ausbildungsjahr

Die Kröger & Bach KG, Außenhandel für Nonfood-Artikel

Die Kröger & Bach KG, Duisburg, besteht seit 1910. Das Außenhandelsunternehmen begann traditionell mit dem Import von Gewürzen und Tee. Nach dem 2. Weltkrieg kamen Südfrüchte und Obstkonserven hinzu. Seit den 1970er Jahren wurde dieses Sortiment zugunsten von Nonfood-Artikeln abgelöst, die bei Kröger & Bach KG in den folgenden Warengruppen zusammengefasst werden:

Warengruppe	Artikelbeispiele
Haus und Garten	Bügeleisen, Ventilator, Hochdruckreiniger, Staubsauger, Dampfreiniger
Küche	Küchenmaschine, Kaffeeautomat, Backautomat, Waffelautomat
Bad und Wellness	Personenwaage, Thermometer, Haartrockner, Badartikel, Saunabedarf, Pflegeserien
Heimwerker	Werkzeugsets, Dübel- und Schraubensets, Bohrmaschinen, Schleifgeräte
Outdoor und Sport	Gartenmöbel und -geräte, Funktionskleidung, sonstige Sporttextilien, Handschuhe, Inlineskates, Schlafsäcke

Hauptabnehmer sind Lebensmitteldiscounter, die für ihre wöchentlichen Aktionsverkäufe ständig umsatzstarke Nonfood-Artikel suchen. Die Rolle der Kröger & Bach KG als Mittler zwischen Produktherstellung und -verwendung hat sich in den letzten 20 Jahren stark verändert. Das Unternehmen ist inzwischen selbst an Produktionsunternehmen in China und Vietnam beteiligt und verkauft seine Waren unter eigenen Handelsmarken, z. B. **Kong-Craft** (Elektrowerkzeuge). In den Beschaffungsländern China, Singapur und Vietnam werden darüber hinaus eigene Büros unterhalten.
Das Unternehmen erzielte im vergangenen Jahr 20.. einen Nettoumsatz von 200 Mio EUR. Ungefähr 50 % davon entfielen auf den deutschen Markt, 30 % auf die restliche EU und 20 % auf die USA. In Chicago besteht seit dem Jahr 2000 die Kröger & Bach Inc. als Verkaufsniederlassung, die auch ein eigenes Lager unterhält.

Anschrift und weitere Unternehmensdaten

Kröger & Bach KG	**Telefon:** +49 203 1342933
Schifferstraße 25	**Telefax:** +49 203 1342934
47059 Duisburg	**E-Mail:** info@kroegerbach.de

Finanzamt: Duisburg-Süd; **Steuer-Nr.:** 1091410/1228; **USt-IdNr.:** DE198751421
Handelsregistereintragung: Amtsgericht Duisburg HRA 142-2986

Organigramm der Kröger & Bach KG

Der Duisburger Betrieb ist direkt im Hafen ansässig, da die Containertransporte über Rotterdam abgewickelt werden. Allerdings laufen immer mehr Außenhandelskontakte der Kröger & Bach KG als Streckengeschäfte, so dass das Unternehmen in Duisburg nur über ein relativ kleines Lager verfügt.
Das Unternehmen wird von Lutz Kröger, einem Nachfahren des Firmengründers, als Komplementär geführt. Kommanditisten sind seine Ehefrau Maria Kröger, sein Vater Manfred Kröger und Herbert Paul, der gleichzeitig Prokurist des Unternehmens ist.

Geschäftsleitung
Lutz Kröger

- **Assistentin** Sylke Bach
- **Sekretariat** Roswitha Bohne

Produktmanagement
Haus + Garten
Gerda Ziethen

Produktmanagement
Küchengeräte
Sonja Blatt

Produktmanagement
Bad + Wellness
Willi Wagner

Produktmanagement
Heimwerkerbedarf
Thomas Döring

Produktmanagement
Outdoor + Sport
Werner Kreuter

Produktmanagement
Handelsmarke KONG
Thomas Lachnit, GL

Einkauf/ Lager

- **Einkauf** Nicole Chamberlain, Aln
- **Einkauf EU** Hakan Degimenci, Gl
- **Einkauf China** Josef Hop-Singh, Gl
- **Einkauf Singapur** Simone Eckardt, Gln
- **Einkauf Vietnam** Raul Ferencz, Gl
- **Lager** Anonio Pepe, Gl

Verkauf/ Versand

- **Verkauf** Herbert Paul, Prokurist
- **Verkauf Deutschland** Gabi Fischer-Züll, Gln
- **Export EU** Christoph Höschler, Gl
- **Export USA** Viliana Kaiser, Gln
- **Produktmanagement Handelsmarke KONG** Thomas Lachnit, Gl
- **Versand** Norbert Hahn, Gl

Verwaltung/ Ausbildung

- **Organisation** Claudia Lentzsch, Aln
- **Personal** Thomas Maraun, Gl
- **IT + E-Business** Christine Nickel, Gln
- **Rechnungswesen** Karl Benzenberg, Gl

Al(n) = Abteilungsleiter(in)
Gl(n) = Gruppenleiter(in)

Nicht ausgewiesen im Organigramm sind zwei Auszubildende, die alle Abteilungen durchlaufen: Lukas Breuer, Kaufmann im Außenhandel, und Sonja Bauer, Kauffrau im Außenhandel

Shanghai Office:
Mr. Huan Ho-Ning
Kröger & Bach Ltd.
Rm801/7145 Citigroup Tower No. 34 Hua Yuan Shi Qiao Road
Shanghai 200120
China
Tel: +86 21 63456189
Fax: +86 21 63456123
mail: shanghai@kroegerbach.de

Vietnam Office:
Mr. John Ming-Suan
Kröger & Bach Ltd.
3784 Le Hong Phong Str. Dist. 10, HCMC
Hanoi 231
Vietnam
Tel: +84 8 8437 770
Fax: +84 8 8437 779
mail: vietnam@kroegerbach.de

Singapur Office:
Mr. Cheng
Euro Centra Company Limited
28th Floor, Razzi Towers Bg-27, Block 4, Clifton
Singapor-City
Singapur
Tel: +92 21 5387 456 19
Fax: +92 21 5387 456 19
mail: singapur@kroegerbach.de

Marketing planen, durchführen und kontrollieren

1 Das Marketing als zentrale Unternehmensaufgabe verstehen

Frau Primus hat am vergangenen Wochenende ein Seminar zum Thema „Modernes Marketing im Großhandel" besucht. Hochmotiviert und voller Ideen schickt Sie am Montagmorgen eine E-Mail über das Intranet der Primus GmbH an alle Mitarbeiter:

Marketing ist nicht alles...

Datei Bearbeiten Ansicht Einfügen Format Extras Nachricht ?

Senden Ausschneiden Kopieren Einfügen Rückgängig Prüfen Rechtschrei...

An: Alle Mitarbeiter

Cc:

Betreff: Marketing ist nicht alles...

..aber ohne Marketing ist alles nichts!

Einen herzlichen „Guten Morgen" an alle!

Am Wochenende war ich auf einem sehr interessanten Seminar zum Thema „Marketing im Großhandel".

Ich erhielt vielfältige Informationen und Anregungen wie z. B. die folgende:

Traditionelles Marketing

Transaktion im Mittelpunkt

- Einzelverkauf
- vereinzelter Kundenkontakt
- kurzer Zeithorizont
- Erfüllung von singulären Kauferwartungen

Ziel: Neukundengewinnung

Verschiebung des Marketingfokus

Relationship Marketing

Geschäftsbeziehung im Mittelpunkt

- Kundenloyalität
- kontinuierlicher Kundenkontakt
- langer Zeithorizont
- kontinuierliche Erfüllung der gesamten Kundenerwartungen

Ziel: zufriedene und loyale Kunden

Konzept des Relationship Marketing (in Anlehnung an Giering, 2000, S. 13)[1]

Wir alle sind für ein gelungenes Marketing und damit für den Unternehmenserfolg verantwortlich. Bitte überlegen Sie, inwieweit Sie selbst Marketing für die Primus GmbH betreiben. Schicken Sie mir am Ende Ihres Arbeitstages doch bitte das Ergebnis Ihrer Überlegungen. Einen schönen und produktiven Tag wünscht

Sonja Primus
Geschäftsführerin Primus GmbH

[1] *Quelle: Keller, Nancy; Stolper, Markus; Messung der Kundenbeziehungsqualität im B2B-Marketing – eine Studie im industriellen Großhandel, Februar 2006, S. 4*

Nicole Höver, die zurzeit in der Auftragsbearbeitung beschäftigt ist, wundert sich über die Mail. *„Was hat denn meine Tätigkeit mit ‚Marketing' zu tun? Wenn ich tätig werde, haben die Kunden doch schon gekauft."*

ARBEITSAUFTRÄGE

- Klären Sie die Ihnen unbekannten Begriffe in der Mail zum Marketing.
- Erläutern Sie, welches Verständnis von „Marketing" in der E-Mail zum Ausdruck kommt.
- Erklären Sie, in welchem Zusammenhang Ihre Tätigkeiten im Ausbildungsbetrieb mit Marketing stehen.

Marketing als Prinzip der Unternehmensführung

Marketing ist ein Begriff, der in ganz unterschiedlichen Zusammenhängen verwendet wird. In einem sehr weiten Verständnis kann man Marketing als ein an den Märkten orientiertes Denken und Handeln auffassen.

Unter Marketing versteht man ein Prinzip der Unternehmensführung, bei der alle Aktivitäten auf die gegenwärtigen und künftigen Erfordernisse der Märkte ausgerichtet werden. Dabei sind systematisch gewonnene Informationen über die Märkte (insbesondere über Kunden und Konkurrenz) Grundlage aller Entscheidungen.

Da ein Unternehmen stets auf mehreren **Märkten** tätig ist, umfasst das Marketing Maßnahmen auf allen Märkten:

Märkte	Marketingaktivitäten
Absatzmarkt: Die Primus GmbH bietet Bürobedarf und Beratung bei Büroeinrichtungen an (Anbieter von Gütern und Leistungen).	**Absatzmarketing:** Aktivitäten, um Waren und Dienstleistungen zu verkaufen.
Beschaffungsmarkt: Die Primus GmbH kauft Waren ein. Sie muss Büromöbel und -maschinen, Fahrzeuge usw. beschaffen. Ferner benötigt sie Telekommunikationsmöglichkeiten (Telefon, E-Mail, Fax) und Energie (Nachfrager nach Gütern und Leistungen).	**Beschaffungsmarketing:** Aktivitäten, um Waren, Büromöbel, Fahrzeuge, Maschinen usw. zu beschaffen bzw. einzukaufen.
Arbeitsmarkt: Die Primus GmbH benötigt qualifizierte Mitarbeiter (Nachfrager nach Arbeitskräften).	**Personalmarketing:** Aktivitäten, um geeignete Mitarbeiter für das Unternehmen zu gewinnen und zu halten.
Kapitalmarkt: Die Primus GmbH benötigt Kapital zur Finanzierung von Investitionen in Gebäude, Fuhrpark, Geschäftsausstattung usw. (Nachfrager nach Kapital). Sie sucht nach Anlagemöglichkeiten für kurz- und mittelfristig nicht benötigte liquide Mittel (Anbieter von Kapital).	**Finanzmarketing:** Aktivitäten, um Finanzmittel günstig zu erhalten (Kredite) und Kapital außerhalb des Unternehmens sinnvoll anzulegen.

Die Vermarktung (Verkauf) der Waren und Dienstleistungen steht im Mittelpunkt der Bemühungen im Groß- und Außenhandel. Daher wird der Begriff „**Marketing**“ im Allgemeinen mit **Absatzmarketing** gleichgesetzt. Entsprechend stehen bei der **Marktorientierung** die Kunden und die Konkurrenz (Wettbewerber) im Mittelpunkt.

Kundenorientierung	Wettbewerbsorientierung
Gezielte Analyse der Wünsche, Bedürfnisse und Ansprüche der Kunden.	Analyse der jeweiligen Wettbewerbssituation und Vergleich eigener Leistungen mit denen der Konkurrenten.
Ziel: Optimale Befriedigung der sich wandelnden Kundenansprüche.	Ziel: Eigene Wettbewerbsvorteile erkennen, pflegen und ausbauen.

PRAXISTIPP Auch wenn das Absatzmarketing häufig im Mittelpunkt steht, heißt es im Handel nicht zufällig: *„Gut gekauft ist halb verkauft“*, womit Ihnen die große Bedeutung des Beschaffungsmarketings für den Groß- und Außenhandel verdeutlicht wird.

Überlegungen zum Marketing erfolgen auf ganz unterschiedlichen Stufen. Das Marketing-Mix, als Kombination unterschiedlicher Maßnahmen um den Absatz zu fördern, wird von zahlreichen Informationen und Entscheidungen umrahmt und beeinflusst.

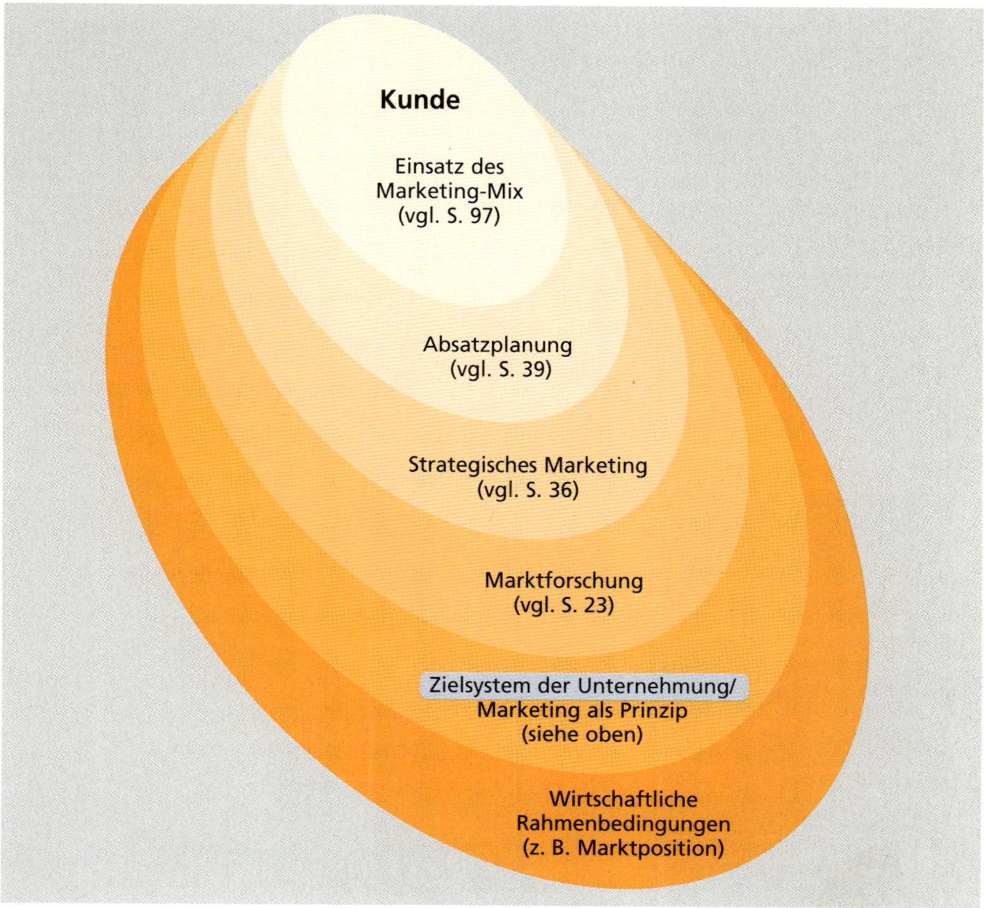

PRAXISTIPP **Marketing ist die zentrale Unternehmensaufgabe, die weitgehend die anderen Unternehmensbereiche steuert. Damit ist erfolgreiches Marketing entscheidend für den Erfolg Ihres Unternehmens auf den nationalen und internationalen Märkten.**

Verkäufer-, Käufermarkt

Die zunehmende Notwendigkeit der marktorientierten Unternehmensführung spiegelt sich auch in der Entwicklung des Marketings in Unternehmen wider. Seit dem 2. Weltkrieg ist ein Wandel vom **Verkäufermarkt** zum **Käufermarkt** eingetreten.

- Als **Verkäufermarkt** bezeichnet man einen Markt, bei dem die Nachfrage größer ist als das Angebot. Die Verkäufer befinden sich gegenüber den Kunden in einer stärkeren Position. Je mehr Kunden um den Kauf eines Produktes konkurrieren, desto höher kann der Kaufpreis sein und desto weniger Anstrengungen sind nötig, um die Waren zu verkaufen.

  Beispiel Nach dem 2. Weltkrieg war das Warenangebot knapp. Die Käufer rissen den Anbietern die Produkte förmlich aus der Hand.

- Auf den veränderten Märkten der Gegenwart befinden wir uns auf einem **Käufermarkt.** Die Käufer haben gegenüber den Anbietern oft die stärkere Position, da das Angebot heute größer ist als die Nachfrage. Durch die Konkurrenz der Anbieter untereinander wird verhindert, dass der Kunde überhöhte Preise bezahlt. Der Kunde wird zum „König". Der Wettbewerb um die Kunden muss verstärkt werden, um Kunden zu gewinnen und zu halten.

  Beispiel In fast allen Bereichen des Groß- und Außenhandels sind Käufermärkte typisch. Häufig ist die Nachfragemacht des Einzelhandels sogar so groß, dass der Einzelhandel die Preise, Konditionen oder Funktionen nicht nur beeinflusst, sondern sogar bestimmt. Können Groß- und Außenhändler diesem Diktat nicht mehr folgen, besteht die Gefahr, dass die Großhandelsstufe vom Einzelhandel übersprungen wird.

Marktformen

Die Anzahl der von Anbietern und Nachfragern sowie deren relative Größe auf einem Markt lassen Rückschlüsse über die **Marktmacht** und das **Entscheidungsverhalten** der jeweiligen Unternehmen zu. Außerdem ist der **Marktzutritt** für neue Unternehmen je nach Marktform unterschiedlich schwierig.

Beispiele

Polypol	Anbieter: Nachfrager:	Viele Händler auf Wochenmarkt Viele Käufer
Angebotsoligopol	Anbieter: Nachfrager:	Wenige Pkw-Hersteller Viele Pkw-Käufer
Angebotsmonopol	Anbieter: Nachfrager:	1 Wasserwerk in einer Kommune Viele Kunden
Zweiseitiges Oligopol	Anbieter: Nachfrager:	Wenige Flugzeughersteller Wenige Fluggesellschaften
Zweiseitiges Monopol	Anbieter: Nachfrager:	Gewerkschaft Arbeitgeberverband
Nachfragemonopol	Anbieter: Nachfrager:	Straßenbauunternehmen Öffentliche Hand

Zahl der Anbieter / Zahl der Nachfrager	Viele kleine	Wenige kleine	Ein großer
Viele kleine	Polypol	Angebotsoligopol	Angebotsmonopol
Wenige kleine	Nachfrageoligopol	Zweiseitiges Oligopol	Beschränktes Angebotsmonopol
Ein großer	Nachfragemonopol	Beschränktes Nachfragemonopol	Zweiseitiges Monopol

Marktkräfte

Die Marktformen lassen nur eine grobe Einschätzung zur Verteilung der Marktmacht zu. Für das einzelne Unternehmen sind **vielfältige Faktoren** zur Beurteilung seiner Marktposition zu beachten. Die **Analyse** und permanente **Beobachtung** dieser Marktkräfte ist daher ein Kernprozess des Marketings, der vorwiegend durch die Marktforschung erfolgt.

Beispiele

Marktkräfte	Erläuterungen, Kommentare, Beispiele
Marktmacht der Kunden	Je mehr Kunden am Markt aktiv sind, desto größer ist für einen Anbieter die Chance der erfolgreichen Kundenakquisition und desto geringer das Risiko, dass Kunden sich zusammenschließen und konzentriert ihre Marktmacht ausüben.
Marktmacht der Lieferer	Je eher Lieferer austauschbar sind, desto größer ist die Marktmacht der Nachfrager. Probleme entstehen, wenn Lieferer sich zusammenschließen und Preis- bzw. Konditionen-Diktate ausüben.
Bedrohung durch Ersatzprodukte	Je eher ein Produkt oder eine Dienstleistung durch eine Alternative ersetzt werden kann, desto geringer sind die langfristigen Marktchancen.
Wettbewerbs-intensität	Je stärker der Wettbewerb, desto höher sind die Aufwendungen, im Markt zu bestehen, und desto geringer sind die Möglichkeiten der Gewinnerzielung.
Bedrohung durch neue Wettbewerber	Je geringer die Einstiegsbarrieren in einen Markt sind, desto leichter wird es anderen Unternehmen (auch aus dem Ausland) gelingen, in den Markt einzudringen und Kunden abzuwerben.

PRAXISTIPP Analysieren Sie für die Produkte Ihres Ausbildungsbetriebes die unterschiedlichen Marktkräfte!

Virtuelle Märkte

In nahezu allen Branchen und Geschäftsprozessen werden Informationen, Vereinbarungen und Verträge über die Kommunikationsplattform Internet transportiert und abgewickelt. Dies hat zu massiven Veränderungen in den Marktstrukturen geführt, wie es z. B. durch den Spruch „Die Konkurrenz ist nur einen Mausklick entfernt!“ zum Ausdruck kommt.

Gerade auch in den relevanten Märkten für den Groß- und Außenhandel ist die Wettbewerbssituation durch die in virtuellen Märkten zum Ausdruck kommende **Globalisierung** erheblich verschärft. **E-Commerce** (Electronic-Commerce, E-Business) ist heute für Unternehmen ein entscheidender Wettbewerbsfaktor. Hierunter versteht man den Austausch (Kommunikation) und die elektronische Abwicklung von Geschäftsprozessen.

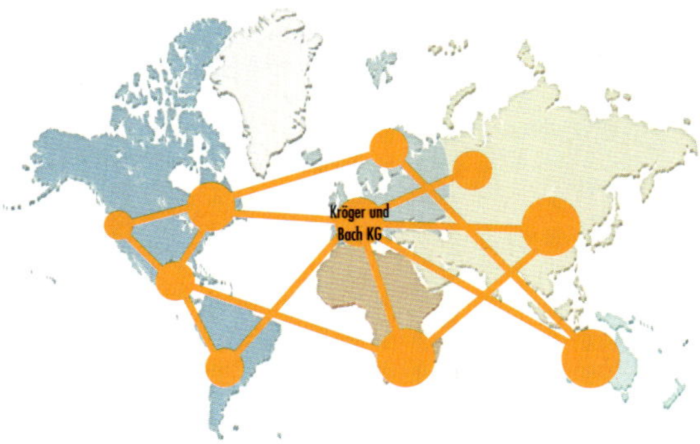

Je nach Vertragspartnern können die folgenden Geschäftsbeziehungen unterschieden werden (vgl. S. 64):

- **B2C:** Business-To-Consumer, Unternehmen an Verbraucher
  Versandhandel, z. B. Amazon, eBay Express, Otto etc.
- **B2B:** Business-To-Business, Unternehmen an Unternehmen
  Handel zwischen Unternehmen und deren Lieferanten, z. B. ExportPages, Wer liefert was?

  Beispiel Die Kröger und Bach KG wickelt ca. 80 % ihrer Geschäftsprozesse auf den Beschaffungs- und Absatzmärkten über E-Commerce ab.
- **B2A:** Business-To-Administration, Unternehmen an öffentliche Verwaltung
  Durchführung der Leistung von Unternehmen an den Staat/öffentliche Stellen

Das Marketing als zentrale Unternehmensaufgabe verstehen

- Marketing umfasst alle auf **Märkte** gerichtete Aktivitäten eines Unternehmens: **Absatzmarketing, Beschaffungsmarketing, Personalmarketing** und **Finanzmarketing.** Im Groß- und Außenhandel steht das Absatzmarketing im Mittelpunkt. Das Beschaffungsmarketing hat eine nahezu gleiche Bedeutung, wobei sich auch die Beschaffung am Absatzmarkt orientieren muss.
- Eine marktorientierte Unternehmensführung macht die **Kundenorientierung** und die **Wettbewerbsorientierung** zu Schwerpunkten.
- Marketingaktivitäten erfolgen auf der Grundlage vielfältiger **Informationen** und auf ganz unterschiedlichen unternehmerischen **Entscheidungsebenen.** So wird Marketing zu einer zentralen **Unternehmensaufgabe.**
- Bei einem **Verkäufermarkt** gilt: Nachfrage > Angebot. Bei einem **Käufermarkt** gilt Nachfrage < Angebot.
- Je nach Anzahl und relativer Stärke von Anbietern und Nachfragern unterscheidet man unterschiedliche **Marktformen.**
- Die **Marktposition** eines einzelnen Unternehmens ist von zahlreichen **Marktkräften** abhängig.
- **Virtuelle Märkte/E-Commerce** beeinflussen die Handelslandschaft und den Wettbewerb massiv. Für den Groß- und Außenhandel sind insbesondere die **B2B** (B2C, B2A) Geschäftsbeziehungen von Bedeutung.
- Zentrale Bereiche der **Marktanalyse** sind: Marktpotenzial, Marktvolumen und Marktanteil.

1. Marketing hat im Groß- und Außenhandel den Schwerpunkt Absatzmarketing. Erläutern Sie, warum auch in anderen betrieblichen Bereichen (Beschaffung, Personal- und Finanzwirtschaft) Marketingarbeit geleistet werden muss.

2. Erläutern Sie den Unterschied zwischen Verkäufer- und Käufermarkt. Beschreiben Sie dabei auch die jeweiligen Konsequenzen für das Marketing im Groß- und Außenhandel.

3. Beschreiben Sie, wie Ihr Ausbildungsbetrieb Kunden- und Wettbewerbsorientierung umsetzt.

4. Listen Sie konkrete Aktivitäten Ihres Ausbildungsbetriebes im Bereich E-Commerce auf.

2 Die Marktforschung als Grundlage von Marketingentscheidungen nutzen

In der Primus GmbH bemerkt man seit geraumer Zeit, dass die Umsätze in der Warengruppe 3 – „Verbrauch" – rückläufig sind. Im vergangenen Quartal nahmen Umsätze, gemessen am Vorjahr, um etwa 12 % ab. Sowohl Herr Müller, der Geschäftsführer der Primus GmbH, als auch Herr Berg, Gruppenleiter für den Bereich Verbrauchsmaterial, beobachten diese Entwicklung mit großer Sorge.

Herr Berg: *„... ich vermute, dass uns insbesondere die preisaggressiven Direktversender zusetzen und uns mehr und mehr Marktanteile abnehmen. Darauf müssen wir einfach reagieren und unsere Preis- und Vertriebsstrategien entsprechend anpassen!"*

Herr Müller: *„Das kann durchaus sein. Bedenken Sie aber, dass wir auch unser Werbekonzept umgestellt haben. Ihrem Bereich stand dieses Jahr ein deutlich geringeres Werbebudget zur Verfügung."*

Herr Berg: *„Das stimmt natürlich. Dennoch spielt das Werbebudget hier nur eine geringe Rolle. Durch die Umstellung auf unser direktes Kundenmailing konnten wir eine mindestens ebenso hohe Werbewirksamkeit wie vorher erreichen. Gleichzeitig konnten wir dadurch etwa 35 % der vorherigen Aufwendungen für Werbung einsparen. Ich führe den Rückgang eher auf unser Sortiment zurück. Bei den Verbrauchsmaterialien erwarten unsere Kunden heute doch ein wesentlich tieferes und breiteres Sortiment."*

Herr Müller: *„Hm, ... das ist durchaus möglich. Ich denke, so kommen wir in der Tat nicht weiter. Damit wir nicht noch mehr verlieren, sollten wir entschlossen, aber vor allem auch richtig Handeln. Sowohl unsere Analyse, als auch unsere Entscheidungen müssen auf handfesten betriebswirtschaftlichen Fakten beruhen."*

ARBEITSAUFTRÄGE

- Bilden Sie in Ihrer Klasse Arbeitsgruppen. Entwickeln Sie eine mögliche Strategie, wie Herr Müller und Herr Berg zu „handfesten" betriebswirtschaftlichen Fakten gelangen können, die ihnen in der Folge als Entscheidungsgrundlage dienen können.
- Dokumentieren Sie Ihre Überlegungen in einer Übersicht.

Marktforschung

Die **Beschaffung** und **Aufbereitung** von **Marktinformationen** ist Aufgabe der Marktforschung (Pre-Sales-Phase). Als zentrale Bereiche der Marktforschung für den Groß- und Außenhandel gelten:

Kundenanalyse | **Konkurrenzanalyse** | **Analyse der eigenen Marktstellung**

PRAXISTIPP Die Marktforschung ist ein unverzichtbares Instrument, um gesicherte Informationen für betriebswirtschaftliche Entscheidungen zu erhalten. Nur auf der Grundlage gesicherter Informationen können die marketingpolitischen Instrumente (vgl. S. 97) infolge zielgerichtet eingesetzt werden.

Ziel der Marktforschung ist es,

- eigene Schwächen zu ermitteln, um sie mit geeigneten Marketingmaßnahmen zu beseitigen;
- eigene Wettbewerbsvorteile/Stärken zu erkennen, um sie ausbauen zu können.

Voraussetzung dafür sind verlässliche, aktuelle, genaue und zielgerichtete Marktdaten.

Informationsquellen der Marktforschung

- **Betriebsinterne Quellen:** Das betriebsinterne Datenmaterial der Marktforschung entstammt den Aufzeichnungen der verschiedenen Abteilungen eines Unternehmens, LF 3 insbesondere dem **Rechnungswesen.** Das Warenwirtschaftssystem **(WWS)** ist dabei ein besonders ergiebiger Informationslieferant. Es liefert artikelgenau Daten und bildet somit die Grundlage für vielfältige Marketingaktivitäten.
- **Betriebsexterne Quellen:** Oft ist es erforderlich, dass in der Marktforschung Daten erhoben werden müssen, die nicht betriebsintern angefallen sind. Soll beispielsweise die konjunkturelle Entwicklung eingeschätzt werden, so müssen Berichte der EZB (Europäische Zentralbank), LF 7 der Bundesbank und einzelner Ministerien (Wirtschafts-, Finanz-, Arbeitsministerium) sowie Pressemitteilungen ausgewertet werden.
- **Sekundärdaten:** Die bisher genannten Daten (betriebsintern oder extern) wurden nicht speziell für Marktforschungszwecke erhoben. Es handelt sich um Daten, die für andere Zwecke erfasst wurden, z. B. für Zwecke des Rechnungswesens. Für die Marktforschung und für sonstige Entscheidungszwecke müssen sie jeweils neu aufbereitet (sortiert, selektiert, verknüpft) werden. Bei diesen Daten handelt es sich um sogenannte Sekundärdaten.
- **Primärdaten:** Sind aus Sekundärdaten die gewünschten Informationen nicht zu gewinnen, müssen die Daten erstmalig neu erhoben werden. Man spricht von **Primärdaten.**

Überblick über die Methoden der Marktforschung

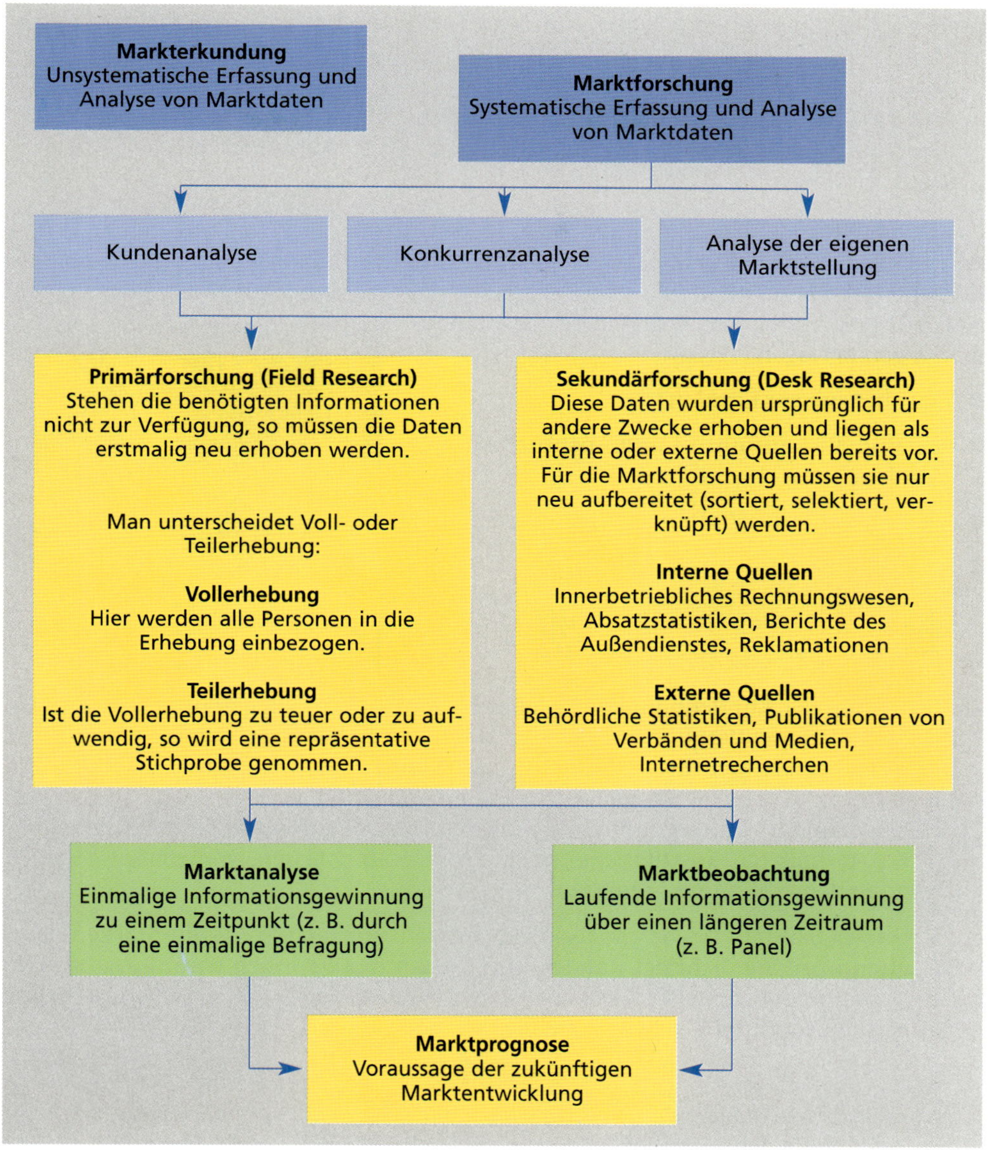

Kundenanalyse

Kundenorientierung und ihre Umsetzung ist langfristig die Voraussetzung für die Wettbewerbsfähigkeit in einem Käufermarkt. In Marktstrukturen mit globaler Konkurrenz und mit zunehmender Markttransparenz für die Kunden wird eine klare Ausrichtung von Marketingaktivitäten auf den Kunden zu einer Überlebensstrategie für alle Groß- und Außenhändler.

PRAXISTIPP Der Kunde ist das Wichtigste in Ihrem Unternehmen. Er ist es, der letztendlich Ihr Gehalt bezahlt.

Sowohl der Groß- und Außenhändler als auch seine Kunden müssen von einem Geschäft profitieren. Es muss eine „**WIN-WIN-Situation**“ entstehen, in der sich beide Parteien als Gewinner sehen können. Kundenorientierung hat somit zum Ziel, Kundenzufriedenheit zu optimieren, um deren Wechsel zu Mitbewerbern auszuschließen.

PRAXISTIPP Der Aufwand (Kosten, Zeit), einen bereits vorhandenen Kunden zufriedenzustellen, ist in der Regel deutlich geringer, als der Aufwand, einen neuen Kunden zu gewinnen.

Bei der **Kundenanalyse** geht es folglich darum, soviel wie möglich über aktuelle und potenzielle Kunden zu erfahren, um in der Folge die Marketingaktivitäten entsprechend auszurichten. Als zentrale Analysebereiche können sich folgende Fragen ergeben:

- **Wer sind unsere Kunden**?
- Was sind die **Kaufmotive** und **Ansprüche** unserer Kunden?
- Wie ist das **Kaufverhalten** unserer Kunden?
- Wie **zufrieden** sind unsere Kunden?

Kundenzufriedenheitsanalyse

Zur Sicherung der Kundenbindung bietet sich eine **Kundenzufriedenheitsanalyse** an. Um sich kundenorientiert und verkaufsstark am Markt zu bewegen, müssen systematisch auftretende Defizite identifiziert und abgebaut werden, denn es besteht ein enger Zusammenhang zwischen der Kundenzufriedenheit und dem nachhaltigen Verkaufserfolg. **Ziel** der Analyse ist folglich eine Optimierung der Kundenzufriedenheit und Kundenbindung, was zu höheren Abschlussquoten, mehr Folgeabschlüssen, Weiterempfehlungen und Neukundengewinnung führen soll.

Ein wichtiger Baustein bei der Analyse der Kundenzufriedenheit ist ein **Stärken- und Schwächenprofil** aus Sicht der Kunden. Aus diesem Profil können dann Ansatzpunkte für die Verbesserung abgeleitet werden. Die Identifikation von systematisch auftretenden Defiziten steht somit im Vordergrund dieser Methode.

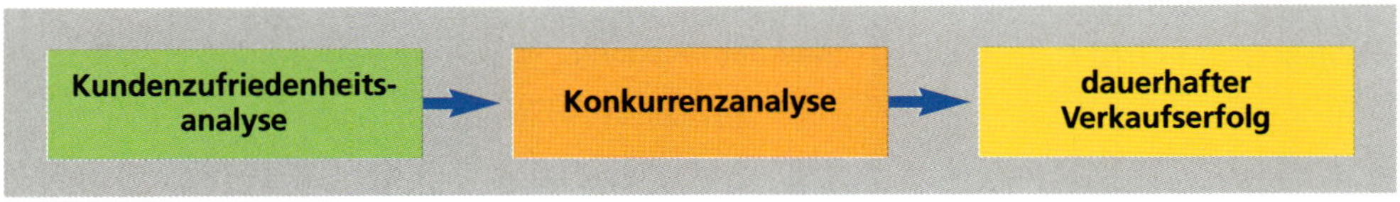

Für die **Durchführung** einer Kundenzufriedenheitsanalyse bietet sich eine **Befragung** (vgl. S. 30) an. Neben schriftlichen Befragungen kommen auch Telefoninterviews oder Onlinebefragungen zur Anwendung.

Die **Auswertung und Analyse** der Befragungsdaten sollte computergestützt erfolgen. So lassen sich gewichtete Zufriedenheitsbereiche der Kunden ermitteln und die Selektion der Daten kann nach verschiedenen Befragungsbereichen vorgenommen werden.

Als **Ergebnis** sollte eine Stärken- und Schwächenanalyse des Unternehmens sowie ein Kundenzufriedenheitsprofil vorliegen, aus dem sich möglichst konkrete Optimierungsmaßnahmen ableiten lassen.

Als **Konsequenz** aus der Kundenzufriedenheitsanalyse sollten möglichst konkrete Optimierungsmaßnahmen beschlossen werden, die zu einem späteren Zeitpunkt auf ihren Erfolg zu überprüfen sind.

Beispiel Die Kröger & Bach KG beschließt nach ihrer Kundenzufriedenheitsanalyse Schulungs- und Trainingsmaßnahmen für die Mitarbeiter im Verkauf. Eine Wiederholungsbefragung im kommenden Jahr soll zeigen, welche Fortschritte erzielt wurden.

PRAXISTIPP Eine Kundenzufriedenheitsanalyse kann variiert werden und ihren Schwerpunkt auf die Bereiche Neukunden, verlorene Kunden oder After-Sales-Befragung (vgl. S. 30) verlagern.

Konkurrenzanalyse/Mitbewerberanalyse

Die **Konkurrenzanalyse/Mitbewerberanalyse** als Branchenanalyse und -prognose ist heute ein unverzichtbares Früherkennungsinstrument im Rahmen der Überlebens- und Zukunftssicherung von Groß- und Außenhandelsunternehmen. So beeinflusst das Angebot der Mitbewerber die Erwartung und die Zufriedenheit der eigenen Kunden und zudem droht auch Konkurrenz, die nicht nur aus der eigenen Branche stammt.

Beispiele

- Anfang der Siebzigerjahre des 20. Jahrhunderts entstand in Deutschland eine völlig neue Konkurrenz für Büromöbeleinzelhändler. Das schwedische Unternehmen IKEA definierte die Zielgruppe der jungen Familien und der Büromöbelkäufer mit geringer Kaufkraft neu und bot erstmalig Büromöbel zum „Selber-Montieren" an. Heute gehört IKEA zu den führenden Möbelhäusern und ist starker Konkurrent zum Facheinzelhandel und somit auch für den Großhandel.

- Tele-Shopping und Internet-Shopping haben sich zu einem neuen Vertriebskanal entwickelt, der zu einem starken Konkurrenten für den stationären Handel geworden ist. Selbst beratungsintensive Produkte wie Computer, Fotoartikel, Versicherungsdienstleistungen usw. werden über diese Vertriebskanäle verkauft.

Aufgabe der Konkurrenzanalyse ist es, die Mitbewerber und deren Produkte auf Stärken und Schwächen hin zu untersuchen. Sie liefert wichtige Orientierungspunkte für die eigene Marktpositionierung und Wettbewerbsstrategie. Methodisch kann eine Konkurrenzanalyse durch einfache Vergleiche oder durch gezielte Bewertungen erfolgen.

○ Die SWOT-Analyse

Die SWOT-Analyse ist ein klassisches Instrument, um die Marktpositionierung eines Unternehmens im Vergleich zur Konkurrenz festzustellen. SWOT ist abgeleitet aus den folgenden Begriffen:

Strength	**Weakness**
Stärken des eigenen Unternehmens, z. B. Flexibilität in der Produktion, Kundennähe, Produktqualität, Ausbildungsstand der Mitarbeiter	Schwächen des eigenen Unternehmens, z. B. Finanzkraft, IT-Infrastruktur, Organisationsstruktur, Reaktionsgeschwindigkeit auf Marktveränderungen
Opportunities	**Threats**
Chancen für die Zukunft, z. B. Expansion ins Ausland, Internet als Vertriebskanal, E-Commerce für B2B	Risiken für die Zukunft, z. B. Konkurrenz aus dem Ausland, Veränderungen in den Marktstrukturen, Investitionsneigung von Kunden

○ Stärken-Schwächen-Profile

Die aufgrund der SWOT-Analyse erhobenen Daten können übersichtlich in ein Stärken-Schwächen-Diagramm übertragen werden, das alle Ausprägungen veranschaulicht.

Beispiel Die Auswertung des Stärken-Schwächen-Profils der Kröger&Bach KG zeigt, dass die Beurteilung gegenüber dem stärksten Mitbewerber bei fast allen Kriterien schlechter ausfällt. Lediglich bei der Produktqualität liegt die Kröger&Bach KG vorn.

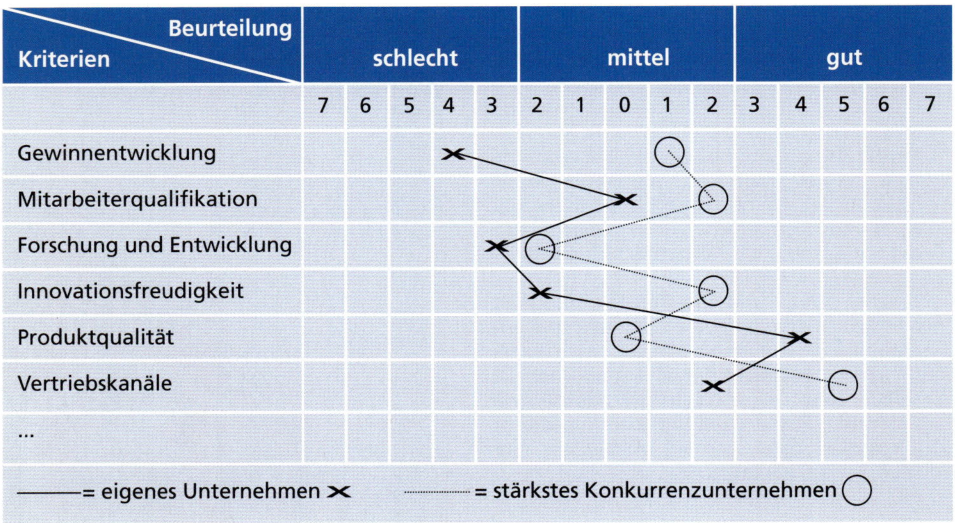

○ Branchenvergleiche/Benchmarking

Fachverbände, Industrie- und Handelskammern sowie Marktforschungsinstitute erstellen periodisch Branchenvergleiche. Die hier veröffentlichten Daten können einen wesentlichen Beitrag zur Konkurrenzanalyse leisten. Oft sind die Daten bereits aufbereitet, sodass sie mit eigenen Unternehmensdaten verglichen werden können.

Beispiel Für einen Branchenvergleich hat die Kröger Bach KG die folgende Übersicht angelegt:

Kennzahl	Eigenes Unternehmen	Branchen-durchschnitt	Durchschnitt Top Ten
Umsatz (Mio. EUR) Veränderung zum Vorjahr	203.080.000,00 EUR +1.200.000,00 EUR	172.000.000,00 EUR +920.000,00 EUR	310.000.000,00 EUR +3.100.000,00 EUR
Mitarbeiter Veränderung zum Vorjahr	39 –2	35 +1	47 –1
Umsatz je Mitarbeiter Veränderung zum Vorjahr	5.207.179,40 EUR 30.769,23 EUR	4.914.285,14 EUR 26.285,14 EUR	6.595.744,60 EUR 65.957,45 EUR
Gewinn (Mio. EUR) Veränderung zum Vorjahr	3.900.000,00 EUR +270.000,00 EUR	2.750.000,00 EUR +120.000,00 EUR	5.850.000,00 EUR +410.000,00 EUR

Weitere wichtige Bereiche der Konkurrenzanalyse sind neben der ständigen Marktbeobachtung und -analyse- die Preispolitik, die Servicepolitik, die Distributionspolitik, die Kommunikationspolitik, die Qualität der angebotenen Artikel, die Serviceleistungen sowie das Sortiment und das Image des Konkurrenten.

Bei der Konkurrenzanalyse ist nicht unbedingt die Anzahl der festgestellten Mitbewerber das ausschlaggebende Element, sondern die Kompetenz und Stärke der einzelnen Konkurrenten. Bei der Analyse ist es deshalb empfehlenswert, drei Gruppen zu bilden:

Marktführer und Marktherausforderer	Nischenanbieter	Mitläufer
Diese Mitbewerber haben eine besonders ausgeprägte Marktstellung und übernehmen eine Führungsfunktion in Bezug auf Artikelangebot, Marktbedienung und Marktbeeinflussung. Marktherausforderer sind solche Firmen, die auf dem Wege sind, Marktanteile abzunehmen oder sich als Marktführer zu positionieren.	Nischenanbieter beteiligen sich nur mit einem begrenzten Liefersortiment und Produktangebot am Markt oder konzentrieren sich auf beschränkte Marktgebiete, die sie mit ihrem Angebot abdecken.	Mitläufer beteiligen sich nur marginal am Marktgeschehen und haben meist eine untergeordnete Marktstellung.

PRAXISTIPP Behalten Sie bei Ihrer Konkurrenzanalyse nicht nur den Marktführer und Marktherausforderer im Blick, sondern betrachten Sie die (bisherigen) Nischenanbieter und Mitläufer ähnlich aufmerksam.

Analyse der eigenen Marktstellung

Die Analyse des Marktes ist für Groß- und Außenhandelsunternehmen von großer Bedeutung, um die marketingpolitischen Instrumente mit Blick auf den Absatzmarkt angemessen einsetzen zu können. Zentrale Bereiche der Marktanalyse sind:

Marktpotenzial	Marktvolumen	Marktanteil

Das **Marktpotenzial** ist eine theoretische Größe. Sie gibt die maximale Aufnahmefähigkeit eines Marktes in Stück an, wobei unterstellt wird, dass alle denkbaren Käufer über entsprechendes Einkommen verfügen und alle auch eine entsprechende Kaufbereitschaft entwickelt haben.

Beispiel Das Marktpotenzial für Smartphones in Deutschland entspricht in etwa der Bevölkerungsanzahl (Ausnahme: Kleinkinder unter 6 Jahren). Nicht alle Bürger sind aber bereit oder in der Lage, sich ein Smartphone anzuschaffen.

Beispiel Die Primus GmbH ruft jährlich das regionale Marktpotenzial für Büroausstattung bei der Gesellschaft für Konsumforschung (GfK) ab. Diese kostenpflichtige Information ist für Marketingentscheidungen sehr wichtig.

Das **Marktvolumen** ist eine Teilmenge des Marktpotenzials. Man versteht hierunter die realisierbaren bzw. prognostizierbaren Absatzmengen pro Periode in einem abgegrenzten Markt. Hierbei wird von realitätsnahen Prognosen ausgegangen, z.B. auf der Basis von Produktionskapazitäten, Rohstoffversorgung und der Kaufkraft der Kunden.

Beispiel Das Marktvolumen für Smartphones im Jahr 2012 basiert auf der Prognose, dass bestimmte Zielgruppen bereit und in der Lage sind, ein Smartphone zu kaufen: Zielgruppe Jugendliche (bis 16 Jahre) 55%, Zielgruppe Erwachsene 75%, Zielgruppe Senioren 35%. Wenn diese Daten mit den Bevölkerungszahlen abgeglichen werden, kann das Marktvolumen ermittelt werden. Hierbei muss jedoch noch berücksichtigt werden, wie viele Personen erstmalig ein Smartphone kaufen beziehungsweise Ersatzbeschaffungen tätigen.

Der **Marktanteil** eines Unternehmens ist der prozentuale Anteil seines Umsatzes oder Absatzes am Marktvolumen. Mit dieser Messzahl wird die Stärke der Marktposition im Vergleich zur Konkurrenz gemessen. Der Marktanteil kann in Mengeneinheiten wie Stück (Absatz) oder in Werteinheiten wie EUR (Umsatz) gemessen werden.

$$\textbf{Marktanteil in \%} = \frac{\textbf{Unternehmensumsatz oder -absatz} \cdot \textbf{100}}{\textbf{Marktvolumen}}$$

Die zeitliche Veränderung der Marktanteile zeigt die Entwicklung der Marktstellung eines Unternehmens. Da die Summe aller Marktanteile eines Marktes genau 100 % ist, kann eine Ausweitung des Marktanteiles eines Unternehmens immer nur zulasten des Marktanteils eines anderen Unternehmens gehen.

Beispiel Der Marktanteil der Primus GmbH im Segment „Schreibtische" beträgt 5 %. 95 % des Marktvolumens entfallen auf die Mitbewerber.

PRAXISTIPP Industrie- und Handelskammern, Fachverbände und Statistische Landesämter bieten zahlreiche Quellen, die für eine Marktanalyse hilfreich sind.

Typische Methoden zur Datenerhebung in der Marktforschung

Befragung

Die **Befragung** ist eine Methode der Datenerhebung, bei der sich Personen verbal oder schriftlich zum jeweiligen Erhebungsgegenstand äußern. Bei Befragungen kann ein Groß- und Außenhändler

- schriftlich,
- mündlich,

- telefonisch oder
- online-/computergestützt

Informationen zum Erhebungsgegenstand einholen.

Beispiele Die Kröger&Bach KG plant eine Kundenbefragung. Erhebungsgegenstand ist die Kundenzufriedenheit.

Erhebungsformen	Erläuterungen	Vorteile	Nachteile
 mündlich	Durchführung von Interviews. Zumeist geschieht dies mithilfe eines Fragebogens.	- mehr Klarheit, weil Zusatzfragen und Erklärungen möglich sind - hoher Rücklauf	- personal- und kostenintensiv - mögliche Beeinflussung durch Interviewer - zeitaufwendig
 schriftlich	Fragebögen mit verschiedenen Frageformen werden an ausgewählte Unternehmen oder Personen geschickt.	- einfach zu organisieren - relativ kostengünstig - ermöglicht breites Informationsspektrum	- Fragen müssen ziel- und personengerichtet formuliert werden. - oft geringe Rücklaufquote - keine spontanen Antworten - intensive Auswertung
 telefonisch	Es werden gezielt einzelne Personen oder Unternehmen telefonisch befragt.	- relativ schnelle Erhebung - direkte und persönliche Ansprache der Zielgruppe	- wird von der Zielgruppe häufig als lästig empfunden - Das Antwortverhalten der Befragten ist nicht beobachtbar.
 online-/computergestützt	Unter Nutzung des Mediums Computer wird eine Befragung durchgeführt (ähnlich der schriftlichen Befragung).	- leichte und schnelle Form der Auswertung - kostengünstig	- kein persönlicher Kontakt und deshalb anonym - setzt entsprechende technische Ausstattung voraus

○ Fragebogen

Alle Formen der Befragung basieren auf einem Fragebogen. Bei der **Konzeption** eines Fragebogens ist besonders das **Untersuchungsziel** zu berücksichtigen. Die Fragen sind auf die **Zielgruppe** abzustimmen und müssen **eindeutig** sowie **sprachlich genau** und **verständlich** sein.

PRAXISTIPP Fragebögen sind umso einfacher auszuwerten, je strukturierter sie sind.

Für den Aufbau eines Fragebogens empfiehlt sich die folgende Struktur:

Einleitungstext
Kurze Einführung in das Thema und Anleitung, die beim Ausfüllen hilfreich ist.

↓

Eisbrecher oder Eröffnungsfrage
Soll zum Thema hinführen und den Einstieg erleichtern.

↓

Einbau von Filterfragen
Filterfragen grenzen Erhebungsbereiche für einzelne Befragungsgruppen voneinander ab und helfen somit überflüssige Fragen zu vermeiden.

↓

Fragethemen im Hauptteil in Frageblöcke aufteilen
Fragen zu gleichen oder verwandten Themen sind in Blöcke zusammenzufassen.

↓

Fragen zur Person
Soziodemografische Daten gehören eher an den Schluss eines Fragebogens.

↓

Dank
Dank für die Beantwortung der Fragen zum Ausdruck bringen.

PRAXISTIPP Orientieren Sie sich bezüglich der Länge eines Fragebogens an dem folgenden Prinzip: *„So knapp wie möglich – so lang wie nötig."*

Fragen können nach ihrem **Inhalt** oder ihrer **Form** unterschieden werden und sich auf Einstellungen, Meinungen, Überzeugungen, Wertorientierungen, Wissen und Handlungen der befragten Person beziehen. Bei der Form werden in Bezug auf die Antwortmöglichkeiten drei Arten von Fragen unterschieden:

● geschlossene Fragen ◗ halb offene Fragen ❍ offene Fragen

Bei **geschlossenen Fragen** werden die Antwortmöglichkeiten vorgegeben. Das erleichtert die spätere Auswertung, hat jedoch den Nachteil, dass die Auskunftsperson oft das Gefühl hat, dass keine der vorgegebenen Antwortmöglichkeiten so richtig zu dem passt, was sie antworten möchte.

Beispiel Die Kröger&Bach KG verwendet bei ihrer Befragung zur Kundenzufriedenheit die folgenden Fragen in geschlossener Form.

Wie zufrieden sind Sie mit dem Service unserer Reklamationsabwicklung?	Nicht ☐ wenig ☐ mittelmäßig ☐ ziemlich ☐ sehr ☐
Wie wurde der persönliche Kontakt mit unseren Mitarbeitern empfunden?	freundlich 1 2 3 4 5 6 unfreundlich persönlich 1 2 3 4 5 6 unpersönlich interessiert 1 2 3 4 5 6 gleichgültig
Fühlen Sie sich ausreichend über Produktneuheiten informiert?	ja ☐ nein ☐

Bei **offenen Fragen** werden keine Antwortmöglichkeiten vorgegeben. Die Auskunftsperson **antwortet mit eigenen Worten.** Mit offenen Fragen können auch Aspekte erfasst werden, an die bei der Entwicklung des Fragebogens (noch) nicht gedacht worden ist. Die Antwort hängt stark von der Ausdrucksfähigkeit der befragten Person ab und der Aufwand für die Auswertung ist hoch.

Beispiel

Wenn Sie möglicherweise Ihren Lieferanten wechseln möchten, aus welchen Gründen würden Sie dies tun (bitte Gründe aufführen)?	______________________ ______________________

In der Praxis werden häufig **halb offene Fragen** verwendet. Hierbei werden zunächst geschlossene Antwortmöglichkeiten vorgegeben. Je nach Antwort (oder auch als freiwillige Zusatzinformation) folgt eine offene Antwortmöglichkeit.

Beispiel

Wurde auf Serviceleistungen des Hauses hingewiesen?	ja ☐ nein ☐
Welche?	______________________

PRAXISTIPP

Testen Sie einen neuen Fragebogen zunächst in einer Versuchsstichprobe.
Einen Fragebogen zu erstellen, der die Grundlage für betriebswirtschaftliche Entscheidungen darstellt, ist keine einfache Aufgabe. Daher sollten Sie vorsichtig sein und sich besser an einem fertigen Modell orientieren oder Fachleute einer Marketingagentur mit dieser Arbeit betrauen. Es hilft Ihnen nämlich nicht weiter, wenn Sie mit einem untauglichen Fragebogen und viel Aufwand Daten erheben, die wegen methodischer Fehler kaum sinnvoll zu interpretieren sind.

○ Panel

Ein Panel ist eine Methode, bei der eine Gruppe von Personen, Haushalten oder Betrieben regelmäßig nach bestimmten Verhaltensweisen befragt oder (z. B. über elektronische Erfassungsgeräte) untersucht wird. Die Panelteilnehmer stellen ein repräsentatives Abbild der Personengesamtheit dar. Das Panel ist eine bedeutende Methode der Marktforschung. Die wichtigsten Formen des Panels sind das Einzelhandelspanel und das Verbraucher- (Konsumenten-)panel. Durchgeführt werden Panels in der Regel von Marktforschungsinstituten.

○ Beobachtung

Bei einer Beobachtung kann das tatsächliche Verhalten von Personen in bestimmten Situationen beobachtet werden, ohne dass die Person befragt werden muss. Die Beobachtung ist nicht von der Auskunftsbereitschaft der Personen abhängig und hat den großen

Vorteil, dass echtes, durch Kommunikation noch unverfälschtes Verhalten festgestellt werden kann. Allerdings müssen Beobachtungen in der Regel durch Befragungen ergänzt werden, um ein bestimmtes Verhalten zu erklären.

Beispiel In der Verkaufsboutique der Primus GmbH untersucht die Auszubildende Nicole Höver den Kundenlauf. Mit einer Skizze der Boutique zeichnet sie auf, wie sich die Kunden in dem Raum bewegen. Ihre Erkenntnisse will Nicole für eine verkaufsfördernde Platzierung der Waren nutzen.

PRAXISTIPP Für Mitarbeiter im Marketing ist es sinnvoll, diejenigen Verkaufsstätten anonym zu besuchen, in denen Ihre Artikel verkauft werden. Sie werden stets mit einer Fülle von Denkanstößen zurückkehren und einen Fundus für Verbesserungen von Strategie und Taktik zur Verfügung haben.

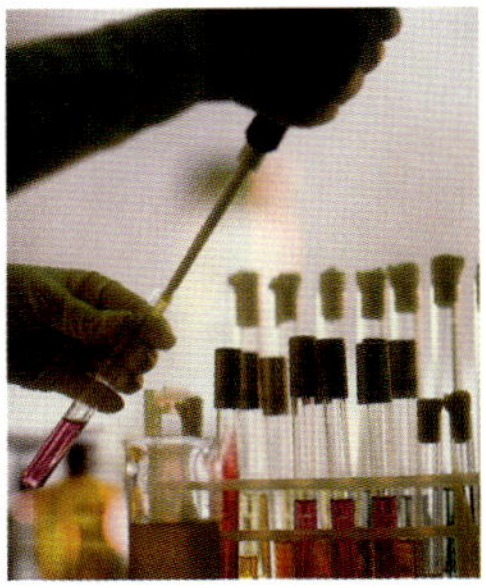

○ Markttest/Experiment

Während eines Markttests/Experiments versucht man für einen bestimmten Zusammenhang Ursache und Wirkung herauszufinden. Dabei wird jeweils ein Wesensmerkmal verändert, um die Auswirkungen untersuchen zu können.

Beispiel Die Primus GmbH testet, wie ihre Kunden in der Verkaufsboutique auf Verbundplatzierungen reagieren. Dabei werden komplette Musterbüros mit Artikeln aus allen Warengruppen geschmackvoll arrangiert.

Die Marktforschung als Grundlage von Marketingentscheidungen nutzen

- Markterkundung und Marktforschung im Groß-und Außenhandel beinhalten vielfältige Methoden:

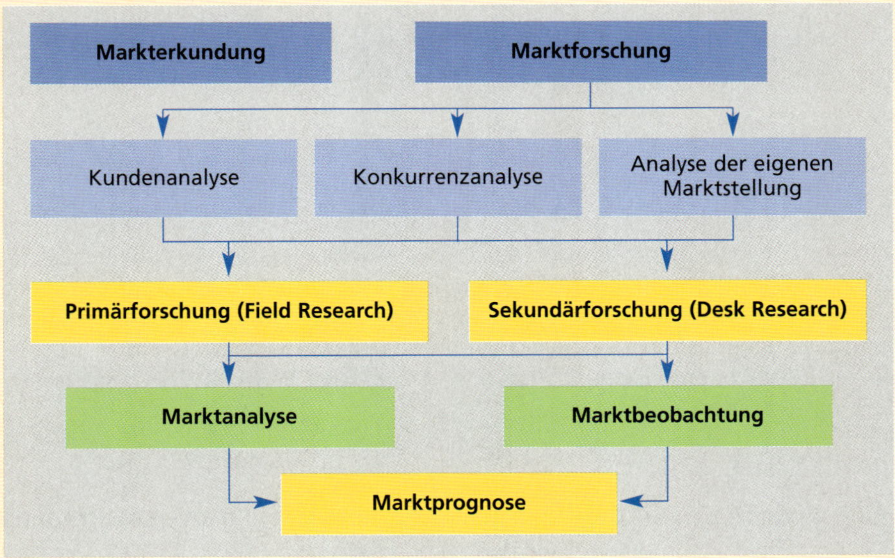

- Bei der **Kundenanalyse** geht es darum, soviel wie möglich über aktuelle und potenzielle Kunden zu erfahren, um seine Marketingaktivitäten entsprechend auszurichten.
- **Gegenstände der Kundenanalyse** können sein: Zielgruppe, Kundenansprüche, Kaufverhalten sowie Kundenzufriedenheit.
- Die **Kundenzufriedenheitsanalyse** ist ein wichtiges Element der Kundenanalyse, welches in besonderem Maße zur **Kundenbindung** beiträgt.
- Aufgabe der **Konkurrenzanalyse/Mitbewerberanalyse** ist es, die Mitbewerber und deren Produkte auf Stärken und Schwächen zu untersuchen. Sie liefert wichtige Orientierungspunkte für die eigene Marktpositionierung und Wettbewerbsstrategie.
- Zentrale Bereiche bei der **Analyse der eigenen Marktstellung** sind: Marktpotenzial, Marktvolumen und Marktanteil.
- Die **Marktforschung** umfasst die **Marktanalyse** (zeitpunktbezogen) und die **Marktbeobachtung** (zeitraumbezogen). Daraus ergibt sich eine **Marktprognose** (zukunftsbezogen).
- Die **Befragung** ist eine zentrale Methode zur Datenerhebung. Sie kann **schriftlich, mündlich, telefonisch** oder **online-computergestützt** erfolgen.
- Zumeist werden **Fragebögen** bei Befragungen eingesetzt.
- Für den **Aufbau eines Fragebogens** empfiehlt sich folgende Gliederung: 1. Einleitungstext 2. Eisbrecher- oder Eröffnungsfrage 3. Filterfrage 4. Fragenhauptteil (in Blöcke unterteilt) 5. Fragen zu Person 6. Dank
- Eine wichtige Sonderform der Befragung ist der **Panel**, bei dem eine Gruppe von Menschen über einen längeren Zeitraum befragt wird.
- Weitere Erhebungsmethoden für Daten sind die **Beobachtung** sowie der **Markttest**/das **Experiment.**

1. Im Rahmen einer Marktforschung müssen Sie sich zwischen einer Primär- oder Sekundärerhebung entscheiden. Listen Sie als Entscheidungsgrundlage Vor- und Nachteile beider Möglichkeiten auf.

2. Beschreiben Sie, wie Ihnen das Internet bei der Erhebung von Sekundärdaten helfen kann.

3. Erläutern Sie die Unterschiede zwischen Marktanalyse, Marktbeobachtung und Marktprognose.

4. Ihr Ausbildungsbetrieb möchte wissen, ob Ihre gewerblichen Kunden mit dem Sortiment zufrieden sind. Hierzu soll eine Kundenbefragung durchgeführt werden.

a) Erstellen Sie eine Übersicht zu den möglichen Befragungsarten und entscheiden Sie sich begründet für eine dieser Befragungsarten.

b) Ihr Ausbildungsbetrieb entschließt sich, einen Fragebogen einzusetzen. Stellen Sie den möglichen Aufbau eines Fragebogens dar.

c) Entwickeln Sie einen möglichen Fragebogen.

d) Tauschen Sie Ihren Fragbogen mit Ihrem Nachbarn aus. Geben Sie sich gegenseitig Rückmeldung bezüglich der Aspekte: Aufbau/Struktur, Verständlichkeit der Fragen und Eignung, die Kundenzufriedenheit bezüglich des Sortiments zu erfragen.
e) Sammeln Sie in Stichworten Möglichkeiten, wie für Ihre Kunden die Befragung attraktiv gemacht werden kann, damit sich möglichst viele Kunden freiwillig beteiligen.

5. Beschreiben Sie in Stichworten Anlässe, in denen ein Groß- und Außenhändler sinnvoller Weise die „Beobachtung" für Marktforschungszwecke einsetzen kann.
Nehmen Sie kritisch Stellung zu der Aussage: Eine Kunden-, Konkurrenz- und Marktanalyse kommt höchstens für große Groß- und Außenhandelsunternehmen in Betracht.

3 Strategisches Marketing betreiben und eine Absatzplanung durchführen

Betriebsversammlung bei der Primus GmbH. Svenja Braun, die Assistentin der Geschäftsleitung, soll über die wirtschaftliche Entwicklung und deren Konsequenzen im letzten Quartal berichten: *„Die in letzter Zeit sinkenden Umsätze beim Verbrauchsmaterial wurden mit verschiedenen Marktforschungsaktivitäten analysiert. Daraufhin haben wir unser Sortiment in diesem Segment auf Vordermann gebracht, sodass die Umsätze wieder steigen. Da zeigte sich unser Marketing in Bestform."*
Marc Cremer, der Vorsitzende des Betriebsrates, meldet sich zu Wort: *„Ich beglückwünsche die Geschäftsleitung zu Ihrer durchdachten Reaktion auf die Krise beim Verbrauchsmaterial. Zur langfristigen Sicherung und Erweiterung unseres Umsatz würde ich mir aber auch entsprechend langfristig ausgerichtete Überlegungen wünschen."* Frau Braun erwidert mit einem Lächeln: *„Herr Cremer, ich finde es ja richtig klasse, wenn der Betriebsrat wirtschaftliche Überlegungen in den Vordergrund rückt. In der Tat sind unsere strategischen Überlegungen und die langfristige Absatzplanung von großer Bedeutung. Die Versammlung hier ist aber nicht der richtige Ort, um davon zu berichten. Dennoch gebe ich Ihnen mal zwei Beispiele: Die Krise beim Verbrauchsmaterial hat bei der Geschäftsleitung auch erste Überlegungen ausgelöst, unter Umständen einen Online-Shop zu gründen. Außerdem möchten wir verstärkt Büromöbel in das Sortiment aufnehmen, die in besonderem Maße ökologischen und ergonomischen Ansprüchen genügen. Beides hätte sicher eine strategische Bedeutung!"* Nicole Höver fragt daraufhin ihren Sitznachbarn Andreas Dick: *„Was ist denn nun wichtiger – die Strategie oder das taktisch kluge Reagieren?" „Wenn du mich das in Bezug auf Fußball fragen würdest, wüsste ich die Antwort,"* erwidert Andreas.

ARBEITSAUFTRÄGE

- Erläutern Sie die Bedeutung des strategischen Marketings für die langfristige Sicherung des wirtschaftlichen Erfolges.
- Sammeln Sie die Marketingaktivitäten in Ihren Unternehmen und ordnen Sie diese den Kategorien des operativen und des strategischen Marketings zu.
- Grenzen Sie für Ihren Ausbildungsbetrieb Marktsegmente ab.

Strategisches und operatives Marketing

Planungen im Marketing

Operatives Marketing:
umfasst Entscheidungen und Maßnahmen im Marketing, die sich in kürzeren Planungszeiträumen (maximal ein Jahr) bewegen. Hier wird auf kurzfristige Marktentwicklungen und aktuelle Problemstellungen reagiert, um sich Wettbewerbsvorteile zu verschaffen.

Beispiel Der Hard- und Softwareproduzent Richard D. Wesley, Inc. aus den USA fragt bei der Primus GmbH an, ob diese sich an der Planung und dem Aufbau eines Messestandes bei einer deutschen Fachmesse beteiligen würde. Als Gegenleistung könnte die Primus GmbH ohne eigene Messegebühren ihr Sortiment auf dem Stand mitpräsentieren. Frau Primus findet, dass diese Idee einen Versuch wert ist und stimmt zu.

Strategisches Marketing:
hat das Ziel, dem Unternehmen auf seinen Märkten dauerhaft Wettbewerbsvorteile zu verschaffen und sicherzustellen. Das strategische Marketing ist eng verknüpft mit dem betrieblichen Zielsystem des Unternehmens. Entscheidungen in diesem Bereich sind sehr weitreichend und daher häufig der Geschäftsleitung vorbehalten.

Beispiel Die Umsatzrückgänge im Bereich des Verbrauchsmaterials machen den Verantwortlichen der Primus GmbH große Sorgen. Nach langen Diskussionen und verschiedenen Marktforschungsaktivitäten hat die Geschäftsleitung beschlossen, im kommenden Geschäftsjahr mit dem Aufbau eines Online-Shops zu beginnen.

Entscheidungen im operativen Marketing sind stets **eingebunden** in die strategische Ausrichtung des Unternehmens.

PRAXISTIPP Ihr kurzfristiges, taktisches Handeln sollte an Ihren langfristigen, strategischen Zielen und Überlegungen orientiert sein. Das gilt sowohl in Ihrer beruflichen Praxis als (meistens) auch in Ihrem Privatleben.

Marketingstrategien

Unter einer **Marketingstrategie** versteht man eine langfristig festgelegte Verhaltensweise, mit der eine Unternehmung am Markt vorgehen will. Sie trifft unter Berücksichtigung der Unternehmensziele konkrete Aussagen über die vielfältigen Maßnahmen im Rahmen des Marketing-Mix (vgl. S. 97). Marketingstrategien können wie folgt festgelegt werden:

- **Wachstumsstrategien:** Das Ziel Marktwachstum steht für viele Unternehmen an erster Stelle. Mit einer Strategie der **Marktdurchdringung** will eine Großhandlung mit den vorhandenen Produkten eine stärkere Durchdringung der vorhandenen Märkte erreichen. Durch eine **Sortimentsentwicklung** werden für bestehende Märkte neue Produkte ins Sortiment aufgenommen. Verfolgt eine Großhandlung die Strategie der **Marktentwicklung**, versucht sie, mit ihren vorhandenen Produkten neue Märkte zu erschließen.

Beispiele Die Primus GmbH versucht durch verstärkte Marketingaktivitäten mehr Produkte bei ihren Kunden abzusetzen. Gleichzeitig soll die kundenorientierte Aufnahme neuer Produkte ins Sortiment sicherstellen, dass die Kunden dem Unternehmen erhalten bleiben. Des Weiteren möchte die Primus GmbH ihre Waren zusätzlich an Freiberufler und Schulen verkaufen.

- **Marktsegmentierungsstrategien:** Ein Unternehmen teilt seinen Markt in Teilmärkte auf. Dadurch können die Bedürfnisse der einzelnen Zielgruppen (Abnehmer) besser erfasst und gezielter bearbeitet werden. **Teilmärkte** oder **Marktsegmente** können nach verschiedenen Kriterien gebildet werden.

Geografisch	Demografisch	
– Länder – Bundesländer – Regionen – Vertreterbezirke	– Geschlecht – Alter – Familienstand – Bildung	– Beruf – Einkommen – Nationalität – Konfession
Kriterien der Marktsegmentierung		
– Soziale Schicht – Lebensstil – Einstellung – Persönlichkeitsmerkmale	– Verhaltensmuster – Markentreue – Verwendungszusammenhänge	
Psychografisch	**Verhaltensorientiert**	

Beispiel Die Primus GmbH bildet Marktsegmente unter anderem nach Artikelgruppen.

	Bürotechnik	Büroeinrichtung	Verbrauch	Organisation
Beispiele	Faxgeräte, Anrufbeantworter, Taschenrechner, Laserdrucker	Schreibtische, Drehstühle, Druckertische, Regalelemente	Druckbleistifte, Textmarker, Briefumschläge, Kopierpapier	Aktenordner, Locher, Heftzangen, Trennblätter

- **Wettbewerbsstrategien:** Wettbewerbsstrategien haben ihren Ansatzpunkt im Verhältnis des Unternehmens zum Wettbewerb. Durch eine **Strategie der Kostenführerschaft** versucht eine Großhandlung, Kunden mit dem günstigsten Preis zu gewinnen. Bei der **Strategie der Produktdifferenzierung** möchte sich ein Anbieter bewusst mit seinen Produkten von seinen Konkurrenten abheben.

Beispiel Die meisten Großhandlungen für Bürobedarf liefern ihre Aktenschränke in dezenten Farben. Die Primus GmbH möchte sich bewusst von der Konkurrenz abheben und bietet zusätzlich Aktenschränke mit freier Farbwahl an.

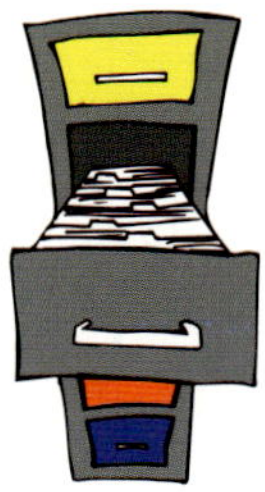

Die aufgezählten Strategien werden in der Praxis meist nicht in klarer Form angewandt, es gibt **Mischformen, Kombinationen** und **betriebsindividuelle Strategien.** Ferner ist es möglich, dass für verschiedene Produkte oder Teilmärkte unterschiedliche Strategien beschritten werden.

Beispiel Die Primus GmbH hat sich entschlossen, bei der Einführung neuer Artikel eine Kombination aus Differenzierungsstrategie und Marktsegmentierungsstrategie zu wählen. Zum einen will sich die Primus GmbH mithilfe der Kundendienstpolitik bewusst von der Konkurrenz abheben, zum anderen soll der Markt in Teilgruppen nach Abnehmergruppen zur besseren Bearbeitung segmentiert werden.

Absatzplanung

Die Absatzplanung basiert auf der jeweiligen Marketingstrategie und kann je nach zeitlicher Ausrichtung unterschieden werden.

Beispiel Auf der Grundlage der Wachstumsstrategie „Marktdurchdringung" gibt es bei der Primus GmbH folgende Absatzplanung:

Strategisches Ziel: Erhöhung des Marktanteils in allen Teilmärkten		
Ziele der Absatzplanung		
kurzfristig (max. ein Jahr)	mittelfristig (höchstens fünf Jahre)	langfristig (höchstens zehn Jahre)
• Teilmarkt Bürotechnik: Steigerung um 3 % • Teilmarkt Büroeinrichtung: Steigerung um 15 % • Teilmarkt Verbrauch: Steigerung um 10 % • Teilmarkt Organisation: Steigerung um 5 %	Steigerung der Marktanteile in allen Teilmärkten um durchschnittlich 10 % jährlich	Steigerung der Marktanteile in allen Teilmärkten um durchschnittlich 8 % jährlich
Maßnahmen		
• Direktes Kundenmailing ausbauen • Zwei zusätzliche Stellen im Verkauf mit Schwerpunkt Außendienst besetzen • Ausbau der Unterstützung des Facheinzelhandels, großzügige Rabattierung dieser Gruppe	• Kontinuierliche Verstärkung des Verkaufspersonals durch die jährliche Besetzung von je zwei weiteren Stellen • Schulung der Mitarbeiter und des Facheinzelhandels • Erhöhung des Werbebudgets um jährlich 7 % • Kontinuierliche Sortimentsinnovation	• Intensive Marktforschung • Stabile Verkaufspreise • Relationship Marketing • Ausbau des E-Commerce
Operative Absatzplanung	Strategische Absatzplanung	

Zur Erreichung der Ziele der Absatzplanung setzt der Groß- und Außenhandel verschiedene Marketinginstrumente (Sales Phase) ein. Die Entscheidungen bei den einzelnen Instrumenten haben Auswirkungen auf alle Unternehmensbereiche bzw. Abteilungen.

Marketinginstrumente (vgl. S. 41 ff.)	Entscheidungen im Absatzbereich (Beispiele): Wir wollen Ware verkaufen – aber...
Produkt- und Sortimentspolitik	... welche Waren?
Preispolitik	... zu welchem Preis?
Kundendienstpolitik	... mit welchen Zusatzleistungen?
Distributionspolitik	... auf welchen Absatzwegen?
Kommunikationspolitik	... mit welcher Werbung?

Die einzelnen Marketinginstrumente müssen im sogenannten **Marketing-Mix** sinnvoll aufeinander abgestimmt werden (vgl. S. 37).

Strategisches Marketing betreiben und eine Absatzplanung durchführen

- Das **strategische Marketing** hat das Ziel, dem Unternehmen auf seinen Märkten dauerhaft Wettbewerbsvorteile herauszuarbeiten und sicherzustellen.
- Das kurzfristig orientierte **operative Marketing** ist eingebunden in Entscheidungen, die im langfristig orientierten strategischen Marketing getroffen wurden.
- An **Marketingstrategien** können unterschieden werden: **Wachstumsstrategien, Marktsegmentierungsstrategien** und **Wettbewerbsstrategien.**
- Marketingstrategien münden in die **Absatzplanung,** die lang,- mittel- und kurzfristig ausgerichtet sein kann.
- Zur Umsetzung der Absatzplanung nutzt der Groß- und Außenhandel **Marketinginstrumente.**

1. Klären Sie, welche Marketingstrategien in Ihrem Ausbildungsbetrieb umgesetzt werden. Halten Sie dazu einen Kurzvortrag in der Klasse mit folgendem Aufbau:
a) Einleitung: Die Bedeutung des strategischen Marketings in unserem Unternehmen
b) Hauptteil: Unsere Marketingstrategien
ba) Wachstumsstrategie
bb) Marktsegmentierungsstrategie
bc) Wettbewerbsstrategie
c) Schluss: Meine Ideen und/oder meine Meinung zum strategischen Marketing unseres Unternehmens

2. Beschreiben Sie, wie die Zielerreichung der Absatzplanung kontrolliert werden kann.

3. Erstellen Sie ein Mind-Map zu den Marketinginstrumenten. Die Hauptäste stellen die fünf Instrumente dar. Den Ast „Preispolitik" können Sie bereits mit Ihrem Wissen aus Lernfeld 8 mit Schlüsselbegriffen versehen. An den anderen Hauptästen können Sie im Verlauf des weiteren Unterrichts arbeiten.

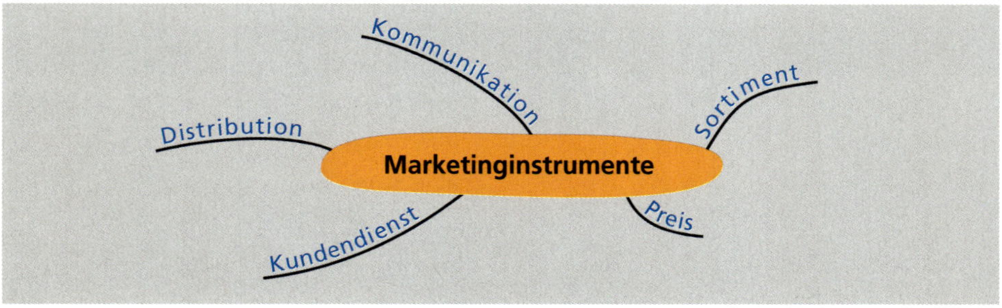

4 Die Marketinginstrumente einsetzen

4.1 Produkt- und Sortimentspolitik

Das Management der Primus GmbH hat entschlossen, sich auf die Warengruppen „Bürotechnik" und „Büroeinrichtung" zu spezialisieren. Die bisherigen Waren dieser Warengruppen sollen weiterhin verkauft werden, jedoch sollen zusätzlich neue Waren angeboten werden, die ökologischen und ergonomischen[1] Anforderungen besonders entsprechen. Damit soll dem Bedürfnis der Kunden zur Verbesserung ihrer Arbeitsplätze entgegengekommen werden. Herr Müller sagt dazu: *„Eine neue Produktlinie wird geboren, eine alte stirbt. So ist das Leben!"* Nicole Höver, die das Protokoll in der Sitzung der Abteilungsleiter führt, nimmt an der Sitzung teil.

ARBEITSAUFTRÄGE

- Beschreiben Sie, welche Einflussgrößen die Primus GmbH bei ihrer Sortimentsgestaltung berücksichtigen muss.
- Interpretieren Sie die Aussage von Herrn Müller und erläutern Sie in diesem Zusammenhang die Produktentwicklung.

Einflussgrößen der Sortimentsbildung und -anpassung

Wirtschaftliche Aspekte

Unternehmen haben nur dann längerfristig Erfolg, wenn sie sich stetig darum bemühen, die Attraktivität ihrer Produkte am Markt zu erhöhen. Verspricht sich ein Unternehmen gute Erfolgschancen mit einem neuen Produkt bzw. einer Warengruppe (vgl. S. 47), so bedarf es einer genauen Planung, bevor das Produkt in das Sortiment aufgenommen wird.

Im Hinblick auf eine Kunden- und Wettbewerbsorientierung spielen verschiedene Faktoren eine wichtige Rolle.

Positiver Deckungsbeitrag und Gewinnaussichten

LF 8

Durch die Berechnung von Deckungsbeitrag und Gewinnschwelle kann ein Unternehmen vorab ermitteln, ob sich die Aufnahme des neuen Produkts bzw. der neuen Waren-

[1] *Ergonomie ist die Lehre von der menschengerechten Gestaltung von Arbeitsplätzen. So müssen z. B. Arbeitsstühle gesundheitlichen Gefahren (Haltungsschäden) am Arbeitsplatz vorbeugen. Sie müssen sich den individuellen Bedürfnissen des einzelnen Mitarbeiters anpassen lassen, d. h., sie müssen in Höhe und Neigung verstellbar sein, sichere Rollen und atmungsaktive Bezüge haben, die Sitz- und Rückenmuskulatur unterstützen usw.*

gruppe lohnt. Der Deckungsbeitrag ist die Differenz zwischen dem geplanten Erlös und den direkt zurechenbaren variablen Kosten. Er soll Fixkosten, variable Gemeinkosten und Gewinn decken.

Beispiel Die Primus GmbH plant den Verkauf von Sitzbällen in der Warengruppe Büroeinrichtung. Der Listenverkaufspreis netto darf aufgrund einer entsprechenden Marktforschung nicht höher als 11,74 EUR sein. Als direkt zurechenbare variable Kosten (z. B. Bezugs-/Einstandspreis) können 5,34 EUR angesetzt werden. Insgesamt fallen Fixkosten in Höhe von 50 000,00 EUR an. Der Deckungsbeitrag beträgt somit 6,40 EUR.

Verkaufspreis:	11,74 EUR
– variable Kosten:	5,34 EUR
= Deckungsbeitrag:	6,40 EUR

Nach Berechnung des Deckungsbeitrags muss ermittelt werden, ob und wann durch das künftige Produkt bzw. die künftige Warengruppe ein **Gewinnbeitrag** erwirtschaftet werden kann. Zu diesem Zweck muss analysiert werden, ab welcher Menge die gesamten Kosten gedeckt sind. Dort, wo die Erlöse gleich den Kosten sind, liegt die **Gewinnschwelle.** Ein Unternehmer hat daher Interesse daran, zu erfahren, wie viel Stück er verkaufen muss, bis er diesen Punkt **(Break-even-Point)** erreicht hat. Da die **fixen Kosten** von jedem verkauften Stück getragen werden, muss deren Wirkung auf den Preis genau bedacht werden.

Beispiel (Fortsetzung zum obigen Beispiel)
Ermittlung des Break-even-Points (Gewinnschwelle):
Erlöse (E) = Gesamtkosten (KG)
$11{,}74\,x = 50\,000 + 5{,}34\,x$
$6{,}40\,x = 50\,000$
$x = \underline{\underline{7\,812{,}5}}$ (ab 7 813 verkauften Einheiten kann ein Gewinn erzielt werden)

Die Marktforschung (vgl. S. 23) muss nun klären, ob die errechnete Menge (oder mehr) abgesetzt werden kann und damit ein Gewinnbeitrag durch die Aufnahme des neuen Produkts erzielt wird.

Auswahl der Lieferer

LF 6 Die Liefererauswahl spielt eine wesentliche Rolle für die Wirtschaftlichkeit der Sortimentspolitik. Neben der quantitativen Ermittlung des preiswertesten Angebots durch Preiskalkulation sollte der Einkäufer auch auf Qualität, Mindestbestellmengen, Lieferbedingungen, Liefertermine, Zuverlässigkeit, Service, die Kreditgewährung des Lieferers und ökologische Gesichtspunkte achten.

Beispiel Sabine Rost, zuständig für den Einkauf „Bürotechnik/-einrichtung" bei der Primus GmbH, liegen zwei Angebote von Lieferern für Sitzbälle vor, die in der Preiskalkulation einen gleichlautenden Bezugs-/Einstandspreis ergeben. Während ein Lieferer die Rücknahme der Verpackung garantiert, macht der andere Lieferer dazu keine Angaben. Sabine Rost schlägt vor, den erstgenannten Lieferer zu wählen.

Produktpolitik des Herstellers

Die **Produktpolitik** umfasst alle Entscheidungen, die im Zusammenhang mit dem Produkt stehen und die darauf gerichtet sind, neue Produkte zu entwickeln **(Produktinnovation)**, Produkte zu verändern **(Produktvariation)** oder Produkte aus dem Markt zu nehmen **(Produktelimination)**. Der Groß- und Außenhändler ist mit seinem Sortiment von der Produktpolitik der Hersteller abhängig. Er muss durch seine Marktforschung und Liefererauswahl sicherstellen, dass die Sortimentswünsche seiner Kunden erfüllt werden können, oder er muss Einfluss auf die Produktpolitik seiner Hersteller nehmen.

Beispiel Die Modellux GmbH & Co. KG fragt bei der Primus GmbH an, ob sie Zeta Matpost Papier, eine hochwertige Papiersorte mit Wasserzeichen, führt. Diese Papiersorte hat die Primus GmbH mangels Nachfrage bisher nicht im Sortiment. Auch der Lieferer für Papierwaren aller Art, die

Papierwerke Iserlohn GmbH, stellt die gewünschte Papiersorte nicht her. Wenn die Primus GmbH die Wünsche des Kunden erfüllen will, muss sie im Rahmen der Beschaffungsmarktforschung einen Lieferer für die gewünschte Papiersorte finden.

○ Rechtliche Aspekte

Neben wirtschaftlichen Überlegungen spielen auch rechtliche Aspekte bei der Sortimentsgestaltung von Unternehmungen eine Rolle. Jede Groß- und Außenhandlung muss sich genau informieren, welche vorhandenen oder zukünftigen Gesetze ihre Warengruppen betreffen. Sie sollte diese bei der Sortimentsbildung berücksichtigen.

Beispiel Für die Primus GmbH spielt die „EG-Richtlinie über die Mindestvorschriften bezüglich der Sicherheit und des Gesundheitsschutzes bei der Arbeit an Bildschirmgeräten" von 1990, die als Bildschirmrichtlinie zur „Richtlinie des Rates vom Juni 1989 über die Durchführung von Maßnahmen zur Verbesserung der Sicherheit und des Gesundheitsschutzes der Arbeitnehmer bei der Arbeit" verabschiedet wurde und seit dem 1. Januar 1993 in allen EU-Ländern gilt, eine wichtige Rolle bei der Sortimentsgestaltung. Danach müssen Bürodrehstühle zum Beispiel eine Sitzfläche von 42 bis 53 cm^2 haben, in der Höhe verstellbar sein, die Rückenlehnen sollen bis zu den Schulterblättern reichen und eine Höhe von 36 bis 40 cm aufweisen.

Produkte oder Warengruppen, die nicht den aktuellen Gesetzen entsprechen, müssen aus dem Sortiment eliminiert werden (vgl. S. 50).

○ Berücksichtigung der Umweltverträglichkeit bei der Sortimentsgestaltung

Das **Umweltbewusstsein** in der Gesellschaft hat sich in den letzten zwei Jahrzehnten verändert. Die Verbraucher werden zunehmend kritischer und verlangen Waren, die umweltfreundlich sind und deren Verpackung die Umwelt nicht oder nur in geringem Maße belastet. Groß- und Außenhandelsbetriebe müssen auf diese Entwicklung reagieren, wenn sie langfristig erfolgreich sein wollen.

Lange galt, dass Ökologie und Ökonomie sich ausschließen. Dies ist heute nicht mehr der Fall. Nur wer unter Berücksichtigung der Umwelt produziert und anbietet, kann sich auf Dauer am Markt halten.

Wesentliche Einflussgrößen bei der Verbesserung der Umweltverträglichkeit von Produkten, die sowohl von der Industrie als auch vom Handel zu beobachten sind, sind:

EU-Öko-Audit: Seit rund 20 Jahren versucht man in Deutschland, Umweltbelastungen gezielt zu verringern. Nationale Alleingänge sind jedoch im Zeichen des zusammenwachsenden Europa nicht mehr gefragt. Die Europäische Gemeinschaft hat 1993 eine **Öko-Audit-Verordnung** erlassen, mit der der Wirtschaft ein ökologisches Programm auf freiwilliger Basis verordnet werden soll. Unternehmen, die sich beteiligen wollen, können ein Öko-Audit-Zertifikat erwerben und müssen dann permanent ihre Umweltschutz-Auflagen prüfen und verbessern. Die Einhaltung wird von unabhängigen Prüfern, z. B. vom TÜV, kontrolliert.

Umweltgesetze: Neben dem freiwilligen „EU-Öko-Audit" gibt es eine Reihe von Gesetzen, die den betrieblichen Umweltschutz garantieren sollen. Das **Kreislaufwirtschaftsgesetz** legt hierzu Rahmenbedingungen und Ziele für einen Übergang von der Abfall- bzw. Durchlaufwirtschaft zu einer Kreislaufwirtschaft fest – Ziel ist ein Kreislauf der Stoffe und LF 1 damit ein sparsamer Verbrauch von Rohstoffen. Aber nicht nur Waren müssen ökologisch vertretbar sein, auch deren Verpackung muss recyclingfähig oder wiederverwendbar sein. Hierzu hat der Gesetzgeber durch Erlass der **Verpackungsverordnung** weitere Rahmenbedingungen geschaffen.

Weitere **Gesetze zur Umweltvorsorge** sind beispielsweise:

- Das **Gesetz über die Umweltverträglichkeitsprüfung (UVPG)**, das sicherzustellen versucht, dass Auswirkungen auf die Umwelt frühzeitig und umfassend ermittelt, bewertet und beschrieben werden können.
- Das **Bundes-Imissionsschutzgesetz (BImSchG)**, das Rechtsgrundlagen über die Vermeidung von Umweltbelastungen durch Abgase, Lärmbelästigung und Abwasserbelastung liefert.

Nachfrageverhalten und Verantwortung des Unternehmens: Im Gegensatz zur gängigen Umweltpolitik, die durch Gesetze nur eine nachträgliche Umweltreparatur leisten kann, schließt das Verhalten vieler Nachfrager und das ökologische Verständnis einiger Unternehmungen bereits den Produktionsprozess mit ein. Eine solche Sichtweise umfasst den Ablauf von der Produktion über die Nutzung bis hin zur Entsorgung. Ökologisches Denken ist hier die Grundlage für Kauf und Verkauf. Ein derartiges Nachfrageverhalten und eine entsprechende unternehmerische Verantwortung beeinflussen alle Entscheidungen hinsichtlich des Sortiments, indem Groß- und Außenhandelsunternehmen solche Produkte bevorzugen, die umweltverträglich sind.

Umweltgerechtes Wirtschaften (Nachhaltigkeit) setzt ein ausgeprägtes Umweltbewusstsein bei allen am Wirtschaftsprozess Beteiligten voraus. Hierzu zählen u. a.

- der verantwortungsvolle und sparsame Umgang mit allen Rohstoffen, Materialien und der Energie,
- das Recycling (= Wiedergewinnung) von Rohstoffen,
- die Verringerung des Müllaufkommens und dessen fachgerechte Entsorgung,
- der Schutz der Gesundheit der Menschen und aller Tier- und Pflanzenarten,
- die Minimierung der Belastungen von Luft, Wasser und Böden.

Beispiel Die Primus GmbH hat in ihrer Unternehmensphilosophie folgenden Grundsatz aufgeführt: „In diesem Jahrtausend werden nur die Unternehmen überleben, die zwei Voraussetzungen erfüllen: ökologische Produkte und damit eine besondere Zustimmung der Menschen."

Im Rahmen der Sortimentspolitik haben Groß- und Außenhandelsbetriebe eine Fülle von Möglichkeiten, um wirksam zum **Umweltschutz** beizutragen und dem Prinzip der **Umweltverträglichkeit** gerecht zu werden.

Beispiele

- Vermeidung von überflüssigem und aufwendigem Verpackungsmaterial bei Waren
- Verwendung umweltfreundlicher Verpackungsmaterialien bei Waren (Mehrweg- statt Einwegflaschen, rückstandsfrei vernichtbare Papier- oder Pappverpackungen statt Plastikverpackungen)
- Auslistungen von Waren, die umweltschädlich sind oder bei deren Produktion Umweltschäden entstehen (Spraydosen mit ozonschichtgefährdenden Treibgasen, Plastiktüten mit dioxinhaltigen Rückständen)
- Aufnahme von umweltfreundlichen Waren in das Sortiment
- Produkte aus ökologisch kontrolliertem Anbau
- Produkte aus ökologisch kontrollierter Tierhaltung
- Produkte aus regionaler Produktion, da durch kurze Transportwege geringerer Energieeinsatz erforderlich ist

- Produkte, die Wasser und Energie sparen
- Produkte, die wiederverwertbar bzw. leicht zu entsorgen sind
- Produkte, die nur einen geringen Schadstoffanteil aufweisen

Eine weitere Erleichterung für den Verbraucher beim **Einkauf** sind auch die Umweltzeichen. Diese **Produktinformation** gibt es in den verschiedensten Bereichen.

- **Der Blaue Engel:** Waren und Dienstleistungen sollen gefördert werden, die im Vergleich zu herkömmlichen Produkten und Dienstleistungen über bessere Umwelteigenschaften verfügen. Die wesentlichen Umweltvorteile ergeben sich aus der Umschrift des Zeichens.

  Beispiel Der Blaue Engel, weil salzfrei; Der Blaue Engel, weil emissionsarm; Der Blaue Engel, weil aus 100 % Altpapier

PRAXISTIPP Unter www.blauer-engel.de finden Sie weitere Informationen.

- **Europäisches Umweltzeichen (Euro-Blume):** Auf europäischer Ebene sollen umweltfreundliche Produkte und Dienstleistungen gefördert werden. Zuständig in Deutschland sind das Umweltbundesamt und RAL (Vergabestelle; vgl. auch S. 93).

PRAXISTIPP Unter www.eco-label.com finden Sie weitere Informationen.

- **Textilkennzeichnung:** Mit dem **eco-tex-Kennzeichen** z. B. soll bescheinigt werden, dass die Ware keine gesundheitlich bedenklichen Schadstoffkonzentrationen enthält.
- **Kennzeichen über Materialeigenschaften:** Diese Zeichen werden von Herstellern auf ihren Waren angebracht, um zu verdeutlichen,
  - dass das Produkt aus wieder verwertbarem Kunststoff (Polypropylen) besteht,

  Beispiele Joghurtbecher, Milchdöschen, Süßwarenverpackungen

  - dass ein Produkt grundsätzlich wiederverwertbar ist.

  Beispiele Milchverpackungen, Kunststoffbehälter bei Klebern

- **Stiftung Warentest:** Hersteller verwenden dieses Zeichen, wenn ihre Produkte beim Vergleich mit Produkten anderer Hersteller von der Stiftung Warentest z. B. unter ökologischen Aspekten als besonders gut bewertet worden sind.
- **Das staatliche Bio-Siegel:** Voraussetzung für die Kennzeichnung ist, dass die Bio-Lebensmittel nach den gültigen EU-Rechtsvorschriften für den ökologischen Landbau erzeugt, produziert und kontrolliert werden. Staatlich zugelassene private Kontrollstellen prüfen mindestens einmal jährlich den Herstellungsprozess zusätzlich zu den futter-und lebensmittelrechtlichen vorgeschriebenen Kontrollen in Deutschland.
  Die EU-Rechtsvorschriften schreiben u.a. vor:
  - Verbot des Einsatzes von Gentechnik
  - Die Kennzeichnung mit der Codenummer der zuständigen Öko-Kontrollstelle und seit dem 01.07. 2010 dem EU-Bio-Logo für vorverpackte und in Europa hergestellte Bio-Lebensmittel ist verpflichtend.
  - Bestehen Lebensmittel aus mehreren Zutaten, müssen mind. 95% aus ökologischem Landbau stammen.

  Die Kennzeichnung mit dem staatlichen Bio-Siegel ist freiwillig.

- **Das EU-Bio-Logo:** Die Kennzeichnung von vorverpackten Bio-Lebensmitteln mit dem EU-Bio-Logo ist seit 2010 verpflichtend. Produkte, welche dieses Logo tragen, sind gemäß der EU-Verordnung hergestellt worden.

PRAXISTIPP Weitere Informationen findet man im Internet auf www.biosiegel.de und zum Ökolandbau auf www.oekolandbau.de

- **Sozialsiegel:** Kennzeichen, die gesellschaftliches Engagement von Unternehmen und ihre Verantwortung für die Belange von Entwicklungsländern zum Ausdruck bringen.

  Beispiele
  - Teppiche, bei deren Herstellung auf Kinderarbeit verzichtet wurde
  - Kosmetika, zu deren Erprobung keine Tierversuche angewendet wurden
  - **Fairtrade:** Kennzeichnung für Produkte aus Entwicklungsländern, um den fairen Handel mit diesen Ländern zu fördern weitere Informationen zum Fairtrade-Siegel finden Sie im Internet unter www.fairtrade-deutschland.de

PRAXISTIPP Unter der Internetadresse www.verbraucherzentrale-nrw.de finden Sie vielfältige Informationen zu Qualitätszeichen.

Aufbau des Sortiments

Handelsunternehmen (Groß- und Außenhandel) entwickeln i. d. R. keine eigenen Produkte; sie beschaffen Waren, um sie unverändert an ihre Kunden zu verkaufen. Die Gesamtheit der angebotenen Waren wird als **Sortiment** bezeichnet. Ein Sortiment kann aus verschiedenen **Warenbereichen** (Lebensmittel, Kleidung, Bürobedarf, Schmuck usw.) bestehen. Die **Sorte** ist die kleinste Einheit des Sortiments. Sorten, die sich nur nach Farbe, Größe, Gewicht unterscheiden, werden zu **Artikeln** zusammengefasst. Ähnliche Artikel bilden eine **Warengruppe** (Bürotechnik, Büroeinrichtung, Verbrauch, Organisation).

Beispiel Die Primus GmbH bietet den Artikel Bandscheiben-Drehstuhl „Super-Star" in den Sorten anthrazit und braun an. Im Sortiment werden Bandscheiben-Drehstühle der Warengruppe Büroeinrichtung zugeordnet, zu der Schreibtische, Rollcontainer, Schränke und Regalelemente zählen.

Sortimentsaufbau

Ein Handelsunternehmen unterscheidet zwischen Kern-, Rand-, Rahmen-, Probe- und Auslaufsortiment.

Sortimentsaufbau der Primus GmbH

Kernsortiment (Musssortiment)	+	Randsortiment (Sollsortiment)	+	Rahmensortiment (Kann-, Füllsortiment	+	Probesortiment	+	Auslaufsortiment
= typische Artikel für den Hauptumsatz (Artikel des Bürobedarfs)		= Waren fremder Branchen (Bücher, Reinigungsmittel)		= wenig gängige Waren (Saisonartikel wie Schultüten)		= Einführung neuer Artikel (Sitzbälle)		= Restbestände von Artikeln, die nicht mehr verkauft werden (Konzepthalter)

○ Sortimentsumfang

Der Sortimentsumfang wird danach bemessen, wie viele Artikel und Warengruppen angeboten werden.

Begriffe	Erläuterungen	Beispiele
Sortimentstiefe		
– flaches Sortiment	wenige Artikel einer Warengruppe	Die Primus GmbH bietet in der Warengruppe Verbrauch drei Sorten Papier an.
– tiefes Sortiment	viele Artikel einer Warengruppe	Ein Papiergroßhandel handelt mit über 4 000 Papiersorten.
Sortimentsbreite		
– schmales Sortiment	nur eine oder wenige Warengruppen	Die Primus GmbH als Groß- und Außenhandel für Bürobedarf (Fachgroßhandel) bietet vier Warengruppen an: Bürotechnik, Büroeinrichtung, Verbrauch, Organisation.
– breites Sortiment	viele Warengruppen	Eine Sortimentsgroßhandlung mit Textilien, Lebensmitteln, Elektro usw. führt in jedem Bereich verschiedene Warengruppen.

● Sortimentskontrolle und sortimentspolitische Entscheidungen

○ Sortimentskontrolle

Ein Handelsunternehmen muss sein Sortiment so gestalten, dass es für seine Kunden bedarfsgerecht ist. Ein zu umfangreiches Warenangebot **(Übersortiment)** verursacht eine hohe Kapitalbindung, denn die Ware muss bezahlt und gelagert werden. Das Sortiment enthält schwer verkäufliche Waren (Ladenhüter). Im Rahmen der Sortimentspflege werden unrentable Artikel aus dem Sortiment gestrichen **(Sortimentsbereinigung)**, um Platz für neue Artikel zu schaffen.

Beispiel Die Primus GmbH bietet in ihrer Warengruppe „Organisation" unter anderem Zeitschriftenhalter an. Da dieser Artikel ein halbes Jahr nicht mehr nachgefragt wurde, beschließt die Geschäftsleitung, ihn aus dem Sortiment zu nehmen.

Ist das Warenangebot dauerhaft zu gering **(Untersortiment)**, wird es zu Umsatzrückgängen kommen. Es werden Waren von Kunden verlangt, die nicht geführt werden. Das Sortiment enthält Lücken und Kundenwünsche können nicht befriedigt werden.
Kontrollmethoden, mit denen eine Groß- und Außenhandlung ein Unter- oder Übersortiment feststellen kann, sind:

Fehl- und Nichtverkaufskontrolle

Ein Fehlverkauf liegt vor, wenn der gewünschte Artikel normalerweise im Sortiment geführt wird, im Augenblick jedoch nicht vorrätig ist. Nichtverkauf bedeutet, dass der gewünschte Artikel überhaupt nicht im Sortiment geführt wird. Die Fehl- und die Nichtverkäufe sollten täglich von den Verkaufssachbearbeitern in einer dafür vorgesehenen Liste erfasst werden (Artikel, Artikel-Nr., Größe, Anzahl usw.). Werden sehr viele Nichtverkäufe ermittelt, ist zu prüfen, ob das Sortiment noch dem Kundenkreis (Zielgruppe) entspricht (vgl. S. 75).

Renner-Penner-Liste

Die Renner-Penner-Liste (vgl. S. 114) gibt Auskunft über „Renner" (gut verkaufbare Ware) und „Penner" (schlecht verkaufbare Ware = Langsamdreher, Schleicher). Diese Liste, die regelmäßig erstellt werden sollte, gibt Aufschluss über tatsächliche Verkaufszahlen eines Artikels in einem bestimmten Zeitraum.

Beispiel

Primus GmbH					
Rennerliste (Auszug) nach Absatz: 20. Woche					
Artikel-nummer	**Bezeichnung**	**Waren-gruppe**	**Verkaufspreis netto (EUR)**	**Absatz in Stück**	**Wochenumsatz netto (EUR)**
125B568	Briefumschlag DIN A5 50 Stück	3	0,38	2.100	798,00
125B569	Kugelschreiber Primus	3	1,02	1.430	1.458,60
125B570	Block Notizzettel	3	0,98	925	906,50
125B571	Tesafilm 3 Stück	3	1,15	83	95,45
125B572	Stempelkissen	3	2,04	7	14,28

Primus GmbH					
Rennerliste (Auszug) nach Umsatz: 20. Woche					
Artikel-nummer	**Bezeichnung**	**Waren-gruppe**	**Verkaufspreis netto (EUR)**	**Absatz in Stück**	**Wochenumsatz netto (EUR)**
125B569	Kugelschreiber Primus	3	1,02	1.430	1.458,60
125B570	Block Notizzettel	3	0,98	925	906,50
125B568	Briefumschlag DIN A5 50 Stück	3	0,38	2.100	798,00
125B571	Tesafilm 3 Stück	3	1,15	83	95,45
125B572	Stempelkissen	3	2,04	7	14,28

ABC-Analyse

Die ABC-Analyse ist u. a. ein Verfahren, die Waren nach Wichtigkeit zu strukturieren. Hier werden die angebotenen Waren hinsichtlich ihres Anteils am Umsatz bezogen auf die Artikelzahl in drei Gruppen (A-, B-, C-Gruppe) eingeteilt.

Güterart	Anteil am Umsatz	Anteil an der Artikelzahl
A-Güter	ca. 75 % des Umsatzes	ca. 15 % der Artikel
B-Güter	ca. 20 % des Umsatzes	ca. 35 % der Artikel
C-Güter	ca. 5 % des Umsatzes	ca. 50 % der Artikel

Durch die ABC-Analyse kann eine Grundlage für eine wirtschaftliche Unterscheidung von Gütern gelegt werden. In der Regel rechtfertigen vor allem die A-Güter aufwendige und genaue Planungs- und Organisationsarbeiten.

Kennzahlenkontrolle

Hier werden mithilfe quantitativer Größen (z. B. Umsatz, Absatz, Umschlagshäufigkeit, Lagerdauer) Sortimentsvergleiche durchgeführt.

Beispiel Die Primus GmbH erreicht mit ihrem Sortiment einen Jahresumsatz von ca. 3,5 Mio. EUR. Die durchschnittliche Lagerdauer der Artikel liegt zwischen 4 und 20 Tagen. Der Konkurrenzbetrieb Otto Rompf GmbH Bürobedarf hat bei einer höheren durchschnittlichen Lagerdauer (6 bis 30 Tage) eine geringe Umsatzhöhe (3 Mio. EUR/Jahr). Im Rahmen der Wettbewerbsorientierung muss die Primus GmbH zurzeit keine Verbesserungen vornehmen.

Deckungsbeitragsrechnung

Mit der Deckungsbeitragsrechnung wird ermittelt, ob und in welcher Höhe eine Warengruppe, ein Artikel oder eine Sorte zur Fixkostendeckung beiträgt (vgl. S. 114 f.). Aufgrund dieses Ergebnisses werden problematische Warengruppen sichtbar und es können gezielte Maßnahmen ergriffen werden.

○ Sortimentspolitische Entscheidungen

Um sein Sortiment den veränderten Marktbedingungen (u. a. technische, modische, jahreszeitliche Nachfrageänderung) anzupassen, stehen dem Groß- und Außenhändler folgende Maßnahmen zur Sortimentsgestaltung zur Verfügung:

- **Sortimentserweiterung:** Bisher nicht geführte Warengruppen werden in das Sortiment aufgenommen **(Diversifikation)** bzw. bereits vorhandene Warengruppen werden vertieft **(Differenzierung)**.

  Beispiel Die Primus GmbH ergänzt ihr Sortiment um die Warengruppe „EDV“ (Diversifikation) und die Warengruppe „Büroeinrichtung“ um die Sorte „Sitzbälle“ (Differenzierung).

- **Sortimentsvariation:** Der Sortimentsumfang bleibt erhalten. Es findet lediglich ein Austausch der Warengruppen, einiger Sorten oder einzelner Artikel statt. Dies gilt vor allem für modeorientierte Sortimente. Bei sich wandelnden Kundenansprüchen erfolgt eine Niveauanpassung. Dieses kann eine **qualitative Hebung (trading up)** oder **Senkung (trading down)** des Sortiments bedeuten.

  Beispiel Die Primus GmbH hebt im Bereich „Verbrauch“ ihr Sortimentsniveau, indem sie in Zukunft neben ihren preiswerten Handelsmarken Markenartikel namhafter Hersteller führt (trading up). Gleichzeitig lässt sie von einem Hersteller, der den Kunden gegenüber anonym bleibt, einen preiswerten Bürodrehstuhl fertigen, der als „No-Name-Produkt“ verkauft wird (trading down).

  - **Markenartikel** tragen die Marke des Herstellers und sind von stets gleich bleibender Qualität und einheitlicher Aufmachung. Sie haben einen hohen Bekanntheitsgrad, sprechen große Verbrauchergruppen an, garantieren gleich bleibende überregionale Versorgung und fachkundigen Händlerservice. Der Hersteller übernimmt die Aufgabe der Werbung für das Produkt.
  - **Handelsmarken** sind gesondert gefertigte Produkte für nur einen oder wenige Händler. Der Hersteller bleibt für den Kunden anonym. Dem Händler fällt die Aufgabe zu, für Handelsmarken zu werben. Aufgrund einer überwiegend regionalen Marktpräsenz der Handelsmarken wird die Marktbedeutung der Markenartikel selten erreicht.
  - **Eigenmarken** werden vom Handelsbetrieb selbst produziert.

- **Sortimentsbereinigung:** Artikel, Sorten oder Warengruppen werden aus dem Sortiment entfernt.

  Beispiel Die Primus GmbH führt ab sofort nicht mehr Karteikästen aus Kunststoff, da diese nicht mehr nachgefragt werden.

- **Die Produktmodifikation (Relaunch):** Wichtigster Ansatzpunkt für eine **Produktmodifikation (Relaunch)** sind die Daten der Produktlebenszyklusanalyse. Hat der Gesamtumsatz seinen Wendepunkt erreicht und wird die Umsatzveränderungsrate negativ, muss das Produkt verändert (modifiziert) werden, um es in den Augen der Verbraucher weiterhin attraktiv erscheinen zu lassen.

Bevor Maßnahmen im Rahmen eines Produktrelaunch ergriffen werden, müssen sorgfältig die **Ursachen** der negativen Umsatzentwicklung erforscht werden. Die Entwicklung des eigenen Produktes ist dabei immer vor dem Hintergrund des Gesamtmarktes zu sehen. Ist die Entwicklung des Marktes insgesamt negativ, ist ein Umsatzrückgang weniger dramatisch, als wenn sich der Gesamtmarkt positiv entwickelt und nur das eigene Produkt einen Umsatzrückgang zu verzeichnen hat.

Geschäftsgrafiken zur Sortimentsdisposition

Sortimentspolitische Entscheidungen sind im Groß- und Außenhandel ein wichtiger Bestandteil des wirtschaftlichen Erfolges. Um diese zu erleichtern, sollte das vorhandene Datenmaterial vom Rechnungswesen und Controlling möglichst verständlich aufbereitet werden. Für viele Menschen ist es leichter, Zahlenmaterial zu verstehen, das in Tabellen oder Schaubildern aufbereitet wurde. Das liegt auch daran, dass das Auge bildhafte Informationen schneller aufnimmt als Text. Es ist daher sinnvoll, nach Möglichkeit alle wesentlichen Informationen mit Tabellen und Schaubildern zu ergänzen.

Tabellen

Eine Tabelle besteht aus einem **Textteil** (Überschrift, Kopf, Vorspalte) und dem **Zahlenteil**. Häufig sind Tabellen die Grundlage für Schaubilder. Um die Übersichtlichkeit von Tabellen zu gewährleisten, können

- große Datenmengen in Teilmengen zerlegt werden,
- Informationen durch Vergleichsgrößen relativiert werden,
- Werte in Einheiten von Tausend EUR oder Millionen EUR ausgewiesen werden,
- Nachkommastellen durch sinnvolles Auf- und Abrunden entfallen.

Beispiel Vergleich von Absatzzahlen der Primus GmbH in Stück in einer Woche

	Faxgerät TA Inkjet-Fax FX 640TI	Schreibtisch Primo	Zeitschriftenhalter
Montag	6	2	1
Dienstag	7	3	0
Mittwoch	5	4	0
Donnerstag	6	4	0
Freitag	8	3	1
Samstag	7	4	0

Schaubilder

Als Schaubilder bezeichnete **Grafiken, Charts** oder **Diagramme** ermöglichen dem Empfänger eine Verarbeitung mit nur geringen gedanklichen Anstrengungen. Damit sind Bildinformationen gut geeignet, einer Informationsüberlastung entgegenzuwirken.

Die verschiedenen Schaubilder eignen sich in unterschiedlicher Weise zur Darstellung von Daten:

Linien- oder Kurvendiagramm

Diese auch als „line charts“ bezeichneten Grafiken kommen vorzugsweise zur Anwendung, wenn viele zeitabhängige Daten dargestellt bzw. zwei oder mehr Datenreihen verglichen werden sollen. Als Ergänzung sind Flächendiagramme („area charts“) geeignet, um eine Gesamtgröße und deren Zusammensetzung (Struktur) über einen Zeitraum sichtbar zu machen.

Beispiel Herr Zimmer, Controller bei der Primus GmbH, vergleicht wöchentlich die geplanten Absatzzahlen mit den tatsächlichen Zahlen, um auf starke Abweichungen frühzeitig reagieren zu können.

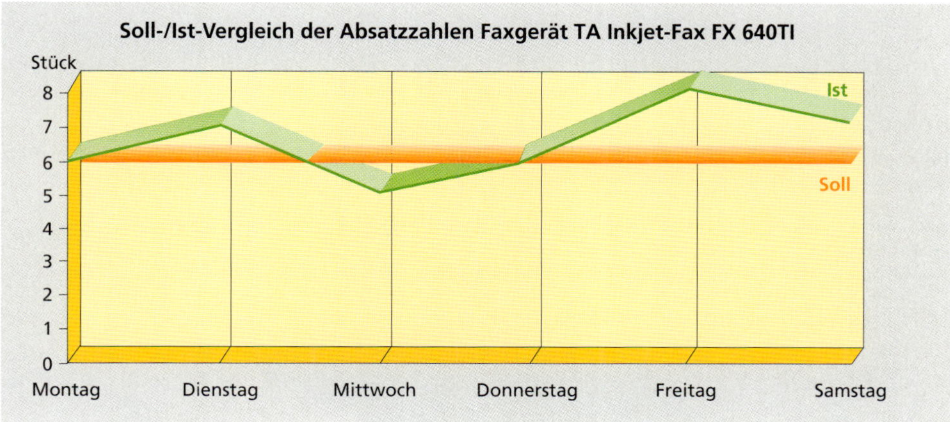

Säulendiagramm

Rechtecke in Säulendiagrammen („column charts“) zeigen Veränderungen über einen bestimmten Zeitraum oder ziehen Vergleiche zwischen zwei oder mehr in Beziehung stehenden Größen.

Beispiel Frau Primus und Herr Müller erhalten wöchentlich eine Übersicht über die Absatz- und Umsatzentwicklung der Warengruppen und Artikel.

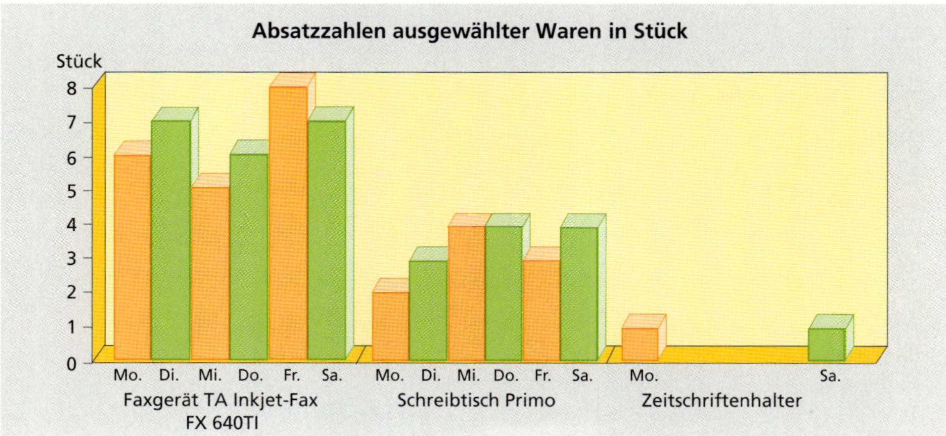

Balkendiagramm

Rechtecke in Balkendiagrammen („bar charts“) zeigen wie im Säulendiagramm Werte zu einem Zeitpunkt oder ziehen Vergleiche zwischen zwei oder mehr in Beziehung stehenden Größen. Dieser Grafiktyp ist gut geeignet für umfangreiche Gegenüberstellungen.

Beispiel Wöchentliche Absatzentwicklung Faxgerät TA Inkjet-Fax FX 640TI, Schreibtisch Primo und Zeitschriftenhalter

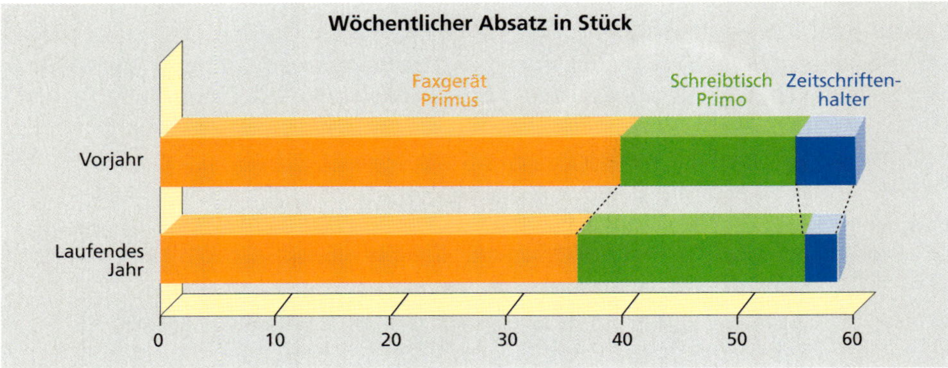

Kreisdiagramm

Diese auch als Tortendiagramm („pie charts") bezeichneten Grafiken machen Anteile von Teilkomponenten sichtbar.

Beispiel Umsatzanteile der Warengruppen Bürotechnik, Büroeinrichtung, Verbrauch und Organisation am Gesamtumsatz der Primus GmbH

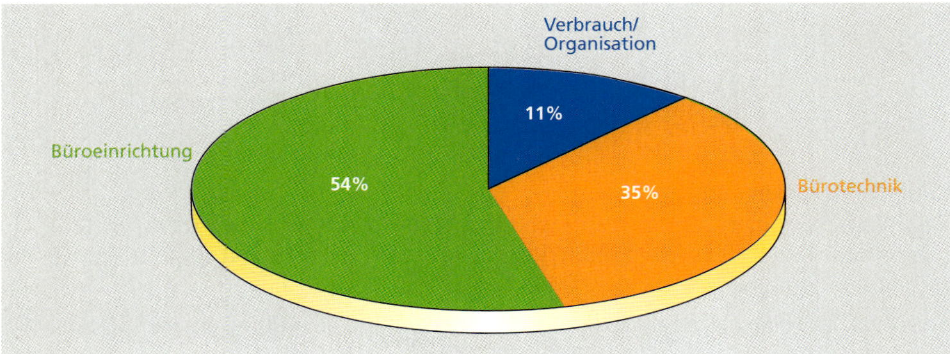

Kartogramm

Für die regionale, überregionale, nationale oder internationale Verteilung der Kunden eignet sich das Kartogramm.

Beispiel

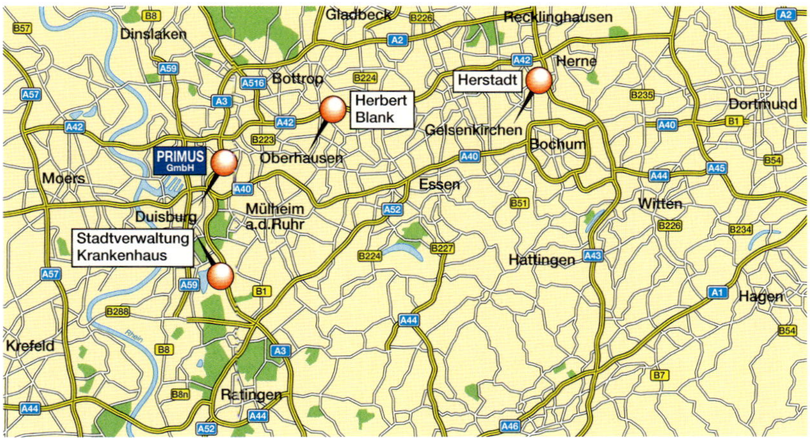

Produkt- und Sortimentspolitik

- **Produkt- und Sortimentspolitik** umfasst sämtliche Entscheidungen, die mit der Zusammensetzung und Gestaltung des Warenangebotes und der Dienstleistungen eines Groß- und Außenhandelsbetriebes verbunden sind.
- **Aufbau des Sortiments:** Das **Sortiment** eines Groß- und Außenhändlers umfasst alle Waren und Dienstleistungen, die auf dem Markt verkauft werden. Die **Sorte** ist die kleinste Einheit eines Sortiments. Mehrere Sorten werden zu **Artikeln** zusammengefasst. Ähnliche Artikel ergeben eine **Warengruppe**. Nach der Anzahl der Artikel und Warengruppen kann der **Sortimentsumfang** beschrieben werden. Die **Sortimentsbreite** beschreibt die Anzahl der im Sortiment vertretenen Warengruppen, die **Sortimentstiefe** die Anzahl der Artikel und Sorten innerhalb einer Warengruppe. Während alle für das Unternehmen typischen Waren, die der Kunde erwartet, dem **Kernsortiment** zugerechnet werden, zählen ergänzende Waren fremder Branchen zum **Randsortiment**.

- **Normalsortiment** (Idealsortiment) entspricht in der Zusammenstellung der Waren und Dienstleistungen den Ansprüchen der Zielgruppe: Angebot = Nachfrage = Idealsortiment.

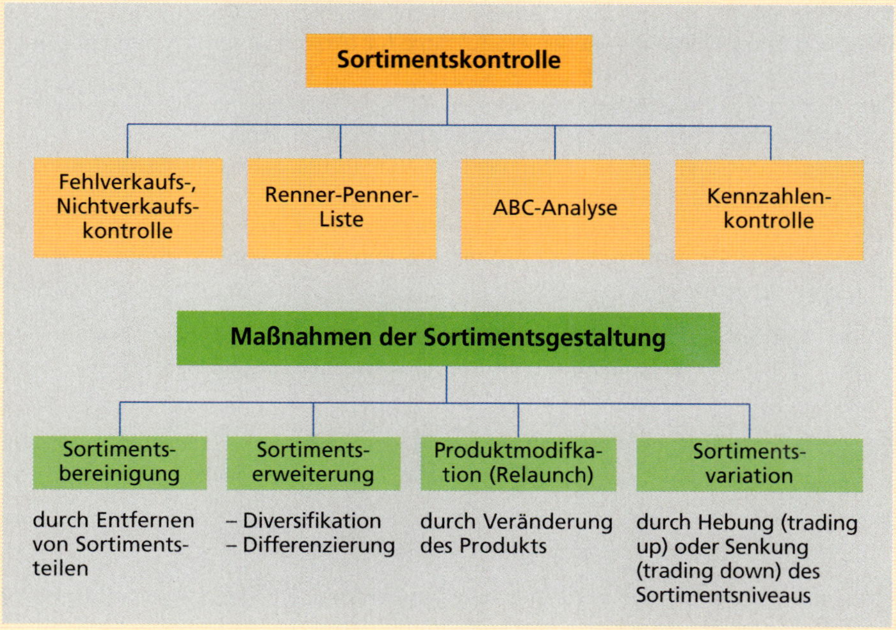

- **Umweltverträglichkeit:** Groß- und Außenhandelsbetriebe können durch ihre Sortimentspolitik einen wesentlichen Beitrag zum Umweltschutz leisten.
- **Gesetze zur Umweltvorsorge:** Gesetz über die Umweltverträglichkeitsprüfung, Bundes-Immissionsschutzgesetz
- **Umwelt- und Sozialzeichen:**
  - **Blauer Engel:** Förderung von Waren mit besseren Umwelteigenschaften
  - **Europäisches Umweltzeichen:** Förderung umweltfreundlicher Produkte und Dienstleistungen in Europa
  - **Textilkennzeichnung:** Bescheinigung, dass Ware keine gesundheitlich bedenklichen Schadstoffe enthält
  - **Stiftung Warentest:** Verglich von Produkten unterschiedlicher Hersteller
  - **Staatliches Biosiegel:** Kennzeichnung von Lebensmitteln, die nach den gültigen EU-Rechtsvorschriften für den ökologischen Landbau erzeugt, produziert und kontrolliert werden
  - **Sozialzeichen:** Kennzeichen, die gesellschaftlichen Engagement von Unternehmen und ihre Verantwortung für die Interessen von Entwicklungsländern herausstellen
- **Grafiken zur Unterstützung der Sortimentspolitik: Tabellen** und **Schaubilder** ermöglichen eine übersichtliche Darstellung aller gewonnenen Daten. Arten von Schaubilder: **Linien-** oder **Flächendiagramm, Balkendiagramm, Kreisdiagramm, Kartogramm.**

1. Beschreiben Sie, welche Einflussgrößen ein Groß- und Außenhändler bei seiner Sortimentsbildung berücksichtigen muss.

2. Machen Sie für die Bürodesign GmbH, einem Hersteller von Büromöbeln, Vorschläge zur Produktentwicklung ihrer neuen Produktlinie für ökologisch und ergonomisch orientierte Büromöbel.

a) Finden Sie fünf schlagkräftige Namen für diese Produktlinie.
b) Machen Sie Vorschläge für die Verpackung der Produkte.
c) Begründen Sie, welche Materialien für Bürostühle, Schreibtische und Büroschränke verwendet werden sollen.
d) Machen Sie begründete Vorschläge für die Farbgebung der einzelnen Produkte. Schreiben Sie die Ergebnisse auf Plakate und diskutieren Sie Ihre Arbeitsergebnisse untereinander.

3. Überlegen Sie Möglichkeiten, wie die Gedanken des Recyclings von Produkten und deren umweltverträglicher Entsorgung im Bürobedarfsgroßhandel bereits bei der Produktbeschaffung berücksichtigt werden können.

4. Erkundigen Sie sich bei der Industrie- und Handelskammer nach Richtlinien und Hilfsmitteln für die Beteiligung am EU-Öko-Audit für Ihr Unternehmen.

5. Geben Sie aus Ihrer persönlichen Erfahrung Beispiele für breite und schmale sowie flache und tiefe Sortimente bei Handelsunternehmen an.

6. Erläutern Sie, weshalb ein Handelsunternehmen sowohl Über- als auch Untersortimente vermeiden muss und geben Sie an, welche Hilfsmittel die Marktforschung bietet.

7. Beschreiben Sie den Aufbau des Sortiments Ihres Ausbildungsbetriebes.

4.2 Kundendienstpolitik

Nachdem die Primus GmbH grundsätzlich die Aufnahme der Produktlinie „ergo-design-natur" im Rahmen der Sortimentspolitik beschlossen hat, stehen nun die Entscheidungen zu den weiteren Marketinginstrumenten an. *„Ganz wichtig ist, dass wir bei unserer neuen Produktlinie immer die Zufriedenheit der Kunden mit der Ware, aber auch die Zufriedenheit unserer Kunden mit unseren sonstigen Leistungen im Auge haben"*, bemerkt Herr Winkler, der Abteilungsleiter Verkauf/Marketing. *„Nur über die vollkommene Kundenzufriedenheit kann man heute noch Kunden binden!"* – *„Aber wir bieten unseren Kunden doch schon eine verlängerte Garantie von 36 Monaten"*, meint Frau Braun, die Assistentin der Geschäftsleitung, *„außerdem haben wir schließlich unseren ‚Sechs-Stunden-Service'."* – *„Richtig, einige Kundendienstleistungen können wir schon vorweisen, aber ich bin mir sicher, es gibt noch eine Vielzahl weiterer Möglichkeiten"*, sagt Herr Winkler. *„Wir sollten in der nächsten Abteilungsleitersitzung diese in einem Brainstorming sammeln und im Hinblick auf die Einführung der neuen Produktlinie auswerten."*

ARBEITSAUFTRÄGE

- Überlegen Sie, warum es für die Primus GmbH wichtig sein könnte, zusätzliche Kundendienstleistungen anzubieten.
- Erarbeiten Sie ein mögliches Kundendienstleistungskonzept für die Primus GmbH.

Neben dem Warenangebot als Kernleistung bieten viele Groß- und Außenhandelsbetriebe immer mehr Zusatzleistungen an, die den Absatz im Groß- und Außenhandel fördern sollen. Durch die **Kundendienstpolitik** versucht der Groß- und Außenhandel, den Warenabsatz zu fördern und zu ergänzen. Gleichwertige Warenangebote können sich so voneinander abgrenzen. Die Dienste können warenbezogen oder auch vom Warenabsatz unabhängig, entgeltlich oder unentgeltlich angeboten werden. Kunden können so neben dem Warenangebot zusätzliche Dienstleistungen in Anspruch nehmen. Im Bereich der Kundendienstpolitik finden sich für den Groß- und Außenhandel viele Möglichkeiten, um eine drohende Ausschaltung zu verhindern. Verloren gegangene **Funktionen** des Groß- und Außenhandels können durch neue ersetzt werden.

Serviceleistungen

Zu den **Serviceleistungen** zählen diejenigen Dienste, die vor, während oder nach dem Einkauf angeboten werden. Die **warenunabhängigen** Serviceleistungen sind generell auf den Kunden gerichtet und sollen seine Beschaffungstätigkeit erleichtern.

Beispiele Kundenbetreuung, Unterstützung des Einzelhandels bei Marketing-Aktivitäten, betriebswirtschaftliche Beratung und Schulung, Personalschulung

Im Mittelpunkt der **warenabhängigen** Serviceleistungen kann sowohl die Ware als auch der Kunde stehen. Sie sollen die Ingebrauchnahme der Ware, die Erhaltung und Verbesserung der Gebrauchstauglichkeit und die Entsorgung vereinfachen.

Beispiele Installation, Reparatur, Wartung, Pflege, Gebrauchsberatung, Waren- oder Investitionskredite, Kulanz, Zustellung, Entsorgung, Garantie, Rücknahme von Produkten nach Nutzungsdauer

PRAXISTIPP Unter www.wikipedia.org finden Sie zum Thema „Garantie" weitere Informationen.

Serviceleistungen werden immer mehr zu einem wichtigen Marketinginstrument. Hierin kann für die Abnehmer ein entscheidendes Auswahlkriterium für die Wahl des Lieferanten bestehen.

Ferner kann nach technischen und kaufmännischen Serviceleistungen unterschieden werden.

Technische Serviceleistungen: Technische Serviceleistungen werden häufig als **Kundendienst** bezeichnet.

Beispiel Auszug aus der Aufstellung über technische Serviceleistungen der Primus GmbH:
- **Zustellservice**: Wir liefern Ihnen sperrige Waren (Schreibtische, Regalelemente usw.) direkt nach Hause.
- **Installationsservice**: Elektrogeräte (Tischkopierer, Anrufbeantworter usw.) werden bei Ihnen zu Hause von unserem fachkundigen Personal aufgebaut und installiert.
- **Reparaturservice**: Waren, die Sie beim Primus GmbH erworben haben, können im betriebseigenen Reparaturdienst gewartet werden, dies gilt insbesondere für Faxgeräte, Handys, Notebooks.
- **Ersatzteilservice**: Für unsere Waren garantieren wir Ihnen, dass wir schnellstens Ersatzteile beschaffen. Für die meisten Verschleißteile unterhalten wir ein reichhaltiges Vorratslager.

Kaufmännische Serviceleistungen: Hierzu gehören alle Dienstleistungen des Groß- und Außenhändlers, die mit der Kaufvorbereitung und -durchführung in Zusammenhang stehen.

Beispiel Auszug aus der Aufstellung über kaufmännische Serviceleistungen der Primus GmbH:
- **Auftragsannahme**: Wir unterhalten einen telefonischen Auftragsdienst rund um die Uhr (Telefon: 02 03 44 53 690, Fax: 02 03 44 53 698). Sie können telefonisch, per E-Mail oder per Fax Waren bestellen bzw. reservieren lassen. Wenn Sie zu uns kommen, stehen die Waren bereits abholbereit für Sie zur Verfügung. Natürlich können Sie auch weiterhin schriftlich, z. B. per Postkarte oder E-Mail bestellen.
- **Informationsservice**: Wir informieren Sie ständig über unser Sortiment und unsere Sonderaktionen. Sehen Sie in den Fachzeitungen nach, wöchentlich erscheint dort unsere „Primus-Beilage". In unseren Verkaufsräumen haben wir für Sie das Info-Center eingerichtet. Dort finden Sie Fachzeitschriften und Testberichte über zahlreiche Artikel unseres Hauses. Neu ist unsere „INFO-Datenbank", an einem PC können Sie selbst Testberichte über unsere Artikel abrufen. Ein Mitarbeiter hilft Ihnen gerne dabei. Für nur 2,50 EUR erhalten Sie unsere Primus-CD-ROM mit den wichtigsten Inhalten unserer INFO-Datenbank. Hiermit können Sie in Ruhe stöbern und über unseren Auftragsservice direkt bestellen.

PRAXISTIPP Bieten Sie immer Serviceleistungen und Zusatzartikel an. Seien Sie nicht verärgert, wenn der Kunde die Serviceleistungen und Zusatzartikel ablehnt.

Qualitätsgarantien

Steigende Kundenerwartungen und die zunehmende Marktmacht im Handel zwingen die Hersteller, eine nahezu fehlerfreie Ware zu liefern, sodass eine Wareneingangskontrolle nahezu überflüssig wird. Mit zunehmendem Wettbewerbsdruck wächst nun auch das Interesse des Handels, über **Qualitätssicherung** und **Qualitätsmanagement** Kunden fester an das Unternehmen zu binden. Der Begriff „Qualität" zielt jedoch nicht in erster Linie auf die Produktqualität ab, da diese weitgehend vom Hersteller bestimmt wird, im Vordergrund steht vielmehr die Qualität der erbrachten Leistungen insgesamt und somit des gesamten Leistungsangebots des Handels. Man spricht hier von **Total Quality Management (TQM)**. LF 6

Das wesentliche Ziel dieser Norm ist die Schaffung eines national und international gültigen, einheitlichen Rahmens für den Aufbau und die Beschreibung von **Qualitätsmanagement-Systemen** (vgl. z. B. ISO 9000). LF 6

Das **Zertifikat** einer Zertifizierungsstelle[1] ist der Nachweis, dass das Qualitätsmanagement-System des Unternehmens von einer unabhängigen und kompetenten Stelle überprüft und überwacht wird. Neben der Zertifizierung des Qualitätsmanagement-Systems gehen viele Unternehmen noch weiter und unterziehen sich auf freiwilliger Basis einer Umweltbetriebsprüfung **(EU-Umwelt-Audit)**. LF 6

Kundendienstpolitik

- Die Kundendienstpolitik umfasst alle warenbezogenen und warenunabhängigen Leistungen, die neben dem Handel mit der Ware entgeltlich oder unentgeltlich erbracht werden.
- **Serviceleistungen:** Dienstleistungen, die vor, während oder nach dem Einkauf zusätzlich angeboten werden.
  - **Technische Serviceleistungen** = Kundendienst: Unterweisung im Gebrauch, Installation, Inspektion, Wartung, Reparatur, Ersatzteilbeschaffung, Stellung von Ersatzgeräten.
  - **Kaufmännische Serviceleistungen** = alle Dienstleistungen, die mit Kaufvorbereitung und -durchführung in Zusammenhang stehen: Produktinformation, Produktberatung, Zustellung, Umtausch, Pflegedienst, Änderung, Reparatur, Ersatzteilhaltung, Erleichterung bei der Auftragserteilung und -abwicklung, Schulung, Kreditgewährung.
- **Qualitätsgarantien** sollen das Vertrauen in die Unternehmensleistungen stärken.

1. Überlegen Sie sich, welche Kundendienstleistungen Sie als Privatverbraucher bereits in Anspruch genommen haben und sammeln Sie die Ergebnisse in einer Liste.

2. Sammeln Sie alle Kundendienstleistungen Ihres Ausbildungsbetriebs und ordnen Sie diese danach, ob sie warenabhängig oder warenunabhängig sind.

3. Erarbeiten Sie Bereiche, in denen Ihr Ausbildungsbetrieb Qualitätsgarantien erhält und in denen er welche geben könnte. Fassen Sie die Ergebnisse in der Klasse zusammen.

4. Erläutern Sie, warum die Kundendienstpolitik im Wettbewerb von Groß- und Außenhandelsbetrieben eine immer größere Bedeutung bekommt.

---
[1] *Zum Beispiel TÜV-Zertifizierungsgemeinschaft e. V. in Bonn, Deutsche Gesellschaft zur Zertifizierung von Qualitätsmanagementsystemen mbH in Berlin.*

4.3 Distributionspolitik

Ein großer Teil der Entscheidungen für die Markteinführung des „ergo-design-natur"-Stuhls ist gefallen. Nun steht wieder eine Besprechung an, zu der die Geschäftsführer alle erforderlichen Abteilungs- und Gruppenleiter eingeladen haben. Nicole Höver nimmt auch an dieser Sitzung teil. Frau Braun, die Assistentin der Geschäftsleitung, ist schon gespannt auf diesen Termin, denn sie hat – wie sie meint – eine bombige Idee für die Vermarktung ausgeklügelt. Bei der Besprechung meldet sie sich sofort zu Wort: *„Meine Damen und Herren, bisher haben wir unsere Produkte einerseits an Großabnehmer und den Facheinzelhandel verkauft. Andererseits beliefern wir unsere Großkunden direkt. Schließlich verkaufen wir in unserer Verkaufsboutique an Selbstabholer. Interessant ist dabei, dass der Verkauf im Facheinzelhandel und in unserer Verkaufsboutique in den letzten Jahren zugenommen hat, der Umsatz mit Facheinzelhändlern jedoch zurückgegangen ist. Was halten Sie davon, wenn wir mit unserem neuen Programm verstärkt SB-Einrichtungshäuser beliefern? Ich denke da z. B. an die Möbel-Abholmärkte. Das wäre doch ein Knüller, wir könnten dadurch ganz neue Zielgruppen ansprechen."* Herr Müller antwortet sofort: *„So lange ich hier etwas zu sagen habe, kommt das gar nicht infrage! Wir sind ein seriöses Haus und haben einen guten Ruf zu verlieren. Wir können unsere Waren nicht einfach an jeder Straßenecke anbieten."* Frau Braun ist entsetzt, mit einer solchen Reaktion hatte sie nicht gerechnet. Ist ihre Idee wirklich so schlecht wie Herr Müller meint?

ARBEITSAUFTRÄGE

- Sammeln Sie Argumente für die Standpunkte von Frau Braun und Herrn Müller.
- Erläutern Sie in einem Kurzreferat den direkten und indirekten Absatzweg am Beispiel der Bürodesign GmbH, einem Lieferer der Primus GmbH.
- Bilden Sie in Ihrer Klasse zwei Arbeitsgruppen, in denen folgende Themen zu bearbeiten sind: 1. „Onlineshopping unterstützt den Groß- und Außenhandel", 2. „Onlineshopping ist eine Gefahr für den Groß- und Außenhandel". Führen Sie anschließend in der Klasse eine Podiumsdiskussion zu diesem Thema durch.

Die Distributionspolitik (Distribution = Verteilung) beschäftigt sich im Rahmen der Absatzsystemgestaltung mit Entscheidungen über die Absatzmethode, die Absatzwege und die Absatzorgane.

● Absatzmethoden (physische Distribution)

Unter der Festlegung der Absatzmethode wird die Wahl zwischen Strecken- und Lagergeschäft verstanden.

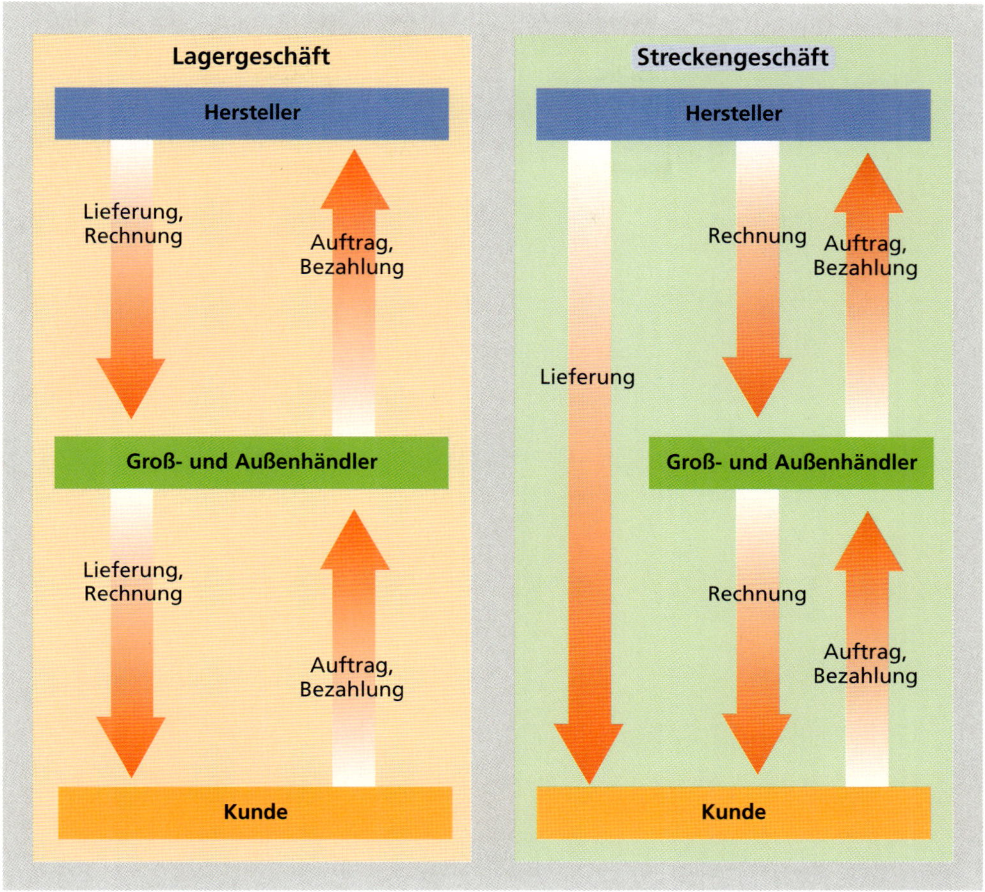

Die Groß- und Außenhandelsunternehmung kann sich für eine der beiden Absatzmethoden oder – in der Praxis häufig anzutreffen – für eine Kombination daraus entscheiden.

Beispiel Die Primus GmbH hat sich überwiegend für das Lagergeschäft entschieden und lässt sich alle Waren nach Duisburg liefern. Wenn bei Großaufträgen der Standort von Hersteller und Kunde so nah beieinanderliegen, dass Transportwege durch das Streckengeschäft erheblich verringert werden können, entscheidet sich die Primus GmbH – auch unter ökologischen Gesichtspunkten – für diese Absatzmethode.

Neben dem Lager- oder Streckengeschäft kann sich der Groß- und Außenhändler auch für das sogenannte **Rack Jobbing** entscheiden, bei dem er in Einzelhandelsverkaufsstätten Teile der Verkaufsfläche anmietet und sein Warenangebot dort selbst betreut. Der Rack Jobber bietet Waren für eigene Rechnung an, die das Sortiment des Einzelhandelsbetriebes ergänzen.

● Absatzwege

Im Rahmen der Absatzwegeentscheidung hat eine Groß- und Außenhandlung die Festlegung zu treffen, ob auf direktem oder indirektem Wege distributiert werden soll, d. h., ob die Ware ohne Einschaltung betriebsfremder Absatzorgane (= **direkter Absatz**) oder unter Einschaltung betriebsfremder Absatzorgane (= **indirekter Absatz**) zum Kunden gelangen soll.

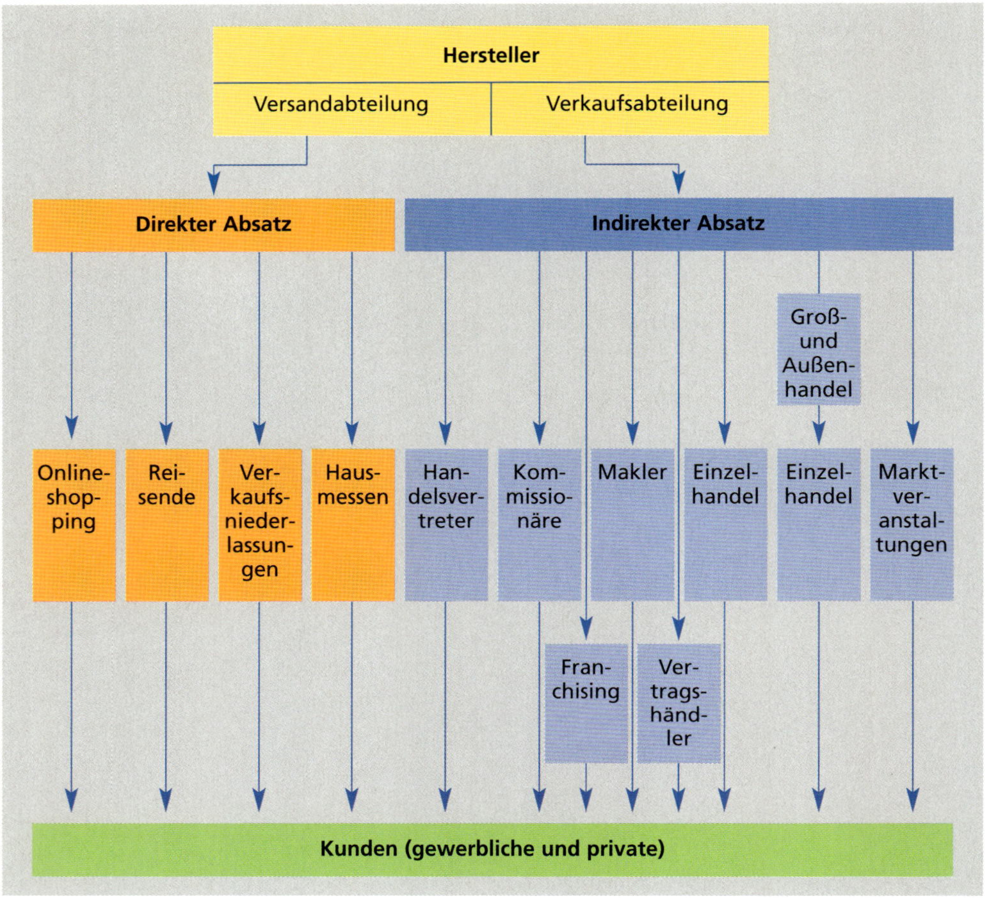

Grundsätzlich lässt sich feststellen, dass mit zunehmender Wertigkeit von Produkten die Länge des Absatzweges abnimmt.

Beispiel Während Investitionsgüter meist direkt vom Hersteller zum Kunden gelangen, führt der Absatzweg von Gütern des täglichen Bedarfs meist über mehrere Stufen.

○ Direkter Absatz

Beim direkten Absatz beliefert ein Unternehmen den Endabnehmer direkt. Das ist nur möglich, wenn zu den Endabnehmern auch Kontakt hergestellt werden kann. Für die Kontaktaufnahme sind verschiedene Formen denkbar.

Beispiele Reisende, Verkaufsniederlassungen, Hausmessen oder Versandhandel inkl. Onlinevertrieb.

○ Indirekter Absatz

Die meisten Industriebetriebe beliefern den Endverbraucher indirekt. Sie vertreiben ihre Produkte über selbstständige Handelsunternehmen, d. h. über betriebsfremde Einrichtungen, wobei hier Absatzhelfer wie Kommissionäre, Handelsvertreter, Makler usw. eingesetzt werden können.

Beispiele Großhandel, Einzelhandel wie Warenhäuser, Kaufhäuser, Fachgeschäfte, Supermärkte, Marktveranstaltungen

● Absatzformen: unternehmenseigene und -fremde Absatzorgane, Marktveranstaltungen

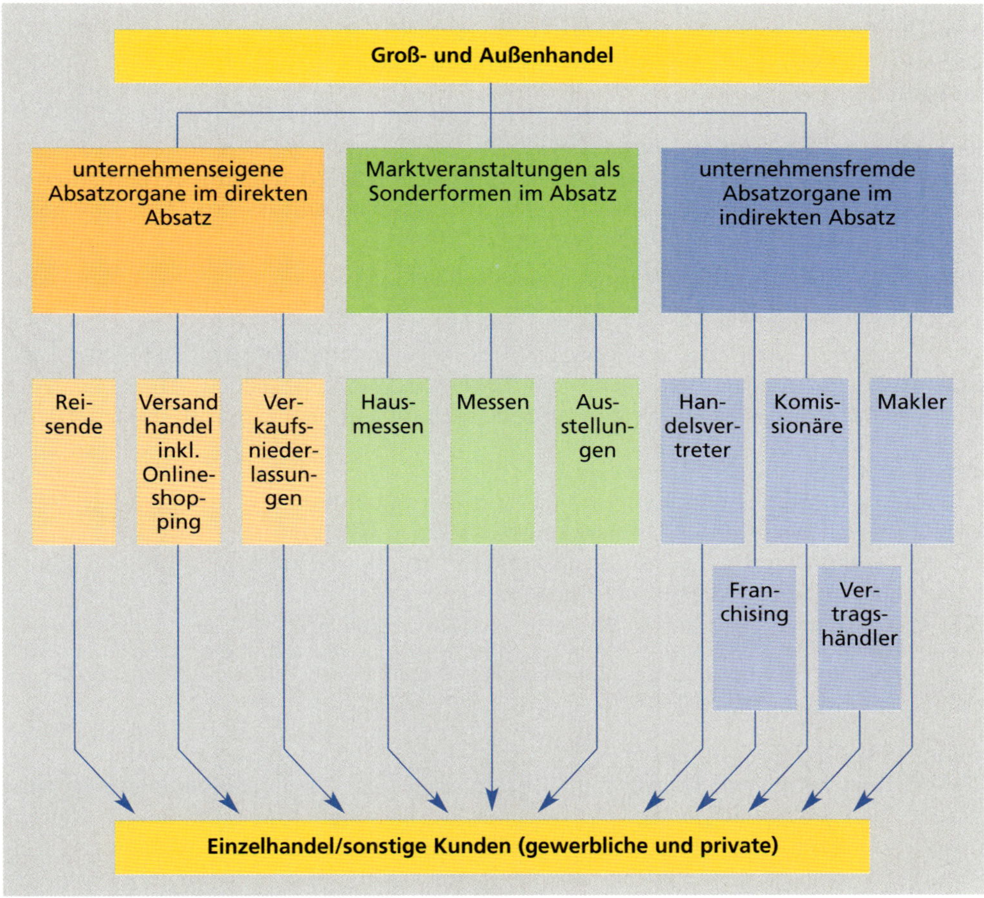

○ Unternehmenseigene Absatzorgane (= direkter Absatz)

Die wichtigsten unternehmenseigenen Absatzorgane für den Groß- und Außenhändler sind der eigene Außendienst (Reisende), Verkaufsniederlassungen und der Versandhandel.

Eigener Außendienst (Reisende)

Ein Unternehmen beschäftigt Mitarbeiter **(Reisende)**, die im Außendienst Kunden beraten und Vertragsabschlüsse herbeiführen. Oft erhalten sie neben einem Grundgehalt (Fixum) und ihren Reisekosten (Spesen) zusätzlich Verkaufsprovision (Prämie für Absatzleistung). Sie besuchen die Kunden und präsentieren dort ihre Produkte über Kataloge, CD-/DVD- oder Videopräsentationen bzw. mit Mustern oder Modellen. Der Kontakt zu den Kunden kann auf verschiedenen Wegen hergestellt werden.

Beispiele

- gezielte Werbebriefe
- Anzeigen in Fachzeitschriften, auf die Kunden mit der Aufforderung zu einem „Vertreterbesuch" reagieren

- Anfragen von Kunden, Versenden von Angeboten
- Kontakte auf Messen und Ausstellungen
- gezielte Anrufe bei Kunden (Telefonmarketing)

Für den Einsatz eines Reisenden spricht die meist starke Identifikation mit der Ware bzw. dem Unternehmen. Reisende sind strikt weisungsgebunden und geben durch ihre Besuchsberichte wertvolle Marktinformationen. Allerdings entstehen durch die Gehaltszahlungen hohe Fixkosten.

Verkaufsniederlassungen (Verkaufsbüros)

Um eine größere Nähe zu den Abnehmern zu erreichen, werden häufig **Verkaufsniederlassungen** (Verkaufsfilialen, -büros) errichtet. Hierbei kommt der Kunde zum Handel und kann Produkte betrachten, ggf. ausprobieren und nach einer Beratung auswählen.

Beispiel Die Primus GmbH hat an ihrem Geschäftssitz in Duisburg eine Verkaufsboutique eingerichtet. Hier wird die gesamte Kollektion aller Waren ausgestellt.

Der Vorteil der Einrichtung von Verkaufsniederlassungen besteht vor allem in der Beratung und dem Service durch eigene Mitarbeiter. Nachteilig ist jedoch, dass ein eigenes Vertriebsnetz weitaus höhere Kosten verursacht als die Einschaltung von Absatzmittlern.

Versandhandel

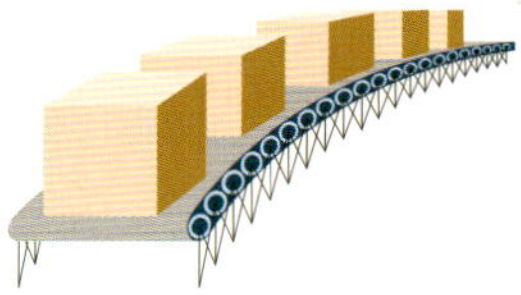

Im Rahmen des Versandhandels wird das Sortiment über Kataloge, Anzeigen, Prospekte oder elektronische Medien (Onlinevertrieb) angeboten. Die Zustellung erfolgt durch die Deutsche Post AG, private Paketdienste oder eigene Auslieferung.

Beispiel Die Primus GmbH plant, ihr Sortiment – neben dem Katalog – in Zukunft über Internet anzubieten. Interessierte Kunden können sich informieren und sofort online bestellen. Dabei gelten dieselben Lieferbedingungen wie im herkömmlichen Bestellverfahren: „6-Stunden-Service ohne Aufschlag – bis 12 Uhr bestellt, bis 18 Uhr versandt"

Onlineshopping (E-Commerce)

Unter E-Commerce versteht man die Abwicklung von Handelsgeschäften über elektronische Medien, insbesondere über das **Internet**. Die Beteiligten im E-Commerce können Unternehmen (Business), Endverbraucher (Customer) oder staatliche Einrichtungen (Government) sein. Da die Initiative zum E-Commerce von jedem Beteiligten ausgehen kann, können neun Klassen unterschieden werden:

Akteure	Business	Customer	Government
Business	**B-to-B, B2B** Alle Transaktionen zwischen Unternehmen, z. B. Beschaffung, Zahlungsabwicklung, Kooperationen, Marktplätze	**B-to-C, B2C** Alle Vertriebsaktivitäten mit Endverbrauchern als Zielgruppe, z. B. Teleshopping, Tele-Service, Homebanking, Reisen buchen	**B-to-G, B2G** Aktivitäten zwischen Unternehmen und staatlichen Einrichtungen, z. B. Umsatzsteuervoranmeldung, Nachfrage nach Gewerbeflächen
Customer	C-to-B, C2B Aktivitäten, die vom Endverbraucher ausgehen und sich an Unternehmen richten, z. B. Powershopping (Einkaufsgemeinschaften)	C-to-C, C2C Transaktionen zwischen Privatleuten, z. B. Gebrauchtwarenbörsen, Kleinanzeigenmärkte, Gelegenheitsarbeiten	C-to-G, C2G Aktivitäten zwischen Privatleuten und staatlichen Einrichtungen, z. B. Anfragen, Steuererklärungen

Akteure	Business	Customer	Government
Government	**G-to-B, G2B** Aktivitäten staatlicher Einrichtungen, die sich an Unternehmen richten, z. B. Steuerabwicklung, Angebote für Standorte, Vermittlung von Arbeitskräften	**G-to-C, G2C** Aktivitäten staatlicher Einrichtungen, die sich an Privatleute richten, z. B. Abrechnung von Gebühren, Bürgerinformationen	**G-to-G, G2G** Abwicklung von Prozessen zwischen staatlichen Einrichtungen, z. B. Kommunikation, gemeinsame Verarbeitung von Daten

E-Commerce und Groß- und Außenhandel
Der Kauf über das Internet hat in den letzten Jahren erheblich an Bedeutung gewonnen und steht somit in direktem Wettbewerb zum Einkauf beim stationären Groß- und Außenhandel vor Ort. Folgende Gründe sprechen u. a. für das Einkaufen im Internet:

Aus der Sicht von Kunden	Aus der Sicht des Groß- und Außenhandels
– Günstigere Preise, Schnäppchen, Rabatte – Macht Spaß, verspricht Spannung – Unabhängigkeit von Ort, Zeit – Schnelle, unkomplizierte Bestellmöglichkeit – Spontane Verfügbarkeit der Produkte – Keine Ladenöffnungszeiten – Keine Fahrtkosten und -zeiten, Parkplatzsuche usw.	– Keine Ladenöffnungszeiten – Weltweite Präsentation von Waren – Geringe Kosten für Standort (Ladenmiete) – Ergänzung des stationären Handels – Automatisierung des Verkaufs – Automatisierung des Zahlungsverkehrs – Schnelle Präsentation von Sonderangeboten – Kundenbindung

Formen des Onlineshoppings
Die Formen des Onlineshoppings sind vielfältig. Sie entwickeln sich ständig weiter und es entstehen z. T. völlig neue Geschäftsmodelle.

Beispiele

E-Shop	Elektronischer Handel mit allen Aspekten der Werbung, Produktdemonstration (Onlinekataloge), Bestellung, Auftragsbestätigung, Rechnungsstellung, Versandüberwachung und Bezahlung, B2B oder B2C
E-Mall	Virtueller Zusammenschluss unabhängiger E-Shops zu einem elektronischen Marktplatz, B2B oder B2C
E-Auction	Virtuelle Auktionen im WWW, bietet Käufern günstige Einkaufsmöglichkeiten und Verkäufern zusätzlichen Vertriebskanal (z. B. für Überbestände), B2B, B2C, C2C
Powershopping	Produkte werden im WWW mit einem Startpreis angeboten, je mehr Interessenten sich finden, desto günstiger wird der Endpreis. Hier können sich auch Einkaufsgemeinschaften bilden, um Rabatte zu erzielen.
Virtual community	Spezielle Interessengruppen werden angesprochen (z. B. Heimwerker, Senioren, Schüler), sie bilden eine „Onlinegemeinde". Die Community ist gleichzeitig Kommunikations- und Einkaufsplattform.

Gütesiegel beim E-Commerce

Wie in allen Branchen gibt es auch im Internet „schwarze Schafe“, d. h. unseriöse Shop-Betreiber. Deshalb haben sich viele Onlineshops zertifizieren lassen und werben mit einem Gütesiegel, z. B. „Trusted Shops“ (**www.trustedshops.de**). Die hier angeschlossenen Shops müssen sich an mehr als 100 Qualitätskriterien halten. Die Kriterien entsprechen des aktuellen gesetzlichen Vorgaben und gehen in einigen Fällen sogar über das vom Gesetzgeber geforderte Maß hinaus. Zu den Kriterien zählen unter anderem:

1. Anbieterkennzeichnung mit Firma, Rechtsform, Sitz des Unternehmens, Name des Vertretungsberechtigten, Registergericht und Handelsregisternummer, vollständige Anschrift inklusive Telefonnummer und E-Mail.

2. Verweis auf die allgemeinen Geschäftsbedingungen (AGB) bereits auf der Startseite mit leichter und vollständiger Abrufbarkeit in leicht lesbarer Form (Schriftgröße, -farbe), ferner müssen die AGB dem Kunden als Datei (E-Mail) oder in Papierform spätestens bei Lieferung zugegangen sein, Rückgaberechte, Sachmängelhaftungs- und Garantiebedingungen müssen hervorgehoben sein, der Kunde muss vor Bestellung deutlich auf einen Vorbehalt und die versprochene Leistung im Falle der Nichtverfügbarkeit hingewiesen werden, zeitlich befristete Angebote müssen als solche erkennbar sein.

3. Der Online-Shop darf nur Waren anbieten, die innerhalb der gesetzlichen Bestimmungen liegen, und muss insbesondere sämtliche Bestimmungen des Gesetzes über die Verbreitung jugendgefährdender Schriften und Medieninhalte einhalten. Sofern sich Angebote an Kinder wenden, darf deren Unerfahrenheit und Geschäftsunfähigkeit nicht ausgenutzt werden.

4. Der Preis aller Waren muss klar und leicht auffindbar sein, der verbindliche Endpreis (inklusive aller Steuern und Versandkosten) muss vor der Bestellung deutlich bestätigt werden. Die Preise sind verbindlich, auf zeitliche Befristung muss deutlich hingewiesen werden. Beim Kauf mehrerer Artikel muss dem Kunden stets die Kontrolle über seine Bestellung möglich sein. Informationen zu Zahlungsbedingungen und -verfahren müssen vollständig sein.

5. Kundenanfragen sind immer innerhalb einer angemessenen Zeit zu beantworten. Der Kunde wird über vergriffene Produkte informiert. Er erhält eine Bestätigung seiner Bestellung mittels einer deutlichen Zusammenfassung aller Artikel mit Einzelpreis und Menge sowie Endpreis und Bestelldatum.

Rechtliche Aspekte des Onlineshoppings

Grundsätzlich gelten beim Onlineshopping die gleichen rechtlichen Bestimmungen (z. B. Kaufvertragsrecht) wie beim stationären Groß- und Außenhandel auch. Zum Zwecke des Verbraucherschutzes gelten zusätzlich §§ 312b ff. BGB. Diese Vorschriften sichern dem Verbraucher bestimmte Rechte wie Widerrufs- und Rückgaberecht und binden den Händler an bestimmte **Informations- und Aufklärungspflichten**.

Fragen	Antworten
Kann ich die bestellte Ware ohne Angabe von Gründen zurückgeben?	Ja. In der Regel ist dies möglich. Bestellungen im Internet fallen unter den § 312 BGB über Fernabsatzverträge. Nach § 312d BGB hat der Verbraucher das Recht, im Internet bestellte Waren ohne Angabe von Gründen zurückzugeben. Man bezeichnet dies als Widerrufsrecht (gilt nicht unter Privatleuten). Ausnahmen: Lebensmittel, Hygieneartikel usw.
Wie lange kann ich nach Erhalt der bestellten Ware diese zurückgeben?	Die Frist für die Ausübung des Widerrufsrechts beträgt 2 Wochen. Diese Frist beginnt mit dem Erhalt der Ware. Dies gilt allerdings nur dann, wenn der Unternehmer seinen Informationspflichten nach § 312c BGB nachgekommen ist und insbesondere den Verbraucher rechtzeitig auf sein Widerrufsrecht aufmerksam gemacht hat. Andernfalls beginnt die Frist für die Ausübung des Widerrufsrechts erst dann, wenn der Unternehmer die Widerrufsbelehrung nachholt. Wird die Belehrung über das Widerrufsrecht erst nach Vertragsabschluss mitgeteilt, beträgt die Frist einen Monat. Der Widerruf ist entweder schriftlich oder aber dadurch zu erklären, dass die Ware an den Unternehmer zurückgesandt wird (Beleg als Beweis, z. B. Einschreiben). Wenn der Unternehmer die Widerrufsbelehrung versäumt hat, erlischt das Widerrufsrecht spätestens 6 Monate nach Erhalt der Ware.
Worauf muss ich achten, wenn ich die Ware wieder zurückgeben will?	Bevor der Verbraucher entscheiden kann, ob er die Waren behalten oder zurücksenden will, muss er diese begutachten. Hierzu ist das Öffnen des Paketes unerlässlich. Deshalb darf der Verbraucher alles tun, was notwendig ist, um sich einen Eindruck von der gelieferten Ware zu verschaffen, ohne dass er hierdurch sein Widerrufsrecht verliert. Dabei sollte er jedoch vorsichtig vorgehen. Das Widerrufsrecht wird nicht dadurch ausgeschlossen, dass die Ware beim Verbraucher oder beim Transport beschädigt oder sogar zerstört wurde. Und zwar selbst dann nicht, wenn der Verbraucher für eine solche Verschlechterung der Ware verantwortlich ist. In diesem Fall muss er dem Verkäufer jedoch den entsprechenden Schaden ersetzen. Für die Verschlechterung ist der Verbraucher verantwortlich, wenn er diese vorsätzlich oder fahrlässig herbeigeführt hat. Hat der Verkäufer es allerdings versäumt, den Verbraucher in ausreichender Weise auf das Bestehen des Widerrufsrechts hinzuweisen, ist dieser nur für solche Schäden verantwortlich, die er mindestens grob fahrlässig verursacht hat.
Wer trägt die Kosten für die Rücksendung von Waren?	Übt der Verbraucher ein Widerrufsrecht aus, so ist er zur Rücksendung der Ware verpflichtet. Die Kosten hierfür hat allerdings grundsätzlich der Unternehmer zu tragen. Dies bedeutet, dass der Verbraucher dem Unternehmer die Rücksendekosten in Rechnung stellen kann. Schon aus diesem Grunde sollte der Verbraucher sich die Kosten vom Transportunternehmen (Deutsche Post AG, Spedition usw.) quittieren lassen. Allerdings hat der Unternehmer bei einer Bestellung bis zu einem Betrag von 40,00 EUR die Möglichkeit, dem Verbraucher die Kosten der Rücksendung aufzuerlegen. Dies kann allerdings nur durch einen ausdrücklichen Hinweis bereits beim Vertragsschluss geschehen.

Fragen	Antworten
Was tun, wenn die Ware einen Schaden hat?	Ist die gelieferte Ware fehlerhaft (oder entspricht sie nicht der bestellten), so hat der Käufer folgende Möglichkeiten: Er kann zuerst nur Nacherfüllung verlangen. Gelingt die Nacherfüllung nicht, kann er den Kauf rückgängig machen und den Kaufpreis, sofern er bereits entrichtet wurde, zurückverlangen, oder er kann die Herabsetzung des Kaufpreises entsprechend dem mangelbedingten Minderwert verlangen.
Gibt es beim Onlinekauf Abweichungen von den üblichen Garantieregelungen?	Weder die gesetzlichen Sachmängelhaftungsrechte noch die vertraglichen Garantieregelungen weichen beim Onlinekauf von anderen Formen des Kaufs ab.
Wie sicher ist das Zahlungsverfahren Nachnahme?	Bei dieser Zahlungsweise ist der Käufer zur Vorleistung verpflichtet. Das heißt, er muss die Ware zunächst bezahlen, bevor er sie erhält, und kann sie vor der Ablieferung nicht untersuchen. Er geht also das Risiko ein, dass er etwas erhält und bezahlt, was entweder fehlerhaft ist oder nicht dem entspricht, was er bestellt hat. Ist dies der Fall, muss er sich selbst darum kümmern, den Kaufpreis vom Verkäufer zurückzuerhalten.
Wie sicher ist das Zahlungsverfahren Bankeinzug?	Bei dieser Zahlungsweise wird dem Verkäufer die Ermächtigung zur Einziehung des Kaufpreises bei der Bank des Kunden erteilt. Die Gefahr für den Kunden besteht darin, dass diese Ermächtigung vom Verkäufer missbraucht werden kann, weil die Bank die Wirksamkeit der Ermächtigung im Einzelfall nicht überprüft. Der Kunde muss dann dafür sorgen, dass er der Belastung seines Kontos rechtzeitig widerspricht.
Wie sicher ist das Zahlungsverfahren Kreditkarte?	Die Zahlung mittels Kreditkarte ist mit Sicherheit die bequemste Möglichkeit des Einkaufens im Internet. Die Zahlung wird einfach und schnell abgewickelt, der Kunden spart sich den Weg zur Bank oder andere Mühen. Aber Vorsicht ist geboten: Diese Zahlungsart ist die derzeit noch gefährlichste. Kreditkarteninformationen sind sensible Daten, die Gefahr eines Missbrauchs ist groß. Kreditkarteninformationen sollten deshalb in jedem Fall nur verschlüsselt mittels SSL oder SET übermittelt werden. Die Herausgabe der PIN (Personal Identification Number) ist im Internet zu vermeiden.
Wie sicher ist das Zahlungsverfahren Rechnung?	Bei dieser Zahlungsweise bezahlt der Kunde nur die Ware, die er tatsächlich erhalten hat. Auch hat er vor der Zahlung die Gelegenheit, die Ware sorgfältig zu untersuchen. Zudem werden keinerlei Daten in unsicherer Form übermittelt, sodass auch in dieser Hinsicht keinerlei Missbrauch zu befürchten ist. Diese Zahlungsweise ist also für den Kunden die sicherste.

○ Unternehmensfremde Absatzorgane (= indirekter Absatz)

Als unternehmensfremde Absatzorgane stehen für den Groß- und Außenhändler Handelsvertreter, Kommissionäre, Makler, das Franchising oder das Vertragshändlersystem zur Auswahl.

Verkauf über Handelsvertreter

Ein Handelsvertreter ist ein **selbstständiger Kaufmann**, der für andere Unternehmen Kontakte zu Kunden herstellt und Geschäfte vermittelt oder abzuschließt (§§ 84 ff. HGB). Hierfür erhält er eine **Provision**.

Beispiel

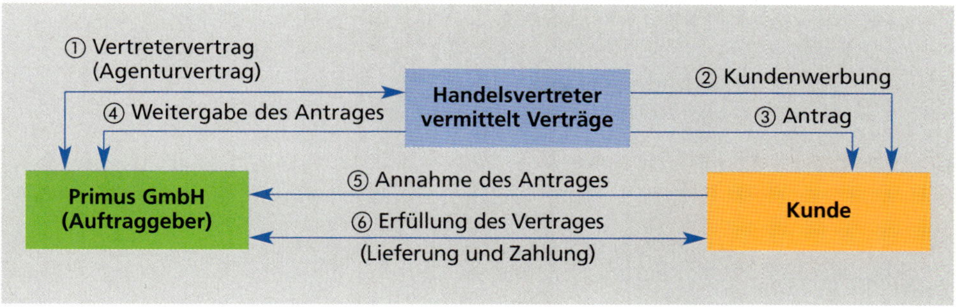

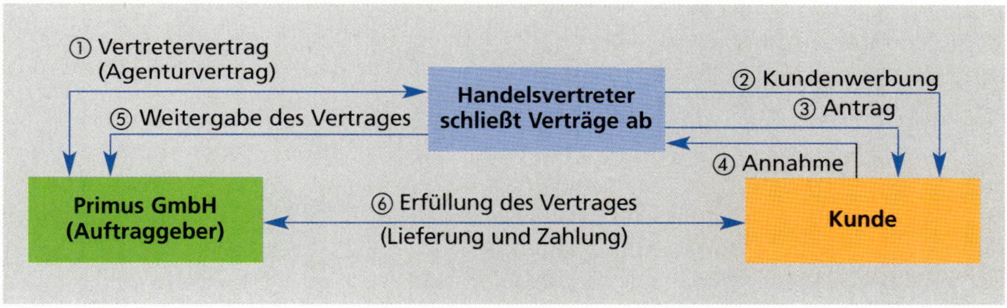

Für eine Groß- und Außenhandlung bedeutet der Einsatz von Handelsvertretern, dass sie zunächst keinen direkten Kontakt zu den Kunden aufbaut und der Handelsvertreter bei Ausscheiden oft die Kunden mitnimmt. Vorteilhaft sind jedoch wesentliche niedrigere Fixkosten und die häufig höhere Besuchshäufigkeit bei Kunden, sowie die Marktkenntnis des Handelsvertreters.

Handelsvertreter verkaufen im indirekten Absatz die Waren der Groß- und Außenhändler, während Reisende zum direkten Absatz zählen. Beide treten im Namen des Groß- und Außenhändlers auf. Der Handelsvertreter kann jedoch für mehrere Unternehmen tätig sein. Ob eine Groß- und Außenhandlung sich für einen Handelsvertreter oder Reisenden entscheidet, hängt neben den genannten Vor- und Nachteilen auch von den **Kosten** ab. Häufig ist es bei geringerem Umsatz günstiger, mit Handelsvertretern zu arbeiten, da die Umsatzprovision erst mit dem Umsatz anfällt, während der Reisende sein Gehalt immer erhält. Bei höheren Umsätzen ist der Einsatz von Reisenden günstiger.

Verkauf über Kommissionär

Der Kommissionär ist ein **selbstständiger Kaufmann**, der gewerbsmäßig **Waren auf Rechnung eines anderen im eigenen Namen kauft oder verkauft** (§§ 383 ff. HGB). Beim Kommissionsgeschäft schließt der Käufer (Kommissionär) mit seinem Lieferer einen **Kommissionsvertrag** ab, wobei der Lieferer (Kommittent) Eigentümer der Ware bleibt. Der Kommissionär wird lediglich Besitzer der Ware. Er verkauft sie in seinem Namen, d. h., sein Kunde weiß nicht, dass die Ware dem Kommissionär nicht gehört. Die verkaufte Ware rechnet der Kommissionär mit seinem Lieferer ab und behält eine **Provision** ein. Nicht verkaufte Ware gibt er an den Lieferer zurück.

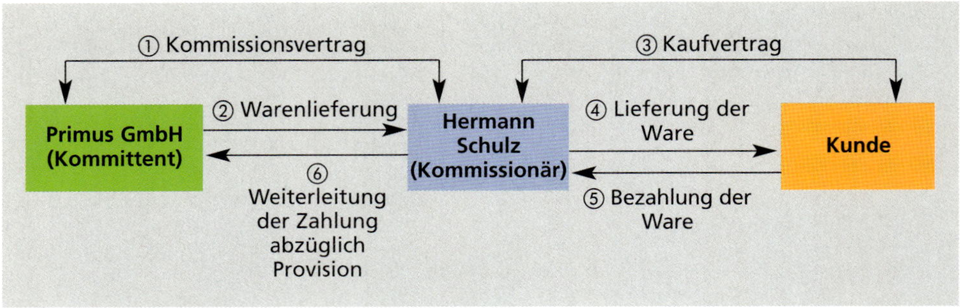

Beispiel Die Primus GmbH schließt mit dem Kommissionär Hermann Schulz einen Kommissionsvertrag ab. Die Primus GmbH wird dadurch zum Kommittenten. Schulz erhält von der Primus GmbH Waren, die er erst zu bezahlen braucht, wenn er selbst die Waren verkauft hat.

Verkauf über Makler

Ein Makler (§§ 93–104 HGB) **vermittelt nur von Fall zu Fall** den Abschluss von Verträgen. Er erhält für seine Dienstleistung eine **Courtage** (Maklerlohn). Sie ist i. d. R. je zur Hälfte von Käufer und Verkäufer zu tragen.

Vertragshändler

Ein Industriebetrieb und ein Handelsbetrieb schließen miteinander einen Vertrag, in dem sich der Händler verpflichtet, die Produkte des Herstellers nach dessen Marketingkonzept anzubieten. Der Vertragshändler ist **rechtlich selbstständiger Unternehmer** und vertreibt seine Produkte unter **eigenem Namen.** Er benutzt aber seinen Kunden gegenüber die Marke des Herstellers. Deshalb wirkt er auf einige Kunden wie eine Filiale (Außenstelle) des Industriebetriebes.

Beispiel Automobilhersteller vertreiben ihre Kraftfahrzeuge häufig über Vertragshändler, wobei der **einseitige und der mehrstufige Vertriebsweg** zu unterscheiden sind. Beim einstufigen Vertriebsweg wird ein Fahrzeug vom Hersteller über den Vertragshändler an Kunden geliefert. Bei einem mehrstufigen Vertriebsweg schaltet ein Hauptvertragshändler einen weiteren kleinen Vertragshändler ein, um z. B. auch in kleineren Städten für die Kunden präsent zu sein. Allein würde der zweite Vertragshändler aufgrund der zu geringen Verkaufszahlen keinen Händlervertrag bekommen.

Franchising

Hierbei handelt es sich um eine enge Kooperationsform, bei der der Franchisegeber (Franchisor = Kontraktgeber) aufgrund einer langfristigen Bindung dem rechtlich selbstständigen Franchisenehmer (Franchise = Kontraktnehmer) gegen Entgelt das Recht einräumt, bestimmte Waren oder Dienstleistungen unter Verwendung der Firma, der Marke, der Ausstattung und der technischen und wirtschaftlichen Erfahrungen des Franchisegebers zu nutzen. Der Franchisenehmer tritt seinen Kunden gegenüber nicht in eigenem Namen auf, er verwendet den Namen seines Franchisegebers. Der Franchisegeber vergibt eine Konzession für ein von ihm entwickeltes Marketingprogramm, das sich bereits im Praxiseinsatz bewährt hat. Er erhält dafür in der Regel ein einmaliges Entgelt und/oder eine Umsatzbeteiligung. Hierdurch kann er ein Vertriebsnetz ohne großen Investitionsaufwand errichten, erreicht hohe Marktnähe und kann schnell expandieren.

OBI®

Beispiele für Franchising: McDonald's (Fast-Food), benetton (Textilien), Obi (Baumarkt; hier wird die Hälfte der Märkte im Franchising betrieben, die anderen Märkte gehören der OBI AG), Hertz (Autovermietung), Nordsee (Fisch), ASKO (Möbel), Lekkerland (Süßwaren), Ihr Platz (Drogerie), Coca Cola (Getränke), Ibis (Hotels)

Vorteile für den Franchisenehmer	Nachteile für den Franchisenehmer
– Weitgehende Selbstständigkeit im Rahmen des Vertrages – Nutzung des Know-hows des Franchisegebers – Förderung des Absatzes durch einheitliche Verkaufsraumgestaltung, Werbung, Verkaufsförderung sowie ein abgerundetes Sortiment – Nutzung von Dienstleistungen des Franchisegebers, wie z. B. zentrales Rechnungswesen, Kalkulation	– Langfristige Bindung an ein Sortiments- und Präsentationskonzept – Keine selbstständigen Sortimentsentscheidungen – Hohe Kosten durch Eintritts- oder Franchiseentgelte – Insolvenzrisiko liegt beim Franchisenehmer

Franchising oder das Vertragshändlersystem als weitere mögliche unternehmenseigene Absatzorgane spielen für den Großhändler in der Regel keine wesentliche Rolle.

○ Marktveranstaltungen als Sonderformen des Absatzes

Marktveranstaltungen besitzen für den Groß- und Außenhändler den Vorteil, dass zahlreiche Anbieter und Nachfrager an einem Ort zusammengeführt werden.

Hausmessen (Hausausstellungen)

Hausmessen ermöglichen es dem Groß- und Außenhändler, sein Angebot repräsentativ einer großen Anzahl von Kunden gleichzeitig vorzustellen. In regelmäßigen Abständen können so die Kunden in den Betrieb eingeladen und über das Angebot bzw. die neuen Artikel informiert werden. Verträge können aufgrund der ausgestellten Muster abgeschlossen werden.

Beispiele

- Im Anschluss an die ORGATEC (Internationale Messe für Büroorganisation in Köln) veranstaltet die Primus GmbH eine Hausmesse, auf der sie ihren Kunden zeigt, dass viele Neuerungen der ORGATEC schon über die Primus GmbH zu beziehen sind.
- Für die anderen Warengruppen hat die Kröger & Bach KG an ihrem Sitz in Duisburg einen Ausstellungsraum eingerichtet.

Messen

Messen sind Verkaufsveranstaltungen, die nur für das Fachpublikum (Wiederverkäufer und gewerbliche Verbraucher) in regelmäßigen Abständen an demselben Ort (Messeplatz) abgehalten werden. Verkäufe werden hier aufgrund von Mustern abgeschlossen. Für den Aussteller sprechen mehrere Gründe für die Beteiligung an einer Messe:

- Verkaufsmöglichkeiten
- Einführung neuer Produkte
- Gewinnung neuer Kunden
- Marktforschung und Marktinformation
- Repräsentation des Unternehmens

Eine Messe ist jedoch mit hohen Kosten für die Standentgelte, die Gestaltung des

Messestandes, die Auswahl und Beschaffung von Werbemitteln (vgl. S. 76) und meist auch die Herstellung eines Messeprospektes verbunden.

Ausstellungen

Im Unterschied zu Messen wenden sich **Ausstellungen** auch an die Allgemeinheit. Ausstellungen dienen hauptsächlich der Repräsentation und Information, weniger dem Verkauf.

Beispiel Internationale Automobilausstellung in Frankfurt

Distributionspolitik

- Die **Distributionspolitik** beschäftigt sich mit der Gestaltung der Absatzmethoden, -wege und -organe.
- **Absatzmethoden:** Entscheidung zwischen **Lager-** oder **Streckengeschäft** sowie eine Kombination daraus und **Rack Jobbing**
- **Absatzwege:** Der **direkte Absatz** kann durch die Geschäftsleitung selbst oder durch Reisende, Verkaufsniederlassungen, Hausmessen, Onlinevertrieb oder den Versandhandel erfolgen. Im **indirekten Absatz** (Verkauf über den Handel) kann der Groß- und Außenhändler sich zwischen der Einschaltung weiterer Groß- und Außenhändler, des Einzelhandels, von Handelsvertretern, Kommissionären, Maklern, dem Franchising, dem Vertragshändlersystem oder Marktveranstaltungen entscheiden.
- **E-Commerce:** Abwickeln des Einkaufens über Dienste des Internets
- **Geschäftsmodelle:** E-Shop, E-Mall, E-Auction, Powershopping, Virtual Community
- **Gütesiegel:** Groß- und Außenhändler, die mit dem Gütesiegel werben, verpflichten sich zu bestimmten Mindestregelungen, die z. T. über die gesetzlichen Regelungen hinausgehen.
- **Rechtliche Aspekte:** § 312 BGB regelt den Fernabsatz.
- **Absatzformen:**
  - **Unternehmenseigene Absatzorgane (= direkter Absatz):** Reisende, Verkaufsniederlassungen, Versandhandel
  - **Unternehmensfremde Absatzorgane (= indirekter Absatz):** Handelsvertreter, Kommissionäre, Makler, Franchising, Vertragshändler
  - **Marktveranstaltungen:** Hausmessen, Messen, Ausstellungen

1. Für viele Hersteller von Konsumartikeln (Lebensmittel, Gegenstände des täglichen Gebrauchs) ist der indirekte Absatz über den Einzelhandel der bedeutendste Absatzweg. Begründen Sie, weshalb die Hersteller diesen Absatzweg bevorzugen.

2. a) Beschreiben Sie die Vor- und Nachteile des Franchisingsystems aus der Sicht des Franchisegebers und –nehmers.
b) Erläutern Sie den Absatz über Handelsvertreter und nennen Sie Vor- und Nachteile für den Hersteller.

3. a) Erläutern Sie, weshalb es sinnvoll ist, mehrere Absatzwege zu kombinieren.
b) Erläutern Sie, welche Gesichtspunkte zu berücksichtigen sind, wenn ein Unternehmen verschiedene Absatzwege kombiniert.

4. Erstellen Sie mithilfe einer Tabellenkalkulation eine Entscheidungshilfe für den Kostenvergleich zwischen Handelsvertretern und Reisenden. Berücksichtigen Sie beim Reisenden ein Jahresgehalt von 45 000,00 EUR, Reisekosten von 25 000,00 EUR, Personalnebenkosten von 60 % des Jahresgehaltes, Betreuungskosten von 10 000,00 EUR und eine Umsatzprovision von 2 %. Für den Handelsvertreter sind zu berücksichtigen: Umsatzprovision von 12 % und Kosten für Produktschulungen, Prospekte, Kataloge usw. von 6 000,00 EUR.

5. Die Primus GmbH möchte den Verkauf in ihrer Verkaufsboutique intensivieren. Die Geschäftsleitung möchte hierzu Rechtsanwälte, Notare und Steuerberater im Ruhrgebiet als Zielgruppe anschreiben. Entwerfen Sie einen Werbebrief.

6. Beschreiben Sie die Bedeutung des Groß- und Außenhandels für Industriebetriebe und für Endverbraucher.

7. Erläutern Sie die Unterschiede zwischen Handelsvertreter und Kommissionär sowie zwischen Franchising und Vertragshändler.

8. Beschreiben Sie den Ablauf eines Kaufes in einem Online-Shop.

9. Erläutern Sie jeweils aus der Sicht des Groß-/Außenhändlers und des Kunden Gründe für Online-Käufe.

10. Rufen Sie einen Online-Shop Ihrer Wahl im Internet auf, suchen Sie nach den Allgemeinen Geschäftsbedingungen, drucken Sie diese aus und lesen Sie aufmerksam. Listen Sie alle Unklarheiten auf und besprechen Sie diese in der Klasse.

11. Erläutern Sie in einem Referat die rechtlichen Aspekte des Online-Shoppings, insbesondere zu den Fragen: Rückgabe von Waren, beschädigte Waren, Zahlungsmöglichkeiten, Garantie.

4.4 Kommunikationspolitik

Die Markteinführung des „ergo-design-natur"-Stuhls geht gut voran. Viele Vorüberlegungen sind schon angestellt, wie z. B. die Bestimmung der Absatzwege, die Preisfestlegung usw. Frau Klein, die Gruppenleiterin Büroeinrichtung, präsentiert der Geschäftsleitung und den Abteilungsleitern den neuen Bürostuhl. Stolz sagt sie: *„Dies ist der beste Stuhl, den wir je in unserem Programm hatten."* Sie schwärmt: *„Dieser Stuhl verkauft sich von selbst, jeder, der ihn sehen wird, will ihn sofort haben! Einfach absolute Spitzenklasse, super!"* Der Verkaufschef, Herr Winkler, bremst sie in ihrer Schwärmerei: *„Nun mal halb-*

lang! Kein Produkt verkauft sich von selbst, mag es noch so toll sein. Bisher weiß doch noch niemand, dass es dieses neue Modell überhaupt gibt. Damit auch der letzte mögliche Abnehmer von „ergo-design-natur" erfahren hat, liegt noch eine Menge Arbeit vor uns." – „Genau!", meldet sich Frau Braun, *„wir müssen ordentlich in Zusammenarbeit mit der Bürodesign GmbH die Werbetrommel rühren, jeder im Lande soll von unserer Neuentwicklung erfahren, wir bringen Fernsehspots, wir lassen Zeppeline über ganz Deutschland fliegen, die Prospekte abwerfen, in allen Zeitungen erscheinen Anzeigen über ‚ergo-design-natur'."* Versonnen schließt sie die Augen und träumt bereits davon, in einem Werbespot selbst aufzutreten. Frau Primus holt sie wieder in die Wirklichkeit zurück: *„Das ist doch dummes Zeug! Wir engagieren eine solide Werbeagentur, die macht für uns die Arbeit, denn dort sitzen Spezialisten."* Herr Schubert, Gruppenleiter des Rechnungswesens, mischt sich sofort ein: *„Bedenken Sie aber die Kosten, wir müssen sparsam mit unseren Finanzen umgehen."* Frau Braun denkt bei sich: *„Der sitzt auf dem Geld, als ob es sein eigenes wäre."* Herr Winkler meldet sich wieder: *„Jedesmal die gleiche Zankerei, wenn wir ein neues Produkt auf den Markt bringen. Wir wissen doch alle, dass Werbung alleine nicht genügt. Wir müssen unser gesamtes Unternehmen in ein positives Licht setzen, die Öffentlichkeit schaut auf uns, wir müssen zusätzlich unser Image pflegen und unseren Außendienst vernünftig unterstützen."*

ARBEITSAUFTRÄGE

- Erarbeiten Sie, welchen Einfluss Werbung, Verkaufsförderung und Öffentlichkeitsarbeit auf den Erfolg eines Unternehmens haben.
- Erstellen Sie eine Übersicht über die Instrumente der Kommunikationspolitik der Primus GmbH.

Die **Kommunikationspolitik** umfasst jede bewusste und geplante Gestaltung der auf den Markt gerichteten Informationen eines Unternehmens.

Zu den Instrumenten der Kommunikationspolitik zählen die **Absatzwerbung**, die **Verkaufsförderung** (Salespromotion), die **Öffentlichkeitsarbeit** (Public Relations) und der persönliche Verkauf im Rahmen von **Beratungs- und Verkaufsgesprächen**. Mit dem Übergang vom Verkäufer- zum Käufermarkt waren die Unternehmen in zunehmendem Maße gezwungen, ihre Absatzmärkte systematisch durch den Einsatz der Instrumente der Kommunikationspolitik zu erschließen und zu bearbeiten.

Absatzwerbung

Die Werbung informiert über Produkte und Dienstleistungen eines Unternehmens. Sie ist ein Bindeglied zwischen Anbietern und Nachfragern von Produkten und nimmt gezielt Einfluss auf Kaufentscheidungen von Abnehmern.

Die Aufgaben der Werbung werden mit der **AIDA-Formel** umschrieben:

A	=	Attention	= Aufmerksamkeit erregen
I	=	Interest	= Interesse wecken
D	=	Desire	= Wünsche nach Produkten schaffen
A	=	Action	= Kauf der Produkte

PRAXISTIPP Weitere Informationen zu der AIDA-Formel finden Sie im Internet unter www.werbe-lexikon.info.

○ Ziele der Absatzwerbung

Ziel der Absatzwerbung ist es, die potenzielle Zielgruppe über den geplanten Leistungsumfang zu informieren.

- **Bekanntmachung von Produkten bei den Abnehmern:** Nur durch Werbung können Abnehmer von der Existenz eines Produktes erfahren. Die Werbung informiert über den Grund- und Zusatznutzen eines Produktes bzw. einer Dienstleistung.
  Dadurch können ein **bestehendes Marktpotenzial** (= die Menge aller möglichen Abnehmer eines Produktes) ausgeschöpft und **neue Abnehmer** gewonnen werden. Außerdem sollen bereits vorhandene Abnehmer, z. B. **Stammkunden**, gehalten werden.

  Beispiele
  - Die Primus GmbH vertreibt ihre Waren vorwiegend an den Facheinzelhandel und gewerbliche Verbraucher. Durch Werbung werden die Kunden auf die Primus GmbH, ihr Sortiment und die sonstigen Leistungen aufmerksam gemacht.
  - Die Kröger & Bach KG vertreibt ihre Waren überwiegend über Discounter in Europa. Diese gewerblichen Kunden werden über Werbebriefe angesprochen.

- **Weckung von neuen Bedürfnissen:** Einen großen Teil der heute existierenden Produkte hat es vor 20 Jahren noch nicht gegeben. Die Bedürfnisse nach ihnen wurden erst durch Werbung geweckt. Es entstand ein Bedarf, da ein großer Teil der Bevölkerung bereit war, für diese Produkte Teile des Einkommens auszugeben.
  Durch das Wecken neuer Bedürfnisse entsteht ein neues Marktpotenzial und eine Nachfrage, die von Anbietern entsprechender Produkte befriedigt werden kann.

  Beispiele
  - MP3-Player: Die Unterhaltungsindustrie hat durch Werbung das Bedürfnis geweckt, jederzeit und überall, unabhängig von einer Steckdose, bequem und individuell Musik hören zu können ohne Mitmenschen durch eine Geräuschkulisse zu stören. Es entstand der Bedarf für den MP3-Player.

  - Faxgeräte: Die Telekommunikationsindustrie weckte durch Werbung das Bedürfnis schnell und kostengünstig schriftliche Mitteilungen zu versenden. Heute ist aus Unternehmen ein Faxgerät nicht mehr wegzudenken. Man wundert sich, wie noch vor 20 Jahren ein Unternehmen ohne „Faxen" existieren konnte. Andererseits verdrängt das Internet mit E-Mails zunehmend Faxe.

○ Grundsätze der Werbung

Wahrheit	In erster Linie soll die Werbung der sachlichen Information der Kunden dienen. Zwar wird mit einer Werbebotschaft häufig versucht, bestimmte Assoziationen beim Kunden zu erwecken oder eine Scheinwelt mit Sachinhalten zu vermischen, um zum Kauf zu bewegen. Jedoch darf die Werbung keine Unwahrheiten beinhalten (vgl. S. 87).	**Beispiel** Ein Möbelfachhändler wirbt: „Alle unsere Stühle sind von der Stiftung Warentest mit ‚sehr gut' bewertet worden", obwohl nie ein Test durchgeführt wurde. Hier liegt ein grober Verstoß gegen das Gebot der Wahrheit in der Werbung vor.

Klarheit	Der Werbezweck ist eindeutig und unmissverständlich anzustreben. Der Kunde soll eindeutig über die Vorzüge eines Produktes informiert werden. 	**Beispiel** Ein Spielwarengeschäft wirbt in der Vorweihnachtszeit für Modelleisenbahnen. Es soll die Produktlinie „Mini-Trax" durch besondere Preiswürdigkeit herausgestellt werden. In einer Anzeige wird aber nur ausgesagt: „Wir bieten Ihnen ein interessantes Angebot von Spielzeug aller Art!" Diese Aussage ist unklar und wird ihr beabsichtigtes Ziel nicht erreichen.
Wirksamkeit	Die Art und Weise der Werbung muss den Werbezweck unterstützen und den Marketingzielen dienen, sie muss wirksam sein.	**Beispiel** Ein Käsegroßhändler in Oberammergau möchte für ein Sonderangebot von Weichkäse werben. Der Geschäftsinhaber denkt an einen Fernsehspot. Diese Werbemaßnahme ist selbstverständlich unwirksam, da sie den Zielkreis der Umworbenen nicht trifft (starke Streuverluste).
Wirtschaftlichkeit	Die finanziellen Aufwendungen für die Werbemaßnahmen müssen in einem angemessenen Verhältnis zu ihrem möglichen Erfolg stehen.	**Beispiel** Die Primus GmbH möchte eine Warengruppe für Geschenkartikel einführen und plant für das erste Jahr einen Umsatz von 1,2 Mio. EUR. Eine Werbeagentur gibt für eine Werbekampagne ein Angebot in Höhe von 500.000,00 EUR ab. Die Geschäftsleitung lehnt daraufhin das Angebot wegen Unwirtschaftlichkeit ab.

Der Werbeplan sollte unter Berücksichtigung der Grundsätze der Werbung erstellt werden.

○ Arten von Werbung

Die Erscheinungsformen der Absatzwerbung sind reichhaltig. Folgende Abgrenzungen sind gebräuchlich.

Nach der **Zahl der Umworbenen** werden unterschieden:

- **Einzelumwerbung:** Werbung **eines Unternehmens** richtet sich direkt an **einen Umworbenen.** Die Kosten hierfür sind relativ hoch.

  Beispiel Die Primus GmbH wirbt für den Bürostuhl „ergo-design-natur" mit persönlichen Werbebriefen, die jeden Kunden direkt ansprechen.

- **Massenumwerbung:** Werbung **eines** Unternehmens richtet sich an **mehrere** Umworbene oder an die Allgemeinheit.

  Beispiel Die Primus GmbH wirbt für ihr Sortiment mit Anzeigen in Fachzeitschriften.

Nach der **Zahl der Werbenden** sind zu unterscheiden:

- **Einzel- oder Alleinwerbung:** Ein Unternehmen wirbt für sich allein.

  Beispiel Die Primus GmbH schaltet eine Anzeige.

- **Sammel-, Verbundwerbung:** Mehrere Unternehmen unterschiedlicher Branchen werben gemeinsam mit Angabe ihrer Firmen.

  Beispiel Als Anzeige werden in der Tageszeitung die Namen aller am Bau eines Einkaufszentrums beteiligten Unternehmen genannt.

- **Gemeinschaftswerbung:** Mehrere Unternehmen derselben Branche werben ohne namentliche Nennung der Werbenden gemeinsam für ihre Belange.

  Beispiel Im Werbefernsehen wird ein Spot eingeblendet mit dem Text: „Aus deutschen Landen frisch auf den Tisch."

○ Werbeplan

Es ist nicht sinnvoll, Werbung ohne sorgfältige Zielbestimmung, ohne Koordination mit den übrigen Marketinginstrumenten und ohne genaue Planung durchzuführen. In einem **Werbeplan** müssen deshalb folgende Punkte festgelegt werden:

Inhalt des Werbeplans	Beispiele
❶ **Streukreis** Das ist die Personengruppe, die umworben werden soll, sie kann in spezielle **Zielgruppen** unterteilt werden. Der Streukreis wird durch Marktforschung festgestellt.	● Die Primus GmbH hat als Marktpotenzial alle Unternehmen und Freiberufler, die Bürobedarfsartikel benötigen. Sie verkauft ihre Produkte an gewerbliche Großabnehmer, kommunale Verwaltungen, Facheinzelhändler und direkt an Endabnehmer. Die Werbung der Primus GmbH umspannt somit einen großen Streukreis mit unterschiedlichen Zielgruppen. ● Ein Hersteller von Anrufbeantwortern möchte seinen Absatz vergrößern. Sein Marktpotenzial sind alle Besitzer eines Telefonanschlusses. Die Anzahl ist bei den Telefongesellschaften zu erfahren. Der Streukreis der Werbung umfasst somit die Zielgruppen private Haushalte und Unternehmen. Diese beiden Zielgruppen können weiter unterteilt werden, z. B. private Haushalte mit 1, 2, 3, 4 oder mehr Personen, Haushalte mit Haupt- und Nebenanschlüssen usw.
❷ **Werbebotschaft** Hier wird festgelegt, **was** in der Werbung der Zielgruppe mitgeteilt werden soll. Durch die Werbung soll ein Produkt vom Nachfrager eindeutig identifiziert werden können, z. B. durch einen einprägsamen Namen, durch ein Markenzeichen, ein Logo, ein Symbol usw.	● Botschaft: Der neue Bürostuhl der Primus GmbH berücksichtigt neben formschönem Design die ergonomischen Bedürfnisse von Menschen. Ferner besteht er vorwiegend aus Naturstoffen, die umweltverträglich sind. Als Produktname wurde „ergo-design-natur" gewählt.

Inhalt des Werbeplans	Beispiele
Gleichzeitig muss in der Werbebotschaft der Zielgruppe ein besonderer Nutzen (Grund- und Zusatznutzen) des Produktes mitgeteilt werden. Ferner wird bestimmt, **wie** die Botschaft präsentiert wird, z. B. durch Auswahl geeigneter Sprache, Farben, Sounds, Aktionsformen usw. und wie dabei Verstand (rationale Werbung) oder Gefühl (emotionale Werbung) angesprochen werden soll.	• Eine Werbung für Rasierwasser für sportliche, junge, dynamische Männer könnte folgende Botschaften enthalten: „Prickelnd, erfrischend, jung, klar, echt, rein …" Wenn für dasselbe Produkt die Zielgruppe älterer, gut verdienender Männer (Managertyp) beworben wird, könnten folgende Attribute verwendet werden: „Verführerischer Duft, exklusiv, edel …" • Die Primus GmbH wählt für die Präsentation des neuen Bürostuhls „ergo-design-natur" eine klare informative Sprache, sie stellt den ergonomischen und ökologischen Aspekt des neuen Produkts heraus.
❸ Bestimmung der **Werbemittel** Mit Werbemitteln werden die **Werbebotschaften** an die Abnehmer herangetragen. Mögliche Auswahlkriterien der Werbemittelauswahl sind z. B. die Reichweite, die Darstellungsmöglichkeiten oder die Kontaktfrequenz der Zielgruppe.	• Anzeigen, Inserate, Beilagen in Zeitungen • Fernseh-, Kino-, Rundfunkspots • Plakate, Prospekte, Kataloge, Flugblätter • Schaufensterwerbung • Werbegeschenke • Werbebriefe • Bandenwerbung bei Sportveranstaltungen • Product-Placement (Produkte werden in Kino- oder Fernsehfilmen eingesetzt. In einer Krimi-Serie benutzt ein Detektiv immer ein Fernglas eines bestimmten Herstellers, ein Schauspieler trinkt ein bestimmtes Bier usw.) 
Die Medien, welche die Werbemittel an die Zielgruppen herantragen, heißen **Werbeträger**. Durch sie soll die in den Werbemitteln enthaltene Werbebotschaft gestreut werden.	• Zeitungen, Fachzeitschriften, Anzeigenblätter • Fernseh- und Rundfunkanstalten • Plakatwände, Litfasssäulen, Schaufenster • Adressbücher, Datenbanken • Direktwerbung (Werbebriefe, Drucksachen, Wurfsendungen)
❹ **Streuzeit** Hier werden **Beginn und Dauer** der Werbung kalendermäßig festgelegt. Meist wird in einem Ablaufplan auch bestimmt, in welchem zeitlichen Umfang die Vorbereitungsarbeiten für die Werbung stattfinden (Fristen für Anzeigen in Zeitungen, Fristen für die Erstellung von Werbespots usw.).	• Die Lebkuchenfabrik Schmitz & Co. KG in Erlangen möchte für ihren neuen Geschenkkarton „Lebkuchen – die leckere Auswahl" im Weihnachtsgeschäft werben. Bereits im März werden hierzu Sendezeiten bei den Fernsehanstalten gebucht, die Mitte November täglich fünfmal ausgestrahlt werden sollen. Im Mai werden zusammen mit einer Werbeagentur die Werbespots gedreht. • Die Primus GmbH möchte für ihr neues Produkt „ergo-design-natur" in Fachzeitschriften werben. Hierzu muss festgelegt werden, zu welchem Zeitpunkt die Anzeigen erscheinen sollen. Die Werbeabteilung entschließt sich, die Anzeigen erstmalig im Monat September zu schalten, weil die Unternehmen häufig zum Jahresende die Budgetplanung für Büroausstattung festlegen.

Inhalt des Werbeplans	Beispiele
❺ **Streugebiet** Hier wird der **geografische Raum für die Werbung** festgelegt. Häufig bestimmt das Streugebiet die Auswahl der Werbemittel.	● Die Primus GmbH hat bei ihrer Werbung als Streugebiet Deutschland und wirbt u. a. in Fachzeitschriften mit Anzeigen. Für bestimmte Produkte kann sie kleinere Gebiete festlegen, z. B. Verkaufsbezirk Nordrhein-Westfalen.
❻ **Werbeintensität** Sie ergibt sich als **Verhältnis der eingesetzten Werbemittel zum Streugebiet und zur Zielgruppe** und legt die **Häufigkeit der Werbung fest**. Wenn die Auswahl der Werbemittel und -träger nicht auf das Streugebiet und die Zielgruppe abgestimmt ist, kommt es zu Streuverlusten.	● Ein kleines Fachgeschäft für Büromöbel in München inseriert einmal pro Woche in einer bundesweiten Fernsehzeitschrift. Es muss mit einem enormen Streuverlust rechnen, da die allermeisten Leser nicht im direkten Umfeld des Geschäfts ansässig sind und auch nicht mögliche Abnehmer von Büromöbeln sind. Eine Anzeige in einer Regionalzeitung oder gezielte Direktwerbung mit Werbebriefen würde zu einer höheren Werbeintensität führen.

Die Wirksamkeit von Werbemaßnahmen kann anhand verschiedener Kriterien überprüft werden. Hierzu können **Checklisten** erstellt werden.

Beispiel Text/Bild-Beurteilung einer Werbeanzeige der Primus GmbH:
- Ist der Text nach Darstellung und Inhalt auf den ersten Eindruck leicht und eindeutig verständlich?
- Ist der Text klar und einprägsam?
- Ist der Informationsgehalt des Textes genügend groß?
- Ist der Text mengenmäßig richtig auf die Zielgruppe und die anderen Gestaltungsbestandteile abgestimmt?
- Haben die Bildteile einen genügend starken Aussagewert?
- Welche Stimmungsqualität haben die Bildbestandteile?
- Ist das Verhältnis von Bild- und Texteteilen bezogen auf die Gesamtaussage und die Zielgruppe ausgewogen?

PRAXISTIPP Weitere Informationen zur Gestaltung von Werbebriefen finden Sie unter www.textschmiede.de.

Mithilfe von **Nachfassbriefen** sollten Kunden, die auf ein Werbeangebot reagiert haben, auf die Möglichkeiten eines vorteilhaften Einkaufes hingewiesen werden. Die Attraktivität des Angebotes kann durch z. B. einen Bonus erhöht werden, wenn innerhalb einer bestimmten Frist bestellt wird.

○ Das Werbebudget

Das Werbebudget bzw. der Werbeetat ist der Betrag in EUR, der für Werbezwecke ausgegeben werden kann. Dieser Betrag kann auf einzelne Warengruppen, Waren oder spezielle Werbeaktionen aufgeteilt werden. Häufig wird er als Prozentanteil am Umsatz angegeben. Die Aufwendungen für Werbung werden in die Preiskalkulation der Waren einbezogen.

Beispiel Die Primus GmbH hat in den vergangenen Jahren regelmäßig etwa 4 % vom Jahresumsatz für Werbezwecke ausgegeben. Durch die Vermarktung des neuen Bürostuhls werden im ersten Jahr etwa 0,5 Mio. EUR Umsatz erwartet. Da es sich um eine Neueinführung handelt, sollen die Werbeausgaben 6 % vom geplanten Umsatz betragen, also 30 000,00 EUR. Für diesen Betrag können z. B. Anzeigen geschaltet sowie Sonderprospekte, Plakate und Poster gedruckt und versandt werden.

○ Die Werbeerfolgskontrolle

Mit Werbemaßnahmen und -aktionen werden wirtschaftliche Ziele angestrebt. Sie verursachen Kosten. Deshalb ist es erforderlich, diese Maßnahmen auf ihren Erfolg hin zu kontrollieren. In jedem Unternehmen kann es geschehen, dass neue Waren nicht vermarktet werden können und zu einem **„Flop“** werden. Die Ursachen hierfür können im Produkt selbst liegen, z. B. wenn kein Bedarf für dieses Produkt auf dem Markt vorhanden ist oder der Preis zu hoch angesetzt war. Es kann aber auch eine „falsche Werbung“ verantwortlich sein, wenn z. B. die Zielgruppe nicht richtig angesprochen wurde.

Beispiele

- Ein Software-Hersteller hat ein Programm entwickelt, das alle Finanzgerichtsurteile gespeichert hat. Der Benutzer gibt ein Stichwort ein, z. B. „Abschreibung auf Fuhrpark“, und erhält alle dazu gesprochenen Urteile, die er sich bei Bedarf ausdrucken lassen kann. Das Softwarehaus wirbt in allen Computerzeitschriften. Das Produkt wurde ein Flop, weil die Zielgruppe mit der Auswahl der Werbeträger nicht getroffen wurde.
- Ein Konkurrent der Primus GmbH wollte mit exklusiven Bürostühlen in den Markt der privaten Endverbraucher eindringen. Für einen Stuhl wurde ein Preis von 649,00 EUR angesetzt. Dieser Preis war zu hoch, deshalb wurde das Produkt ein Flop.

Der wirtschaftliche Erfolg einer Werbeaktion ist durch **Umsatz- bzw. Absatzsteigerungen** messbar.

Beispiel Die Primus GmbH hatte mit der Warengruppe Büroeinrichtung einen Umsatz von 1,1 Mio. EUR. Innerhalb eines Jahres wurden in einer Aktion 200 ausgesuchte Unternehmen angeschrieben, die hausinterne Kurse durchführen. Die gesamte Aktion verursachte Kosten in Höhe von 30 000,00 EUR (Kosten für Schreibkräfte, Porto, Prospekte, Besuche des Außendienstes usw.). Nach einem Jahr ergab sich ein Umsatz mit der Warengruppe Büroeinrichtung von 1,33 Mio. EUR, also eine Steigerung um 21 %.

Neben den messbaren Größen im Absatz muss bei jeder Werbemaßnahme auch die psychologische Werbewirkung ermittelt werden. Hierzu zählt die Erhöhung des Bekanntheitsgrades des Unternehmens in der Öffentlichkeit.

○ Einschalten einer Werbeagentur

Viele Unternehmen überlassen die Werbung Spezialisten einer Werbeagentur. Diese haben i. d. R. eine höhere **Fachkompetenz** und sind **Experten** für spezielle Probleme, z. B. die Auswahl geeigneter Werbeträger, die Gestaltung von Werbemitteln usw. Außerdem haben sie **gute Kontakte zu den Medien** und arbeiten mit Marktforschungsinstituten zusammen, deren Ergebnisse sie mehrfach und somit kostengünstiger nutzen können. Sie beraten das Unternehmen in allen Fragen der Werbung gegen ein vereinbartes Honorar.

○ Besonderheiten im Groß- und Außenhandel

Durch die geringe Zahl der im Allgemeinen namentlich bekannten Abnehmer sind für den Groß- und Außenhandel als Werbemittel vor allem Werbebriefe in Verbindung mit Prospektmaterial sowie Bestell- und Preislisten interessant. Mit diesen Formen können hohe Werbeintensitäten bei geringen Streuverlusten erreicht werden.

Unsinnig wäre es dagegen für die meisten Groß- und Außenhandlungen, die Massenumwerbung zu wählen.

Für die Gestaltung der Werbebotschaft kommen im Groß- und Außenhandel auch eher informativ ausgelegte Gestaltungsweisen und auf emotionale Effekte verzichtende Formulierungen infrage.

○ Werbeformen im Internet

Im Internet haben sich spezifische Werbeformen entwickelt, die auf die Eigenheiten dieses Mediums abgestimmt sind. Eine interessante Übersicht findet man bei www.werbeformen.de.

- **Banner:** Banner sind kleine grafische Flächen auf einer Website, meist in Formaten von 130 x 80 Pixel bis 480 x 60 Pixel. Sie sollen die Aufmerksamkeit des Betrachters auf sich ziehen und ihn zum „Anklicken" ermuntern. Über einen Link wird er dann auf eine weitere Website weitergeleitet.
- **Interstitials:** Interstitials, zu Deutsch etwa „Unterbrecherwerbung", unterbrechen den Nutzer beim Besuch einer Site unabhängig von seinem Verhalten. Sie sind vergleichbar mit einem Werbebreak im Fernsehen. Zwar kann ein Internetnutzer das Interstitial „wegklicken", ehe es ganz geladen wird, allerdings gibt es keinen Hinweis, wann ein Interstitial neu oder ein weiteres Mal eingeblendet wird. Da sich ein Interstitial nicht dem Platzangebot einer bestehenden Seite anpassen muss, gibt es kein einheitliches Größenformat. Allerdings beschränken auch hier die Übertragungsraten des Internets die Dateigröße und somit indirekt auch die Größe eines Interstitials.
- **E-Mail-Advertising:** E-Mails sind schnelle und kostengünstige Medien, die eine direkte und interaktive Ansprache der Kunden ermöglichen. Insbesondere personalisierten E-Mails kommt ein hoher Aufmerksamkeitsgrad zu, wenn der Nutzer dem Empfang der E-Mails vorher explizit zugestimmt hat. Bei Massen-E-Mails (Spamming) steht dem Nutzer gegen die Zusendung unerwünschter Werbung ein Unterlassungsanspruch gem. §§ 1004, 823 1 BGB oder ggf. § 7 UWG zu. Durch den Zugang solcher ungekennzeichneten, meist massenhaft ausgesendeten Werbe-E-Mails wird der Empfänger teilweise nicht unerheblich beeinträchtigt. Durch eine **Mailingerfolgskontrolle** kann überprüft werden, wie viele Kunden auf eine Werbemail geantwortet haben, indem die Bestellungen, die durch die Werbemail getätigt werden, gezählt werden und ins Verhältnis zur Gesamtzahl der Werbemail gesetzt werden.
- **Newsletter-Advertising:** Unter „Newsletter" versteht man die regelmäßige Aussendung von Informationen zu einem bestimmten Thema in Form einer E-Mail. Die Empfänger abonnieren den Newsletter über ein Formular auf der Website des Anbieters. Bei der Anmeldung können neben der E-Mail-Adresse auch andere Daten erhoben werden. Newsletter können regelmäßig oder im Bedarfsfall versendet werden.

● Verkaufsförderung (Salespromotion)

Die Verkaufsförderungsmaßnahmen dienen der Motivation, Information und Unterstützung aller Beteiligten am Absatzprozess, den Verkäufern im Innen- und Außendienst, dem Einzel-, Groß- und dem Außenhandel. Ferner sollen sie die Werbung unterstützen, die sich an den Endverbraucher richtet. Gemessen an den Gesamtausgaben für die Kommunikationspolitik haben die Ausgaben für Verkaufsförderung in den letzten Jahren erheblich zugenommen. In einigen Bereichen und Branchen, z. B. der Lebensmittelindustrie, haben sie inzwischen einen Anteil von etwa 50 %.

Zielgruppen der Verkaufsförderung: Adressaten der verkaufsfördernden Maßnahmen sind die eigenen Verkaufsorgane im Innen- und Außendienst, die Absatzmittler und die Verbraucher.

○ Verkaufspromotion

Diese Maßnahmen richten sich an das **Verkaufspersonal im Innen- und Außendienst**, dessen Leistungsfähigkeit und -bereitschaft verbessert werden soll.

Beispiele

Schulungen: Die Primus GmbH veranstaltet für ihre Verkaufsmitarbeiter folgendes Lehrgangsprogramm:

- **Produktschulung:** Hier wird den Mitarbeitern das gesamte Warenprogramm ihres Unternehmens vorgestellt, damit sie bei Verkaufsverhandlungen über die Funktionen und die Nutzenbreite ihrer Waren Bescheid wissen.
- **Grund- und Aufbaukurs für Inneneinrichtung von Büros:** In einer Seminarreihe werden den Mitarbeitern Grund- und Fachkenntnisse der Innenarchitektur, der Ergonomie, der Farbgestaltung und der unterschiedlichen Gestaltung verschiedener Büroformen (Großraumbüro, Chefbüro usw.) vermittelt.
- **Verkaufstraining und Rhetorik:** Hier werden Fähigkeiten der Gesprächsführung, der Argumentationstechnik, Techniken der Kundenansprache und -betreuung, Telefonverkaufstechniken u. Ä. trainiert.
- **Info-Dienst:** Die Mitarbeiter erhalten monatlich eine geeignete Auswahl aus Presseberichten, Fachaufsätzen und Fachliteratur zum eigenen Studium.

Motivation: Insbesondere die Mitarbeiter des Verkaufsaußendienstes werden durch gezielte Motivationsmaßnahmen zu Leistungssteigerungen angeregt. Hierzu gehören Provisions- und Prämiensysteme, Verkäuferwettbewerbe mit attraktiven Preisen und sonstige finanzielle Anreize. Ebenfalls zählt hierzu die private Benutzung eines repäsentativen Geschäftswagens.

Verkaufsunterstützung: Alle Verkaufsmitarbeiter der Primus GmbH erhalten einen repräsentativen Aktenkoffer für ihre Preislisten, Kataloge und Prospekte. Ferner haben sie ein Handy, damit sie jederzeit mit der Zentrale in Verbindung treten können. Sie verfügen über ein leistungsstarkes Notebook mit einem Drucker und einem mobilen Modem, womit sie über ihr Handy Texte, Tabellen und Notizen empfangen und versenden können. Für Demonstrations- und Präsentationszwecke können sie über einen mobilen Beamer verfügen, auf der sie ihre Produktpalette vorführen können. Diese Informationen können sie potenziellen Kunden als CD oder DVD kostenlos überlassen.

○ Händlerpromotion

Beim indirekten Absatzweg über Groß- und Außenhandel sowie Einzelhandel müssen die Händler durch geeignete Maßnahmen bewegt werden, die vom Hersteller angebotenen Produkte in ihr Sortiment aufzunehmen und zu verkaufen. Alle Aktionen erfolgen in der Regel in enger Zusammenarbeit mit den jeweiligen Herstellern. Hierzu werden folgende Promotionaktivitäten eingesetzt:

Art der Händlerpromotion	Erläuterungen	Beispiele
Ausbildung und Information des Handels (Verkaufsschulungen)	Das Personal der Groß- und Einzelhändler wird von den Herstellern geschult und ständig mit Produktinformationen versorgt.	Spezielle Händlerzeitschriften, die vom Hersteller herausgegeben werden, Händler-Meetings oder -Tagungen, Ausbildung von Verkäufern des Händlers (Herstellerseminare mit hauseigenen Zertifikaten)
Beratung bei der Gestaltung der Verkaufsräume und der Kundenbetreuung	Der Hersteller gibt dem Händler konkrete Hilfen für den Verkauf seiner Produkte in seinen Verkaufsräumen und für seine Werbung.	Hilfen bei der Einteilung der Verkaufsfläche, der Warenplazierung, Bereitstellen von Regalen, Vitrinen, Displays (Verkaufsständer, Poster, Schaufensterdekoration u. Ä.), Verpackungsmaterial, Druck von Prospekten und Katalogen für Händler usw.
Preis- und Kalkulationshilfen	Der Hersteller empfiehlt den Händlern Verkaufspreise.	Einführungs- und Mengenrabatte, Verkaufsaktionen mit Sonderrabatten
Motivation des Handels	Die Hersteller motivieren den Handel durch Anreize, seine Produkte zu verkaufen.	Händlerpreisausschreiben, Händlerwettbewerbe, Produktdemonstrationen beim Händler, Ausrichten von Verkaufsshows beim Händler, Schaufensterwettbewerbe usw.

○ Verbraucherpromotion

Maßnahmen der Verbraucherpromotion beziehen sich auf den Ort des Verkaufs an den Endverbraucher, den sogenannten **POS (Point of sale)**, also den Verkaufsraum eines Groß- und Außenhändlers. Das Ziel besteht darin, den Verbraucher auf bestimmte Produkte des Herstellers aufmerksam zu machen, ihn mit den Produkten in Kontakt zu bringen und einen Kaufanreiz zu schaffen (Verkaufsaktionen).

Beispiele Preisausschreiben für Kunden, Produktproben (z. B. Lebensmittel), Modenschauen bei Textilien, Aktionen mit Prominenten (Autogrammstunden im Warenhaus), Displays im Verkaufsraum usw.

Die Beteiligung des Groß- und Außenhandels an Verbraucherpromotionsmaßnahmen ist jedoch eher die Ausnahme.

○ Besonderheiten im Groß- und Außenhandel

Für den Produktionsverbindungs- und den Investitionsgütergroßhandel ist festzustellen, dass dort in der Regel nur Verkaufsförderungsmaßnahmen möglich sind, die dem Ziel einer sachlichen Information und Überzeugung dienen. Dazu gehören vor allem informatives Schrift- und Bildmaterial, Warenproben und die Fortbildung des Personals. Für den Konsumgütergroßhandel sind oft auch die Verbraucherpromotions in enger Zusammenarbeit mit Einzelhandel und Hersteller interessant.

PRAXISTIPP Weitere Informationen zu Öffentlichkeitsarbeit finden Sie unter de.wikipedia.org/wiki/Public_Relations.

Öffentlichkeitsarbeit (Public Relations)

Maßnahmen der Öffentlichkeitsarbeit (PR-Arbeit) eines Unternehmens beziehen sich nicht auf ein bestimmtes Produkt oder eine Produktreihe, sondern auf das Bild des Unternehmens, sein Image in der Öffentlichkeit. Sie sind getragen durch den Gedanken:

„Tue Gutes und sprich darüber!"

Wirksamkeit der PR-Arbeit

Für die PR-Arbeit wird wie für die Werbung und die Verkaufsförderung ein Etat bereitgestellt. Eine exakte Kontrolle der Wirksamkeit ist jedoch nicht immer möglich, da mit Öffentlichkeitsarbeit kein direkter Umsatzzuwachs bei einzelnen Produkten angestrebt wird. Jedoch kann eine gezielte PR-Arbeit auch **wirtschaftliche Erfolge** erzielen, wenn das Image eines Unternehmens in der Öffentlichkeit verbessert wird. Letztlich kann gute PR-Arbeit zum Überleben eines Unternehmens beitragen und seine Wettbewerbsfähigkeit stärken.

Beispiel Das Bild von Lebensversicherungsgesellschaften war in der Öffentlichkeit jahrelang geprägt durch Begriffe wie „Sterbegeld, Todesfall, Witwen, Waisen usw.". Umsatzzuwächse waren nur in bescheidenem Maße zu erzielen, weil Lebensversicherungen mit einem negativen Image belastet waren. Durch aktive Öffentlichkeitsarbeit verschiedener Unternehmen konnte dieses Image teilweise korrigiert werden. Heute verbindet man mit einer Lebensversicherung (wie Umfragen ergeben haben) die Begriffe „Sicherheit, Sparen für den Ruhestand, Finanzierungshilfe usw.". Dadurch konnte die Zahl der abgeschlossenen Verträge erheblich gesteigert und der Bestand der Gesellschaften gesteigert werden.

Maßnahmen der PR-Arbeit

Der Katalog möglicher PR-Arbeit ist unerschöpflich, es liegt an der Kreativität des einzelnen Unternehmens, sinnvolle PR-Aktivitäten zu initiieren. Häufig sind PR-Effekte auch recht preisgünstig zu erzielen. In jedem Fall ist es aber wichtig, die Öffentlichkeit über diese Aktivitäten zu informieren. Deshalb sind gute Kontakte zur Presse und zu den Medien Basis jeder PR-Arbeit. Auch hierbei können sich Unternehmen der Hilfe von Experten (PR-Agenturen) bedienen.

Beispiele Die Primus GmbH hat im Rahmen ihrer Öffentlichkeitsarbeit folgende Maßnahmen und Aktivitäten durchgeführt:

- **Einrichtung einer Pressestelle:** Diese Funktion nimmt die Assistentin der Geschäftsleitung, Frau Braun, in Zusammenarbeit mit der Abteilung Verkauf/Marketing wahr. Sie informiert Journalisten über die Geschäftstätigkeit des Unternehmens, berichtet ihnen von Umstellungen im Sortiment, von größeren Investitionen, Mitarbeiterjubiläen usw.
- Jedes Jahr wird ein **Tag der offenen Tür** durchgeführt. Eingeladen sind neben der Presse alle Bürger, die sich für die Waren der Primus GmbH interessieren. Sie werden kostenlos bewirtet und erhalten einen Firmenprospekt sowie einen Katalog. Für Kinder werden Spielstände aufgestellt.

- Die Primus GmbH fördert einen örtlichen Fußballverein **(Sponsoring).** Es werden Trikots mit Firmenaufschrift und Bälle zur Verfügung gestellt. Jährlich wird ein Fußballturnier ausgerichtet, das bereits Charakter eines kleinen Volksfestes hat. Ausgespielt wird der begehrte „Primus-Pokal".
- Die Geschäftsführung der Primus GmbH stiftet jährlich einen beträchtlichen Betrag für Kindergärten. Ebenfalls werden **Geld- und Sachspenden** für karitative Zwecke bereitgestellt.
- Frau Primus ist als Prüferin für die Ausbildungsberufe Kauffrau/Kaufmann im Groß- und Außenhandel und Bürokaufmann/-kauffrau bei der IHK bestellt, sie schreibt regelmäßig Artikel zur beruflichen Aus- und Fortbildung mit Nennung ihres Unternehmens **(Veröffentlichungen).**
- Die Primus GmbH legt großen Wert auf gute Ausbildung in ihrem Hause. Über ihre Aus- und Fortbildungsaktivitäten berichtet sie regelmäßig in der **Presse**. Einige Schulungsveranstaltungen sind auch für betriebsfremde Interessenten zugänglich.
- Die Primus GmbH gibt Studenten und Schülern die Möglichkeit zur **Absolvierung von Betriebspraktika.** Es ist ein Fonds eingerichtet worden, aus dem jährlich eine herausragende Examensarbeit prämiert wird.
- Die Primus GmbH informiert über die Presse die Öffentlichkeit, dass bei allen Waren ihres Sortimentes von ihren Lieferern ausschließlich umweltschonende Materialien verwendet und ökologisch vertretbare Produktionsverfahren eingesetzt **(Umweltschutz)** wurden.

○ Corporate Identity (CI)

Die Palette an Produkten und Dienstleistungen auf den Märkten wird immer größer. Gleichzeitig verwischen aber immer mehr die Unterschiede zwischen den einzelnen Produkten. Für Unternehmen, die sich auf dem Markt behaupten wollen, wird es daher zunehmend wichtiger, sich durch klare Image- und Profilgebung abzuheben.

Eine Möglichkeit, das Unternehmen in der Öffentlichkeit als geschlossene Einheit zu präsentieren, ist das Konzept der Corporate Identity. Hierbei handelt es sich um das Bestreben, eine **eindeutige Identifizierung (Erkennung) des Unternehmens** durch die Kunden, Lieferer und Mitbewerber zu ermöglichen. Corporate Identity zielt dabei auf eine Außenwirkung auf dem Markt. Dort sollen die Produkte mit dem **Qualitätsmerkmal „made by ..."** erkennbar sein. Vor allem bei Konsumgütern vermitteln Image und Wert eines Produktes einen für den Verbraucher erstrebenswerten Lebensstil. Zwischen zwei bekannten Unternehmen wird der Kunde i. d. R. Produkte desjenigen Unternehmens bevorzugt kaufen, welches das bessere Image hat.

Beispiel Die Primus GmbH hat ihre Arbeitsabläufe und Verantwortlichkeiten in einem Qualitätsmanagement-Handbuch beschrieben und durch ein Autorisierungsunternehmen[1] zertifizieren (= bescheinigen) lassen **(Qualitätsaudit 9000).**

LF 6

Die gewünschte Außenwirkung wird durch das visuelle Erscheinungsbild des Unternehmens erreicht (**Corporate Design**). Hierzu gehören z. B. einheitliche Firmenfarben und -symbole, die Einrichtung der Gebäude, die Kleidung der Mitarbeiter oder etwa die Gestaltung von Briefköpfen und Vordrucken.

Beispiel Die Primus GmbH präsentiert ihr Firmenlogo auf allen Briefen, Rechnungen, Lieferscheinen, Lkw, Visitenkarten usw.

PRIMUS GmbH

Corporate Identity zielt auch auf unternehmensinterne Wirkungen. Angestrebt wird eine **Identifizierung der Mitarbeiter mit dem**

[1] *TÜV-CERT, VDE*

Unternehmen. Hierzu gehören ein einheitlicher Führungsstil in allen Abteilungen und Maßnahmen der Personalförderung und -entwicklung. Gut **ausgebildete und motivierte Mitarbeiter** sind ein wesentlicher Wettbewerbsfaktor für Unternehmen. In den Ausbildungsstand der Mitarbeiter müssen enorme Summen investiert werden. Durch die Identifizierung der Mitarbeiter mit ihrem Unternehmen soll erreicht werden, dass diese Ausgaben sich lohnen und qualifiziertes Personal nicht zu Mitbewerbern abwandert.

Kommunikationspolitik

- **Werbung**
  - Die Werbung ist ein **Bindeglied zwischen Anbietern und Nachfragern** von Produkten. Werbung bietet **für Unternehmen** eine Möglichkeit der **Bestandssicherung** und für **Verbraucher** die Möglichkeit, sich **über** ein vielfältiges **Warenangebot zu informieren.**
  - **Ziele der Werbung:**
    - **Ausschöpfen eines bestehenden Marktpotenzials** durch Bekanntmachung von Produkten bei den Abnehmern
    - **Schaffung eines neuen Marktpotenzials** durch Weckung neuer Bedürfnisse
    - **Gewinnung neuer Kunden, Halten vorhandener Kunden**
  - **Grundsätze der Werbung:**
    - Wahrheit
    - Klarheit
    - Wirtschaftlichkeit
    - Wirksamkeit
  - Im **Werbeplan** werden festgelegt:
    - **Streukreis** (umworbene Personengruppe)
    - **Werbebotschaft** (Inhalte der Werbung für Zielgruppe)
    - **Werbemittel** (Anzeige, Fernsehspot)
    - **Werbeträger** (Zeitung, Fernsehanstalt)
    - **Streuzeit** (Beginn und Dauer der Werbung)
    - **Streugebiet** (geografischer Werbebereich)
    - **Werbeintensität** (Häufigkeit der Werbung)
  - Das **Werbebudget** legt die Höhe der Ausgaben für die Werbung fest.
  - Die **Werbeerfolgskontrolle** überprüft, ob die Werbemaßnahmen zu einem Umsatzzuwachs geführt haben.
  - **Werbeagenturen** übernehmen gegen Entgelt Planung und Realisation von Werbemaßnahmen. Sie helfen durch Fachkompetenz und Kontakte zu den Medien.
  - **Werbeformen** im Internet: Banner, Interstitials, E-Mail, Newsletter
- **Verkaufsförderung (Salespromotion):** Diese Maßnahmen dienen der **Motivation, Information und Unterstützung** aller Beteiligten am Absatzprozess.
  - **Verkaufspromotions** beziehen sich auf das eigene **Verkaufspersonal**.
    - **Schulungen** (Produktkunde und Verkaufstechnik)
    - **Motivationsmaßnahmen** (finanzielle Anreize)
    - **Verkaufsunterstützung** (Prospekte, Präsentationsmedien)
  - **Händlerpromotions** richten sich an **Groß- und Einzelhändler sowie an Handelsvertreter**.
    - Ausbildung und Information
    - Beratung bei Verkaufsraumgestaltung und Kundenbetreuung

  - Preis- und Kalkulationshilfen
  - Motivationshilfen (Verkaufswettbewerbe)
- **Verbraucherpromotion** richtet sich an den **Endverbraucher** am Ort des Verkaufsgeschehens **(POS)**, z. B. Preisausschreiben, Displays im Verkaufsraum, Produktproben

- Die **Öffentlichkeitsarbeit (Public Relations)** eines Unternehmens bezieht sich nicht auf einzelne Produkte, sondern soll ein **positives Bild bzw. Image des Unternehmens in der Öffentlichkeit erzeugen** und verstärken.
  - **Maßnahmen** sind z. B.: Sponsoring, Spenden, Kundenzeitschriften, Berichte über erfolgreichen Umweltschutz usw.
  - **Corporate Identity** umfasst Maßnahmen, die das Unternehmen in der Öffentlichkeit als geschlossene Einheit präsentieren und Mitarbeitern helfen, sich mit ihrem Unternehmen zu identifizieren.

1. Beschreiben Sie das Marktpotenzial von Herstellern für
a) Kühlschränke,
b) Autoradios,
c) Büroschreibtische,
d) DVD-Receivern,
e) DVD-Laufwerke für Computer.

2. Zählen Sie aus Ihrem Erfahrungsbereich Marktpotenziale auf, die vor fünf Jahren noch nicht vorhanden waren, und erläutern Sie, welche neuen Bedürfnisse damit geweckt wurden.

3. Die Primus GmbH benötigt für die Vermarktung des neuen Bürostuhls „ergo-design-natur" einen Werbeplan. Sie sollen dabei behilflich sein. Als Werbebudget wird von der Primus GmbH ein Betrag von 30 000,00 EUR zur Verfügung gestellt. Dokumentieren Sie alle Ihre Arbeiten in einer hierfür angelegten „Werbeplan-Mappe". Machen Sie sich für alle Arbeiten einen zeitlichen Ablaufplan.
a) Legen Sie den Streukreis fest! Dabei können Sie auch verschiedene Zielgruppen bestimmen.
b) Formulieren Sie die Werbebotschaft. Stellen Sie den Nutzen des Produktes für die Zielgruppe(n) heraus, wählen Sie eine geeignete Sprache. Entwerfen Sie ein Werbeposter.
c) Geben Sie an, welche Werbemittel und Werbeträger ausgewählt werden sollen. Entwerfen Sie eine Anzeige in einer Fachzeitschrift, skizzieren Sie den Ablauf eines Werbespots im Fernsehen (etwa 30 Sekunden)! Ermitteln Sie die Kosten für Anzeige bzw. Werbespot.
d) Legen Sie die Streuzeit fest.
e) Bestimmen Sie das Streugebiet.
f) Machen Sie Vorschläge, wie der Erfolg Ihrer Werbekampagne gemessen werden kann.

4. Erläutern Sie, welche Vorteile Sie durch die Einschaltung einer Werbeagentur haben.

5. Der Inhaber einer großen Werbeagentur behauptet: „Wir sind der Motor der Wirtschaft!" Sammeln Sie Argumente für und gegen diese Aussage und stellen Sie sie in einer Liste gegenüber.

6. Frau Berg, die Abteilungsleiterin Verwaltung, spricht mit Herrn Winkler, dem Verkaufsleiter. Sie sagt: *„Ist es eigentlich nötig, dass für Ihre Verkäufer jährlich Tausende von Euro ausgegeben werden, um sie in Verkaufstechnik zu schulen? Reicht es nicht aus, wenn jeder Verkäufer ein Buch erhält, das er dann selbst lesen kann?"* Herr Winkler antwortet: *„Die Ausgaben für die Verkäuferschulung sind gut angelegt, sie rentieren sich."* Erläutern Sie, was Herr Winkler damit meint.

7. Im Rahmen der Verbraucherpromotion möchte die Primus GmbH über den Facheinzelhandel ein Preisausschreiben durchführen. Entwickeln Sie hierzu ein Konzept. Bedenken Sie, dass das Preisausschreiben letztlich einen Kaufanreiz für Produkte der Primus GmbH ausüben soll, zumindest aber die Produkte den Kunden näher bringen soll.

8. Erläutern Sie den Grundgedanken der PR-Arbeit „Tue Gutes und sprich darüber!".

9. Beschreiben Sie an selbst gewählten Beispielen, weshalb der Erfolg der PR-Maßnahme nicht exakt gemessen werden kann.

10. Untersuchen Sie den Katalog für PR-Arbeiten der Primus GmbH (vgl. S. 82 f.).
a) Welche Maßnahmen sind Ihrer Meinung nach besonders wirksam, welche sind weniger wirksam? Begründen Sie jeweils Ihre Meinung.
b) Machen Sie Vorschläge zur Ergänzung von PR-Maßnahmen, die kostengünstig, aber wirksam sind.

4.5 Unlauterer Wettbewerb

Die Bürodesign GmbH, Lieferer der Primus GmbH, hat als Hersteller von Büromöbeln viel Geld in die Entwicklung des neuen Bürostuhls „ergo-design-natur" investiert. Aus diesem Grunde möchte sie sich davor schützen, dass Konkurrenten dieses Produkt kopieren und damit an den Markt gehen. *„Wir haben den Stuhl doch nicht neu erfunden, deshalb können wir auch kein Patent anmelden"*, meint Herr Stein, der Geschäftsführer der Bürodesign GmbH. *„Aber den Namen können wir zumindest schützen lassen"*, antwortet die Geschäftsführerin der Bürodesign GmbH, Frau Friedrich.

ARBEITSAUFTRÄGE

- Stellen Sie fest, ob es für die Bürodesign GmbH möglich ist, den Namen eines Produktes schützen zu lassen.
- Untersuchen Sie weitere Möglichkeiten, wie die Bürodesign GmbH die Entwicklung des „ergo-design-natur" vor Nachahmung schützen kann.
- Erläutern Sie die Bedeutung des Geräte- und Produktsicherheitsgesetzes für die Primus GmbH und die Bürodesign GmbH.

Um sicherzugehen, dass es im Kampf um Marktanteile fair zugeht, hat der Gesetzgeber eine Reihe von Gesetzen und Verordnungen erlassen, die Verbraucher und Mitbewerber vor unlauteren Maßnahmen schützen sollen.

Gesetz gegen den unlauteren Wettbewerb

In einer marktwirtschaftlichen Wirtschaftsordnung ist der harte Wettbewerb des Händlers um die Gunst des Kunden unternehmerischer Alltag. Um sicherzustellen, dass es in diesem Kampf fair zugeht, hat der Gesetzgeber eine Reihe von Gesetzen und Verordnungen erlassen, die Verbraucher und Mitbewerber vor unlauteren Maßnahmen schützen. Die wichtigste Rechtsgrundlage ist das **Gesetz gegen den unlauteren Wettbewerb** (UWG).

Da es unmöglich ist, die vielen Möglichkeiten unfairen Verhaltens in einem Gesetz zu erfassen, ist im Paragraf 1 der Zweck des Gesetzes beschrieben, in dem es heißt:

> **§1 Zweck des Gesetzes.** [1] Dieses Gesetz dient dem Schutz der Mitbewerber, der Verbraucherinnen und der Verbraucher sowie der sonstigen Marktteilnehmer vor unlauteren geschäftlichen Handlungen. [2] Es schützt zugleich das Interesse der Allgemeinheit an einem unverfälschten Wettbewerb.

§

Was als lauter oder als unlauter zu gelten hat, ergibt sich in der Praxis erst durch den **Richterspruch**. In der Vergangenheit hat die Rechtsprechung folgende Verhaltensweisen als wettbewerbswidrig verboten:

- **Zusendung unbestellter Waren** mit dem Hinweis, die Waren entweder zu bezahlen oder zurückzusenden LF 6

  Beispiel Das Versandhaus Wuttke e. K. schickt allen Brautpaaren ein Aussteuerpaket im Wert von 400,00 EUR zu. In einem beiliegenden Schreiben wird das Brautpaar aufgefordert, das Paket innerhalb von sieben Tagen zurückzuschicken. Geschieht dies nicht, ist der Rechnungsbetrag innerhalb von 30 Tagen fällig.

- **Psychologischer Kaufzwang**

  Beispiel Nicole Höver wird kostenlos in ein Ausflugslokal gefahren und zum Mittagessen eingeladen. Anschließend wird ihr im Rahmen einer Verkaufsveranstaltung eine Rheumadecke angeboten. Als Nicole kein Interesse zeigt, erinnert sie der Verkäufer an die Einladung zum Essen und an die kostenlose Busfahrt und bringt sie so in eine peinliche Situation.

- **Anlocken mit übermäßigen Vorteilen**, die mit der angebotenen Ware nichts zu tun haben

  Beispiel Das Kaufhaus Klein bietet allen Kunden im hauseigenen Friseursalon einen kostenlosen Haarschnitt an.

- **Ruinöser Wettbewerb:** Grundsätzlich kann ein Kaufmann seine Ware so billig verkaufen wie er will. Unzulässig ist aber die Werbung mit Niedrigpreisen, wenn erhebliche Teile des Sortiments unter den Selbstkosten verkauft werden. Dient das Unterbieten der Preise des Mitbewerbers dazu, ihn vom Markt zu verdrängen, so ist dies wettbewerbswidrig.

  Beispiel Gegenüber der Bäckerei Bach eröffnet ein Supermarkt mit eigener Backwarenabteilung. Bach verlangt 0,25 EUR für ein Brötchen. Der Supermarkt bietet ein Brötchen für 0,15 EUR an. Nachdem Bach den Preis auf 0,10 EUR reduziert, setzt der Supermarkt seinen Preis auf 0,05 EUR herab und bietet große Teile seines Backwarensortiments unter dem Selbstkostenpreis, bis Bach sein Geschäft schließen muss.

- **Vergleichende Werbung:** Jeder Händler darf seine Ware selbstverständlich anpreisen. Vergleichende Werbung ist grundsätzlich erlaubt, sofern der Vergleich nicht irreführend oder verunglimpfend ist. Es dürfen aber nur nachprüfbare oder typische Eigenschaften der Waren gegenübergestellt werden.

  Beispiel Werbung mit diesem Slogan ist nicht erlaubt: „Die Waren unserer Konkurrenten Autoteile-Schulz haben eine minderwertige Qualität."

Neben dem § 1 enthält das UWG bestimmte **Tatbestände**, die ausdrücklich verboten sind. Hierzu zählen:

- **Irreführende Angaben**, z. B. über sich selbst oder die geschäftlichen Verhältnisse, die Ware oder Leistung, insbesondere über die Beschaffenheit, den Ursprung, die Herstellungsart der Ware oder die Preisbemessung.

  Beispiele
  - Gemüsehändler Grün betreibt einen Verkaufsstand in der Fußgängerzone. In Handzetteln wirbt er mit der Geschäftsbezeichnung „Internationales Obst- und Gemüsehaus".
  - Lebensmittel-Einzelhändler Ludwig e. K. bietet Eier „aus Freilandhaltung" an. In Wirklichkeit kauft er die Eier bei einem Betrieb, der Hühner in Käfigen hält.

- Die Werbung mit Preisnachlässen, die in Wirklichkeit nicht gewährt werden, ist verboten („**Mondpreise**"). Bei Werbung mit Preissenkungen muss der angegebene Ausgangspreis eine angemessene Zeit lang gefordert worden sein.

  Beispiel Ein Teppicheinzelhändler gibt als Ausgangspreis für einen Teppich einen sogenannten Mondpreis an, der dann sensationell gesenkt wird. So soll der Teppich angeblich 4 900,00 EUR gekostet haben, jetzt kostet er nur noch 1 900,00 EUR. In Wirklichkeit wurde der Preis von 4 900,00 EUR nie verlangt.

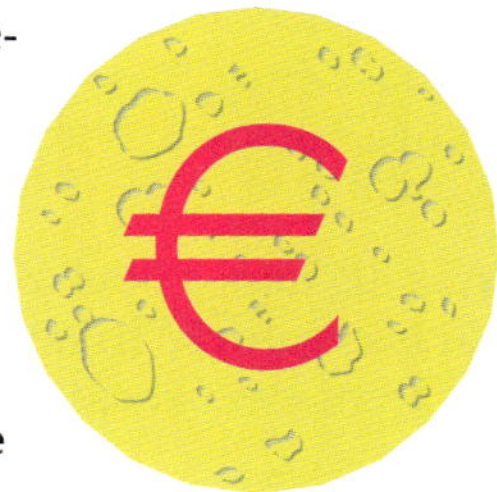

- Ebenso darf nicht mit besonders günstigen Angeboten geworben werden, wenn **keine ausreichende Verfügbarkeit der beworbenen Waren** sichergestellt ist. Die Klausel „Solange der Vorrat reicht" ist nicht ausreichend, wenn nicht auch eine angemessene Menge des beworbenen Artikels zur Verfügung steht.

  Beispiel Ein Discounter wirbt in seiner Anzeige für einen Computer zu einem sehr günstigen Preis. Der Discounter hat von diesem Artikel aber nur 5 Stück vorrätig.

Grundsätzlich muss der Händler jede besonders angebotene Ware für eine gewisse Zeit in ausreichender Menge am Lager haben. Mit dieser Regelung soll die so genannte „**Lockvogelwerbung**" verhindert werden, bei der ein Händler die Kunden mit besonders günstigen Angeboten in den Laden lockt. Die Sonderangebote sind hierbei in der Praxis jedoch nur in kleiner Menge am Lager. Für welchen Zeitraum der Vorrat reichen muss, ist im Gesetz nicht geregelt. Die Ware muss jedoch an dem Tag, der dem Erscheinungsdatum der Anzeige folgt, in jedem Fall vorrätig sein, d. h., die Ware muss für zwei Verkaufstage reichen.

- Die **Belästigung der Verbraucher durch unerbetene Telefax-, SMS- oder E-Mail-Werbung** ist ebenfalls unzulässig (= unzumutbare Belästigung). Genauso unzulässig sind die Schleichwerbung, die Ausnützung der Unerfahrenheit von Kindern und Jugendlichen, die Beeinträchtigung der Entscheidungsfreiheit durch die Ausübung von Druck und die Koppelung von Gewinnspielen mit dem Erwerb einer Ware.

  Beispiel Ein Einzelhändler verspricht einem Kunden in einem Werbeschreiben, dass er nach der Bestellung einer Ware garantiert einen Gewinn von 10 000,00 EUR erhalten würde. In Wirklichkeit erhält der Kunde nur die Ware gegen Bezahlung, in einer Fußnote hat der Einzelhändler vermerkt, dass das Losverfahren über den Gewinn entscheidet. Der Kunde muss die bestellte Ware nicht bezahlen, da kein Kaufvertrag zustande gekommen ist.

- Unter bestimmten engen Voraussetzungen wird z. B. Verbraucherverbänden ein **Gewinnabschöpfungsanspruch** gegenüber unlauteren Unternehmen zugestanden. Dadurch soll sichergestellt werden, dass sich vorsätzliche Unlauterkeit nicht lohnt, wenn durch sie auf Kosten einer Vielzahl von Abnehmern ein Gewinn erzielt wird.

  Beispiel In einem an eine Vielzahl von Verbrauchern gerichteten Werbeschreiben wird mit in Wahrheit nicht bestehenden Gewinnmöglichkeiten geworben, wobei zur Erlangung weiterer Informationen eine 0190er-Nummer angerufen werden muss. Der Schaden bei den einzelnen Anrufern ist verhältnismäßig gering, sodass es sich für den Einzelnen nicht lohnt, gegen den mühsam zu ermittelnden Absender rechtlich vorzugehen. Der Versender der unlauteren Werbung hat aber durch Rückläufe über entgeltpflichtige 0190er-Rufnummern einen Gewinn aus seiner Werbung gezogen. Diesen Gewinn muss er herausgeben.

- **Bestechung von Angestellten**

  Beispiel Um einen Großauftrag zu erlangen, zahlt ein Großhändler an den Einkäufer einer Behörde 1 000,00 EUR.

- **Anschwärzung:** Geschäftsschädigende Behauptungen über die Konkurrenz

  Beispiel Großhändler Braun behauptet wider besseres Wissen gegenüber Kunden und Vertretern, sein Konkurrent Schwarz stehe kurz vor der Zahlungsunfähigkeit.

- **Benutzung fremder Firmen- und Geschäftsbezeichnungen**

  Beispiel Großhändler Braun kopiert das Firmenzeichen eines großen Werkzeugherstellers, um von dessen guten Ruf zu profitieren.

- **Verrat von Geschäfts- und Betriebsgeheimnissen**

  Beispiel Der Auszubildende Klein bessert seine Ausbildungsvergütung dadurch auf, dass er die Liste der Lieferanten seines Betriebes an die Konkurrenz verkauft.

Wer gegen die genannten Tatbestände verstößt, muss mit folgenden **Rechtsfolgen** rechnen:

- **Unterlassung:** Auf Antrag der Konkurrenz, von Verbraucherverbänden oder der Industrie- und Handelskammer ergeht ein Gerichtsurteil, in dem der Beklagte aufgefordert wird, z. B. irreführende Angaben über seine geschäftlichen Verhältnisse zu unterlassen (**Abmahnung**). Verstößt er hiergegen, muss er mit einer Geldstrafe rechnen.
- **Schadenersatz:** Wer z. B. wissentlich irreführende Angaben über die Ware oder Leistung macht, muss den entstandenen Schaden ersetzen.
- **Freiheits- oder Geldstrafe:** Der Verrat von Geschäfts- und Betriebsgeheimnissen kann mit einer Freiheitsstrafe bis zu drei Jahren bestraft werden.

Damit es bei Verstößen gegen das UWG nicht immer gleich zu Prozessen kommt, gibt es bei den Industrie- und Handelskammern **Einigungsstellen**, die sich um eine gütliche Einigung der Beteiligten bemühen.

Zu den wichtigsten Kontrollinstanzen der Werbung zählen der Bundesverband der **Verbraucherzentralen** (ca. 350 bundesweit), die **Verbraucherverbände** (Interessenverbände der Verbraucher/-innen gegenüber Wirtschaft und Gesetzgeber) und die **Stiftung Warentest.** Sie arbeiten unabhängig und haben sich zum Ziel die Information und Aufklärung der Verbraucher gesetzt. Alle haben das Ziel, Transparenz über Produkte, Qualität und Eigenschaften von Waren und Dienstleistungen zu schaffen.

PRAXISTIPP Weitere Informationen zum UWG finden Sie unter http://bundesrecht.juris.de/uwg_2004.

Werberat

Auch die Wirtschaft hat für den Markt Spielregeln geschaffen. Insbesondere der Deutsche Werberat hat Verhaltensregeln für die Werbung geschaffen und wacht über deren Einhaltung.

Aufgaben und Ziele des Werberates

Der Deutsche Werberat

... ist eine Institution der Wirtschaft. Seine selbstdisziplinierte Arbeit entfaltet er auf diesem Gebiet. Dem Mechanismus sind daher Bereiche außerhalb der werbenden Wirtschaft nicht unterworfen – wie zum Beispiel Werbemaßnahmen der politischen Parteien, staatlicher Instanzen, der Kirchen, der Gewerkschaften oder von sozialen Einrichtungen.

Aufgaben des Gremiums

- Werbung im Hinblick auf Inhalt, Aussage und Gestaltung weiterzuentwickeln und Missstände festzustellen und zu beseitigen,
- Leitlinien selbstdisziplinären Charakters zu entwickeln,
- Grauzonen im Vorfeld der gesetzlichen Grenzen zu ermitteln und Darstellungen, die anstößig oder unzuträglich sind, zum Schutze der Umworbenen abzustellen.

Grundlagen der Entscheidungen

Vier zentrale Maßstäbe bilden die Grundlage für Entscheidungen des Werberats:

- Die allgemeinen Gesetze,
- die zahlreichen werberechtlichen Vorschriften – sie verbieten Unlauterkeit und Irreführungen in der Werbung,
- die Verhaltensregeln des Deutschen Werberats zu einigen Sozialbereichen – zum Beispiel für die Werbung mit und vor Kindern in Fernsehen und Hörfunk oder für die Bewerbung von alkoholischen Getränken.
- die aktuell herrschende Auffassung über Sitte, Anstand und Moral in der Gesellschaft. Dazu zählen nicht nur die Verhaltensweisen der Bürger im öffentlichen Leben, sondern auch die dargestellte Wirklichkeit in den redaktionellen Teilen der Medien

Quelle: gwa.de/themen-wissen/deutscher werberat (abgerufen am 13.03.2009)

Beschwerden beim Werberat

Jeder Bürger hat das Recht, über diskriminierende bzw. unlautere Werbung beim Werberat Beschwerde einzulegen.

PRAXISTIPP So legen Sie Beschwerde ein:
Sie können sich beim Deutschen Werberat über die Werbung von Unternehmen beschweren – per Post (Deutscher Werberat, Am Weidendamm 1A, 10117 Berlin), per Telefax (030 590099-722) oder per E-Mail (www.gwa.de). Wenn möglich senden Sie bitte das kritisierte Motiv mit und nennen Sie den Grund Ihrer Beanstandung. Beschwerdeführer werden gegenüber den Firmen und der Öffentlichkeit nicht genannt.

Emotionale Werbung

Werbung ist immer ein Abbild des Zeitgeistes und entwickelt sich aus der gegenwärtigen Kultur. Insofern sind also Einschätzungen über Originalität, Geschmack, Ästhetik und Zulässigkeit von Werbung jeweils von gesellschaftlich akzeptierten Werten bestimmt, die sich im Lauf der Zeit verändern können. Wenn Werbung aus vorwiegend objektiven und nachprüfbaren Aussagen und Tatsachen besteht, spricht man von **informativer Werbung.**

Beispiel Kraftfahrzeugwerbung: „Dieses Fahrzeug hat 120 KW, 5 Türen, ein Ladevolumen von 520 L., ..."

Wenn jedoch durch Werbung in erster Linie Gefühle übermittelt oder bestimmte Empfindungen des Kunden gezielt erzeugt werden, spricht man von **emotionaler Werbung.**

Beispiel Kraftfahrzeugwerbung: „Grenzenlose Freiheit und Fahrspaß mit dem neuen XL ..."

○ Gründe emotionaler Werbung

Emotionale Werbung hat verschiedene Gründe und Ursachen. Sie entstammen der Wettbewerbsstruktur heutiger Märkte.

- Viele Artikel des täglichen Gebrauchs sind heute weitgehend ähnlich oder **austauschbar**. Die Unterschiede werden teilweise künstlich hergestellt, indem über emotionale Werbung dem Verbraucher Erlebnis- und Gefühlswelten vorgestellt werden.

  Beispiel Haarshampoos können vom Verbraucher meist nicht bezüglich ihrer Produkteigenschaften exakt unterschieden werden. Die Werbung erzeugt hierbei für verschiedene Marken Unterschiede bezüglich Image und Erlebniswelt.

- Die meisten Märkte sind heute **gesättigt.** In den meisten Haushalten befinden sich bereits eine Vielzahl von technischen Geräten (Fernseher, Hi-Fi-Anlage, Staubsauger, Kühlschrank, PC usw.). Das bedeutet, dass Hersteller und Handel nur mit Schwierigkeiten neue Produkte vermarkten können. Daher wird über emotionale Werbung der Wunsch nach neuen Produkten bzw. nach Ersatzprodukten ausgelöst.

  Beispiel Der Bedarf an Kleidung ist in deutschen Haushalten meist befriedigt. Über die Erzeugung von Modetrends werden aber Verbraucher veranlasst, ständig neue Kleidung zu kaufen.

- Etliche Märkte sind für die Verbraucher nicht **transparent**, d. h., sie kennen nicht alle Anbieter und Produkte mit ihren Unterschieden. Hieraus entsteht Unsicherheit. Emotionale Werbung greift diese Unsicherheit auf und nutzt sie für ihre Interessen.

  Beispiel Werbung einer Versicherungsgesellschaft: „Machen Sie sich Sorgen um Ihre Altersversorgung? Haben Sie Probleme mit dem Tarif-Wirrwarr? – Dann kommen Sie zu uns! Wir lösen Ihre Probleme!"

○ Grenzen emotionaler Werbung

Wenn in Werbung mit Gefühlen von Menschen umgegangen wird, so kann das zu Problemen führen. Wenn z. B. Ängste von Menschen ausgenutzt werden, um zusätzliche Umsätze zu erzielen, dann sind Grenzen der emotionalen Werbung erreicht. Gesetzgebung und Werberat (vgl. S. 90) wachen darüber, dass diese Grenzen nicht überschritten werden. Bisweilen haben Gerichte darüber zu entscheiden, wann eine Grenze überschritten ist.

Beispiel Der Bundesgerichtshof hat in einem Urteil (NJW 1995, 2488/2489) gesagt, dass schockierende oder geschmacklose Werbung zwar nicht ausdrücklich verboten ist, ein Gericht könne nicht Richtlinien für guten Geschmack erlassen. Jedoch sieht das Gericht Grenzen für emotionale und schockierende Werbung, besonders dann, wenn
- Ekel erregende, Furcht einflößende oder jugendgefährdende Bilder oder Texte gezeigt werden,

- die Würde des Menschen beeinträchtigt wird, z. B. durch Diskriminierung einzelner Gruppen, Darstellung menschenverachtender Bilder oder Texte,
- sexueller Missbrauch dargestellt wird bzw. erkennbar ist,
- religiöse Empfindungen verletzt werden.

Gemäß § 5 UWG ist irreführende Werbung ausdrücklich verboten. Dies gilt besonders auch für emotionale Werbung. Ebenso ist emotionale Werbung verboten, wenn sie gegen die guten Sitten verstößt (§ 7 UWG, vgl. S. 91).

Gewerblicher Rechtsschutz

Bestimmte Leistungen genießen den Rechtsschutz durch den Gesetzgeber, um sie vor Missbrauch zu schützen.

Gewerbliche Schutzrechte	Patent	Gebrauchsmuster	Marke	Geschmacksmuster
Gegenstand des Rechtsschutzes:	**Erfindungen** (Gegenstände, Stoffe, Herstellungs- und Arbeitsverfahren)	**Erfindungen** (Neuerungen an Gegenständen, keine Verfahren)	**Wort-, Bild-, Hörmarken, 3D-Marken** zur Kennzeichnung und Unterscheidung von Waren oder Dienstleistungen	**Erscheinungsform** eines ganzen Erzeugnisses oder eines Teils davon
Voraussetzungen:	Neuheit, Erfindungshöhe, gewerbliche Anwendbarkeit	Neuheit, Erfindungshöhe, gewerbliche Anwendbarkeit	Unterscheidungskraft	Neuheit und Eigenart
Erteilung der Schutzrechte durch:	**Deutsches Patent- und Markenamt**			
Schutzdauer:	20 Jahre	3 Jahre (Verlängerung bis höchstens 10 Jahre)	10 Jahre (Verlängerung um jeweils weitere 10 Jahre)	25 Jahre (muss alle 5 Jahre aufrechterhalten werden)

nationale Schutzverfahren

ZAHLENBILDER

 128 710

Patentschutz

§

§ 1 PatG: Patente werden für Erfindungen auf allen Gebieten der Technik erteilt, sofern sie neu sind, auf einer erfinderischen Tätigkeit beruhen und gewerblich anwendbar sind.

Patente werden im Patentblatt bekannt gemacht. Bei einem **Sach- oder Erzeugnispatent** wird die erfundene Sache geschützt, bei einem **Verfahrenspatent** wird ein Herstellungsverfahren geschützt. Ein Patentinhaber kann seine Erfindung einem anderen überlassen, indem er ihm gegen eine Lizenzgebühr eine **Lizenz** erteilt.

Beispiel Die Bürodesign GmbH hat ein Verfahren zur schraublosen Verbindung von Regalbrettern entwickelt und als Patent angemeldet. Sie hat dieses Verfahren drei Unternehmen in den Niederlanden überlassen und erhält dafür regelmäßig Lizenzgebühren.

Der Patentschutz dauert höchstens 20 Jahre, danach kann jedermann die bisher geschützte Erfindung verwerten.

○ Markengesetz

§ 1 MarkenG: Geschützte Marken und sonstige Kennzeichen.
Nach diesem Gesetz werden geschützt:
1. Marken,
2. geschäftliche Bezeichnungen,
3. geografische Herkunftsangaben.

§

Marken dienen dazu, in Wort und Bild eigene Erzeugnisse von denen anderer Hersteller oder Händler zu unterscheiden. Sie sind ein wichtiges Werbemittel auf Geschäftsbriefen, in Anzeigen und Katalogen. Nach der Anmeldung beim Deutschen Patent- und Markenamt werden sie zehn Jahre lang geschützt.

Beispiele

○ RAL-Gütezeichen

Als gemeinsame Initiative der damaligen Regierung und der deutschen Privatwirtschaft wurde 1925 der Reichs-Ausschuss für Lieferbedingungen fortan „RAL" gegründet (heute RAL Deutsches Institut für Gütesicherung und Kennzeichnung e. V.). Ziel war es, eine Regelung für eine Vereinheitlichung und Präzisierung von technischen Lieferbedingungen zu erreichen. RAL Gütezeichen als Wort-/Bildmarke kennzeichnen Produkte und Dienstleistungen, die ausnahmslos nach hohen, individuell definierten Qualitätskriterien hergestellt bzw. angeboten werden. Nur solche Hersteller und Dienstleister erhalten das RAL Gütezeichen für ihr Produkt oder ihre Leistung, die die jeweils festgelegten strengen Güte- und Prüfbestimmungen einhalten. RAL legt unter Einbeziehung zum Beispiel von Herstellern und Anbietern, Handel und Verbraucherverbänden, Prüfinstituten und Behörden in einem Anerkennungsverfahren individuelle Anforderungen für die jeweiligen RAL Gütezeichen fest. Produkte und Dienstleistungen mit RAL Gütezeichen unterliegen einer stetigen Eigen- und kontinuierlichen neutralen Fremdüberwachung.

Beispiele

○ Gebrauchsmusterschutz

§

§ 1 Abs. 1 Gebrauchsmustergesetz (GebrMG):
Als Gebrauchsmuster werden Erfindungen geschützt, die neu sind, auf einem erfinderischen Schritt beruhen und gewerblich anwendbar sind.

Geschützt werden Neuerungen an Arbeitsgerätschaften und Gebrauchsgegenständen (Werkzeuge, Haushaltsgeräte), jedoch keine Verfahren.

Beispiel Die Primus GmbH lässt in ihren Schreibtischen bei Bedarf einen kleinen Safe einbauen, dessen Gebrauch nur während der vorher eingestellten Zeiten möglich und deshalb mit einer Zeitschaltuhr gekoppelt ist. Dieses Gebrauchsmuster reicht sie beim Deutschen Patent- und Markenamt zum gewerblichen Schutz ein.

○ Geschmacksmusterschutz

§

§ 2 Geschmacksmustergesetz (GeschMG): (1) Als Geschmacksmuster wird ein Muster geschützt, das neu ist und Eigenart hat.
(2) [1] Ein Muster gilt als neu, wenn vor dem Anmeldetag kein identisches Muster offenbart worden ist. [2] Muster gelten als identisch, wenn sich ihre Merkmale nur in unwesentlichen Einzelheiten unterscheiden.

Als Muster werden Darstellungen in der Fläche (zweidimensional) einschließlich der verwendeten Farbkombinationen bezeichnet.

Beispiel Tapeten-, Stoffmuster, Schriftzeichen

Modelle sind dreidimensionale Erzeugnisse. Hier können Formen und Farbkombinationen geschützt werden.

Beispiel Geschirr, Möbel, Schmuck

● Geräte- und Produktsicherheitsgesetz

Mit dem **Geräte- und Produktsicherheitsgesetz** (GPSG) soll eine allgemeine Rechtsgrundlage dafür geschaffen werden, dass die von Herstellern, Importeuren und Händlern in den Verkehr gebrachten, für den privaten Verbrauch bestimmten, Produkte (Verbraucherprodukte) und technische Arbeitsmittel (Arbeitseinrichtungen und Zubehörteile) für gewerbliche Nutzer sicher sind.

Mit diesem Gesetz wird der **vorbeugende Verbraucherschutz** gestärkt. Die Behörden können bei Vorliegen von Produktgefahren Warnungen an die Bevölkerung veranlassen oder selbst aussprechen, den Rückruf unsicherer Produkte anordnen und den weiteren Verkauf untersagen. Grundsätzlich ist der Hersteller der primär Verantwortliche für die Produktsicherheit. Gleichwohl verpflichtet das Geräte- und Produktsicherheitsgesetz auch den Importeur oder Händler, dazu beizutragen, dass nur **sichere Produkte in den Verkehr** gebracht werden dürfen. Der Händler darf somit kein Produkt verkaufen, von dem er weiß oder anhand der ihm vorliegenden Informationen wissen müsste, dass das Produkt nicht sicher ist. Für den Fall, dass der Hersteller, der Importeur oder der Händler wissentlich ein unsicheres Produkt in den Verkehr bringt, sieht das Gesetz eine Strafe bis 30 000,00 EUR vor.

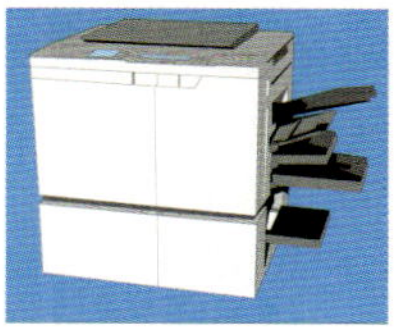

Beispiel Die Primus GmbH erfährt, dass bei einem von ihr vertriebenen Kopiergerät Brandgefahr besteht. Sofort informiert sie alle Kunden, die dieses Gerät gekauft haben.

Sonderregelungen für Verbraucherprodukte: Der Hersteller, Importeur oder Händler muss beim In-Verkehr-Bringen eines Produktes

- sicherstellen, dass der Verbraucher die erforderlichen Informationen erhält, um die Gefahren eines Produktes zu kennen,

  Beispiel Gebrauchsanleitung in deutscher Sprache

- Name und Adresse des Herstellers oder Importeurs sind auf dem Produkt anzugeben und eindeutige Kennzeichnung des Verbrauchsproduktes,

  Beispiele Typen-, Seriennummer

- bei Gefahren geeignete Maßnahmen treffen.

  Beispiel Rückrufaktionen

Verbraucherinformationsgesetz (VIG)

Alle Verbraucher haben **Anspruch auf Information über Produkte** (Lebens- und Futtermittel sowie Wein, Kosmetika und Bedarfsgegenstände), die den Behörden vorliegen. Die Behörden haben ihrerseits das Recht, über bestimmte Sachverhalte aktiv zu informieren. Somit ist es möglich, von den Behörden zu erfragen, welche Informationen über bestimmte Produkte vorliegen, beispielsweise zu deren Beschaffenheit oder Herstellungsbedingungen, ob sie Allergene enthalten oder ob sonstige Untersuchungsergebnisse darüber vorliegen. Behörden werden in die Lage versetzt, Hinweise über Produkte weiterzugeben, bei denen beispielsweise eine erhebliche Überschreitung von Grenzwerten festgestellt wurde oder bei denen es wissenschaftlich umstritten ist, ab welcher Konzentration ein Risiko für die Gesundheit oder das Leben besteht. Auch bei einem Verstoß gegen verbraucherschützende Vorschriften ist den Behörden gestattet, die Namen der Unternehmen bekanntzugeben.

Unlauterer Wettbewerb

- Das Gesetz gegen den unlauteren Wettbewerb (UWG) **schützt Verbraucher und Mitbewerber** vor unlauteren Maßnahmen.

  Durch das UWG sind **folgende Handlungen verboten:**
  - Handlungen, die gegen die guten Sitten verstoßen
  - Werbung mit „Mondpreisen“ und mit Lockvogelangeboten
  - Belästigung der Verbraucher durch unerbetene Telefax-, SMS-, E-Mail-Werbung
  - irreführende Angaben, Bestechung von Angestellten
  - Anschwärzung von Konkurrenten
  - Benutzung fremder Firmen- und Geschäftsbezeichnungen
  - Verrat von Geschäfts- und Betriebsgeheimnissen
- Wer gegen die Tatbestände des UWG verstößt, kann auf **Unterlassung** verklagt und für **Schadenersatz** in Anspruch genommen werden. In bestimmten Fällen muss er sogar mit einer **Freiheitsstrafe** rechnen.
- Der **Deutsche Werberat** erstellt und überwacht Verhaltensregeln in der Werbung.

- **Gewerblicher Rechtsschutz** (Missbrauchschutz durch gesetzliche Vorschriften):
  - Patentgesetz
  - Geschmacksmustergesetz
  - Gütezeichenschutz
  - Markengesetz
  - Gebrauchsmustergesetz
- **Geräte- und Produktsicherheitsgesetz:** Stärkung des vorbeugenden Verbraucherschutzes durch Verpflichtung der Hersteller, Importeure und Händler zu sicheren Produkten.
- **Verbraucherinformationsgesetz:** Stärkung der Verbraucherrechte durch Veröffentlichung von Unternehmen, die gesundheitsgefährdende Produkte auf den Markt bringen.

1. a) Erläutern Sie den Sinn des Gesetzes gegen den unlauteren Wettbewerb.
b) Bilden Sie fünf eigene Beispiele für Verstöße gegen das Gesetz gegen den unlauteren Wettbewerb.

2. Ein Mitbewerber der Primus GmbH wirbt mit folgender Aussage: „Jeder, der einen Schreibtisch kauft, erhält gratis einen Bürostuhl!" Überprüfen Sie, ob diese Werbeaussage zulässig ist.

3. Erläutern Sie Patent-, Marken-, Gütezeichen-, Gebrauchs- und Geschmacksmusterschutz mit je einem Beispiel.

4. Erarbeiten Sie, wie die Bürodesign GmbH ihre Entwicklung „ergo-design-natur" vor Missbrauch schützen kann.

5. Zeigen Sie an verschiedenen Beispielen die Vorteile des Geräte- und Produktsicherheitsgesetzes für den Endverbraucher.

6. Prüfen Sie, welche der nachfolgenden Sachverhalte gegen das UWG verstoßen. Begründen Sie Ihre Entscheidung.
a) Zur Neueröffnung des Baumarktes Braun KG gibt es ein kaltes Buffet. Im Anschluss daran werden die Kunden aufgefordert, die Eröffnungsangebote wahrzunehmen. Als der Kunde Klein ohne Einkäufe den Laden verlassen will, nötigt Braun ihn mit dem Hinweis auf das kostenlose Essen zum Kauf eines Werkzeugkastens.
b) Zu einer Werbeveranstaltung für Küchengeräte werden die Kunden mit der Ankündigung angelockt, dass jeder Besucher kostenlos eine Kaffeemaschine erhält.
c) Der Fachmarkt Fein e. K. verkauft so lange Werkzeuge unter dem Bezugs-/Einstandspreis, bis der gegenüberliegende Baumarkt Braun KG schließen muss.
d) Gemüsehändler Bauer verkauft Erdbeeren unter dem Bezugs-/Einstandspreis, da diese nicht mehr lagerfähig sind.
e) Erika Schneider ist leidenschaftliche Fotografin. Als sie am Morgen eine Anzeige des Verbrauchermarktes in der Zeitung findet, in der Diafilme zu einem sensationellen Preis angeboten werden, fährt sie sofort los. Im Verbrauchermarkt steht sie jedoch vor einem leeren Regal.

7. a) Erläutern Sie die Aufgaben des Deutschen Werberates.
b) Rufen Sie die Seite www.interverband.com auf und suchen nach aktuellen Einzelfällen. Teilen Sie sich die Arbeit in der Klasse auf. Bilden Sie Arbeitsgruppen. Jede Gruppe berichtet über einen Einzelfall nach Wahl.

8. Geben Sie konkrete Beispiele für informative und emotionale Werbung an.

9. Erläutern Sie, wo die Grenzen emotionaler Werbung liegen. Diskutieren Sie Ihre Ergebnisse in der Klasse.

5 Das absatzpolitische Instrumentarium kombinieren: Marketing-Mix am Beispiel der Primus GmbH

5.1 Der Marketing-Mix für den „ergo-design-natur"

Die Verkaufs- und Marketingabteilung der Primus GmbH hat inzwischen alle absatzpolitischen Instrumente, die für die Einführung des neuen Bürostuhls „ergo-design-natur" infrage kommen, analysiert. *„Jetzt müssen wir die einzelnen Instrumente nur noch auflisten und dann in einem Konzept zusammenfassen"*, sagt Herr Holl aus dem Bereich Büroeinrichtung. *„So einfach geht das denn doch nicht. Schließlich müssen wir uns genau überlegen, welche Instrumente wir zur Einführung einsetzen wollen und wie diese dann zusammenpassen"*, erläutert ihm Dorothea Klein, seine Vorgesetzte. *„Richtig! Und wir müssen vor allem den Einsatz aller Instrumente auf die von der Geschäftsleitung vorgegebenen Marketingziele ausrichten"*, ergänzt Herr Winkler, der Abteilungsleiter. *„Am besten tragen wir zunächst nochmal die Ausgangsdaten zusammen und überlegen dann gemeinsam, welche Marketinginstrumente für die Einführung sinnvoll sein könnten. Die Geschäftsleitung möchte übermorgen das Gesamtkonzept mit uns diskutieren."*

ARBEITSAUFTRÄGE

- Erarbeiten Sie Gründe für die Abstimmung der einzelnen absatzpolitischen Instrumente im Hinblick auf die Marketingzielsetzung!
- Erstellen Sie ein Schema, das Auskunft über die Bedeutung der einzelnen Marketinginstrumente der Primus GmbH im Rahmen des Gesamtmarketing-Konzepts gibt!

Im Rahmen des **Marketing-Mix** kombiniert ein Unternehmen sein absatzpolitisches Instrumentarium unter Berücksichtigung seiner Marketingziele. Die Bedeutung der einzelnen Instrumente hängt im Wesentlichen vom jeweiligen Unternehmen (z. B. Hersteller, Handel) und vom Käufer (z. B. Endverbraucher, Einkäufer eines Unternehmens) ab. Ein optimales Zusammenwirken der einzelnen Instrumente kommt nur dann zustande, wenn die Marketinginstrumente harmonisch zusammenwirken.

Der Marketing-Mix ist zudem kein starres System, sondern er muss sich ständig den sich ändernden Marktgegebenheiten anpassen. Je nachdem, in welcher Produktlebenszyklusphase (vgl. S. 111) sich ein Unternehmen mit seinem Produkt befindet, müssen die Instrumente gegebenenfalls modifiziert und optimiert werden.

● Absatzmarketingkonzept für den Bürostuhl „ergo-design-natur"

Situationsanalyse	Sortiments-/ Produktpolitik	Preis-, Konditionen- und Kundendienstpolitik	Distributionspolitik	Kommunikationspolitik
• Unternehmenssituation • Absatzmarkt • Konkurrenz • Zielgruppe • Marketingziele • Marketingstrategie	• Sortimentsaufbau • Sortimentserweiterung • Sortimentsvariation • Sortimentsbereinigung	• Preisfestlegung • Preisstrategiefestlegung • Konditionen • Service/-Qualität	• Absatzmethoden • Absatzwege • Absatzorgane	• Absatzwerbung • Verkaufsförderung • Öffentlichkeitsarbeit • Verkaufsgespräche • gesetzliche Regelungen

○ Situationsanalyse

Im Rahmen einer Situationsanalyse beschreibt ein Unternehmen die Ausgangsdaten für das Absatzmarketingkonzept. Hierzu gehört eine Kurzbeschreibung der Unternehmenssituation, des Absatzmarktes, der Konkurrenzsituation, der Zielgruppe und der Zielsetzung. Alle Daten basieren auf Erhebungen im Rahmen der Marktforschung.

- **Unternehmenssituation:** Die Primus GmbH als Groß- und Außenhandlung für Bürobedarf konnte in den letzten Jahren eine zunehmende Konzentration im Bereich des Einzelhandels beobachten. Folge dieser Entwicklung war die Schließung einiger Facheinzelhandelsgeschäfte, zum Teil jahrelange Kunden der Primus GmbH. Neue Kunden konnten dagegen im Bereich der Großverbraucher gewonnen werden, da hier zunehmend der Wunsch nach einer Komplettlösung für den Bürobedarf beobachtet werden konnte.

  In einer Situation des Käufermarkts und der damit verbundenen starken Nachfragemacht, der steigenden Mobilität der Käufer und der zunehmenden Konkurrenz ist die Gewinnspanne der Primus GmbH immer mehr unter Druck geraten. Zudem neigen insbesondere öffentliche Institutionen aufgrund der Defizite öffentlicher Haushalte zu immer größerem Sparverhalten, wenn es um zusätzliche Ausgaben geht. Auch beim privaten Verbraucher ist mit einem Rückgang der Nachfrage zu rechnen.

- **Absatzmarktbeschreibung:** Als potenzielle Kunden für den neuen Bürostuhl „ergo-design-natur", der der Warengruppe Büroeinrichtung zugeordnet wird, kommen zunächst alle derzeitigen Kunden der Primus GmbH infrage. In der genannten Warengruppe konnte zudem eine Umsatzsteigerung festgestellt werden. Grundsätzlich sind in der Büromöbelbranche derzeit rückläufige Umsatzzahlen zu beobachten. Hiervon nicht so stark betroffen sind allerdings Büromöbel, die gesundheitsfördernd sind, da viele Menschen nicht mehr die Zeit haben, ihrem Körper auf andere Weise „etwas Gutes zu tun". Die meisten Menschen sind auch bereit, entsprechend höhere Preise zu zahlen. Zudem neigen immer mehr Unternehmen dazu, ihre Arbeitsplätze ergonomisch zu gestalten, da ein besserer Arbeitsschutz viel Geld sparen kann, wenn die Arbeitnehmer weniger erkranken.

  Beispiel Der deutsche Gewerkschaftsbund hat gesundheitsschädigende Arbeitsbedingungen als Hauptursache für den Krankenstand in Betrieben und die hohe Frühinvalidität bezeichnet. Ergonomisch gestaltete Arbeitsplätze können dieser Tendenz entgegenwirken.

- **Konkurrenzsituation:** Von den direkten Konkurrenten der Primus GmbH bietet bisher einer ein ähnliches Produkt an. Dieses ist jedoch, wie alle Produkte des Konkurrenten, qualitativ erheblich hochwertiger angesiedelt und entsprechend teurer. Zudem beliefert dieser Konkurrent vor allem den ortsansässigen Facheinzelhandel und keine Großverbraucher.
- **Zielgruppe:** Als Hauptzielgruppen für den Bürostuhl „ergo-design-natur" kommen ökologisch orientierte Unternehmen und öffentliche Verwaltungen infrage, welche die Gesundheit ihrer Arbeitnehmer im Auge haben. Weitere Kunden könnten im Bereich des Sanitätsfacheinzelhandels gefunden werden, da hier der Privatverbraucher Lösungen für seine Gesundheitsprobleme sucht.
- **Marketingziele:** Aufgrund der vorliegenden Situationsanalyse haben die Geschäftsführer der Primus GmbH für die Einführung des Bürostuhls „ergo-design-natur" folgende Ziele zusammengefasst:
  - Erreichung eines Marktanteils von 5 % innerhalb von einem Jahr,
  - Umsatzerwartung für das erste Geschäftsjahr: 200.000,00 EUR,
  - Schaffung eines Bekanntheitsgrades der Produktlinie von 50 %.
- **Marketingstrategie:** Die Primus GmbH hat sich entschlossen, für die Einführung des „ergo-design-natur" mit einer Kombination aus Differenzierungsstrategie und Marktsegmentierungsstrategie vorzugehen. Zum einen will sich die Primus GmbH mithilfe der Kundendienstpolitik bewusst von den Konkurrenten abheben (Differenzierung), zum anderen soll der Markt in Teilgruppen nach den Abnehmergruppen Endverbraucher in der Verkaufsboutique, Facheinzelhandel, öffentliche Großverbraucher und karitative Einrichtungen (Marktsegmentierung) zur besseren Bearbeitung segmentiert werden.

○ Sortiments- und Produktpolitik

- **Einflussgrößen auf die Sortimentsanpassung:** Nachdem das Rechnungswesen in Zusammenarbeit mit dem Controlling grundsätzlich einen positiven Deckungsbeitrag für den neuen Bürostuhl „ergo-design-natur" erwartet, spielen für die Primus GmbH vor allem die **Auswahl** des **künftigen Lieferers** in Bezug auf die Qualitätsanforderungen und die **Umweltverträglichkeit** der Produktbestandteile eine wichtige Rolle.
- **Einordnung in den Sortimentsaufbau:** Der **Artikel** Bürostuhl „ergo-design-natur", der dem **Kernsortiment** der Primus GmbH zugeordnet wird, soll in den **Sorten** schwarz, dunkelgrün, jadegrün, karminrot und azurblau angeboten werden.
- **Sortimentspolitische Entscheidung:** Mit der Einführung des „ergo-design-natur" erfolgt im Rahmen einer **Sortimentserweiterung** eine **Differenzierung**.

○ Preis-, Konditionen- und Kundendienstpolitik

Ein Schwerpunkt im Absatzmarketingkonzept für den „ergo-design-natur" soll auf den Bereich des Kundendienstes und der Konditionen gelegt werden, da die derzeitige Unternehmenssituation einen starken Preiskampf vermuten lässt und daher schon von Anfang an weitere Wege zur Abhebung von der Konkurrenz gefunden werden müssen.

- **Preispolitik:** Bei der Preisgestaltung orientiert sich die Primus GmbH vor allem an den **Kosten**. Die Vollkostenrechnung hat ergeben, dass der Listenverkaufspreis bei 225,00 EUR liegen muss. Dieser Preis liegt ca. 75,00 EUR unter dem des einzigen Konkurrenten, der jedoch höherwertige Bezugsstoffe verwendet. Im Rahmen einer **Preisdifferenzierung** sollen folgende Arten praktiziert werden:

Art	Konkrete Gestaltung
Mengenmäßige Preisdifferenzierung	Staffelpreise: ab 1 Stück 225,00 EUR, ab 5 Stück 215,00 EUR, ab 10 Stück 199,50 EUR
Zeitliche Preisdifferenzierung	In der Einführungsphase von sechs Monaten gilt ein Sonderpreis von 199,50 EUR.
Personelle Preisdifferenzierung	Abnehmergruppen mit besonderer Multiplikatorfunktion (z. B. Stadtverwaltungen) und soziale Einrichtungen (z. B. Rotes Kreuz, Behindertenwerkstätten, Jugendeinrichtungen) erhalten einen Sonderpreis von 202,50 EUR.
Räumliche Preisdifferenzierung	Inlandskunden zahlen den Normalpreis, Auslandskunden je nach Marktsituation einen Zu- oder Abschlag.

- **Konditionenpolitik:** Wie oben beschrieben gewährt die Primus GmbH für den Bürostuhl „ergo-design-natur“ sowohl einen **Mengen-** als auch einen **Einführungsrabatt**. Weitere Rabatte sind zunächst nicht vorgesehen. Im Gegensatz zu den Allgemeinen Geschäftsbedingungen gilt bei den **Lieferbedingungen** zunächst eine kostenfreie Zustellung im Ruhrgebiet. Alle weiteren Kunden im Bundesgebiet beliefert die Primus GmbH porto- und frachtfrei ab einem Auftragswert von 250,00 EUR zuzüglich Mehrwertsteuer. Erfolgt die Bestellung bis 12:00 Uhr, so geht die Ware bis 18:00 Uhr in den Versand und wird in der Regel am nächsten Tag ausgeliefert. Die **Zahlungsbedingungen** der Primus GmbH erlauben ein Zahlungsziel von 30 Tagen. Bei Zahlung innerhalb von zehn Tagen werden 2 % Skonto gewährt. Die **Garantie** für diesen Bürostuhl wird auf drei Jahre festgesetzt. Weiterhin können alle Kunden, die innerhalb der Einführungsphase kaufen, von der **Valutierung** ihrer Rechnung bis zum Ende dieser Phase Gebrauch machen.
- **Kundendienstpolitik:** Die Primus GmbH plant, die Einführung des neuen Bürostuhls durch einige gesundheitsfördernde Maßnahmen, Schulungen und Beratungen für ihre Kunden zu begleiten. Zu diesem Zweck kann Herr Holl, ein Mitarbeiter im Verkauf der Primus GmbH, von den Kunden angefordert werden. Herr Holl soll vor Ort die ergonomische Situation der Arbeitsplätze analysieren und ein passendes Einrichtungskonzept erarbeiten. Gleichzeitig bietet die Primus GmbH für ihre Kunden einmal im Monat eine kostenlose Rückenschule an. Neben diesen **warenunabhängigen** Serviceleistungen wird auch ein **warenabhängiger** Service geboten: Reparatur und kostenlose Zustellung im Ruhrgebiet.

○ Distributionspolitik

Für den Verkauf des Bürostuhls „ergo-design-natur“ beschließt die Primus GmbH, die bisherigen Absatzwege und -organe beizubehalten. Der **indirekte Absatz** erfolgt an Großkunden über **Handelsvertreter** und der **direkte Absatz** über die **Verkaufsboutique** an den Endverbraucher. Als Ergänzung soll in Zukunft zudem der **Versandhandel** über die Internet-Adresse möglich werden. Im Rahmen des **indirekten Absatzes** wird der **Facheinzelhandel** beliefert. Die Primus GmbH ist auf den Messen ORGATEC in Köln und der Fachmesse für

Arbeitsschutz in Düsseldorf vertreten. Daneben veranstaltet die Primus GmbH jährlich im Anschluss an die ORGATEC eine **Hausmesse**.

○ Kommunikationspolitik

Ausgehend von der Situationsanalyse und den Entscheidungen der Sortiments-, Preis-, Konditionen-, Kundendienst- und Distributionspolitik werden für die Einführung des neuen Bürostuhls „ergo-design-natur" folgende Maßnahmen geplant:

- **Absatzwerbung:** Der Schwerpunkt der bisherigen marketingpolitischen Entscheidungen liegt in der Sortimentserweiterung, der Konditionen- und Kundendienstpolitik. Zunächst ist eine **Einzelwerbung** durch die Primus GmbH geplant. Der **Werbeplan** wird wie folgt aufgestellt:

Inhalt des Werbeplans	Maßnahmen im Rahmen der Einführung des Bürostuhls „ergo-design-natur"
Streukreis	Der Markt für den „ergo-design-natur" umfasst Großverbraucher, Behörden und Facheinzelhändler sowie den Endverbraucher in der Verkaufsboutique.
Werbebotschaft	Botschaft: „formschönes Design, Berücksichtigung ergonomischer Bedürfnisse, ökologisch ‚einwandfrei'"; die Präsentation erfolgt in einer klaren informativen Sprache und stellt die ergonomischen und ökologischen Aspekte des neuen Produkts sowie der Zusatzleistungen der Primus GmbH heraus.

Beispiel für den Text einer Anzeige auf der Internet-Seite der Primus GmbH:

> **Tun Sie etwas für Ihre Gesundheit!**
>
> ➡ Der neue Bürostuhl „ergo-design-natur" ist ein körpergerecht geformter Stuhl, der nach ergonomischen und arbeitsmedizinischen Erkenntnissen gefertigt ist. Die Wirbelsäule wird aufgerichtet, die inneren Organe werden durchblutet, und durch den orthopädischen Sitzkeil kippt das Becken nicht mehr ab. Herz und Lunge werden entlastet und das Gehirn besser durchblutet. Er ist zudem ökologisch „einwandfrei", da er voll recyclingfähig und wiederverwertbar ist.
>
> ➡ Der „ergo-design-natur" hat eine Sicherheitsgasfeder nach DIN 4551, ist medizinisch getestet und GS-geprüft.

Inhalt des Werbeplans	Maßnahmen im Rahmen der Einführung des Bürostuhls „ergo-design-natur"
Werbemittel und Werbeträger	Für die Einführungsphase sind Prospekte, eine Internetseite und die Direktwerbung geplant. Persönliche Werbebriefe werden per Post und über E-Mail an die derzeitigen und potenziellen Kunden versandt.
Streuzeit	Alle Werbemittel sollen im August und September erscheinen, damit die Unternehmen bis zum Ende des Jahres noch Gelegenheit haben, die Büroeinrichtung mit in das neue Budget einzuplanen. Entsprechend wird auch der Termin für die ersten Serviceleistungen festgesetzt.
Streugebiet	Die Primus GmbH will zunächst ihren Schwerpunkt in Nordrhein-Westfalen setzen, damit alle Kunden optimal von den Serviceleistungen profitieren können.
Werbeintensität	Die gezielte Direktwerbung soll aus einem Werbebrief und einem Antwortbrief bestehen.

Da durch die Vermarktung des neuen Bürostuhls im ersten Jahr ein Umsatz von etwa 0,5 Mio EUR erwartet wird, soll das **Werbebudget** prozentual davon bestimmt werden. Aufgrund der Neueinführung sollen 6 % vom Umsatz als Werbebudget verwendet werden, also 30 000,00 EUR. Nach dem Abschluss der Einführungswerbeaktionen ist geplant, die potenziellen Kunden im Rahmen der **Werbeerfolgskontrolle** anzurufen und ihnen kurze Fragen zum Produkt zu stellen. Natürlich werden auch die entsprechenden Umsatzzahlen ständig beobachtet.

- **Verkaufsförderung:** Durch eine **Verkaufspromotion** sollen die Verkaufsmitarbeiter für den Verkauf der neuen Produktlinie geschult werden. Zudem erfolgt ein Kurs zur ergonomischen Gestaltung von Büros. Die Händler des Facheinzelhandels erhalten im Rahmen der **Händlerpromotion** die Möglichkeit, sich ebenfalls über die neue Produktlinie und eine ergonomische Gestaltung von Arbeitsplätzen zu informieren. Gleichzeitig bietet die Primus GmbH den Händlern Kurse für Rückenschulung an. In der Einführungsphase wird es einen Händlerwettbewerb geben, der als ersten Preis die komplette Büroausstattung für den Unternehmensleiter verspricht.
- **Öffentlichkeitsarbeit:** Zur Einführung des neuen Bürostuhls plant die Primus GmbH ihren jährlichen **Tag der offenen Tür**. Eingeladen sind neben der Presse auch alle Kunden, die sich für die neue Produktlinie und die anderen Waren der Primus GmbH interessieren. In diesem Zusammenhang finden Vorträge zur ergonomischen Gestaltung von Arbeitsplätzen und Vorführungen einer sinnvollen Rückenschule statt.
- **Beratungs- und Verkaufsgespräche:** In Zusammenarbeit mit einem Spezialisten hat die Primus GmbH für die Einführung des Bürostuhls „ergo-design-natur“ eine Ablaufskizze für ein Verkaufsgespräch entwickelt. Der **Schwerpunkt** liegt hierbei in der **Bedarfsermittlung** und der **Argumentation**. Darüber hinaus soll im Rahmen des **Telefonmarketings** auch eine längere Nachkontaktphase aufgebaut werden.

Der Marketing-Mix für den „ergo-design-natur“

- Im **Marketing-Mix** kombiniert ein Unternehmen seine marketingpolitischen Instrumente unter Berücksichtigung der jeweiligen Ausgangssituation. Als optimal wird der Marketing-Mix dann bezeichnet, wenn die Kombination der Instrumente harmonisch und zielgerecht ist. Im Hinblick auf eine marktorientierte Unternehmensführung sollten die gewählten Instrumente ständig beobachtet und gegebenenfalls an neue Marktgegebenheiten angepasst werden.
- Der Marketing-Mix zur **Einführung des Bürostuhls „ergo-design-natur“** setzt Schwerpunkte in der **Konditionen-** und **Kundendienstpolitik**. Zudem bietet sich die Einzelwerbung im Rahmen der **Kommunikationspolitik** an, um potenzielle Kunden ohne große Streuverluste über die Sortimentserweiterung zu informieren.

1. Planen Sie für Ihren Ausbildungsbetrieb eine Sortimentserweiterung aus wirtschaftlichen oder ökologischen Gründen. Entwickeln Sie einen entsprechenden Marketing-Mix für die Einführung der neuen Warengruppe bzw. des neuen Artikels. Stellen Sie Ihr Ergebnis auf einem Plakat dar und präsentieren Sie es vor der Klasse.

2. Die Cash-and-Carry-Großhandlung Food GmbH steht vor dem Planungsproblem, ihr Sortiment für Tiefkühlfertigprodukte neu zu überdenken, da, entgegen dem allgemeinen

Trend, die Umsätze stark zurückgegangen sind. Generelles Ziel des Unternehmens ist dabei die Ausweitung des Marktanteils durch eine Umsatzsteigerung bei den Tiefkühl-Produkten (TK-Produkten).

Auszug aus einer Fachzeitschrift:

Bequemlichkeit – engl. convenience – hat in deutschen Küchen ohnehin Konjunktur: Der amerikanische Appetit auf vorgefertigte Nahrungsmittel oder fix und fertig zubereitete Speisen hat die Deutschen angesteckt. Dass diese Bequemlichkeit ihren Preis hat, vermuten nicht nur Verbraucherverbände. Umso neidvoller blickt der Handel daher auf die Tankstellen-Shops, die die Convenience-Kunden bisher fast alleine bedienten. Im traditionellen Handel machten diese Produkte bisher nur ein bis zwei Prozent aus. Das Convenience-Feld wollen die Händler aber nicht kampflos verloren geben – können sie auch nicht.

Die der Food GmbH zugrunde liegende Zielgruppenanalyse für Endverbraucher orientiert sich stark an dem durch die Sinus-Studie beschriebenen hedonistischen Milieu: Stark jugendlich geprägt (zwei Drittel sind jünger als 25 Jahre), Streben nach Genuss, Abwechslung, Zerstreuung und intensivem Leben. Das Hier und Jetzt verdeckt Gedanken an das Morgen. Bürgerliche Karriere und Spießertum werden abgelehnt. Man lebt in einer Ästhetik der starken Reize. Interessant ist ferner, dass die Käufer von Fertiggerichten von ihrer psychologischen Grundeinstellung für Neuerungen prinzipiell aufgeschlossen sind und auch noch ein relativ hohes Preisniveau akzeptieren. Die TK-Gerichte werden zurzeit in vier Zubereitungen (Hähnchenbrust-Filet, Kabeljau-Filet, Chop Suey und Rinderstreifen), in einem Karton verpackt, angeboten. Die Listenverkaufspreise der Produkte liegen derzeit zwischen 1,49 EUR und 1,68 EUR. Die Distribution erfolgt ausschließlich in Ladengeschäften der Food GmbH.
Erarbeiten Sie ein sinnvolles Absatzmarketingkonzept für die Food GmbH. Informieren Sie sich dafür vorab über die Produktvielfalt im Tiefkühlfertiggerichtbereich. Präsentieren Sie Ihre Ergebnisse vor der Klasse.

5.2 Marketing-Projekt[1]: Die Markteinführung des „ergo-design-natur"

Meeting bei der Geschäftsleitung der Primus GmbH: Frau Klein und Herr Holl präsentieren das ausgearbeitete Marketingkonzept für den „ergo-design-natur". Der Abteilungsleiter für Verkauf/ Marketing, Herr Winkler, und der Geschäftsführer, Herr Müller, hören aufmerksam zu. Am Ende der Präsentation fasst Frau Klein zusammen: *„Wie Sie sehen, passt unser Marketingkonzept für den „ergo-design-natur" zu dem allgemeinen Marketing-Mix der Primus GmbH. Unsere Einzelentscheidungen sind gut aufeinander abgestimmt, sodass einer erfolgreichen Markteinführung nichts im Wege steht."*

[1] *Berufsorientierte Projekte im Groß- und Außenhandel sowie die damit verbundenen Handlungsabläufe und Begriffe werden ausführlich in Lernfeld 12 behandelt.*

Herr Müller nickt zufrieden und erteilt Herrn Winkler das Wort. Dieser äußert sich sehr anerkennend zu der Präsentation: *„Frau Klein, Herr Holl, das ist wirklich überzeugend – gute Arbeit. Besonders hervorzuheben sind die Schwerpunkte in der Preis- und Konditionenpolitik sowie in der Kommunikationspolitik. Die Markteinführung lebt von einer professionell organisierten Kommunikation mit unseren Kunden. Sie muss sehr gut geplant, durchgeführt und laufend kontrolliert werden."* Herr Müller antwortet: *„Das sehe ich genauso. Daher machen wir daraus auch ein eigenes Projekt. Herr Winkler, bilden Sie ein Projektteam! Außer Frau Klein und Herrn Holl sollten Sie zwei weitere Mitarbeiterinnen oder Mitarbeiter einbinden. Ich werde die anderen Abteilungsleitungen informieren, sodass Sie unterstützt werden. In einer Woche möchte ich einen ausgearbeiteten Projektstruktur- und -ablaufplan!"*

ARBEITSAUFTRÄGE

- Sammeln Sie in einem Brainstorming oder einem Mind-Map Assoziationen zu dem Begriff „Projekt".
- Begründen Sie, warum die Kommunikationspolitik zur Markteinführung des „ergo-design-natur" sehr gut als Projekt geplant, umgesetzt und kontrolliert werden kann.

Marketingprojekt

Ein **Projekt** ist im Allgemeinen ein „besonderes Vorhaben". Bezogen auf betriebswirtschaftliche Vorgänge ist es eine besondere Form, Geschäftsprozesse zu organisieren, zu steuern und zu kontrollieren. Da das **Marketing** die gesamte Unternehmensführung dauerhaft prägt, ist ein **Marketingprojekt** ein klar abgegrenztes Vorhaben innerhalb einer marktorientierten Unternehmensstruktur. Bezogen auf das absatzpolitische Instrumentarium sind vielfältige Marketingprojekte denkbar: Die Aufnahme und Vermarktung eines neuen Sortimentsbereiches, das Erschließen neuer Märkte oder Vertriebswege und die Entwicklung neuer Instrumente der Kommunikationspolitik sind typische Beispiele.

Projektmerkmale	Beispiel: Projekt: Marktauftritt „ergo-design-natur"
• klares Ziel	• 70 % der Zielgruppe kennen den „ergo-design-natur".
• zeitliche Befristung	• Das Projekt endet nach drei Monaten.
• einmalige Aufgabenstellung	• Der Marktauftritt ist einmalig und für den Erfolg des Artikels von großer Bedeutung.
• Unsicherheit und Risiko	• Die Wirksamkeit der Maßnahmen ist ungewiss und bedarf der Überprüfung.
• begrenzte Ressourcen	• Das gesamte Werbebudget für den Stuhl beträgt 30.000,00 EUR. Für das Projekt werden davon 60 %, also 18.000,00 EUR, veranschlagt. Das verantwortliche Projektteam besteht einschließlich der Projektleitung aus fünf Personen.
• besondere Organisation	• Da es sich in diesem Fall um ein relativ kleines Projekt handelt, wird die grundsätzliche Unternehmensstruktur der Primus nicht verändert (Stabs-Projektorganisation, vgl. S. 351).

Der Ablauf von Projekten (vgl. S. 358) kann grob in vier Phasen unterteilt werden:

Definitionsphase	Planungsphase	Durchführungsphase	Abschlussphase
• Situationsanalyse • Festlegung der Projektziele • Projektorganisation • Schätzung des Kostenrahmens • Erteilung des Projektauftrags	• Teilaufgaben ausdifferenzieren und Arbeitspakete schnüren • Projektstrukturplan erstellen und den Projektablauf festlegen • Kosten- und Ressourcenplan aufstellen • Risiken erkennen und vermeiden	• Projektsteuerung • Projektkontrolle • Projektdokumentation	• Projektpräsentation • Projektrückblick und -bewertung • Projektabschlussbericht
Beispiel Projekt: Marktauftritt „ergo-design-natur"			
Die Definitionsphase ist mit dem Meeting bereits weitgehend abgeschlossen. Herr Müller hat mündlich den Projektauftrag erteilt. Herr Winkler bildet daraufhin ein Projektteam. Die Zielsetzung und der finanzielle sowie zeitliche Rahmen werden konkretisiert. Es wird ein schriftlicher Projektauftrag erstellt, den Herrn Müller unterzeichnet.	In der Planungsphase werden die im Bereich der Kommunikationspolitik getroffenen Entscheidungen in Teilaufgaben (Werbeplan, Verkaufsförderung, Öffentlichkeitsarbeit) und Arbeitspakete zerlegt. Damit die Markteinführung gelingt, müssen verantwortliche Personen bestimmt werden. Zudem werden die einzelnen Maßnahmen zeitlich koordiniert.	In regelmäßigen Sitzungen des Projektteams wird der Verlauf des Projektes besprochen. Planungsabweichungen werden analysiert und korrigiert.	Bei der Präsentation des Projektes will sich Herr Winkler auf die Zielerreichung (70 % Bekanntheitsgrad des Stuhles bei der Zielgruppe) konzentrieren.

• Projektplanung

Die Planung nimmt im Projektmanagement (vgl. S. 338) eine Schlüsselstellung ein, denn Planungsfehler führen nahezu sicher zu zeitlichen Stockungen oder auch Qualitätsverlusten in der Durchführungsphase. Dies bedeutet dann häufig Spannungen mit dem Projektauftraggeber und zusätzliche Kosten. Zentrale Planungsaufgaben sind die Gliederung des Projektes in **Teilaufgaben und Arbeitspakete**. Diese werden in einem **Projektstruktur- und -ablaufplan** auf die verantwortlichen Personen verteilt und zeitlich sinnvoll geordnet.

Beispiel Das Projektteam um Herrn Winkler grenzt die folgenden Teilaufgaben und Arbeitspakete ab:

Marktauftritt „ergo-design-natur"

Teilaufgabe 1: Absatzwerbung: Umsetzung des Werbeplans	Teilaufgabe 2: Verkaufsförderung	Teilaufgabe 3: Öffentlichkeitsarbeit
Arbeitspaket 1.1 Einsatz der Werbemittel: Prospekte, Internetseite, Direktwerbung per Brief	Arbeitspaket 2.1 Verkäuferschulung zur Artikelgruppe und zur ergonomischen Gestaltung des am Arbeitsplatz	Arbeitspaket 3.1 Planung „Tag der offenen Tür"
Arbeitspaket 1.2 Auswertung der Kundenreaktionen; ggf. telefonische Rückfrage	Arbeitspaket 2.2 Händlerschulung in der Primus GmbH und vor Ort (bei A-Kunden)	Arbeitspaket 3.2 Durchführung „Tag der offenen Tür"
Arbeitspaket 1.3 Werbeerfolgskontrolle	Arbeitspaket 2.3 Ausschreibung des Händlerwettbewerbs	Arbeitspaket 3.3 Auslieferung der Spenden („ergo-design-natur") an die Kinderkrebsstation (mit Presse)

Aus den Teilaufgaben und Arbeitspaketen entsteht der folgende Projektstruktur- und –ablaufplan

Projektstruktur- und -ablaufplan zur Aufgaben- und Terminplanung

Projekttitel	Marktauftritt „ergo-design-natur"
Projektleitung	Herr Winkler
Datum	15. Juli 20..

PSP-Code	Teilaufgabe/ Arbeitspaket	Termine		Personal-einsatzplan		Kalenderjahr 20..																
		Start	Ende	Verant-wor-tung	Mitar-beit	…	30	31	32	33	34	35	36	37	38	39	40	41	42	43	44	…
1	**Absatzwerbung**																					
1.1	Einsatz der Werbemittel	01.08.20..		Holl																		
1.2	Auswertung der Kundenreaktionen	15.09.20..	22.09.20..	Holl																		
1.3	Werbeerfolgskontrolle	27.10.20..	30.10.20..	Holl																		
1.4	…																					
2	**Verkaufsförderung**																					
2.1	Verkäuferschulung	01.08.20..	14.08.20..	Klein																		
2.2	Händlerschulung	15.08.20..	05.09.20..	Klein	Holl																	
2.3	Händlerwettbewerb	20.10.20..	23.10.20..	Holl																		
2.4	…																					
3	**Öffentlichkeitsarbeit**																					
3.1	Planung „Tag der offenen Tür"	10.04.20..	24.09.20..	Klein	Spohr																	
3.2	Durchführung „Tag der offenen Tür"	25.09.20..	25.09.20..	Klein	Spohr																	
3.3	Auslieferung Spenden	09.10.20..	09.10.20..	Spohr																		
3.4	…																					

Projektdokumentation

Die Projektplanung muss selbstverständlich sehr genau dokumentiert werden. Aber auch in den anderen Phasen eines Projektes spielt die Dokumentation eine wichtige Rolle. Dies gilt insbesondere dann, wenn ein es sich um einen unternehmensexternen Projektauftrag handelt und die Rechenschaftslegung ein besonders Gewicht bekommt.

Beispiel Nach der Spendenaktion im Krankenhaus Duisburg erhält die Primus GmbH den Projektauftrag „Neuausstattung der Verwaltungsabteilung nach neusten ergonomischen Gesichtspunkten". Das Projekt hat einen Wert von 90 000,00 EUR und soll innerhalb von drei Wochen abgeschlossen sein. Die Krankenhausleitung fordert eine lückenlose Dokumentation und Berichterstattungen in jeder Projektphase.

Für die einzelnen Projektphasen empfiehlt es sich, folgende Dokumente zu sammeln, um sie dann in einem **Projekthandbuch** zusammenzuführen.

Projektphase:	Definition	Planung	Durchführung	Abschluss
Dokumente für die Projektmappe	– Situationsanalyse – Projektziele – Aufwands- und Kostenschätzung – Projektauftrag	– Projektorganisation – Beschreibung der Arbeitspakete – Projektstruktur- und -ablaufplan – Kosten- und Ressourcenplan – Risikoanalyse	– Sitzungsprotokolle – Projektstatusberichte – Projektänderungsanträge	– Präsentationsunterlagen – Abschlussbericht

Marketing-Projekt: Die Markteinführung des „ergo-design-natur"

- Ein **Marketingprojekt** ist ein klar abgegrenztes Vorhaben innerhalb einer marktorientierten Unternehmensstruktur.
- Der **Ablauf von Projekten** kann grob in vier Phasen unterteilt werden: Definitionsphase, Planungsphase, Durchführungsphase und Abschlussphase.
- Die **Projektplanung** ist eine Kernaufgabe des Projektmanagements. Der **Projektstruktur- und -ablaufplan** ist das zentrale Steuerungsinstrument für die Projektdurchführung.
- Die **Projektdokumentation** ist eine durchgängige Aufgabe im gesamten Projekt.

Ein Marketingprojekt für den eigenen Ausbildungsbetrieb planen

1. Entwickeln Sie in einem Brainstorming Ideen für ein überschaubares Marketingprojekt.
2. Entscheiden Sie sich für eine Projektidee.
3. Beschreiben Sie ganz konkret das Ziel Ihres Projektes.
4. Analysieren Sie, welche Teilaufgaben und Arbeitspakete in Ihrem Projekt zu erledigen sind, damit das Ziel erreicht wird.
5. Beschreiben Sie ihr Projekt in einem Projektstruktur- und -ablaufplan.
6. Präsentieren Sie Ihre Projektidee, ihr Ziel sowie den Projektstruktur- und -ablaufplan in Ihrem Ausbildungsbetrieb und in Ihrer Klasse. Lassen Sie sich ein Feedback geben.

6 Das Absatzcontrolling unterstützen

Die Geschäftsleitung der Primus GmbH beobachtet seit längerem einen Umsatzrückgang bei den Warengruppen „Verbrauch“ und „Organisation“. Nach dem ersten Quartal im neuen Geschäftsjahr meldet Herr Zimmer, zuständig für Controlling, eine Besorgnis erregende Abweichung der tatsächlichen Umsätze von den Umsatzerwartungen. Mit diesen Zahlen begibt sich Herr Müller zu Frau Primus. *„Frau Primus, haben Sie schon die neuesten Umsatzzahlen der Warengruppen 3 und 4 gelesen?“*

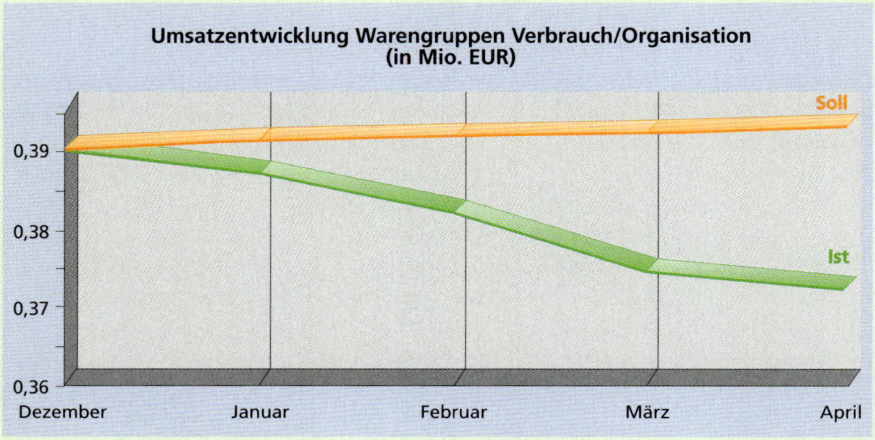

Frau Primus betrachtet die entsprechenden Übersichten aus der Controlling-Abteilung: *„Ich denke, wir müssen hier sofort handeln. Daher werde ich eine Hausmitteilung an unsere Abteilungsleiter verfassen, damit wir gemeinsam einen Maßnahmenkatalog entwickeln können. Zu diesem Zweck muss Herr Zimmer uns allerdings noch weitere Zahlen aufbereiten.“*

ARBEITSAUFTRÄGE

- Beschreiben Sie präzise die Aussage der vorliegenden Grafik und stellen Sie erste Mutmaßungen an, wie es zu dieser Entwicklung kam.
- Machen Sie Vorschläge, welche zusätzlichen Daten oder Übersichten für das Treffen der Geschäftsleitung mit den Abteilungsleitern sinnvoll wären.
- Erläutern Sie allgemein, welche Informationen ein Controller zur ABC-Analyse der Kunden, zur Renner-Penner-Liste und zur Deckungsbeitragsrechnung benötigt.

Aufgaben des Absatzcontrollings

Das Absatzcontrolling ist ein **Teilbereich** des Controllings. Angesichts der besonderen Anforderungen an eine systematisch marktorientierte Unternehmensführung gehen Groß- und Außenhandelsunternehmen dazu über, sogenannte Funktionsbereichs-Controller einzurichten. Dabei nimmt das Absatzcontrolling eine besonders wichtige Stellung ein.

Beispiel In der Primus GmbH werden die Controllingaufgaben im Absatz-, Beschaffungs-, Lager- und Personalbereich durch den Controller Herrn Zimmer in Zusammenarbeit mit den jeweiligen Abteilungsleitern durchgeführt und koordiniert. Die Ergebnisse des Absatzcontrollings gehen sofort an die Geschäftsleitung, während die anderen Ergebnisse nur auf den Quartalsmeetings der Abteilungsleiter besprochen werden.

Wie in allen Controllingbereichen gilt es auch beim Absatzcontrolling für künftige **Entscheidungen** und **Planungen Informationen** mit geeigneten **Methoden** zu gewinnen. Nur die systematische Informationsgewinnung und -verarbeitung ermöglicht eine zielgerichtete **Steuerung** des Unternehmens bzw. den effektiven Einsatz der absatzpolitischen Instrumente (vgl. S. 41).

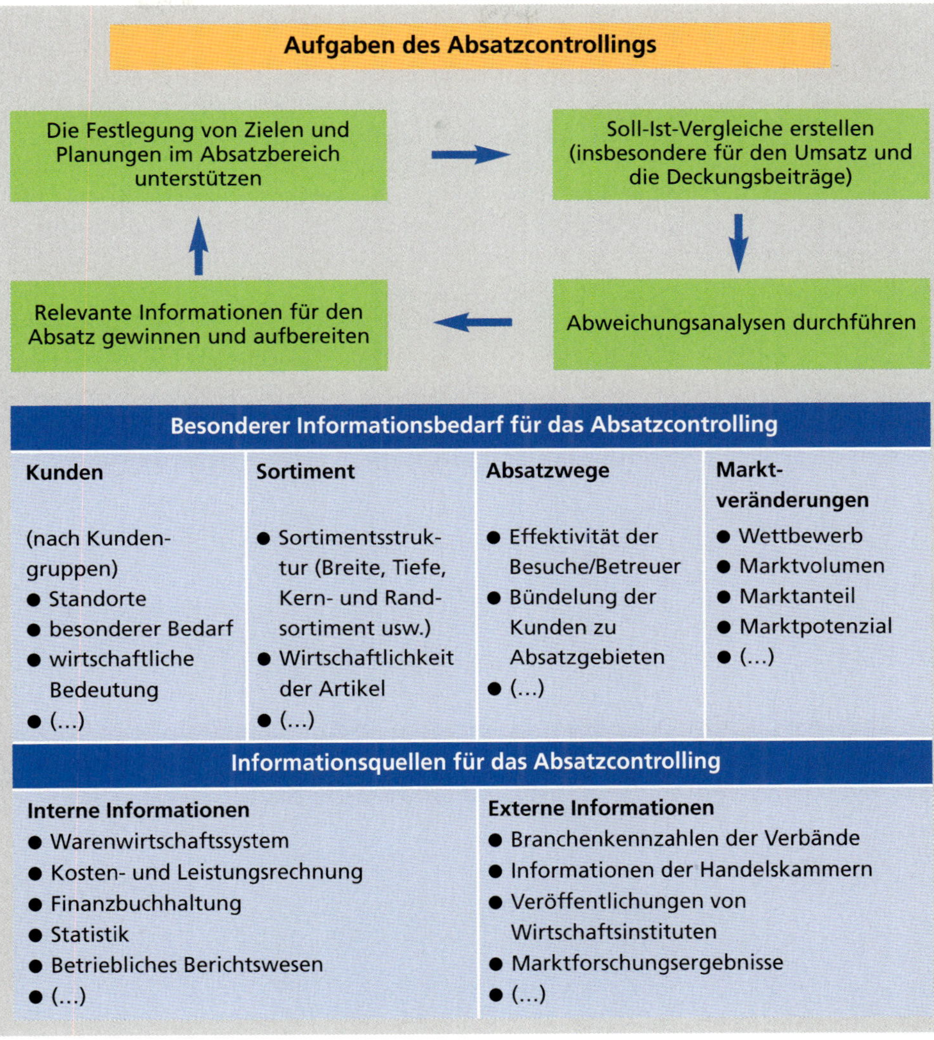

Besonderer Informationsbedarf für das Absatzcontrolling			
Kunden	**Sortiment**	**Absatzwege**	**Marktveränderungen**
(nach Kundengruppen) ● Standorte ● besonderer Bedarf ● wirtschaftliche Bedeutung ● (...)	● Sortimentsstruktur (Breite, Tiefe, Kern- und Randsortiment usw.) ● Wirtschaftlichkeit der Artikel ● (...)	● Effektivität der Besuche/Betreuer ● Bündelung der Kunden zu Absatzgebieten ● (...)	● Wettbewerb ● Marktvolumen ● Marktanteil ● Marktpotenzial ● (...)

Informationsquellen für das Absatzcontrolling	
Interne Informationen	**Externe Informationen**
● Warenwirtschaftssystem ● Kosten- und Leistungsrechnung ● Finanzbuchhaltung ● Statistik ● Betriebliches Berichtswesen ● (...)	● Branchenkennzahlen der Verbände ● Informationen der Handelskammern ● Veröffentlichungen von Wirtschaftsinstituten ● Marktforschungsergebnisse ● (...)

● Strategisches und operatives Absatzcontrolling

Ebenso wie die strategische Absatzplanung (vgl. S. 39) ist das **strategische Absatzcontrolling** als Planungsvoraussetzung mittel- und langfristig ausgelegt. Gesamtwirtschaftliche Entwicklungen, Veränderungen der Kundenstruktur, ökologische Rahmenbedingungen, technische Entwicklungen und langfristig absehbare Trends sind typische strategisch relevante Informationen. Das **operative Absatzcontrolling** befasst sich mit der Steuerung und Kontrolle von Absatzaktivitäten, die kurzfristig bzw. aktuell durchgeführt werden. Der Einsatz sämtlicher Maßnahmen des absatzpolitischen Instrumentariums kann hinsichtlich der Wirksamkeit und des jeweiligen Zielerreichungsgrades beobachtet werden, sodass kurzfristig Korrekturen möglich sind.

Beispiel Bei der Markteinführung des „ergo-design-natur" führt die Primus GmbH bei wichtigen Kunden eine Händlerschulung durch. Mittels einer Telefonbefragung wird bei den entsprechenden Kunden unmittelbar nach der Maßnahme die Kundenzufriedenheit überprüft. Diese Informationen haben Auswirkungen auf die künftigen Schulungen.

○ Portfolioanalyse

Bei der Produktentwicklung in Industrieunternehmen wird die Portfolioanalyse zur langfristigen Planung des Fertigungsprogramms eingesetzt. Aber auch im Handel kann diese Methode helfen, Warengruppen, Artikelgruppen oder auch einzelne Artikel strategisch einzuordnen und darauf aufbauend **Marketingstrategien** zu entwickeln. Dies bezieht sich sowohl auf das Beschaffungs- als auch auf das Absatzmarketing. Die **Boston-Consulting-Group** hat hierzu das sogenannte **Marktwachstum-Marktanteil-Portfolio** entwickelt. Hierbei wird das **Marktwachstum** der Produkte mit dem **relativen Marktanteil** verglichen. Marktwachstum und relativer Marktanteil werden dabei als hoch oder niedrig klassifiziert.

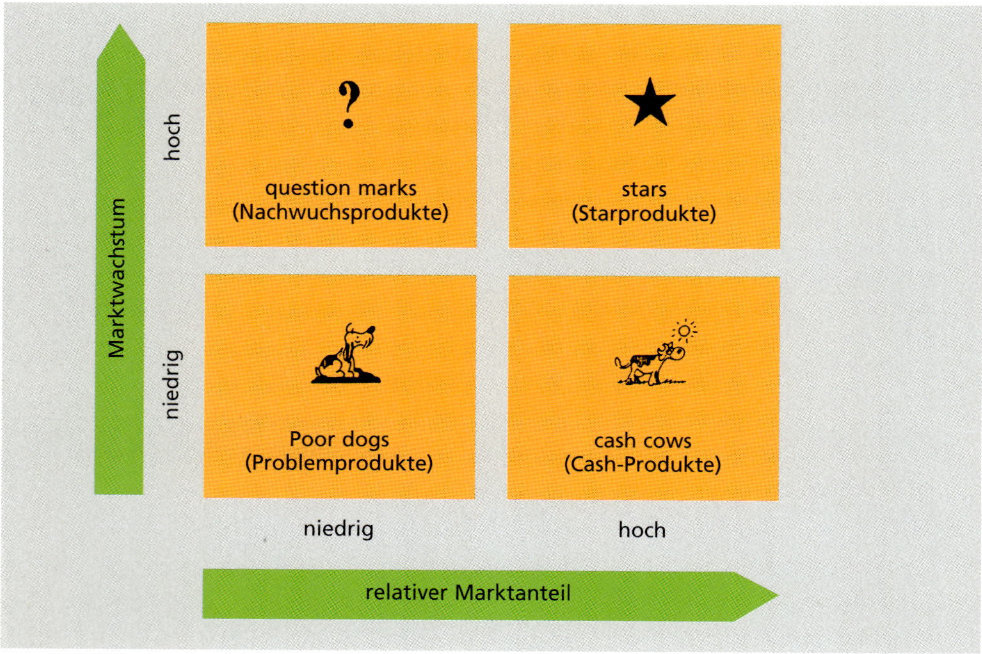

Durch diese Zuordnung entstehen vier Felder, die mit den englischen Begriffen **stars** (Sterne), **cash cows** (Geldkühe), **question marks** (Fragezeichen) und **poor dogs** (arme Hunde) bezeichnet werden.

Beispiel In der Warengruppe „Büroeinrichtung" ist der „ergo-design-natur" für die Primus GmbH ein Nachwuchsprodukt und soll besonders gefördert werden. Dagegen ist die Position des Bürodrehstuhls Modell 1640 die eines Problemproduktes, sodass man darüber nachdenkt, diesen aus dem Sortiment zu entfernen. Im Beschaffungsbereich versucht die Primus GmbH Starprodukte zu identifizieren und in das Sortiment aufzunehmen.

PRAXISTIPP Ordnen Sie – vielleicht zusammen mit Ihrem Ausbilder – Artikel oder ganze Warengruppen aus dem Sortiment Ihres Ausbildungsbetriebes in die Felder der Matrix ein. Diskutieren Sie dann, welche Marketingstrategien aufgrund der jeweiligen Position sinnvoll erscheinen.

○ Produktlebenszyklus

Jedes Produkt unterliegt einem sogenannten **Lebenszyklus.** Das Konzept basiert auf der Annahme, dass der Lebenszyklus eines Produkts von dessen Markteinführung bis zur Elimination bestimmten Gesetzmäßigkeiten folgt. Grundlage der Phaseneinteilung ist die Veränderung des Umsatzes im Zeitablauf. Dabei wird im Allgemeinen ein s-förmiger Verlauf der Umsatzkurve unterstellt.

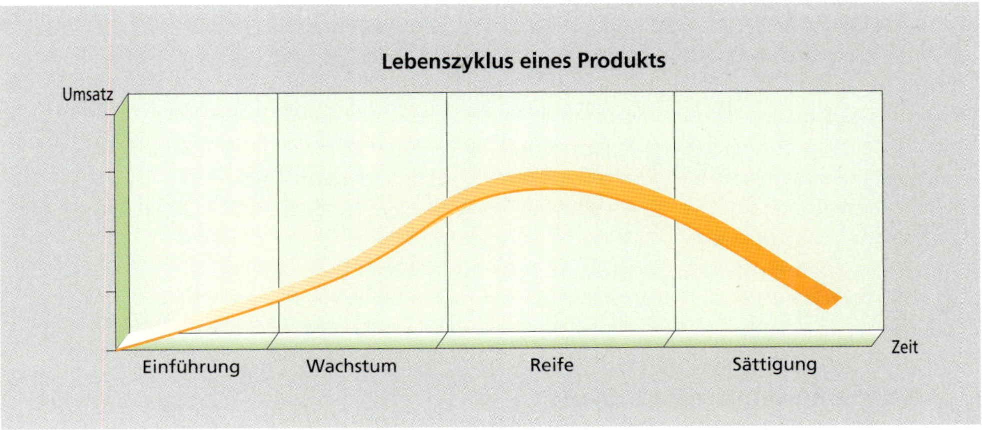

Beispiel Die Bürodesign GmbH lieferte der Primus GmbH bisher den Bürodrehstuhl Modell 1630. Nach der Einführungsphase, die mit dem Erscheinen des Produkts begann und mit dem Erreichen der Gewinnschwelle endete, stiegen die Umsätze langsam. Der Bürodrehstuhl Modell 1630 erwirtschaftete jedoch aufgrund der hohen Ausgaben für Marketing-Aktivitäten einen Verlust. Während der Wachstumsphase setzte sich das Produkt langsam am Markt durch, der Umsatz wuchs und das Produkt erwirtschaftete Gewinn. Auch in der Reifephase stieg der Umsatz noch an, der Gewinn ging aber bereits zurück. In dieser Phase entschied sich die Bürodesign GmbH, die Hebel zum Einstellen von Sitz- und Rückenfläche auszutauschen und den Bürodrehstuhl bedienerfreundlicher zu gestalten (Produktvariation). Der „neue" Bürodrehstuhl erhielt den Namen Modell 1640. Trotz der Veränderungen stagnierte die Nachfrage nach dem Bürodrehstuhl. Der Umsatz hat seinen Höhepunkt überschritten und beginnt zu sinken (Sättigungsphase). Die letzte Phase ist durch einen weiteren Umsatzrückgang gekennzeichnet. Jetzt können die Kosten nicht mehr kompensiert werden; das Produkt macht Verlust.

Sobald der Controller und die Unternehmensleitung erkennen, dass der Rückgang der Umsatzerlöse nicht mehr aufzuhalten ist, muss besonderer Wert auf den Kauf neuer oder alternativer Produkte gelegt werden. Zusätzliche Marketingmaßnahmen für das alte Produkt wären sinnlos. Wenn sich Unternehmensleitung und Controlling intensiv mit den Produktlebenszyklen beschäftigen, können die Lebenszyklen einzelner Produkte aufeinander abgestimmt werden. Jedes Unternehmen benötigt genügend Produkte, die die aufwendige Einführungs- und Wachstumsphase bereits abgeschlossen haben, um neue Produkte zu finanzieren. Für den Groß- und Außenhändler kann der Produktlebenszyklus also Ausgangspunkt für seine Sortiments- (vgl. S. 41) und Bestellmengenpolitik sein.

Alle Instrumente des Absatzcontrollings können Bestandteil eines Kriterienkatalogs für eine **Stärken-** und **Schwächen-Analyse** (vgl. S. 28) sein. Die Stärken- und Schwächen-Analyse ist ein wichtiges Instrument der strategischen Planung. Aus ihr kann ein Unternehmen Verbesserungsvorschläge und Lösungsansätze für die Zukunft entwickeln.

Bevor eine Stärken- und Schwächen-Analyse durchgeführt wird, sollte jedes Unternehmen einen Kriterienkatalog der für das Unternehmen bedeutsamen Stärken und Schwächen erstellen (z. B. Produktqualität, Lebensdauer, Service).

Instrumente des operativen Absatzcontrollings

Die Daten des Rechnungswesens und insbesondere des Warenwirtschaftssystems liefern die Grundlage für zahlreiche **quantitative Kennzahlen** des operativen Absatzcontrollings. Hinzu kommen **qualitative Kennzahlen**, die mit der steigenden Bedeutung der Kundenbindung ebenfalls immer wichtiger werden.

Quantitative Kennzahlen	Qualitative Kennzahlen
• Umsatzanteile einzelner Kunden (ABC-Analyse) • Umsatz, Umsatzanteile und Umsatzentwicklung von Warengruppen bis zum einzelnen Artikel (Renner-Penner-Listen) • Deckungsbeitrag je – Kunde / Absatzgegiet – Artikel – Auftrag/Verkaufs-/Außendienstmitarbeiter	• Kundenbesuchszahl je Außendienstmitarbeiter • Umsatz je Kundenkontakt • Bekanntheitsgrad im Verhältnis zum eingesetzten Werbebudget – Folgeaufträge nach Auftragsabwicklung – Kundenbindung – Neukundengewinnung – Kundenzufriedenheit

Permanente Umsatzkontrollen

Die Grundlage des operativen Absatzcontrollings bilden **permanente Kontrollen** der erzielten Umsätze. Diese kann der Kaufmann täglich, wöchentlich, monatlich etc. aus dem **Warenwirtschaftssystem** abrufen und den Einsatz seines absatzpolitischen Instrumentariums entsprechend anpassen. Diese regelmäßigen Kontrollen bilden die Grundlage für weitere Analysen und die Erstellung von aussagekräftigen Statistiken.

PRAXISTIPP Klären Sie, welche Kennzahlen im Tagesgeschäft Ihres Ausbildungsbetriebes von besonderer Bedeutung sind. Hieran können Sie dann auch Ihr Handeln ausrichten.

ABC-Analyse

Hat eine Groß- und Außenhandlung eine Vielzahl von Kunden, ist es häufig nicht möglich, jedem Kunden die gleiche Aufmerksamkeit zu widmen. Das interne und externe Verkaufspersonal ist gezwungen, Schwerpunkte zu setzen. Die ABC-Analyse ist ein methodisches Hilfsmittel, um festzustellen, welchen Kunden besondere Aufmerksamkeit geschenkt werden sollte. Sie klassifiziert die Kunden der Unternehmung nach der mengen- und wertmäßigen Struktur. Erfahrungsgemäß entsteht dadurch folgende Kundenstruktur:

A-Kunden	Mengenmäßig wenige Kunden haben einen hohen Umsatzanteil (ca. 75 % des Gesamtumsatzes, ca. 15 % Mengenanteil)
B-Kunden	Nehmen sowohl mengen- als auch wertmäßig eine Mittelstellung ein (ca. 20 % des Gesamtumsatzes, ca. 35 % Mengenanteil)
C-Kunden	Mengenmäßig viele Kunden haben einen geringen Umsatzanteil (ca. 5 % des Gesamtumsatzes, ca. 50 % Mengenanteil)

Beispiel Die Primus GmbH hat den jährlichen Umsatz ihrer Kunden ermittelt und nach dem jeweiligen Anteil geordnet.

Kunde	Mengenanteil		Umsatzanteil	
	in Stück	in %	in EUR	in %
1 Stadtverwaltung Duisburg	1	1,7 %	2.300.000,00	64 %
2 Klöckner-Müller Elektronik AG	1	1,7 %	285.000,00	8 %
3 Herstadt Warenhaus GmbH	1	1,7 %	185.000,00	5 %
4 Krankenhaus GmbH Duisburg	1	1,7 %	105 000,00	3 %
5 Modellux GmbH & Co. KG	1	1,7 %	240.000,00	7 %
6 Computerfachhandel Bosch	1	1,7 %	145.000,00	4 %
7 Bürofachgeschäft H. Blank e. K.	1	1,7 %	75.000,00	2 %
8 Carl Wägli Bürobedarf	1	1,7 %	90.000,00	3 %
9 Sonstige Kunden	50	86 %	142.300,00	4 %
Gesamt	58		3.562.300,00	100 %

Kunde	Umsatzanteil	Mengenanteil
A-Kunden (1, 2, 5)	79 %	5,1 %
B-Kunden (3, 4, 6, 7, 8)	17 %	8,9 %
C-Kunden (9)	4 %	86 %

Den A-Kunden kann nun besondere Aufmerksamkeit geschenkt werden durch:

- intensive telefonische und persönliche Betreuung,
- gemeinsame Marktanalyse und -beobachtung,
- individuell genau festgelegte Bestellmengen, -zeitpunkte und Sicherheitsbestände,
- Just-in-Time-Belieferung,
- Wahl zuverlässiger und leistungsfähiger Lieferer,
- exakte Bedarfsberechnungen,
- genaue Überwachung der Bestellmengen und -zeitpunkte.

Neben der Festlegung von Strategien für A-Kunden können aus der ABC-Analyse auch Verhaltensweisen gegenüber den B- und C-Kunden abgeleitet werden.

Beispiel Um Absatzkosten zu senken, legt die Primus GmbH fest, dass für die Frei-Haus-Belieferung bestimmte Mindestbestellmengen erforderlich sind.

○ Renner-Penner-Listen

Sie gibt Auskunft über „**Renner**" (gut verkaufbare Ware = Schnelldreher mit hoher Umschlagshäufigkeit) und „**Penner**" (schlecht verkaufbare Ware = Langsamdreher, Schleicher). Diese Liste, die regelmäßig erstellt werden sollte, gibt Aufschluss über tatsächliche Verkaufszahlen eines Artikels in einem bestimmten Zeitraum.

Im Rahmen des Marketing können so ständig aktuelle Entscheidungen zu Sorten, Artikeln oder Warengruppen getroffen werden.

Beispiel Nach Beobachtung der „Renner und Penner" über ein halbes Jahr entscheidet sich die Primus GmbH, die Kommunikationspolitik für die Warengruppe „Büroeinrichtung" zu verringern und dafür für die Warengruppe „Verbrauch/Organisation" zu intensivieren.

Auszug aus der Rennerliste nach **Absatz**: 20. Woche

Artikel-nummer	Bezeichnung	Waren-gruppe	Verkaufspreis netto (EUR)	Absatz in Stück	Wochenum-satz (EUR)
162B388	Bandscheiben-Drehstuhl „Super-Star"	2	199,50	45	8.977,50
308B122	Regalelement Classic	2	129,50	30	3.885,00
228B684	Aktenvernichter Fellowes PS 50	2	74,50	30	2.235,00
120B592	Bandscheiben-Drehstuhl „Steifensand"	2	394,50	25	9.862,50
308B049	Schreibtisch Classic	2	299,50	20	5.990,00

Auszug aus der Rennerliste nach **Umsatz**: 20. Woche

Artikel-nummer	Bezeichnung	Waren-gruppe	Verkaufspreis netto (EUR)	Absatz in Stück	Wochenum-satz (EUR)
120B592	Bandscheiben-Drehstuhl „Steifensand"	2	394,50	25	9.862,50
162B388	Bandscheiben-Drehstuhl „Super-Star"	2	199,50	45	8.977,50
308B049	Schreibtisch Classic	2	299,50	20	5.990,00
308B122	Regalelement Classic	2	129,50	30	3.885,00
228B684	Aktenvernichter Fellowes PS 50	2	74,50	30	2.235,00

○ Deckungsbeitragsrechnung und -analyse

LF 8 Als Instrument der Erfolgsanalyse ist die Deckungsbeitragsrechnung für das operative Absatzcontrolling von besonderer Bedeutung. Die Deckungsbeitragsrechnung kann mit ganz unterschiedlichen Bezugsgrößen durchgeführt werden und dient vielfältigen Zwecken:

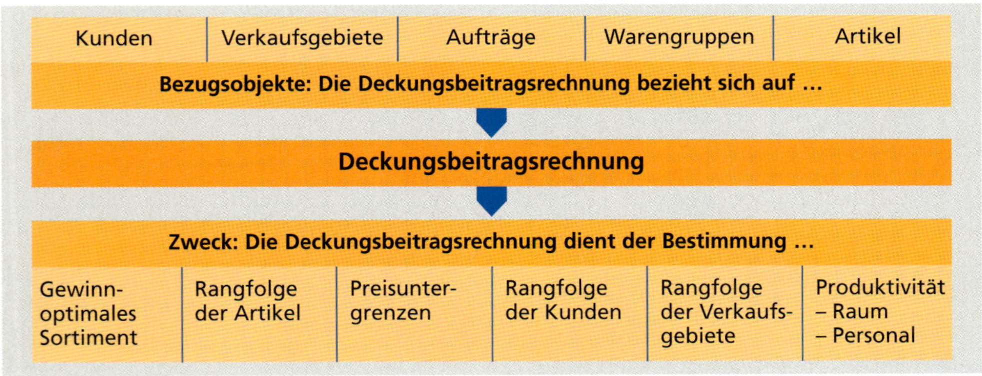

Um einen besseren Einblick in die Ertragskraft einzelner Artikel zu erhalten, sollten Warengruppen gebildet werden. Der Deckungsbeitrag der einzelnen Produktgruppen kann dann auf die jeweiligen Umsatzerlöse bezogen werden.

Beispiel

	Bürotechnik	Büroeinrichtung	Verbrauch/ Organisation
Umsatzerlöse in EUR – variable Kosten in EUR	1.157.520,00 682.500,00	1.818.300,00 870.000,00	366.283,25 238.750,00
= Deckungsbeitrag in EUR	475.020,00	948.300,00	127.533,25

Produktgruppe	Deckungsbeitrag in %
Bürotechnik	41,03
Büroeinrichtung	52,15
Verbrauch/Organisation	34,82

Die Kennziffer Deckungsbeitrag in Prozent der Umsatzerlöse kann dem Unternehmen als marktorientierte Entscheidungshilfe dienen. Im Rahmen des Marketings können Warengruppen oder Artikel mit höheren prozentualen Deckungsbeiträgen verstärkt berücksichtigt werden und damit auch insgesamt einen höheren Gewinn ermöglichen.

Das Absatzcontrolling unterstützen

- Allgemein verfolgt das Absatzcontrolling die gleichen **Aufgaben** wie andere Teilbereiche des Controllings: Informationen gewinnen und aufbereiten, um Entscheidungen und Planungen zu unterstützen. Es werden Soll-Ist-Vergleiche erstellt und Abweichungsanalysen durchgeführt.
- Das Absatzcontrolling hat einen besonderen **Informationsbedarf** hinsichtlich
  - Kunden
  - Sortiment
  - Absatzwegen
  - Marktveränderungen
- Man unterscheidet **interne** (z. B. das Warenwirtschaftssystem) und **externe** (z. B. Branchenkennzahlen der Verbände) **Informationsquellen**.
- Das **strategische Absatzcontrolling** ist mittel- und langfristig orientiert, das **operative Absatzcontrolling** befasst sich mit der Steuerung und Kontrolle kurzfristiger oder aktueller Absatzmarktaktivitäten.
- **Instrumente des Absatzmarktcontrollings**

Strategisch ausgerichtete Instrumente	Operativ ausgerichtete Instrumente
– Portfolioanalyse – Produktlebenszyklus	– Quantitative Kennzahlen – Qualitative Kennzahlen – ABC-Analyse – „Renner-Penner-Listen" – Deckungsbeitragsrechnung

1. Erläutern Sie die Bedeutung des Absatzmarktcontrollings in Ihrem Ausbildungsbetrieb.

2. Der Controller stellt in den Bereichen „Verbrauch" und „Organisation" bei einigen Artikeln einen negativen Deckungsbeitrag fest. Leiten Sie daraus Argumente
a) der Verkaufsabteilung für die Belassung im Sortiment und
b) des Controllers für eine Sortimentsbereinigung ab.
Führen Sie dazu eine Podiumsdiskussion durch.

3. Der Controller stellt folgende Produktlebenszyklen fest:

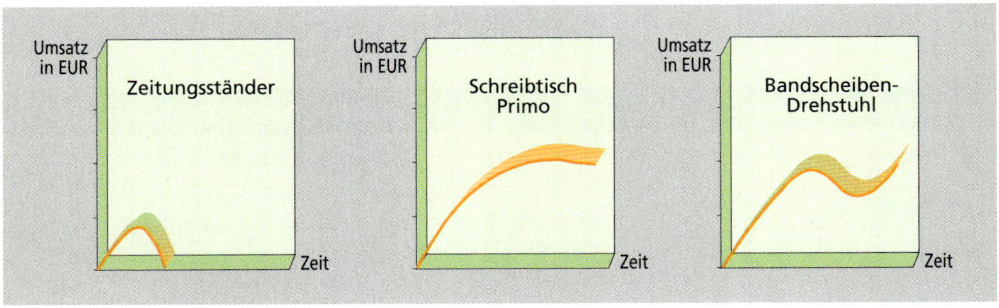

Erarbeiten Sie die Möglichkeiten der Beeinflussung der Lebenszyklen
a) durch den Controller,
b) durch die Geschäfts- bzw. Abteilungsleitung.

4. Das Absatzcontrolling ist in vielen Handelsbetrieben im Warenwirtschaftssystem integriert. Stellen Sie ein solches Warenwirtschaftssystem
a) durch ein Referat,
b) im Rahmen einer Betriebsführung in Ihrem Ausbildungsbetrieb dar.

7 After-Sales-Phase zur Kundenbindung nutzen

In einer Marketing-Fachzeitschrift liest Herr Müller die Überschrift: „Es kostet bis zu achtmal soviel, einen neuen Kunden zu gewinnen, wie einen bestehenden Kunden zu halten!" – *„Stimmt!"*, meint da Herr Müller, *„das kann ich nur bestätigen. Ich bin froh, dass wir seit Langem einen großen Stammkundenbestand haben. Es zahlt sich eben aus, wenn man Beziehungen pflegt!"* Nachdem er den Artikel gelesen hat, markiert er seine Überschrift und gibt die Zeitschrift der Auszubildenden Nicole Höver. *„Frau Höver, machen Sie aus dieser Überschrift bitte ein kleines Poster und lassen sie es durch die Hauspost an alle unsere Abteilungen schicken. Bitten Sie die Abteilungsleiter um eine Aufstellung aller praktizierter Maßnahmen in ihrem Bereich, die der Kundenpflege dienen. Wir wollen auf der nächsten Abteilungsleiterkonferenz darüber sprechen".*

ARBEITSAUFTRÄGE

- Finden Sie Argumente für die Aussage, dass es teuerer ist, einen neuen Kunden zu gewinnen, als einen vorhandenen zu halten.

- Erstellen Sie in Ihrer Klasse eine Liste von Kundenbindungsmaßnahmen, die Ihnen persönlich als Endverbraucher bekannt sind. Gehen Sie wie folgt vor: Jeder schreibt auf ein Blatt genau eine Maßnahme. Jeder beschreibt so viele Blätter, wie ihm Maßnahmen einfallen. Nach zehn Minuten werden alle Blätter eingesammelt und von einem Auswertungsteam aufbereitet. Das Ergebnis wird in der ganzen Klasse diskutiert.

Konsequente Marketingarbeit beinhaltet eine strikte Kunden- und Wettbewerbsorientierung. Mit Instrumenten der Marktforschung (vgl. S. 24) werden aktuelle Daten und Trends ermittelt und zielgerecht in betriebliche Entscheidungen eingebunden, um die Marktfähigkeit eines Unternehmens zu gewährleisten.

After-Sales-Management

Mit After-Sales-Management werden in einem Unternehmen alle Marketingmaßnahmen bezeichnet, die nach einem erfolgreichen Geschäfts- bzw. Verkaufsabschluss erfolgen, um den Kunden an das Unternehmen bzw. das Produkt oder die Marke zu binden. Diese Maßnahmen sollen den Kunden in seiner vollzogenen Kaufentscheidung bestätigen, seine Zufriedenheit (vgl. S. 26) erhöhen und zu Wiederholungs- bzw. Zusatzkäufen anregen. Ferner soll eine durch den Geschäftsabschluss entstandene **Win-Win-Situation** ausgebaut werden.

Maßnahmen des After-Sales-Managements sind eng eingebettet in das Konzept **Customer-Relationship-Managements (CRM)** bzw. des **Kundenbeziehungsmanagements** in einem Unternehmen.

CRM ist eine bereichsübergreifende, IT-unterstützte **Unternehmensstrategie**, die auf den systematischen Aufbau und die Pflege dauerhafter, partnerschaftlicher und profitabler Kundenbeziehungen zielt.

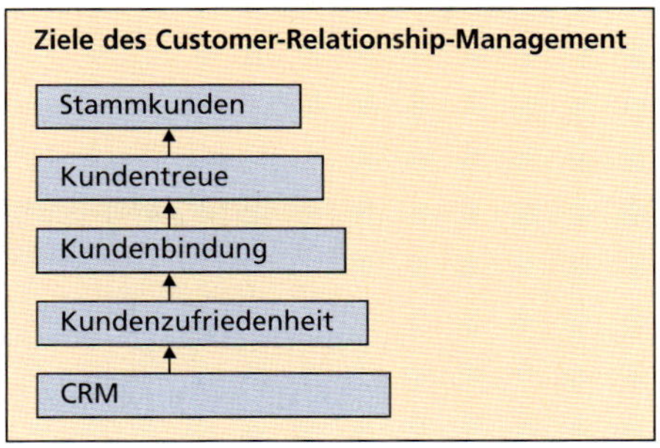

Kundenbeziehungsmanagement

Alle Maßnahmen eines Unternehmens die die Beziehungen des Unternehmens zu seinen Kunden betreffen, werden unter dem Begriff Kundenbeziehungsmanagement (**Customer Relationship Management**) zusammengefasst. Hierzu gehören alle Maßnahmen zur Gestaltung der Händler-Kunden-Beziehungen, von der Kundenansprache in der Werbung über die Kundenberatung bis hin zum Kaufabschluss und der Verabschiedung des Kunden sowie eventuelle Bearbeitungen von Reklamationen. Kundenbeziehungsmanagement ist mehr als nur ein Gesichtspunkt des Marketings, es beschreibt einen umfassenden (ganzheitlichen) Ansatz der kundenorientierten Unternehmensführung.

○ Kundeninformationssystem

Konkret bedeutet das für ein Groß- und Außenhandelsunternehmen, dass permanent Aufzeichnungen zu machen sind hinsichtlich des Marktverhaltens von Kunden. Hierzu ist eine umfassende **Kundendatei** Voraussetzung, die die gesamte Kommunikation mit dem Kunden dokumentiert. Diese Datei muss diverse Filtermöglichkeiten aufweisen, um entsprechende Datenaufbereitungen durchführen zu können (Listengeneratoren, Such- und Abfragestrukturen, automatisches Update usw.). Im Idealfall ist ein **Kundeninformationssystem** vorhanden, welches in das Datenbanksystem des Unternehmens so integriert ist, dass Verknüpfungen mit anderen Dateien (Warendatei, Finanzbuchhaltung u. Ä.) möglich sind, um entsprechende Auswertungen zu erstellen. Häufig werden noch zusätzliche Daten in der Kundendatei erfasst, z. B. E-Mail-Adresse, URL der Homepage, Bankverbindungen, Unternehmensphilosophie, Mutter- und Tochtergesellschaften, Wachstumspotenziale des Kunden, Produktpalette, Gesprächstermine mit Inhalt, Verhalten bei Reklamationen, besondere Qualitätsansprüche, Kontakte zu Konkurrenzunternehmen usw. Hierbei steht dem Unternehmen frei, welche Daten erfasst und aktualisiert werden sollen.

- **Customer Relationship Management (CRM):**
  Elemente von CRM können z. B. sein: Callcenter, Hotline (telefonisch, Faxabruf, E-Mail, Chat-Room), Außendienst-Berichtssystem (Kennzahlen über Außendienstaktivitäten, Kundenprofildatenbank usw.), Beschwerde- und Reklamationsdatenbank, Problemdatenbank mit Lösungsstrategien usw.

- **Kaufentscheidende Variablen:**
  Bezüglich des Kaufverhaltens von Kunden muss untersucht werden, welche Faktoren für sie kaufentscheidend sind, die **„Key Buying Factors (KBF)"**. Die Grundfrage lautet somit: „Welche Produkteigenschaften und Eigenschaften/Verhaltensweisen eines Unternehmens sind bei einer Kaufentscheidung für den Kunden wie wichtig?"

PRAXISTIPP Sammeln Sie KBFs für die drei umsatzstärksten Produkte Ihres Ausbildungsbetriebes. Legen Sie eine Rangfolge je nach Bedeutung fest. Vergleichen Sie Ihre Einschätzung mit der Ihres Ausbilders.

Waren- und leistungsbezogene Merkmale (Beispiele)		
Technische Kriterien	– Eigenschaftsmerkmale (Größe, Gewicht, Farbe, ...) – technische Leistungsdaten – Einsatzbedingungen – technische Lebensdauer der Produkte/Haltbarkeit (Qualität)	– Funktions- und Ausfallsicherheit – Einhaltung von Normen und Standards/Gütesiegel – Umweltverträglichkeit (Recycling, Schadstofffreiheit...)
Ökonomische Kriterien	– Breite des Sortiments – Verkaufspreise – Rabatte/Sonderkonditionen – Kosten (Betrieb/Wartung/ Unterhaltung) – Kosten (Installation) – technischer Service (Wartung, Reparaturen, Ersatzteile, Hotline) – Durchführung von Installationen – Schulung	– Beratung vor und während des Entscheidungsprozesses – Garantien – Referenzen bei wichtigen Kunden – Finanzierungsangebote – Qualität der Produktunterlagen (technische Dokumentation, Bedienungsanleitungen, Schulungsunterlagen...)

Unternehmensbezogene Merkmale (Beispiele)	
– Lieferzeit	– Image/Bekanntheitsgrad des Unternehmens
– Liefertreue/Termintreue	– (Technische) Kompetenz des Unternehmens
– Qualitätssicherungssystem (ISO 9000 u.Ä.)	
– Breite des Liefer- und Leistungsprogramms (Alles aus einer Hand; System-Selling vs. Komponentenlieferungen)	

Speziell folgende **Fragen** sind hinsichtlich dieser Merkmale zu untersuchen:

- Wie gut kann das eigene Unternehmen diese Merkmale erfüllen?
- Wie gut können die Wettbewerber diese Merkmale erfüllen?
- Wie verändert sich in Zukunft die Wichtigkeit dieser Merkmale?

Aus ihrer Beantwortung lassen sich wichtige Erkenntnisse für eine **Stärken-Schwächen-Analyse** (vgl. S. 28) des Unternehmens ableiten.

○ Kundenbindungsmaßnahmen

Sowohl das Groß- und Außenhandelsunternehmen als auch sein Kunde müssen von einer Geschäftstransaktion profitieren, es muss eine **„Win-Win-Situation"** geschaffen werden, in der sich beide Parteien als „Winner" sehen können. Kundenorientierung hat zum Ziel, **Kundenzufriedenheit** zu optimieren und den Wechsel zu Mitbewerbern auszuschließen. Hierbei sind wirtschaftliche Überlegungen anzustellen. So ist der Aufwand (Kosten, Zeit), einen bereits vorhandenen Kunden zufriedenzustellen, i. d. R. geringer, als der Aufwand, einen völlig neuen Kunden zu akquirieren.

Kundenbindungsmaßnahmen sind wichtige Bestandteile des Marketing von Unternehmen und müssen daher mit allen Marketinginstrumenten (vgl. S. 41) abgestimmt werden. Da Kundenbindungsmaßnahmen meist Kosten verursachen, sind sie auch unter wirtschaftlichen Gesichtspunkten zu beurteilen. So sind sie stets auf ihre Wirksamkeit hin zu untersuchen. Alle Kundenbindungsmaßnahmen müssen auf die jeweiligen Zielgruppen (vgl. S. 75) bzw. Kundensegmente bezogen sein.

Die Maßnahmen zur Kundenbindung sind sehr vielfältig. Sie unterscheiden sich hinsichtlich Betriebsgröße, Branche, Betriebsform, Standort usw. Kundenbindungsmaßnahmen haben zum Ziel, möglichst viele Stammkunden zu gewinnen.

Insbesondere sind die jeweiligen **Zielgruppen der Kundenbindungsmaßnahmen** zu berücksichtigen. Ein zentraler Unterschied besteht zwischen den Kunden als Endverbraucher also im B2C-Bereich (Business-to-Customer) und Geschäftskunden dem B2B-Bereich (Business-to-Business). Einige spezielle Kundenbindungsmaßnahmen sind in beiden Bereichen vorzufinden, z. B. Werbebriefe. Einige sind ausschließlich nur einer Gruppe zuzuordnen, z. B. Kundenkarten im Einzelhandel.

Beispiele für Kundenbindungsmaßnahmen

Maßnahmen	Beispiele B2B, Primus GmbH	Beispiele B2C, Einkaufszentrum
Service	Insbesondere Stammkunden können zahlreiche Serviceleistungen in Anspruch nehmen, z. B. Anlieferung und Aufbau der Büromöbel, Entsorgung von Altmöbeln und Verpackung, Hilfen bei der Finanzierung, Ersatzteil- und Reparaturservice	Bündelung von verschiedenen Geschäften und Dienstleistern an einem Ort, Kostenlose Parkplätze, Sitzgelegenheiten zum Ausruhen, Spielecken für Kinder, Zustellservice für Waren

Maßnahmen	Beispiele B2B, Primus GmbH	Beispiele B2C, Einkaufszentrum
Sonderaktionen Events	– Die Primus GmbH veranstaltet für ihre Kunden Hausmessen und stellt ihre Produkte vor. – Auf Anfrage bietet sie Besichtigungen der Produktionsstätten an. – Sie lädt ihre Kunden auf einschlägige Messen und Kongresse ein.	Ein Einkaufszentrum führt monatlich besondere Aktionstage oder -wochen durch, z. B. Februar: Fitness für den Frühling März: Balkon und Garten fit machen August: Der Schulanfang In diesen Sonderaktionen ist das gesamte EKZ auf das jeweilige Motto eingestimmt. Alle Geschäfte richten ihr Sortiment darauf aus. Der Besuch des EKZ wird für die Kunden zu einem Einkaufserlebnis.
Kundenkarten	Kundenkarten sind im B2B-Bereich unüblich, jedoch gibt es z. T. spezielle VIP-Karten auf Messen, Kongressen und Tagungen.	Kundenkarten werden an besondere Kunden ausgegeben, bei jedem Einkauf werden die Umsatz- und Artikeldaten elektronisch erfasst und genutzt. Über Kundenkarten ist oft auch eine bargeldlose Zahlung möglich, was Wartezeiten an der Kasse verringert. Meist ist damit auch eine Kreditfunktion für Kunden verbunden, da der Kaufbetrag erst später abgebucht wird. – Ein Kosmetik-Fachgeschäft hat für Ihre Kunden Kundenkarten ausgegeben, sie erhalten regelmäßige Mitteilungen über Sonderangebote und können in allen Filialen bargeldlos einkaufen.
Payback-Karten	Payback-Karten sind im B2B-Bereich nicht üblich.	Bei Payback-Karten können die Kunden Umsatzpunkte (bei verschiedenen Einzelhändlern) sammeln. Je nach Punkteguthaben können Gutschriften oder Sachprämien ausgegeben werden. – Ein Baumarkt hat in seinen Filialen Terminals aufgestellt, in denen der Punktestand der Paybackkarten abgefragt werden kann, bei Bedarf kann der Kunde sofort Einkaufsgutscheine in Höhe seines Guthabens ausdrucken lassen.
Kundenwerbung	Wenn Kunden durch Empfehlung neue Kundenkontakte ermöglichen, so werden dem Erstkunden Rabatte oder Vergünstigungen eingeräumt.	Wenn ein Stammkunde einen neuen Kunden wirbt, erhält er Gutschein, Gutschriften, Rabatte oder Sachprämien, z. B. – Stammkunden einer Buchhandlung erhalten beim Werben eines neuen Kunden beim nächsten Kauf einen Sonderrabatt.

Maßnahmen	Beispiele B2B, Primus GmbH	Beispiele B2C, Einkaufszentrum
Garantien	Stammkunden erhalten längere Garantiezeiten und werden im Falle von Reklamationen kulant behandelt.	Stammkunden erhalten verbesserte Garantiebedingungen, z. B. – Stammkunden eines Elektrofachmarktes erhalten Garantien, die sechs Monate über der gesetzlichen Sachmängelhaftung liegen.
Kundenzeitungen	Kundenzeitungen werden z. T. in Zusammenarbeit mit Dachverbänden der jeweiligen Branche herausgegeben. Oft werden auch in Fachzeitschriften Beiträge veröffentlicht, die sich direkt an Kunden richten.	– Ein Baumarkt gibt eine Kundenzeitung heraus, in der über Renovierungen, Umzugs- und Umbaumaßnahmen in Häusern berichtet wird, für Kinder gibt es eine besondere Beilage für Bastelarbeiten. – Ein Supermarkt gibt eine Kundenzeitung mit Ernährungsratschlägen und Kochrezepten heraus.
Zusatzleistungen	Stammkunden haben die Gelegenheit, Neuprodukte bzw. Auslaufmodelle mit Sonderkonditionen zu erwerben. Hierüber werden sie regelmäßig schriftlich informiert (Brief oder E-Mail). Sonderanfertigungen werden ermöglicht.	– Stammkunden eines PC-Händlers erhalten bei Reparaturen kostenlose Ersatzgeräte. – Stammkunden eines Gartencenters können sich kostenlos Transporthilfen (Anhänger, Dachgepäckträger) ausleihen. – Stammkunden eines Sportfachgeschäfts können regelmäßig kostenlose Fitness-Tests durchführen.
Newsletter (Direct-Mail)	Newsletter sind regelmäßig erscheinende E-Mails an Kunden, die ausdrücklich diese Informationen angefordert haben, meist sind in Newslettern neben reinen Produktinformationen noch zusätzliche nützliche Hinweise für Kunden vorhanden, z. B. neue gesetzliche Regelungen.	– Ein PC-Händler verschickt alle sechs Wochen einen Newsletter und informiert seine Kunden über neue Produkte, Testberichte, Virenscanner und Softwareneuheiten. – Ein Weinhändler verschickt seine Newsletter mit Informationen zu Weinen, Anbaugebieten und Links zu Veranstaltungen mit Weinproben.

○ Beschwerde- und Reklamationsmanagement

Zum Kundenbeziehungsmanagement gehört auch ein leistungsfähiges Beschwerde- und Reklamationsmanagement. Durch Kundenbeschwerden können innerbetriebliche Fehler aufgedeckt, behoben und künftig vermieden werden. Beschwerden von Kunden sind eine Chance für den Groß- und Außenhändler, seine Geschäftsabläufe zu optimieren.

Beispiel Die Primus GmbH erhält von einem A-Kunden eine eindeutig nicht berechtigte Reklamation. Es geht um eine Gutschrift in Höhe von 6.000,00 EUR. Aus Kulanzgründen wird die Gutschrift erteilt, da mit diesem Kunden in den letzten Jahren erhebliche Umsätze getätigt wurden und für die Zukunft ähnliche Umsätze zu erwarten sind. Jedoch wird untersucht, wie es zu dieser Reklamation kommen konnte, um entsprechende Fehlerquellen zukünftig auszuschließen.

After-Sales-Phase zur Kundenbindung nutzen

- Der Fokus aller Marketingaktivitäten ist der Kunde.
- Vorausssetzung zur Gewinnung und Bindung von Kunden sind **Win-Win-Situationen** bei Geschäftsbeziehungen. Sowohl das Unternehmen als auch der Kunde müssen beim Verkauf Gewinner sein.
- **Kundenbeziehungsmanagement (Customer Relationship Management, CRM)** ist eine umfassende (ganzheitliche) Strategie der kundenorientierten Unternehmensführung.
- **Key-buying-Factors** sind kaufentscheidende Variablen für Kunden (waren- und leistungsbezogene bzw. unternehmensbezogene Merkmale)
- **Kundenorientierung** führt zu **Win-Win-Situationen** für Unternehmen und Kunden.
- Zu den Kundenbindungsmaßnahmen zählen Service, Sonderaktionen, Events, Kundenkarten, Payback-Karten, Kundenwerbung, Garantie, Kundenzeitungen, Zusatzleistungen, Newsletter.
- Das **Beschwerde- und Reklamationsmanagement** nutzt konsequent die Beschwerden von Kunden zur Optimierung der Geschätsabläufe.

1. Finden Sie Beispiele für Kundenbindungsmaßnahmen der Primus GmbH.

2. Erläutern Sie, inwiefern Win-Win-Situationen ausgebaut werden, wenn Unternehmen aktiv Kundenbeziehungsmanagement betreiben, obwohl diese Maßnahmen für Sie mit Kosten verbunden sind.

3. Diskutieren Sie in Ihrer Klasse die Aussage: „Kundenbeziehungsmanagement ist Chefsache!"

4. Nehmen Sie kritisch Stellung zu der These: „Ein gutes Kundenbeziehungsmanagement sichert Arbeitsplätze!"

5. Beschreiben Sie an konkreten Beispielen, was unter einer Win-Win-Situation zu verstehen ist,

a) aus Ihrem persönlichen Erfahrungsbereich als Konsument,
b) aus der Sicht der Primus GmbH!

Wiederholung: Marketing planen, durchführen und kontrollieren

Übungsaufgaben

1. Nennen Sie je fünf

a) innerbetriebliche Quellen, b) außerbetriebliche Quellen

zur Beschaffung von Marktinformationen.

2. a) Nennen Sie im Rahmen der Marktforschung je zwei Informationsquellen der
1. Primärforschung, 2. Sekundärforschung.

b) Erläutern Sie zwei Aufgaben der Marktforschung im Bereich der Beschaffung.

3. Eine Groß- und Außenhandelsunternehmung hat ein Marktforschungsinstitut mit einer Kundenbefragung zum Artikel XY beauftragt. Das Ergebnis ist in einem Polaritätsprofil, welches die Ausprägungen verschiedener Kriterien zwischen besonders gut und besonders schlecht erfasst, nachstehend auszugsweise angegeben.

a) Nennen Sie zwei Gründe, die für die Beauftragung einer auf Marktforschung spezialisierten Unternehmung sprechen.

b) Erläutern Sie, welche Erkenntnisse die Groß- und Außenhandlung aus diesem Profil gewinnen kann.

Polaritätsprofil Artikel XY

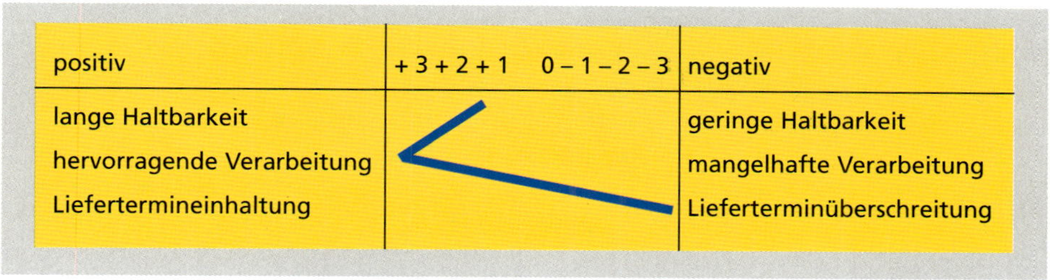

4. Eine Groß- und Außenhandlung beliefert verschiedene Betriebsformen von Einzelhandelsunternehmungen. Das Sortiment der Groß- und Außenhandelsunternehmung ist breit und flach. Der Umsatz ist rückläufig. Entwerfen Sie für die Groß- und Außenhandelsunternehmung ein Marketing-Mix-Konzept, um dem Umsatzrückgang entgegenzuwirken (Branchen- und/oder Warenbeispiele nach eigener Wahl).

5. Erläutern Sie einige Kundenbindungsmaßnahmen an je einem Beispiel.

6. Über eine geplante umfangreiche Sortimentserweiterung sind die Finanzabteilung und die Verkaufsabteilung einer Groß- und Außenhandelsunternehmung unterschiedlicher Auffassung. Nennen Sie Argumente für und gegen eine Sortimentserweiterung.

7. Eine Groß- und Außenhandelsunternehmung hat keine eigene Lagerkapazität für die Aufnahme zusätzlicher Artikel. Trotzdem muss das Sortiment aufgrund der Marktgegebenheiten erweitert und verändert werden. Schlagen Sie der Geschäftsleitung geeignete Maßnahmen vor und erläutern Sie Vorteile und ggf. Nachteile der einzelnen Maßnahmen.

8. Die Primus GmbH möchte durch eine Änderung ihrer Preis- und Konditionenpolitik eine Absatzsteigerung erreichen.

a) Nennen Sie drei Möglichkeiten der Preis- und Konditionenpolitik, die besonders geeignet sind, den Umsatz zu erhöhen.

b) Formulieren Sie die drei von Ihnen in a) genannten Konditionen so, dass sie in Angebotsschreiben aufgenommen werden können.

9. Erklären Sie im Rahmen der Preispolitik

a) das Nettopreissystem, b) das Bruttopreissystem.

10. Eine Groß- und Außenhandelsunternehmung beabsichtigt, eine völlig neue Warengruppe in ihr Sortiment aufzunehmen. Im Rahmen des Marketing-Mix sind dabei auch Überlegungen zur Preis- und Konditionenpolitik für diese Warengruppe erforderlich. Zeigen Sie an einem Warenbeispiel Ihrer Wahl Möglichkeiten der Preisfestsetzung (-gestaltung), Preisstellung (Preissysteme) und Konditionengestaltung auf.

11. Eine Groß- und Außenhandlung prüft, ob für den Vertrieb neuartiger Artikel Reisende oder Handelsvertreter eingesetzt werden sollen.

a) Ermitteln Sie die Jahreskosten für den Reisenden und für den Handelsvertreter (der Rechenweg ist anzugeben).

b) Nennen Sie insgesamt fünf weitere Gründe, die die Entscheidung für/gegen Reisende bzw. Handelsvertreter beeinflussen können.

Kosten für den Reisenden:	Fixum je Monat Sonstige Kosten je Monat Provision	3.500,00 EUR 2.000,00 EUR 2 % vom Umsatz
Kosten für den Handelsvertreter:	Auslagenersatz Provision	600,00 EUR/Monat 5 % vom Umsatz
Der erwartete Umsatz beträgt 2 Mio. EUR/Jahr.		

12. a) Erläutern Sie die folgenden Vertriebsformen des direkten und indirekten Absatzweges:
1. Franchising, 2. Makler, 3. Rack Jobber.

b) Nennen Sie je zwei wirtschaftliche Vorteile des Rack-Jobber-Vertriebssystems für den
1. Groß- und Außenhändler als Rack Jobber, 2. Vertragspartner (z. B. Einzelhändler).

13. Eine Kölner Groß-und Außenhandelsunternehmung steht vor der Entscheidung, zur Erschließung des norddeutschen Marktes
a) Handelsvertreter einzusetzen oder b) eigene Verkaufsniederlassungen einzurichten.
Erläutern Sie je zwei Vorteile dieser beiden Vertriebsformen für die Groß- und Außenhandelsunternehmung.

14. a) Erläutern Sie Messe und Ausstellung.

b) Nennen Sie unter Angabe der Produktart jeweils einen Ort in Deutschland, an dem regelmäßig eine 1. Messe, 2. Ausstellung stattfindet.

15. Eine Groß- und Außenhandelsunternehmung hat bisher ihre Waren nur in Nordrhein-Westfalen vertrieben. Da eine Ausweitung des Absatzgebietes in andere Bundesländer geplant ist, prüft sie Möglichkeiten des Verkaufs über Absatzmittler (indirekter Absatz). Beschreiben Sie die verschiedenen Formen des indirekten Absatzes und erläutern Sie Vor- und Nachteile.

16. Nennen Sie

a) fünf Möglichkeiten, neue Bezugsquellen zu ermitteln,

b) drei Gründe, die den Käufer veranlassen können, nicht das preisgünstigste Angebot zu wählen.

Gebundene Aufgaben zur Prüfungsvorbereitung

1. Welche der folgenden Sachverhalte bilden einen Verstoß gegen das Gesetz gegen den unlauteren Wettbewerb?

1. Ein Warenhaus veranstaltet ein Kinderfest und verschenkt dabei Luftballons.
2. Ein Büromöbelgroßhändler kopiert das Geschäftssymbol eines bekannten Herstellers auf sein Geschäftspapier.
3. Der Einkäufer einer Supermarktkette erhält von einer Wurstfabrik einen Geschenkgutschein über 25 Meter Dauerwurst.

4. Ein Ausbilder beauftragt seinen Auszubildenden, in der Berufsschule seine Klassenkameraden über die Preiskalkulation der Konkurrenz zu befragen.
5. Ein Groß- und Außenhändler gewährt allen Kunden 2,5 % Skonto bei Zahlung innerhalb von 25 Tagen nach Rechnungseingang.

2. Welche der folgenden Gesetze gehören zum gewerblichen Rechtsschutz?
1. Patentgesetz
2. Kartellgesetz
3. Geräte- und Produktsicherheitsgesetz
4. Gewerbesteuergesetz
5. Gebrauchsmustergesetz

3. Was versteht man unter Marktanalyse?
1. Die methodische Untersuchung der fortlaufenden Marktentwicklung;
2. die methodische Untersuchung der Marktverhältnisse zu einem bestimmten Zeitpunkt;
3. die methodische Untersuchung der Marktverhältnisse zurückliegender Zeiträume;
4. die permanente Untersuchung der Marktverhältnisse;
5. die langfristige Vorhersage einer zu erwartenden Marktsituation.

4. Ein Produkt soll auf dem direkten Absatzweg vertrieben werden. Welcher Sachverhalt beschreibt diese Art des Verkaufs?
1. Erzeuger – Einzelhandel – Endverbraucher
2. Erzeuger – Groß- und Außenhandel – Endverbraucher
3. Erzeuger – Reisender – Endverbraucher
4. Erzeuger – Handelsvertreter – Groß- und Außenhändler – Endverbraucher
5. Erzeuger – Kommissionär – Endverbraucher

5. Ein Unternehmen untersucht während eines Jahres fortlaufend den Markt für ein Produkt. Wie lautet der Fachausdruck für diese Untersuchung?
1. Markterkundung
2. Marktanalyse
3. Marktbeobachtung
4. Konkurrenzbeobachtung
5. Marktprognose

6. Welche der folgenden Marketingaktivitäten gehören nicht zu einem Werbeplan?
1. Festlegung des Verkaufspreises
2. Bestimmung der Zielgruppe
3. Festlegung des Streukreises
4. Produktvariation und -elimination
5. Entscheidungen über Werbeträger und -mittel

7. Ordnen Sie die folgenden Entscheidungen den einzelnen marketingpolitischen Instrumenten zu.

a) Festlegung der Verkaufspreise
b) Festlegung von Lieferbedingungen
c) Sortimentsgestaltung
d) Festlegung der Absatzwege
e) Auswahl von Werbemitteln und -trägern

1. Kommunikationspolitik
2. Distributionspolitik
3. Preispolitik
4. Produkt- und Sortimentspolitik
5. Konditionenpolitik

8. Welche der folgenden Aussagen über die Kommunikationspolitik sind richtig?
1. Werbung soll die Aufmerksamkeit der Kunden auf die Waren und Dienstleistungen lenken, Bedürfnisse wecken sowie neue Kunden gewinnen und den Kundenstamm erhalten.
2. Grundsätze bei der Werbung sind: Klarheit, Wahrheit, Wirksamkeit, Wirtschaftlichkeit und eine damit verbundene soziale Verantwortung.

3. Der Werbeplan gibt Auskunft über den Streukreis der Werbung, die Streuzeit, das Streugebiet.
4. Die Öffentlichkeitsarbeit (Public Relations) ist Bestandteil der Verkaufsförderung.
5. Verkaufsförderung (Salespromotion) ist Bestandteil der Absatzwerbung, z. B. durch den Einsatz von Propagandisten oder durch Zeitungsanzeigen.

9. Bei welchem Beispiel handelt es sich um Sammelwerbung?
1. Ein Kaufmann lässt an alle Haushaltungen einen Werbebrief verteilen.
2. An der Bushaltestelle werden Plakate angebracht mit der Aufschrift: „Fahr mit der Bahn."
3. Im Werbefernsehen wird ein Spot eingeblendet mit dem Text: „Aus deutschen Landen frisch auf den Tisch."
4. Als Anzeige werden in der Tageszeitung die Namen aller am Bau eines Einkaufszentrums beteiligten Unternehmen genannt.
5. Auf einer Messe werden kostenlos Kosmetikbehandlungen mit Produkten eines Herstellers angeboten.

10. Die Primus GmbH erweitert ihr Verkaufsgebiet. Mit verschiedenen Maßnahmen sollen die Waren den Kunden vorgestellt werden. In welchem Fall handelt es sich dabei um Verkaufsförderung?
1. Die Primus GmbH führt eine Pressekonferenz anlässlich einer Jubiläumsfeier durch.
2. Die Primus GmbH gestaltet die firmeneigenen Fahrzeuge mit dem Logo der Primus GmbH.
3. Die Primus GmbH fördert das Kinder- und Jugendzentrum Duisburg.
4. Die Primus GmbH schaltet in Fachzeitschriften Anzeigen.
5. Die Primus GmbH führt eine Hausmesse durch.

11. Die Primus GmbH hat Schreibtischlampen als neues Produkt in ihr Sortiment aufgenommen. Dabei erfolgte eine Ausweitung des Leistungsprogramms auf Gebiete, auf denen die Primus GmbH bisher nicht tätig war. Wie nennt man diese Ausweitung?
1. Diversifikation
2. Sortimentsbereinigung
3. Produktvariation
4. Sortimentskooperation
5. Produktgestaltung

12. Welchen Vorteil hat der Einsatz eines Handlungsreisenden für die Primus GmbH?
1. Durch den Einsatz des Handlungsreisenden werden dem Unternehmen Kosten erspart, da er in keinem festen Arbeitsverhältnis steht.
2. Der Handlungsreisende konzentriert sich auf die Waren des Unternehmens, da er fest angestellt ist.
3. Der Handlungsreisende trägt das Absatzrisiko, da er nur auf Erfolgsbasis arbeitet.
4. Der Handlungsreisende verfügt über umfangreiche Marktkenntnisse, da er mehrere Produkte von verschiedenen Firmen vertreten kann.
5. Neue Absatzgebiete lassen sich auf jeden Fall schneller und preisgünstiger erschließen, da der Handlungsreisende nur auf Erfolgsbasis arbeitet.

13. Für ihre Werbeaktivitäten sucht die Primus GmbH geeignete Werbeträger. Prüfen Sie, welche der folgenden Begriffsgruppen ausschließlich Werbeträger beinhalten.
1. TV-Werbespots, Prospektmaterial, öffentliche Verkehrsmittel
2. Display-Material, Beilagen, Anzeigen
3. Außenwerbung, Lesezirkel-Aufkleber, Zeitungsinserate
4. Tageszeitungen, Hörfunk, Filmtheater
5. Plakate, Rundfunkspots, Publikumszeitschriften

Ungebundene Aufgaben

Situation 1: Sie sind Mitarbeiter/-in in der Primus GmbH. Ihr Unternehmen musste in letzter Zeit Umsatzeinbußen hinnehmen. Ein Grund dafür ist, dass ein Konkurrent den deutschen Markt erobern will und eine aggressive Preispolitik betreibt. Deshalb sollen Sie die bisherige Absatzpolitik überprüfen und neue Absatzstrategien entwickeln.

1. In der Marktforschung unterscheidet man die Primär- und Sekundärforschung. Kennzeichnen Sie diese beiden Marktforschungsmethoden und nennen Sie jeweils zwei Beispiele.

2. Sie wollen zukünftig Ihre Kunden bei der Werbung für die Warengruppe „Büroeinrichtung" unterstützen. Schlagen Sie zwei praktische Beispiele für Werbemittel und Werbeträger vor und begründen Sie Ihre Wahl.

3. Die Primus GmbH will in Zukunft neben Reisenden auch Handelsvertreter einsetzen. Erläutern Sie zwei Argumente, die für diese Maßnahme sprechen.

4. Aufgrund der Wettbewerbssituation sind Sie gezwungen, den Artikel Bürostuhl „ergo-design-natur" zum Preis von 230,00 EUR netto anzubieten. Überprüfen Sie, zu welchem Bezugs-/Einstandspreis Sie diesen Artikel höchstens einkaufen dürfen, wenn Sie 25 % Handlungskosten und 15 % Gewinn berücksichtigen müssen.

Situation 2: Die Hage AG, ein Hersteller für Elektrogeräte und Lieferant der Primus GmbH, plant die Einführung eines Kaffee-/Teeautomaten für Großraumbüros, der dem Anspruch nach umweltschonender Herstellung und anspruchsvollem Design genügen soll.
Das Gerät soll aus recyceltem Kunststoff hergestellt und nach Ablauf der Lebensdauer im Rahmen einer Rücknahmegarantie dem Recycling zugeführt werden. Die Gestaltung wird von einem bekannten Designer vorgenommen, der dem Gerät eine unverwechselbare Form geben soll. Das Gerät soll dem Großhandel unter dem Namen „Öko-Design-Kaffee-/Teeautomat" zu einem um 10% über dem Branchendurchschnitt liegenden Preis angeboten werden. Als das Projekt auf einer Konferenz der Abteilungsleiter der Primus GmbH vorgestellt wird, sind diese eher skeptisch. Man ist der Meinung, der Verbraucher sei nicht bereit, einen höheren Preis für einen „Öko-Design-Kaffee-/Teeautomaten" zu zahlen. Und außerdem seien die Kunden, die auf Ökologie und anspruchsvolles Design achten, grundverschieden.

1. Armin Hack macht den Vorschlag, die Wünsche der Kunden im Rahmen der Marktforschung zu ermitteln. Stellen Sie fest, welche Marktdaten die Primus GmbH zur Neueinführung des Kaffee-/Teeautomaten benötigt, und machen Sie Vorschläge, wie die erforderlichen Daten beschafft werden können.

2. Die Geschäftsleitung legt fest, dass die Daten über den Markt im Rahmen einer Befragung von 30 Einzelhandelsbetrieben erhoben werden sollen. Sie erhalten den Auftrag, den erforderlichen Fragebogen zu erstellen. Formulieren Sie geeignete Fragen für diesen Fragebogen.
Die Auswertung der Befragung zeigt, dass das Thema „Umwelt" von 68% der Befragten als wichtigstes Thema angesehen wird. 63% sind bereit, für ein ökologisch vertretbares Produkt einen 10% über dem Durchschnitt liegenden Preis zu zahlen. 80% der Befragten sind der Meinung, dass ökologisch vertretbare Produkte und anspruchsvolles Design gut zusammenpassen.

3. Auf der Grundlage der Befragung entscheidet die Geschäftsleitung, dass der „Öko-Design-Kaffee-/Teeautomat" produziert werden soll. Legen Sie eine Marketingstrategie für das neue Produkt fest und erläutern Sie Ihre Entscheidung.

4. In einer weiteren Sitzung der Geschäftsleitung wird die Preisstrategie diskutiert. Der Verkaufsleiter möchte im Rahmen der „Skimmingpolitik" einen deutlich hohen Einführungspreis festlegen, der Produktionsleiter ist für die „Penetrationspolitk", d.h. einen niedrigen Einführungspreis, um eine schnelle Markteinführung zu sichern. Sie werden aufgefordert, die Vor- und Nachteile dieser preispolitischen Strategien darzustellen und eine begründete Auswahl für eine Strategie zu treffen.

5. Im Rahmen der Konditionen- und Servicepolitik sollen Sie Vorschläge ausarbeiten, die die gewählte Preisstrategie sinnvoll unterstützen.

Situation 3: Sie sind Mitarbeiter der Primus GmbH und nehmen als Vertreter Ihres Unternehmens an einer Sitzung der Bürodesign GmbH teil.

1. Die Abteilungsleiter der Bürodesign GmbH diskutieren Möglichkeiten der Distributionspolitik. Der Leiter des Rechnungswesens schlägt vor, den Einzelhandel direkt zu beliefern und den Großhandel auszuschalten. So könne man zu günstigeren Preisen anbieten als die Konkurrenz. Sammeln Sie Argumente für die Beibehaltung der Belieferung des Großhandels. Argumentieren Sie aus der Sicht der Primus GmbH.

2. Die Bürodesign GmbH möchte den Verkauf der Regalsysteme im Einzelhandel durch Maßnahmen der Verkaufsförderung unterstützen und bittet Sie, hierzu Vorschläge zu erarbeiten. Besuchen Sie ein Warenhaus oder einen Supermarkt und stellen Sie fest, welche Maßnahmen der Verkaufsförderung in diesen Unternehmen eingesetzt werden.

3. Erstellen Sie einen Katalog von Verkaufsförderungsmaßnahmen für die Bürodesign GmbH.

4. Die Bürodesign GmbH möchte die geplanten Verkaufsförderungsmaßnahmen durch Öffentlichkeitsarbeit unterstützen. Erarbeiten Sie Vorschläge für konkrete Public-Relations-Maßnahmen.

5. Stellen Sie eine Liste der wettbewerbsrechtlichen Regeln zusammen, die die Bürodesign GmbH bei den geplanten Maßnahmen beachten muss.

Situation 4: Zur Sortimentsvertiefung im Bereich der Bürodrehstühle soll u. a. die Messeneuheit „Think" der Steelcase Werndl AG eingeführt werden. Das Besondere an diesem Bürodrehstuhl im mittleren Preissegment ist, dass „er weiß, was seine Benutzer wollen"; es ist „ein Stuhl, der mitdenkt."
Man überlegt, diese revolutionäre Neuentwicklung den Stammkunden der Bürotec GmbH entweder durch Besuche von Außendienstmitarbeitern oder über eine Hausmesse zu präsentieren.

1. Nennen Sie für die Bürotec GmbH
a) drei Vorteile, b) drei Nachteile
einer Bekanntmachung über Außendienstmitarbeiter.

2. Die Entscheidung ist zugunsten der Bekanntmachung über Außendienstmitarbeiter gefallen.
Erstellen Sie eine Checkliste mit vier Punkten, die im Vorfeld der Besuche der Außendienstmitarbeiter von der Verkaufsabteilung zu klären sind.

Finanzierungsentscheidungen treffen

1 Finanzierungsanlässe und -möglichkeiten analysieren

1.1 Investitionen als Finanzierungsanlässe

Nicole Höver und ihr Klassenkamerad Jörg Lehmann behandeln in der Berufsschule das Lernfeld „Finanzierungsentscheidungen treffen". Das Stundenthema lautet: „Arten und Ziele von Investitionen." Nach der Unterrichtsstunde diskutiert Nicole mit Jörg. „So ein Unsinn, was der Schneider mal wieder erzählt hat. ‚Investitionen in Mitarbeiter und Öffentlichkeitsarbeit', als ob ein Betrieb sein Geld nicht für sinnvollere Investitionen ausgeben könnte", sagt Jörg. „Du hast mal wieder nicht aufgepasst", antwortet Nicole, „natürlich ist ein Betrieb an der Qualität seiner Mitarbeiter interessiert. Nimm doch nur die Primus GmbH. Erst letzte Woche waren alle Mitarbeiter im Verkauf/Marketing während ihrer Arbeitszeit zu einem Seminar." – „Aber das ist doch keine Investition. Eine Investition liegt doch nur dann vor, wenn ich eine Maschine, einen Lkw oder ein Gebäude kaufe." – „Du bist ein hoffnungsloser Fall", erwidert Nicole, „natürlich ist die Fortbildung von Mitarbeitern eine Investition."

ARBEITSAUFTRÄGE

- Sammeln Sie Argumente, die für die Aussage von Nicole sprechen.
- Stellen Sie fest, welche Ziele und Arten von Investitionen sich unterscheiden lassen.
- Erläutern Sie, welcher Zusammenhang zwischen Investition und Finanzierung besteht.

Zusammenhang zwischen Finanzierung und Investition

Bei einer **Investition** werden finanzielle Mittel in **Sachvermögen** (z. B. Grundstücke, Gebäude, Maschinen, Geschäftsausstattung, Waren, usw.), **Finanzvermögen** (z. B. Aktien) oder **immaterielles Vermögen** (z. B. Patente, Fortbildung von Mitarbeitern) umgewandelt. Investitionen zeigen sich auf der Aktivseite der Bilanz in den Positionen Anlage- und Umlaufvermögen.

Ein Unternehmen wird nur dann Kapital investieren, wenn erwartet werden kann, dass die Ausgaben für die getätigte Investition in angemessener Zeit durch Verkäufe wieder in das Unternehmen zurückfließen. Wird durch den betrieblichen Umsatzprozess Kapital wieder freigesetzt (= Kapitalrückfluss in Form von Einnahmen), spricht man von **Desinvestition**.

Beispiel Die Primus GmbH kauft einen Kleintransporter für 30.000,00 EUR. Das in diesem Investitionsgut gebundene Kapital wird über die Verkaufserlöse der mit diesem Kleintransporter an die Kunden gelieferten Waren wieder freigesetzt, denn die Investitionsausgaben werden als Kosten (Abschreibungen, Wartungs- und Reparaturkosten usw.) in die Verkaufspreise einkalkuliert und fließen somit im Laufe der Zeit als Einnahmen in das Unternehmen zurück.

Die **Finanzierung** dient der Kapitalbeschaffung. Das Kapital kann beschafft werden durch eigene Einlagen des Unternehmers **(Eigenkapital)** oder durch Aufnahme von Krediten **(Fremdkapital)**. Alle Maßnahmen zur Beschaffung von Geld- oder Sachkapital für die Unternehmung werden als **Finanzierung** bezeichnet.

Beispiel
- **für Sachkapital:** Einkauf eines Lkw auf Ziel, Kauf eines PC gegen Bankscheck
- **für Geldkapital:** Bareinlage des Gesellschafters, Aufnahme eines Darlehens bei der Bank

Investition und Finanzierung bedingen einander, denn **Kapitalverwendung (Investition)** setzt immer **Kapitalbeschaffung (Finanzierung)** voraus. Kapital wird in einem Unternehmen ständig gebunden und wieder freigesetzt, d. h., es findet ein ständiger Prozess von Investition, **Desinvestition** und neuerlicher Investition **(Reinvestition)** statt.
Kapitalbeschaffung ist kein einmaliger Vorgang, der nur bei Gründung eines Unternehmens erforderlich ist, sondern eine laufende Tätigkeit des Unternehmens.

Beispiele Die Primus GmbH muss u. a. Umbaumaßnahmen durchführen, Betriebserweiterungen realisieren, veraltete Einrichtungsgegenstände erneuern, neue Lieferwagen für den Fuhrpark kaufen.

Ziele von Investitionen (Investitionsanlässe)

Unternehmen investieren aus verschiedenen Gründen. Diese Gründe lassen sich anhand folgender Investitionsziele unterteilen:

Ökonomische Ziele

- Ersatz verbrauchter oder veralteter Betriebsmittel durch neue Betriebsmittel zur Erhaltung der Betriebsbereitschaft **(Ersatzinvestition)**
- **Kapazitätserweiterung** durch zusätzliche oder leistungsfähigere Betriebsmittel **(Erweiterungsinvestition)**
- Anpassung der Betriebsmittel an den technischen Fortschritt
- Ertragssteigerung durch Erhöhung der Leistungsfähigkeit mit produktiveren oder kostengünstigeren Betriebsmitteln **(Rationalisierungsinvestition)**
- Investition in andere Bereiche, um eine Risikostreuung zu erreichen
- Umstellungsinvestition, bei Änderung der Produktionsziele muss die Nutzung vorhandener Anlagen verändert werden **(Umstrukturierung)**
- Forschung und Entwicklung zur Verbesserung von Zukunftsaussichten eines Unternehmens

Soziale Ziele

- Sicherung von Arbeitsplätzen
- Verringerung von Unfallgefahren am Arbeitsplatz
- Verbesserung der Arbeitsumgebung

○ Ökologische Ziele

- Vermeidung von Umweltbelastungen
- Verringerung des Verbrauchs von knappen Rohstoffen

● Arten der Investition

Investitionen lassen sich in Sach-, Finanzinvestitionen und immaterielle Investitionen unterscheiden: Zu den **Sachinvestitionen** zählen **Anlageinvestitionen** (z. B: Kauf neuer PCs) und **Vorratsinvestitionen** (z. B. Kauf von Waren). Sie erhöhen das Anlage- oder Umlaufvermögen in der Bilanz. Die **Finanzinvestitionen** unterteilen sich in **Beteiligungsrechte** (z. B. Beteiligung an einer OHG oder GmbH) und **Forderungsrechte** (z. B. Gewährung von Darlehen an Kunden). Sie erhöhen das Finanzanlagevermögen in der Bilanz. Die **immateriellen Investitionen** gewinnen aufgrund des immer stärker werdenden Konkurrenzdrucks auf dem europäischen Markt zunehmend an Bedeutung. Zu ihnen zählen **Investitionen im Absatzbereich** (z. B. Ausgaben für Verkaufsförderung und Öffentlichkeitsarbeit), im **Forschungs- und Entwicklungsbereich** und im **Personalbereich** (z. B. Aus- und Weiterbildungskurse für Mitarbeiter). Der Nutzen der immateriellen Investitionen ist oftmals nicht unmittelbar erkennbar.

Investitionen als Finanzierungsanlässe

- **Finanzierung** = Beschaffung von Kapital (Mittelherkunft)
- **Investition** = Verwendung von finanziellen Mitteln für die Anschaffung von Sach-, Finanzvermögen oder immateriellem Vermögen (Mittelverwendung)
- Investitionen können **ökonomische, soziale und/oder ökologische Ziele** haben.

Arten von Investitionen

Sachinvestitionen	Finanzinvestitionen	immaterielle Investitionen
● Anlageinvestitionen ● Vorratsinvestitionen	● Beteiligungsrechte ● Forderungsrechte	● im Absatzbereich ● im Forschungs- und Entwicklungsbereich

1. Erläutern Sie den Vorgang der Desinvestition an einem Beispiel.

2. Bilden Sie je zwei Beispiele für jede Investitionsart, die von einem Automobilhersteller durchgeführt werden kann.

3. „Immaterielle Investitionen im Personalbereich eines Unternehmens gewinnen zunehmend an Bedeutung!“ Nehmen Sie zu dieser Aussage Stellung.

4. Ordnen Sie folgende Ausgaben der Primus GmbH den Investitionsarten zu:
a) Kauf eines Lkw auf Ziel zur Erweiterung der Fuhrparkkapazität.
b) Kauf eines Auslieferungs-Lkw gegen Rechnung, um einen abgeschriebenen Lkw zu ersetzen.
c) Durchführung des Fortbildungsseminars „Marketing" durch die Primus GmbH für alle Gruppenleiter.
d) Die Primus GmbH gewährt dem Bürofachgeschäft Herbert Blank e. K. ein Darlehen über 100.000,00 EUR.
e) Die Primus GmbH kauft 200 Aktien von der Latex AG.

5. Bilden Sie jeweils zwei Beispiele für Investitionen in der Primus GmbH, mit denen ökonomische, ökologische und soziale Ziele verfolgt werden.

6. „Jede Investition sollte auch ökologische Ziele verfolgen." Sammeln Sie Argumente für diese Aussage und suchen Sie zehn Beispiele für die Primus GmbH, bei denen ökologische Ziele berücksichtigt werden sollten.

1.2 Möglichkeiten der Finanzierung

Bei der Kröger & Bach KG streitet sich Lutz Kröger mit seinem Vater Manfred Kröger, der Kommanditist der Kröger & Bach KG ist. Der Auszubildende Lukas Breuer ist Ohrenzeuge des sich entwickelnden Gesprächs: *„Seit einem halben Jahr haben wir stagnierende Umsätze. Wir müssen endlich Computerzubehör in unser Sortiment aufnehmen"*, sagt Manfred Kröger."

„Und wie sollen wir die dazu erforderlichen Investitionen finanzieren? Wir müssen für mindestens 100.000,00 EUR Waren bei den Herstellern kaufen, außerdem benötigen wir neue Warenträger im Lager", erwidert Lutz Kröger. *„Das ist doch überhaupt kein Problem, wir gehen zur Bank und nehmen ein Darlehen über 150.000,00 EUR auf, damit bezahlen wir die Anschaffungen"*, entgegnet Manfred Kröger. Lutz Kröger ist unsicher, wie er vorgehen soll.

ARBEITSAUFTRÄGE
- Stellen Sie fest, ob es sinnvoll ist, ein Darlehen zur Begleichung von Liefererrechnungen aufzunehmen.
- Überprüfen Sie, wovon die Höhe des erforderlichen Kapitals abhängt.

Finanzierung und Investition

Jedes Groß- und Außenhandelsunternehmen benötigt sowohl zur Gründung als auch zur Durchführung der laufenden Geschäftstätigkeit **Kapital**. Dieses Kapital muss beschafft werden, z. B. durch eigene Einlagen des Unternehmers/der Unternehmerin (Eigenkapital) oder durch Aufnahme von Bankkrediten (**Fremdkapital**). Die Beschaffung von Kapital bezeichnet man als **Finanzierung** (= Mittelherkunft). Die Anlage von Kapital im Betriebsvermögen (Anlage- und Umlaufvermögen) wird als **Investition** (= Mittelverwendung) bezeichnet.

Die Beschaffung und Verwendung des Kapitals ist aus der Bilanz eines Unternehmens zu ersehen: LF 3

Bilanz der Primus GmbH, Duisburg, zum 31. Dezember 20..

Aktiva		Passiva	
A. Anlagevermögen		**A. Eigenkapital**	
I. Sachanlagen		I. Gezeichnetes Kapital	600.000,00
1. Bebaute Grundstücke	375.000,00	II. Gewinnrücklagen	156.250,00
2. Gebäude	299.500,00	III. Jahresüberschuss	48.750,00
3. Fuhrpark	138.000,00		
4. Geschäftsausstattung	95.000,00	**B. Rückstellungen**	
		1. Pensionsrückstellungen	125.000,00
B. Umlaufvermögen		2. Steuerrückstellungen	22.500,00
I. Vorräte an Waren	247.875,00	3. Sonstige Rückstellungen	30.000,00
II. Forderungen			
1. Forderungen a. LL	111.625,00	**C. Verbindlichkeiten**	
2. Übrige sonstige Forderungen	9.000,00	1. Verbindlichkeiten gegenüber Kreditinstituten	231.500,00
III. Liquide Mittel	113.000,00	2. Verbindlichkeiten a.LL	137.500,00
C. Aktive Rechnungsabgrenzung	11.000,00	3. Sonstige Verbindlichkeiten	42.500,00
		D. Passive Rechnungsabgrenzung	6.000,00
	1.400.000,00		1.400.000,00

Die Aktivseite stellt die **Formen des Vermögens** dar, d. h. die **Mittelverwendung (= Investition).**

Die Passivseite stellt die **Quellen** des Kapitals dar, d. h. die **Mittelherkunft (= Finanzierung).**

Die **Aktivseite (= Vermögen)** der Bilanz ergibt die **Kapitalverwendung = Investition** eines Groß- und Außenhandelsbetriebes, die **Passivseite (= Kapital) die Kapitalherkunft = Finanzierung**.

Die **Kapitalbeschaffung** ist kein einmaliger Vorgang, der nur zur Gründung eines Unternehmens erforderlich ist, sondern eine laufende Tätigkeit des Groß- und Außenhändlers. So müssen u. a. saisonale Schwankungen überbrückt, Umbaumaßnahmen durchgeführt, Betriebserweiterungen realisiert und veraltete Einrichtungsgegenstände erneuert werden.

Kapitalbedarf

Die Höhe des Kapitals, das ein Groß- und Außenhandelsunternehmen benötigt, hängt von einer Vielzahl von Faktoren ab. So ist bei einer Neugründung ein anderer Kapitalbedarf erforderlich als bei einer Betriebserweiterung. Im Wesentlichen ist der **Kapitalbedarf abhängig von folgenden Faktoren:**

Faktoren	Beispiele
Branche	Ein Uhren- und Schmuckgroßhändler benötigt mehr Kapital als ein Schreibwarengroßhändler.
Waren	
– Sortiment	Ein Groß- und Außenhändler mit einem flachen Sortiment benötigt in der Regel weniger Kapital als ein Groß- und Außenhändler mit einem tiefen Sortiment.
– Durchschnittliche Lagerdauer	Je geringer die durchschnittliche Lagerdauer der Waren, desto geringer der Kapitalbedarf.
– Umschlagshäufigkeit	Je höher die Umschlagshäufigkeit der Waren, desto geringer ist der Kapitalbedarf.
– Mindestbestand (Eiserne Reserve)	Je höher der erforderliche Mindestbestand (= eiserner Bestand), desto höher ist der Kapitalbedarf.
Marketing-Konzeption	
– Verkaufsform	Ein reiner Bedienungsgroßhändler hat höhere Personalkosten als ein Selbstbedienungsgroßhändler, da er mehr Personal benötigt.
– Betriebsform	Der Zustellgroßhandel benötigt mehr Kapital als der Abholgroßhandel, da er für die Warenzustellung zu den Kunden einen eigenen Fuhrpark unterhalten muss.
– Betriebsgröße	Mit zunehmender Verkaufs- und Lagerfläche steigt der Kapitalbedarf.
– Betriebs- und Geschäftsausstattung	Ein Textilgroßhändler, der einen gehobenen Kundenkreis ansprechen will, benötigt für seine Geschäftsausstattung mehr Kapital als ein Cash-and-Carry-Großhändler, da dieser Textilgrößhändler eine höherwertige Geschäftsausstattung benötigt.
– Dienstleistungen	Je mehr Dienstleistungen den Kunden angeboten werden, desto größer ist der Kapitalbedarf.
Handlungskosten	Je höher die monatlichen Kosten für Mieten, Strom, Personal, Steuern, Warenbeschaffung usw., desto höher ist der Kapitalbedarf.
Zahlungsgewohnheiten der Branche	
– der Kreditgewährung der Lieferer	Je länger das Zahlungsziel der Lieferer, desto geringer ist der Kapitalbedarf.
– der Kreditgewährung an die Kunden	Je länger das Zahlungsziel an die Kunden, desto größer ist der Kapitalbedarf.

LF 6

Finanzierungsgrundsätze

Zur Finanzierung von Investitionsvorhaben wird ein Groß- und Außenfachhändler **Eigen- und Fremdkapital** (vgl. S. 144) einsetzen. Das zur Finanzierung notwendige Kapital steht dem Groß- und Außenhändler unterschiedlich lange Zeit zur Verfügung. So sind Lieferantenkredite in der Regel kurzfristig, Bankkredite können mittel- und langfristig sein. Das Eigenkapital steht normalerweise unbefristet zur Verfügung.

Für die Finanzierung haben sich in der Praxis folgende **Regeln** als sinnvoll erwiesen:

Finanzierung des Anlagevermögens: Das Anlagevermögen sollte weitestgehend mit Eigenkapital bzw. in geringem Umfang mit langfristigem Fremdkapital finanziert werden. Einige Posten des Anlagevermögens, z. B. Grundstücke und Gebäude, bleiben sehr lange im Betrieb, das Kapital ist also in diesen Posten des Anlagevermögens gebunden. Andere Posten des Anlagevermögens, z. B. Fuhrpark und Geschäftsausstattung, verbleiben mittelfristig im Betrieb, sie nutzen sich aber im Laufe der Zeit ab (Fuhrpark) oder werden unmodern (Geschäftsausstattung) und müssen erneuert werden. Die Mittel für die Neubeschaffung dieser Posten werden in der **Kalkulation** berücksichtigt, indem in den Verkaufspreisen die entsprechenden Abschreibungsbeträge einkalkuliert werden. LF 8

Finanzierung des Umlaufvermögens: Das Umlaufvermögen (überwiegend Waren) sollte mit mittel- und kurzfristigem Fremdkapital finanziert werden, da es in absehbarer Zeit durch den Verkauf an Kunden wieder in Kapital umgesetzt wird. So werden die eingekauften Waren an Kunden verkauft und mit einem Teil dieser Umsatzerlöse können die Waren bei den Lieferern bezahlt werden. Ein weiterer Teil der Umsatzerlöse wird für die Bezahlung der laufenden Kosten (Steuern, Miete, Gehälter) und die Beschaffung neuer Waren benötigt.

Goldene Finanzierungsregel: Aufgenommenes Fremdkapital soll erst dann fällig werden, wenn die damit finanzierten Investitionen des Anlage- und Umlaufvermögens durch die Umsatzerlöse wieder zu Kapital geworden sind, um die Zahlungsfähigkeit des Groß- und Außenhandelsunternehmens jederzeit zu gewährleisten.

Aufstellung des Finanzplanes

Ein Groß- und Außenhandelsbetrieb sollte seinen finanziellen Verpflichtungen nachkommen können. Allerdings sollten auch keine überschüssigen Gelder ungenutzt im Betrieb vorhanden sein, wenn sie anderweitig gewinnbringend eingesetzt werden können. Daher erstellt ein Groß- und Außenhändler einen **Finanzplan**, in dem die erwarteten Einnahmen und Ausgaben für einen bestimmten Planungszeitraum (z. B. Monat, Quartal, Halbjahr) gegenübergestellt werden.

Beispiel Finanzplan: Kröger & Bach KG
Planungsperiode 01. März d. J. – 31. März d. J.

Erwartete Ausgaben	TEUR	Erwartete Einnahmen	TEUR
Wareneinkauf	1.430	Zahlungsmittel	310
Löhne und Gehälter	390	Umsatzerlöse	2.250
Sonstige Aufwendungen	660	Fällige Forderungen	20
Darlehenstilgung	100		
Summe der erwarteten Ausgaben	2.580	Summe der erwarteten Einnahmen	2.580

Möglichkeiten der Finanzierung

Finanzierung	Investition	Kapitalbedarf ist abhängig von
= Beschaffung von Kapital (Mittelherkunft)	= Anlage von Kapital in Betriebsvermögen (Mittelverwendung)	– Betriebsgröße – Betriebsform – Branche – Umschlagshäufigkeit – Rechtsform – Kreditgewährung der Lieferer – Kreditgewährung an die Kunden – regelmäßig wiederkehrende Ausgaben (Löhne, Miete usw.)

- **Anlagevermögen** sollte weitestgehend **mit Eigenkapital** und nur zu einem geringen Teil mit langfristigem Fremdkapital finanziert werden, **Umlaufvermögen mit mittel- und kurzfristigem Fremdkapital.**
- Jeder Groß- und Außenhandelsbetrieb sollte für bestimmte Planungszeiträume einen Finanzplan aufstellen, in dem erwartete Einnahmen und Ausgaben gegenübergestellt werden.

1. Erläutern Sie die Begriffe Finanzierung und Investition.

2. Erklären Sie, inwieweit man aus einer Bilanz die Kapitalherkunft und die Kapitalverwendung ersehen kann.

3. Ein Groß- und Außenhandelsunternehmen finanziert einen großen Teil seines Anlagevermögens mit Fremdkapital. Erläutern Sie die Konsequenzen, die sich für dieses Unternehmen aus der Finanzierung ergeben können.

4. Erläutern Sie die goldene Finanzierungsregel.

5. Geben Sie an, von welchen wesentlichen Faktoren der Kapitalbedarf in einem Groß- und Außenhandelsunternehmen abhängig ist.

6. Erläutern Sie, warum es für einen Groß- und Außenhandelsbetrieb wichtig ist, einen Finanzplan aufzustellen.

1.3 Berücksichtigung der wirtschaftlichen Lage eines Groß- und Außenhandelsunternehmens und der Rahmendaten des Kapitalmarktes

Die Primus GmbH hat einen Kredit über 400.000,00 EUR zur Finanzierung eines Erweiterungsbaus bei der Stadtsparkasse Duisburg beantragt. Auf Verlangen des Kreditsachbearbeiters hat Herr Müller dem Antrag die nachstehenden Bilanzen der beiden letzten Geschäftsjahre beigefügt. Aus diesem Grund beauftragt Herr Müller Nicole Höver die Bilanzen der Primus GmbH aus dem Vorjahr und dem Berichtsjahr zu erstellen. Nicole erstellt folgende Übersicht:

Bilanzen der Primus GmbH

	Berichtsjahr	Vorjahr		Berichtsjahr	Vorjahr
A. Anlagevermögen			**A. Eigenkapital**		
I. Sachanlagen			I. Gezeichnetes Kapital	600.000,00	600.000,00[2]
1. Grundstücke, Gebäude	674.500,00	517.500,00	II. Gewinnrücklagen	156.250,00	50.000,00[2]
2. Fuhrpark	138.000,00	160.000,00	III. Jahresüberschuss	48.750,00	206.250,00[2]
3. Geschäftsausstattung	95.000,00	105.000,00	**B. Rückstellungen[3]**		
B. Umlaufvermögen			1. Pensionsrückstellungen	125.000,00	100.000,00[2]
I. Warenbestand	247.875,00	206.500,00	2. Steuerrückstellungen	22.500,00	25.000,00[2]
II. Forderungen			3. Sonstige Rückstellungen	25.000,00	17.500,00[2]
Forderungen a.LL	111.625,00	105.500,00	**C. Verbindlichkeiten**		
Übrige sonstige Forderungen	9.000,00	17.500,00	1. Verbindlichkeiten gegenüber Kreditinstituten[4]	236.500,00	66.500,00
III. Liquide Mittel	113.000,00	82.500,00	2. Verbindlichkeiten a.LL	137.500,00	100.000,00
C. Aktive Rechnungsabgrenzung[1]	11.000,00	5.500,00	3. Sonstige Verbindlichkeiten	42.500,00	27.500,00
			D. Passive Rechnungsabgrenzung	6.000,00	7.250,00
	1.400.000,00	1.200.000,00		1.400.000,00	1.200.000,00

Erläuterungen:

1 werden den kurzfristigen Forderungen zugerechnet.

2 156.250,00 EUR wurden den Gewinnrücklagen zugeführt, der Rest ist den kurzfristigen Verbindlichkeiten zuzuführen. Im Berichtsjahr soll der Jahresüberschuss ganz im Unternehmen bleiben.

3 Pensionsrückstellungen sind den langfristigen Rückstellungen, Steuerrückstellungen, sonstige Rückstellungen und passive Rechnungsabgrenzungsposten den kurzfristigen Verbindlichkeiten zuzurechnen.

4 Davon mit einer Laufzeit über fünf Jahre: 200.000,00 EUR (im Vorjahr 50.000,00 EUR). Ansonsten handelt es sich wie bei den Verbindlichkeiten a.LL und sonstigen Verbindlichkeiten um kurzfristige Verbindlichkeiten.

ARBEITSAUFTRÄGE

- Sammeln Sie Gründe, weshalb der Kreditsachbearbeiter die Vorlage der beiden letzten Bilanzen verlangt hat.
- Überprüfen Sie, ob Sie nach Auswertung dieser Bilanzen den beantragten Kredit bewilligen würden.

Um die finanzielle Lage eines Unternehmens beurteilen zu können, kann ein Unternehmer seine **Bilanz** und seine **Gewinn- und Verlustrechnung** untersuchen

Mithilfe von **Bilanzkennziffern** und Auswertungen der **Gewinn- und Verlustrechnung** beurteilt man die wirtschaftliche Lage eines Unternehmens. Die Bilanzkennziffern geben **Auskunft über Kapitalaufbau (Finanzierung) und Liquidität (Zahlungsbereitschaft)** des Unternehmens. Durch die Auswertung der Gewinn- und Verlustrechnung und der Bilanz ermittelt man die **Rentabilität** eines Unternehmens.

Beispiel Die nachfolgenden Kennzahlen zur Beurteilung der wirtschaftlichen Lage eines Unternehmens sollen anhand der Bilanzen und der Gewinn- und Verlustrechnungen der letzten beiden Jahre der Primus GmbH ermittelt werden:

Gewinn- und Verlustrechnung der Primus GmbH

	Vorjahr	Abrechnungsjahr		Abrechnungsjahr	Vorjahr
21 Zinsen u. ä. Aufwendungen	5.100,00	22.105,00	242 Betriebsfremde Erträge	60.000,00	127 .817,50
301 Wareneingang/Aufw. f. Waren	1.798.300,00	1.997.139,50	26 Zinsen u. ä. Erträge	19.500,00	16.875,00
401 Löhne	445.000,00	465.000,00	801 Warenverkauf/UE	3.200.550,00	3.562.300,00
402 Gehälter	513.450,00	627.500,00			
42 Steuern	30.500,00	40.607,50			
43 Energie/Betriebsstoffe	76.000,00	90.003,00			
44 Werbe- und Reisekosten	67.100,00	78.400,00			
47 Betriebskosten/Instandhaltung	20.800,00	129.762,50			
48 Allgemeine Verwaltung	57.550,00	144.725,00			
49 Abschreibungen	60.000,00	63.000,00			
06 Eigenkapital	206.250,00	48.750,00			
	3.280.050,00	3.706.992,50		3.280.050,00	3.706.992,50

Kapitalaufbau

Kapitalaufbau (Finanzierung – Passivseite): Die **Passivseite** erteilt wichtige Informationen über die **Finanzierung** eines Unternehmens. Sie gibt Auskunft über die Herkunft des Kapitals durch den getrennten Ausweis von **Eigen-** und **Fremdkapital** (Schulden).

> Je mehr das Eigenkapital die fremden Mittel überwiegt, desto kreditwürdiger, krisenfester und unabhängiger ist ein Groß- und Außenhandelsbetrieb.

Entsprechend der Gliederung der Kapitalien nach Überlassungsfristen können für die Passivseite der Bilanz **Intensitätskennziffern** (bzw. **Quoten**) berechnet werden.

Beispiel

		Berichtsjahr	Vorjahr
Eigenkapital-intensität (Eigen-kapitalquote)	$= \frac{\text{Eigenkapital} \cdot 100}{\text{Gesamtkapital}}$	$\frac{805.000 \cdot 100}{1.400.000} = \underline{\underline{57{,}5\%}}$	$\frac{756.250{,}00 \cdot 100}{1.200.000} = \underline{\underline{63{,}0\%}}$
Fremdkapital-intensität (Anspannungs-koeffizient)	$= \frac{\text{Fremdkapital} \cdot 100}{\text{Gesamtkapital}}$	$\frac{595.000 \cdot 100}{1.400.000} = \underline{\underline{42{,}5\%}}$	$\frac{443.750{,}00 \cdot 100}{1.200.000} = \underline{\underline{37{,}0\%}}$

Die Eigenkapitalquote hat sich um 5,5 Prozentpunkte verschlechtert. Für diese Entwicklung ist sicher auch das schlechtere Jahresergebnis im Berichtsjahr verantwortlich. Die Entwicklung ist auch auf verstärkte Fremdfinanzierung durch Aufnahme langfristiger Kredite zurückzuführen (Steigerung um 10,7%), wie die Bilanzen zeigen.

Die Fremdkapitalintensität ist wegen verstärkter Kreditaufnahme um 5,5 Prozentpunkte gestiegen. Sie ist jedoch im Verhältnis zu anderen deutschen Handelsbetrieben (durchschnittlich fast 70%) noch als günstig zu bezeichnen.

Liquidität (Zahlungsbereitschaft)

Liquidität ist die Fähigkeit der Unternehmung, ihren Verbindlichkeiten fristgemäß nachzukommen. Ist die Unternehmung dazu in der Lage, befindet sie sich **im finanziellen Gleichgewicht.** Dies wird als liquide bezeichnet. Ist die Zahlungsbereitschaft größer als der Zahlungsmittelbedarf, liegt **Überliquidität** vor.

Da das im Anlagevermögen investierte Kapital grundsätzlich langfristig gebunden bleibt, **müssen fällige Schulden** aus dem Umlaufvermögen getilgt werden. Unpünktliche Erfüllung der Zahlungsverpflichtungen kann zum Verlust der Kreditwürdigkeit führen. Anhaltende **Zahlungsunfähigkeit** führt sogar zur Insolvenz, d. h. zur zwangsweisen Auflösung des Unternehmens. Daher sollte ein Unternehmen immer in der Lage sein, seinen Verpflichtungen nachzukommen. Das ist langfristig nur möglich, wenn liquide Mittel einer bestimmten Fristigkeit mit entsprechenden Fälligkeiten der Verbindlichkeiten übereinstimmen.

Wie die mangelhafte Liquidität bringt auch eine **Überliquidität** wirtschaftliche Nachteile mit sich, nämlich Zinsverlust und damit Minderung der Rentabilität.

Zur Beurteilung der Liquidität sind den Verbindlichkeiten (Zahlungsverpflichtungen) die liquiden Mittel gegenüberzustellen. Nach den Kriterien „Flüssigkeit und Fälligkeit" werden liquide Mittel und Verbindlichkeiten 1. und 2. Grades unterschieden und in einzelnen Liquiditätskennziffern berücksichtigt.

Beispiel

		Berichtsjahr	Vorjahr
Liquidität 1. Grades (Barliquidität)	$\frac{\text{liquide Mittel} \cdot 100}{\text{kurzfristige Schulden}}$	$\frac{113.000 \cdot 100}{270.000} = \underline{\underline{41,9\%}}$	$\frac{82.500 \cdot 100}{293.750,00} = \underline{\underline{28,1\%}}$
Liquidität 2. Grades (Einzugsbedingte Liquidität)	$\frac{(\text{liquide Mittel} + \text{kurzfristige Forderung}) \cdot 100}{\text{kurzfristige Schulden}}$	$\frac{(113.000 + 131.625) \cdot 100}{270.000} = \underline{\underline{90,6\%}}$	$\frac{(82\,500 + 128.500) \cdot 100}{293.750,00} = \underline{\underline{71,8\%}}$

Alle **Liquiditätskennzahlen** haben sich verbessert. Die Barliquidität von 41,9% besagt, dass von 100,00 EUR kurzfristigen Schulden bei sofortiger Fälligkeit nur 41,90 EUR getilgt werden können. Das deutet zwar gegenüber dem Vorjahr auf eine starke Verbesserung, aber immer noch auf eine große Gefährdung der Liquidität hin. Diese Aussage wird ebenfalls belegt durch die Liquidität 2. Grades, die mindestens 100% betragen sollte.

Die **Liquiditätskennzahlen** sollten mit Vorsicht beurteilt werden. Sie gelten nur für den Bilanzstichtag und geben somit einen Status an, der sich schnell ändern kann. Aussagen für die nächste Zukunft können nur bei Kenntnis der Fälligkeitsdaten der Verbindlichkeiten einerseits, der Einkaufsplanung, der Liquidierbarkeit der Posten des Umlaufvermögens, der Umsatzentwicklung, der Marktlage und Zahlungsgepflogenheiten der Kunden andererseits gemacht werden.

● Rentabilität

Unter Rentabilität wird das prozentuale Verhältnis des Gewinns (positiv) oder Verlusts (negativ) zum eingesetzten Kapital oder zum erzielten Umsatz verstanden. Entsprechend ist die **Kapitalrentabilität** von der **Umsatzrentabilität** zu unterscheiden.

○ Eigenkapitalrentabilität

- **Rentabilität des Eigenkapitals (Unternehmerrentabilität):** Sie wird durch das prozentuale Verhältnis des Jahresüberschusses zum Eigenkapital ausgedrückt. Bei der Berechnung wird in der Praxis vielfach das Anfangskapital zugrunde gelegt.

$$\text{Eigenkapitalrentabilität (Unternehmerrentabilität)} = \frac{\text{Jahresüberschuss} \cdot 100}{\text{Eigenkapital am Jahresanfang}}$$

Beispiel Unterstellt man im obigen Beispiel einen landesüblichen Zinssatz für langfristig gebundenes Kapital von 6%, verbleibt beispielsweise im Vorjahr eine Risikoprämie von 25,7% (31,7 – 6).

	Berichtsjahr	Vorjahr
Jahresüberschuss/-fehlbetrag **Eigenkapital – Anfangsbestand**	48.750,00 756.250,00	206.250,00 650.000,00
Eigenkapitalrentabilität	$\frac{48.750,00 \cdot 100}{756.250,00} = \underline{\underline{6,4\%}}$	$\frac{206.250,00 \cdot 100}{650.000,00} = \underline{\underline{31,7\%}}$

Geringe Eigenkapitalrentabilität und Risikoprämie, die auch auf eine niedrige Ausschüttung schließen lassen, können dazu führen, dass Gesellschafter ihre Anteile veräußern. Dadurch könnten sich negative Auswirkungen auf den Börsenkurs von Aktiengesellschaften und damit auf Möglichkeiten künftiger Kapitalbeschaffung ergeben. Unter Berücksichtigung der Risikoprämie sollte die Eigenkapitalrentabilität über dem landesüblichen Zinssatz für langfristiges Kapital liegen.

- **Rentabilität des Gesamtkapitals (Unternehmungsrentabilität):** Hierbei wird der mit dem Gesamtkapital erzielte Reinertrag (Gewinn + gezahlte Fremdkapitalzinsen) dem Gesamtkapital am Jahresanfang gegenübergestellt:

$$\text{Gesamtkapitalrentabilität (Unternehmungsrentabilität)} = \frac{(\text{Jahresüberschuss} + \text{Fremdkapitalzinsen}) \cdot 100}{\text{Gesamtkapital am Jahresanfang}}$$

Beispiel

	Berichtsjahr	Vorjahr
Jahresüberschuss	48.750,00	206.250,00
Fremdkapitalzinsen	22.105,00	5.100,00
Gesamtkapital – Anfangsbestand	1.200.000,00	1.150.000,00
Gesamtkapitalrentabilität	$\frac{(48.750 + 22.105) \cdot 100}{1.200000} = \underline{\underline{5{,}9\%}}$	$\frac{(206.250 + 5.100) \cdot 100}{1.150.000} = \underline{\underline{18{,}4\%}}$

Die Gesamtkapitalrentabilität ist von 18,4 % auf 5,9 % gesunken.

Mit der Gesamtkapitalrentabilität kann nachgewiesen werden, ob sich der Einsatz des Fremdkapitals gelohnt hat. Liegt sie über dem landesüblichen Zinssatz, kann die Eigenkapitalrentabilität durch fremdfinanzierte Investitionen verbessert werden. Umgekehrt tritt eine Minderung der Eigenkapitalrentabilität ein, wenn der Zinssatz für Fremdkapital die Gesamtkapitalrentabilität übersteigt.

○ Umsatzrentabilität

Die Umsatzrentabilität gibt den prozentualen Anteil des Betriebsgewinns (Jahresüberschuss) am Umsatzerlös an.

Beispiel

	Berichtsjahr	Vorjahr
Jahresüberschuss	48.750,00	206.250,00
Umsatzerlöse	3.562.300,00	3.200.550,00
Umsatzrentabilität $= \frac{\text{Jahresüberschuss} \cdot 100}{\text{Umsatzerlöse}}$	$\frac{48.750 \cdot 100}{3.562.300} = \underline{\underline{1{,}37\%}}$	$\frac{206.250 \cdot 100}{3.200.550} = \underline{\underline{6{,}44\%}}$

Die Umsatzrentabilität drückt den Gewinnanteil je 100,00 EUR Umsatzerlös aus, der für Ausschüttungen oder Investitionen im Unternehmen verwendet werden kann. Das Ergebnis aus dem Beispiel liegt im Vorjahr über dem Durchschnitt, im Berichtsjahr unter dem Durchschnitt der deutschen Groß- und Außenhandelsbetriebe (etwa 3%). Für die gefallenen Rentabilitätskennziffern können externe Betrachter nur die Haupteinflussgrößen des Gewinns, nämlich gestiegene Kosten einerseits oder gesunkene Umsatzerlöse andererseits, verantwortlich machen.

Berücksichtigung der wirtschaftlichen Lage eines Groß- und Außenhandelsunternehmens und der Rahmendaten des Kapitalmarktes

- Zur Beurteilung der finanziellen Lage eines Unternehmens benutzt **man Bilanzkennziffern und Auswertungen aus der Gewinn- und** Verlustrechnung.
- **Kapitalaufbau (Finanzierung):**

$$\textbf{Eigenkapitalintensität} = \frac{\text{Eigenkapital} \cdot 100}{\text{Gesamtkapital}}$$

$$\textbf{Fremdkapitalintensität} = \frac{\text{Fremdkapital} \cdot 100}{\text{Gesamtkapital}}$$

- **Zahlungsbereitschaft (Liquidität):**

$$\textbf{Liquidität 1. Grades} = \frac{\text{liquide Mittel} \cdot 100}{\text{kurzfristige Schulden}}$$

$$\textbf{Liquidität 2. Grades} = \frac{(\text{liquide Mitte} + \text{kurzfristige Forderungen}) \cdot 100}{\text{kurzfristige Schulden}}$$

- **Rentabilität:**

$$\textbf{Eigenkapitalrentabilität (Unternehmerrentabilität)} = \frac{\text{Jahresüberschuss} \cdot 100}{\text{Eigenkapital}}$$

$$\textbf{Rentabilität des Gesamtkapitals (Unternehmungsrentabilität)} = \frac{(\text{Jahresüberschuss} + \text{Fremdkapitalzinsen}) \cdot 100}{\text{Gesamtkapital}}$$

$$\textbf{Umsatzrentabilität} = \frac{\text{Jahresüberschuss} \cdot 100}{\text{Umsatzerlöse}}$$

1. Ein Großhandelsunternehmen hat folgende Zahlen vorliegen:

Eigenkapital am Jahresanfang	2.720.000,00 EUR	Umsatzerlöse	13.600.000,00 EUR
Gesamtkapital am Jahresanfang	5.200.000,00 EUR	Fremdkapitalzinsen	204.000,00 EUR
Jahresüberschuss	680.000,00 EUR		

Ermitteln Sie
a) die Unternehmerrentabilität,
b) die Unternehmungsrentabilität,
c) die Umsatzrentabilität.

2. Ein Großhandelsunternehmen weist folgende Zahlen aus:

Eigenkapital am Jahresanfang	3.000.000,00 EUR	Umsatzerlöse	14.000.000,00 EUR
Gesamtkapital am Jahresanfang	5.000.000,00 EUR	Fremdkapitalzinsen	100.000,00 EUR
Jahresüberschuss	900.000,00 EUR		

Ermitteln Sie
a) den Kapitalaufbau anhand der Intensitätskennziffern Eigen- und Fremdkapitalintensität,
b) die Unternehmerrentabilität,
c) die Unternehmungsrentabilität,
d) die Umsatzrentabilität.

3. Folgende Bilanz ist auszuwerten:

A	Bilanz der Großhandlung Keller & Co. KG, zum 31. Dezember 20..		Passiva
Anlagevermögen	900.000,00	Eigenkapital	1.350.000,00
Warenbestand	1.020.000,00	Langfristiges Fremdkapital	500.000,00
Kurzfristige Forderungen	30.000,00	Kurzfristiges Fremdkapital	250.000,00
Flüssige Mittel	150.000,00		
	2.100.000,00		2.100.000,00

Ermitteln Sie

a) den Anteil von Eigen- und Fremdkapital am Gesamtkapital in Prozent,
b) den Anteil von Anlage- und Umlaufvermögen am Gesamtvermögen in Prozent,
c) die Liquidität 1. und 2. Grades,
d) die Unternehmerrentabilität bei einem Jahresüberschuss am Ende des nächsten Geschäftsjahres von 270.000,00 EUR.
e) die Umsatzrentabilität bei Umsatzerlösen von 3.375.000,00 EUR am Ende des nächsten Geschäftsjahres,

4. Erläutern Sie den Kapitalaufbau und die Eigenkapital- und Fremdkapitalintensität.

1.4 Finanzierungsmöglichkeiten nach Herkunft und Fristigkeit

Es findet eine Besprechung des Geschäftsführer der Primus GmbH statt, an der auch die Auszubildende Nicole Höver teilnimmt. Die Geschäftsführer der Primus GmbH haben sich entschlossen, zur Erweiterung der Lagerkapazität einen Lagerraum mit einem neuen Regalsystem im Wert von 70.000,00 EUR auszustatten. Von der Hausbank hat die Primus GmbH ein Darlehensangebot über 70.000,00 EUR zu einem Zinssatz von 8,5 % bei einer Laufzeit von zehn Jahren vorliegen, Geschäftsführerin Primus könnte 30.000,00 EUR einbringen. Als Alternative dazu macht ein Hersteller von Lagereinrichtungen, die Karl Laga & Co. KG, das Angebot, sich durch Übernahme aller Kosten an der GmbH zu beteiligen. Herr Müller und Frau Primus überlegen, welche der Alternativen sie in Anspruch nehmen sollen.

ARBEITSAUFTRÄGE

- Sammeln Sie Argumente für die beiden Finanzierungsalternativen.
- Erläutern Sie mithilfe geeigneter Visualisierungsmöglichkeiten Außen- und Innenfinanzierung.
- Erstellen Sie für die Primus GmbH ein Finanzierungskonzept des neuen Regalsystems und präsentieren Sie dieses in geeigneter Weise Ihrer Mitschülern.

Ein Unternehmen kann eine Finanzierungsmaßnahme mit Eigenkapital (Eigenfinanzierung) oder Fremdkapital **(Fremdfinanzierung)** vornehmen. Der Kapitalbedarf eines Unternehmens hängt u. a. ab von

- der Branche,
- den erforderlichen Bau- und Einrichtungskosten,
- den laufenden Betriebskosten,
- der Umschlagshäufigkeit des Lagers,
- den Zahlungszielen der Lieferer,
- der Kreditgewährung an die Kunden.

Nach der Herkunft des Kapitals unterscheidet man **Außenfinanzierung** (Kapitalzuführung erfolgt von außen) und **Innenfinanzierung** (Kapitalbildung im Unternehmen).

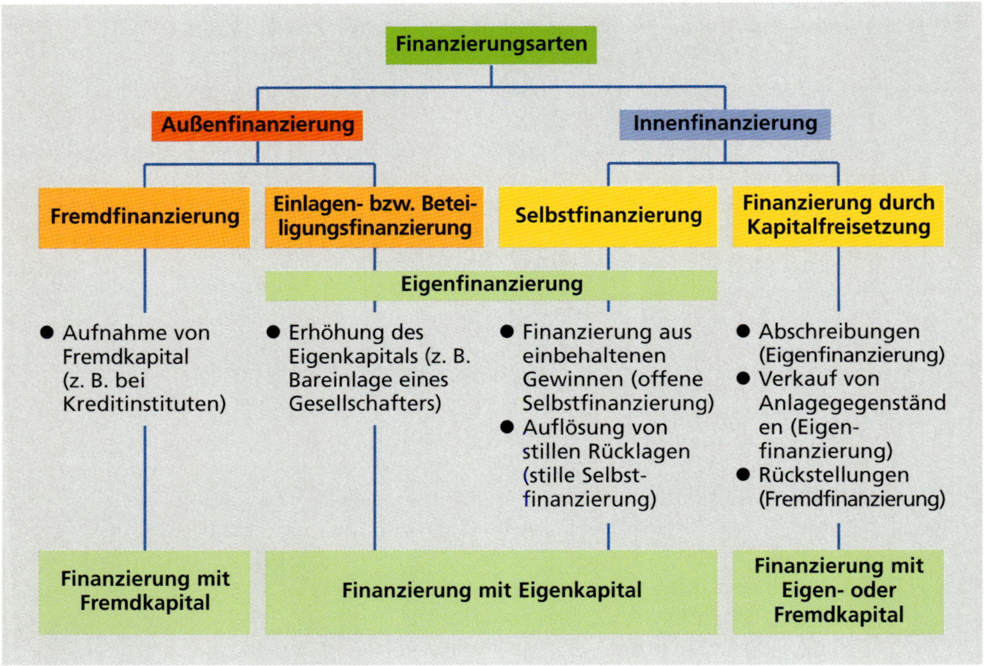

● Außenfinanzierung

Bei der Außenfinanzierung wird dem Unternehmen Kapital von den Kreditgebern oder Eigentümern zugeführt.

○ Fremdfinanzierung

Bei der Fremdfinanzierung fließt der Unternehmung **durch Kreditgeber Kapital von außen zu.** Die Kreditgeber werden als **Gläubiger** bezeichnet. Gläubiger können **u. a. Kreditinstitute**, **Lieferer**, **Kunden** sein. Sie haben einen Anspruch auf Verzinsung und pünktliche Tilgung ihres Kredits. Allerdings haben sie kein Mitspracherecht im Unternehmen und keinen Anspruch auf einen Gewinnanteil. In der **Bilanz** des Unternehmens erscheint der Kredit auf der Passivseite **als Fremdkapital**.

Nach der **Laufzeit der Kredite** (Überlassungsfrist) unterscheidet man:

Langfristige Kredite	Zu den langfristigen Krediten zählt man Darlehen mit einer **Laufzeit von über vier Jahren**. Es sind meistens Kredite, die zur Finanzierung des **Anlagevermögens** aufgenommen wurden.
Mittelfristige Kredite	Zu den mittelfristigen Krediten zählen Darlehen mit einer **Laufzeit von ein bis vier Jahren**. Sie werden für die Finanzierung kurzlebiger Güter des **Anlagevermögens** aufgenommen (z. B. Fuhrpark, Computer).
Kurzfristige Kredite	Sie haben eine **Laufzeit bis zu einem Jahr** und werden in erster Linie für die Finanzierung des **Umlaufvermögens**, insbesondere der Waren, aufgenommen (Lieferantenkredite, vgl. S. 151). **Beispiel** Die Primus GmbH kauft Waren im Werte von 20.000,00 EUR von der Jansen BV Bürotechnik auf Ziel ein.

○ Einlagen- bzw. Beteiligungsfinanzierung als Eigenfinanzierung

Hier wird dem Unternehmen Eigenkapital auf unbestimmte Zeit zur Verfügung gestellt, der Kapitalgeber ist am Gewinn und Verlust beteiligt.

- **Einlagenfinanzierung:** Stellt der Eigentümer **(Einzelunternehmung)** bzw. die Gesellschafter **(KG)** dem Unternehmen das Kapital zur Verfügung, spricht man von Einlagenfinanzierung. Bei dieser Finanzierung erwirbt der Kapitalgeber Eigentum am Unternehmen. In der Bilanz erscheint das eingebrachte Kapital unter dem Posten **Eigenkapital** (Haftungskapital) auf der **Passivseite**. Das Eigenkapital steht i. d. R. der Unternehmung unbefristet zur Verfügung.

  Beispiel An der Giesen & Co. OHG beteiligt sich ein zusätzlicher Gesellschafter mit 90.000,00 EUR. Mit diesem Kapital wird eine neue Lagerhalle finanziert.

Einlagen- bzw. Beteiligungsfinanzierung	
Vorteile	**Nachteile**
• Eigenkapital steht zeitlich unbefristet zur Verfügung. • Es gibt keine laufenden Zins- und Tilgungsraten, dadurch wird die ständige Zahlungsbereitschaft (Liquidität) nicht beeinflusst; zwar muss das Eigenkapital in Form von Gewinnausschüttungen verzinst werden, die Höhe dieser Ausschüttungen wird aber von den Eigentümern selbst festgelegt. • Kreditwürdigkeit steigt, da das Haftungskapital größer wird, es kann somit leichter Fremdkapital beschafft werden. • Risikoverteilung bei der Einlagenfinanzierung, da mehrere Personen haften.	• Bei Aufnahme neuer Gesellschafter als Vollhafter sind diese an der Geschäftsführung und am Gewinn zu beteiligen. Insbesondere bei der KG wird sehr genau zu überlegen sein, ob neue Gesellschafter als Vollhafter aufgenommen werden, da bei dieser Rechtsform ein enges Vertrauensverhältnis der Gesellschafter bestehen muss. • Teilhafter sind bei der KG nur dann zu gewinnen, wenn eine höhere Verzinsung der Einlage als auf dem Kapitalmarkt zu erzielen ist. • Bei der GmbH sind Gesellschafter oft nur dann zu gewinnen, wenn ihnen als Geschäftsführer Einflussmöglichkeiten auf das Betriebsgeschehen eingeräumt wird. Dieses bedeutet einen Verlust an Selbstständigkeit.

- **Beteiligungsfinanzierung:** Bei der **GmbH** bringen die Gesellschafter mit ihren Geschäftsanteilen das im Gesellschaftsvertrag festgelegte Stammkapital auf. Bei der

Beteiligungsfinanzierung in einer GmbH kann entweder das Stammkapital der vorhandenen Gesellschafter erhöht oder es können neue Gesellschafter aufgenommen werden. In der Bilanz erscheint das eingebrachte Kapital unter **Eigenkapital/Gezeichnetes Kapital** auf der **Passivseite**. Die Gesellschafter gehen ein beschränktes Risiko ein, da sie nur mit ihrem Anteil und nicht persönlich haften.

● Innenfinanzierung

Bei der Innenfinanzierung fließt das Kapital dem Unternehmen nicht von außen zu, sondern es stammt **aus Gewinnen, Rückstellungen, Abschreibungen** oder den Erlösen aus Anlagenabgängen.

○ Selbstfinanzierung als Eigenfinanzierung

Selbstfinanzierung kann in Form der offenen und verdeckten Selbstfinanzierung durchgeführt werden.

- **Offene Selbstfinanzierung:** Hierunter versteht man eine Finanzierung aus erwirtschafteten und einbehaltenen Gewinnen **(Gewinnthesaurierung)**. Durch diesen Vorgang erhöht sich das Eigenkapital. Das Unternehmen finanziert sich aus eigener Kraft mit den Mitteln, die erwirtschaftet wurden. Bei dieser Finanzierung spricht man von **offener Selbstfinanzierung**, weil der einbehaltene Gewinn in der Bilanz offen ausgewiesen wird. Bei Einzelunternehmen und Personengesellschaften werden die Gewinne den Kapitalkonten der Inhaber gutgeschrieben. Bei der AG und der GmbH wird der Gewinn den offenen Rücklagen zugeführt. Bei Kapitalgesellschaften bleibt das gezeichnete Kapital wegen der Haftungsbeschränkung konstant.

  Beispiel Die Primus GmbH hat im vergangenen Geschäftsjahr einen Gewinn in Höhe von 48.750,00 EUR erzielt. Herr Müller und Frau Primus entnehmen ihren Gewinnanteil nicht, sondern verwenden ihn für eine Betriebserweiterung. Somit erhöhen sich die offenen Rücklagen des Unternehmens auf 205.000,00 EUR.

Selbstfinanzierung	
Vorteile	**Risiken**
● Das Unternehmen bleibt unabhängig, keine Verschiebung der Herrschaftsverhältnisse in der Unternehmensführung. ● Es gibt keine Kreditkosten, Zinsen, Tilgungsraten; die Liquidität des Unternehmens wird nicht eingeschränkt. ● Erhöhung des Eigenkapitalanteils, die Kreditwürdigkeit steigt. ● Verhältnismäßige Verringerung des Fremdkapitalanteils. ● Das Kapital steht unbefristet, auch für langfristige Investitionen, zur Verfügung.	● Gefahr von Fehlinvestitionen: Bei der Investition von nicht ausgeschütteten Gewinnen erfolgt keine wirkungsvolle externe Überprüfung der Wirtschaftlichkeit dieser Investition. Da Eigenkapital häufig keiner strengen externen Rentabilitätskontrolle unterliegt, kann dieses ein Unternehmen zu Investitionen veranlassen, die nicht durch die Marktlage gerechtfertigt sind. Deshalb ist es wichtig, bei der Selbstfinanzierung die gleichen strengen Maßstäbe anzulegen wie bei der Kreditvergabe von Kreditinstituten. ● Bei erheblichen stillen Reserven vermindert sich die Aussagekraft der Bilanz.

- **Verdeckte (stille) Selbstfinanzierung:** Neben dem Gewinn können **stille Rücklagen**, die in einem Unternehmen gebildet worden sind, für die Finanzierung von Investitionsvorhaben herangezogen werden. Diese entstehen durch **unterschiedliche Be-**

wertungsansätze, die das Bilanzrecht den Unternehmen einräumt. Sie können durch die **Überbewertung von Schulden oder Unterbewertung von Vermögensgegenständen** in der Bilanz gebildet werden. Bei der Auflösung der stillen Rücklage wird diese Reserve als Gewinn ausgewiesen.

Beispiele Die Primus GmbH hat vor zehn Jahren ein 2.000 m^2 großes Grundstück für 130,00 EUR/m^2 gekauft. Obwohl der heutige Grundstückswert bei 210,00 EUR/m^2 liegt, muss die Primus GmbH das Grundstück mit seinen Anschaffungskosten bilanzieren. Es ergeben sich somit stille Reserven in Höhe von 160.000,00 EUR. Erst wenn das Grundstück verkauft wird, kommt es zur Auflösung der stillen Rücklagen **(Unterbewertung von Vermögensgegenständen)**. Bei Aufnahme eines Darlehens könnte aber das Grundstück über seinen Buchwert hinaus beliehen werden.

○ Finanzierung durch Kapitalfreisetzung

- **Finanzierung aus Abschreibungen:** Jedes Unternehmen kalkuliert Abschreibungen in seine Verkaufspreise ein. Infolgedessen fließen die Abschreibungen über die Verkaufspreise in das Unternehmen zurück **(Refinanzierung)**. Da diese Geldmittel dem Unternehmen kontinuierlich zufließen, stehen sie lange vor dem Ersatzzeitpunkt des Anlagegutes zur Verfügung und können für Finanzierungszwecke verwendet werden.

  Beispiel Die Primus GmbH hat einen Lieferwagen zu einem Listeneinkaufspreis (netto) von 52.000,00 EUR + 19 % USt gekauft. Am Ende des 1. Nutzungsjahres kann die Primus GmbH den Lieferwagen bei einer geschätzten Nutzungsdauer von vier Jahren mit 25 % linear abschreiben. Somit ergibt sich am Ende des 1. Nutzungsjahres ein Abschreibungsbetrag von 13.000,00 EUR, der über die Umsatzerlöse freigesetzt wird und im 2. Jahr zur Verfügung steht. Da die Neuanschaffung des Lieferwagens erst nach Ablauf der Nutzungsdauer von vier Jahren anfällt, kann der freigesetzte Kapitalbetrag zur Finanzierung anderweitiger Investitionen eingesetzt werden.

- **Finanzierung aus Rückstellungen:** Rückstellungen werden für Aufwendungen des abgelaufenen Geschäftsjahres gebildet, deren Höhe und/oder Fälligkeit am Bilanzstichtag noch nicht feststeht. Rückstellungen sind Verbindlichkeiten und werden auf der Passivseite der Bilanz ausgewiesen.

  Beispiele
  - erwartete Gewerbesteuernachzahlungen
  - Prozesskosten für einen laufenden Rechtsstreit
  - Pensionsverpflichtungen gegenüber Mitarbeitern

Mit der Bildung von Rückstellungen werden Teile des Gewinnes für längere Zeit an den Betrieb gebunden. Sie sind demnach **langfristiges Fremdkapital**, da zwischen der Ansammlung und der Auszahlung zum Teil viele Jahre liegen. Ein Teil dieses Kapitals wird nie fällig, es hat somit Eigenkapitalcharakter.

- **Finanzierung durch den Verkauf von Anlagegegenständen:** Durch den Verkauf nicht benötigter Anlagegegenstände kann sich ein Unternehmen ebenfalls Kapital beschaffen.

Finanzierungsmöglichkeiten nach Herkunft und Fristigkeit

Arten der Finanzierung

Bei der **Fremdfinanzierung als Außenfinanzierung** gewähren Kreditinstitute, Versicherungsgesellschaften, Lieferer dem Unternehmen kurz-, mittel- oder langfristige Kredite gegen Zinszahlung. Das Fremdkapital erscheint in der Bilanz unter dem Posten Verbindlichkeiten.

Einlagenfinanzierung liegt vor, wenn der bzw. die Eigentümer oder Gesellschafter zusätzliches Kapital in die Groß- und Außenhandelsunternehmung einbringen. Das Eigenkapital des Unternehmens wird größer.

Beteiligungsfinanzierung
Beteiligung von Kapitalgebern an einer GmbH.

Selbstfinanzierung
Einbehaltene Gewinne des Unternehmens werden wieder investiert.

Finanzierung durch Kapitalfreisetzung
Das Groß- und Außenhandelsunternehmen erhält seine Abschreibungen des Anlagevermögens durch die Kalkulation in die Verkaufspreise zurück. Diese Geldmittel stehen dem Betrieb wieder für Investitionen zur Verfügung. Zur Finanzierung durch Kapitalfreisetzung zählt ebenfalls der Verkauf nicht benötigter Anlagegegenstände.

1. Beschreiben Sie die Einlagen- und die Beteiligungsfinanzierung.

2. Geben Sie an, welche Finanzierungsart in den folgenden Fällen beschrieben wird.
a) Ein Komplementär erhöht seine Einlage.
b) Eine GmbH nimmt einen neuen Gesellschafter auf.
c) Ein Unternehmer wandelt seine Einzelunternehmung in eine KG um und nimmt einen Gesellschafter auf.
d) Eine GmbH nimmt bei ihrer Bank ein Darlehen auf.
e) Die Vollhafter einer KG belassen ihren Gewinn im Unternehmen, damit ein Grundstück gekauft werden kann.

3. Die Geschäftsführer der Primus GmbH planen, eine neue Lagerhalle für 400.000,00 EUR errichten zu lassen. Die Geschäftsführerin, Frau Primus, schlägt vor, die Halle ausschließlich mit Eigenkapital zu finanzieren. Herr Müller ist der Ansicht, dass es vorteilhafter sei, einen Kredit bei der Bank aufzunehmen.
a) Stellen Sie in einer Übersicht für Frau Primus die Vorteile einer Finanzierung mit Eigenkapital dar.
b) Sammeln Sie Argumente, die für den Vorschlag von Herrn Müller sprechen.
c) Bilden Sie zwei Gruppen und diskutieren Sie die unterschiedlichen Ansichten stellvertretend für die Geschäftsführer.

4. Erläutern Sie die Selbstfinanzierung.

5. Das Bürofachgeschäft Herbert Blank e. K. ist Kunde der Primus GmbH. Herr Blank ist alleiniger Inhaber. Er möchte seinen Betrieb erweitern. Hierzu sind 200.000,00 EUR erforderlich. Herrn Blank stehen 120.000,00 EUR Kapital zur Verfügung. Einen Bankkredit möchte Herr Blank wegen der Zins- und Tilgungsbelastung nicht aufnehmen. Er sucht Gesellschafter und denkt an die Gründung einer KG oder GmbH.
a) Beschreiben Sie, wie sich in den zwei Fällen die Kapitalbeschaffung vollzieht.
b) Erläutern Sie die jeweiligen Vor- und Nachteile, die sich aus der entsprechenden Kapitalbeschaffung ergeben.

6. Unterscheiden Sie die Kredite hinsichtlich ihrer Laufzeit und geben Sie an, ob sie für die Finanzierung des Anlage- oder Umlaufvermögens aufgenommen werden.

7. Erläutern Sie die Finanzierung durch Abschreibung. Geben Sie an, welche Bedeutung dieser Finanzierungsform in Unternehmen zukommt.

8. Gehen Sie zu Kreditinstituten und beschaffen Sie sich Unterlagen zur Kreditvergabe an Privatpersonen und Unternehmen. Vergleichen Sie die Konditionen (Zinsen, sonstige Kosten) der Kreditinstitute miteinander.

2 Kreditarten bei der Fremdfinanzierung beurteilen

2.1 Kurz- und langfristige Fremdfinanzierung

Die Primus GmbH hat sich entschlossen, ein Bankdarlehen über 70.000,00 EUR für die Erweiterung des Lagers und der dazugehörigen Regalsysteme aufzunehmen. Herr Müller beauftragt Nicole Höver damit, einen Termin mit dem zuständigen Sachbearbeiter der Hausbank zu vereinbaren. Zum Abschluss des Telefongesprächs sagt der Sachbearbeiter zu Nicole: *„Bringen Sie bitte nächste Woche die üblichen Unterlagen mit."*

ARBEITSAUFTRÄGE

- Überlegen Sie, welche Unterlagen ein Kreditinstitut vom Kreditnehmer haben möchte.
- Stellen Sie die verschiedenen Darlehensarten in einer Übersicht dar.

Der Kreditvertrag

Der **Kreditvertrag** wird üblicherweise **schriftlich** abgeschlossen und kommt durch die Bewilligung des Kreditantrages und die Einverständniserklärung des Kreditnehmers zustande. Kreditinstitute haben zu diesem Zweck bereits vorgefertigte Vordrucke.

Über folgende **Inhalte** werden im Kreditvertrag Vereinbarungen getroffen:

- Höhe des Kredits
- Sicherung des Kredits
- Rückzahlung und Tilgungsrate des Kredites
- Verwendungszweck des Kredits
- Zinssatz und Fälligkeit der Zinsen
- Laufzeit des Kredites

Bevor ein Kreditinstitut einen Kredit gewährt, wird eine Kreditprüfung vorgenommen. Hierbei wird die **Kreditfähigkeit** und die **Kreditwürdigkeit (Bonität)** des Kunden überprüft. **Kreditfähig sind**

- alle natürlichen Personen, die voll geschäftsfähig sind,
- alle juristischen Personen (GmbH),
- alle Personenhandelsgesellschaften (KG).

Bei der **Kreditwürdigkeit** wird überprüft, ob ein Kreditnehmer in der Lage ist, einen aufgenommenen Kredit zurückzuzahlen. Hierzu werden eine sachliche und eine persönliche Kreditwürdigkeitsprüfung der Person des Kreditnehmers vorgenommen. Im Rahmen der **sachlichen Kreditwürdigkeitsprüfung** können u. a. überprüft werden:

- GuV-Rechnung, Bilanz, Anhang, Lagebericht, Geschäftsbücher
- Handelsregister-, Grundbuchauszüge
- Steuerunterlagen
- Gesellschaftsvertrag

Ferner können **Betriebsbesichtigungen** vorgenommen werden, um sich ein Bild vom Zustand des Unternehmens zu verschaffen. Kreditinstitute bedienen sich zudem der Hilfe von **Wirtschaftsauskunfteien.** Diese verfügen über Informationen der Kredit nehmenden Unternehmen, die laufend auf dem neuesten Stand gehalten werden. Die Auskunfteien erteilen die Auskünfte gegen Entgelt.

Beispiel Auskunfteien bieten Auskünfte als Normalauskunft (schriftlich, telefonisch), Telefaxauskunft oder Online-Auskunft mittels direkter Datenleitungen an.

Zur **persönlichen Kreditwürdigkeitsprüfung** zählen bei natürlichen Personen die Überprüfung von

- **persönlichen Daten,**
  Beispiele Unterhaltszahlungen bei Ehescheidungen, Vertrauenswürdigkeit, Zahlungsgewohnheiten, ehelicher Güterstand, Tüchtigkeit, Vermögensverhältnisse
- **fachlichen Qualifikationen,**
  Beispiele Prüfungsabschlüsse, Studium, unternehmerische Fähigkeiten
- **persönlichen Haftungsverhältnissen.**
  Beispiel Vollhafter oder Teilhafter bei der KG

Auskünfte von Kreditinstituten können nur in begrenztem Umfange genutzt werden, da das Bankgeheimnis die Auskunftsmöglichkeiten einschränkt.

Kreditinstitute sind oft bereit, allein aufgrund des **Firmen- oder Geschäftswertes (= Goodwill)** eines Groß- und Außenhandelsbetriebes Kredite zu vergeben. Zum Firmen- oder Geschäftswert eines Unternehmens zählen

- persönlicher Ruf des oder der Geschäftsinhaber/-in,
- allgemeiner geschäftlicher Ruf des oder der Geschäftsinhaber/-in,
- Standort des Geschäftes,
- Anzahl der Stammkunden,
- Zukunftsaussichten des Geschäftes und der Branche,
- bisheriges Zahlungsverhalten,
- Qualifikation der Mitarbeiter,
- Zweckmäßigkeit und Wert der Geschäftseinrichtung.

Nach der Überprüfung der Bonität des Groß- und Außenhändlers erfolgt die **Kreditsicherungsprüfung** der Banken.

Kurzfristige Fremdfinanzierung

Kreditinstitute stellen Unternehmen kurz-, mittel- und langfristige Kredite zur Verfügung. Zu den kurzfristigen Krediten zählen der Kontokorrentkredit und der Liefererkredit zu den mittel- und langfristigen Krediten zählt das Darlehen (vgl. S. 152).

Kontokorrentkredit

Hat ein Unternehmen die Möglichkeit, **sein Konto bei einem Kreditinstitut bis zur Höhe eines vereinbarten Betrags (= Kreditlimit) in Anspruch zu nehmen**, kann es also sein Betriebskonto bis zu diesem Betrag überziehen, liegt ein Kontokorrentkredit vor. Für den Groß- und Außenhändler fallen **folgende Kosten** an:

- Für den in Anspruch genommenen Kredit müssen **Zinsen (Sollzinsen)** bezahlt werden.
- Da das Kreditinstitut das Kapital für das Unternehmen bereithält, kann es dieses Kapital nicht für andere Zwecke verwenden. Deshalb verlangt das Kreditinstitut auch für den nicht in Anspruch genommenen Kredit eine **Kreditprovision (Bereitstellungsentgelt)**.
- Für die Kontoführung wird **Umsatzprovision** berechnet.
- Wenn das Unternehmen das Kreditlimit überschreitet, berechnet das Kreditinstitut zusätzlich zu den Sollzinsen **Überziehungsprovision**.

Sollte das Kontokorrentkonto ein Guthaben aufweisen, hat das Unternehmen Anspruch auf Habenzinsen. Der Ausgleich eines in Anspruch genommenen Kontokorrentkredits erfolgt durch Zahlungseingänge auf das Konto, z. B. Überweisungen von Kunden, Bareinzahlungen.

Beispiel Die Primus GmbH unterhält bei der Sparkasse Duisburg ein Kontokorrentkonto. Im Monat Januar hat die Primus GmbH den Kontokorrentkredit für zehn Tage über 50.000,00 EUR und für die letzten 20 Tage über 60.000,00 EUR in Anspruch genommen. Es wurden 65 Überweisungen an Lieferer getätigt. Das Kreditlimit beträgt 80.000,00 EUR, Sollzinsen 8 %, Habenzinsen 0,5 %, pro Buchung 0,15 EUR Buchungsentgelt (Umsatzprovision), das Bereitstellungsentgelt (Kreditprovision) beträgt 3 % vom nicht in Anspruch genommenen Kredit. Die Sparkasse führt zum Monatsende folgende Abrechnung durch:

Sollzinsen $Z = \frac{\text{Kapital} \cdot \text{Tage} \cdot \text{Zinssatz}}{100 \cdot 360}$	50.000,00 EUR für 10 Tage	=	111,11 EUR
	60.000,00 EUR für 20 Tage	=	266,67 EUR
Umsatzprovision	65 · 0,15 EUR	=	9,75 EUR
Kreditprovision vom nicht in Anspruch	30.000,00 EUR für 10 Tage	=	25,00 EUR
genommenen Kredit	20.000,00 EUR für 20 Tage	=	33,33 EUR
Insgesamt			445,86 EUR

Das Kontokorrentkonto der Primus GmbH wird mit 445,86 EUR belastet.

Bei Unternehmen ist diese Kreditform wegen der **folgenden Vorteile** sehr beliebt:

- Stetige Anpassung an den jeweiligen Finanzbedarf des Kreditnehmers, der Kontokorrentkredit stellt somit einen Puffer für die kurzfristige Finanzierung dar.
- Bequeme Inanspruchnahme, da nach der Kontokorrentvereinbarung keine besonderen Anträge an das Kreditinstitut gestellt werden müssen.

Der Liefererkredit

Beim **Liefererkredit** räumt der Lieferer seinen Kunden für gelieferte Waren ein **Zahlungsziel** ein (vgl. S. 145).

Der Lieferer kann sofortige Zahlung verlangen, falls über den Zahlungszeitpunkt keine vertragliche Vereinbarung vorliegt. Wird für die Zahlung ein **bestimmtes Ziel** – z. B. zahlbar innerhalb 50 Tagen ab Rechnungsdatum – vereinbart, dann **gewährt** der **Lieferer einen Kredit**, den er sich **verzinsen** lässt und in seiner Kalkulation berücksichtigt hat. Will der Lieferer **vorzeitige Zahlung** erreichen, gewährt er bei **Verzicht auf den Kredit einen Nachlass auf den Rechnungsbetrag**, der als **Skonto** (vgl. S. 160) bezeichnet wird.

Beispiel 2% Skonto bei Zahlung innerhalb von 14 Tagen

Um wirtschaftlich begründet zwischen den Möglichkeiten der **Skontoausnutzung** und der **Kreditinanspruchnahme** entscheiden zu können, wird der **Skontosatz** unter Verwendung der Zinsformel in einen **Zinssatz** umgerechnet (vgl. S. 158).

● Langfristige Fremdfinanzierung

○ Darlehen

Kreditinstitute bieten Unternehmen für die Finanzierung des **Anlagevermögens mittel- und langfristige Darlehen (= Investitionskredit)**. Hierbei verlangen sie i. d. R. Sicherheiten wie Bürgschaften oder Pfandrechte (vgl. S. 175).

Darlehensarten	Art der Tilgung	Kreditkosten
– **Festdarlehen**	Darlehen wird zum Ende der Laufzeit in einer Summe zurückgezahlt..	– Zinsen vom Darlehen
– **Annuitätendarlehen**	Der Kreditnehmer erbringt jährlich gleichbleibende Leistungen (Tilgung + Zinsen).	– Zinsen von der jeweiligen Restdarlehensschuld
– **Abzahlungsdarlehen**	Der Kreditnehmer erbringt jährlich fallende Leistungen (Tilgung + Zinsen).	– Zinsen von der jeweiligen Restdarlehensschuld
– **Ratenkredit**	Darlehen wird in festen monatlichen Raten zurückgezahlt.	– einmaliges Bearbeitungsentgelt – Zinsen (Monatszinssatz vom Anfangsdarlehen)

Die **Darlehenszinsen** werden vom Zeitpunkt der Bereitstellung berechnet. Der **Zinssatz** ist niedriger als bei Kontokorrentkrediten, da das Kreditinstitut bei Darlehen langfristiger planen kann. Meistens ist der Auszahlungsbetrag etwas niedriger als die Darlehenssumme, die zurückgezahlt werden muss. Man nennt den nicht ausgezahlten Teil des Darlehens **Disagio (Abgeld) oder Damnum**. Als Ausgleich für das Disagio zahlt der Kreditnehmer einen geringeren Zinssatz als bei einem Darlehen ohne Disagio.

Beispiel

Darlehensgewährung	100 %	70.000,00 EUR
– Disagio (Damnum)	2 %	1.400,00 EUR
tatsächlich zur Verfügung gestellter Betrag	98 %	68.600,00 EUR

Bei den Finanzierungskosten muss zwischen **Nominal- und Effektivzinssatz** unterschieden werden. Beim Nominalzinssatz wird nur die Verzinsung des Darlehens ohne Berücksichtigung von Disagio, Bearbeitungsentgelt usw. angegeben, während beim Effektivzinssatz (= tatsächlicher Zinssatz) alle zusätzlichen Kosten berücksichtigt werden. Die Kreditinstitute müssen für alle Darlehen **Effektivzinssätze** angeben.

Häufig werden von den Kreditinstituten bei der Darlehensgewährung **Bearbeitungsentgelte** verlangt. Entgelte werden prozentual von der Kreditsumme oder pauschal berechnet, und zwar unabhängig von der Laufzeit des Kredits.

Beispiel Zwei Banken bieten der Primus GmbH ein kurzfristiges Darlehen über 60.000,00 EUR für eine Laufzeit von zwei Jahren zu folgenden Konditionen an:

1. Bank: Auszahlung 100 % = 60.000,00 EUR, Nominalzinssatz 6,5 %, Bearbeitungsentgelt 0,5 % von der Darlehenssumme

2. Bank: Disagio 2 %, Auszahlung 98 % = 58.800,00 EUR, Nominalzinssatz 6 %

Ermitteln Sie den Effektivzinssatz für beide Kredite.

Die **Effektivverzinsung kann folgendermaßen errechnet werden:** Sämtliche Kosten, die über die Laufzeit des Kredites entstehen, werden addiert (Zinsen, Bearbeitungsentgelte, Spesen, Disagio) und dann als Jahreszinssatz zum eingesetzten Kapital ausgedrückt.

Lösung

Angebot 1. Bank		Angebot 2. Bank	
6,5 % Zinsen/2 Jahre von 60.000,00 EUR	7.800,00 EUR	6 % Zinsen/2 Jahre von 60.000,00 EUR	7.200,00 EUR
+ 0,5 % Bearbeitungsentgelt von 60.000,00 EUR	300,00 EUR	+ 2 % Disagio von 60.000,00 EUR	1.200,00 EUR
Kosten des Kredits	8.100,00 EUR	Kosten des Kredits	8.400,00 EUR

Die Kosten des Kredites entstehen für die Laufzeit von zwei Jahren.

$$\text{Effektiver Zinssatz} = \frac{\text{Kosten des Kredits} \cdot 100 \cdot 1}{\text{Darlehensbetrag} \cdot \text{Kreditzeitraum}}$$

$$\text{Effektiver Zinssatz} = \frac{8.100 \cdot 100 \cdot 1}{60.000 \cdot 2} = 6{,}75\ \% \qquad \text{Effektiver Zinssatz} = \frac{8.400 \cdot 100 \cdot 1}{58.800 \cdot 2} = 7{,}14\ \%$$

Es ist für die Primus GmbH günstiger, das Angebot der ersten Bank anzunehmen, da der Effektivzinssatz für dieses Darlehen geringer ist.

PRAXISTIPP Vergleichen Sie bei einer Darlehensaufnahme bei einem Kreditinstitut die Effektivzinssätze, denn nur diese geben Auskunft über die Vorteilhaftigkeit eines Kredites.

○ Leasing (vgl. S. 166)

○ Factoring (vgl. S. 168)

Kurz- und langfristige Fremdfinanzierung

- Vor der Kreditvergabe wird die **persönliche und sachliche Kreditwürdigkeit (Bonität)** und die **Kreditfähigkeit** des Kreditnehmers durch den Kreditgeber überprüft.

Fremdfinanzierung
Banken, Versicherungen und Privatpersonen gewähren dem Groß- und Außenhändler kurz-, mittel- oder langfristige Kredite gegen Zinszahlung.

→ **Kontokorrentkredit**
Der Groß- und Außenhändler kann sein laufendes Girokonto bis zu einem bestimmten Betrag überziehen.

→ **Liefererkredite**
Dem Groß- und Außenhändler wird ein Zahlungsziel durch den Lieferer gewährt, wodurch der Groß- und Außenhändler die Möglichkeit erhält, einen Teil des Rechnungsbetrages durch Verkäufe der Waren an seine Kunden zurückzuerhalten.

→ **Darlehenskredite**
Längerfristige Kredite für die Finanzierung des Anlagevermögens, wobei die Auszahlung in einem Betrag oder in Teilbeträgen und die Rückzahlung in einer Summe oder in Teilbeträgen nach einem Tilgungsplan erfolgen kann.

1. Die Primus GmbH will einen Kredit bei der Sparkasse Duisburg für die Neuanschaffung eines Lkw aufnehmen. Geben Sie an, über welche Inhalte in einem Kreditvertrag Vereinbarungen getroffen werden sollten.

2. Die Primus GmbH bezieht von der Latex AG Waren im Werte von 34.500,00 EUR. Die Zahlungsbedingung lautet: „60 Tage netto Kasse, bei Zahlung innerhalb von 14 Tagen 3 % Skonto." Für einen Kontokorrentkredit der Hausbank wären 14 % effektiver Jahreszins zu entrichten. Die Primus GmbH möchte den Skonto ausnutzen, muss dafür aber das Kontokorrentkonto in Anspruch nehmen.

a) Ermitteln Sie den Überweisungsbetrag nach Abzug von Skonto.
b) Ermitteln Sie die Zinsen für den in Anspruch genommenen Kontokorrentkredit.
c) Ermitteln Sie den Finanzierungsgewinn, wenn der Skonto unter Inanspruchnahme des Kontokorrentkredites ausgenutzt wird.
d) Ermitteln Sie den Effektivzinssatz für den Skonto.

3. Erklären Sie die verschiedenen Arten des Darlehens.

4. Beschreiben Sie, auf welche Weise Kreditinstitute die Kreditwürdigkeit ihrer Kunden überprüfen.

5. Zur Erweiterung des Unternehmens benötigt die Primus GmbH einen Kredit über 200.000,00 EUR mit einer Laufzeit von drei Jahren. Die Primus GmbH erhält zwei Angebote:

Bank A: 9 % Zinsen zuzüglich 800,00 EUR Bearbeitungsentgelt
Bank B: 8 % Zinsen zuzüglich 0,5 % Bearbeitungsentgelt von der Kreditsumme und 1 % Disagio

Die Rückzahlung des Kredits soll jeweils in einer Summe nach drei Jahren erfolgen.

a) Ermitteln Sie, wie viel EUR die Kreditkosten für die gesamte Laufzeit bei jeder Bank betragen.
b) Ermitteln Sie die Effektivverzinsung beider Kredite.

6. a) Erkundigen Sie sich bei Kreditinstituten nach den Konditionen für einen Kontokorrent- und einen Darlehenskredit. Vergleichen Sie die Konditionen der Kreditinstitute miteinander.
b) Suchen Sie nach Begründungen dafür, dass die Zinssätze bei den einzelnen Kreditinstituten unterschiedlich sind.

7. Die Primus GmbH nimmt bei einer Geschäftsbank einen langfristigen Kredit auf. Wofür eignet sich der Einsatz dieses Kapitals?
1. für die Bezahlung der Telefonrechnungen
2. für die Reparatur eines Lieferwagens
3. für die Bezahlung der Lagereinrichtung
4. für Gehaltszahlungen
5. für die Durchführung des Werbeplans

2.2 Anwendung der Zinsrechnung bei der Fremdfinanzierung

Die Primus GmbH will ein Darlehen über 70.000,00 EUR zur Erweiterung des Lagers aufnehmen. Frau Primus erhält von der Sparkasse Duisburg ein Angebot über ein Darlehen bei einer Laufzeit von zwei Jahren zu 6 %. Eine Konkurrenzbank bietet für den gleichen Zeitraum ein Darlehen über den gleichen Betrag zu einem Festzinsbetrag von 9.100,00 EUR an. Frau Primus bittet Nicole Höver zu ermitteln, welches Darlehen das günstigere ist.

ARBEITSAUFTRÄGE

- Ermitteln Sie die Zinsen, die bei Aufnahme des Darlehens bei der Sparkasse Duisburg anfallen würden.
- Ermitteln Sie den Zinssatz, den die Konkurrenzbank zugrunde gelegt hat.
- Begründen Sie, welches Darlehensangebot Frau Primus annehmen sollte.

Zinsen stellen eine Vergütung für die zeitweilige Überlassung von Kapital dar. Zinsrechnen ist angewandtes Prozentrechnen. Während beim Prozentrechnen mit drei Größen (Prozentwert, Prozentsatz, Grundwert) gearbeitet wurde, beschäftigt sich die Zinsrechnung mit vier Größen, nämlich dem **Kapital (= Grundwert in der Prozentrechnung)**, dem **Zinssatz**[1] (**= Prozentsatz in der Prozentrechnung**), den **Zinsen (= Prozentwert in der Prozentrechnung)** und der **Zeit** (fehlt in der Prozentrechnung). LF 3

Beispiel 100,00 EUR Kapital bringen zu 6% in einem Jahr angelegt 6,00 EUR Zinsen.

Beim Zinsrechnen arbeitet man mit folgenden Begriffen:

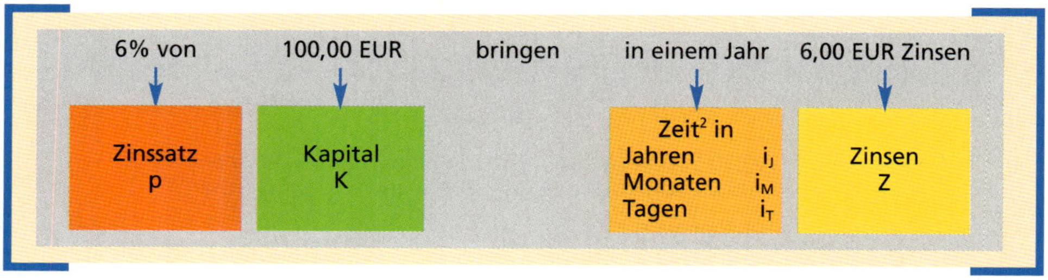

[1] *Der inhaltlich gleiche Begriff Zinsfuß ist heute veraltet.*
[2] *Vielfach wird die allgemeine Abkürzung t (lateinisch tempus = Zeit) für alle Zeitangaben verwendet.*

Berechnung von Jahreszinsen

Um die Jahreszinsen berechnen zu können, müssen das Kapital (K), der Zinssatz (p) und die Zeit (i_J) angegeben sein.

Beispiel Die Primus GmbH soll bei der Bank für ein Darlehen über 12.000,00 EUR für vier Jahre 6% Zinsen zahlen.

Berechnen Sie die Zinsen, die die Primus GmbH für die vier Jahre zahlen soll.

Lösung
Ein Zinssatz von 6% bedeutet, dass man in einem Jahr 6,00 EUR Zinsen für 100,00 EUR Kapital zahlen muss.

Im Fragesatz wird die Frage gestellt, wie viel EUR Zinsen (x) müssen in vier Jahren für 12.000,00 EUR Kapital gezahlt werden.

① Bedingungssatz: 100,00 EUR kosten in einem Jahr 6,00 EUR Zinsen
② Fragesatz: 12.000,00 EUR kosten in vier Jahren x EUR Zinsen

③ Bruchsatz:

$$x = \frac{12.000 \cdot 4 \cdot 6}{100}$$

$$x = \underline{\underline{2.880,00 \text{ EUR}}}$$

Die Zinsen betragen 2.880,00 EUR.

Hieraus lässt sich folgende Formel für die Berechnung der Jahreszinsen ableiten:

$$\textbf{Jahreszinsen} = \frac{\text{Kapital} \cdot \text{Jahre} \cdot \text{Zinssatz}}{100} \quad \text{oder} \quad Z_J = \frac{K \cdot i_J \cdot p}{100}$$

Lösungsweg
Berechnen Sie die Jahreszinsen mithilfe obiger Formel.

Berechnung von Monatszinsen

Um die Monatszinsen berechnen zu können, müssen das Kapital (K), der Zinssatz (p) und die Zeit in Monaten (i_M) angegeben sein.

Beispiel Ein Darlehen von 6.600,00 EUR wird mit 5% verzinst.

Wie viel Zinsen kostet das Darlehen in acht Monaten?

Lösung
5% Zinsen bedeuten, dass für 100,00 EUR Kapital in einem Jahr, also in zwölf Monaten, 5,00 EUR Zinsen zu zahlen sind.

① Bedingungssatz: 100,00 EUR kosten in zwölf Monaten 5,00 EUR Zinsen
② Fragesatz: 6.600,00 EUR kosten in acht Monaten x EUR Zinsen

③ Bruchsatz:

$$x = \frac{6.600 \cdot 8 \cdot 5}{100 \cdot 12}$$

Die Zinsen betragen 220,00 EUR.

$$x = \underline{\underline{220,00 \text{ EUR}}}$$

Hieraus lässt sich folgende Formel für die Berechnung der Monatszinsen ableiten:

$$\textbf{Monatszinsen} = \frac{\text{Kapital} \cdot \text{Monate} \cdot \text{Zinssatz}}{100 \cdot 12} = \text{oder} \quad Z_M = \frac{K \cdot i_M \cdot p}{100 \cdot 12}$$

Lösungsweg

Berechnen Sie die Jahreszinsen mithilfe obiger Formel.

Berechnung von Tageszinsen

Bei der Berechnung der Tageszinsen wird in Deutschland **in der kaufmännischen Zinsrechnung** das Jahr mit 360 Tagen gerechnet und der Monat mit 30 Tagen, auch der Februar. Geht die Verzinsung jedoch nur bis zum 28. oder 29. Februar, dann rechnet man mit 28 bzw. 29 Tagen. Der 31. eines Monats wird nicht berücksichtigt, auch wenn der Zeitraum bis zum 31. eines Monats läuft. Bei der Berechnung des Zinszeitraumes wird der erste Tag der Laufzeit nicht mitgezählt, der letzte Tag jedoch wird mitgezählt. Im Ausland ist die Berechnung der Zinstage unterschiedlich.

Beispiele	Ermittlung der Tage	
16. April bis 20. Juni	April	14 Tage
	Mai	30 Tage
	Juni	20 Tage
		64 Tage
10. Januar bis 17. März	Januar	20 Tage
	Februar	30 Tage
	März	17 Tage
		67 Tage
15. Januar bis 29. Februar	Januar	15 Tage
	Februar	29 Tage
		44 Tage
1. Juli bis 31. Juli	Juli	29 Tage

In der kaufmännischen Zinsrechnung

- wird der 31. eines Monats nicht berücksichtigt,
- hat der Februar wie alle anderen Monate 30 Tage, bei Verzinsung bis zum 28. oder 29. Februar nur 28 bzw. 29 Tage,
- wird der erste Tag nicht gezählt,
- wird der Tag, bis zu dem gerechnet wird, mitgezählt.

Um die Tageszinsen berechnen zu können, müssen das Kapital (K), der Zinssatz (p) und die Zeit in Tagen (i_T) angegeben sein.

Beispiel Berechnen Sie die Zinsen, die ein Kredit von 5.000,00 EUR bei einem Zinssatz von 6% in 45 Tagen kostet.

Lösung
6% Zinsen bedeuten, dass für 100,00 EUR Kapital in einem Jahr, also in 360 Tagen, 6,00 EUR Zinsen zu zahlen sind.

Im Fragesatz wird die Frage gestellt, wie viel EUR Zinsen (x) bringen 5.000,00 EUR in 45 Tagen.

① Bedingungssatz: 100,00 EUR kosten 360 Tagen 6,00 EUR Zinsen

② Fragesatz: 5.000,00 EUR kosten in 45 Tagen x EUR Zinsen

③ Bruchsatz: $x = \frac{5.000 \cdot 45 \cdot 6}{100 \cdot 360}$ $x = \underline{\underline{37{,}50 \text{ EUR}}}$

Die Zinsen betragen 37,50 EUR.

Hieraus lässt sich folgende kaufmännische Formel für die Berechnung der Tageszinsen ableiten:

$$\textbf{Tageszinsen} = \frac{\text{Kapital} \cdot \text{Tage} \cdot \text{Zinssatz}}{100 \cdot 360} = \text{oder} \quad K_M = \frac{K \cdot i_T \cdot p}{100 \cdot 360}$$

Lösungsweg

Berechnen Sie die Tageszinsen mithilfe obiger Formel.

Berechnung des Zinssatzes

Um den Zinssatz berechnen zu können, müssen die Zinsen, das Kapital und die Zeit gegeben sein.

Beispiel Die Primus GmbH hat einen Kredit bei der Sparkasse Duisburg 14.300,00 EUR für 90 aufgenommen. Die Primus GmbH zahlt nach 90 Tagen 178,75 EUR Zinsen.

Zu welchem Zinssatz wurde das Kapital angelegt?

Lösung
Es ist angegeben, dass die Primus GmbH in 90 Tagen für 14.300,00 EUR Kapital 178,75 EUR Zinsen zahlt.

Es wird die Frage gestellt, wie viel Zinsen man in 360 Tagen für ein Kapital von 100,00 EUR zahlt.

① Bedingungssatz: In 90 Tagen zahlt man für 14.300,00 EUR Kapital 178,75 EUR Zinsen

② Fragesatz: In 360 Tagen zahlt man für 100,00 EUR Kapital x EUR Zinsen

③ Bruchsatz: $x = \frac{178{,}75 \cdot 100 \cdot 360}{90 \cdot 14.300}$ $x = \underline{\underline{5{,}00 \text{ EUR}}}$

Der Zinssatz beträgt somit 5%.

Hieraus lässt sich folgende Formel für die Berechnung des Zinssatzes ableiten:

$$\textbf{Zinssatz} = \frac{\text{Zinsen} \cdot 100 \cdot 360}{\text{Zeit} \cdot \text{Kapital}} = \text{oder} \quad p = \frac{Z \cdot 100 \cdot 360}{i_T \cdot K}$$

Lösungsweg

Berechnen Sie die Tageszinsen oder mithilfe obiger Formel.

Zinsrechnung auf Hundert (vom vermehrten Kapital)

Wenn nur das vermehrte Kapital (Kapital + Zinsen) angegeben ist und das Kapital berechnet werden soll, dann liegt eine Zinsrechnung „auf Hundert" vor.

Um das Kapital berechnen zu können, muss auch hier der Zinssatz in einen Prozentsatz umgewandelt werden.

Beispiel Ein Großhändler hatte ein Darlehen bei seiner Bank für 1/2 Jahr aufgenommen, das er nach Ablauf des halben Jahres einschließlich 9% Zinsen mit 9 405,00 EUR zurückzahlt.

Lösung

① **Zinsrechnung**			**Prozentrechnung**	
Darlehen (Kapital)	9.000,00 EUR	⑤	100 %	②
+ Zinsen 9%/180 Tage	405,00 EUR		4,5 %	③
Vermehrtes Kapital	9.405,00 EUR	④	104,5 %	④

② In 360 Tagen = 9%
In 180 Tagen = x%

$$x = \frac{9 \cdot 180}{360} \qquad x = 4{,}5\ \%$$

Zum Zeitpunkt der Auszahlung ist das Darlehen (Kapital) gleich 100% zu setzen. Nach Ablauf von 180 Tagen zahlt der Großhändler das Kapital zusammen mit den 9% Zinsen zurück, wobei der Zinssatz von 9% einem Prozentsatz von 4,5% entspricht.

⑤ 104,5 % = 9.405,00 EUR
100 % = x EUR

$$x = \frac{9.405 \cdot 100}{104{,}5} \qquad x = 9.000{,}00\ \text{EUR}$$

Das Kapital (Darlehen) betrug 9.000,00 EUR

Lösungsweg

① Stellen Sie das Abrechnungsschema auf und setzen Sie die angegebenen Größen ein.
② Setzen Sie das Darlehen (Kapital) = 100%.
③ Ermitteln Sie aus dem Zinssatz einen Prozentsatz.
④ Ermitteln Sie den Prozentsatz für das vermehrte Kapital, indem Sie das Darlehen (Kapital) = 100% setzen und den errechneten Prozentsatz addieren.
⑤ Errechnen Sie das Darlehen (Kapital) mithilfe des Dreisatzes.

Effektivverzinsung

Beispiel Die Primus GmbH erhält von ihrem Lieferer am 30.09. eine Rechnung über 6.800,00 EUR. Als Zahlungsbedingung ist vermerkt: „Zahlbar in 30 Tagen nach Rechnungserhalt netto Kasse oder innerhalb von 10 Tagen abzüglich 2% Skonto". Die Primus GmbH überlegt, ob sie aufgrund fehlender Barmittel den notwendigen Betrag bei ihrer Bank aufnehmen soll. Die Bank verlangt 9% Zinsen.

1. Wie hoch ist der effektive Zinssatz für diesen Liefererkredit?

2. Ermitteln Sie den Finanzierungsgewinn aus der Inanspruchnahme von Skonto.

Lösung

1. Effektiver (tatsächlicher) Zinssatz für den Liefererkredit

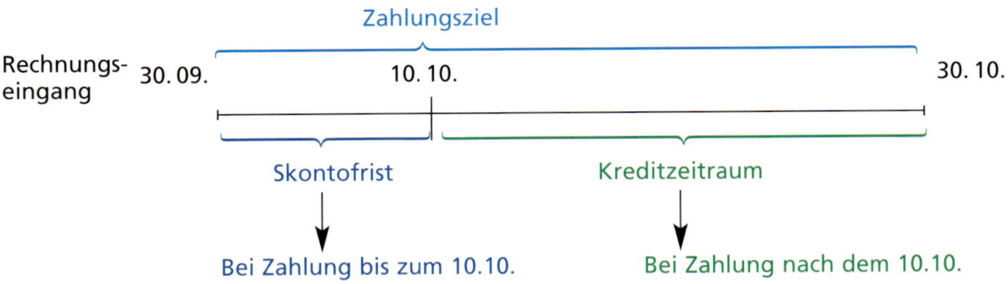

Bei Zahlung bis zum 10.10.		Bei Zahlung nach dem 10.10.	
Rechnungsbetrag	6.800,00 EUR		
– 2 % Skonto	136,00 EUR		
Überweisungsbetrag	6.664,00 EUR	Überweisungsbetrag	6.800,00 EUR

Skonto ist also ein Zins, den der Lieferer für den Kreditzeitraum von 20 Tagen einrechnet. Nimmt der Kunde diesen Kreditzeitraum nicht in Anspruch, weil er bis zum 10.10. zahlt, kann er den eingerechneten Zins (= Skonto) vom Rechnungsbetrag abziehen.

Der Groß- und Außenhändler braucht erst am 10. Tag, also am 10.10. zu zahlen, um den Skonto auszunutzen. Also nimmt er erst am 10. Tag den erforderlichen Bankkredit auf, wenn er nicht über genügend flüssige Mittel verfügt.

① Der Kreditzeitraum beträgt also 20 Tage, nämlich vom 10.10. bis 30.10.

Kreditzeitraum = Zahlungsziel – Skontofrist

② 20 Tage = 2 %
360 Tage = x %

$$x = \frac{2 \cdot 360}{20} \qquad x = \underline{\underline{36\ \%}}$$

Der effektive (tatsächliche) Zinssatz für den Liefererkredit beträgt 36 %.

Hieraus lässt sich folgende Formel für die Berechnung des effektiven (tatsächlichen) Zinssatzes ableiten:

$$\text{Effektiver (tatsächlicher) Zinssatz} = \frac{\text{Skontosatz} \cdot 360}{\text{Kreditzeitraum}}$$

Lösungsweg

① Berechnen Sie den Kreditzeitraum, indem Sie vom Zielzeitraum den Skontozeitraum abziehen.

② Benutzen Sie für die Berechnung des effektiven (tatsächlichen) Zinssatzes obige Formel.

2. Kosten des Bankkredits und Finanzierungsgewinn

Wenn die Primus GmbH bei vorzeitiger Zahlung 2 % Skonto von 6.800,00 EUR abzieht, braucht sie bei ihrer Bank nur noch 6.664,00 EUR (6.800,00 EUR – 2 % Skonto) als Kredit aufzunehmen.

	Rechnungsbetrag	6.800,00 EUR
–	2 % Skonto	136,00 EUR
①	Überweisungsbetrag	6.664,00 EUR

Die Kosten des Bankkredits werden mithilfe der Zinsformel ermittelt:

$$\text{Zinsen} = \frac{\text{Kapital} \cdot \text{Zeit} \cdot \text{Zinssatz}}{100 \cdot 360}$$

② $$Z = \frac{6.664 \cdot 20 \cdot 9}{100 \cdot 360} \qquad Z = 33{,}32 \text{ EUR}$$

Die Kosten des Bankkredits betragen 33,32 EUR.

Somit ergibt sich folgende Ersparnis:

	Skonto	136,00 EUR
–	Kosten des Bankkredits	33,32 EUR
	Finanzierungsgewinn	102,68 EUR

Lösungsweg

① Ermitteln Sie den Überweisungsbetrag (Rechnungsbetrag – Skonto).

② Ermitteln Sie mithilfe der Zinsformel die Kosten des erforderlichen Bankkredits.

③ Berechnen Sie den Finanzierungsgewinn, indem Sie vom Skonto die Kosten des Bankkredits abziehen. Ist der Skonto höher als die Kosten des Bankkredits, lohnt es sich, den Skonto auszunutzen.

Anwendung der Zinsrechnung bei der Fremdfinanzierung

- **Zinsrechnung:** Anwendung der Prozentrechnung unter Berücksichtigung der Zeit
- **Größen der Zinsrechnung**

Zinsen (Z)	Kapital (K)	Zinssatz (p)	Zeit (i)[1]
= Prozentwert ergeben sich durch Bezug des Zinssatzes auf das Kapital unter Berücksichtigung der Zeit	= Grundwert Ist immer 100%	= Prozentsatz Gibt die Anzahl der Anteile von 100 auf ein Jahr bezogen an	= Sie kann als Anzahl von Jahren, Monaten oder Tagen angegeben sein.
$Z = \frac{K \cdot i \cdot p}{100 \cdot 360}$	$K = \frac{Z \cdot 100 \cdot 360}{p \cdot i}$	$p = \frac{Z \cdot 100 \cdot 360}{K \cdot i}$	$i = \frac{Z \cdot 100 \cdot 360}{K \cdot p}$

[1] Statt i kann auch die Abkürzung t verwendet werden.

– **Effektiver Zinssatz (Skontosatz)** $= \frac{\text{Skontosatz} \cdot 360}{\text{Kreditzeitraum}}$

– **Kreditzeitraum** = Zahlungsziel – Skontofrist

1. Berechnen Sie die Jahreszinsen für ein Darlehen über 12.000,00 EUR zu folgenden Zinssätzen: a) 3 %; b) 4,5 %; c) 5 %; d) 6 %; e) 8 1/3 %; f) 9,5 %

2. Ermitteln Sie die Rückzahlungen einschließlich Zinsen, die Großhandelsbetriebe zu leisten haben, wenn folgende Beträge ausgeliehen wurden:
a) 780,00 EUR für zwei Jahre zum Zinssatz von 5%
b) 2.780,00 EUR für vier Jahre zum Zinssatz von 7,25%
c) 8.800,00 EUR für fünf Jahre zum Zinssatz von 5,5%
d) 2.2000,00 EUR für acht Jahre zum Zinssatz von 6 2/3%

3. Es sind die Zinsen zu berechnen:

	Kapital in EUR	Zinssatz in %	Jahre
a)	3.260,00	5,5	2
b)	9.150,00	7	5
c)	12.120,00	6,5	4
d)	22.300,00	8 2/3	6
e)	51.250,00	6	8

4. Berechnen Sie die Zinsen für folgende Darlehen:

	Darlehen in EUR	Zinssatz in %	Zeit in Monaten
a)	876,00	5,5	4
b)	1.250,00	6	6
c)	4.750,00	8	9
d)	10.489,00	7,5	11
e)	22.120,00	8 2/3	7

5. Ein Großhändler erhält von seiner Bank einen Überbrückungskredit von 34.000,00 EUR für die Dauer von sieben Monaten; die Bank berechnet 12 % Zinsen.

Welcher Betrag muss zurückgezahlt werden?

6. Ein Großhändler nimmt bei seiner Bank ein Darlehen von 12.000,00 EUR für acht Monate zu 6,5 % Zinsen auf. Aus unvorhergesehenen Gründen kann der Großhändler das Darlehen am vereinbarten Termin nicht zurückzahlen. Die Bank gewährt ihm über den Gesamtbetrag (Darlehen und Zinsen) über vier weitere Monate einen Zahlungsaufschub und verlangt für diesen Zeitraum für den Gesamtbetrag 8 % Zinsen.

Welchen Betrag muss der Großhändler nach Ablauf des Zahlungsaufschubes zahlen?

7. Ermitteln Sie die Zinstage:
a) 1. Febr. – 31. Juli; b) 5. Juni – 1. Dez.; c) 31. Juli – 6. Nov.; d) 15. Nov. – 3. März d. n. J.; e) 1. Nov. – 29. April d. n. J.; f) 29. Febr. – 31. Aug., g) 28. Febr. – 1. April; h) 10. Dez. – 31. März d. n. J.; i) 17. Juni – 3. Sept..

8. Berechnen Sie die Zinsen für folgende Darlehen:

	Darlehen in EUR	Zinssatz in %	Zeit
a)	880,00	6	01.08.–15.12.
b)	2.450,00	8	31.01.–10.05.
c)	4.620,00	5	01.01.–01.03.
d)	5.980,00	7,5	04.06.–10.12.
e)	10.700,00	7	01.03.–31.08.

9. Ermitteln Sie die Rückzahlungen einschließlich der Zinsen für folgende Darlehen:

	Darlehen in EUR	Zinssatz in %	Zeit
a)	12.600,00	4,5	03.01.–31.08.
b)	60.900,00	6,25	10.06.–15.03. d.n.J.
c)	4.210,00	8	17.05.–31.10.
d)	9.190,00	7	10.04.–22.11.
e)	2.665,00	5	15.02.–30.07.

10. Eine Bank gewährt einem Großhändler einen Kredit über 16.500,00 EUR zu einem Jahreszinssatz von 8 % für die Zeit vom 20. April bis 20. November.
Ermitteln Sie die Zinsen.

11. Ein Kaufmann erhält am 12. Februar von seiner Bank einen Kredit über 35.000,00 EUR zu einem Zinssatz von 7,5 %.

Wie viel EUR Zinsen hat der Kaufmann am 28. April an die Bank zu zahlen?

12. Einem Kunden wird ein Kredit von 4.800,00 EUR für die Zeit vom 20. Mai bis zum 2. November eingeräumt. Der Zinssatz beträgt 8,5 %.

a) Ermitteln Sie die Zinstage.

b) Wie viel EUR betragen die Zinsen?

13. Berechnen Sie den Zinssatz aufgrund nachfolgender Angaben:

	Kapital in EUR	Zeit	Zinsen in EUR
a)	75.000,00	23. April–29. Juli	700,00
b)	14.000,00	1. Februar–1. April	93,33
c)	2.800,00	20. Juni–30. September	62,22
d)	1.750,00	sechs Monate	70,00
e)	960,00	3. April–27. Mai	5,40
f)	11.570,00	15. Juni–5. September	231,40
g)	6.900,00	27. September–11. Oktober	53,66

14. Bei welchem Zinssatz hat ein Kapital von 56.000,00 EUR in der Zeit vom 10. September bis zum 28. Dezember 604,80 EUR Zinsen erbracht?

15. Der Großhändler Klein hat bei seiner Bank ein Grundschulddarlehen über 96.600,00 EUR aufgenommen. An Zinsen muss er halbjährlich 3.220,00 EUR zahlen.

Zu welchem Zinssatz hat er das Grundschulddarlehen aufgenommen?

16. Ein Großhändler legt bei seiner Bank einen Geldbetrag über 66.000,00 EUR als Termingeld für sechs Monate fest an. Die Bank überweist ihm nach Ablauf der sechs Monate 68.887,50 EUR inklusive Zinsen.

Zu welchem Zinssatz wurde das Termingeld verzinst?

17. Ein Großhändler kauft ein Haus für 480.000,00 EUR. Die jährlichen Kosten für Steuern, Abschreibungen, Reparaturen usw. betragen 13.600,00 EUR. Monatlich nimmt er 2.160,00 EUR Miete ein, seine eigene Miete setzt er mit 1.440,00 EUR an.

Wie hoch verzinst sich sein angelegtes Kapital?

18. Ein Kauffmann hat seine Ehefrau, seinen Sohn und seine Tochter als stille Gesellschafter an seiner Unternehmung beteiligt. Im Einzelnen haben eingelegt:

die Ehefrau 100.000,00 EUR   der Sohn 60.000,00 EUR   die Tochter 40.000,00 EUR

Alle Einlagen werden zum gleichen Zinssatz verzinst. Der Sohn erhält für seine Einlage 3.600,00 EUR Zinsen. Insgesamt erhalten die stillen Gesellschafter als Zinsen 15 % des Jahresgewinns.

a) Zu wie viel Prozent werden die Einlagen verzinst?
b) Wie viel EUR Zinsen werden insgesamt an die stillen Gesellschafter ausgezahlt?
c) Wie viel EUR Gewinn erzielte das Unternehmen insgesamt?

19.

Konto	Kontoauszug		Auszug	Blatt
360058796	SPARKASSE DUISBURG	BLZ 350 500 00	211	1

Buch.-Tag	Wert	PN	Erläuterung/Verwendungszweck	Umsätze
25.10.	25.10.	0960	MODELLUX GMBH & CO KG, KD-NR 10150, RG-NR 27296 ZUZUEGL 8% VERZUGSZINSEN FUER 60 TAGE	15.382,40 H

KREDITZUSAGE EUR 80.000

IHR AKTUELLER KONTOSTAND UM 16:00 UHR EUR 75.382,40 H

BS	Letzter Auszug	Auszugsdatum	Alter Kontostand	Neuer Kontostand
44	24.10.20..	26.10.20..	EUR 60.000,00 H	EUR 75.382,40 H

PRIMUS GMBH, KOLONIESTRASSE 2-4, 47057 DUISBURG
IBAN: DE12350500003600058796 SWIFT-BIC: DUISDE33XXX

a) Über welchen Betrag lautet die Ausgangsrechnung?
b) Wie lautet die Buchung, wenn dem Kunden die Verzugszinsen eine Woche vorher in Rechnung gestellt wurden?

20. Auf einer am 10.10. ausgestellten Liefererrechnung ist als Zahlungsbedingung vermerkt: „Zahlbar in 30 Tagen nach Rechnungsdatum netto oder innerhalb von 10 Tagen abzüglich 2 % Skonto". Welchem Zinssatz entspricht das Skonto?

21. Wie hoch ist der effektive Zinssatz für einen Liefererkredit bei folgender Zahlungsbedingung: „Zahlbar 50 Tage nach Rechnungsdatum netto, bei Zahlung innerhalb von 20 Tagen 2 % Skonto".

22. Ein Groß- und Außenhändler hat eine Rechnung über 8.640,00 EUR zu begleichen. Die Zahlungsbedingungen lauten: „Zahlbar innerhalb von 30 Tagen netto Kasse oder innerhalb von 10 Tagen unter Abzug von 2 % Skonto". Um Skonto in Anspruch nehmen zu können, nimmt der Groß- und Außenhändler bei einer Bank für 20 Tage einen Kredit auf. Die Bank berechnet 10 % Zinsen.

a) Wie viele EUR beträgt der Skontoertrag?
b) Wie viel EUR beträgt der erforderliche Bankkredit?
c) Wie viel EUR beträgt der Zinsaufwand für den Bankkredit?
d) Welchem Jahreszinssatz entspricht der Skontosatz?

23. Ein Groß- und Außenhändler vereinbart mit seinem Lieferer folgende Zahlungsbedingungen: Ziel 40 Tage netto Kasse, bei Zahlung innerhalb von 10 Tagen Abzug von 2,5 % Skonto. Damit er eine Rechnung über 3.600,00 EUR am 10. Tag begleichen kann, nimmt er einen Kontokorrentkredit zu einem Zinssatz von 10 % in Anspruch.

Ermitteln Sie
a) den Kreditbetrag,
b) die Zeit, für die der Kredit in Anspruch genommen werden muss,
c) die Zinsen, die für den Kontokorrentkredit zu zahlen sind,
d) den Finanzierungsgewinn aus der Inanspruchnahme von Skonto.

24. Eine Rechnung lautet über 15.200,00EUR brutto. Zahlungsbedingungen: 30 Tage netto, bei Zahlung innerhalb von 10 Tagen 2,5 % Skonto. Der Groß- und Außenhändler nimmt für die nicht genutzten Tage des Zahlungszieles einen Kredit zum Zinssatz von 11 % auf, um den Skonto auszunutzen.

a) Wie viel EUR beträgt der Überweisungsbetrag bei Ausnutzung des Skontos?
b) Wie viel EUR betragen die Kreditkosten?
c) Wie viel EUR spart der Groß- und Außenhändler, wenn er Skonto ausnutzt und den Kredit aufnimmt?

2.3 Leasing und Factoring als Sonderformen der Finanzierung und Kreditkostenvergleich

Die Primus GmbH hat ihr Sortiment um flexible Konferenztischkombinationen aus Massivholz erweitert. Das Geschäft mit den Tischkombinationen läuft sehr gut an, sodass zwei zusätzliche Personalcomputer für die Verwaltung benötigt werden. Die Primus GmbH hat für eine vorangegangene Betriebserweiterung momentan ihren Kreditrahmen ausgeschöpft. Herr Müller hat in der Vergangenheit gute Erfahrungen mit dem Leasing von Pkw gemacht. Er bittet Nicole Höver, die Telefonnummer der Leasinggeräte GmbH herauszusuchen da er überprüfen möchte, ob auch Personalcomputer geleast werden sollen.

ARBEITSAUFTRÄGE

- Überprüfen Sie, welche Gegenstände von Unternehmen geleast werden können.
- Stellen Sie die verschiedenen Leasingarten gegenüber.
- Stellen Sie fest, welche Rolle das Factoring bei der Finanzierung spielen kann.

Leasing

Ein Unternehmen hat die Möglichkeit, benötigte Gegenstände zu leasen (= mieten oder pachten) statt zu kaufen. Beim Leasing werden in einem Leasingvertrag die Nutzungsrechte an Gütern des Anlagevermögens (Grundstücke mit Gebäude, Fahrzeuge, Geschäftsausstattung) für eine bestimmte Zeit vom Leasinggeber auf den Leasingnehmer übertragen, wobei der Leasingnehmer die geleasten Gegenstände in seinem Betrieb einsetzt. Der **Leasingnehmer wird Besitzer, der Leasinggeber bleibt Eigentümer** der geleasten Gegenstände. Am Ende der vertraglich vereinbarten Leasingdauer kann der Leasingnehmer den geleasten Gegenstand zurückgeben oder zum Restwert kaufen. Das **Leasingentgelt** richtet sich nach der Vertragsdauer und beträgt

- bei dreijähriger Vertragsdauer monatlich etwa 3 % des Kaufpreises,
- bei zweijähriger Vertragsdauer monatlich etwa 4 % des Kaufpreises.

Unter der Voraussetzung, dass mit den Leasingobjekten ein zusätzlicher Gewinn erwirtschaftet wird, kann ein Unternehmen mit Leasing seine Anlagegegenstände erneuern oder erweitern, ohne Eigen- oder Fremdkapital in Höhe der Anschaffungskosten zu beschaffen. Die Leasingraten können als Betriebsausgaben abgesetzt werden, sie mindern somit die Gewerbe-, Einkommen- bzw. Körperschaftsteuer.

Leasinggeber kann

- der Hersteller des Anlagegutes, z. B. Maschinen-, Fahrzeughersteller **(= direktes Leasing)**
- oder eine Leasing-Gesellschaft sein, die die Gegenstände vom Hersteller gekauft hat und sie nun im Rahmen des Leasings gegen Entgelt zur Verfügung stellt (= **indirektes Leasing**).

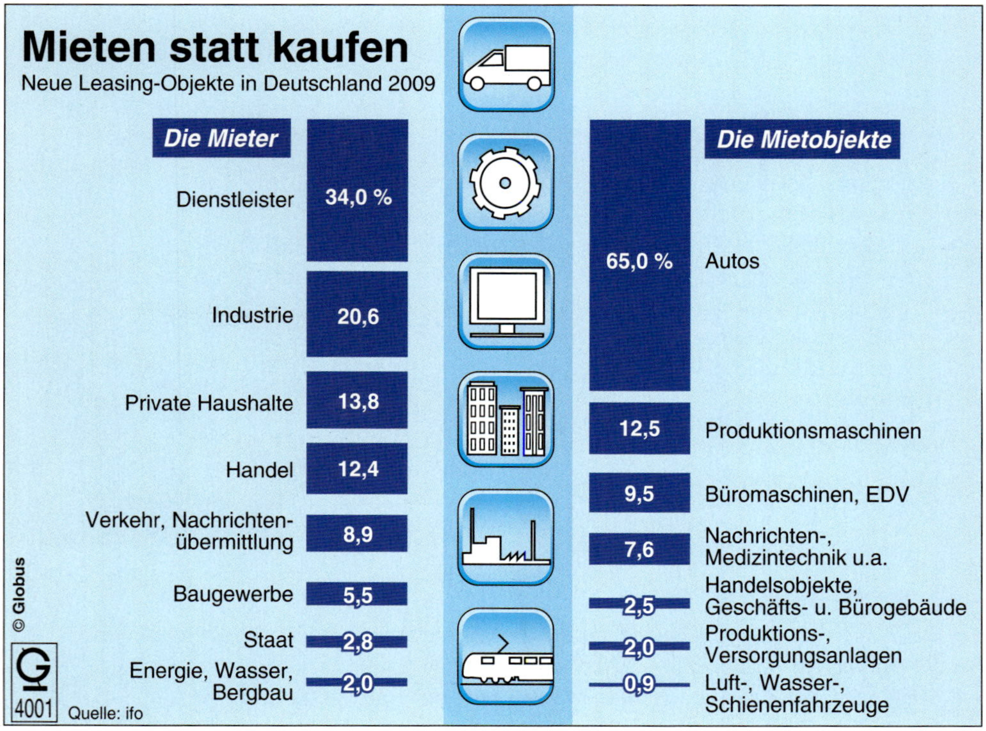

Leasingverträge können unterschieden werden in:

- **Operating-Leasing:** Bei dieser Form hat der Leasingnehmer das **Recht, den Vertrag jederzeit kurzfristig zu kündigen**, da keine feste Grundleasingzeit vereinbart worden ist. Der Leasinggeber trägt somit das volle Investitionsrisiko. Der Leasingnehmer hat immer die neueste Technologie zur Verfügung. Es handelt sich um Leasingobjekte (Kraftfahrzeuge, Fotokopiergeräte, Büromaschinen), die nach Beendigung des Leasingverhältnisses vom Leasinggeber problemlos erneut anderen Leasingnehmern zur Verfügung gestellt werden können.
- **Financial-Leasing** (Finanzierungsleasing): Hier handelt es sich **um langfristige Verträge, die während der Grundleasingzeit unkündbar** sind. Nach Ablauf der Grundleasingzeit kann der Leasingnehmer entscheiden, ob er den Vertrag verlängern oder einen neuen Vertrag über ein neues Leasingobjekt abschließen will. Er kann das Leasingobjekt auch vom Leasinggeber kaufen. Bei dieser Leasingform trägt der Leasingnehmer das Investitionsrisiko, d. h. das Risiko der wirtschaftlichen Wertminderung durch technischen Fortschritt. Beim Financial-Leasing handelt es sich bei den Leasingobjekten in der Regel um Gegenstände, die häufig eigens für den Leasingnehmer hergestellt worden sind.

Hinsichtlich der **Leasingobjekte** kann man unterscheiden in:

- **Leasing von beweglichen Gegenständen = Mobilien-Leasing**

  Beispiele Maschinen, Computer, Fotokopierer, Regalsysteme, Arbeitskleidung, Fahrzeuge, Telefonanlagen, Büroausstattung

- Das Leasing einzelner Ausrüstungsgegenstände wird auch als **Equipment-Leasing** bezeichnet.
- **Immobilien-Leasing**

  Beispiele Lagerräume, Verwaltungsgebäude, Grundstücke

  Das Leasing ganzer Betriebsanlagen wird auch als **Plant-Leasing** bezeichnet.

- **Personal-Leasing:** Auch Personal kann durch Arbeitskräftevermittlungen (Zeitarbeit) geleast werden.

  Leasing bringt **für den Leasingnehmer folgende Vor- und Nachteile:**

Vorteile	Nachteile
– Geleaste Objekte sind ständig auf dem neuesten Stand der Technik. – Leasingnehmer hat bestimmte monatliche Raten, die genaue Kalkulation ermöglichen. – Verringerung des Kapitalbedarfs – Kreditsicherheiten sind nicht erforderlich. – Leasingkosten können aus den laufend erwirtschafteten Erträgen des Leasingobjekts bezahlt werden. – keine Aktivierung der Leasinggüter in der Bilanz, steuerliche Abzugsfähigkeit der Leasingraten als Betriebskosten	– hohe Fixkostenbelastung des Betriebs durch Leasingraten – Leasing ist i. d. R. teurer als eine Finanzierung des Gegenstandes beim Kauf. Die Leasingrate setzt sich aus Zinsen und einem Entgelt für die Überlassung und Nutzung der Leasinggegenstände zusammen. – Beim Financial-Leasing ist der Leasingnehmer vertraglich lange gebunden.

Factoring

Factoring stellt eine **Form der Forderungsabtretung** dar und ist als besondere Finanzierungshilfe des Umlaufvermögens eines Unternehmens gedacht. Sogenannte **Factoring-Banken** kaufen von ihren **Kunden (Factoringnehmer)** Forderungen aus Lieferungen und Leistungen auf. Der Factoringnehmer erhält dann von der Factoring-Bank etwa 80 bis 90 % des Rechnungswertes abzüglich der Zinsen und einer Factoring-Provision (0,8 bis 2 % der Gesamtsumme) sofort gutgeschrieben. Den Restbetrag erhält der Factoringnehmer nach Eingang der Zahlung abzüglich der Provision und der Zinsen bei der Factoring-Bank. Bilanzmäßig liegt beim Factoring ein Aktivtausch vor, da die Kundenforderungen gegen Bankforderungen (Factoring-Bank) getauscht werden.

Der Hauptvorteil für den Factoringnehmer besteht darin, dass er vorzeitig über die erst später fällig werdenden Geldmittel aus Forderungen verfügen kann. Factoring-Banken übernehmen gegen ein zusätzliches Entgelt **(Delcredereprovision)** das Risiko eines Forderungsausfalls. Als weitere Dienstleistungen bieten die Factoring-Banken an:

- Ausstellung der Rechnungen
- Führung der Kundenbuchhaltung (Debitorenbuchhaltung)
- Einzug weiterer fälliger Forderungen
- Übernahme eines notwendig werdenden Mahnverfahrens

Somit können betriebliche Verwaltungsfunktionen aus dem Unternehmen ausgegliedert **(Outsourcing)** werden.

Beispiel

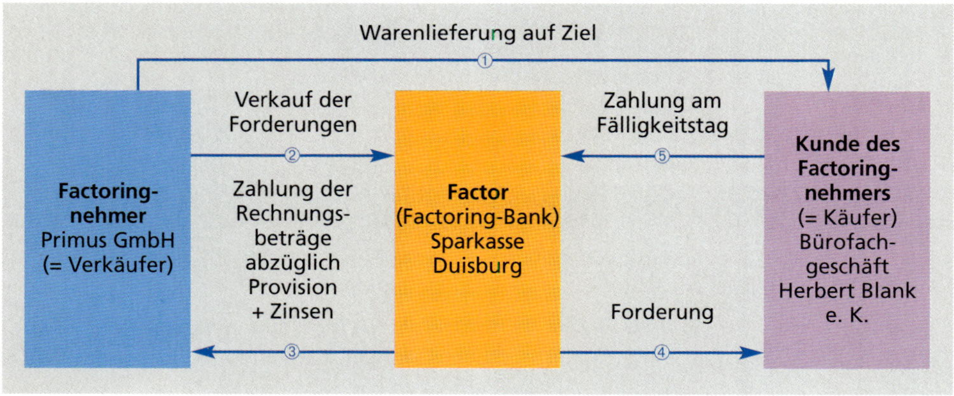

Man unterscheidet offenes und stilles Factoring.

- Beim **offenen Factoring** ist auf der Rechnung gleich die Kontonummer der Factoring-Bank angegeben. Der Kunde zahlt direkt an die Factoring-Bank.
- Beim **stillen Factoring** zahlt der Kunde erst an den Factoringnehmer, der dann die Zahlungen unverzüglich an die Factoring-Bank weiterleitet.

Durch Factoring ergeben sich **für den Factoringnehmer folgende Vor- und Nachteile:**

Vorteile	Nachteile
– Verringerung des Kapitalbedarfs – Liquiditätserhöhung – Wegfall des Mahnverfahrens – Verringerung von Verwaltungsarbeiten, geringere Personalaufwendungen – kein Risiko des Forderungsausfalls	– Factoringnehmer muss der Factoring-Bank Zinsen und Provision für Dienstleistungen zahlen. – Unsichere Forderungen werden nicht angekauft.

○ Forfaitierung (frz. à forfait = in Bausch und Bogen, vgl. S. 205):

Unter Forfaitierung versteht man den Ankauf einer wechselmäßig verbrieften Exportforderung durch spezielle Factoring-Banken, wobei der Factor (Factoring-Bank) bei Zahlungsausfall auf einen Rückgriff (Regress, vgl. S. 201) auf den Exporteur verzichtet. Daher verlangen Forfaitierungsbanken, dass gute Sicherheiten (z. B. Bankbürgschaft) vorliegen müssen.

Vorteile für den Exporteur:

- sofortige Verflüssigung längerfristiger Auslandsforderungen
- Wegfall aller Risiken bei Auslandsforderungen
- Kostensenkung durch den Wegfall von Inkassomaßnahmen, Überwachung der Zahlungstermine usw.

● Kreditkostenvergleich

Es ist bei der Aufnahme eines Kredits erforderlich, die Kosten der unterschiedlichen Kreditarten zu vergleichen, um die günstigste Kreditart zu ermitteln. Unter Umständen kann es günstiger sein, trotz vorhandener Barmittel einen Kredit in Anspruch zu nehmen.

Beispiel Kauf von Lagerregalen, Anschaffungskosten 85.000,00 EUR, Anzahlung in allen Fällen 25.000,00 EUR, wobei die Anzahlung aus Mitteln des Käufers bezahlt wird, Kreditlaufzeit 1 Jahr, der Lieferer der Warenträger gewährt bei Zahlung des vollen Rechnungsbetrages innerhalb von 20 Tagen 2 % Skonto.
Bei Ausnutzung von Skonto müsste die Primus GmbH 83.300,00 EUR bezahlen.

Kreditart	Konditionen	Berechnungsformel	Berechnung	Finanzierungskosten pro Jahr
Kredit des Warenträgerlieferers (Lieferantenkredit)	25.000,00 EUR Anzahlung, 3 Raten zu je 20.000,00 EUR nach je 4 Monaten Zinssatz 6 % p. a.	$Z = \frac{K \cdot i \cdot p}{100 \cdot 360}$ Z = Zinsen, K = Kapital p = Zinssatz, i = Zeit	$Z = \frac{60.000 \cdot 120 \cdot 6}{100 \cdot 360}$ = 1.200,00 EUR $Z = \frac{40.000 \cdot 120 \cdot 6}{100 \cdot 360}$ = 800,00 EUR $Z = \frac{20.000 \cdot 120 \cdot 6}{100 \cdot 360}$ = 400,00 EUR = **2.400,00 EUR**	
		Entgangener Skontoabzug	2 % von 85.000,00 EUR = **1.700,00 EUR**	**4.100,00 EUR**

Kreditart	Konditionen	Berechnungsformel	Berechnung	Finanzierungskosten pro Jahr
Leasing	Nutzungsdauer 4 Jahre, Grundentgelt 25.000,00 EUR, monatliche Leasingraten 2 % pro Monat, davon entfallen 1 % auf Zinsen und 1 % Entgelt für Überlassung und Nutzung der Warenträger, Bearbeitungsentgelt 1 ‰ von der Kreditsumme	1 % Monat = 12 %/Jahr $Z = \frac{K \cdot p}{100}$ Es sind nur die Zinsen beim Kreditkostenvergleich zu berücksichtigen Bearbeitungsentgelt fällt nur im 1. Jahr an. 1 ‰ von 60.000,00 EUR	$\frac{60.000 \cdot 12}{100}$ **= 7.200,00 EUR** = **60,00 EUR**	**7.260,00 EUR**
Kontokorrentkredit	Zinssatz (p) 14 % p. a.	$Z = \frac{K \cdot p}{100}$	$\frac{58.300 \cdot 14}{100}$ **= 8.162,00 EUR**	**8.162,00 EUR**
Bankdarlehen	Zinssatz 8,5 %, Bearbeitungsentgelt 1 % von der Kreditsumme	$Z = \frac{K \cdot p}{100}$ Bearbeitungsentgelt 1 % von 58.300,00 EUR	$\frac{58.300 \cdot 8.5}{100}$ **= 4.955,50 EUR** = **583,00 EUR**	**5.538,50 EUR**

Es ist bei allen Kreditarten zu berücksichtigen, dass der Groß- und Außenhandelsbetrieb durch Aufnahme eines Kredites über eine höhere Liquidität verfügt, da die nicht benötigten innerbetrieblichen Barmittel für andere Zwecke gewinnbringend eingesetzt werden können.

Beispiel Anlage der Barmittel (83.300,00 EUR) als Termingeld für ein Jahr bei der Bank zu einem Zinssatz von 4 % = 3.332,00 EUR. Ferner ist eine mögliche steuerliche Absetzbarkeit der Kreditkosten zu berücksichtigen.

Leasing und Factoring als Sonderformen der Finanzierung und Kreditkostenvergleich

- Beim Leasing werden **Güter des Anlagevermögens gemietet**, wobei die Leasinggeber Hersteller oder Leasinggesellschaften sein können.

- Es können sowohl **Immobilien als auch bewegliche Güter** geleast werden.
- Beim **Financial-Leasing** werden langfristige Verträge abgeschlossen, der Leasingnehmer hat nach Ablauf der Vertragsdauer ein Kaufrecht des geleasten Gegenstands (Maschinen, Betriebs- und Geschäftsausstattung usw). Leasinggegenstände werden häufig eigens für den Leasingnehmer angefertigt.
- Beim **Operating-Leasing** kann der Vertrag jederzeit vom Leasingnehmer gekündigt werden (Fotokopiergeräte, Kfz usw.).
- Hauptvorteil für den Leasingnehmer ist ein **verringerter Kapitalbedarf**, Hauptnachteil sind die anfallenden Kosten.

● **Factoring**

- Unter Factoring versteht man den **Verkauf von Kundenforderungen** an eine **Factoring-Bank**.
- **Vorteil:** Der Factoringnehmer kann über Geldmittel aus Forderungen verfügen, die erst später fällig werden.
- Neben den Zinsen verlangen Factoring-Banken eine **Provision** für Rechnungserstellung, Zahlungsüberwachung und eine **Delcredereprovision** für die Übernahme des Kreditrisikos.
- Factoring ist **verhältnismäßig teuer.**
- **Forfaitierung:** Ankauf einer wechselmäßig verbrieften Exportforderung durch eine Factoring-Bank.
- Beim **Kreditkostenvergleich** werden die Kosten der Kreditarten miteinander verglichen.

1. Geben Sie Beispiele an, welche Gegenstände
a) von der Primus GmbH geleast werden könnten,
b) die Primus GmbH von ihren Kunden leasen lassen könnte.

2. Die Geschäftsführer der Primus GmbH überlegen, ob man den Kunden Büromöbel als Leasingobjekte anbieten soll. Sammeln Sie Argumente, mit denen Sie die Kunden der Primus GmbH von der Vorteilhaftigkeit dieser Möglichkeit überzeugen können.

3. Die Primus GmbH will einen neuen Mittelklasse-Pkw für den Außendienst anschaffen. Besorgen Sie sich bei Autohändlern Leasingangebote für Pkw und vergleichen Sie diese in einer Übersicht miteinander.

4. Erläutern Sie die Unterschiede
a) zwischen direktem und indirektem Leasing,
b) zwischen Mobilien- und Immobilien-Leasing,
c) zwischen Operating- und Financial-Leasing.

5. Die Primus GmbH hat ausstehende Forderungen in Höhe von 340.000,00 EUR mit einem durchschnittlichen Zahlungsziel von 30 Tagen. Um die Liquidität zu verbessern, wollen die Geschäftsführer die Forderungen an eine Factoring-Bank verkaufen. Gleichzeitig soll der Factor Dienstleistungs- und Delcrederefunktion übernehmen. Der Factor macht folgendes Angebot:

- Zinsen 14 % p. a.
- Vergütung für Dienstleistungs- und Delcrederefunktion: 3 % von 340.000,00 EUR

a) Ermitteln Sie die Kosten für einen Monat, den der Factor der Primus GmbH in Rechnung stellen wird.

b) Beurteilen Sie, ob es sinnvoll ist, das Angebot des Factors in Anspruch zu nehmen.

2.4 Kreditsicherungsmöglichkeiten

Die Primus GmbH benötigt für die Erweiterung des Fuhrparks zwei Lkw, deren Anschaffungskosten 85.000,00 EUR betragen. Als Herr Müller, der von Nicole Höver begleitet wird, bei der Hausbank einen Kredit in dieser Höhe beantragt, stellt die zuständige Bankangestellte die Frage: *„Können Sie mir Sicherheiten für diesen Kredit bieten?“* Herr Müller weiß, dass für die Primus GmbH aufgrund der in den letzten Monaten getätigten Investitionen ein Liquiditätsengpass besteht. In den nächsten drei Monaten ist mit dem Eingang von Forderungen in Höhe von 125.000,00 EUR zu rechnen.

ARBEITSAUFTRÄGE

- Stellen Sie fest, welche Möglichkeiten Herr Müller hat, der Bank Sicherheiten für den Kredit anzubieten. Ziehen Sie hierzu die Bilanz von S. 133 heran.
- Stellen Sie die wesentlichen Merkmale von Personal- und Realkrediten in einer Übersicht dar.

● Personalkredite

Bei der Kreditgewährung haftet entweder ausschließlich die Person des Kreditnehmers **(reiner Personalkredit)** oder neben dem Kreditnehmer als Hauptschuldner haften weitere Personen als Nebenschuldner **(verstärkter Personalkredit)**.

○ Der reine Personalkredit (Blankokredit)

Beim reinen Personalkredit sind für den Kreditnehmer **keine Sicherheiten erforderlich**, da das Kreditinstitut auf die sichtbar guten Ertrags- und Vermögensverhältnisse und den guten Ruf des Kreditnehmers vertraut. Diese Kredite werden meist nur kurzfristig gewährt, in der Regel als Kontokorrentkredite, seltener als Darlehen.

○ Der verstärkte Personalkredit

Bürgschaftskredit

Die Bürgschaft (§ 765 ff. BGB, §§ 349 bis 351 HGB) entsteht durch einen Vertrag zwischen dem Kreditgeber und dem Bürgen, wonach der Bürge für die Erfüllung der Verbindlichkeiten des Kreditnehmers haftet. Für Bürgschaftsversprechen ist per Gesetz die Schriftform vorgeschrieben. Nur **Kaufleute können im Gegensatz zu Kleingewerbetreibenden (z. B. Kioskbetriebe) auch mündlich bürgen.** LF 1

Beispiel Dieter Primus, Sohn der Geschäftsführerin Primus, hat einen Kredit über 20.000,00 EUR aufgenommen, für den Frau Primus eine Bürgschaft übernimmt.

Wird ein Bürge von einem Kreditgeber in Anspruch genommen, kann er das Geld vom Kreditnehmer zurückverlangen. Haften bei einem Bürgschaftskredit mehrere Bürgen neben dem Kreditnehmer, spricht man von einer **gesamtschuldnerischen Bürgschaft.** In diesem Fall kann der Kreditgeber seine Forderungen an alle oder auch nur an eine der bürgenden Personen richten.

Man unterscheidet zwei Arten der Bürgschaft:

- **Ausfallbürgschaft** (§ 771 BGB): Bei dieser Bürgschaft muss der Bürge erst dann zahlen, wenn der Kreditgeber nachweisen kann, dass der Kreditnehmer zahlungsunfähig ist. Der Bürge hat somit **das „Recht der Einrede der Vorausklage"**. Der Nachweis ist erbracht, wenn der Kreditgeber gegen den Kreditnehmer erfolglos Zwangsvollstreckung betrieben hat. LF 2

  Beispiel Für den Kredit des Dieter Primus beim Geschäftsfreund Peter Pade hat seine Mutter, Frau Sonja Primus, eine Ausfallbürgschaft übernommen. Nach dem Fälligkeitstermin für die Rückzahlung des Darlehens, den Dieter nicht eingehalten hat, mahnt Peter Pade zweimal vergeblich. Danach wendet sich Herr Pade an die Bürgin mit der Aufforderung zur Zahlung. Die Bürgin Primus nimmt das Recht der Einrede der Vorausklage in Anspruch, d. h., sie ist erst dann zur Zahlung verpflichtet, wenn ihr der Kreditgeber nachweisen kann, dass eine Zwangsvollstreckung erfolglos war.

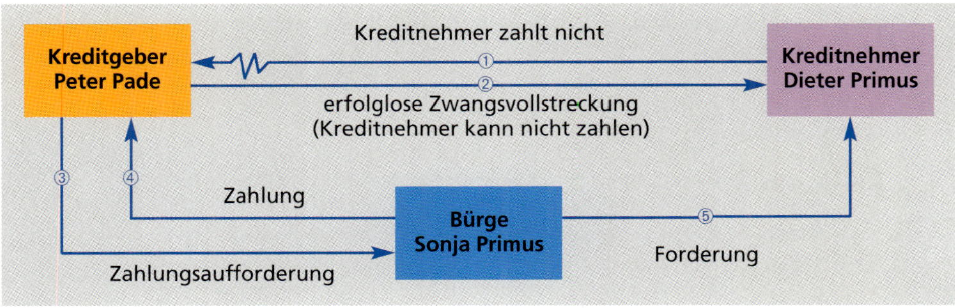

- **Selbstschuldnerische Bürgschaft** (§ 773 BGB): Bei dieser Art der Bürgschaft haftet der Bürge wie der Hauptschuldner, da er auf das „Recht der Einrede der Vorausklage" verzichtet. Der Bürge kann vom Kreditgeber schon dann zur Zahlung herangezogen werden, wenn der Kreditnehmer den Kredit nicht rechtzeitig zurückzahlt. Kreditinstitute verlangen immer eine selbstschuldnerische Bürgschaft. Unter Kaufleuten ist eine Bürgschaft immer eine selbstschuldnerische Bürgschaft (§ 349 HGB). LF 1

Beispiel Dieter Primus hat bei seiner Bank ein Darlehen über 30.000,00 EUR aufgenommen. Seine Mutter, Sonja Primus, hat hierfür eine selbstschuldnerische Bürgschaft übernommen. Als Dieter am Fälligkeitstag nicht zahlt, verlangt die Bank sofort die Zahlung von der Bürgin. Frau Primus muss als Bürgin zahlen, da sie eine selbstschuldnerische Bürgschaft übernommen hat.

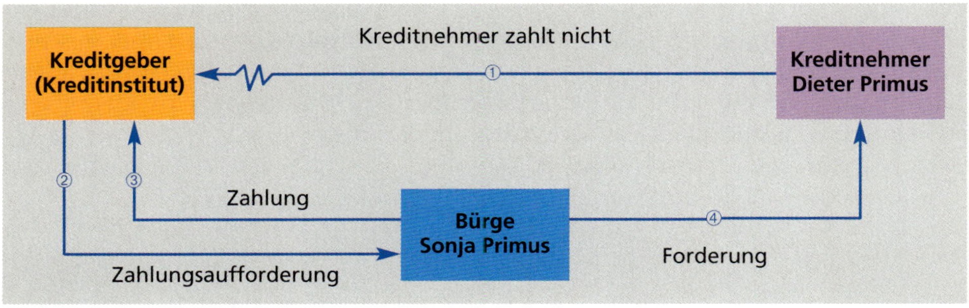

PRAXISTIPP Überprüfen Sie immer sehr genau, ob Sie für eine andere Person eine Bürgschaft übernehmen. Eine Bürgschaft ist für den Bürgen immer mit großen Gefahren verbunden.

○ Zessionskredit

Bei einem Zessionskredit tritt ein Kreditnehmer eine oder alle Forderungen zur Sicherung eines Kredites an den Kreditgeber ab (= **Forderungsabtretung**). Ein Zessionskredit hat für solche Unternehmen eine Bedeutung, die ihre Waren an Kunden auf Ziel verkaufen. Kreditgeber und Kreditnehmer schließen über die Forderungsabtretung einen **Zessionsvertrag** ab. Beim Zessionskredit werden zwei Arten unterschieden:

- **Stille Zession:** Erfährt der Schuldner des Kreditnehmers nichts von der Forderungsabtretung, dann spricht man von einer stillen Zession. Der Schuldner des Kreditnehmers zahlt seine Warenschuld an den Kreditnehmer, der das Geld unverzüglich an den Kreditgeber weiterleitet. Der Vorteil der stillen Zession ist darin zu sehen, dass keine anderen Personen von der Forderungsabtretung erfahren. Somit bleibt die Bonität des Kreditnehmers gewahrt.

  Beispiel Die Primus GmbH nimmt bei ihrer Bank einen Kredit über 60.000,00 EUR auf, da sie auf einer Versteigerung einen Lkw erwerben möchte. Zur Sicherheit tritt sie an die Bank ausstehende Kundenforderungen in Höhe von 60.000,00 EUR ab. Sobald die Kundenzahlungen der Primus GmbH gutgeschrieben werden, muss sie diese unverzüglich an den Kreditgeber abführen.

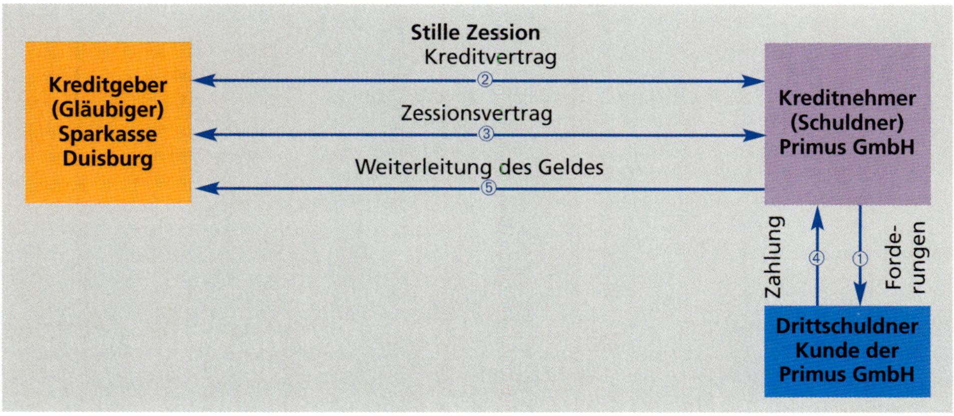

- **Offene Zession:** Bei dieser Kreditform wird dem Schuldner des Kreditnehmers die Abtretung der Forderung mitgeteilt. In diesem Fall darf der Drittschuldner nicht mehr an den Kreditnehmer, sondern nur noch an den Kreditgeber zahlen. Zahlt er trotzdem an den Kreditnehmer, ist er gegenüber dem Kreditgeber nicht von seiner Zahlungspflicht befreit.

Beispiel Die Primus GmbH nimmt bei der Sparkasse Duisburg einen kurzfristigen Kredit über 60.000,00 EUR auf. Zur Sicherheit tritt sie eine Kundenforderung über 60.000,00 EUR an die Sparkasse ab. Die Primus GmbH informiert den Kunden von der Forderungsabtretung. Der Kunde vergisst die Forderungsabtretung und zahlt an die Primus GmbH. Die Sparkasse kann die nochmalige Zahlung vom Drittschuldner verlangen.

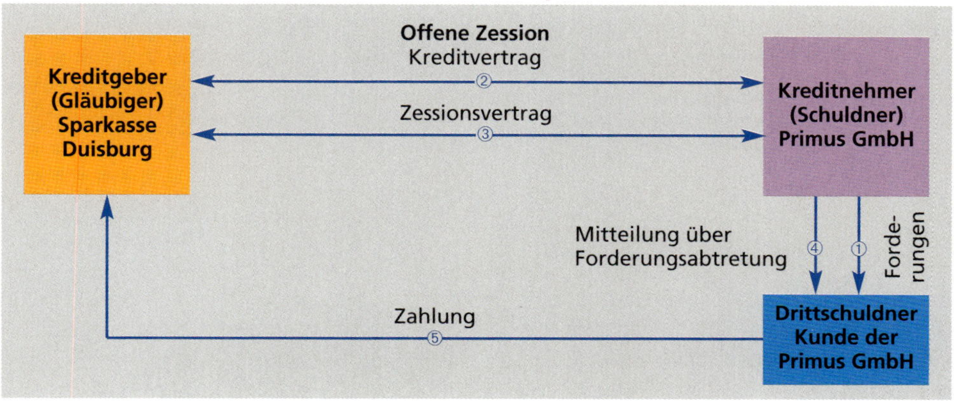

● Realkredite

Bei den Realkrediten werden die Forderungen des Kreditgebers durch ein **unmittelbares Zugriffsrecht auf bewegliche (z. B. Schmuck, Wertpapiere) und unbewegliche Sachen oder Vermögenswerte (z. B. Grundstücke, Gebäude) des Kreditnehmers** abgesichert. Realkredite werden auch als **dinglich gesicherte Kredite** bezeichnet. Zu den Realkrediten zählen Lombard-, Sicherungsübereignungs-, Grundpfandkredit und der Eigentumsvorbehalt.

○ Lombardkredit

Beim Lombardkredit (= Faustpfandkredit, §§ 1204 ff. BGB) wird **meist ein kurzfristiger Kredit gegen Verpfändung von beweglichen, wertvollen Sachen** (z. B. Schmuck, Wertpapiere, Lebensversicherungen) gewährt. Zwischen Kreditgeber und Kreditnehmer wird neben dem Kreditvertrag ein **Pfandvertrag** geschlossen. Das Pfand geht dabei in den **Besitz des Kreditgebers** über, der **Kreditnehmer bleibt Eigentümer**. Der Kreditgeber stellt dem Kreditnehmer aber nicht den vollen Wert des verpfändeten Gegenstands zur Verfügung, sondern nur den sogenannten Beleihungswert. Dieser beträgt je nach Pfand bis zu 90 % des Pfandwerts. Kommt der Kreditnehmer am Fälligkeitstag seiner Zahlungsverpflichtung nicht nach, kann der Kreditgeber nach vorheriger Androhung das Pfand versteigern lassen. Das Pfandrecht erlischt, wenn der Kreditnehmer seine Schulden bezahlt hat.

Beispiel Zur Absicherung eines kurzfristigen Kredits über 40.000,00 EUR überlässt der Geschäftsführer der Bürotec GmbH der Deutschen Bank Schmuck im Wert von 60.000,00 EUR. Da die Bürotec GmbH am Fälligkeitstag ihren Zahlungsverpflichtungen nicht nachgekommen ist, erhält der Geschäftsführer von der Bank die schriftliche Mitteilung, dass der Schmuck nach zehn Tagen versteigert wird, wenn die Bürotec GmbH ihrer Zahlungsverpflichtung nicht nachgekommen ist. Nach Ablauf der zehn Tage wird der Schmuck für 45.000,00 EUR versteigert. Die Bank schreibt dem Konto der Bürotec GmbH nach Abzug der Kosten (= 440,00 EUR) und dem Ausgleich des Kredites über 40.000,00 EUR noch 4.560,00 EUR gut.

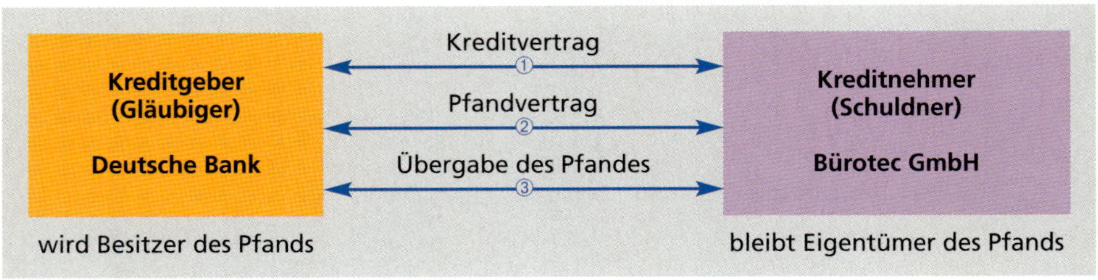

○ Sicherungsübereignungskredit

Bei der Sicherungsübereignung (§ 930 BGB) wird im Gegensatz zum Lombardkredit **der Kreditgeber Eigentümer der Sicherungsgegenstände (mittelbarer Besitzer)**, während der **Kreditnehmer der unmittelbare Besitzer der Gegenstände** bleibt. Der Kreditnehmer kann also mit den übereigneten Gegenständen weiterarbeiten. Übereignet werden meistens Gegenstände des Anlagevermögens (z. B. Fuhrpark, Geschäftsausstattung), gelegentlich auch Warenvorräte. Beim Sicherungsübereignungskredit wird neben dem Kreditvertrag zwischen dem Kreditgeber und dem Kreditnehmer ein **Sicherungsübereignungsvertrag** abgeschlossen. Bei Nichtrückzahlung des Kredits durch den Kreditnehmer kann der Kreditgeber die sicherungsübereigneten Gegenstände verwerten.

Beispiel Die Computec GmbH & Co. KG, ein Lieferer der Primus GmbH, nimmt bei ihrer Bank ein Darlehen über 30.000,00 EUR auf. Zur Sicherheit übereignet sie der Bank durch die Übergabe der Zulassungsbescheinigung Teil 2 zwei Lieferwagen im Wert von 45.000,00 EUR. Am Fälligkeitstag erfolgt durch die Computec GmbH & Co. KG keine Tilgung des Darlehens. Die Bank hat das Recht, die Lieferwagen sofort abholen und versteigern zu lassen. Sollte beim Verkauf ein höherer Preis als 30.000,00 EUR erzielt werden, erhält die Computec GmbH & Co. KG den höheren Betrag nach Abzug der entstandenen Kosten gutgeschrieben.

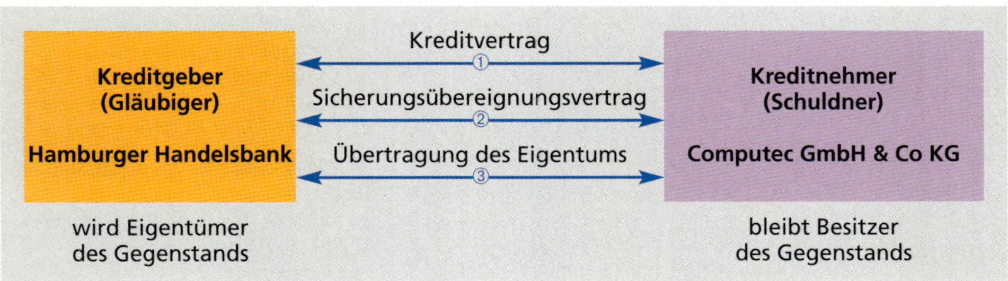

Mit der Tilgung des Kredits durch den Kreditnehmer geht das Eigentum automatisch wieder auf den Kreditnehmer über. Für den Kreditgeber (KG) und den Kreditnehmer (KN) können sich bei der Sicherungsübereignung **folgende Vor- und Nachteile** ergeben:

	Vorteile	Risiken
Kreditgeber (KG)	– KG hat im Insolvenzfalle Recht auf Absonderung (vgl. S. 194), d. h., Gläubigerforderungen, die durch eine Sicherungsübereignung gesichert sind, werden bevorzugt befriedigt. – KG kann bei Zahlungsverzug des KN Sicherungsgegenstand sofort verkaufen.	– Auf den übereigneten Gegenständen ruht Eigentumsvorbehalt des Lieferers. – Verlust des Eigentums des KG beim Weiterverkauf vom KN an gutgläubige Dritte. – Gegenstände sind bereits anderweitig vom KN sicherungsübereignet worden. – Übereignete Gegenstände können beschädigt oder zerstört werden.
Kreditnehmer (KN)	– KN kann sowohl mit dem sicherungsübereigneten Gegenstand als auch mit dem Kredit arbeiten. – Übereignung ist nach außen nicht erkennbar.	– KG kann bei Zahlungsverzug den übereigneten Gegenstand sofort verkaufen lassen.

Beispiel Bei der Kreditsicherung durch Fahrzeuge muss der Kreditnehmer dem Kreditgeber die Zulassungsbescheinigung Teil 2 übergeben. Damit wird der Weiterverkauf an gutgläubige Dritte verhindert. Ferner kann der Kreditgeber sicher sein, dass das Fahrzeug nicht bereits an Dritte sicherungsübereignet ist. Das Risiko der Beschädigung oder Zerstörung wird durch Versicherungen abgedeckt.

○ Grundpfandkredite

Beim Grundpfandkredit wird dem Kreditgeber ein Pfandrecht an unbeweglichen Sachen (Immobilien) übertragen. Das Grundpfandrecht wird in das **Grundbuch**, das beim Amtsgericht geführt wird, eingetragen. Das Grundbuch ist ein öffentliches Register, das Auskunft über Eigentumsverhältnisse, Größe, Lage, Lasten usw. eines Grundstücks gibt. Einsicht in das Grundbuch kann jeder nehmen, der ein berechtigtes Interesse nachweisen kann. Pfandrechte können als **Grundschulden** (§§ 1191 ff. BGB) eingetragen werden. Kommt ein Kreditnehmer seiner Zahlungsverpflichtung aus einem Grundpfandkredit nicht nach, kann der Kreditgeber das Grundstück und das dazugehörige Gebäude, das mit einem Pfandwert belastet ist, zwangsversteigern lassen. Bei der Grundschuld wird ein Grundstück mit einer bestimmten Geldsumme zugunsten des Kreditgebers belastet.

Der Kreditgeber hat zwei Ansprüche gegen den Kreditnehmer:

- einen dinglichen Anspruch aus der Grundschuld,
- einen persönlichen Anspruch aus dem Darlehen.

Der Kreditnehmer haftet nur mit dem Grundstück als Pfand. In das Grundbuch wird nur die Grundschuld, aber nicht der Schuldgrund, z. B. Aufnahme eines Darlehens, eingetragen. Der Kreditgeber hat somit aufgrund der Grundschuld keinen persönlichen Anspruch gegen den Kreditnehmer. Im Falle einer Zwangsvollstreckung muss eine Forderung des Kreditgebers nicht nachgewiesen werden. Auch bei voller Rückzahlung aller Verbindlichkeiten durch den Kreditnehmer erlischt die Grundschuld nicht. Sie erlischt erst, wenn sie im Grundbuch gelöscht wird.

Beispiel Nimmt die Primus GmbH bei ihrer Bank ein Grundschulddarlehen über 100.000,00 EUR auf, könnte die Bank das Grundstück mit dem Gebäude zwangsversteigern lassen, wenn die Primus GmbH mit ihren Tilgungsraten in Verzug gerät. Falls das Gebäude, z. B. durch Feuer, vernichtet worden ist und der Wert des Grundstücks zur Befriedigung der Forderung nicht mehr ausreicht, könnte die Bank die Befriedigung der Restforderung aufgrund der Grundschuld nicht aus dem Vermögen des Kreditnehmers verlangen.

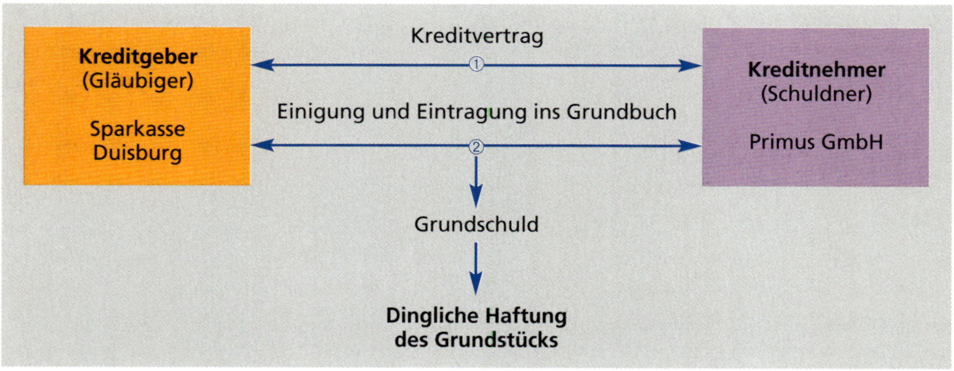

Die Grundschuld kann auch mit **Zwangsvollstreckungsklausel** eingetragen werden. Im Falle des Verzugs ist dann ein schneller Zugriff möglich. Auf das langwierige Einklagen eines vollstreckbaren Titels gegen den bisherigen Eigentümer kann dann verzichtet werden.
Eine Grundschuld kann als **Buchgrundschuld** oder als **Briefgrundschuld** bestellt werden, wobei die Briefgrundschuld auch auf den Inhaber lauten kann. Eine Buchgrundschuld entsteht durch Einigung und Eintragung. Bei einer Briefgrundschuld wird zusätzlich ein Grundschuldbrief ausgestellt, der zum Erwerb, zu Übertragung und Geltendmachung der Grundschuld erforderlich ist. Somit wird die Übertragung der Grundschuld auf einen anderen Gläubiger erleichtert.
Bei Rückzahlung der Schuld kann der Eigentümer die Grundschuld mit Einwilligung des **Gläubigers (Löschungsbewilligung)** löschen oder stehen lassen, um einen späteren Kreditbedarf schnell befriedigen zu können.

LF 2 ○ Kauf unter Eigentumsvorbehalt (vgl. AGB der Primus GmbH)

In der kaufmännischen **Praxis sichert der Lieferant** einer Ware, der seinen Abnehmern ein Zahlungsziel gewährt, **seine Forderung durch einen Eigentumsvorbehalt ab** (§ 448 BGB).

Durch die Vereinbarung des Eigentumsvorbehalts im **Kaufvertrag bleibt der Verkäufer bis zur vollständigen Bezahlung** des Kaufpreises **Eigentümer** der Ware. Der **Käufer** wird zunächst **nur Besitzer**. Der Eigentumsvorbehalt muss ausdrücklich im Kaufvertrag vereinbart werden, es genügt nicht, dass er bei der Lieferung auf dem Lieferschein vermerkt wird. Der Eigentumsvorbehalt kann sowohl beim einseitigen als auch beim zweiseitigen Handelskauf vereinbart werden.

Einfacher Eigentumsvorbehalt

Im Kaufvertrag wird folgende Klausel aufgenommen: **„Die Ware bleibt bis zur vollständigen Bezahlung mein/unser Eigentum."** Man spricht in diesem Fall vom einfachen Eigentumsvorbehalt. Bei Lieferung unter Eigentumsvorbehalt hat der Verkäufer das **Recht**, bei nicht rechtzeitiger Bezahlung oder bei **Nichtzahlung vom Kaufvertrag zurückzutreten und die Herausgabe der Ware zu verlangen**.

Der **Eigentumsvorbehalt erlischt** in dem Moment, in dem der Käufer den Kaufpreis vollständig bezahlt hat.
Der einfache Eigentumsvorbehalt hat für den Verkäufer **folgende Vorteile:**

- Sollte der Käufer seinen Zahlungsverpflichtungen nicht nachkommen, kann der Verkäufer die Herausgabe der Ware verlangen,
- sollte der Käufer ein Insolvenzverfahren anmelden, kann der Verkäufer die Ware aus der Insolvenzmasse aussondern lassen (vgl. S. 194),
- sollte die Ware beim Käufer durch einen Vollstreckungsbeamten gepfändet werden, kann der Verkäufer die Freigabe der Ware verlangen (Drittwiderspruchsklage gegen den pfändenden Gläubiger, vgl. S. 194).

Der einfache Eigentumsvorbehalt hat **folgende Nachteile:**

- Die Ware kann an einen gutgläubigen Dritten weiterverkauft werden.

  Beispiel Die Primus GmbH verkauft die von Lieferern unter Eigentumsvorbehalt gelieferten Waren an ihre Kunden weiter. Der Kunde wird Eigentümer der Ware, da er die Waren gutgläubig erworben hat. Der Eigentumsvorbehalt der Lieferer erlischt.

- Die Ware kann verarbeitet, verbraucht, vernichtet oder mit einer unbeweglichen Sache fest verbunden werden.

  Beispiele
  - Eine Kfz-Werkstatt schweißt an den Pkw eines Kunden den vom Hersteller unter Eigentumsvorbehalt gelieferten Kotflügel an. Der Kunde wird Eigentümer des Kotflügels **(Verarbeitung)**.
  - Ein Gemüsegroßhändler beliefert die Kantine eines Betriebes mit Gemüse und Kartoffeln unter Eigentumsvorbehalt. Nach einer Woche ist die gesamte Lieferung verbraucht **(Verbrauch)**.
  - Ein Unternehmen hat von einem Kfz-Händler einen Pkw unter Eigentumsvorbehalt gekauft. Nach vier Tagen wird der Pkw durch Verschulden eines Mitarbeiters des Unternehmens bei einem Unfall zerstört **(Vernichtung)**. Um sich vor diesem Fall zu schützen, verlangt der Verkäufer vom Käufer den Abschluss einer Vollkaskoversicherung. Im Schadensfall erhält der Verkäufer Ersatz von der Versicherung.
  - Ein Baustoffhändler liefert einem Privatmann, der ein Haus baut, Steine. Die Steine werden in der Außenwand des Rohbaus vermauert **(Verbindung mit einer unbeweglichen Sache)**.

In diesen Fällen erlischt der einfache Eigentumsvorbehalt.

Verlängerter Eigentumsvorbehalt

Um sich vor den genannten Nachteilen zu schützen, vereinbart der Lieferer mit seinen Kunden **den verlängerten Eigentumsvorbehalt**, d. h., die beim Weiterverkauf entstehenden Forderungen werden an den Lieferer abgetreten, bei Verarbeitung erwirbt der Lieferer Miteigentum an der hergestellten Sache.

Beispiel Die Herstadt Warenhaus GmbH verkauft von der Primus GmbH unter Eigentumsvorbehalt gelieferte Ware an ihre Kunden weiter. Die Herstadt Warenhaus GmbH hat ihre Kaufpreisforderung gegen ihre Kunden im Voraus an die Primus GmbH abgetreten.

Erweiterter Eigentumsvorbehalt

Eine dritte Form des Eigentumsvorbehalts stellt der **erweiterte Eigentumsvorbehalt** dar. Er liegt dann vor, wenn der Lieferer nicht nur eine Forderung aus einer Warenlieferung absichert, **sondern wenn sämtliche Lieferungen an einen Käufer durch den Eigentumsvorbehalt gesichert werden**. Das Eigentum geht erst mit der Begleichung aller Forderungen des Verkäufers an den Käufer über.

Beispiel Die Primus GmbH hat der Klöckner-Müller Elektronik AG im Laufe des letzten Jahres sieben unterschiedliche Warenlieferungen zukommen lassen. Das Eigentum aller Lieferungen geht erst dann auf die AG über, wenn alle sieben Lieferungen vollständig bezahlt sind.

● Kreditversicherungen

Jedes Unternehmen, das Waren auf Ziel verkauft, geht das Risiko ein, dass es durch Zahlungsunfähigkeit seines Schuldners **(wirtschaftliches Risiko)** oder bei Auslandsgeschäften zusätzlich durch politische Ereignisse (politisches Risiko) Verluste erleidet (vgl. S. 208 ff.). Während der Kreditnehmer die Kreditsicherheiten stellt, schließt der Kreditgeber Kreditversicherungen ab, um sich gegen das Risiko aus vergebenen Krediten zu schützen. Damit ein Lieferer zu einer sorgfältigen Kreditwürdigkeitsprüfung veranlasst wird, muss er immer einen Teil des Schadens, mindestens 20 %, selbst tragen **(Selbstbeteiligung).**

○ Warenkreditversicherung (Delcredereversicherung, vgl. S. 209):

Eine Warenkreditversicherung deckt den Forderungsverlust von Unternehmen aus inländischen und europäischen Lieferungen aufgrund der Zahlungsunfähigkeit des Schuldners ab.

○ Ausfuhrkreditversicherung

Eine Ausfuhrkreditversicherung deckt das wirtschaftliche Risiko bei der Warenausfuhr ab. Politische Risiken sind jedoch ausgeschlossen (vgl. S. 213). Die Selbstbeteiligung des Exporteurs beträgt 10 bis 15 % und hängt von der Kreditwürdigkeit des Kunden und der wirtschaftlichen Lage im Schuldnerland ab.

Beispiele
- staatliche Ausfuhrkreditversicherungen wie EULER-Hermes Kreditversicherungen und private Ausfuhrkreditversicherungen (vgl. S. 209).
- Die Bundesrepublik Deutschland übernimmt für die Forderung deutscher Exporteure zur Deckung des Kreditrisikos über staatliche Ausfuhrkreditversicherungen eine Exportkreditgarantie oder eine Exportbürgschaft (staatliche Exportkreditgarantie, vgl. S. 214).

● Eine **Ausfuhrgarantie** wird zur Deckung des Kreditrisikos bei Lieferung an einen privatwirtschaftlichen Besteller übernommen. Sie beinhaltet die Übernahme von Geldforderungen, aber nicht von Verzugszinsen, Konventionalstrafen o. Ä.

- Ist der ausländische Kunde ein Staat, eine Gebietskörperschaft (Gemeinde, Städte usw.) oder eine ähnliche Institution, wird eine **Exportbürgschaft** (staatliche Exportkreditgarantie) übernommen.

Die **Gewährung von staatlichen Exportkreditgarantien ist davon abhängig**, ob

- das Ausfuhrgeschäft förderungswürdig ist,

  Beispiel Die Primus GmbH exportiert Fotokopierer in Entwicklungsländer.

- das wirtschaftliche und das politische Risiko vertretbar sind,

  Beispiel In diesen Entwicklungsländern darf es keine kriegerischen Auseinandersetzungen geben.

- die vertraglichen Vereinbarungen den für Exportgeschäfte üblichen Bedingungen entsprechen. LF 2

Kreditsicherungsmöglichkeiten

- Der **reine Personalkredit (Blankokredit)** wird ohne Sicherheiten aufgrund der **besonderen Bonität des Kreditnehmers** gewährt.
- **Verstärkter Personalkredit** = Sicherung durch Personen

Bürgschaft	Zession
Ein oder mehrere Bürgen haften dem Kreditgeber (KG) zusätzlich zum Kreditnehmer (KN). – **Ausfallbürgschaft:** Bürge hat Recht der Einrede der Vorausklage. – **Selbstschuldnerische Bürgschaft:** Bürge hat nicht das Recht der Einrede der Vorausklage.	Abtretung von Forderungen an den Kreditgeber (KG). – **Stille Zession:** Schuldner des KN wird nicht von der Forderungsabtretung informiert. – **Offene Zession:** Schuldner des KN wird von der Forderungsabtretung informiert.

- **Realkredite** = dingliche Sicherung (bewegliche und unbewegliche Sachen haften für eine Forderung)

Lombardkredit (Faustpfandkredit)	Sicherungsübereignungskredit	Grundpfandrechte	Eigentumsvorbehalt (EV)
Verpfändung von beweglichen wertvollen Gegenständen oder Wertpapieren an den KG, wobei KG Besitzer wird, KN bleibt Eigentümer	Bewegliche Gegenstände des Anlagevermögens oder Warenvorräte werden zur Sicherheit vom KN an den KG übereignet. KG wird Eigentümer, KN bleibt Besitzer; Gegenstände: Fuhrpark, Maschinen, Geschäftsausstattung, Waren	**Grundschuld:** Belastung des Grundstücks mit einer bestimmten Geldsumme zugunsten des KG. **KN haftet nur mit dem Grundstück** als Pfand	– **Einfacher EV:** erlischt mit vollständiger Zahlung des Kaufpreises. – **Verlängerter EV:** Weiterverkauf der Waren möglich, da Abtretung der daraus entstehenden Forderungen. – **Erweiterter EV:** Sämtliche Lieferungen an einen Käufer werden durch EV gesichert.

Kreditversicherung

Warenkreditversicherung

- Entschädigung bei Forderungsausfällen von inländischen oder europäischen Kunden
- Selbstbeteiligung bis ca. 30 %

Ausfuhrkreditversicherung

- Schutz von Exporten gegen Forderungsausfall
- Selbstbeteiligung 10 bis 15 %
- Exportgarantie des Staates bei Export an privatwirtschaftlichen Besteller
- Exportbürgschaft des Staates bei Export an anderen Staat oder Gebietskörperschaft

1. Erläutern Sie die Bürgschaft und ihre Arten.

2. Geben Sie an, welche Vor- und Nachteile bzw. Risiken die Sicherungsübereignung
a) für den Kreditgeber, b) für den Kreditnehmer hat.

3. Nennen Sie die Merkmale des Lombardkredits.

4. Erläutern Sie die Besitz- und Eigentumsverhältnisse beim Sicherungsübereignungs- und Lombardkredit.

5. Geben Sie für nachfolgende Sachen an, für welche Kreditsicherung sie sich eignen.
a) Fahrzeuge
b) Schmuck
c) Gebäude
d) Warenvorräte
e) Geschäftsausstattung
f) Goldmünzen

6. Einer Ihrer Freunde will bei einem Kreditinstitut einen Kredit über 10.000,00 EUR für die Anschaffung einer Wohnungseinrichtung aufnehmen. Allerdings verlangt das Kreditinstitut, dass ein Bürge zusätzlich für den Kredit haften soll. Ihr Freund bittet Sie, für ihn zu bürgen.
a) Sammeln Sie Argumente, ob Sie als Bürge für Ihren Freund zur Verfügung stehen.
b) Überlegen Sie, welche Anforderungen ein Kreditinstitut an einen Bürgen stellt.

7. Die Primus GmbH will einen Lkw im Wert von 80.000,00 EUR für das kommende Geschäftsjahr kaufen. Der Lkw soll über einen Darlehenskredit finanziert werden. Erstellen Sie für die Primus GmbH eine Liste der verschiedenen Formen der Kreditsicherung, die der Darlehensgeber verlangen könnte und stellen Sie die jeweiligen Vor- und Nachteile in einer Übersicht gegenüber. Entscheiden Sie sich für eine Kreditsicherung und begründen Sie Ihre Entscheidung.

8. Erläutern Sie die Arten der Kreditversicherungen.

9. In einem Kaufvertrag der Primus GmbH mit einem Lieferer wird „Eigentumsvorbehalt" vereinbart. Was besagt diese Vertragsklausel?
1. Nach Entrichtung des Kaufpreises wird die Primus GmbH nur Besitzer der gelieferten Ware.
2. Die Primus GmbH bekommt die Ware erst nach Bezahlung geliefert.
3. Der Eigentumsvorbehalt erlischt bei Lieferung mangelhafter Ware.
4. Die Primus GmbH wird erst nach vollständiger Bezahlung des Kaufpreises Eigentümer der gelieferten Ware.
5. Der Lieferer bleibt bis zur Bezahlung des vollen Kaufpreises Besitzer der gelieferten Ware.

3 Folgen finanzieller Fehlentscheidungen einschätzen

3.1 Ursachen wirtschaftlicher Schwierigkeiten

Nicole Höver wird in der Kreditorenbuchhaltung eingesetzt. Sie ist überrascht, wie schleppend der Zahlungseingang der Schuldner ist. Und jetzt kommt auch noch ein Scheck des langjährigen Kunden, der Einzelhandlung Bürobedarf Richter GmbH, mit folgendem Vermerk zurück:

„Nicht eingelöst, da das Konto nicht die erforderliche Deckung aufweist"

„Das könnte mir nicht passieren", sagt Nicole zu Andreas Dick, der bereits seit einiger Zeit in der Buchhaltung ausgebildet wird, „ich habe immer reichlich Geld auf dem Girokonto!" Das sei genauso falsch, belehrt Andreas, wichtig sei das finanzielle Gleichgewicht. Nicole ist verwirrt. Was kann daran falsch sein reichlich Geld auf dem Girokonto zu haben?

ARBEITSAUFTRÄGE

- Stellen Sie fest, welche Ursachen Zahlungsschwierigkeiten haben können.
- Überprüfen Sie, welche Konsequenzen sich aus einem finanziellen Ungleichgewicht ergeben können.

Finanzielles Gleichgewicht

Alle Überlegungen zum Kapitalbedarf, zur Zusammensetzung des Kapitals, zur Kapitalbindung und zur Kapitalüberlassung haben zum Ziel, das finanzielle Gleichgewicht im Unternehmen zu sichern. Dies ist gegeben, wenn die Zahlungsfähigkeit zu jedem Zeitpunkt gesichert ist und keine überschüssigen Finanzierungsmittel vorhanden sind, die die Rentabilität mindern.

Unter- und Überliquidität

Um das finanzielle Gleichgewicht zu sichern, stellt das Unternehmen die erwarteten Einnahmen den erwarteten Ausgaben in einem **Finanzplan** gegenüber. Auch bei sorgfältiger Finanzplanung bleiben jedoch Unsicherheiten über die zukünftigen Einnahmen und Ausgaben.

Beispiele
- Zahlungen können schleppend oder gar nicht eingehen.
- Erwartete Umsätze können nicht realisiert werden.
- Kosten können höher ausfallen als geplant.

Darüber hinaus können Fehlentscheidungen im Rahmen der Finanzierung zu kurzfristigen Zahlungsschwierigkeiten **(Unterliquidität)** oder dauerhafter Zahlungsunfähigkeit **(Illiquidität)** führen. Aber auch die **Überliquidität**, d. h. die Überdeckung finanzieller Mittel, stört das finanzielle Gleichgewicht.

Beispiele

- Die Einzelhandlung Bürobedarf Richter GmbH, ein langjähriger Kunde der Primus GmbH, gerät durch einen Forderungsausfall in kurzfristige Zahlungsschwierigkeiten **(Unterliquidität)**. Nachdem die Bürobedarf Richter GmbH einen Kredit bei der Bank aufgenommen hat, begleicht sie ihre Verbindlichkeiten. Als danach weitere Kunden die Zahlung einstellen, kann auch die Bürobedarf Richter GmbH ihre Verbindlichkeiten nicht mehr begleichen, sie ist zahlungsunfähig **(Illiquidität)**.
- Geschäftsführer Müller stellt fest, dass die Kontostände auf den Kontokorrentkonten der Primus GmbH um 30 % über den benötigten Mitteln liegen **(Überliquidität)**. Durch Anlage der nicht benötigten Mittel auf einem Festgeldkonto kann ein Zinsgewinn von 4.000,00 EUR erwirtschaftet werden.

○ Konsequenzen aus dem finanziellen Ungleichgewicht

Werden die Folgen falscher Finanzierung rechtzeitig erkannt, können geeignete Maßnahmen zur Rettung des Unternehmens ergriffen werden. Die Rettung kann auf Kosten des Unternehmers in Form der **Sanierung** (vgl. S. 187) oder auf Kosten der Gläubiger in Form des **Vergleichs** (vgl. S. 188) erfolgen. Werden die Maßnahmen zur Rettung des Unternehmens versäumt oder zu spät eingeleitet, kommt es zur zwangsweisen Auflösung im **Insolvenzverfahren** (vgl S. 191).

● Insolvenzursachen

○ Finanzielle Ursachen

Probleme im Bereich der Finanzierung sind der Hauptgrund für Insolvenzen. Die Höhe des erforderlichen Eigenkapitals wird von vielen Kaufleuten unterschätzt. Darüber hinaus entstehen Probleme durch zu hohe Zinsbelastungen und zu optimistische Rückzahlungsfristen. Weitere finanzielle Gründe sind Fehler bei der Mittelverwendung, wenn z. B. Anlagevermögen mit kurzfristigen Krediten finanziert wird oder zu hohe Privatentnahmen getätigt werden.

○ Personelle Ursachen

Folgende Probleme können mit der Person des Unternehmers verbunden sein:

Probleme	Beispiele
– mangelhafte **Unternehmerqualifikation**	fehlende kaufmännische Ausbildung
– unzureichende **Marktkenntnisse**	Unkenntnis der Fördermöglichkeiten durch Kammern und Verbände
– ungenügende **Führungskenntnisse**	Unkenntnis moderner Methoden zur Mitarbeiterführung
– mangelnde **Praxiserfahrung**	Gründung eines Unternehmens kurz nach der Kaufmannsgehilfenprüfung

Darüber hinaus spielen unqualifizierte und nicht motivierte **Mitarbeiter** und Probleme bei der **Personalbeschaffung** als Ursache für Unternehmenskrisen eine wichtige Rolle.

○ Sachliche Ursachen

Die Verschärfung des Wettbewerbs ist einer der am häufigsten genannten Gründe von Unternehmenskrisen. Darüber hinaus spielen Standortprobleme und die Mietkosten eine Rolle. Der Nachfragerückgang durch Änderung der Verbrauchergewohnheiten oder eine allgemeine Verschlechterung der Konjunktur können ebenfalls Ursachen für Unternehmenskrisen sein.

○ Organisatorische Ursachen

Unzureichende Regelungen im Bereich der Aufbau- und Ablauforganisation können zu folgenden Problemen führen:

- mangelhaftes Kalkulations- und Berichtswesen
- falsche Beschaffungsmengen mit der Folge zu hoher Lagerbestände
- mangelnde Terminplanung
- Lagerhaltungsprobleme
- fehlende Kompetenzabgrenzungen
- fehlerhafte Personaleinsatzplanung

Häufig führen folgende Phasen zum finanziellen Ungleichgewicht:

Umsatzrückgang → Gewinnrückgang → Verluste → Zunehmende Verschuldung → Zahlungsschwierigkeiten → Zahlungsunfähigkeit

Ursachen wirtschaftlicher Schwierigkeiten

- Ziel der Finanzplanung ist die Sicherung des **finanziellen Gleichgewichts**.
- Falsche Finanzplanung kann zu kurzfristiger **Unterliquidität** und zu dauerhafter **Illiquidität** oder zur **Überliquidität** führen.
- **Ursachen wirtschaftlicher Schwierigkeiten** können finanzieller, personeller, sachlicher oder/und organisatorischer Art sein.

1. Zur Sicherung des finanziellen Gleichgewichts ist es erforderlich, die Liquidität zu überwachen. Dabei sollen sowohl die Unterliquidität als auch die Überliquidität vermieden werden.

a) Geben Sie an, welche Maßnahmen ein Unternehmen zur Verbesserung seiner Liquidität treffen kann.

b) Erläutern Sie, wie Über- und Unterliquidität in einem Unternehmen vermieden werden können.

2. Der Weg eines Unternehmens in die Zahlungunfähigkeit ist oft durch folgende Phasen gekennzeichnet: Rückgang der Umsätze ⇒ Rückgang der Gewinne ⇒ anhaltende Verluste ⇒ Rückgang des Eigenkapitals ⇒ zunehmende Verschuldung ⇒ Zahlungsschwierigkeiten ⇒ Zahlungsunfähigkeit

a) Überlegen Sie, an welchen Stellen im Unternehmen die genannten „Symptome" festgestellt werden können.

b) Stellen Sie den Symptomen Maßnahmen gegenüber, welche die drohende Zahlungsunfähigkeit des Unternehmens abwenden.

3. Stellen Sie eine Liste innerbetrieblicher und außerbetrieblicher Ursachen zusammen, die zur Zahlungunfähigkeit eines Unternehmens führen können.

3.2 Sanierung und Vergleich als außergerichtliche Maßnahmen im Rahmen der Insolvenz eines Unternehmens

Die Einzelhandelsunternehmung Bürobedarf Richter GmbH ist Kunde der Primus GmbH. Uwe Richter hatte vor fünf Jahren ein Fachgeschäft für Bürobedarf eröffnet. Er ist gelernter Bürokaufmann und verfügt über die erforderlichen Warenkenntnisse. Da er das Unternehmen gleich nach der Kaufmannsgehilfenprüfung gegründet hatte, konnte er von seinem Gehalt zwar nicht allzu viel zurücklegen, aber für die ersten Investitionen hatte es gerade gelangt. Das Sortiment bestand zunächst aus Schreibwaren und Bürozubehör. Aufgrund der großen Nachfrage führt Richter jetzt auch Büromaschinen und Büromöbel. Sein ganzer Stolz ist, dass er jeden Artikel immer in ausreichender Menge am Lager hat. In letzter Zeit sind die Umsätze jedoch stark zurückgegangen. Ganz in der Nähe hat ein Büroartikel-Fachmarkt eröffnet, der mit großem Werbeaufwand Kunden anlockt. Herr Richter versucht, seine Kundschaft durch Preissenkungen zu halten, inseriert ebenfalls in der Tageszeitung und lässt im ganzen Viertel Plakate mit Sonderangeboten anbringen. Richter hat aber noch andere Sorgen. Sein Standort ist so attraktiv geworden, dass die Miete drastisch erhöht wurde. Der schleppende Umsatz und die gestiegenen Kosten haben zur Folge, dass die Bürobedarf Richter GmbH ihren Zahlungsverpflichtungen nicht mehr nachkommen kann.

Noch während Herr Richter nach Lösungsmöglichkeiten für die Sanierung seines Unternehmens sucht, spitzt sich die Sitzation zu. Zwei der wichtigsten Gläubiger kündigen ihre Lieferantenkredite und verlangen sofortige Zahlung. Da die Banken sich weigern, die Kreditlinie nochmals heraufzusetzen, ist die Bürobedarf Richter GmbH zahlungsunfähig. In dieser Situation rät ihm die Betriebsberaterin der IHK, den beiden Großgläubigern und der Primus GmbH einen Vergleich anzubieten. Nur wenn dies auf einen Teil ihrer Forderungen verzichten, hat Richter eine Chance, sein Sanierungskonzept durchzusetzen und die Leistungsfähigkeit seines Unternehmens wiederherzustellen.

ARBEITSAUFTRÄGE

- Zeigen Sie Ursachen auf, die zu Richters Zahlungsschwierigkeiten geführt haben könnten, und machen Sie Vorschläge zur Wiederherstellung der Leistungsfähigkeit des Unternehmens.
- Diskutieren Sie, welche Gründe die Primus GmbH und die andere Gläubiger veranlassen könnten, auf einen Teil ihrer Forderungen zu verzichten.
- Erläutern Sie den Stundungs- und Erlassvergleich.

Sanierung

Bei der Sanierung handelt es sich um finanzielle, personelle, sachliche oder organisatorische Maßnahmen zur Wiederherstellung der Leistungsfähigkeit eines Unternehmens. Wird ein Unternehmen zahlungsunfähig, spricht man von Insolvenz. Untersuchungen über Insolvenzursachen kommen zu dem Ergebnis, dass Unternehmenskrisen finanzielle, personelle, sachliche und/oder organisatorische Ursachen haben können.

Die **Maßnahmen** zur Lösung einer Unternehmenskrise im Wege der Sanierung sind ebenso vielfältig wie ihre Ursachen (vgl. S. 184):

Finanzielle Maßnahmen sind u. a.:

- **Eigenfinanzierung** (vgl. S. 144) z. B. durch Verkauf von Vermögensteilen

  Beispiel Ein dem Unternehmer gehörendes Grundstück wird verkauft.
- **Fremdfinanzierung** (vgl. S. 166) durch Aufnahme von Bank- oder Liefererkrediten oder durch das Leasen von Wirtschaftsgütern

  Beispiel Der erforderliche Fuhrpark wird geleast statt gekauft.
- **Stundung von Verbindlichkeiten** (Hinausschieben des Zahlungsziels) oder der **Schuldenerlass** (vgl. S. 188).

Personelle Maßnahmen sind u. a.:

- **Fort- und Weiterbildung** des Unternehmers und seiner Mitarbeiter

  Beispiel Seminarangebot der Industrie- und Handelskammern oder der Handwerkskammern
- **Einstellung qualifizierter Mitarbeiter** bzw. Überprüfung des Personalbestandes mit dem Ziel, unfähige Mitarbeiter zu entlassen
- Einführung **leistungsbezogener Entlohnungsgrundsätze**. LF 5

Sachliche Maßnahmen sind u. a.:

- Stärkung der Wettbewerbsfähigkeit durch **Kooperation**
- Bereinigung von Absatz- oder Produktionsprogramm mit dem Ziel der Anpassung an die veränderten Verbrauchergewohnheiten

Organisatorische Maßnahmen sind u. a.:

- Bereitstellung warenbezogener Informationen sowie Steuerung und Kontrolle des Warenflusses im Unternehmen durch Einsatz der **EDV**
- Planung und Kontrolle der Lagerbestände mit dem Ziel der Annäherung an den **optimalen Lagerbestand**
- Verbesserung der **Durchlaufzeiten** der Waren

Vergleich

Beim Vergleich wird das Unternehmen auf Kosten der Gläubiger ohne Einschaltung eines Gerichts saniert. Einem vorübergehend zahlungsunfähig gewordenen Schuldner werden Forderungen erlassen **(Erlassvergleich)** oder gestundet **(Stundungsvergleich)**.

Beim Vergleich verhandelt der Schuldner in **aller Stille** mit einem oder mehreren Gläubigern. Die Verhandlungen werden ohne Mitwirkung der Gerichte geführt. Die Bemühungen um einen Vergleich sind immer dann angebracht, wenn die begründete Aussicht besteht, dass ein Unternehmen seine Schwierigkeiten überwindet und damit in seiner Existenz erhalten werden kann.

Es wird zwischen dem **Stundungs-** und dem **Erlassvergleich** unterschieden:

- Der **Stundungsvergleich** beinhaltet einen Zahlungsaufschub, d. h., die Gläubiger stimmen einem Tilgungsplan zu, der eine Stundung der Forderungen vorsieht.

  Beispiel Einzelhändler Richter hofft, die Leistungsfähigkeit seines Unternehmens innerhalb eines Jahres wiederherstellen zu können. Für diesen Zeitraum werden ihm die Schulden gestundet. Nach Ablauf des Jahres zahlt er seine Verbindlichkeiten im Rahmen eines vereinbarten Tilgungsplanes zurück.

- Der **Erlassvergleich** beinhaltet den Verzicht auf einen Teil der Forderungen durch die Gläubiger.

  Beispiel In der Hoffnung auf eine Gesundung der Bürobedarf Richter GmbH verzichten die Gläubiger auf 40 % ihrer Forderungen und geben dem Unternehmen so die Möglichkeit, seine Leistungsfähigkeit wiederherzustellen.

Voraussetzung für das Zustandekommen des Vergleichs ist die Zustimmung der Gläubiger.

Vorteile für den Schuldner:

- Weiterführung der Geschäfte mit dem Ziel der Gesundung des Unternehmens.
- Es findet keine Veröffentlichung statt. Der Schuldner muss seine Zahlungsschwierigkeiten lediglich den Vergleichspartnern gegenüber eingestehen. Ansonsten bleibt seine Bonität erhalten.
- Der Schuldner kann über sein Vermögen frei verfügen. Es schaltet sich kein Insolvenzverwalter (vgl. S. 193) ein.
- Das Verfahren kann schnell abgewickelt werden.

Vorteile für den Gläubiger:

- Der Schuldner bleibt als Kunde erhalten und kann nach erfolgreicher Sanierung die Restforderungen begleichen.
- Der Prozentsatz der Forderungen (die **Vergleichsquote**), der zurückgezahlt wird, ist i. d. R. höher als bei einem Insolvenzverfahren (vgl. S. 191).
- Ohne Einschaltung der Gerichte erfolgt die Zahlung i. d. R. schneller.

Nachteile für den Gläubiger:

- Der Verzicht auf einen Teil der Forderungen kann die Gläubiger selbst in Schwierigkeiten bringen und im schlimmsten Fall auch bei ihnen zur Zahlungsunfähigkeit führen.
- Durch die fehlende gerichtliche Kontrolle ist eine Ungleichbehandlung der Gläubiger möglich. So können z. B. nur einige Gläubiger in den Vergleich einbezogen werden oder es werden den Gläubigern unterschiedliche Quoten geboten. Um dieser Gefahr zu begegnen, können die Gläubiger einen **Treuhänder** einsetzen.
- Wer in einem Vergleich vertraglich auf einen Teil seiner Forderung verzichtet, kann in einem späteren Insolvenzverfahren auch nur die Restforderung geltend machen. Dieses Problem kann durch eine sogenannte **Wiederauflebensklausel** im Vergleichsvertrag gelöst werden. Sie besagt, dass im Insolvenzfall die gesamte Forderung geltend gemacht werden kann.

Sanierung und Vergleich als außergerichtliche Maßnahme im Rahmen der Insolvenz eines Unternehmens

- Bei der **Sanierung** handelt es sich um finanzielle, personelle, sachliche oder organisatorische Maßnahmen zur Wiederherstellung der Leistungsfähigkeit eines Unternehmens.

Sanierungsgründe	Sanierungsmaßnahmen
finanzieller Art – zu geringes Eigenkapital – zu hohe Zinsbelastung oder unrealistische Rückzahlungstermine	**finanzieller Art** – Eigenfinanzierung durch Kapitalerhöhung, Beteiligungsfinanzierung oder Verkauf von Vermögensteilen – Fremdfinanzierung durch Aufnahme von Krediten oder Anmietung von Anlagevermögen – Überprüfung der Privatentnahmen
personeller Art – mangelnde Unternehmerqualifikation – Mängel im Bereich Personal	**personeller Art** – Fortbildung – Einstellung qualifizierter Mitarbeiter – Einführung leistungsbezogener Entlohnungsgrundsätze
sachlicher Art – ruinöser Wettbewerb – hohe Mietkosten	**sachlicher Art** – Kooperation – Spezialisierung auf bestimmte Sortiments- oder Produktionsbereiche – Wechsel des Standortes
organisatorischer Art – mangelnde Kalkulation – zu hohe Personalkosten – falsche Beschaffungsmengen	**organisatorischer Art** – Fortbildung – Überprüfung des Personalbestandes – Einsatz der Datenverarbeitung

- **Vergleich:** Vereinbarung zwischen Schuldnern und Gläubiger zur Überwindung wirtschaftlicher Schwierigkeiten ohne Einschaltung der Gerichte.

  Voraussetzung: Zustimmung aller Beteiligten

  Vergleichsarten:
  – **Stundungsvergleich:** Die Gläubiger gewähren einen Zahlungsaufschub.
  – **Erlassvergleich:** Die Gläubiger verzichten auf einen Teil ihrer Forderungen.

1. Erläutern Sie, welche finanziellen, personellen, sachlichen oder organisatorischen Gründe zu einer Unternehmenskrise führen können.

2. Sanierungsmaßnahmen können nicht nur an die Problembereiche anknüpfen, sondern auch anhand der Marketinginstrumente aufgezeigt werden. Erläutern Sie mögliche Sanierungsmaßnahmen der Bürobedarf Richter GmbH anhand der Marketinginstrumente:
a) Produkt- und Sortimentspolitik
b) Preispolitik
c) Konditionenpolitik
d) Servicepolitik
e) Kommunikationspolitik
f) Distributionspolitik.

3. Die Bürobedarf Richter GmbH will die Lagerkosten senken.
a) Erläutern Sie Möglichkeiten, wie dieses Ziel erreicht werden kann.
b) Geben Sie an, welche Kennziffern zur Planung und Kontrolle der Lagerbestände zur Verfügung stehen.

4. Einer der größten Gläubiger der Bürobedarf Richter GmbH ist die Primus GmbH. Herr Richter führt mit Frau Primus ein Gespräch, in dem er um Zahlungsaufschub bittet.
a) Stellen Sie Argumente zusammen, mit denen Sie Frau Primus überzeugen.
b) Führen Sie das Gespräch zwischen Frau Primus und Herrn Richter im Rollenspiel
c) Fertigen Sie ein Protokoll des Gesprächs an und stellen Sie fest, welche Argumente Frau Primus überzeugt haben bzw. wo die Schwächen in der Argumentation lagen.
d) Erläutern Sie, wann ein Vergleich zustande kommt.

5. Die Bürobedarf Richter GmbH legt der Primus GmbH und den beiden Großgläubigern ihr Sanierungskonzept vor und unterbreitet ihnen einen Vorschlag für einen Vergleich. Wenn die Gläubiger auf 60 % ihrer Forderungen verzichten, wäre sie in der Lage, die restlichen 40 % binnen eines Jahres zurückzuzahlen. Frau Primus, die Geschäftsführerin der Primus GmbH, und der erste Gläubiger stimmen dem Vorschlag zu, der zweite Gläubiger lehnt ihn rundweg ab.
a) Sammeln Sie Argumente, die für und gegen eine Zustimmung sprechen.
b) Bilden Sie in Ihrer Klasse drei Gruppen und führen Sie das Streitgespräch der drei Gläubiger.

6. Frau Primus verlangt im Rahmen des Vergleichs die Einsetzung eines Treuhänders. Überlegen Sie, welche Gründe ihn zu dieser Forderung veranlassen könnten.

7. Erläutern Sie Erlass- und Stundungsvergleich.

8. Ziel des außergerichtlichen Vergleichs ist die Sanierung eines Unternehmens. Sanierungsgründe können dabei
- finanzieller Art,
- personeller Art,
- sachlicher Art oder
- organisatorischer Art sein.

Stellen Sie für die Bürobedarf Richter GmbH beispielhaft Sanierungsgründe und Sanierungsmaßnahmen gegenüber.

9. Erläutern Sie die Vorteile für den Schuldner und den Gläubiger und stellen Sie diese in einer Übersicht dar.

3.3 Insolvenz und Insolvenzverfahren

Trotz aller Bemühungen gelingt es der Bürobedarf Richter GmbH nicht, das Unternehmen zu retten. Sie gerät auch mit der Rückzahlung der Raten ihrer Vergleichsquote in Verzug. Die Zahlungen erfolgen immer schleppender und müssen dann ganz eingestellt werden. Als Herr Müller, der Geschäftsführer der Primus GmbH, erfährt, dass es bereits neue Gläubiger gibt, die durch raschen Zugriff im Wege der Zwangsvollstreckung versuchen, ihre Forderungen voll zu befriedigen, ist seine Geduld am Ende. Herr Müller beauftragt Nicole Höver, den Rechtsanwalt der Primus GmbH zu informieren, damit dieser beim zuständigen Amtsgericht den Antrag auf Eröffnung des Insolvenzverfahrens gegen die Bürobedarf Richter GmbH beantragt.

ARBEITSAUFTRÄGE

- Überlegen Sie, welche Möglichkeiten Herr Müller hat, die Zwangsvollstreckungen der anderen Gläubiger zu verhindern.
- Erläutern Sie die Durchführung des Insolvenzverfahrens zur Liquidation.
- Stellen Sie die Möglichkeiten der Restschuldbefreiung dar.

Allgemeine Vorschriften

Das Insolvenzverfahren ist in der **Insolvenzordnung** (InsO) geregelt. Ziel des Insolvenzverfahrens ist es, die Gläubiger zu befriedigen, indem Vermögen des Schuldners verwertet und der Erlös verteilt (Liquidation) oder in einem Insolvenzplan Regelungen zur Sanierung des Unternehmens getroffen werden. Der redliche Schuldner, der sich sechs Jahre bemüht, seine Schulden zu tilgen, kann im Rahmen des Verfahrens von seinen restlichen Verbindlichkeiten befreit werden.

Das Verfahren wird vom **Insolvenzgericht** durchgeführt, in dessen Bezirk der Schuldner seinen Gerichtsstand hat. LF 3

Die Eröffnung des Insolvenzverfahrens

Ein Insolvenzverfahren kann über das Vermögen jeder **natürlichen und juristischen Person** und über das Vermögen der **Personengesellschaften** eröffnet werden.

Der **Antrag** kann vom Gläubiger und vom Schuldner gestellt werden. Bei juristischen Personen kann der Antrag aufseiten des Schuldners von jedem Mitglied des Vertretungsorgans (z. B. Geschäftsführer der GmbH) gestellt werden.

Voraussetzung für die Eröffnung des Verfahrens ist die **Zahlungsunfähigkeit** des Schuldners. Bei juristischen Personen wird das Verfahren darüber hinaus eröffnet, wenn sie überschuldet sind. Eine Überschuldung liegt vor, wenn die aufgelaufenen Verluste größer sind als das Eigenkapital.

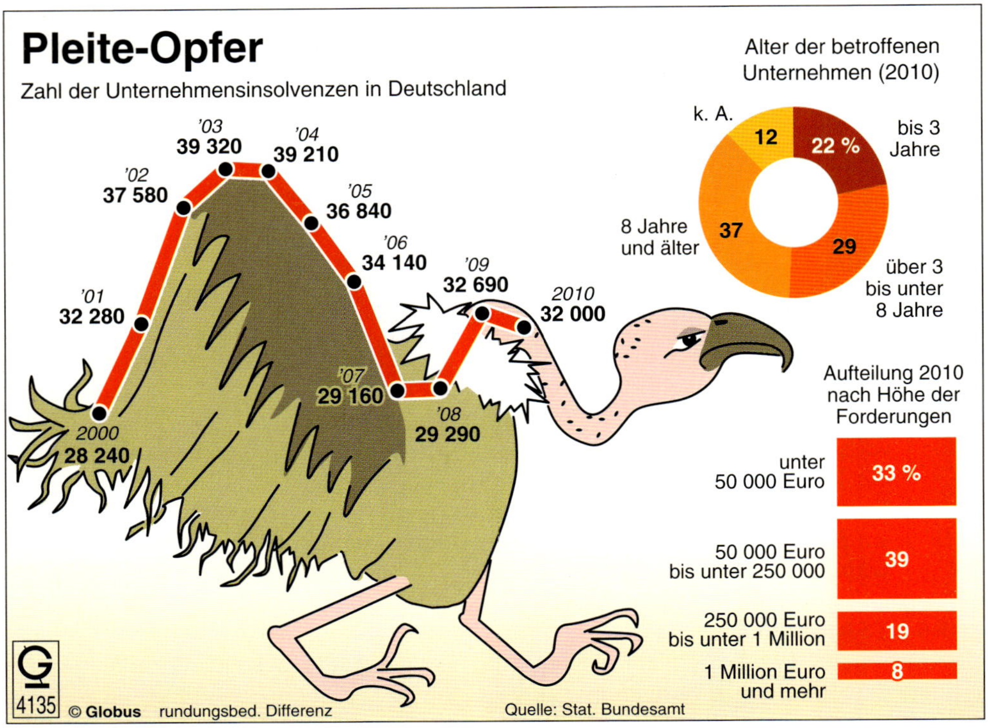

Beispiel Die Bürobedarf Richter GmbH hat folgende Bilanz erstellt:

Bilanz der Bürobedarf Richter GmbH

Aktiva		Passiva	
A. Anlagevermögen	150.000,00	**A. Eigenkapital**	
		I. Gezeichnetes Kapital	50.000,00
B. Umlaufvermögen	205.000,00	II. Verlustvortrag	- 26.000,00
		III. Jahresfehlbetrag	- 47.000,00
C. Nicht durch Eigenkapital gedeckter Fehlbetrag	557.125,00	**C. Verbindlichkeiten**	
		1. Verbindlichkeiten gegenüber Kreditinstituten	172.500,00
		2. Verbindlichkeiten a.LL	677.625,00
		3. Sonstige Verbindlichkeiten	85.000,00
	912.125,00		912.125,00

Die Bürobedarf Richter GmbH muss sofort ein Insolvenzverfahren beantragen, da sie überschuldet ist.

Auch im Fall **drohender Zahlungsunfähigkeit** kann der Antrag auf Eröffnung des Insolvenzverfahrens gestellt werden. Dieser Antrag kann jedoch nur vom Schuldner selbst gestellt werden. Der Schuldner droht zahlungsunfähig zu werden, wenn er voraussichtlich nicht in der Lage sein wird, die bestehende Verpflichtung im Zeitpunkt der Fälligkeit zu erfüllen.

Sobald der Antrag auf Eröffnung des Verfahrens beim Insolvenzgericht eingeht, kann das Gericht **Sicherungsmaßnahmen** anordnen. Das Gericht kann

- einen vorläufigen Insolvenzverwalter bestellen,
- dem Schuldner ein Verfügungsverbot über das Vermögen auferlegen oder dieses nur mit Zustimmung durch den Insolvenzverwalter gestatten,
- Maßnahmen der Zwangsvollstreckung gegen den Schuldner untersagen.

Hat das Gericht einen **vorläufigen Insolvenzverwalter** eingesetzt, wird dies öffentlich bekannt gemacht. Aufgabe des vorläufigen Insolvenzverwalters ist es, das Vermögen des Schuldners zu sichern, zu erhalten und zu prüfen, ob das Vermögen des Schuldners zur Deckung der Kosten des Verfahrens ausreicht. Betreibt der Schuldner ein Unternehmen, kann der Insolvenzverwalter dieses bis zur Entscheidung über die Eröffnung des Verfahrens fortführen.

Reicht das Vermögen des Schuldners nicht zur Deckung der Kosten des Verfahrens aus, wird der Antrag auf Eröffnung des Insolvenzverfahrens **mangels Masse abgewiesen.** Der Schuldner wird in diesem Fall in **ein öffentliches Schuldnerverzeichnis** eingetragen.

Im Falle der Eröffnung des Verfahrens ergeht ein **Eröffnungsbeschluss**, der öffentlich bekannt gemacht und in das Handelsregister eingetragen wird. Ist der Schuldner Eigentümer von Immobilien, wird die Eröffnung des Verfahrens auch in das Grundbuch eingetragen. Der Eröffnungsbeschluss enthält

- Firma, Namen, Vornamen, Geschäftszweig oder Beschäftigung, gewerbliche Niederlassung oder Wohnung des Schuldners,
- Name und Anschrift des Insolvenzverwalters,
- das Datum der Eröffnung,
- die Aufforderung an die Gläubiger, ihre Forderungen schriftlich innerhalb einer bestimmten Frist beim Insolvenzverwalter anzumelden. Die Frist darf mindestens zwei Wochen und höchstens drei Monate betragen. Inhaber von Sicherungsrechten an beweglichen Sachen (vgl. Sicherungsübereignung S. 176) müssen diese ebenfalls mitteilen.

Beispiel 55 K 88/99: Über das Vermögen der Bürobedarf Richter GmbH, Dürener Straße 79, 50931 Köln, wird heute am 1. Oktober 20.. um 08:00 Uhr das Insolvenzverfahren eröffnet. Insolvenzverwalter ist Herr RA Dr. Schmidt-Thomae, Landgrafenstraße 39, 50931 Köln, Telefon (02 21) 55 43 97. Alle Gläubiger werden gebeten, ihre Forderungen bis zum 1. November 20.. dem Insolvenzverwalter anzumelden.
Köln, 1. Oktober 20.. Amtsgericht, Abt. 71

Die Durchführung des Insolvenzverfahrens zur Liquidation des Unternehmens

Die Eröffnung des Insolvenzverfahrens hat für Schuldner und Gläubiger einschneidende Konsequenzen:

Konsequenzen für den Schuldner

- Mit der Eröffnung des Verfahrens geht das Recht des Schuldners, das zur Insolvenzmasse gehörende Vermögen zu verwalten, auf den Insolvenzverwalter über. Der **Insolvenzverwalter** verwaltet, verwertet und verteilt die Insolvenzmasse an die Gläubiger.
- Alle vom Schuldner erteilten Vollmachten sind erloschen.

- Er darf die Geschäftspost nicht öffnen (Postsperre).
- Er muss dem Insolvenzverwalter in allen geschäftlichen Angelegenheiten Auskunft geben. Das Insolvenzgericht kann anordnen, dass der Schuldner die verlangten Auskünfte unter Eid leisten muss.

○ Konsequenzen für die Gläubiger

§

§ 89 Abs. 1 InsO: Zwangsvollstreckungen für einzelne Insolvenzgläubiger sind während der Dauer des Insolvenzverfahrens weder in die Insolvenzmasse noch in das sonstige Vermögen des Schuldners zulässig.

Im Eröffnungsbeschluss bestimmt das Insolvenzgericht den Termin für eine Gläubigerversammlung, an dem über den Fortgang des Insolvenzverfahrens beschlossen wird **(Berichtstermin)**, und den Termin, an dem die angemeldeten Forderungen geprüft werden **(Prüfungstermin)**.

Das Insolvenzverfahren erfasst das gesamte Vermögen des Schuldners, das ihm zum Zeitpunkt der Eröffnung des Verfahrens gehört und das er während des Verfahrens erlangt. Dieses Vermögen wird als **Insolvenzmasse** bezeichnet. Hierzu gehört auch das Vermögen, das der Schuldner während der Durchführung des Verfahrens erlangt, wenn die Geschäfte eines Unternehmens durch den Insolvenzverwalter weitergeführt werden.

Dem vorhandenen Vermögen werden in einer Vermögensübersicht die Verbindlichkeiten gegenübergestellt. Die Insolvenzgläubiger haben ihre Forderung schriftlich beim Insolvenzverwalter anzumelden. Im Prüfungstermin werden die angemeldeten Forderungen ihrem Betrag und ihrem Rang nach geprüft und festgestellt.

Beispiel Der Insolvenzverwalter ermittelt bei der Bürobedarf Richter GmbH folgende Werte in EUR:

Gesamtvermögen	355.000,00 EUR
Lieferschulden	677.625,00 EUR
– davon unter Eigentumsvorbehalt geliefert	87.000,00 EUR
Darlehensverbindlichkeiten	172.500,00 EUR
– davon durch Grundpfandrecht gesichert	60.000,00 EUR
Rückständige Lohn- und Gehaltsforderungen	36.000,00 EUR
Sonstige Masseverbindlichkeiten	7.500,00 EUR
Massekosten	5.000,00 EUR

Sind die Forderungen festgestellt, erfolgt die Verteilung der Insolvenzmasse in einer in der Insolvenzordnung festgelegten Reihenfolge (§§ 35 ff InsO) an die folgenden **Gläubigerklassen**:

1. Aussonderung (§ 47 InsO)

Gegenstände, die dem Schuldner nicht gehören, werden ausgesondert und dem Eigentümer zurückgegeben. Sie gehören nicht zur Insolvenzmasse.

Beispiel Die Bürobedarf Richter GmbH hat Waren im Wert von 87.000,00 EUR unter Eigentumsvorbehalt geliefert bekommen. Diese werden dem Eigentümer zurückgegeben.

INSOLVENZMASSE

2. Absonderung (§ 49 ff. InsO)

Sachen, die mit fremden Rechten belastet sind, werden abgesondert und zur Befriedigung der Gläubiger verwertet. Die Verwertung wird durch den Insolvenzverwalter durchgeführt. Er kann die Sachen unmittelbar verwerten oder im Rahmen des Insolvenzverfahrens weiter nutzen. Dies kann z. B. bei Maschinen sinnvoll sein, die bis zum Abschluss des Verfahrens weiterlaufen sollen und für die Gläubiger Erträge erwirtschaften. Für die Dauer der Nutzung muss den Gläubigern eine Nutzungsentschädigung gezahlt werden.

Beispiel Büromaschinen, die zur Sicherung einer Forderung sicherungsübereignet wurden, werden für die Dauer des Insolvenzverfahres im Unternehmen weiter genutzt. Der Eigentümer erhält dafür eine Nutzungsentschädigung in Höhe von 4 % p. a. vom Buchwert.

3. Massegläubiger (53 ff. InsO)

§

§ 53 InsO: Aus der Insolvenzmasse sind die Kosten des Insolvenzverfahrens und die sonstigen Masseverbindlichkeiten vorweg zu berichtigen.

Die **Kosten des Insolvenzverfahrens (Massekosten)** sind die Gerichtskosten und die Auslagen des Insolvenzverwalters und der Mitglieder des Gläubigerausschusses.

Beispiel Dem Insolvenzverwalter und dem Gläubigerausschuss sind Kosten in Höhe von 5.000,00 EUR entstanden.

Die **sonstigen Masseverbindlichkeiten** sind Kosten, die durch die Handlungen des Insolvenzverwalters im Rahmen der Verwaltung, Verwertung und Verteilung der Insolvenzmasse entstehen, und Verbindlichgkeiten aus laufenden Verträgen, soweit deren Erfüllung zur Insolvenzmasse verlangt wird.

Beispiel Die Miete für die Geschäftsräume und die Gas- und Stromversorgung für die Dauer des Verfahrens belaufen sich auf 7.500,00 EUR. Seit der Eröffnung des Verfahrens wurden Löhne und Gehälter in Höhe von 36.000,00 EUR gezahlt. Für die letzten drei Monate vor der Eröffnung des Verfahrens erhalten die Arbeitnehmer auf Antrag Insolvenzausfallgeld durch die Arbeitsagentur.

INSOLVENZMASSE

4. Insolvenzgläubiger (§ 38 InsO)

Insolvenzgläubiger sind alle Gläubiger, die bei Eröffnung des Verfahrens einen begründeten Vermögensanspruch gegen den Schuldner haben.

Beispiel Die Forderungen der Insolvenzgläubiger der Bürobedarf Richter GmbH belaufen sich auf 675.625,00 EUR.

5. Nachrangige Insolvenzgläubiger (§ 39 InsO)

Haben die Insolvenzgläubiger ihre Forderung in der vereinbarten Weise befriedigt, erhalten **die nachrangigen Insolvenzgläubiger** ihr Geld. Dies geschieht in folgender Rangfolge:

§

§ 39 Abs. 1 InsO:
1. die seit der Eröffnung des Insolvenzverfahrens laufenden Zinsen der Forderungen der Insolvenzgläubiger;
2. die Kosten, die den einzelnen Insolvenzgläubigern durch ihre Teilnahme am Verfahren erwachsen;
3. Geldstrafen, Geldbußen, Ordnungsgelder und Zwangsgelder sowie solche Nebenfolgen einer Straftat oder Ordnungswidrigkeit, die zu einer Geldzahlung verpflichten;
4. Forderungen aus einer unentgeltlichen Leistung des Schuldners;
5. Forderungen auf Rückgewähr des Kapital ersetzenden Darlehens eines Gesellschafters oder gleichgestellte Forderungen.

Beispiel Die nachrangigen Insolvenzgläubiger können Forderungen in Höhe von 2.500,00 EUR geltend machen.

Sobald die Verwertung der Insolvenzmasse beendet ist, kommt es zum Schlusstermin und zur **Aufhebung des Insolvenzverfahrens**. Die Insolvenzgläubiger können ihre restlichen Forderungen gegen den Schuldner im Rahmen der Verjährung unbeschränkt geltend machen.

Durch Anordnung des Insolvenzgerichts oder durch Wahl der Gläubigerversammlung kann ein **Gläubigerausschuss** eingesetzt werden. Im Ausschuss sollen absonderungsberechtigte Gläubiger, Insolvenzgläubiger mit den höchsten Forderungen, Kleingläubiger und Arbeitnehmer vertreten sein. Der Gläubigerausschuss unterstützt den Insolvenzverwalter bei der Wahrnehmung seiner Aufgaben und überwacht ihn. Beschlüsse werden mit der Mehrheit der abgegebenen Stimmen gefasst.

Die **Gläubigerversammlung** wird vom Insolvenzgericht, durch den Insolvenzverwalter oder auf Antrag der Gläubiger einberufen. Ihr gehören die absonderungsberechtigten Gläubiger, die Massegläubiger, die Insolvenzgläubiger, der Insolvenzverwalter und der Schuldner an. Beschlüsse werden mit der Mehrheit der Forderungsbeträge gefasst. Nachrangige Insolvenzgläubiger und aussonderungsberechtigte Gläubiger sind nicht Mitglieder der Gläubigerversammlung.

Sanierung durch Insolvenzplan

Besteht die Möglichkeit, dass die wirtschaftlichen Schwierigkeiten des Schuldners überwunden und die Auflösung des Unternehmens abgewendet werden kann, können der Schuldner oder der Insolvenzverwalter einen **Insolvenzplan** (§ 217 ff. InsO) aufstellen und diesen dem Insolvenzgericht zur Genehmigung vorlegen.

Im Insolvenzplan wird beschrieben, welche Maßnahmen nach Eröffnung des Verfahrens getroffen wurden, um die Gläubiger zu befriedigen, und wie in der Zukunft verfahren werden soll. Dem Plan ist eine **Vermögensübersicht** und ein **Ergebnis- und Finanzplan** beizufügen. Hier wird dargestellt, welche Aufwendungen und Erträge zu erwarten sind, und durch welche Einnahmen und Ausgaben die Zahlungsfähigkeit des Unternehmens für die Dauer des Verfahrens gewährleistet werden soll. Bei der Festlegung der Rechte der Gläubiger werden die Beteiligten in die Gruppen der absonderungsberechtigten Gläubiger, der Insolvenzgläubiger und der nachrangigen Insolvenzgläubiger eingeteilt. Innerhalb jeder Gruppe sind die Gläubiger gleich zu behandeln.

- Die **absonderungsberechtigten Gläubiger** sind, soweit der Insolvenzplan nichts anderes bestimmt, voll zu befriedigen.
- Für die **Insolvenzgläubiger** ist anzugeben, um welchen Prozentsatz die Forderungen gekürzt **werden (Erlassvergleich)**, für welchen Zeitraum sie gestundet werden **(Stundungsvergleich)**, wie sie gesichert und wie sie zurückgezahlt werden sollen.
- Die Forderungen der **nachrangigen Insolvenzgläubiger** gelten, soweit der Insolvenzplan nichts anderes bestimmt, als erlassen.

Der Insolvenzplan wird vom Insolvenzgericht geprüft. Stimmt das Gericht dem Plan zu, bestimmt das Insolvenzgericht einen Termin, zu dem der Plan erörtert und anschließend abgestimmt wird. **Der Erörterungs- und Abstimmungstermin** wird öffentlich bekannt gemacht. Stimmberechtigt sind alle Gläubiger, die eine Forderung angemeldet haben und deren Forderung als berechtigt festgestellt worden ist.

§ 244 Abs. 1 InsO:
Zur Annahme des Insolvenzplans durch die Gläubiger ist erforderlich, dass in jeder Gruppe
1. die Mehrheit der abstimmenden Gläubiger dem Plan zustimmt und
2. die Summe der Ansprüche der zustimmenden Gläubiger mehr als die Hälfte der Summe der Ansprüche der abstimmenden Gläubiger beträgt.

§

Nach der Annahme des Insolvenzplanes durch die Gläubiger und der Zustimmung durch den Schuldner wird der Plan durch das Insolvenzgericht bestätigt. Mit der Bestätigung durch das Gericht treten alle im Insolvenzplan festgelegten Wirkungen für den Schuldner und die Gläubiger ein. Sobald die Bestätigung des Insolvenzplanes rechtskräftig ist, beschließt das Gericht die **Aufhebung des Verfahrens**. Das Amt des Insolvenzverwalters erlischt und der Schuldner kann wieder frei über sein Vermögen verfügen. Kommt der Schuldner mit seinen Leistungen gegenüber einem Gläubiger in Verzug, so werden Stundung oder Erlass gegenüber dem Gläubiger hinfällig **(Wiederauflebensklausel)** und er muss die gesamte Forderung zahlen.

● Restschuldbefreiung

Ist der Schuldner eine natürliche Person, so kann er von den im Insolvenzverfahren nicht erfüllten Forderungen befreit werden. Der Antrag ist vom Schuldner spätestens im Berichtstermin zu stellen. Die Restschuldbefreiung wird durch das Insolvenzgericht ausgesprochen.

§ 287 Abs. 2 InsO: Dem Antrag ist eine Erklärung beizufügen, dass der Schuldner seine pfändbaren Forderungen auf Bezüge aus einem Dienstverhältnis oder an deren Stelle tretende laufende Bezüge für die Zeit von sechs Jahren nach der Aufhebung des Insolvenzverfahrens an einen vom Gericht zu bestimmenden Treuhänder abtritt. (. . .)

§

Der Schuldner muss während der sechs Jahre

- eine angemessene Erwerbstätigkeit ausüben oder sich um eine solche bemühen und darf keine zumutbare Tätigkeit ablehnen,
- ererbtes Vermögen zur Hälfte an den Treuhänder herausgeben,
- jeden Wechsel des Wohnsitzes oder der Arbeitsstelle dem Insolvenzgericht anzeigen und
- Zahlungen zur Befriedigung seiner Gläubiger nur an den Treuhänder leisten.

Verstößt der Insolvenzschuldner gegen seine Pflichten, kann das Gericht auf Antrag eines Gläubigers die Restschuldbefreiung zurücknehmen. Hat der Schuldner seine Pflichten sechs Jahre lang gewissenhaft erfüllt, erteilt das Gericht die Restschuldbefreiung und **die Schulden sind erloschen**.

● Verbraucherinsolvenzverfahren

Die Möglichkeit der Restschuldbefreiung gilt auch für Personen, die keine oder nur eine geringfügige selbstständige wirtschaftliche Tätigkeit ausüben **(Verbraucherinsolvenzverfahren)**.

Hier stellt der Schuldner den Antrag auf Eröffnung des Insolvenzverfahrens. Mit diesem Antrag sind vorzulegen:

1. eine Bescheinigung, aus der sich ergibt, dass eine außergerichtliche Einigung innerhalb der letzten sechs Monate erfolglos versucht worden ist,
2. der Antrag auf Restschuldbefreiung,
3. ein Verzeichnis des vorhandenen Vermögens und des Einkommens,
4. ein Verzeichnis der Gläubiger und ihrer Forderungen,
5. ein **Schuldenbereinigungsplan**, in dem ausgeführt wird, wie der Schuldner seine Schulden zurückzahlen wird.

PRAXISTIPP Bei privaten Zahlungsschwierigkeiten können Sie sich Informationen unter der Internetadresse www.wikipedia.org/wiki/Privatinsolvenz.de beschaffen.

Das Insolvenzgericht stellt den Gläubigern den **Schuldenbereinigungsplan** zu. Der Schuldenbereinigungsplan ist angenommen, wenn

- mehr als die Hälfte der benannten Gläubiger mit
- mehr als der Hälfte der Summe der Ansprüche

dem Plan zustimmt. Wie bei der Restschuldbefreiung muss sich der Schuldner **sechs Jahre wohlverhalten**, seine Arbeitskraft nutzen und den nicht pfändbaren Teil seines Vermögens an den Treuhänder übertragen. Nach Ablauf der sechs Jahre **sind die Schulden erloschen**.

Insolvenz und Insolvenzverfahren

- **Ziel des Insolvenzverfahrens** ist es, die Gläubiger eines Schuldners durch Verwertung des Vermögens und Verteilung des Erlöses zu befriedigen oder in einem Insolvenzplan Regelungen zur Sanierung des Unternehmens zu treffen. Der redliche Schuldner kann von seinen restlichen Verbindlichkeiten befreit werden.

Voraussetzung	– Zahlungsunfähigkeit – Überschuldung – drohende Zahlungsunfähigkeit
Antrag	– durch Schuldner oder Gläubiger – bei drohender Zahlungsunfähigkeit nur durch den Schuldner
Durchführung	– Eröffnung des Verfahrens durch das Gericht – Eintragung der Eröffnung in das Handelsregister – Ernennung des Insolvenzverwalters – Zwangsvollstreckungen sind ausgesetzt
Aufgaben des Insolvenzverwalters	– Sicherung und Erhaltung des Vermögens des Schuldners – Erstellung des Insolvenzplanes
Liquidation	Befriedigung der Gläubiger durch Verwaltung, Verwertung und Verteilung des Vermögens des Schuldners durch den Insolvenzverwalter in der vorgesehenen Reihenfolge
Insolvenzplan	– Darstellung von Maßnahmen zur Überwindung der wirtschaftlichen Schwierigkeiten und Sanierung des Unternehmens

Insolvenzplan	– Zustimmung durch – die Mehrheit der abstimmenden Gläubiger – die Mehrheit der Ansprüche – Erlass oder Stundung der Forderungen – bei Zahlungsverzug Wiederaufleben der Forderungen
Restschuldbefreiung	– bei natürlichen Personen möglich – Abtretung der pfändbaren Forderungen aus Lohn und Gehalt für sechs Jahre – bei gewissenhafter Erfüllung der Pflichten wird der Schuldner nach sechs Jahren von der Restschuld befreit
Verbraucherinsolvenz	– für Nichtselbstständige und Kleingewerbetreibende – Zustimmung durch • die Mehrheit der abstimmenden Gläubiger • die Mehrheit der Ansprüche – bei gewissenhafter Erfüllung der Pflichten über sechs Jahre wird der Schuldner von der Restschuld befreit

1. Prüfen und begründen Sie, welche der unten stehenden Gegenstände
a) ausgesondert werden
b) abgesondert werden
c) zu den Massekosten,
d) zu den Masseverbindlichkeiten,
e) zu den Insolvenzgläubigern,
f) zu den nachrangigen Insolvenzgläubigern zählen.
1. Geschäftswagen, der aufgrund eines Leasingvertrages überlassen wurde
2. Grundschuld, die von einer Bank zur Sicherung eines Kredites eingetragen wurde
3. Maschinen, die einem Kreditinstitut zur Sicherung übereignet wurden
4. Auslagen der Mitglieder des Gläubigerausschusses
5. Miete der Geschäftsräume für die Dauer des Insolvenzverfahrens
6. Zinsen auf Forderungen der Insolvenzgläubiger
7. Forderungen eines Lieferanten

2. Stellen Sie fest, ob unten stehende Aussagen
a) auf die Restschuldbefreiung,
b) die Sanierung durch Insolvenzplan,
c) das Insolvenzverfahren zur Liquidation zutreffen.
1. Die Verteilung der Insolvenzmasse erfolgt durch den Insolvenzverwalter.
2. Für die Zustimmung ist die Mehrheit der abstimmenden Gläubiger mit der Mehrheit der Ansprüche erforderlich.
3. Der Schuldner tritt seine pfändbaren Forderungen für die Dauer von sechs Jahren ab.

3. Erläutern Sie die Rangfolge, in der die Verteilung der Insolvenzmasse im Rahmen der Liquidation erfolgt.

4. Erläutern Sie das Verbraucherinsolvenzverfahren.

5. Für das Verbraucherinsolvenzverfahren ist eine Bescheinigung erforderlich, aus der sich ergibt, dass eine außergerichtliche Einigung innerhalb der letzten sechs Monate erfolglos versucht worden ist (vgl. S. 188).

Stellen Sie fest, wer diese Bescheinigung ausstellt und welche Voraussetzungen an die Ausstellung gebunden sind.

4 Besonderheiten von Finanzierungsentscheidungen im Außenhandel berücksichtigen

4.1 Kurzfristige Fremdfinanzierung des Außenhandelsgeschäfts

Elke Sommer ist beunruhigt: *„Schauen Sie mal, Herr Krazek, eine E-Mail aus Kaliningrad. Die Glowna Ltd. will für die Rechnungssumme von 51.300,00 EUR ein Zahlungsziel von 90 Tagen."* Miroslav Krazek, der Gruppenleiter Export der Primus GmbH, ist wenig begeistert: *„Bei der ersten Bestellung? Kommt gar nicht infrage. Andere würden da nur gegen Vorkasse liefern . . ."* Frau Sommer entgegnet: *„Bei entsprechender Absicherung können wir doch sicher eine Lösung finden. Ohne unser Entgegenkommen sind wir den Kunden los."* Herr Krazek überlegt: *„Vielleicht haben Sie recht. Ich werde mal mit der Bank sprechen. Trotzdem: Wer zahlt uns den Zinsausfall, die Liquidität und die ganzen Kosten? Der Auftrag ist so kalkuliert, dass wir die Zahlung nach der Verschiffung erhalten."*

ARBEITSAUFTRAG

- Unterbreiten Sie einen Finanzierungsvorschlag für die dargestellte Situation (Begründung).

Import- und Exportfinanzierung

Je nach Zahlungsbedingung des Außenhandelsgeschäfts, Kapitalausstattung und Liquiditätslage des Unternehmens kann es notwendig werden, den Rechnungsbetrag ganz oder teilweise **kurzfristig**[1] fremd zu finanzieren:

Art	Kreditnehmer	Kreditgeber	Beispiele
Importfinanzierung	Importeur	Kreditinstitut	Kontokorrentkredit Akzeptkredit
		Exporteur	Liefererkredit (Zahlungsziel)
Exportfinanzierung	Exporteur	Kreditinstitut	Kontokorrentkredit Diskontkredit Forfaitierung
		Importeur	Vorauszahlung

[1] *Laufzeit bis zu einem Jahr*

Beispiel Bleibt es bei dem genannten Zahlungstermin (unmittelbar nach Verschiffung, Vorlage der Dokumente), benötigt die Glowna Ltd. einen Kredit bis zum Eingang ihrer eigenen Forderungen aus dem Weiterverkauf der Ware. Dazu belastet sie bei Fälligkeit ihren Kontokorrentkredit bzw. wendet sich mit einem separaten Finanzierungswunsch an ihre Hausbank (Investbank Kaliningrad) oder ein anderes Kreditinstitut **(Importfinanzierung)**.

Möglicherweise wird die Glowna Ltd. das Problem haben, das Warengeschäft von russischen Banken fristgerecht und kostengünstig finanzieren zu lassen. In diesem Fall ist das Exportgeschäft für die Primus GmbH davon abhängig, ob sie der Glowna Ltd. das gewünschte **Zahlungsziel** gewähren kann. Die Primus GmbH muss sich wahrscheinlich für die Laufzeit dieses Kredits refinanzieren. Dazu könnte sie bei ihrem Lieferanten den **Liefererkredit** oder ihren **Kontokorrentkredit** bei der Sparkasse Duisburg in Anspruch nehmen **(Exportfinanzierung)**.

● Kontokorrentkredit (vgl. S. 151)

Importeure nutzen für die Finanzierung des Wareneinkaufs den von ihrer Hausbank eingeräumten Kontokorrentkredit. Entsprechendes gilt für Exporteure in Bezug auf die Vorfinanzierung der Zahlungsziele ihrer Kunden.

● Liefererkredit (vgl. S. 151)

Wird dem Importeur gegen einfache Rechnung ein Zahlungsziel gewährt (z. B. über 30, 60, 90 Tage), kann dies für den Exporteur erhebliche Risiken bedeuten und ist deshalb im Außenhandel eingespielten, problemlosen Geschäftsbeziehungen vorbehalten. Nur besonders kreditwürdige Kunden, die in einem Land ohne politische Risiken ihren Sitz haben, werden für einen – ungesicherten – Liefererkredit in Frage kommen.

Beispiel Die Primus GmbH wird der Glowna Ltd. kein Zahlungsziel gegen einfache Rechnung gewähren, da die Geschäftsbeziehung gerade erst beginnt und die Bonität des Unternehmens schwer einschätzbar ist.

● Wechselkredit

Der Exporteur **(Aussteller)** stellt einen Wechsel **(Tratte)** auf den Importeur **(Bezogener)** aus. Dieser gibt mit seiner Unterschrift **(Akzeptleistung)** ein **unbedingtes Versprechen**, an dem im Wechsel genannten **Verfalltag** an den Wechselberechtigten **zu zahlen**. Durch die strengen Bestimmungen des Wechselgesetzes ist das Kreditrisiko für den Exporteur grundsätzlich geringer, jedoch weiterhin abhängig von der Kreditwürdigkeit des Bezogenen.

Beispiel Die Glowna Ltd. akzeptiert am 01.03.20.. einen von der Primus GmbH ausgestellten Wechsel, Verfalltag 30.05.20.. (Laufzeit 90 Tage).

Die Primus GmbH kann den Wechsel am Verfalltag der Glowna Ltd. zur Zahlung vorlegen. Zur Begleichung eigener Schulden gibt sie den Wechsel aber sofort an die Bürodesign GmbH weiter. Diese kann mit dem Wechsel genauso verfahren wie die Primus GmbH: warten und ihn am Verfalltag zur Zahlung vorlegen oder selbst an einen Gläubiger weitergeben.

Die Primus GmbH bleibt als Aussteller in der wechselrechtlichen Haftung. Zahlt die Glowna Ltd. den Wechsel am Verfalltag nicht an den letzten Wechselberechtigten, wird dieser sich an seine „Vormänner" wenden, letztlich also an die Primus GmbH als Aussteller. Diese muss dann für die Wechselsumme und für entstandene Kosten (z. B. Zinsen) aufkommen. Für die Primus GmbH kann es dann schwierig werden, diese Forderung beim Bezogenen in Russland einzutreiben. Außerdem leidet der Ruf des Ausstellers, wenn Wechsel nicht bezahlt werden, die von ihm in Umlauf gebracht werden.

Diskontkredit

Den vom Bezogenen unterschriebenen Wechsel (Akzept) verkauft der Exporteur zur Refinanzierung an eine Bank und erhält nach Abzug von Zinsen (Diskont) und Spesen den Barwert ausgezahlt. Der Exporteur wird dem Importeur diese Kosten meist direkt belasten, ansonsten indirekt im Rahmen der Warenkalkulation. Am Verfalltag wird der Wechsel dem Importeur zur Zahlung vorgelegt.

Inländische Banken werden Wechsel mit ausländischen Bezogenen nur bei hervorragender Bonität des Bezogenen bzw. weiteren Sicherheiten (z. B. Bankgarantie, vgl. S. 169 ff.) ankaufen. Letztlich bleibt jedoch der Exporteur als Wechselaussteller gegenüber der diskontierenden Bank in der Haftung.

Beispiel Die Primus GmbH wird es schwer haben, für dieses Handelsgeschäft einen Diskontkredit zu erhalten, da der Bezogene ein noch unbekannter russischer Importeur ist. Das Kreditrisiko für die Primus GmbH bleibt hier ebenfalls bestehen. Wenn die Glowna Ltd. den Wechsel nicht bezahlt, wird die Primus GmbH (Aussteller) in Regress genommen.

Akzeptkredit

Nicht der Importeur selbst, sondern – in dessen Auftrag – eine **international** als zahlungsfähig bekannte **Bank** akzeptiert den vom Exporteur ausgestellten Wechsel. Diese Kreditform nennt man **Akzeptkredit**. Die Bank stellt dem **Importeur** dabei nicht Bar- oder Buchgeld zur Verfügung (Geldleihe), sondern – gegen Provision – ihre Kreditwürdigkeit als Wechselschuldner **(Kreditleihe)**. Unabhängig von der Zahlungsfähigkeit des Importeurs tritt die Bank als Zahlungsverpflichteter (Bezogener) aus dem Wechselgeschäft auf. Der **Exporteur** wird das Akzept dann problemlos an eine Bank verkaufen können (oft sogar an die akzeptierende Bank selbst), also einen **Diskontkredit** aufnehmen.

Beispiel Die von der russischen Investbank akzeptierte Tratte kann die Primus GmbH von dieser Bank oder einem anderen Kreditinstitut im In- oder Ausland diskontieren lassen. Die Glowna Ltd. hat aus dem Kreditvertrag heraus der Akzept leistenden Bank vor dem Verfalltag den Wechselbetrag zuzüglich Akzeptprovision zu bezahlen.

Dokumentärer Akzeptkredit (Rembourskredit)

Der Akzeptkredit bietet dem Importeur die Möglichkeit, ein Zahlungsziel zu erhalten, da die Interessen des Exporteurs erfüllt werden: Dieser minimiert über die Garantiefunktion der akzeptierenden Bank sein Kreditrisiko und kann mittels eines Diskontkredits frühzeitig über den Exporterlös verfügen. Die Banken koppeln diese Finanzierungs-
LF 3 form oft an dokumentäre Zahlungsformen (D/A oder L/C), wodurch die Sicherheit für alle Beteiligten erhöht wird. Dokumentäre Akzeptkredite, die in der Regel Laufzeiten von drei bis sechs Monaten haben, können banktechnisch **unterschiedlich** abgewickelt werden:

Beispiel Die Primus GmbH schließt mit der Glowna Ltd., Kaliningrad, das Exportgeschäft ab auf der Basis CIF-Kaliningrad, Zahlungsbedingung: Unwiderrufliches Dokumentenakkreditiv/90-Tage-Bankakzept. Es ergibt sich folgender **möglicher** Ablauf:

Die Glowna Ltd. gibt ihren Akzeptkreditantrag zusammen mit dem Akkreditivauftrag an die Investbank ①, die das Akkreditiv eröffnet und es zusammen mit der Akzeptzusage an die Sparkasse in Duisburg gibt ②. Nach Benachrichtigung des Exporteurs ③ lässt dieser die Ware versenden ④ und gibt die erhaltenen Dokumente ⑤ mit der Tratte (vgl. S. 195) an die Sparkasse Duisburg weiter ⑥. Diese diskontiert ggf. den Wechsel sofort ⑥a, spätestens nach Akzepteinholung bei der Investbank ⑦ ⑧ ⑨. Nachdem die Glowna Ltd. die Dokumente von der Investbank erhalten ⑩ und der Reederei übergeben hat ⑪, erhält sie die Ware ausgehändigt. Den Wechselbetrag hat sie der Investbank vor dem Verfalltag bereitzustellen ⑬. Der vorgelegte Wechsel ⑭ wird bezahlt ⑮.

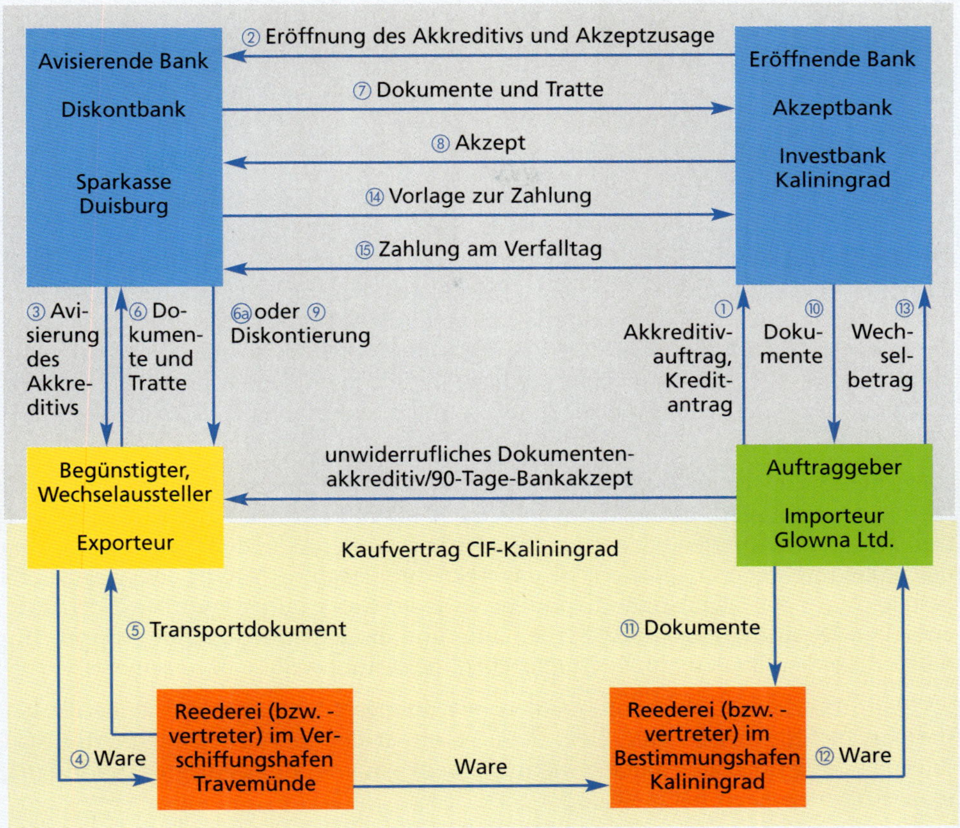

Die Tratte des Exporteurs kann nicht nur von der Bank des Importeurs (siehe Beispiel oben), sondern stattdessen – in deren Auftrag – von der **Bank des Exporteurs** oder einer **dritten Bank** akzeptiert und anschließend diskontiert werden. Die beauftragte Bank wird als **Remboursbank**[1] bezeichnet. Ist das Zinsniveau im Exportland niedriger als im Importland, wird der Importeur versuchen, eine Akzeptzusage einer Bank im Exportland zu bekommen.

Bezogener und Akzeptant	**Diskontierung durch . . .**	**Eröffnende Bank (Bank des Importeurs)**	**Rückgriffsmöglichkeit der Diskontbank gegen Aussteller (Exporteur)**
Importeur	Bank des Exporteurs	– wird zahlungsunfähig oder politische Risiken treten ein (Transferrisiko) = Wechsel wird nicht bezahlt	ja
Bank des Importeurs	Bank des Exporteurs		ja
Bank des Exporteurs	Bank des Exporteurs		nein
dritte Bank	dritte Bank		nein

Der Exporteur wird auf die Einschaltung einer Bank in seinem oder einem Drittland bestehen, wenn die Banken im Importland nicht grundsätzlich als zahlungsfähig

[1] *Rembours: Begleichung einer Forderung aus einem Außenhandelsgeschäft durch Vermittlung einer Bank.*

erscheinen oder dort politische Risiken herrschen. Außerdem ergeben sich Sicherheitsvorteile für den Exporteur durch das Akzept einer anderen Bank als der Bank des Importeurs.

Negoziierungskredit (Negotiationskredit)

Negoziierung

Der Begriff bedeutet eigentlich **Ankauf von Wertpapieren** (z. B. Exportdokumente, Dokumenteninkassi, -akkreditive), er wird jedoch auch allgemein verwendet für **Beleihung oder Bevorschussung von Wertpapieren**. Allen Bedeutungen ist gemeinsam, dass der Exporteur von der Bank einen **Kredit** erhält für die Zeit zwischen Dokumenteneinreichung und dem Eingang des Exporterlöses. Als Sicherheit dienen neben der Kreditwürdigkeit des Exporteurs die Exportdokumente und die Forderung an den Importeur/an die Bank des Importeurs.

LF 3

Negoziierungen werden meist im Rahmen dokumentärer Zahlungsformen durchgeführt, da hier die Sicherheit für die Kredit gebende Bank höher ist. Grundsätzlich werden **Dokumentenakkreditive** – bei entsprechender Bonität der Akkreditivbank – bis zu 100 % des Akkreditivbetrags negoziiert. Ist das Akkreditiv ausdrücklich als „frei negoziierbar" gestellt, kann der Begünstigte (Exporteur) es **jeder Bank** seiner Wahl zur Negoziierung anbieten. **Dokumenteninkassi** werden aufgrund der fehlenden Zahlungsverpflichtung der vorlegenden Bank (Bank des Importeurs) meist nur bis 85 % bevorschusst

Werden negoziierte Dokumente nicht vom Zahlungspflichtigen (eröffnende Bank, Importeur) bezahlt, belastet die Bank dem Exporteur den gewährten Kredit zurück. Die Rückbelastung ist ausgeschlossen, wenn die Bank ein von ihr **bestätigtes Dokumentenakkreditiv** negoziiert hat.

Zahlungsform	Zeitüberbrückung durch Negoziierungskredit	Kosten des Negoziierungskredits	Rückbelastung gegen Exporteur möglich?
Dokumenteninkasso D/P	Zeitraum des Postlaufs der Dokumente und des Geldtransfers	Kreditzinsen	ja
Dokumenteninkasso D/A	Zahlungsziel		
Dokumentenakkreditiv: Sichtzahlung a. unbestätigt	**Zahlstelle = avisierende Bank:** Auszahlung verzögert sich (vgl. S. 202)	Kreditzinsen, Negoziierungsprovision	ja
b. bestätigt	**Zahlstelle = eröffnende Bank:** Zeit des Postlaufs		nein
Dokumentenakkreditiv: hinausgeschobene Zahlung, Akzeptleistung a. unbestätigt	Zahlungsziel		ja
b. bestätigt			nein

○ Negoziierungskredite

Im Rahmen von sogenannten **Drawing Authorizations (Ziehungsermächtigungen)** bevorschussen (diskontieren) **Tratten**, die der Exporteur auf den Importeur oder dessen Bank gezogen hat (also noch vor dem Akzept des Bezogenen). Die negoziierende Bank (meist die Bank des Exporteurs) wird dazu von der **Bank des Importeurs** ermächtigt, die auch vorschreibt, welche Exportdokumente mit der Tratte einzureichen **sind (dokumentäre Tratte)**. Es werden zwei Formen unterschieden:

Drawing Authorisation	Kreditgeber (negoziierende Bank)	Bezogener der Tratte
Authority to Purchase	Bank im Land des Exporteurs (Hausbank oder andere Bank)	Importeur
Order to Negotiate		Bank des Importeurs

Sofern nichts anderes vereinbart ist, bleibt der Exporteur gegenüber der negoziierenden Bank als Wechselaussteller in der Haftung. Wird allerdings die Ziehungsermächtigung mit einer **Akkreditivstellung** gekoppelt, kann die Bank des Importeurs die Zahlung nicht verweigern, sofern akkreditivgerechte Dokumente vorgelegt werden.

● Forfaitierung (vgl. S. 169)

Mit dieser Form des **regresslosen** Ankaufs kann der Exporteur das dem Importeur gewährte Zahlungsziel risikolos finanzieren. Der Exporteur veranlasst den Auslandskunden zur **Ausstellung eines Solawechsels**. Anders als beim gezogenen Wechsel (vgl. S. 201) enthält der Solawechsel **das Versprechen des Ausstellers**, an den genannten Wechselnehmer (Exporteur) oder an dessen Order zu zahlen. Der Exporteur verkauft den Solawechsel an eine Bank oder ein Spezialinstitut und schließt mit einem **Angstindossament** seine Haftung aus (Zusatz: „Ohne Rückgriff" bzw. „without recourse"). Der Käufer des Solawechsels, **Forfaiteur** genannt, diskontiert den Wechselbetrag und übernimmt dafür **alle Risiken** der Forderungen. Der Forfaiteur verzichtet somit auf die Möglichkeit, auf den Wechselverkäufer Rückgriff zu nehmen; deshalb wird er auf zusätzlichen Sicherheiten des Wechselschuldners, z. B. einer Bankbürgschaft, bestehen (avalierter[1] Solawechsel). Der Exporteur als Verkäufer der Forderung trägt nur noch das **Sachmängelhaftungsrisiko**: Er haftet weiterhin gegenüber dem Importeur für Mängel aus dem Grundgeschäft, gegenüber dem Forfaiteur dafür, dass überhaupt eine Forderung existiert. Er haftet jedoch nicht mehr für die Zahlungsverpflichtung des Importeurs.

Der von der Bank berechnete Diskontsatz setzt sich zusammen aus den Refinanzierungskosten der Bank, je nach Währung und Laufzeit (z. B. auf Basis des **EURIBOR**[2]) und der **Marge** (Spanne für Bearbeitung, Risiko, Gewinn). Daneben wird bei Geschäften mit Vorlaufzeit eine **Bereitstellungsprovision** verlangt. Banken kaufen Forderungen in der Regel ab 50.000,00 EUR mit Laufzeiten ab einem Monat bis mehreren Jahren an (kurz- und mittelfristige Finanzierung).

---

[1] *Aval: Bürgschaft, insbesondere für einen Wechsel.*

[2] ***E**uropean **I**nter**b**ank **O**ffered **R**ate: in der EU gültiger Zinssatz, zu dem sich Banken untereinander Geld leihen.*

Beispiel Möglicher Ablauf einer Fortfaitierung

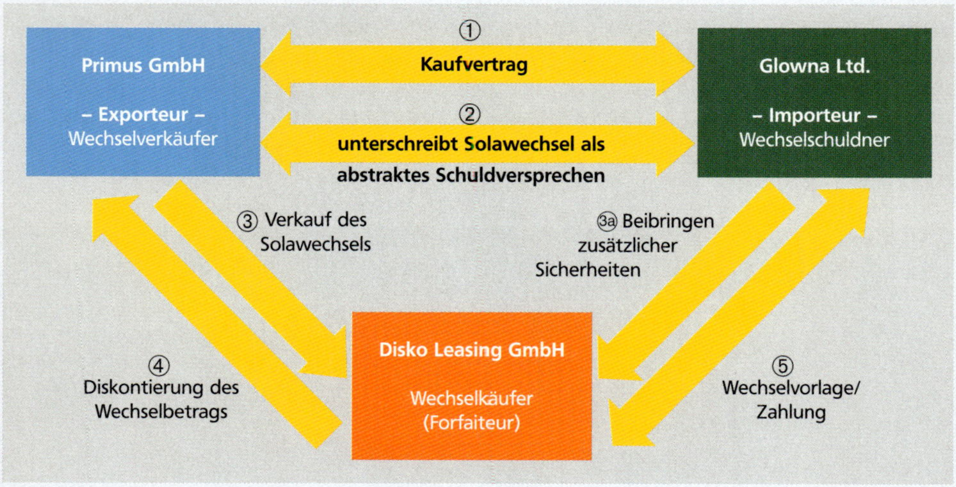

Beispiel Margen einer deutschen Bank für die Forfaitierung von Auslandsforderungen (2010)

Land des Schuldners	Maximale Laufzeit in Jahren	Risikostufe	Margen p. a. bei Laufzeiten . . .	
			bis 1 Jahr	über 1 Jahr
Litauen	5	hoch	1,75–2,75 %	Auf Anfrage
Polen	7	mittel	1–2 %	2–3 %
Russland	5	mittel	1–2 %	2–4 %
Tschechien	5	mittel	1,5–2 %	2–3 %
USA	7	niedrig	0,75–1,5 %	1,5–2,5 %

Export-Factoring (vgl. S. 168)

Liefern Exporteure an einen festen Kundenkreis mit Zahlungszielen bis drei Monaten, ergibt sich ein fortlaufender (revolvierender) Kreditbedarf. Der Factoringnehmer finanziert 80 bis 90 % der Rechnungsbeträge. Factoring ist demnach für Einzel- oder Kleinexporte nicht geeignet.

Kurzfristige Fremdfinanzierung des Außenhandelsgeschäfts

- **Import- und Exportfinanzierung:** Im Außenhandel können **Importeur** und/oder **Exporteur** kurzfristigen Kreditbedarf haben.
- Als **Kreditgeber** kommen grundsätzlich der **Außenhandelspartner** oder eine **Bank**/ein **Finanzdienstleister** infrage.
- Zahlungsziele als **ungesicherte Lieferantenkredite** sind im Außenhandel aufgrund des erhöhten Kreditrisikos problematisch.
- **Wechselkredit:** Wechselziehung durch Exporteur (Aussteller) auf Importeur (Bezogener), der mit der Akzeptleistung ein abstraktes Zahlungsversprechen gibt.

- **Diskontkredit:** Refinanzierung des Exporteurs durch Verkauf des Akzepts an eine Bank.
- **Akzeptkredit:** Kreditleihgeschäft der Bank des Importeurs, die als Bezogener im Wechselgeschäft auftritt. Der Exporteur (Aussteller) kann das Akzept problemlos diskontieren lassen, wenn die Bank des Importeurs als zahlungsfähig bekannt ist.
- **Dokumentärer Akzeptkredit (Rembourskredit):** Die Bank des Exporteurs stellt z. B. ein Dokumentenakkreditiv. Die Akzeptleistung macht sie so von der Vorlage akkreditivgerechter Dokumente abhängig. Das Kreditkonto für den Exporteur ist durch das Akkreditiv vermindert. Sind Akzeptbank und Diskontbank identisch, entfällt die Rückgriffsmöglichkeit auf den Exporteur.
- **Negoziierungskredit:** Bevorschussung
  - von Wertpapieren (Exportdokumente, Dokumenteninkassi, -akkreditive)
  - dokumentärer Tratten aufgrund einer Ermächtigung der Bank des Importeurs (Drawing Authorization)
    - Authority to Purchase: Bezogener = Importeur
    - Order to Negotiate: Bezogener = Bank des Importeurs

  Das Rückgriffsrecht auf den Exporteur als Kreditnehmer bleibt bestehen, sofern kein bestätigtes Akkreditiv negoziiert wird.
- **Forfaitierung:** Regressloser Ankauf einer Exportforderung durch eine Bank: Der Exporteur erhält den Barwert ausgezahlt, der abgezogene Diskont beinhaltet die Refinanzierungskosten der Bank und eine Marge (Spanne für Bearbeitung, Risiko, Gewinn).
- **Export-Factoring:** Laufender Verkauf von Exportforderungen an ein Factoring-Institut.

1. Die Primus GmbH überlegt, einem Auslandskunden ein ungesichertes Zahlungsziel über 60 Tage zu gewähren. Erläutern Sie, von welchen Bedingungen die Entscheidung der Primus GmbH abhängen wird.

2. Unterscheiden Sie Geldleihe und Kreditleihe am Beispiel des Akzeptkredits.

3. „Der Rembourskredit gleicht die unterschiedlichen Interessen von Exporteur und Importeur aus. Er ermöglicht meist überhaupt erst das Zustandekommen des Außenhandelsgeschäfts." Erläutern Sie mögliche Gründe, die diese Behauptung stützen.

4. Erläutern Sie, warum kurzfristige Fremdfinanzierungen im Außenhandel oft an Wechselforderungen oder dokumentäre Zahlungsformen gebunden sind.

5. Begründen Sie, warum die Negoziierung von Dokumenten durch eine Bank für den Exporteur meist keine Ausschaltung des Kreditrisikos bedeutet.

6. Erläutern Sie die Vorteile der Forfaitierung für den Exporteur.

7. Erläutern Sie die Unterschiede zwischen Forfaitierung und Factoring. Stellen Sie Ihre Ergebnisse in einer übersichtlichen Tabelle dar.

4.2 Absicherung von Kredit-, Währungsrisiko und politischen Risiken

Miroslav Krazek, der Gruppenleiter Export, ist zufrieden: *„Das Erstgeschäft mit der Glowna Ltd. aus Kaliningrad ist gut gelaufen. Deren Geschäftsführer ist aber die L/C-Zahlung zu teuer und zu umständlich. Außerdem haben die Russen wohl Devisenkonten in US-Dollar und sie möchten gerne in dieser Währung zahlen."*
Marc Cremer, der Gruppenleiter Import, entgegnet: *„Na gut, Sie können doch dem Kunden entgegenkommen. L/C ist nicht unbedingt nötig. Wir haben andere Möglichkeiten, unser Kreditrisiko abzusichern. Und die Zahlung in US-Dollar ist für uns unproblematisch. Mir würden eher andere Risiken Sorgen machen..."*
Miroslav Krazek unterbricht: *„Sie haben die russische Finanzkrise aus den 1990er Jahren noch nicht vergessen, was? Bankenpleiten, geplünderte Firmenkonten, nicht wahr? Ich denke, das sind Probleme der Vergangenheit, jedenfalls was Russland angeht."*

ARBEITSAUFTRÄGE

- Erläutern Sie Möglichkeiten, mit denen die Primus GmbH sich gegen das Kreditrisiko im Fall der Glowna Ltd. absichern kann.
- Stellen Sie dar, welche Auswirkungen Wechselkursschwankungen des US-Dollar für die Primus GmbH als Exporteur haben.
- Erläutern Sie, welchen politischen Risiken die Primus GmbH hier ausgesetzt sein könnte.

Kreditrisiko

Große räumliche Entfernungen zwischen den Vertragspartnern, unterschiedliche Rechtsverhältnisse und Probleme in der Beherrschung der jeweiligen Landessprache erhöhen im Außenhandelsgeschäft das Risiko, dass der Kunde zu spät oder nicht zahlt **(Kreditrisiko)**.

Die **Bonitätsprüfung** des Auslandskunden über Ländergrenzen hinweg ist meist aufwendiger als im Inland. Spezialisiert auf solche Prüfungen und Auskünfte sind

- international tätige Banken, Handelskammern oder Auskunfteien,
- Forfaitierungsgesellschaften, Exportkreditversicherer.

Maßnahmen zur Kreditsicherung im Außenhandelsgeschäft

Vereinbarung geeigneter Zahlungsbedingungen

LF 3

- Anzahlung
- Vorauszahlung
- Wechsel
- Dokumenteninkasso
- Dokumentenakkreditiv

○ Forfaitierung (vgl. S. 169)

Der regresslose Ankauf der Auslandsforderung durch eine Bank schaltet das Kreditrisiko des Exporteurs aus. Dessen Bilanz wird entlastet, indem er einen **Verkauf auf Ziel** in ein **Bargeschäft** umwandelt.

○ Ausfuhrkreditversicherung

Die Versicherung zahlt eine Entschädigung, wenn die Forderung an den Kunden aufgrund **wirtschaftlicher** Risiken (z. B. Konkurs) ausfällt. Die Prämie ist abgestuft nach Branche, Umsatzhöhe und Laufzeit des Zahlungsziels. Eine Selbstbeteiligung des Versicherungsnehmers (meist 25 %) im Schadensfall ist die Regel.

○ Staatliche Exportkreditgarantie („Hermesdeckung", vgl. S. 180f., 214ff.)

Bei Lieferungen in Entwicklungs- und Schwellenländer und/oder bei langen Laufzeiten von Auslandsforderungen wird es schwierig werden, einen Kreditversicherer zu finden, der zur Deckung des Risikos breit ist. Für solche „nicht marktfähigen Risiken" kann der Exporteur eine staatliche Exportkreditgarantie beantragen (vgl. ausführliche Darstellung auf S. 180, S. 214ff.). Gegen Zahlung eines Entgelts (Prämie) wird das Kreditrisiko abgesichert. Die Selbstbeteiligung beträgt 15 %.

○ Bankgarantie

Die Bankgarantie wird im Außenhandel zur Absicherung des Kreditrisikos eingesetzt. Erklärt die Bank des Importeurs eine **Zahlungsgarantie** zugunsten des Exporteurs, muss sie an ihn im **Garantiefall** die **Garantiesumme** auszahlen. Beteiligte am Garantievertrag sind somit Bank **(Garantin)** und Exporteur (**Garantienehmer**, Begünstigter) im Auftrag des Importeurs (**Auftraggeber** als Kunde der Bank).

Mit der Übernahme der Garantie übernimmt die Bank eine **abstrakte Zahlungsverpflichtung**, d. h., sie muss unabhängig davon zahlen, ob der zugrunde liegende Kaufvertrag ordnungsgemäß erfüllt worden ist oder nicht. Erklärt der Exporteur, dass der Garantiefall eingetreten ist (der Kunde also nicht zahlt), hat die Bank – ohne Rücksprache mit dem Auftraggeber – auf diese **„erste Anforderung"** hin zu zahlen. Der Exporteur muss nicht nachweisen, dass der Garantiefall tatsächlich eingetreten ist.

Beispiel Die Primus GmbH vereinbart für zukünftige Geschäfte mit der Glowna Ltd., dass diese durch ihre Hausbank, die Investbank Kaliningrad, eine Bankgarantie stellen lässt. Die Investbank könnte die Garantieerklärung unmittelbar gegenüber der Primus GmbH abgeben **(direkte Bankgarantie)**.

Die Primus GmbH möchte aber eine inländische Bank als Garantin, was sie der Glowna Ltd. mitteilt. Die Investbank beauftragt daraufhin die Geschäftsbank AG, Düsseldorf, als so genannte Zweitbank die Garantieerklärung gegenüber der Primus GmbH abzugeben **(indirekte Bankgarantie)**.

Nimmt die Primus GmbH die Garantie in Anspruch, muss die Geschäftsbank AG zahlen. Diese wird anschließend die Investbank in Rückhaftung nehmen, die sich ihrerseits an die Glowna Ltd. als Auftraggeber wenden wird.

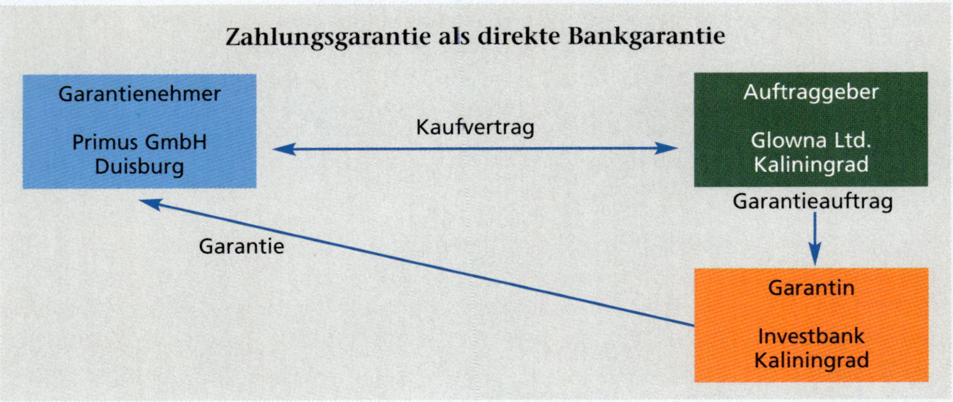

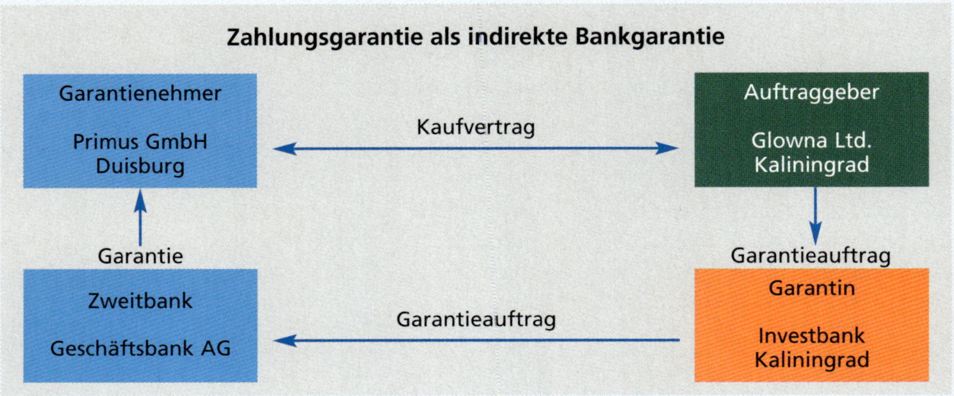

Die Kosten einer Bankgarantie sind abhängig von der Höhe des Garantiebetrags, der Laufzeit und dem Bearbeitungsaufwand. Daneben spielt – wie bei jeder Kreditvergabe – die Kreditwürdigkeit des Auftraggebers eine entscheidende Rolle. Je mehr Sicherheiten der Auftraggeber seiner Bank beibringen kann (bis hin zur vollständigen Hinterlegung des Garantiebetrags bei der Bank), desto geringer sind die Kosten. Direkte Bankgarantien verursachen weniger Kosten als indirekte, da nur **eine** Bank eingeschaltet ist, die in der Regel im Heimatland des Auftraggebers ansässig ist.

Bankgarantien werden in der Regel **befristet**, d. h. sie verfallen zu einem bestimmten Datum, das in der Garantieerklärung angegeben wird.

Beispiel Der Kaufvertrag zwischen der Primus GmbH und der Glowna Ltd. wird am 15.03.20.. abgeschlossen. Voraussichtlicher Liefertermin ist der 15.04.20.., die Glowna Ltd. erhält ein Zahlungsziel von 14 Tagen. Die Primus GmbH besteht auf einer Befristung der Zahlungsgarantie bis zum 20.05.20.., damit der Zahlungszeitpunkt aus dem Kaufvertrag nicht in die Zeit nach dem Verfalldatum der Bankgarantie fällt, falls sich die Lieferung verzögert.

Bei indirekten Garantieerklärungen können hier Probleme auftauchen: Die – aus Sicht des Auftraggebers – ausländische Garantieerklärung der Zweitbank unterliegt den **dort** geltenden Rechtsregeln. Viele ausländische Rechtsordnungen erkennen befristete Garantieerklärungen jedoch nicht an. Sie gelten dort so lange, bis der Garantienehmer sie zurückgibt. Somit könnte der Garantienehmer noch Zahlung aus der Bankgarantie verlangen und erhalten, obwohl deren Verfalldatum längst überschritten ist.

Bankgarantien sind in ihrer Sicherungsfunktion vielseitig einsetzbar. Im Außenhandel werden sie nicht nur zur Kreditsicherung eingesetzt (Zahlungsgarantie), sondern auch zur Absicherung verschiedener vertraglicher Risiken.

Bankgarantien im Außenhandel				
Art	**Auftraggeber**	**Garantin**	**Begünstigter**	**Zweck**
Zahlungsgarantie	**Importeur**	**Bank des Importeurs**	**Exporteur**	Sicherung des Zahlungseingangs (Kreditsicherung)
Anzahlungsgarantie				Rückzahlung der geleisteten Anzahlung, falls der Exporteur den Vertrag nicht erfüllt.
Liefergarantie				Schadenersatz für die Folgen des Lieferverzugs
Sachmängelhaftungsgarantie	**Exporteur**	**Bank des Exporteurs**	**Importeur**	Kaufpreisminderung aus mangelhafter Lieferung bzw. Schadenersatz statt der Leistung
Vertragserfüllungsgarantie				Schadenersatz für die Verletzung vertraglicher Pflichten durch den Exporteur
Bietungsgarantie				Schadenersatz der ausschreibenden Stelle (vgl. Lernfeld 2 „internationale Ausschreibungen") für entstehende Kosten, falls der Bieter den Zuschlag nicht annimmt. Die Bietungsgarantie beträgt meist 5-7 % vom Ausschreibungswert.

LF 2

Währungsrisiko

Bei Außenhandelsgeschäften kann vereinbart werden, die Zahlung **in Landeswährung des ausländischen Partners** oder in einer **Drittwährung, z. B. US-Dollar (= USD)**, zu leisten. Verändert sich der **Wechselkurs** in der Zeit zwischen Vertrags**abschluss** und Vertragserfüllung (Zahlung), kann dies für das inländische Unternehmen Gewinne, aber auch **Verluste** bedeuten:

	Euro (= EUR) gegenüber Fremdwährung (USD)	**Währungsrisiko › Verlust**
Importeur	Abwertung: EUR-Wechselkurs sinkt (z. B. von 1 EUR = 1,2500 USD auf 1,2000 USD)	Der tatsächliche Einstandspreis ist höher als vorkalkuliert
Exporteur	Aufwertung: EUR-Wechselkurs steigt (z. B. von 1 EUR = 1,2500 USD auf 1,3000 USD)	Der tatsächliche Verkaufserlös ist niedriger als vorkalkuliert

Beispiel Import: Die Primus GmbH kauft am 15. April Computerhardware bei Silvermann & Smith Co. Ltd.

Bezugs-/Einstandspreis 45.600,00 USD, Kurs am 15. April: 1 EUR = 1,2500 USD

Vorkalkulierter Bezugs-/Einstandspreis der Ware: 45. 600 : 1,2500 = 36.480,00 EUR
Lieferung und Zahlung erfolgen am 15. Juni d. J., Kurs am 15. Juni:
1 EUR = 1,2000 USD

Tatsächlicher Bezugs-/Einstandspreis der Ware: 45.600 : 1,2000 = 38.000,00 EUR

Erhöhung des Bezugs-/Einstandspreises: 38.000 – 36.480,00 = 1.520,00 EUR

Seit dem 1. Januar 1999 hat der **Euro** in den Staaten **der Europäischen Wirtschafts- und Währungsunion EWWU die Landeswährungen abgelöst**. Die gemeinsame Euro-Währung **beseitigt das Währungsrisiko** innerhalb der EWWU und vereinfacht den gemeinschaftlichen Handel. Dadurch stehen den Unternehmen größere Märkte zur Verfügung, auf denen mehr Wettbewerb besteht.

Deutsche Unternehmen versuchen meist, das Währungsrisiko durch die **Vereinbarung der Zahlung in EUR** zu umgehen. Sollte dies nicht möglich sein, können andere Instrumente eine **sichere Kalkulationsbasis** schaffen (Kurssicherungsgeschäfte):

- **Devisentermingeschäft:** Beim Abschluss von Außenhandelsgeschäften
  - **kaufen Importeure** bei ihrer Bank Devisenbeträge, die sie zum späteren Zahlungstermin **benötigen**, zu einem festen Kurs (Terminkurs),
  - **verkaufen Exporteure** ihrer Bank Devisenbeträge, die sie zum späteren Zahlungstermin **erhalten**, zu einem festen Kurs (Terminkurs).

Beispiel

15. April: 1 EUR = 1,2500	Für das Importgeschäft mit Silvermann & Smith Co. Ltd. kauft die Primus GmbH für den 15. Juni 45.600,00 USD zum EUR-Terminkurs von 1,2350.
15. Juni: **EUR-Kurs (USD)**	Die Primus GmbH kann über die 45.600,00 USD zu dem vereinbarten Terminkurs von 1,2350 verfügen. Da der Terminkurs hier um 0,015 niedriger ist als der Tageskurs (Kassakurs) vom 15. April, erhöht sich der zu kalkulierende Bezugs-/Einstandspreis um (45.600: 1,2350) – (45.600: 1,2500) = 443,08 EUR.
 **1,2000**	Ohne Devisentermingeschäft entstünde ein Verlust von (45.600: 1,2000) – (45.600: 1,2500) = 1.520,00 EUR (s. o.). Verrechnet mit den Kosten des Devisentermingeschäfts von 443,08 EUR (s. o.) verbleibt ein Vorteil von 1.076,92 EUR.
 **1,3000**	Ohne Devisentermingeschäft entstünde ein Gewinn von (45.600: 1,2500) – (45.600: 1,3000) = 1.403,08 EUR. Dieser entgeht der Primus GmbH, da sie den USD-Betrag zum Terminkurs von 1,2350 abnehmen muss. Zusammen mit den Kosten des Devisentermingeschäfts von 443,08 EUR entsteht ein Verlust von 1.846,16 EUR.

- **Devisenoptionsgeschäft:** Bei Abschluss von Außenhandelsgeschäften wird mit der Bank gegen Zahlung einer **Prämie** ein Umrechnungskurs vereinbart und die **Option** (= das Recht) erworben, zu einem späteren Zeitpunkt bei der Bank einen bestimmten Devisenbetrag zu diesem Umrechnungskurs zu kaufen bzw. zu verkaufen.

Beispiel

15. April: 1 EUR =	Für das Importgeschäft mit Silvermann & Co. Ltd. (vgl. S. 212) erwirbt die Primus GmbH die Option, am 15. Juni 45.600,00 USD zum EUR-Kurs von 1,2500 zu kaufen. Die Bank berechnet 600,00 EUR Optionsprämie.
15. Juni:	Die Primus GmbH entscheidet, ob sie die Option ausübt – d. h. zum Kurs von 1,2500 kauft – oder nicht.
EUR-Kurs (USD)	
 **1,2000**	Die Option wird ausgeübt. Verrechnet mit der Optionsprämie von 600,00 EUR ist der Verlust 920,00 EUR geringer als ohne Devisenoptionsgeschäft.
 **1,3000**	Die Option wird nicht ausgeübt. Es entsteht ein Gewinn von 1.403,08 EUR, der um die gezahlte Optionsprämie von 600,00 EUR gemindert wird.

- **Fremdwährungskonto:** Ein Außenhändler, der seine Export- und Importgeschäfte in der gleichen Fremdwährung, z. B. USD, abrechnet, richtet ein Konto für diese Fremdwährung ein. Kursschwankungen bedeuten dann z. B. Verluste bei ausgehenden Zahlungen, aber Gewinne bei eingehenden Zahlungen. Für die Salden bleibt das Kursrisiko jedoch bestehen.

- **Fremdwährungskredit:** Beim Abschluss eines **Exportvertrags** in fremder Währung nimmt der Exporteur einen Kredit auf
  - in dieser Fremdwährung,
  - in Höhe des zu erwartenden Zahlungseingangs,
  - den er sofort **in EUR** gutgeschrieben bekommt.

Der Exporteur tilgt den Kredit mit der eingehenden Forderung. Ist der EUR-Wechselkurs inzwischen gestiegen (Abwertung der Fremdwährung), spielt dies keine Rolle, da die eingehende Forderung und die zu tilgende Kreditsumme in gleicher Währung lauten.

- **Forfaitierung** (vgl. S. 169, S. 205): Banken diskontieren unter bestimmten Voraussetzungen Auslandsforderungen **ohne Rückgriffsmöglichkeiten** gegen den Exporteur, sodass eine vollständige Risikodeckung gegen Währungs-, Kredit- und politische Risiken gegeben ist.

Beispiel Die Primus GmbH verkauft eine in 3 Monaten fällige Auslandsforderung über 110.000,00 USD an die Sparkasse Duisburg (Kurs EUR/USD 1,2450). Nach Abzug des Diskonts verbleiben der Primus GmbH 87.028,11 EUR, die sie sofort gutgeschrieben bekommt, sodass das Währungsrisiko entfällt.

Politische Risiken

Staatliche Maßnahmen oder **politische Ereignisse** können dazu führen, dass die Abwicklung von Außenhandelsgeschäften gefährdet oder unmöglich gemacht wird. Wesentliche Erscheinungsformen sind in der folgenden Tabelle aus der Sicht eines deutschen **Exporteurs** dargestellt:

Erscheinungsform	Auswirkungen
Kriegshandlungen **Unruhen**	● Verluste, wenn bereits bestellte Waren nicht in das unsichere Land versandt werden können ● Beschädigung, Zerstörung oder Beschlagnahme der Ware im Bestimmungsland
Embargo	Verhängung des Verbots, Waren in ein Land auszuführen ● Verluste, wenn bereits bestellte Waren nicht in das Embargo-Land versandt werden dürfen
Transferrisiko **Konvertierungsrisiko**	z. B. Devisenknappheit im Land des Importeurs bedingt Verbot oder Verzögerung – von Zahlungen in das Ausland – des Umtauschs in die im Kaufvertrag vereinbarte Währung ● Zins- und Forderungsverluste

Gibt es einen Anlass, bei einem Land politische Risiken zu vermuten – z. B. bei Entwicklungsländern oder Staaten des Mittleren Ostens –, sollten weitere Informationen eingeholt werden. Als Informationsquellen kommen dafür zunächst die international tätigen Kreditinstitute und Auskunfteien infrage. Eine gute Einschätzung liefern vor allem Unternehmen, die bei Auslandsgeschäften eine Absicherung gegen politische Risiken anbieten (z. B. Forfaiteure, Euler HERMES Kreditversicherungs-AG).

○ Forfaitierung

Die vollständige Risikodeckung umfasst auch politische Risiken. Die Bedingungen (Zinsen, Laufzeit), zu denen Forderungen forfaitiert werden, sind dabei nach Ländern gestaffelt (entsprechend der Höhe des politischen Risikos).

○ Staatliche Exportkreditgarantie („Hermesdeckung")

Die Euler Hermes Kreditversicherungs-AG und die PricewaterhouseCoopers AG übernehmen im Auftrag der Bundesrepublik Deutschland Exportgarantien und Exportbürgschaften für deutsche Unternehmen. Abgedeckt werden das Kreditrisiko und politische Risiken.

Art der Hermesdeckung	Schuldner im Ausland
Ausfuhrgarantie*	staatliche Stellen, Körperschaften öffentlichen Rechts
Ausfuhrbürgschaft*	Privatpersonen oder Unternehmen
*Die Begriffe dienen nur der systematischen Unterscheidung der Deckungsformen innerhalb der Hermesdeckung, sie entsprechen nicht der Begriffsbedeutung innerhalb des Bankrechts oder des bürgerlichen Rechts.	

Für die Übernahme der Deckung wird ein Entgelt erhoben, das sich aus der Multiplikation des abzusichernden Forderungsbetrags mit einem **Entgeltsatz (%)** ergibt. Dieser wird schrittweise ermittelt, wodurch die Risiko bestimmenden Faktoren entsprechend einbezogen werden:

1. Schritt	Welcher der folgenden Gruppen (A-C, siehe Übersicht) ist die Forderung zuzuordnen (Art des Schuldners bzw. der Absicherung der Forderung)?
2. Schritt	Wie ist innerhalb der Gruppe die Bonität (Kreditwürdigkeit) des Schuldners bzw. der Absicherung zu bewerten (z. B. BK2–BK5 oder KK2–KK5)?
3. Schritt	In welchem Land hat der Schuldner seinen Sitz? Welcher Länderkategorie wird dieses Land zugeordnet?

Forderungsdeckungen mit Restlaufzeiten von weniger als zwei Jahren

Länderkategorie: geringstes Risiko → höchstes Risiko

Entgeltsätze (%): ***Grundentgelt***[1], **Zeitentgelt proMonat**[2]

Länderkategorie	**0/1**	**2**	**3**	**4**	**5**	**6**	**7**
A Staatliche Schuldner							
SK1/BK1/KK1 (Zentralbank, Finanzministerium)	***0,3000***[1] **0,0100**[2]	***0,5000*** **0,0100**	***0,7000*** **0,0200**	***0,9000*** **0,0300**	***1,3000*** **0,0400**	***1,7000*** **0,0575**	***2,1000*** **0,0800**
SK2 (sonstige staatliche Schuldner)	***0,3150*** **0,0105**	***0,5250*** **0,0105**	***0,7350*** **0,0210**	***0,9450*** **0,0315**	***1,3650*** **0,0420**	***1,7850*** **0,0604**	***2,2050*** **0,0840**
B Private Schuldner mit Bankgarantie (Bankkategorien BK2–BK5 absteigend sortiert nach Bonität)							
BK2	***0,3300*** **0,0113**	***0,5300*** **0,0113**	***0,7300*** **0,0213**	***0,9300*** **0,0313**	***1,3330*** **0,0413**	***1,7300*** **0,0588**	***2,1300*** **0,0813**
BK3	***0,3600*** **0,0125**	***0,5600*** **0,0125**	***0,7600*** **0,0225**	***0,9600*** **0,0325**	***1,3600*** **0,0425**	***1,7600*** **0,0600**	***2,1600*** **0,0825**
BK4	***0,3900*** **0,0138**	***0,5900*** **0,0138**	***0,7900*** **0,0238**	***0,9900*** **0,0338**	***1,3900*** **0,0438**	***1,7900*** **0,0613**	***2,1900*** **0,0838**
BK5	***0,4200*** **0,0150**	***0,6200*** **0,0150**	***0,8200*** **0,0250**	***1,0200*** **0,0350**	***1,4200*** **0,0450**	***1,8200*** **0,0625**	***2,2200*** **0,0850**
C Private Schuldner ohne Bankgarantie (Käuferkategorien KK2–KK5 absteigend sortiert nach Bonität)							
KK2	***0,4000*** **0,0142**	***0,6000*** **0,0142**	***0,8000*** **0,0242**	***1,0000*** **0,0342**	***1,4000*** **0,0442**	***1,8000*** **0,0617**	***2,2000*** **0,0842**
KK3	***0,5000*** **0,0183**	***0,7000*** **0,0183**	***0,9000*** **0,0283**	***1,1000*** **0,0383**	***1,5000*** **0,0483**	***1,9000*** **0,0658**	***2,3000*** **0,0883**
KK4	***0,6000*** **0,0225**	***0,8000*** **0,0225**	***1,0000*** **0,0325**	***1,2000*** **0,0425**	***1,6000*** **0,0525**	***2,0000*** **0,0700**	***2,4000*** **0,0925**
KK5	***0,7000*** **0,0225**	***0,9000*** **0,0225**	***1,1000*** **0,0325**	***1,3000*** **0,0425**	***1,7000*** **0,0525**	***2,1000*** **0,0700**	***2,5000*** **0,0925**

Die Bezeichnungen A,B,C dienen hier nur der besseren Unterscheidung und stellen keine offizielle Kategorisierung innerhalb der Hermesdeckung dar.

Der Entgeltsatz wird aus **Grundentgelt** und **Zeitentgelt** berechnet.

Beispiel Die Kröger & Bach KG möchte eine Auslandsforderung über 50.000,00 EUR mit einer Restlaufzeit von 12 Monaten durch eine Hermesdeckung absichern lassen. Es handelt sich um einen privaten Schuldner aus der Ukraine, der eine Bankgarantie vorweisen kann. Die Bank wird von Euler Hermes in die Kategorie BK3 eingeordnet, die Ukraine gehört zur Länderkategorie 6.

Grundentgelt	+	**Zeitentgelt**	=	**Entgeltsatz** (kaufmännisch gerundet auf 2 Nachkommastellen)
1,7600 %	+	0,0600 % · 12	=	2,48 %

Berechnung des Entgelts

50.000,00 EUR · 0,0248 =	1.240,00 EUR
zuzüglich	
Antragsentgelt	200,00 EUR
Ausfertigungsentgelt für die Deckungsurkunde	50,00 EUR
gesamt	1.490,00 EUR

Die Kröger & Bach KG muss 1.490,00 EUR Entgelt für die Hermesdeckung bezahlen.

Die Selbstbeteiligung im Schadensfall beträgt 5 % bei politischen Risiken, bei wirtschaftlichen Risiken 15 %.

Hermesdeckungen helfen bei der Erschließung schwieriger Auslandsmärkte. Sie unterstützen Bemühungen, auch in wirtschaftlich bzw. politisch ungünstigen Zeiten Wirtschaftsbeziehungen zu anderen Ländern zu unterhalten. 75 % der Hermesdeckungen entfallen auf die Absicherung von Forderungen an Käufer in Entwicklungs- und Schwellenländer.

Absicherung von Kredit-, Währungsrisiko- und politischen Risiken

- Ein **erhöhtes Kreditrisiko** besteht aufgrund abweichender Rechtsverhältnisse und großer räumlicher Entfernung zum Kunden. Die Bonitätsprüfung ist erschwert.

Maßnahmen zur Risikoabsicherung:

- Vereinbarung **geeigneter Zahlungsbedingungen** (Anzahlung, Vorauszahlung, Dokumentenzahlung)
- **Forfaitierung** (regressloser Verkauf der Forderung – Solawechsel – an ein Finanzierungsinstitut, welches das volle Risiko der Forderung übernimmt)
- **Ausfuhrkreditversicherung** (mit Selbstbeteiligung)
- **Staatliche Exportkreditgarantie** „Hermesdeckung" (mit Selbstbeteiligung von 15 %
- **Bankgarantie** als Zahlungsgarantie: abstrakte, unwiderrufliche Zahlungsverpflichtung der Bank

- **Währungsrisiko:** Kursschwankungen des Euro gegenüber Fremdwährungen können, sofern in Fremdwährung fakturiert wird, folgende Auswirkungen haben:
  - Verluste bei Verbindlichkeiten (bei fallendem EUR-Kurs)
  - Verluste bei Forderungen (bei steigendem EUR-Kurs)

Maßnahmen zur Risikoabsicherung:

- Fakturierung in EUR
- Devisentermingeschäft
- Devisenoptionsgeschäft
- Fremdwährungskonto (verbleibendes Risiko für den Saldo), -kredit
- Forfaitierung

- **Politische Risiken**, verursacht durch staatliche Maßnahmen oder politische Ereignisse (Kriege, Unruhen, Embargos, Transfer- oder Konvertierungsverbote)

Maßnahmen zur Risikoabsicherung:

- laufende Informationsbeschaffung
- Vorauszahlung
- Forfaitierung
- Hermesdeckung
  - Entgeltsatz: Grundentgelt + Restlaufzeit in Monaten · Zeitentgelt
  - Abhängigkeit der Entgeltsätze von der Rechtsstellung des Schuldners, der Art der Absicherung der Forderung, der Bonität des Schuldners bzw. der garantierenden Bank, dem Land (Länderkategorie) des Schuldners
  - Selbstbeteiligung von 15 %

1. Auszug aus der Informationsbroschüre eines Kreditinstituts, das Bankgarantien für Importeure anbietet: „Wir empfehlen Ihnen in Ihrem eigenen Interesse, in Ihren Verträgen möglichst nur direkte, befristete Zahlungsgarantien zu vereinbaren."

Erläutern Sie mögliche Gründe für diese Empfehlung.

2. Vergleichen Sie die Zahlungsgarantie mit der Lieferungsgarantie in Bezug auf ihren jeweiligen Zweck sowie die Rolle der am Garantiegeschäft Beteiligten.

3. „Die Forfaitierung ist ein Allround-Instrument bei der Sicherung von Auslandsforderungen." Nehmen Sie zu dieser Aussage Stellung.

4. a) Erläutern Sie den Unterschied zwischen einer Ausfuhrkreditversicherung und der staatlichen Exportkreditgarantie (Hermesdeckung).

b) Die Rolle der staatlichen Exportkreditgarantie soll auf die „nicht marktfähigen Risiken" beschränkt bleiben. Erklären Sie, was der Staat mit dieser Beschränkung bezweckt.

c) Begründen Sie, warum bei der Hermesdeckung eine Ausfuhrbürgschaft weniger Entgelt kostet als die entsprechende Ausfuhrgarantie.

5. Formulieren Sie ein Beispiel (mit entsprechenden Berechnungen), bei dem sich eine Wechselkursänderung negativ auf die Primus GmbH als Exporteur auswirkt.

6. Die Primus GmbH schließt am 10. Juli mit einem taiwanesischen Lieferer einen Kaufvertrag ab über Computerhardware im Wert von 60.000,00 USD, Lieferung und Zahlung am 10. Oktober. Der Kassakurs des EUR/USD am 10. Juli beträgt 1,2255. Die Sparkasse Duisburg macht am 10. Juli folgende Angebote:

- 60.000,00 USD zum 10. Oktober, Terminkurs 1,2080
- Devisenkaufoption für 60.000,00 EUR/USD über 3 Monate Laufzeit, vereinbarter Kurs 1,2255, Optionsprämie 1.046,51 EUR

a) Berechnen Sie für beide Alternativen die Kosten der Kurssicherung.

b) Am 10. Oktober liegt der Kassakurs des EUR/USD bei 1.) 1,2003 2.) 1,2340 3.) 1,2523. Vergleichen Sie, welche Alternative jeweils günstiger ist.

c) Devisenoptionsgeschäfte sind teurer als Devisentermingeschäfte. Erläutern Sie dafür mögliche Gründe.

7. Die Primus GmbH möchte an die Glowna Ltd./Kaliningrad Waren im Werte von 62.000,00 EUR exportieren und die Zahlung durch eine Hermesdeckung absichern. Die Glowna LTD. lässt keine Bankgarantie stellen, KK4, Länderkategorie 4. Der Risikozeitraum beträgt 80 Tage, Antragsgebühr 400,00 EUR, Urkundengebühr 50,00 EUR.

a) Berechnen Sie das Entgelt für die Hermesdeckung.

b) Vergleichen Sie das Ergebnis mit dem Entgelt für ein Geschäft mit einem Kunden aus der Länderkategorie 1 (bei sonst gleichen Bedingungen).

c) Rußland ist seit 1999 innerhalb der Hermes-Länderkategorien von Rang 7 auf Rang 3 gestiegen. Nennen Sie dafür mögliche Gründe.

Wiederholung: Finanzierungsentscheidungen treffen

Übungsaufgaben

1. Die Dölken & Co. GmbH, Vertrieb von Fahrrädern, möchte ihr Sortiment und ihre Ausstellungsräume erweitern. Dazu benötigt das Unternehmen 390.000,00 EUR. Aus dem letzten Geschäftsjahr hat die Dölken & Co. GmbH einen Gewinn von 130.000,00 EUR erwirtschaftet, den sie wieder investieren möchte.

a) Geben Sie an, welche Finanzierungsmöglichkeiten der Dölken & Co GmbH zur Verfügung stehen.

b) Bei seiner Bank fragt der Geschäftsführer, Hugo Dölken, wegen eines Darlehens über 120.000,00 EUR nach. Zusammen mit dem Kreditsachbearbeiter füllt er einen Kreditantrag aus. Welche Punkte werden in diesem Antrag angesprochen?

c) Ein Geschäftsfreund von Hugo Dölken will sich mit 140.000,00 EUR beteiligen. Wägen Sie die Vor- und Nachteile dieser Finanzierungsform gegenüber einem Bankdarlehen ab.

2. Die Bilanz des Möbelgroßhändlers Wilhelm Thul e. K. weist zum Jahresende die nachfolgenden Vermögensposten aus.

Grundstücke	600.000,00 EUR	Gebäude	800.000,00 EUR
Fuhrpark	160.000,00 EUR	Geschäftsausstattung	90.000,00 EUR
Warenbestand	300.000,00 EUR	Kundenforderungen	160.000,00 EUR
Kassenbestand	26.000,00 EUR	Bankguthaben	130.000,00 EUR

a) Beschreiben Sie, in welcher Weise diese Vermögenswerte zur Kreditsicherung herangezogen werden können.

b) Die kurzfristigen Verbindlichkeiten betragen 140.000,00 EUR, die langfristigen Verbindlichkeiten gegenüber Banken 400 000,00 EUR. Für einen zusätzlichen Ausstellungsraum benötigt der Möbelgroßhändler 150.000,00 EUR. Beraten Sie den Möbelgroßhändler dahingehend, welche Kreditform er für die Finanzierung der Investition wählen sollte.

c) In seiner Bank wird Wilhelm Thul auf das Leasing von Anlagevermögen hingewiesen. Erläutern Sie Leasing.

d) Erläutern Sie die Vor- und Nachteile eines Bankdarlehens für den Möbelgroßhändler.

3. Der Feinkostgroßhändler Leckerle & Co. KG benötigt für einen erweiterten Kundendienst zwei neue Lieferwagen. Die Anschaffungskosten für beide Fahrzeuge würden 79.800,00 EUR betragen. Die Großhandlung steht vor der Frage, ob sie die Fahrzeuge leasen oder kaufen soll. Die Leasingkosten liegen 25 % über der Kaufsumme.

a) Beschreiben Sie den Unterschied zwischen Operating- und Financial-Leasing.

b) Geben Sie Gründe dafür an, ob die Großhandlung trotz der hohen Leasingkosten die Fahrzeuge leasen sollte.

c) Erläutern Sie weitere Finanzierungsmöglichkeiten für die beiden Lieferwagen.

4. Die Papierwerke Iserlohn GmbH Müller & Co. will aufgrund der günstigen Geschäftsentwicklung des Vorjahres die Produktionskapazität durch die Errichtung einer neuen Produktionshalle erweitern. Dazu benötigt die GmbH Kapital in Höhe von 300.000,00 EUR.

a) Erläutern Sie die Möglichkeiten der Innen- und Außenfinanzierung, die sich der GmbH bieten.

b) Erklären Sie, welche Vorteile die GmbH hätte, wenn sie ihr Unternehmen hauptsächlich mit Eigenkapital finanzieren könnte.

c) Erläutern Sie die Möglichkeiten der stillen und offenen Selbstfinanzierung, die sich der Papierwerke Iserlohn GmbH Müller & Co. bieten.

5. Berechnen Sie den Zinssatz aufgrund nachfolgender Angaben:

	Kapital in EUR	Zeit	Zinsen in EUR
a)	75.000,00	23.04.–29.07.	700,00
b)	14.000,00	01.02.–01.04.	93,33
c)	2.800,00	20.06.–30.09.	62,22
d)	1.750,00	sechs Monate	70,00
e)	960,00	03.04.–27.05.	5,40
f)	11.570,00	15.06.–05.09.	231,40
g)	6.900,00	27.09.–11.10.	53,66

6. Für eine Verbindlichkeit von 9.600,00 EUR, die am 12. Mai fällig war und am 2. Juli beglichen wird, werden einem Kaufmann Verzugszinsen von 50,00 EUR in Rechnung gestellt.
Wie viel Prozent beträgt der Zinssatz für die Verzugszinsen?

7. Ermitteln Sie die Rückzahlungen einschließlich der Zinsen für folgende Darlehen:

	Darlehen in EUR	Zinssatz in %	Zeit
a)	12.600,00	4,5	03.01.–31.08.
b)	60.900,00	6,25	10.06.–15.03. d. n. J.
c)	4.210,00	8	17.05.–31.10.
d)	9.190,00	7	10.04.–22.11.
e)	2.665,00	5	15.02.–30.07.

8 Berechnen Sie aus folgenden Angaben das Kapital:

	Zinsen in EUR	Zeit	Zinssatz in %
a)	228,00	10. 03.–10. 09.	5
b)	16,80	16. 03.–26. 06.	4,5
c)	7,00	09. 04.–14. 05.	2 2/3
d)	327,60	31. 05.–30. 09.	9
e)	1.952,00	ein Jahr	4
f)	102,00	102 Tage	6
g)	220,50	fünf Monate	4,5

9. Ein Großhandelsbetrieb stellt einem säumigen Kunden 72,50 EUR Verzugszinsen in Rechnung, wobei er einen Zinssatz von 8 % und eine Verzugszeit vom 5. November bis zum 30. Juni des nächsten Jahres zugrunde legt.

Von welcher Forderung wurden die Zinsen berechnet?

10. Erläutern Sie aus der Sicht des deutschen Exporteurs

a) die Besonderheiten des Diskontkredits im Außenhandelsgeschäft.

b) die Vorteile des Akzeptkredits gegenüber dem Diskontkredit.

11. Erläutern Sie die Funktion einer Remboursbank.

12. a) Erklären Sie, inwiefern die Negoziierung von Wertpapieren einen Kredit darstellt.

b) Nennen Sie die anfallenden Kosten, sofern ein L/C negoziiert wird.

13. Nennen Sie die Risiken, die der Exporteur durch Nutzung der Forfaitierung vermeidet.

14. Nennen Sie die das Risiko bestimmenden Faktoren, von denen die Höhe des Entgelts für die Hermesdeckung abhängig ist.

15. Wodurch unterscheiden sich direkte und indirekte Bankgarantien?

16. Erläutern Sie, welches Risiko Außenhändler mit Devisentermingeschäften eingehen.

17. Erläutern Sie, wie sich Exporteure gegen politische Risiken im Außenhandelsgeschäft schützen können.

Gebundene Aufgaben zur Prüfungsvorbereitung

1. Um eine günstige Einkaufsmöglichkeit ausnutzen zu können, nimmt ein Unternehmen kurzfristig einen Bankkredit in Anspruch. Als Sicherheit erhält die Bank das Pfandrecht am Wertpapierdepot des Unternehmers. Um welche Kreditart handelt es sich?

1. Factoring
2. Personalkredit
3. Lombardkredit
4. Grundschuldkredit
5. Sicherungsübereignungskredit

2. Prüfen Sie nachstehende Aussagen zur Sicherung von Krediten auf ihre Richtigkeit.

1. Gewährt ein Kreditinstitut einem Unternehmer einen Kredit gegen Sicherungsübereignung, bleibt der Unternehmer Eigentümer des von ihm übereigneten Gegenstands.
2. Verkauft ein Unternehmen Waren unter Eigentumsvorbehalt, geht das Eigentum auf den Käufer über, wenn 75 % der Schuld beglichen sind.
3. Bei einer selbstschuldnerischen Bürgschaft haftet der Bürge wie der Hauptschuldner.
4. Besitzt ein Käufer Wertpapiere, kann er diese zur Sicherheit an den Verkäufer verpfänden. Sie bleiben Eigentum des Käufers.
5. Eine Grundschuld ist die Belastung eines bebauten Grundstücks zur Sicherung einer Darlehensforderung des Kreditgebers.

3. Sie sollen Auskünfte über die Bonität eines neuen Kunden, der Klaus Fischer Bürobedarf e. K., Bottrop, einholen. Wie beschaffen Sie sich die nötigen Informationen?

1. Die Bank der Klaus Fischer Bürobedarf e. K. erteilt Ihnen jede gewünschte Auskunft über die Bonität des Unternehmens.
2. Gewerbsmäßige Auskunfteien erteilen Ihnen gegen Entgelt Auskünfte.
3. Die IHK Bottrop erteilt Ihnen Auskunft über Haftung und Schulden des Unternehmens.
4. Das Amtsgericht Bottrop erteilt Ihnen Auskunft über Haftung und Schulden des Unternehmens.
5. Im Internet finden Sie auf der Homepage des Unternehmens mit großer Wahrscheinlichkeit die benötigten Informationen.

4. Der Komplementär einer KG bringt privates Vermögen zusätzlich zu seinem bisherigen Eigenkapital ein. Um welche Finanzierung handelt es sich?

1. Außenfinanzierung
2. Innenfinanzierung
3. Eigenfinanzierung
4. Fremdfinanzierung
5. Selbstfinanzierung

5. Bei welcher der nachfolgend beschriebenen Finanzierungen handelt es sich um

a) Beteiligungsfinanzierung
b) Fremdfinanzierung
c) Selbstfinanzierung
d) Finanzierung aus Abschreibungen?

1. Das Grundkapital wird durch Ausgabe neuer Aktien erhöht.
2. Ein Teil des Jahresüberschusses wird den offenen Rücklagen zugeführt.
3. Der Gesellschafter einer GmbH bringt ein privates Fahrzeug in die Unternehmung ein.
4. Ein neuer Gesellschafter einer GmbH leistet seine Kapitaleinlage.
5. Bei einem Kreditinstitut wird ein Darlehen aufgenommen.
6. Eine Unternehmung kalkuliert den Werteverzehr im Verkaufspreis ein und verwendet ihn bis zur Neuanschaffung für Finanzierungszwecke.
7. Eine GmbH löst stille Reserven auf.

6. Welche der folgenden Aussagen zur Kreditsicherung sind richtig?

1. Bei unter Eigentumsvorbehalt verkauften Waren geht bereits bei einer Teilzahlung von mehr als der Hälfte des Kaufpreises das Eigentum auf den Käufer über.
2. Bei einer Sicherungsübereignung wird der Kreditgeber Besitzer des übereigneten Gegenstands.
3. Wertpapiere können an einen Kreditgeber verpfändet werden; sie bleiben Eigentum des Kreditnehmers.
4. Gewährt ein Kreditinstitut einem Großhändler einen Kredit gegen Sicherungsübereignung, bleibt der Großhändler Eigentümer des von ihm übereigneten Gegenstandes.
5. Eine Grundschuld ist die Belastung eines bebauten Grundstückes zur Sicherung einer Darlehensforderung.
6. Bei einer selbstschuldnerischen Bürgschaft haftet der Bürge wie der Hauptschuldner.

7. Ergänzen Sie die nachfolgenden Sätze durch Einsetzen der nachfolgenden Begriffe zu richtigen Aussagen über Kreditmöglichkeiten.

a) Kontokorrentkredit
b) Liefererkredit
c) Kundenkredit
d) Darlehenskredit

1. Die wichtigsten Kosten für einen ... sind Sollzinsen und Kreditprovision.
2. Für den Großhändler als Kreditnehmer stellt der entgangene Skontoertrag die Kosten für den ... dar.
3. Der ... wird durch den Ausgleich einer Ausgangsrechnung zurückgezahlt.
4. Für den Großhändler als Kreditnehmer ist der ... in der Regel der teuerste Kredit.
5. Der ... kann sowohl bei einem Kreditinstitut als auch bei einem Geschäftsfreund aufgenommen werden.

8. Welche der folgenden Aussagen zur Sicherungsübereignung sind richtig?

1. Gerät der Schuldner in Zahlungsverzug, so kann der Gläubiger als Eigentümer die Herausgabe der übereigneten Sachen verlangen und sie verwerten.
2. Neben dem Kreditvertrag wird ein Sicherungsübereignungsvertrag abgeschlossen.
3. Nur entbehrliche Sachen werden übereignet.
4. Die Sicherungsübereignung kann nur in Verbindung mit Grundstücken und Gebäuden zur Kreditsicherung eingesetzt werden.
5. Der Kreditgeber wird Eigentümer, der Kreditnehmer bleibt Besitzer des übereigneten Gegenstands.

9. Welche der unten stehenden Aussagen trifft auf „Leasing" zu?

1. Durch Vertrag erwirbt der Leasingnehmer das Recht, Waren unter Verwendung von Namen, Marke und Verkaufskonzept gegen Entgelt zu verkaufen.
2. Durch Vertrag erwirbt der Leasingnehmer das Recht, Anlagen gegen Entgelt zu nutzen.
3. Durch Vertrag mit einem Kreditinstitut über den Verkauf einer Kundenforderung an das Kreditinstitut erhält der Unternehmer den Rechnungsbetrag vor Fälligkeit der Forderung.
4. Durch Vertrag mit einem Hersteller erwirbt der Unternehmer das Recht, Waren in seinem eigenen Namen für eine bestimmte Zeit für Rechnung des Herstellers zu verkaufen und dafür eine Vergütung zu erhalten.

10. Stellen Sie fest, bei welchem der folgenden Geldgeschäfte der Primus GmbH es sich um Eigenfinanzierung handelt.

1. Die Primus GmbH nimmt bei der Sparkasse Duisburg ein größeres Darlehen auf und lässt als Sicherung eine Grundschuld auf das Geschäftsgrundstück eintragen.

2. Die Primus GmbH überzieht ihr Konto bei der Sparkasse Duisburg im Rahmen der geduldeten Überziehung.
3. Die Primus GmbH bietet einem Lieferer die Zahlung einer fälligen Rechnung mit Scheck an. Daraufhin stellt die Primus GmbH einen Scheck auf den Lieferer aus.
4. Die Primus GmbH vereinbart mit einem Kunden, dass dieser für einen Großauftrag eine Anzahlung leistet.
5. Ein Gesellschafter der Primus GmbH erhöht seine Kapitaleinlage, damit eine größere Investition getätigt werden kann.

11. Ordnen Sie den folgenden Aussagen die entsprechende Finanzierungsform (A) und Art der Mittelaufbringung (B) zu.

Finanzierungsform (A)	Mittelaufbringung (B)
1. Außenfinanzierung	3. Fremdfinanzierung
2. Innenfinanzierung	4. Beteiligungsfinanzierung
	5. Selbstfinanzierung

a) Aufnahme eines weiteren Kommanditisten
b) Bildung stiller Rücklagen durch Unterbewertung der Aktiva
c) Nichtausschüttung von Gewinn
d) Anzahlung durch einen Kunden
e) Aufnahme eines Darlehens, das durch eine Grundschuld gesichert wird.

12. Eine Kollegin schlägt zur Erhöhung der Liquidität vor, verstärkt Bankkredite statt Lieferantenkredite in Anspruch zu nehmen. *„Lieferantenkredite, d. h. nicht ausgenutzte Skonti von Lieferanten, sind in den meisten Fällen teurer als Bankkredite"*, begründet sie. Prüfen Sie, ob der Vorschlag sinnvoll und welche der folgenden Begründungen zutreffend ist.

1. Der Vorschlag ist nicht sinnvoll, weil nur beim Bankkredit Kosten entstehen.
2. Der Vorschlag ist sinnvoll, weil bei einem Vergleich der Jahreszinssätze der Zinssatz des Lieferantenkredits in der Regel höher ist als der Bankkreditzinssatz.
3. Der Vorschlag ist sinnvoll, weil beim Lieferantenkredit immer Skonto abgezogen wird.
4. Der Vorschlag ist nicht sinnvoll, weil beim Lieferantenkredit die Qualität der Geschäftsbeziehung zum Lieferanten ausschlaggebend ist.
5. Der Vorschlag ist nicht sinnvoll, weil Bankkredit und Lieferantenkredit rechnerisch nicht verglichen werden können.

13. Welche der folgenden Aussagen trifft auf die Absicherung des Kreditrisikos im Außenhandel zu?

1. Mit der Forfaitierung belastet der Exporteur seine Bilanz mit der Umwandlung eines Bar- in ein Zielgeschäft.
2. Kreditversicherungen können meist nur mit einer Selbstbeteiligung abgeschlossen werden.
3. Die Vorauszahlung durch den Importeur bedeutet eine Kreditgewährung.
4. Die Bietungsgarantie ist für den Exporteur ein Kreditsicherungsmittel.

14. Welche der folgenden Risiken gehören nicht zu den politischen Risiken im Außenhandel?

1. Zahlungsunfähigkeit ausländischer Staaten als Schuldner
2. Zahlungsunfähigkeit ausländischer Staaten als Devisenbewirtschafter
3. Insolvenz von Privatunternehmen aufgrund von Überschuldung
4. staatliche Zahlungsverbote
5. Embargos
6. Einfuhrverbote

15. Sie lesen in der Tageszeitung, dass der Kurs EUR/USD gestiegen ist. Was hat dies zur Folge?

1. Für amerikanische Käufer werden deutsche Waren billiger.
2. Dadurch verteuern sich in Deutschland die Importe aus den USA.
3. Dadurch müssen amerikanische Importeure für deutsche Waren mehr bezahlen.
4. Für deutsche Urlauber verteuert sich der Aufenthalt in den USA.
5. Für amerikanische Urlauber verbilligt sich der Aufenthalt in Deutschland.

16. Welche der folgenden Aussagen treffen auf den Wechselkredit zu?

1. Der Exporteur als Kreditgeber ist der Aussteller des Wechsels, der Importeur ist als Bezogener der Wechselschuldner.
2. Durch die Ausstellung wird der Wechsel zur Tratte, durch die Unterschrift des Bezogenen (= Akzeptleistung) zum Akzept.
3. Der Bezogene kann die Zahlung verweigern, wenn der Kaufvertrag, auf den sich der Wechselkredit bezieht, vom Exporteur nicht ordnungsgemäß erfüllt worden ist.
4. Wenn der Aussteller ein Akzept von einer Bank diskontieren lässt, kann diese die Zahlung vom Aussteller verlangen, wenn der Bezogene nicht zahlt.

17. Wie können Sie bei Außenhandelsgeschäften das Wechselkursrisiko gering halten bzw. ausschließen?

1. durch Aushandeln des Verkaufspreises in Euro
2. durch einen verlängerten Eigentumsvorbehalt
3. durch Einschaltung der Hausbank als Bürge für den Zahlungseingang
4. durch Aushandeln des Verkaufspreises in US-Dollar
5. durch einen Fremdwährungskredit

18. Welche der folgenden Aussagen treffen auf den Akzeptkredit im Außenhandel zu?

1. Ein Akzeptkredit ist, wie jeder andere Kredit, ein Geldleihgeschäft.
2. Der Bezogene ist im Regelfall der Exporteur.
3. Alle Banken sind verpflichtet, ein ausländisches Akzept anzukaufen.
4. Wenn die Bank des Importeurs als zahlungsfähig bekannt ist, erfolgt die Diskontierung im Land des Exporteurs meist ohne Probleme.
5. Der Exporteur als Aussteller bleibt in der wechselmäßigen Haftung.

19. Welche der folgenden Aussagen sind in Bezug auf die Forfaitierung richtig?

1. Der Exporteur schließt mit einem Angstindossament (Vollindossament mit dem Ausschluss der Haftung für die Nachmänner) auf den Wechsel seine Haftung aus.
2. Der Exporteur haftet nur noch eingeschränkt für die Zahlung des Importeurs.
3. Die Kosten der Forfaitierung errechnen sich aus Marge plus Gewinn.
4. Die Kosten sind abhängig von dem Land, in dem der Schuldner seinen Sitz hat.

20. Welche der folgenden Aussagen gelten für den Negoziierungskredit?

1. Negoziierungskredite können an dokumentäre und nichtdokumentäre Zahlungsformen gekoppelt sein.
2. Es werden die Formen „Authority to Negotiate" und „Order to Purchase" unterschieden.
3. Bezogener der Tratte ist die Bank des Exporteurs oder des Importeurs.
4. Der Exporteur als Aussteller bleibt in der Regel in der wechselmäßigen Haftung.
5. Auch bei der Kopplung an ein Akkreditiv kann die Bank des Importeurs die Zahlung verweigern.

Unternehmensergebnisse aufbereiten, bewerten und nutzen

1 Ziele und Bestandteile des Jahresabschlusses erläutern

Der Geschäftsführer Herr Müller hat, nachdem Frau Lapp aus der Finanzbuchhaltung den vorläufigen Jahresabschluss erstellt hat, den Steuerberater der Primus GmbH aufgesucht. Wichtigstes Ergebnis ist, dass im Rahmen der Offenlegung des Jahresabschlusses die Vorschriften des HGB für kleine Kapitalgesellschaften zu beachten sind. Alle Auszubildenden werden in die Erstellung des Jahresabschlusses einbezogen.

ARBEITSAUFTRÄGE

- Stellen Sie fest, welche Konsequenzen sich für die Primus GmbH hinsichtlich des Jahresabschlusses und Lageberichtes ergeben.
- Erläutern Sie die Bestandteile des Jahresabschlusses.
- Erstellen Sie aus den Abschlusskonten der Finanzbuchhaltung Bilanz und GuV-Rechnung des Primus GmbH nach HGB.

S — Schlussbilanzkonto — H

	Berichtsjahr	Vorjahr		Berichtsjahr	Vorjahr
021 Grundstücke	200.000,00	180.000,00	061 Gezeichnetes Kapital	600.000,00	600.000,00
023 Bauten auf eigenen Grundstücken	398.500,00	250.000,00	063 Gewinnrücklage[1]	156.250,00	50.000,00
031 Techn. Anlagen und Maschinen	76.000,00	87.500,00	065 Jahresüberschuss	109.639,50	206.250,00
033 Betriebs- und Geschäftsausstattung	95.000,00	105.000,00	072 Rückstellungen[2]	172.500,00	142.500,00
034 Fuhrpark	138.000,00	160.000,00	086 Verbindlichkeiten gegenüber Kreditinstituten[3]	175.610,00	66.500,00
390 Warenbestände	247.875,00	206.500,00	171 Verbindlichkeiten a. LL[4]	137.500,00	100.000,00
100 Forderungen a. LL	131.625,00	128.500,00	181 Umsatzsteuer[4]	29.250,00	19.250,00
130 Banken	109.800,00	77.000,00	191 Verbindlichkeiten aus Steuern[4]	12.000,00	9.360,00
151 Kasse	3.200,00	5.500,00	192 Verbindlichkeiten im Rahmen der sozialen Sicherheit[4]	7.250,00	6.140,00
	1.400.000,00	1.200.000,00		1.400.000,00	1.200.000,00

[1] 1.062.500,00 EUR wurden im Vorjahr den Gewinnrücklagen zugeführt, der Rest den kurzfristigen Verbindlichkeiten. Im Berichtsjahr soll der gesamte Jahresüberschuss im Unternehmen bleiben.

		Berichtsjahr	Vorjahr
[2] davon	Pensionsrückstellungen	125.000,00	100.000,00
	Steuerrückstellungen	22.500,00	25.000,00
	Sonstige Rückstellungen	25.000,00	17.500,00

[3] davon mit einer Laufzeit über 5 Jahre 150.000,00 EUR, im Vorjahr 50.000,00 EUR

[4] kurzfristige Verbindlichkeiten

S		Gewinn und Verlust			H
Aufwendungen	Berichtsjahr	Vorjahr	**Erträge**	Berichtsjahr	Vorjahr
211 Zinsaufwendungen	22.105,00	5.100,00	242 Mieterträge	126.000,00	60.000,00
301 Wareneingang/A. f. W	1.936.250,00	1.798.300,00	261 Zinserträge	16.875,00	19.500,00
401 Löhne	465.000,00	445.000,00	801 Warenverkauf/UE	3.564.117,50	3.200.550,00
402 Gehälter	627.500,00	513.450,00			
421 Gewerbesteuer	40.607,50	30.500,00			
430 Energie/Brennstoff	90.003,00	66.000,00			
441 Werbe- und Reisekosten	78.400,00	43.450,00			
450 Provision	63.000,00	40.000,00			
641 Verpackungsmaterial	14.962,50	9.650,00			
462 Ausgangsfrachten	35.200,00	19.700,00			
471 Instandhaltung	79.600,00	15.100,00			
481 Bürobedarf	59.800,00	17.250,00			
482 Porto, Telekommunikation	21.925,00	10.300,00			
491 Abschreibungen	63.000,00	60.000,00			
060 Eigenkapital	109.639,50	206.250,00			
	3.706.992,50	3.280.050,00		3.706.992,50	3.280.050,00

Bestandteile des Jahresabschlusses

In zahlreichen Situationen suchen Groß- und Außenhandelsunternehmen nach aussagefähigen Mess-instrumenten der Vermögens-, Ertrags- und Finanzlage anderer Unternehmen, um die momentane Kreditwürdigkeit und die künftige Zahlungsfähigkeit richtig zu bewerten.

Beispiele
- Bei Neukunden überprüft die Primus GmbH die Bonität , um das Kreditrisiko bei Zielverkäufen einzugrenzen.
- Überflüssige liquide Mittel versucht die Primus GmbH möglichst risikolos und gewinnbringend anzulegen. Für die Anlage sucht sie sich Unternehmen mit guten Ertragsaussichten aus.

Umgekehrt wird die eigene Kreditwürdigkeit aufgrund von Informationen über die eigene Vermögens-, Finanz- und Ertragslage gemessen.

Beispiel Bei einem Kreditantrag der Primus GmbH forderte die Hausbank die beiden letzten Bilanzen und Gewinn- und Verlustrechnungen.

Zu diesem Zweck hat der Gesetzgeber eine umfangreiche Rechnungslegung und Darstellung der Ergebnisse im **Jahresabschluss** vorgesehen, um den wirtschaftenden Kaufmann selbst und interessierte Dritte (Anteilseigner, Gläubiger, Fiskus u. a.) über die Vermögens-, Ertrags- und Finanzlage und über deren Entwicklung zu informieren. Vielfach machen diese von den ausgewiesenen Ergebnissen ihre künftigen Entscheidungen (Ziel-, Kreditgewährung, Geldanlage) abhängig.

Bestandteile des Jahresabschlusses in Einzelunternehmen und Personengesellschaften

Nach § 242 HGB müssen **alle Kaufleute** zum Ende des Geschäftsjahres zur Darstellung ihrer **Vermögens-**, **Kapital-** und **Ertragslage** einen Jahresabschluss erstellen.

Bei Einzelunternehmen und **Personengesellschaften** (OHG, KG) besteht der Jahresabschluss aus der **Bilanz** zum Ausweis der **Vermögenslage** und aus der **Gewinn- und Verlustrechnung** zur Darstellung der **Ertragslage.**

○ Bestandteile des Jahresabschlusses in Kapitalgesellschaften

Nach § 264 Abs. 1 HGB müssen **Kapitalgesellschaften** (AG, GmbH) einen Jahresabschluss erstellen, der aus der **Bilanz**, der **Gewinn- und Verlustrechnung** und dem **Anhang** besteht. Sie haben neben der **Vermögens-** und **Ertragslage** ihre **Finanzlage** darzustellen. Außerdem haben sie den Jahresabschluss durch einen **Lagebericht** zu ergänzen.

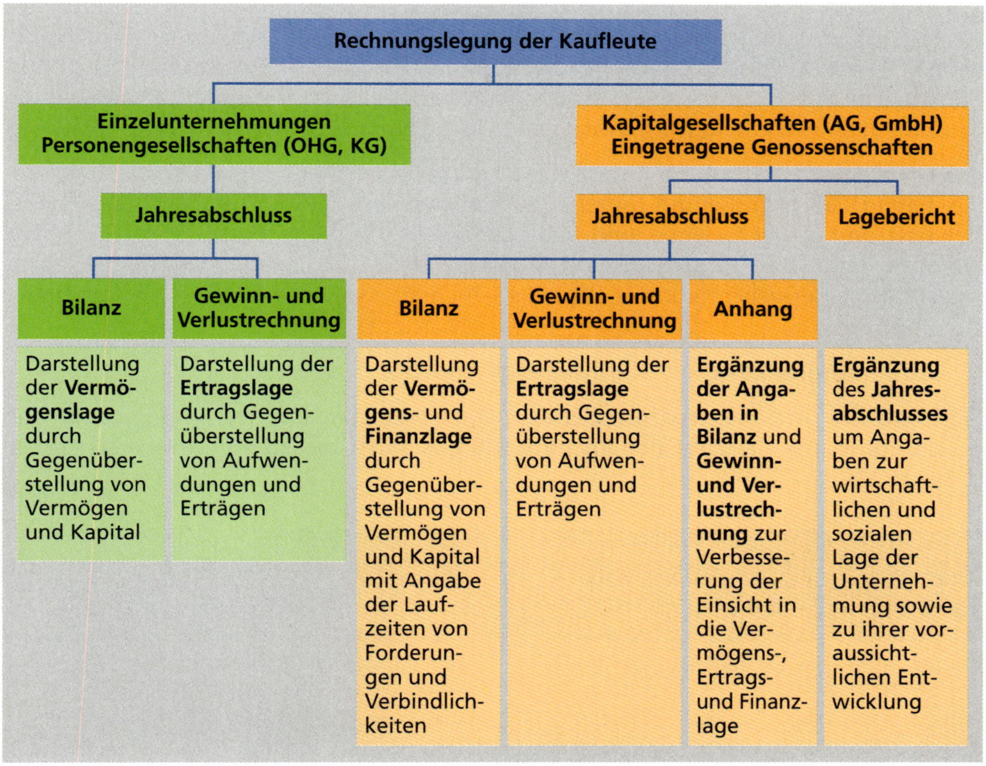

PRAXISTIPP Bearbeiten Sie zur Vorbereitung des Jahresabschlusses für die Primus GmbH die §§ 264, 266, 267, 274a, 275 und 276 HGB.

○ Rechtsvorschriften für den Jahresabschluss

Damit sich die unterschiedlichsten Interessenten, wie Anteils- und Kapitaleigner und Kreditgeber, an den Aussagen des Jahresabschlusses verlässlich orientieren können, hat der Gesetzgeber zahlreiche Regelungen im dritten Buch des HGB für dessen Aufstellung festgelegt.

Diese Regelungen beziehen sich einerseits auf die Höhe (**Bewertungsvorschriften**), andererseits auf die Gliederung der Darstellung und Zuordnung der Inhalte zu Einzelpositionen (**Ansatzvorschriften**).

Beherrschendes Prinzip der Bewertungsvorschriften ist das **Gläubigerschutzprinzip**. Es besagt, dass der Kaufmann sich nicht reicher darstellen soll, als er ist, und dass er Vermögen und Schulden möglichst vorsichtig bewerten (**Vorsichtsprinzip**) soll. Zudem enthält das Gesetz zahlreiche Vorschriften zur Gliederung der Einzelteile des Jahresabschlusses. Allerdings fallen diese je nach Unternehmungsform und Größe recht unterschiedlich aus.

- **Einzelunternehmungen und Personengesellschaften:** Das HGB enthält für **Einzelunternehmen und Personengesellschaften** nur **grobe Hinweise zur Gliederung** der Bilanz und der Gewinn- und Verlustrechnung. So müssen gemäß § 247 HGB in der Bilanz das **Anlage-** und das **Umlaufvermögen**, das **Eigenkapital**, die **Schulden** sowie die **Rechnungsabgrenzungsposten** gesondert ausgewiesen und hinreichend gegliedert werden. Da jedoch für solche Unternehmen auch der Grundsatz der Klarheit und Übersichtlichkeit gilt, sollten sich auch Einzelunternehmen und Personengesellschaften an den **Gliederungsvorschriften der Kapitalgesellschaften orientieren.**
- **Kapitalgesellschaften:** Im Unterschied zu Einzelunternehmen und Personengesellschaften haben große und mittelgroße **Kapitalgesellschaften** die Positionen in der Bilanz und in der Gewinn- und Verlustrechnung nach den **Vorschriften des Handelsgesetzbuches** (§ 266, 275 HGB) zu bezeichnen und anzuordnen. Diesbezüglich sieht der Gesetzgeber für kleine Kapitalgesellschaften wesentliche Erleichterungen vor.

○ Größenabgrenzung der Kapitalgesellschaften

Merkmale der Größenabgrenzung der Kapitalgesellschaften sind die **Bilanzsumme**, die Umsatzerlöse und die **Zahl der im Jahresdurchschnitt beschäftigten Arbeitnehmer** (§ 267 HGB).

Größenabgrenzung der Kapitalgesellschaften				
Kapitalgesellschaft	**Bilanzsumme Mio. EUR**	**Umsatzerlöse Mio. EUR**	**Zahl der Arbeitnehmer**	**Erläuterung**
kleine	bis 4,015	bis 8,030	bis 50	zwei der drei Merkmale dürfen an den Abschlussstichtagen von zwei aufeinanderfolgenden Geschäftsjahren nicht überschritten werden
mittelgroße	bis 16,060	bis 32,120	bis 250	
große	über 16,060	über 32,120	über 250	zwei der drei Merkmale werden an den obigen Abschlussstichtagen überschritten

● Bilanz der Kapitalgesellschaften

Kapitalgesellschaften müssen die Bilanz in der gemäß § 266 HGB vorgeschriebenen Form gliedern. Dabei ist einmal die Gegenüberstellung von Aktiva (Vermögen) und Passiva (Kapital) in T-Kontenform, zum anderen die in § 266 Abs. 2 und 3 HGB vorgeschriebene Reihenfolge der einzelnen Bilanzposten einzuhalten. **Große** und **mittelgroße Kapitalgesellschaften** müssen dieses ausführliche Gliederungsschema benutzen (vgl. S. 229).

Für die Offenlegung sieht § 327 HGB für die **mittelgroßen Kapitalgesellschaften** Erleichterungen vor (vgl. S. 230).

Bilanzschema für große und mittelgroße Kapitalgesellschaften gemäß § 266 HGB

Aktivseite

A. Anlagevermögen

I. Immaterielle Vermögensgegenstände

1. Konzessionen, gewerbliche Schutzrechte und ähnliche Werte sowie Lizenzen an solchen Rechten und Werten
2. Geschäfts- oder Firmenwert
3. geleistete Anzahlungen

II. Sachanlagen

1. Grundstück, grundstücksgleiche Rechte und Bauten einschließlich der Bauten auf fremden Grundstücken
2. technische Anlagen und Maschinen
3. andere Anlagen, Betriebs- und Geschäftsausstattung
4. geleistete Anzahlungen und Anlagen im Bau

III. Finanzanlagen

1. Anteile an verbundenen Unternehmen
2. Ausleihungen an verbundene Unternehmen
3. Beteiligungen
4. Ausleihungen an Unternehmen, mit denen ein Beteiligungsverhältnis besteht
5. Wertpapiere des Anlagevermögens
6. sonstige Ausleihungen

B. Umlaufvermögen

I. Vorräte

1. Roh-, Hilfs- und Betriebsstoffe
2. unfertige Erzeugnisse, unfertige Leistungen
3. fertige Erzeugnisse und Waren
4. geleistete Anzahlungen

II. Forderungen und sonstige Vermögensgegenstände

1. Forderungen aus Lieferungen und Leistungen
2. Forderungen gegen verbundene Unternehmen
3. Forderungen gegen Unternehmen, mit denen ein Beteiligungsverhältnis besteht
4. sonstige Vermögensgegenstände

III. Wertpapiere

1. Anteile an verbundenen Unternehmen
2. eigene Anteile
3. sonstige Wertpapiere

IV. Schecks, Kassenbestand, Bundesbankguthaben, Guthaben bei Kreditinstituten

C. Rechnungsabgrenzungsposten

Passivseite

A. Eigenkapital

I. Gezeichnetes Kapital

II. Kapitalrücklage

III. Gewinnrücklagen

1. gesetzliche Rücklage
2. Rücklage für eigene Anteile
3. satzungsmäßige Rücklagen
4. andere Gewinnrücklagen

IV. Gewinnvortrag/Verlustvortrag

V. Jahresüberschuss/Jahresfehlbetrag

B. Rückstellungen

1. Rückstellungen für Pensionen und ähnliche Verpflichtungen
2. Steuerrückstellungen
3. sonstige Rückstellungen

C. Verbindlichkeiten

1. Anleihen, davon konvertibel
2. Verbindlichkeiten gegenüber Kreditinstituten
3. erhaltene Anzahlungen auf Bestellungen
4. Verbindlichkeiten aus Lieferungen und Leistungen
5. Verbindlichkeiten aus der Annahme gezogener Wechsel und der Ausstellung eigener Wechsel
6. Verbindlichkeiten gegenüber verbundenen Unternehmen
7. Verbindlichkeiten gegenüber Unternehmen, mit denen ein Beteiligungsverhältnis besteht
8. sonstige Verbindlichkeiten

D. Rechnungsabgrenzungsposten

Aktivseite offenzulegende Bilanz der mittelgroßen Kapitalgesellschaften	Passivseite
A. Anlagevermögen *I. Immaterielle Vermögensgegenstände* 1. Geschäfts- oder Firmenwert *II. Sachanlagen* 1. Grundstücke, grundstücksgleiche Rechte und Bauten einschließlich der Bauten auf fremden Grundstücken 2. technische Anlagen und Maschinen 3. andere Anlagen, Betriebs- und Geschäftsausstattung 4. geleistete Anzahlungen und Anlagen im Bau *III. Finanzanlagen* 1. Anteile an verbundenen Unternehmen 2. Ausleihungen an verbundene Unternehmen 3. Beteiligungen 4. Ausleihungen an Unternehmen, mit denen ein Beteiligungsverhältnis besteht **B. Umlaufvermögen** *I. Vorräte* *II. Forderungen und sonstige Vermögensgegenstände* 1. Forderungen gegen verbundene Unternehmen 2. Forderungen gegen Unternehmen, mit denen ein Beteiligungsverhältnis besteht *III. Wertpapiere* 1. Anteile an verbundenen Unternehmen 2. eigene Anteile *IV. Schecks, Kassenbestand, Bundesbankguthaben, Guthaben bei Kreditinstituten* **C. Rechnungsabgrenzungsposten**	**A. Eigenkapital** *I. Gezeichnetes Kapital* *II. Kapitalrücklage* *III. Gewinnrücklagen* *IV. Gewinnvortrag/Verlustvortrag* *V. Jahresüberschuss/Jahresfehlbetrag* **B. Rückstellungen** **C. Verbindlichkeiten** 1. Anleihen, davon konvertibel 2. Verbindlichkeiten gegenüber Kreditinstituten 3. Verbindlichkeiten gegenüber verbundenen Unternehmen 4. Verbindlichkeiten gegenüber Unternehmen, mit denen ein Beteiligungsverhältnis besteht **D. Rechnungsabgrenzungsposten**

Aktivseite Bilanz der kleinen Kapitalgesellschaften	Passivseite
A. Anlagevermögen *I. Immaterielle Vermögensgegenstände* *II. Sachanlagen* *III. Finanzanlagen* **B. Umlaufvermögen** *I. Vorräte* *II. Forderungen und sonstige Vermögensgegenstände* *III. Wertpapiere* *IV. Schecks, Kassenbestand, Bundesbankguthaben, Guthaben bei Kreditinstituten* **C. Rechnungsabgrenzungsposten**	**A. Eigenkapital** *I. Gezeichnetes Kapital* *II. Kapitalrücklage* *III. Gewinnrücklagen* *IV. Gewinnvortrag/Verlustvortrag* *V. Jahresüberschuss/Jahresfehlbetrag* **B. Rückstellungen** **C. Verbindlichkeiten** **D. Rechnungsabgrenzungsposten**

Kleine Kapitalgesellschaften **können** die aus dem Schema gemäß § 266 Abs. 1 HGB abgeleitete verkürzte Bilanz aufstellen (vgl. S. 230).

○ Darstellung der Vermögenslage

Für die **Aktivseite** fordert der Gesetzgeber eine strukturierte Gliederung des Vermögens in Anlage- und Umlaufvermögen und Posten der Rechnungsabgrenzung (vgl S. 229). Daraus können interessierte Dritte Rückschlüsse ziehen:

- **Kapitalverwendung und Dauer der Kapitalbindung:** Im **Anlagevermögen** ist das Kapital langfristig oder dauerhaft gebunden, das **Umlaufvermögen** ist schneller liquidierbar und bindet, abgesehen von eisernen Warenbeständen, das Kapital nur kurzfristig.
- **Bedeutung der Vermögensteile für die Leistungserstellung:** Das Anlagevermögen bildet die Grundlage der Betriebsbereitschaft, das Umlaufvermögen ist der Gewinnträger.

○ Darstellung der Finanzlage

Die Finanzlage wird auf der **Passivseite** der Bilanz durch Darstellung von **Eigen-** und **Fremdkapital** dokumentiert. Außenstehenden wird dadurch

- die **Herkunft des Kapitals** als Eigen- oder Fremdkapital,
- die **Rechtsstellung der Kapitalgeber** (Haftungskapital/gezeichnetes Kapital) und der Schulden (Verpflichtungskapital – Tilgung, Zinsen)

sichtbar gemacht.

Für Kreditgeber und Kapitalanleger ergeben sich hieraus Hinweise auf das finanzielle Risiko. Dadurch, dass der Gesetzgeber im HGB (§§ 268 Abs. 5 und 285 Abs. 1) bei allen **Verbindlichkeiten** die Angabe von Anteilen **mit einer Restlaufzeit bis zu einem Jahr** und **mit einer Restlaufzeit über fünf Jahre** fordert, erhält der Außenstehende Einblick in die **Kapitalüberlassungsfristen.** So werden exaktere Aussagen über die künftige Liquiditätsbelastung erst möglich.

○ Eigenkapital der Unternehmungsformen

Das Eigenkapital ist je nach Rechtsform in verschiedenen Positionen gegliedert darzustellen. Das hat seinen Grund darin, dass durch die Darstellung der Kapitalverhältnisse auf der Passivseite zugleich die **Haftungsverhältnisse** dokumentiert werden sollen. Daraus lässt sich bei einigen Gesellschaftsformen der Ausweis eines **konstanten Teils des Eigenkapitals** (Grundkapital bei der AG, Stammkapital bei der GmbH, Einlagen der Kommanditisten in der KG) und eines **variablen Teils** (Rücklagen bei den Kapitalgesellschaften, Vollhafterkapital der Kommanditgesellschaften) ableiten.

Davon unterscheidet sich die Kapitaldarstellung der Einzelunternehmen und der vollhaftenden Gesellschafter in der OHG und KG. Die Position „Rücklagen" entfällt. Gewinne (soweit nicht ausgeschüttet) bzw. Verluste werden dort mit den Kapitaleinlagen des Einzelunternehmers bzw. der Vollhafter der Personengesellschaften anteilig verrechnet. Das Eigenkapital ist hier also insgesamt variabel.

Besondere handelsrechtliche Gliederungs- und Ausweisvorschriften zur Bilanz für Kapitalgesellschaften

Eigenkapital der Kapitalgesellschaften

Nach § 266 Abs. 3 HGB ist das Eigenkapital der Kapitalgesellschaften folgendermaßen zu gliedern:

A. Eigenkapital
- I. Gezeichnetes Kapital
- II. Kapitalrücklage
- III. Gewinnrücklagen
  1. gesetzliche Rücklagen
  2. Rücklage für eigene Anteile
  3. satzungsmäßige Rücklagen
  4. andere Gewinnrücklagen
- IV. Gewinnvortrag/Verlustvortrag
- V. Jahresüberschuss/Jahresfehlbetrag

Gezeichnetes Kapital

Mit dem gezeichneten Kapital ist das Grundkapital der AG bzw. das Stammkapital der GmbH gemeint. Das im Handelsregister eingetragene gezeichnete Kapital repräsentiert die Summe der Nennbeträge aller durch die Gesellschaft ausgegebenen Anteile (Aktien, GmbH-Anteile), zu deren Einzahlung die Gesellschafter gegenüber der Kapitalgesellschaft verpflichtet sind. Es repräsentiert das **Haftungskapital** der Gesellschaft gegenüber den Gläubigern, das auch dann in seiner vollen Höhe auszuweisen ist, wenn es noch nicht ganz eingezahlt ist.

Rücklagen

Rücklagen sind zusätzliches **Eigenkapital.** Zu unterscheiden sind offene und stille Rücklagen (zu den stillen Rücklagen vgl. S. 233).

Offene Rücklagen sind auf der Passivseite der Bilanz vom starren „Gezeichneten Kapital“, dem Nominalkapital, als zusätzlich ausgewiesenes Eigenkapital zu unterscheiden.

Der Gesetzgeber hat sie nach ihrer Herkunft unterteilt in **Kapital-** und **Gewinnrücklagen** (siehe unten).

Beide werden gebildet, um
- die Haftungsbasis zu verbessern,
- die Betriebsbereitschaft auch in strukturellen Krisen zu erhalten,
- Verluste ausgleichen zu können, ohne dass das feste Nominalkapital angegriffen wird,
- zukünftige außergewöhnliche Belastungen, die durch notwendige Erneuerungen oder Umstellungen hervorgerufen werden, finanzieren zu können.

Bei **Kapitalrücklagen** handelt es sich nach der Herkunft um Zuzahlungen der Gesellschafter zum Erwerb von Anteilen in Höhe des Agios.

Beispiel Die Gesellschafter einer Aktiengesellschaft haben 10.000 Aktien zum Nennwert von 100,00 EUR zum Ausgabekurs von 120,00 EUR übernommen

A	Bilanz		P
	Eigenkapital		
	I. Gezeichnetes Kapital	1.000.000,00	
	II. Kapitalrücklagen	200.000,00	

Kapitalrücklagen kommen also von den Gesellschaftern (Eigenfinanzierung als **Außenfinanzierung**).

Gewinnrücklagen werden aus dem Ergebnis des Geschäftsjahres oder früherer Jahre gebildet (§ 272 Abs. 3 HGB). Dieses Kapital wurde also von der Unternehmung selbst erwirtschaftet und zur Stärkung der Eigenkapitalbasis einbehalten. Es liegt ein klassischer Fall der **Selbstfinanzierung** vor.

- **Gesetzliche Rücklage:** Die Bildung einer gesetzlichen Rücklage ist nur für Aktiengesellschaften (§ 150 AktG) und Kommanditgesellschaften auf Aktien (§ 278 Abs. 3 in Verbindung mit § 150 AktG) vorgeschrieben.
  Gemäß § 150 Abs. 2 AktG ist der zwanzigste Teil des um einen Verlustvortrag aus dem Vorjahr geminderten Jahresüberschusses in die gesetzliche Rücklage einzustellen, bis diese zusammen mit den Kapitalrücklagen den zehnten oder den in der Satzung bestimmten höheren Teil des Grundkapitals erreichen.
- **Satzungsmäßige Rücklagen:** Gesellschaftsvertrag, Satzung oder Statut der Gesellschaft können die verantwortlichen Organe der Gesellschaft verpflichten,
  a) **zweckgebundene** Rücklagen für langfristig immer anstehende Aufgaben zu bilden, wie z. B. für betriebliche Rationalisierungen, Modernisierungen etc. oder
  b) **zweckfreie** Rücklagen aus dem Jahresüberschuss zu bilden.
- **Andere Gewinnrücklagen:** Von den Organen der Kapitalgesellschaften können gemäß § 58 AktG aus dem verbleibenden Jahresüberschuss bis 50 % des Jahresüberschusses in andere Gewinnrücklagen eingestellt werden.

Stille Rücklagen – nicht sichtbares Eigenkapital

Stille Rücklagen, auch **stille Reserven** genannt, sind nicht aus der Bilanz ersichtlich. Sie entstehen

- **durch Unterbewertung der Aktiva**, z. B. durch zu hohe Abschreibung des Anlagevermögens (vgl. S. 251 ff.)
- **durch Überbewertung von Schulden**, z. B. durch Überbewertung von Rückstellungen (vgl. S. 147) und Verbindlichkeiten.

Bilanzgewinn

Nicht verteilte Gewinne werden als Bilanzgewinn in die Bilanz eingestellt. Die Hauptversammlung der AG oder die Gesellschafterversammlung der GmbH beschließt dann im folgenden Geschäftsjahr, ob weitere (andere) Rücklagen gebildet oder ob der Gewinn an die Gesellschafter ausgeschüttet werden soll.

Gewinn- und Verlustvortrag

Ein nicht verteilter Gewinnrest wird als Gewinnvortrag ausgewiesen. Entsprechend würde ein nicht gedeckter Verlust als Verlustvortrag bilanziert.

Jahresüberschuss/-fehlbetrag

Beim Jahresüberschuss bzw. beim Jahresfehlbetrag handelt es sich um das in der GuV-Rechnung durch Gegenüberstellung der Erträge und Aufwendungen ermittelte Ergebnis. Damit das Haftungskapital erkennbar bleibt, wird das Jahresergebnis getrennt von diesem unter der Bezeichnung Eigenkapital ausgewiesen. Dies ist der Fall, wenn bis zur Bilanzerstellung keine Verteilung des Gewinnes vorgenommen wird.

Beispiel Die Golden-AG mit einem Grundkapital von 5.000.000,00 EUR, einer bestehenden gesetzlichen Rücklage von 120 000,00 EUR und einer „anderen Gewinnrücklage" von 200.000,00 EUR hatte im abgelaufenen Geschäftsjahr Erträge von 9 560 000,00 EUR und Aufwendungen von 9.120.000,00 EUR erzielt.
Vom Vorstand werden 5 % des Jahresüberschusses den gesetzlichen Rücklagen und 20 % des verbleibenden Jahresüberschusses den „anderen Gewinnrücklagen" zugewiesen. Der restliche Gewinn wird als Bilanzgewinn ausgewiesen. Vom Jahresüberschuss in Höhe von 440.000,00 EUR werden also 22.000,00 EUR in die gesetzlichen Gewinnrücklagen und 83 600,00 EUR in die anderen Gewinnrücklagen eingestellt.

A	Bilanz	P
	Eigenkapital	
	I. Gezeichnetes Kapital	5.000.000,00
	II. Kapitalrücklagen	
	III. Gewinnrücklagen	
	1. gesetzliche	142.000,00
	2. andere	283.600,00
	IV. Bilanzgewinn	334.400,00

○ Verbindlichkeiten

Bei jedem gesondert ausgewiesenen Posten ist der Betrag der Verbindlichkeiten mit einer **Restlaufzeit bis zu einem Jahr** sowie der Verbindlichkeiten mit einer **Restlaufzeit von mehr als fünf Jahren** gesondert in der Bilanz oder im Anhang zu vermerken (§§268 Abs. 5 Satz 1, 285 Nr. 1 HGB). Außerdem ist dort zu jedem Posten der Gesamtbetrag der Verbindlichkeiten anzugeben, der durch Pfandrechte oder ähnliche Rechte gesichert ist, und zwar unter Angabe der Art und Form der Sicherheiten (§285 Nr. 1b HGB).

Für die Gliederung der Verbindlichkeiten nach Restlaufzeiten und für die Zuordnung gegebener Sicherheiten wird meistens die Form des **Verbindlichkeitenspiegels** im Anhang gewählt.

Beispiel Verbindlichkeitenspiegel der Primus GmbH

Art der Verbindlichkeit	Gesamtbetrag EUR	davon mit einer Restlaufzeit von				Art der Sicherheit
		bis 1 Jahr EUR	1–5 Jahre EUR	über 5 Jahre EUR	Beträge EUR	
1. Verb. geg. Kreditinstituten	2.950.000,00	450.000,00		2.500.000,00	2.500.000,00	Grundpfandrechte
2. Verbindlichkeiten a. LL	650.000,00	650.000,00			150.000,00	Forderungsabtretung
3. sonst. Verbindlichkeiten	720.000,00	720.000,00				

Kleine Kapitalgesellschaften dürfen ihre Verbindlichkeiten in einem Betrag und die Angaben zu den Sicherheiten zusammengefasst ausweisen.

Mit diesen Angaben wird ein Einblick in die Fälligkeitsstruktur der Verbindlichkeiten und das als Sicherheit in Anspruch genommene Vermögen, somit in die Liquidität und Finanzlage gewährt.

○ Anlagenspiegel (Anlagengitter)

Kapitalgesellschaften müssen die Entwicklung des Anlagevermögens in einem Anlagenspiegel (Anlagengitter) auf der Aktivseite der Bilanz oder im Anhang darstellen. Aus dieser Darstellung müssen hervorgehen:

- Anschaffungs- (AK) oder Herstellungskosten (HK) der zu Beginn des Geschäftsjahres vorhandenen Anlagen
- Zugänge zu AK oder HK im Laufe des Geschäftsjahres (Bruttoinvestition)
- Abgänge abgestoßener Anlagen zu AK oder HK im Laufe des Geschäftsjahres durch Verkäufe, Verschrottung u.Ä.
- Umbuchungen zu AK oder HK im Laufe des Geschäftsjahres (Anlagen im Bau, Anzahlungen)
- Zuschreibungen (wenn Gründe für außerplanmäßige Abschreibungen weggefallen sind)
- kumulierte Abschreibungen (Abschreibungen des Vorjahres und Abschreibung im Berichtsjahr)
- Buchwert zum 31.12. des Berichtsjahres
- Buchwert zum 31.12. des Vorjahres (Vergleichswert)

Der Anlagenspiegel ermöglicht Rückschlüsse auf die Investitionspolitik **(Bruttoinvestition, Ersatzinvestition, Nettoinvestition)**, die Abschreibungspolitik (Abschreibungen, Zuschreibungen) und den technischen Stand der Anlagen (Verhältnis von Buchwert zu AK oder HK).

○ Forderungen

Nach §268 Abs. 4 HGB müssen Kapitalgesellschaften zu jedem Forderungsposten in der Bilanz oder im Anhang die Beträge mit einer **Restlaufzeit von mehr als einem Jahr** gesondert angeben. Mit dieser Angabe werden die Forderungen hinsichtlich ihrer Liquidität differenziert.

● Ableitung der Bilanz nach §266 HGB aus dem SBK

Die Bilanz wird nach Abgleich der Sollbestände lt. Buchführung und Istbestände lt. Inventur aus den Zahlen der Buchführung abgeleitet. Da die Zahl der Konten in der Regel weit über die Zahl der Bilanzpositionen hinausgeht, müssen vielfach mehrere Konteninhalte zu einer Bilanzposition zusammengefasst werden. LF 4

Beispiel Die Finanzbuchhaltung der Primus GmbH erstellte zum Ende des Geschäftsjahres aufgrund der Ergebnisse lt. Buchführung und Inventar folgende Bilanz:

Bilanz der Primus GmbH zum 31.12.20..

A	Berichtsjahr	Vorjahr	P	Berichtsjahr	Vorjahr
A. Anlagevermögen			**A. Eigenkapital**		
I. Sachanlagen	907.500,00	782.500,00	I. Gezeichnetes Kapital	600.000,00	600.000,00
B. Umlaufvermögen			II. Gewinnrücklage	156.250,00	50.000,00
I. Vorräte	247.875,00	206.500,00	III. Jahresüberschuss	109.639,50	206.250,00
II. Forderungen und sonstige Vermögensgegenstände	131.625,00	128.500,00	**B. Rückstellungen**	172.500,00	142.500,00
III. Schecks, Kassenbestand, Bundesbankguthaben, Guthaben bei Kreditinstituten	113.000,00	82.500,00	**C. Verbindlichkeiten**	361.610,50	201.250,00
	1.400.000,00	1.200.000,00		1.400.000,00	1.200.000,00

PRAXISTIPP Lassen Sie sich die Bilanzen Ihres Ausbildungsbetriebes ausdrucken. Beschreiben Sie Gemeinsamkeiten und unterscheide zu der Bilanz im obigen Beispiel.

● Gewinn- und Verlustrechnung der Kapitalgesellschaften

Während die Bilanz der Darstellung der Vermögens- und Finanzlage dient, ist es Aufgabe der **GuV-Rechnung**, die **Ertragslage** darzustellen. Kleine und mittelgroße Kapitalgesellschaften dürfen die Posten 1 bis 5 gemäß §275 Abs. 2 zu einem Posten unter der Bezeichnung „**Rohergebnis**" zusammenfassen (§276 HGB).

Damit wird verhindert, dass interessierte Dritte (z. B. Konkurrenten) den Umsatz erfahren. Kleine Kapitalgesellschaften brauchen die GuV-Rechnung nicht zu veröffentlichen.

○ Aufbau und Struktur der Gewinn- und Verlustrechnung nach §275 Abs. 2 HGB

Nach §275 Abs. 2 HGB müssen Kapitalgesellschaften die GuV-Rechnung in **Staffelform** aufstellen. Die Aufwendungen und Erträge der Finanzbuchhaltung sind den untereinander angeordneten Teilergebnissen zuzuordnen. Mit dem Betriebsergebnis, Finanzergebnis und außerordentlichen Ergebnis werden so die **Erfolgsquellen** der Unternehmung verdeutlicht.

- **Das Betriebsergebnis:** Unter den Positionen 1 bis 4 werden Erträge, unter den Positionen 5 bis 8 Aufwendungen ausgewiesen.

  Erträge des Handelsbetriebes werden artgemäß in Umsatzerlöse (Absatzleistungen) und sonstige betriebliche Erträge (z. B. Mieterträge, Provisionserträge) unterteilt.

  LF 4 LF 5 Betriebliche Aufwendungen werden nach der Art der eingesetzten Produktionsfaktoren zusammengefasst und angeordnet: Aufwendungen für Waren (Wareneinsatz), Personalaufwand, Abschreibungen (vgl. S. 251 ff.), sonstige betriebliche Aufwendungen. Das Betriebsergebnis zeigt die wichtigsten sachzielbezogenen Erfolgsquellen.
- **Das Finanzergebnis:** Das Finanzergebnis wird durch Gegenüberstellung der Erträge und Aufwendungen aus Finanzanlagen und Kreditgeschäften ermittelt. Es wird also der Erfolg der Finanzwirtschaft der Unternehmung ohne Beachtung ihrer Sachzielbezogenheit ermittelt.
- **Das Ergebnis der gewöhnlichen Geschäftstätigkeit:** Betriebsergebnis und Finanzergebnis ergeben zusammen das Ergebnis der gewöhnlichen Geschäftstätigkeit.
- **Das außerordentliche Ergebnis:** Das außerordentliche Ergebnis grenzt gegenüber dem Ergebnis der gewöhnlichen Geschäftstätigkeit Erfolge ab, die durch höhere Gewalt oder unternehmensexterne Einflüsse hervorgerufen werden. Es handelt sich vielfach um einmalige Aufwendungen oder Erträge, mit deren Wiederkehr nicht zu rechnen ist.

  Beispiele Umweltschutzbestimmungen, kommunale Entscheidungen, Verluste aus Teilstilllegungen, organisatorische Umstellungen, Aufwand aufgrund von Katastrophen

Mit dem getrennten Ausweis will der Gesetzgeber verhindern, dass die Beurteilung des Ergebnisses der gewöhnlichen Geschäftstätigkeit verfälscht wird.

- **Das Ergebnis vor Steuern:** Das Ergebnis der gewöhnlichen Geschäftstätigkeit und das außerordentliche Ergebnis bilden zusammen das Ergebnis vor Steuern. Von diesem werden die Steuern vom Einkommen und vom Ertrag abgesetzt.
- **Jahresüberschuss/Jahresfehlbetrag:** Nach Abzug der Steuern ergibt sich ein **Jahresüberschuss** oder ein **Jahresfehlbetrag.**

Ergebnisse	Position der Gewinn- und Verlustrechnung		Kontenarten des Kontenrahmens
Betriebsergebnis	1. Umsatzerlöse	+	801, 871
	2. Erhöhung oder Verminderung des Bestandes an fertigen und unfertigen Erzeugnissen1	+/–	–
	3. andere aktivierte Eigenleistungen	+	–
	4. sonstige betriebliche Erträge	+	242, 243, 246, 270, 271, 272, 274, 275, 276, 278, 872
	= *Als Zwischensumme kann zur Erleichterung der Erfolgsanalyse die **„Gesamtleistung“** ausgewiesen werden.*		
	5. Aufwendungen für Waren/Wareneingang	–	301
	= *Als Zwischensumme kann der Saldo aus der Gesamtleistung und dem Warenaufwand vermerkt werden, der als **„Rohergebnis“** bezeichnet wird.*		
	6. Personalaufwand	–	401, 402
	7. Abschreibungen	–	491
	8. sonstige betriebliche Aufwendungen	–	202, 203, 204, 205, 206, 207, 231, 233, 234, 41, 426, 427, 428, 43, 44, 45, 46, 47, 48
	= *Als Zwischensumme kann der Saldo aus den Erträgen und den Aufwendungen als **„Betriebsergebnis“** ausgewiesen werden.*		
Finanzergebnis	9. Erträge aus Beteiligungen	+	251
	10. Erträge aus anderen Wertpapieren und Ausleihungen des Finanzanlagevermögens	+	252, 253
	11. sonstige Zinsen und ähnliche Erträge	+	26
	12. Abschreibungen auf Finanzanlagen und auf Wertpapiere des Umlaufvermögens	+	493, 494
	13. Zinsen und ähnliche Aufwendungen	–	21
	= *Als Zwischensumme kann der Saldo aus den Finanzerträgen und -aufwendungen, das so genannte **„Finanzergebnis“**, ausgewiesen werden.*		
	14. Ergebnis der gewöhnlichen Geschäftstätigkeit (Betriebsergebnis + Finanzergebnis)		
Außerordentliches Ergebnis	15. außerordentliche Erträge	+	241
	16. außerordentliche Aufwendungen	–	201
	17. **außerordentliches Ergebnis**		
	= *Der Saldo aus dem Ergebnis der gewöhnlichen Geschäftstätigkeit und dem außerordentlichen Ergebnis ist das Ergebnis **vor** Steuern*		
Steuern	18. Steuern vom Einkommen und vom Ertrag	–	22
	19. **sonstige Steuern**	–	421, 422, 424
Ergebnis nach Steuern	**20. Jahresüberschuss/Jahresfehlbetrag**		93

[1] *Im Handelsbetrieb werden die Warenbestandsveränderungen mit dem Aufwand für Waren verrechnet (vgl. Pos. 5).*

○ Ableitung der GuV-Rechnung aus dem GuV-Konto der Finanzbuchführung

Wie bei der Aufstellung der Bilanz müssen auch bei der Entwicklung der GuV-Rechnung häufig mehrere Konteninhalte der Finanzbuchführung zu einer GuV-Position zusammengefasst werden.

Beispiel Ableitung der GuV-Rechnung der Primus GmbH aus dem GuV-Konto der Finanzbuchhaltung (vgl. S. 226).

	Berichtsjahr EUR	Vorjahr EUR
Berechnung des Rohergebnisses:		
Umsatzerlöse	3.564.117,50	3.200.550,00
+ sonstige betriebliche Erträge	126.000,00	60.000,00
– Aufwendungen für bezogene Waren	1.936.250,00	1.798.300,00
Rohergebnis	1.753.867,50	1.462.250,00
GuV-Rechnung der Primus GmbH für die Zeit vom 1. Januar bis 31. Dezember ...		
1. Rohergebnis	1.753.867,50	1.462.250,00
2. Personalaufwand (Löhne und Gehälter)	1.092.500,00	958.450,00
3. Abschreibungen	63.000,00	60.000,00
4. sonstige betriebliche Aufwendungen	442.890,50	221.450,00
Betriebsergebnis	155.477,00	222.350,00
5. Zinsen u. ä. Erträge	16.875,00	19.500,00
6. Zinsen u. ä. Aufwendungen	- 22.105,00	5.100,00
Finanzergebnis	- 5.230,00	14.400,00
7. **Ergebnis der gewöhnlichen Geschäftstätigkeit**	150 247,00	236.750,00
8. Steuern vom Einkommen und vom Ertrag	40 607,50	30.500,00
Jahresüberschuss	109 639,50	206.250,00

● Anhang

Gleichrangiger Bestandteil des Jahresabschlusses der Kapitalgesellschaften ist neben Bilanz und Gewinn- und Verlustrechnung der Anhang. Seine Hauptaufgabe ist es, Angaben in der Bilanz und GuV-Rechnung insgesamt und zu Einzelpositionen zu erläutern. Die Inhalte des Anhangs sind in den §§ 284–288 HGB festgelegt:

- **Allgemeine Angaben zur Darstellung, Bilanzierung und Bewertung**
  Beispiele
  - Abweichungen vom Gliederungsschema
  - Änderung und Begründung von Bewertungsmethoden
  - Nicht mit dem Vorjahr vergleichbare Beträge
- **Angaben und Erläuterungen zu Einzelpositionen der Bilanz**
  Beispiele
  - Entwicklung der einzelnen Positionen des Anlagevermögens (Anschaffungswert, Zugänge, Abgänge, Abschreibungen des Jahres, Abschreibungen insgesamt, Buchwert)
  - Abschreibungen des Geschäftsjahres, insbesondere außerplanmäßige Abschreibungen
  - Einstellungen in freie Rücklagen
  - Verbindlichkeitenspiegel (Gliederung der Verbindlichkeiten nach Restlaufzeiten)
- **Angaben und Erläuterungen zur Gewinn- und Verlustrechnung**
  Beispiele
  - Aufgliederung der Umsätze nach Märkten und Tätigkeitsbereichen
  - Erläuterung der außerordentlichen Aufwendungen und Erträge (z. B. durch Vertriebsverbot notwendige Sortimentsbereinigungen)
- **Sonstige Angaben**
  Beispiele
  - Angaben zu Haftungsverhältnissen (Pfandrechte und sonstige Sicherheiten – Eventualverbindlichkeiten, z. B. mögliche Verbindlichkeiten aus der Übernahme von Bürgschaften)
  - durchschnittliche Beschäftigtenzahl
  - Namen aller Vorstandsmitglieder in der AG oder aller Geschäftsführer in der GmbH und der Mitglieder des Aufsichtsrates

Mit diesen Angaben soll der Einblick in die tatsächliche Vermögens-, Finanz- und Ertragslage verbessert werden.

Der Lagebericht

Pflicht zur Aufstellung und Aufgabe des Lageberichts

Die Kritik am Jahresabschluss – Bilanz, GuV-Rechnung und Anhang – ist, wenn man ihm Informationen für künftige Entscheidungen entnehmen will, leicht erkennbar: Er ist eine vergangenheitsorientierte Rechenschaftslegung. Diese mag einzelnen Adressaten, wie z. B. dem Fiskus, Wirtschaftsinstituten, Marktforschungsunternehmen, genügen, anderen jedoch nicht, wie z. B. Kreditgebern oder Kapitalanlegern. Diese sind an zukunftsorientierten Daten interessiert, Daten, die die künftige Vermögens-, Finanz- und Ertragslage betreffen und/oder zumindest beeinflussen.

Um diesen Ansprüchen gerecht zu werden, haben die gesetzlichen Vertreter der großen und mittelgroßen Kapitalgesellschaften neben dem Jahresabschluss (bestehend aus Bilanz, GuV-Rechnung und Anhang) einen Lagebericht zu erstellen (§ 264 Abs. 1 Satz HGB). Kleine Kapitalgesellschaften brauchen den Lagebericht also nicht aufzustellen. Er ist demnach nicht Bestandteil des Jahresabschlusses, sondern ergänzt diesen um eine **Gesamtbeurteilung** des Unternehmens. Der Lagerbericht enthält zusätzliche Informationen über den Geschäftsverlauf, den Stand und die Entwicklung der Unternehmung.

Der Lagebericht **soll** nach § 289 Abs. 2 HGB u. a. auch **eingehen** auf:

- Vorgänge von besonderer Bedeutung, die nach Schluss des Geschäftsjahres eingetreten sind
- die **voraussichtliche Entwicklung** der Kapitalgesellschaft
- den Bereich Forschung und Entwicklung

Gerade mit der Sollvorschrift bestimmt der Gesetzgeber den Lagebericht zu einem **vergangenheits- und zukunftsorientierten** Instrument der Rechnungslegung.

Der **Inhalt des Lageberichts** wird allein durch die Vorschrift des § 289 HGB bestimmt.

Pflichtangaben nach § 289 Abs. 1 HGB

Zum Pflichtinhalt des Lageberichts gehören Angaben zum **Geschäftsverlauf** und zur **Lage des Unternehmens**.

Geschäftsverlauf

Mit der Beschreibung des Geschäftsverlaufs soll dargestellt werden, wie sich das Unternehmen im abgelaufenen Geschäftsjahr entwickelt hat und welche besonderen Umstände zu dieser Entwicklung geführt haben. Die Beschreibung des Geschäftsverlaufs bezieht sich also auf einen Zeitraum der Vergangenheit.

Gegenstände der **Beschreibung des Geschäftsverlaufs** sind zunächst allgemeine Angaben

- zum **Arbeitsgebiet**, auf dem sich das Unternehmen betätigt,
- zu den **Rahmenbedingungen des Unternehmens** und der Sparte, wie die Nachfrageentwicklung, die Auswirkung wirtschafts- und finanzpolitischer Rahmendaten,
- zur **Entwicklung des Umsatzes**, des **Auftragseingangs**- und des **Auftragsbestandes** im Vergleich zur Branche.

Beispiele

- Die Primus GmbH betreibt die Anschaffung und Weiterveräußerung von Bürobedarf aller Art.
- Die Sortimentsbildung und -umstrukturierung erfolgt unter Beachtung ökologischer und ergonomischer Aspekte.
- Die Umsatzsteigerung von 11,4 % und dazugewonnene Großkunden wie Schulen, Stadtverwaltungen, Krankenhäuser bestätigen diese Entscheidung.

Nach der Darstellung allgemeiner Rahmenbedingungen, in der die Unternehmensentwicklung auch im Vergleich zu Mitbewerbern beschrieben werden kann, ist über einzelne **Funktionsbereiche** der Unternehmung zu berichten:

- **Beschaffung**: Hier ist auf den Beschaffungsmarkt einzugehen, insbesondere auf die Entwicklung der Beschaffungspreise, auf die Marktstellung der Lieferer, auf Werkstoffknappheit, Werkstoffalternativen (eventuell im Zusammenhang mit Produktentwicklungen), auf Energiebeschaffung, auf die Einkaufs- und Vorratspolitik. Mithilfe von ausländischen Lieferern, insbesondere aus den Dollarschwellenländern, konnte der Trend zu längeren Lieferzeiten gestoppt werden.

  Beispiele
  - Es werden fast ausschließlich umweltverträgliche Artikel angeboten, die
  - aus überwiegend nachwachsenden Rohstoffen bestehen,
  - keine umweltschädlichen Lösungsmittel enthalten.
  - Die Primus GmbH garantiert eine Rücknahme der Schutz- und Transportverpackungen, die sie ihrerseits an die Verpackungsindustrie und an eigene Lieferer zur Wiederverwendung weiterleitet.
  - Das Sortiment wurde unter Beachtung des Nachhaltigkeitsprinzips zusammengestellt.

- **Lager**: Informativ sind Hinweise zur Sortimentsentwicklung, zu Rationalisierungsmaßnahmen, zu Verfahrensänderungen zur Beschleunigung der Durchlaufzeiten (Lagerdauer). Auch sollten besondere Ereignisse, welche die Ergebnisentwicklung nicht unwesentlich beeinflusst haben oder beeinflussen werden, angesprochen werden, z. B. Aufgabe einer Warengruppe, Anschaffung neuer Anlagen.

  Beispiel Durch Direktlieferungen konnten die Lagerbestände und -kosten wesentlich gesenkt und die Lieferzeiten verkürzt werden.

- **Absatzbereich**: Die Umsatzentwicklung ist im Zusammenhang mit der Absatz- und Preisentwicklung zu erläutern. Zudem sind die Entwicklung des Marktanteils und der Wettbewerbsposition in Bezug auf die Umsatzstruktur (Abhängigkeit von Großkunden) und in Bezug auf besondere Veränderungen am Markt sowie aufkommende Probleme darzustellen.

  Beispiel Die gestiegenen Beschaffungspreise ergonomisch und ökologisch hochwertiger Produkte konnten nicht voll weitergegeben werden. Gewinneinbußen konnten durch das Eindringen in die hochpreisigen Fachmärkte wettgemacht werden.

- **Finanzierung**: Investitionen und ihre Finanzierung, eventuell die Entwicklung von Eigen- und Fremdkapital, der Zinsen und Tilgungen, sind hier zu erläutern.

  Beispiel Die Investition im Anlagebereich konnte nur durch eine verstärkte langfristige Fremdkapitalaufnahme finanziert werden.

- **Personal- und Sozialbereich**: Typische Gegenstände sind die Personalstruktur, Struktur des Personalaufwands, Arbeitszeitentwicklung, tarifvertragliche Änderungen, Lohnformen, Veränderungen in der Aus- und Weiterbildung, Mitarbeiterbeteiligung, betriebliche Altersversorgung, Personalfluktuation, Entwicklung von Sozialeinrichtungen, Maßnahmen im Rahmen der Gesundheitsfürsorge oder des Umweltschutzes.

  Beispiele
  - Alle Auszubildenden zum/zur Kaufmann/-frau im Außenhandel werden grundsätzlich übernommen.
  - Durch Übernahme der im eigenen Unternehmen Ausgebildeten ist es gelungen, die Personalstruktur zu verbessern: Es gibt immer mehr jüngere Mitarbeiter mit notwendigen Fach- und Sprachkenntnissen.
  - Die Primus GmbH hat im letzten Jahr zwei Langzeitarbeitslose und einen Behinderten, Kinder von langjährigen Mitarbeitern, eingestellt.
  - Durch ein erfolgsabhängiges Prämiensystem konnten die Motivation der Mitarbeiter/-innen und ihre Identifikation mit dem Unternehmen ständig verbessert werden.
  - Bei Sortimentserweiterungen und -vertiefungen wird ein Mitarbeiter im Marketing/Verkauf zu einer Fortbildung der Lieferer geschickt, um Materialien, Funktionen und sonstiges für den Verkauf notwendiges Know-how zu erwerben.

- **Besondere Ereignisse des Geschäftsjahres:** Ereignisse des Geschäftsjahres, welche die Vermögens-, Finanz- und Ertragslage nachhaltig beeinflussen werden, sind hier oder unter den Angaben zu den Funktionsbereichen darzustellen.

  Beispiele
  - Abschluss von Verträgen mit Lieferern im südostasiatischen Raum
  - Gewinnung des Schulamtes der Stadt Duisburg als Großkunden

Lage der Gesellschaft

Die Beschreibung der zurückliegenden Entwicklung mündet in die Beschreibung der momentanen zeitpunktbezogenen Lage ein, die Ausgangsposition für die Entwicklung in naher Zukunft ist.

In diesem Zusammenhang sind Marktstellung, Auftragsbestand, eingeleitete Maßnahmen zur Rationalisierung, Abschluss oder Beendigung wichtiger Verträge, Erwerb oder Veräußerung von Beteiligungen von besonderer Bedeutung und nochmals aufzugreifen bzw. in ihrer Bedeutung für die Zukunft zu würdigen. Üblich ist es auch, wichtige Kennzahlen zur Bilanz und GuV-Rechnung (Eigen- und Fremdkapitalquote, Anlagendeckung, Liquidität, Rentabilität, Verschuldungsgrad, Cashflow) an dieser Stelle vergleichend zu erläutern, um Risiken und Chancen anzudeuten.

Beispiele
- Die Finanzlage hat sich verbessert: Durch Abbau kurzfristiger Schulden konnte die Liquidität um 6 Prozentpunkte entlastet werden.
- Die Fremdkapitaldeckung ist zwar um 8 Prozentpunkte zurückgegangen, jedoch mit 162 % noch ausgezeichnet.
- Die Anlagendeckung mit langfristigem Kapital wird schon fast allein durch das Eigenkapital mit 95 % erreicht.

○ Sollangaben nach § 289 Abs. 2 HGB

Vorgänge von besonderer Bedeutung, die nach dem Schluss des Geschäftsjahres eingetreten sind

Nach § 289 Abs. 2 Satz 1 HGB soll der Lagebericht auch auf Vorgänge von besonderer Bedeutung eingehen, die nach dem Schluss des Geschäftsjahres eingetreten sind.

Diese Vorschrift hat den Sinn, den Adressaten des Jahresabschlusses und des Lageberichts eine fehlerfreie Beurteilung der Lage und der künftigen Entwicklung des Unternehmens zu ermöglichen, wenn in der Zeit zwischen Bilanzstichtag und Berichterstattung Vorgänge von besonderer Bedeutung eingetreten sind, die das Bild, das der Jahresabschluss vermittelt, verändern könnten:

Beispiele
- besondere politische Veränderungen in einzelnen Importländern
- EUR-Aufwertung oder -Abwertung von Auslandswährungen
- unvorhergesehene Kostensteigerungen aufgrund von Preisabsprachen Rohstoff exportierender Länder
- Erwerb oder Veräußerung von Beteiligungen
- Kapitalerhöhung oder -herabsetzung
- Gründung oder Auflösung von Zweigniederlassungen
- Kündigungen von Liefer- oder Abbuchungsverträgen
- Insolvenz eines Großkunden

Solche Informationen können bei Abstimmungen der Gesellschafter über den Gewinnverwendungsvorschlag eventuell bedeutend sein.

Voraussichtliche Entwicklung der Kapitalgesellschaft

Vom Gesetzgeber wird eine Art **Prognose** für die Zukunft verlangt. Diese kann sich auf alle Bereiche beziehen, die bereits im Bericht zum Geschäftsverlauf und zur Lage der Gesellschaft angesprochen wurden, also auf die Entwicklung der Branche, der Marktstellung, der Rahmenbedingungen, auf Entwicklungen in den Bereichen Absatz, Beschaffung, Produktion, Finanzierung und Personal.

Forschung und Entwicklung

Über Forschung und Entwicklung werden die gesetzlichen Vertreter der Unternehmung berichten, wenn das Unternehmen einen eigenen Forschungs- und Entwicklungsbereich unterhält oder Fremdforschung und Fremdentwicklung in Anspruch nimmt.

Konkrete Forschungsziele und Forschungs- und Entwicklungsergebnisse sollten zum Schutz der eigenen Unternehmung eher zurückhaltend publiziert werden.

Im Einzelnen könnte darüber berichtet werden, welche Einrichtungen das Unternehmen für Forschungs- und Entwicklungszwecke unterhält, wie viele Mitarbeiter in diesem Bereich beschäftigt sind oder wie sich der Forschungsaufwand entwickelt hat.

Prüfung und Offenlegung des Jahresabschlusses

Die **Vermögens- und Ertragslage** von Kapitalgesellschaften ist von großem **Interesse** insbesondere für

- die Kapitalgeber – Aktionäre, GmbH-Gesellschafter – sowie
- die Gläubiger, denen als Haftungskapital das Gesellschaftsvermögen zur Verfügung steht.

Kapitalgeber und Gläubiger wollen informiert werden über

- die wirtschaftliche Lage und ihre Entwicklung,
- die Leistung der Geschäftsführung,
- Planungsvorhaben, wie Sortimentsgestaltung, Erschließung neuer Märkte, Forschung und Entwicklung.

Zur Information und zum Schutz dieser Personenkreise verpflichtet der Gesetzgeber die Kapitalgesellschaften zur **Veröffentlichung** (Publizierung) des Jahresabschlusses und des Lageberichtes **im Unternehmensregister** sowie zur **Einreichung beim** zuständigen **Handelsregister.** Vorher müssen Jahresabschluss und Lagebericht durch unabhängige Abschlussprüfer geprüft werden. Dabei räumt der Gesetzgeber mittelgroßen und kleinen Kapitalgesellschaften (vgl. §267 HGB) erhebliche Erleichterungen ein.

- **Große Kapitalgesellschaften** sind zur Veröffentlichung des Jahresabschlusses und des Lageberichtes im Unternehmensregister sowie zur Einreichung der Unterlagen beim Handelsregister verpflichtet.
- Für **mittelgroße Kapitalgesellschaften** bestehen hinsichtlich der Publizierung erhebliche Erleichterungen (z. B. eine geringere Gliederungstiefe der Bilanz, Zusammenfassung von Umsatz und Wareneinsatz und anderen bezogenen Leistungen zum Rohergebnis).
- **Kleine Kapitalgesellschaften** veröffentlichen die verkürzte Bilanz und einen verkürzten Anhang. Sie sind von der Veröffentlichung der GuV-Rechnung und des Lageberichts befreit.

Unterzeichnung des Jahresabschlusses

Die Mitglieder des Vorstands bei der AG bzw. die Geschäftsführer bei der GmbH haben den **Jahresabschluss unter Angabe des Datums zu unterzeichnen.** Bei **Einzelunternehmen und Personalgesellschaften** müssen der Einzelunternehmer bzw. die persönlich haftenden Gesellschafter (OHG-Gesellschafter, Komplementäre der KG) persönlich unterzeichnen. Der Jahresabschluss und der Lagebericht sind **zehn Jahre** aufzubewahren.

Ziele und Bestandteile des Jahresabschlusses erläutern

Bilanz	• in **Kontenform** • nach dem **Gliederungsschema** gemäß § 266 Abs. 2 und 3 HGB • **Kleine Kapitalgesellschaften** brauchen nur eine verkürzte Bilanz aufzustellen, in die nur die mit Großbuchstaben und römischen Ziffern bezeichneten Posten aufgenommen werden. • **Kapitalgesellschaften** müssen folgende besondere Anforderungen an die Dokumentation des Vermögens und des Kapitals erfüllen: – Darstellung der Entwicklung des Anlagevermögens im Anlagenspiegel – Angabe der Forderungen mit einer Restlaufzeit von mehr als einem Jahr – vertiefte Gliederung des Eigenkapitals: Gezeichnetes Kapital, Rücklagen, Gewinn- oder Verlustvortrag, Jahresüberschuss/-fehlbetrag (oder Bilanzgewinn/-verlust) – Angaben von Restlaufzeiten und gegebenen Sicherheiten für Verbindlichkeiten • Gliederung der Rücklagen (siehe unten)
Gewinn- und Verlustrechnung	• in **Staffelform** • nach dem **Gliederungsschema** gemäß § 275 HGB • Zusammenfassung der Aufwands- und Ertragsarten nach **Erfolgsquellen** • **Kleine Kapitalgesellschaften** dürfen die Posten Umsatzerlöse, sonstige betriebliche Erträge und Aufwand für Waren zum **Rohergebnis** zusammenfassen. • Ausweis des Gewinnes in der Bilanz als **Jahresüberschuss**, des Verlustes als **Jahresfehlbetrag, getrennt vom gezeichneten Kapital,** dem Haf-
Anhang	• gleichrangiger Bestandteil des Jahresabschlusses neben Bilanz und Gewinn- und Verlustrechnung • Erläuterungen zur Bilanz und GuV-Rechnung insgesamt und zu Einzel-
Lagebericht	• ergänzt den Jahresabschluss • informiert über Stand und Entwicklung der Unternehmung • informiert über Ereignisse und Maßnahmen, die die künftige Ver-

- Vorstand (AG) oder Geschäftsführer (GmbH) haben den Jahresabschluss (Bilanz, GuV-Rechnung, Anhang) unter Angabe des Datums der Fertigstellung zu unterzeichnen.
- Jahresabschluss und Lagebericht sind offenzulegen und **10 Jahre** aufzubewahren.

Rücklagen

offene Rücklagen = in der Bilanz ausgewiesene Rücklagen

gesetzliche

5% des um einen Verlustvortrag geminderten Jahresüberschusses, bis die gesetzliche Gewinnrücklage und die Kapitalrücklage zusammen 10 % des Grundkapitals erreichen (§ 150 Abs. 2 AktG)

freie

nach der Satzung vorgesehene oder nach freiem Ermessen des Vorstandes zu bildende Rücklagen aus dem Jahresüberschuss, nach Abzug des Verlustvortrages und der gesetzlichen Gewinnvorlagen

stille Rücklagen = nicht in der Bilanz sichtbare Rücklagen

Sie entstehen durch

- Unterbewertung der Aktiva (zulässige überhöhte Abschreibungen),
- Überbewertung der Schulden (zu hoch geschätzte Rückstellungen).

- Gewinnrücklagen werden aus dem Jahresüberschuss gebildet.
- Gesetzliche und freie Rücklagen sind Eigenkapitalpositionen, die getrennt vom gezeichneten Kapital in der Bilanz ausgewiesen werden.

1. Erstellen Sie für eine kleine Kapitalgesellschaft die Gewinn- und Verlustrechnung in Staffelform gemäß den Vorschriften des § 275 HGB (vgl. S. 237) aufgrund der Salden der Erfolgskonten:

Konto	Kontenbezeichnung	Soll	Haben
21	Zinsen u. ä. Aufwendungen	27.400,00	
22	Steuern vom Einkommen (Körperschaftsteuer)	368.600,00	
242	Betriebsfremde Erträge		24.000,00
26	Zinsen u. ä. Erträge		38.150,00
301	Wareneingang/Aufw. für Waren	2.398.100,00	
401	Löhne	1.550.800,00	
402	Gehälter	1.267.500,00	
421	Gewerbesteuer	28.850,00	
422	Kfz-Steuer	36.000,00	
426	Versicherungen	24.850,00	
43	Energie, Betriebsstoffe	46.550,00	
44	Werbe- und Reisekosten	35.600,00	
481	Bürobedarf	6.900,00	
482	Porto, Telekommunikation	4.500,00	
484	Rechts- und Beratungskosten	8.200,00	
491	Abschreibungen	206.600,00	
801	Warenverkauf/Umsatzerlöse		6.497.800,00
		6.010.450,00	6.559.950,00

2. Erstellen Sie für eine kleine Kapitalgesellschaft (GmbH) die Gewinn- und Verlustrechnung in Staffelform gemäß dem Gliederungsschema auf S. 237.

Konto	Kontenbezeichnung	Soll	Haben
21	Zinsen u. ä. Aufwendungen	19.800,00	
22	Steuern vom Einkommen (Körperschaftsteuer)	188.000,00	
242	Betriebsfremde Erträge		60.000,00
26	Zinsen u. ä. Erträge		16.100,00
301	Wareneingang/Aufw. für Waren	1.008.000,00	
401	Löhne	872.000,00	
402	Gehälter	580.000,00	
421	Gewerbesteuer	92.000,00	
426	Versicherungen	38.000,00	
43	Energie, Betriebsstoffe	47.200,00	
481	Bürobedarf	64.000,00	
484	Rechts- und Beratungskosten	54.000,00	
491	Abschreibungen	248.000,00	
801	Warenverkauf/Umsatzerlöse		3.450.000,00
		3.211.000,00	3.526.100,00

3. Erstellen Sie aufgrund der folgenden Kontensalden die Bilanz einer kleinen Kapitalgesellschaft gemäß den Gliederungsvorschriften des § 266 HGB (vgl. auch S. 230).

Konto	Kontenbezeichnung	Soll	Haben
021	Grundstücke	432.000,00	
023	Bauten auf eigenen Grundstücken	1.565.000,00	
031	Technische Anlagen und Maschinen	181.000,00	
033	Betriebs- und Geschäftsausstattung	239.000,00	
034	Fuhrpark	253.000,00	
061	Gezeichnetes Kapital		1.880.000,00
065	Jahresüberschuss/-fehlbetrag		165.000,00
082	Verbindlichkeiten gegenüber Kreditinstituten		907.000,00
101	Forderungen a. LL	87.500,00	
131	Kreditinstitute	229.550,00	
151	Kasse	3.250,00	
171	Verbindlichkeiten a. LL		150.200,00
18	Umsatzsteuer		31.600,00
39	Warenbestände	143.500,00	
		3.133.800,00	3.133.800,00

4. a) Erläutern Sie die Bestandteile des Jahresabschlusses in Einzelunternehmen und in Kapitalgesellschaften.

b) Stellen Sie wesentliche Inhalte und Dokumentationsaufgaben der Bilanz, der GuV-Rechnung, des Anhangs und des Lageberichts zusammen.

5. Überprüfen Sie, welche **Aussagen** unter a) bis h) auf die **Begriffe** 1 bis 8 einer Bilanz einer Aktiengesellschaft zutreffen:

Begriffe

1. Gezeichnetes Kapital
2. Kapitalrücklagen
3. Gewinnrücklagen
4. Gesetzliche Rücklagen
5. Satzungsmäßige Rücklagen
6. Gewinnvortrag/Verlustvortrag
7. Jahresüberschuss/Jahresfehlbetrag
8. Eigenkapital

Aussagen

a) Es ist der Gewinn bzw. Verlust des Geschäftsjahres.
b) Der Betrag ist im Handelsregister eingetragen.
c) Sie werden aus dem Jahresüberschuss lt. GuV-Rechnung einbehalten.
d) Zahlungen der Gesellschafter über den Nennwert der übernommenen Anteile hinaus werden hier ausgewiesen.
e) Es handelt sich um einen Ergebnisrest nach Ergebnisverwendungsbeschluss der Hauptversammlung.
f) 5 % des um einen Verlustvortrag gekürzten Jahresüberschusses sind hier so lange auszuweisen, bis sie zusammen mit der Kapitalrücklage 10 % des Grundkapitals erreicht hat.
g) Der Vorstand kann hier aufgrund einer vertraglichen Ermächtigung Teile des Gewinnes einstellen.
h) Dieser Begriff umschreibt die aus Innen- und Außenfinanzierung stammende Eigenfinanzierung.

6. Stellen Sie aus nachstehenden Angaben in TEUR (tausend EUR) die GuV-Rechnung einer kleinen Kapitalgesellschaft auf und ermitteln Sie

a) das Rohergebnis,
b) das betriebliche Ergebnis,
c) das Finanzergebnis,
d) das Ergebnis der gewöhnlichen Geschäftstätigkeit,
e) den Jahresüberschuss.

Angaben	**TEUR**		**TEUR**
Wareneinsatz/Aufw. für Waren	2.450	außerordentliche Aufwendungen	540
Personalaufwand	1.850	außerordentliche Erträge	90
Abschreibungen	350	Körperschaftsteuer	150
Sonstige betriebliche Aufwendungen	480	Gewerbeertragsteuer	100
Zinserträge	260	Umsatzerlöse/Warenverkauf	5.925
Zinsaufwendungen	180	Sonstige betriebliche Erträge	175

7. Ermitteln Sie aus unten stehenden Angaben der Finanzbuchhaltung einer GmbH in TEUR:

a) das Anlagevermögen,
b) das Umlaufvermögen,
c) das Eigenkapital,
d) das Fremdkapital,
e) den Aufwand,
f) den Ertrag,
g) den Jahresüberschuss.

S	940 SBK		H
Gebäude, Grundstücke	2.000	Gezeichnetes Kapital	1.600
Geschäftsausstattung	380	Rücklagen	400
Fuhrpark	700	Jahresüberschuss	1.200
Warenbestand	600	Hypothekenschulden*	600
Forderungen a. LL	760	Darlehensschulden*	500
Bankguthaben	560	Verbindlichkeiten a. LL	700
	5.000		5.000

* mit einer Restlaufzeit über 5 Jahre

S	930 GuV		H
Wareneinsatz/Aufw. f. Waren	28.800	Umsatzerlöse/WV	50.000
Personalaufwand	16.000	Sonstige Erträge	2.000
Abschreibungen	1.200		
Sonstige Aufwendungen	4 800		

8. Großhandelsunternehmung legt am Ende des Geschäftsjahres unten stehende Werte vor:

Konto	Soll EUR	Haben EUR
Anlagevermögen	750.000,00	
Eigenkapital		800.000,00
Forderungen, liquide Mittel	240.000,00	
Verbindlichkeiten		250.000,00
Mieterträge		30.000,00
Wareneingang/Aufw. für Waren	1.560.000,00	
Warenbestand	200.000,00	
Personalkosten	740.000,00	
verschiedene Aufwendungen	260.000,00	
Warenverkauf/Umsatzerlöse		2.670.000,00
Warenbestand am Ende des Geschäftsjahres		260.000,00 EUR

Ermitteln Sie jeweils in Tausend Euro (TEUR)

a) den Wareneinsatz,
b) den Erfolg,
c) den Rohgewinn,
d) das Eigenkapital am Jahresende,
e) die Bilanzsumme.

2 Den Jahresabschluss vorbereiten

2.1 Vermögen und Schulden nach Handelsrecht bewerten

Zur Vorbereitung des Jahresabschlusses wird in der Primus GmbH Inventur gemacht. Frau Lapp und Nicole Höver haben bereits alle Aufnahmelisten eingesammelt und mit der Bewertung der Vermögensteile und der Schulden begonnen. Bei manchen Wertansätzen sind sie sich nicht einig: Den erwarteten großen Gewinn möchte Frau Lapp verstecken und daher das Vermögen möglichst niedrig bewerten. Nicole Höver möchte jedoch einige Vermögensteile, die als Sicherheiten für beantragte Kredite in Frage kommen, möglichst hoch bewerten.

ARBEITSAUFTRÄGE

- Versuchen Sie Argumente für beide Auffassungen zu finden.
- Stellen Sie die Auswirkungen beider Bewertungsauffassungen an folgenden Beispielen gegenüber:
  1. Ein Grundstück, das vor zwei Jahren für 80.000,00 EUR gekauft wurde, hat am Bilanzstichtag einen geschätzten Verkehrswert von 120.000,00 EUR.
  2. Zu Beginn des Geschäftsjahres wurde eine Verpackungsmaschine für 60.000,00 EUR angeschafft. Die betriebsgewöhnliche Nutzungsdauer beträgt zehn Jahre.

Notwendigkeit der Bewertung

Im Rahmen der **Inventur** muss der Kaufmann zur Aufstellung des Inventars und der Bilanz **Vermögen** und **Schulden bewerten.** Bewerten heißt entscheiden, mit welchen Geldwerten die einzelnen Vermögensteile und Schulden zu inventarisieren oder zu bilanzieren sind. Schwierigkeiten bereitet die Bewertung vor allem bei solchen Wirtschaftsgütern,

- die Preisschwankungen unterliegen (Waren),
- die Wertminderungen erleiden (abnutzbares Anlagevermögen),
- die aufgrund gesetzlich eingeräumter Wahlrechte unterschiedlich hoch angesetzt (Rückstellungen, vgl. S. 147) werden können.

Die festgelegten Werte gehen in den **Jahresabschluss** ein. Er besteht aus Bilanz, GuV-Rechnung und Anhang. Mit diesen Bestandteilen des Jahresabschlusses sollen der Unternehmer selbst und außenstehende Dritte (Kapitalgeber, Finanzverwaltung, Belegschaft u. a.) über

- die Vermögenslage,
- die Ertragslage,
- die Finanzlage

informiert werden (vgl. S. 226 ff.).

Daher ist zu beachten, dass ein den tatsächlichen Verhältnissen entsprechendes Bild vermittelt und eine zu hohe oder zu niedrige Bewertung vermieden wird.

Zu hohe Bewertung des Vermögens und **zu niedrige Bewertung der Schulden** können die Gläubiger und Kapitalgeber zu falschen Entscheidungen veranlassen.

Umgekehrt ist zu beachten, dass eine **zu niedrige Bewertung des Vermögens** und eine **zu hohe Bewertung der Schulden** wegen des geringeren steuerpflichtigen Gewinns gegen die Interessen der Finanzverwaltung verstoßen. Bewertungsentscheidungen müssen daher im Rahmen handels- und steuerrechtlicher Vorschriften erfolgen.

Bewertungsvorschriften	
nach dem Handelsrecht	**nach dem Steuerrecht**
– Die grundlegenden Vorschriften sind im **3. Buch des HGB** (Handelsbücher) enthalten. – Sie gelten für **alle** Kaufleute, die Vermögen und Erfolg ermitteln müssen. – Sie dienen dem **Gläubigerschutz**, weil Vermögen und Schulden möglichst **vorsichtig** (wichtigster Grundsatz) bewertet werden müssen.	– Grundlegende Vorschriften finden sich im **Einkommensteuergesetz**. – Sie gelten für alle, die nach steuerrechtlichen Vorschriften Bücher führen oder Aufzeichnungen machen müssen. – Sie sollen bewirken, dass der **Gewinn als Steuerbemessungsgrundlage** nach **einheitlichen Grundsätzen** ermittelt wird. Damit dienen sie der **gerechten Besteuerung**.
↓	↓
Die Wertansätze in der Handelsbilanz sind grundsätzlich auch für die Steuerbilanz maßgeblich **(Maßgeblichkeitsgrundsatz)**.	

Bewertungsgrundsätze

Allgemeine Bewertungsgrundsätze

Im § 252 HGB ist ein Katalog von allgemeinen Bewertungsgrundsätzen ausgewiesen:

- **Bilanzidentität (Bilanzgleichheit):** Die Eröffnungsbilanz eines Geschäftsjahres muss als Ganzes und in den einzelnen Positionen und Werten mit der Schlussbilanz des vorangegangenen Geschäftsjahres übereinstimmen.
- **Fortführung der Unternehmenstätigkeit (going concern):** Bei der Bewertung ist von der Fortführung der Unternehmenstätigkeit auszugehen, nicht von der Veräußerung des Wirtschaftsgutes oder von der Auflösung des Unternehmens.
- **Einzelbewertung:** Jedes Wirtschaftsgut und jede Schuld ist grundsätzlich einzeln zu bewerten. Aus diesem Grundsatz leitet sich ein **Saldierungsverbot** ab.

  Beispiel Forderungen und Verbindlichkeiten dürfen nicht miteinander verrechnet werden. Dadurch würden Vermögens- und Finanzlage verfälscht.

  Der Gesetzgeber hat unter bestimmten Bedingungen davon abweichende Bewertungsvereinfachungsverfahren zugelassen (vgl. § 240 Abs. 3 und 4 HGB und S. 258 f.).

- **Vorsichtsprinzip, Gläubigerschutzprinzip:** Es sind alle vorhersehbaren Risiken und Verluste im Jahresabschluss zu berücksichtigen, um einen zu hohen Vermögens- und einen zu niedrigen Schuldenausweis zu vermeiden. Demnach **dürfen** Gewinne infolge von Wertsteigerungen nur berücksichtigt werden, wenn sie am Abschlusstag realisiert sind **(Realisationsprinzip).**

  Beispiel Das Grundstück mit dem Anschaffungswert von 80.000,00 EUR und einem Verkehrswert von 120.000,00 EUR darf nicht mit 120.000,00 EUR angesetzt werden, weil 40.000,00 EUR Wertsteigerung nicht realisiert sind. Die Realisierung erfolgt erst durch den Verkauf des Grundstücks.

  Drohende Wertverluste müssen dagegen berücksichtigt werden, obwohl sie noch nicht eingetreten sind. Wegen der unterschiedlichen Behandlung nicht realisierter Gewinne und Verluste spricht man auch vom **Imparitätsprinzip** (Imparität = Ungleichheit).

  Die Beachtung des Vorsichtsprinzips verhindert, dass Vermögen und Gewinn zu hoch ausgewiesen werden. Unangemessene Besteuerung und Gewinnausschüttung werden verhindert. Die Haftungssubstanz gegenüber den Gläubigern wird realistisch dargestellt. Das Vorsichtsprinzip findet seinen Ausdruck in speziellen Vorschriften zur Bewertung des Vermögens und der Schulden (siehe unten).

- **Periodenabgrenzung:** Aufwendungen und Erträge des Geschäftsjahres sind unabhängig von den Zeitpunkten der entsprechenden Zahlungen im Jahresabschluss zu berücksichtigen.
- **Bewertungsstetigkeit (Kontinuität):** Die auf den vorhergehenden Jahresabschluss angewandten Bewertungsmethoden sind beizubehalten. Mit diesem Grundsatz soll der Übergang zu anderen Bewertungsmethoden aus bilanztaktischen Erwägungen verhindert und die **Vergleichbarkeit der Jahresabschlüsse** gesichert werden.

  Beispiel Die einmal gewählte Abschreibungsmethode (vgl. S. 251 ff.) für ein Anlagegut muss beibehalten werden.
  Von diesen Grundsätzen darf nur in begründeten Ausnahmefällen abgewichen werden (§ 252 Abs. 2 HGB).

○ Besondere Bewertungsgrundsätze für das Vermögen

Neben den allgemeinen Bewertungsgrundsätzen, die für alle Kaufleute gelten, werden im § 253 HGB Bewertungsgrundsätze für das Vermögen und die Schulden konkretisiert, die alle Ausdruck des Vorsichts- und Gläubigerschutzprinzips sind.

Anschaffungskostenprinzip bei der Bewertung des Vermögens

Vermögensgegenstände sind höchstens mit ihren **Anschaffungskosten** zu bewerten. Die Anschaffungskosten bilden die **Wertobergrenze**, auch wenn am Bilanzstichtag der Wert über den Anschaffungskosten liegt.

Beispiel Der Anschaffungswert eines durch die Primus GmbH im November gekauften Grundstückes betrug 78.000,00 EUR. Am Bilanzstichtag beträgt der Marktpreis 84.000,00 EUR. Der Wertansatz im Inventar und in der Bilanz muss zum Anschaffungswert von 78.000,00 EUR erfolgen. 6.000,00 EUR stellen nicht realisierte Gewinne dar, die nicht ausgewiesen werden dürfen.

Unter **Anschaffungskosten** ist der Wert zu verstehen, den ein Betrieb aufwenden muss, um ein Wirtschaftsgut zu beschaffen und – das gilt für Anlagegüter – um es in einen betriebsbereiten Zustand zu versetzen (§ 255 Abs. 1 HGB). Zu den Anschaffungskosten zählen somit auch die **Anschaffungsnebenkosten** wie Fracht, Rollgeld, Transportversicherung, Transportverpackung und bei Anlagen die Kosten der Fundamentierung, der Montage, des Anschlusses, der TÜV-Abnahme dazu.

Bei **Anlagegütern, die der Abnutzung unterliegen,** sind die Anschaffungskosten jährlich um **planmäßige Abschreibungen** (vgl. S. 251 ff.) zu kürzen **(fortgeführte Anschaffungskosten).** Bei Unterschreitung der Anschaffungskosten bzw. der fortgeführten Anschaffungskosten kommt das **Niederstwertprinzip** zur Anwendung, das für Anlage- und Umlaufvermögen unterschiedlich ausgestaltet ist.

- **Strenges Niederstwertprinzip bei der Bewertung des Umlaufvermögens:** Liegt der Tageswert (Börsen- oder Marktpreis) zum Bilanzstichtag unter dem Anschaffungswert oder dem vorherigen Bilanzansatz, muss nach Handelsrecht der niedrigere Wert angesetzt werden.

  Beispiel Anschaffungswert des Taschenrechners Datenbank SF-4300 B, Art.-Nr. 229 B 906 32,92 EUR.
  Niedrigerer Wert zum Bilanzstichtag 31,00 EUR.
  Wertansatz in der Bilanz gemäß § 253 Abs. 3 HGB 31,00 EUR.

- **Gemildertes Niederstwertprinzip bei der Bewertung des Anlagevermögens:** Beim Anlagevermögen **muss** der niedrigere Wert nur dann angesetzt werden, wenn eine voraussichtlich **dauernde Wertminderung** vorliegt. Bei **vorübergehender Wertminderung kann** der niedrigere Wert angesetzt werden, allerdings nur bei Finanzanlagen. Es liegt also ein **Bewertungswahlrecht** vor.

- **Wertbeibehaltungswahlrecht:** Einzelunternehmen und Personengesellschaften können den niedrigeren Wertansatz auch dann beibehalten, wenn die Gründe für die Wertminderung fortgefallen sind. Eine Zuschreibung und damit verbundene Auflösung stiller Reserven ist als nicht zwingend vorgesehen.

- **Wertaufholungsgebot:** Vom 01.01.2010 an müssen **alle Kaufleute** ohne Rücksicht auf ihre Rechtsform nach § 253 Abs. 5 Satz 1 HGB, also nach Handelsrecht, bei einer Wertsteigerung den höheren Wert ansetzen (Wertaufholungsgebot). Bei einer Zuschreibung ist aber das Anschaffungskostenprinzip in jedem Falle zu beachten. Das bedeutet, dass eine Zuschreibung bis zum Anschaffungswert (beim AV bis zum Anschaffungswert abzüglich planmäßiger Abschreibungen) und damit verbundene Auflösung stiller Reserven vorzunehmen ist (vgl. S. 232 f.).

Beispiel

Anschaffungskosten einer Aktie:	400,00 EUR
Wertansatz in der Bilanz des Vorjahres:	375,00 EUR
Kurs zum Bilanzstichtag:	410,00 EUR
Wertansatz in der Bilanz:	400,00 EUR

Das Unternehmen **muss** nach Handelsrecht den Wert von 400,00 EUR ansetzen.

Planmäßige Abschreibungen auf abnutzbare Anlagen berechnen und buchen

Notwendigkeit der Abschreibungen

Gegenstände des Anlagevermögens sind dazu bestimmt, dem Unternehmen **dauernd** zu dienen. Die Nutzung der meisten Anlagegüter ist jedoch zeitlich begrenzt, da sie abgenutzt werden (**abnutzbares Anlagevermögen**).

Sie unterliegen einem ständigen Werteverfall und müssen von Zeit zu Zeit durch neue Anlagegüter ersetzt werden.

Ursachen des Werteverfalls

technischer Verschleiß	ruhender Verschleiß	technische Überholung	Katastrophen-verschleiß
durch den Gebrauch des Anlagegutes (Nutzungsverschleiß)	durch Umwelteinflüsse, Verwitterung, Zersetzung oder natürliche Rostschäden	aufgrund der Weiterentwicklung und Modernisierung von Anlagen	Verkürzung der Lebensdauer oder Untergang der Anlage (durch Feuer, Überschwemmung)

Dieser **Werteverfall** mindert das Anlagevermögen. Weil er **Aufwand** für das Unternehmen darstellt, mindert er auch das Eigenkapital. Der Werteverfall ist jährlich mittels Abschreibungen zu erfassen.

- Die **buchmäßige Erfassung** der **Wertminderung** des Anlagevermögens als Abschreibung bezeichnet. Das Steuerrecht nennt diese Abschreibung **Absetzung für Abnutzung** (AfA).
- Über die Buchung der Abschreibung werden die **Anschaffungskosten** nach und nach als **Aufwand** auf die Jahre der Nutzung **verteilt**. Das Handelsrecht nennt diesen Aufwand **planmäßige Abschreibung**.

§ 253 Abs. 2 HGB: Bei Vermögensgegenständen des Anlagevermögens, deren Nutzung zeitlich begrenzt ist, sind die Anschaffungs- oder Herstellungskosten um planmäßige Abschreibungen zu vermindern. Der Plan muss die Anschaffungs- oder Herstellungskosten auf die Geschäftsjahre verteilen, in denen der Vermögensgegenstand voraussichtlich genutzt werden kann. (...)

§

○ Abschreibungsplan

Für jeden Gegenstand des abnutzbaren Anlagevermögens sollte ein Abschreibungsplan aufgestellt werden, der alle Daten über das Anlagegut enthält.

Daten des Abschreibungsplanes	Beispiel
Bezeichnung des Anlagegutes:	Lkw Condor GKAT 3000-443 PH 5
Tag der Anschaffung des Anlagegutes:	26. Januar 20..
Höhe der Anschaffungskosten:	120.000,00 EUR
voraussichtliche Nutzungsdauer:	10 Jahre
Abschreibungsmethode:	lineare Abschreibung

Bereits im Jahre der Anschaffung des Anlagegutes ist die Zeit der betrieblichen Nutzung des Anlagegutes (**Nutzungsdauer**) zu schätzen.

PRAXISTIPP Der Bundesfinanzminister hat im Einvernehmen mit den Finanzverwaltungen der Bundesländer **AfA-Tabellen** für abnutzbare Anlagegüter der einzelnen Wirtschaftszweige herausgegeben, die bei der Festlegung der Nutzungsdauer durch das Unternehmen berücksichtigt werden sollten.

Auszug aus der allgemeinen AfA-Tabelle

Anlagegüter	Nutzungsdauer in Jahren
Gebäude	33
Maschinen zur Be- und Verarbeitung	16
Büromaschinen (z. B. Kopierer) und Organisationsmittel	5
Personalcomputer, Workstations; Notebooks und deren Peripheriegeräte (Drucker, Scanner, Bildschirme)	3
Lastkraftwagen	9
Personenkraftwagen	6

Alle wesentlichen Daten für den Abschreibungsplan ergeben sich in der Regel aus der **Anlagendatei** der Anlagenbuchhaltung, die eine Nebenbuchhaltung darstellt.

Anlagendatei				Primus GmbH
Gegenstand: Lkw Condor		**Fahrzeug-Nr.** 45 KN 84 300		
Fabrikat: GKAT 3000		**Lieferer:** Lkw-Handel Andreas Joost, Duisburg		
Nutzungsdauer: zehn Jahre		**Anschaffungskosten:** 120.000,00 EUR		
Konto: 0340		**AfA-Satz:** 10 %	**AfA-Methode:** linear	
Datum	**Vorgang**	**Zugang in EUR**	**Abgang/AfA in EUR**	**Bestand in EUR**
26.01.20..	ER 12	120.000,00		
31.12.20..	UmBu 23: AfA		12.000,00	108.000,00

○ Methoden zur Ermittlung der planmäßigen Abschreibung

Im Rahmen der Unternehmenssteuerreform hat der Gesetzgeber ab dem 01.01.2008 die **Abschreibungsmethoden** auf zwei[1] reduziert.

lineare Abschreibung § 7 Abs. 1, S. 1–4 EStG	Leistungsabschreibung § 7 Abs. 1, S. 5 EStG

Ermittlung der Abschreibungsbeträge bei linearer Abschreibungsmethode

Bei der linearen Abschreibung werden die Anschaffungskosten gleichmäßig auf die Jahre der Nutzung verteilt.

Beispiel Lineare Abschreibung
Anschaffungskosten: 120.000,00 EUR Nutzungsdauer: 10 Jahre

Formel	Berechnung
Jahresabschreibung = $\frac{\text{Anschaffungskosten}}{\text{Nutzungsdauer}}$	$\frac{120.000}{10}$ = **12.000,00 EUR**
Abschreibungssatz = $\frac{100}{\text{Nutzungsdauer}}$	$\frac{100}{10}$ = **10 %**
Berechnung der AfA mit AfA-Satz: Anschaffungskosten $\cdot \frac{\text{Abschreibungssatz}}{100}$	$120.000 \cdot \frac{10}{100}$ = **12.000,00 EUR**

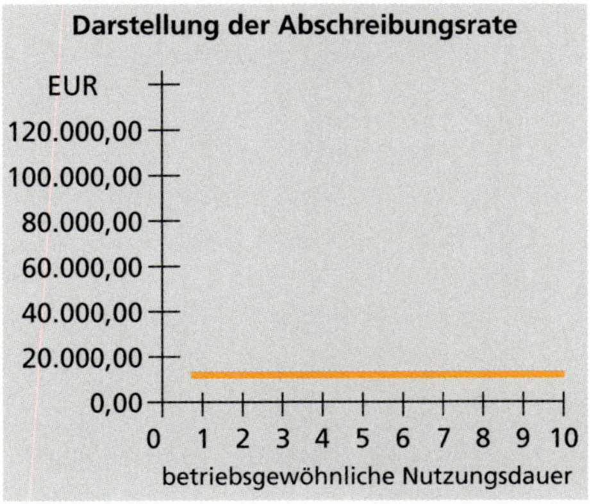

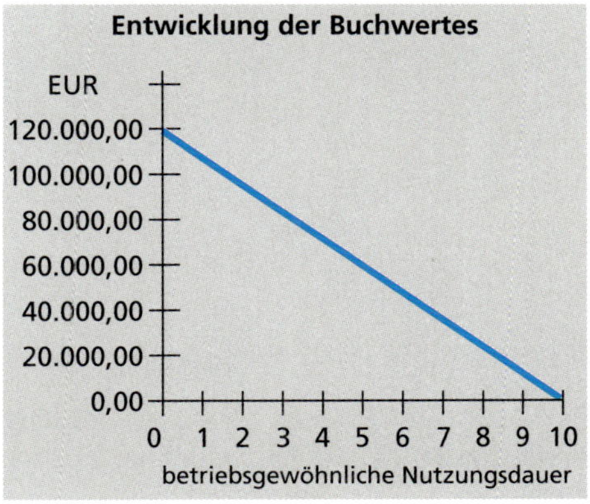

Buchwert und Erinnerungswert

Durch die jährliche Abschreibung wird der Wert der Anlage, der in der Bilanz ausgewiesen wird **(Buch-** oder **Restwert)**, vermindert. Am Ende der Nutzungsdauer wird der **Nullwert** erreicht. Befindet sich das Anlagegut nach Ablauf der geschätzten Nutzungsdauer noch im Betriebsvermögen, wird es mit einem Erinnerungswert von zurzeit 1,00 EUR im Vermögensverzeichnis geführt.

Betriebswirtschaftlich ist diese Methode **bei gleichmäßiger** Nutzung des Anlagegutes während der einzelnen Nutzungsjahre **empfehlenswert. Steuerrechtlich** bestehen gegen die lineare Methode **keine Einwände.**

[1] *Von diesem Zeitpunkt an ist die geometrisch-degressive Abschreibung steuerrechtlich nicht mehr zulässig. Betriebswirtschaftlich wird sie ihre Bedeutung behalten.*

Anlagegut: **LKW** **Fabrikat:** **Condor** **Nutzungsdauer:** **10 Jahre**	**lineare AfA** **10,00 % der** **Anschaffungskosten**
Anschaffungskosten – Abschreibung des 1. NJ	120.000,00 12.000,00
Buchwert nach dem 1. NJ – Abschreibung des 2. NJ	108.000,00 12.000,00
Buchwert nach dem 2. NJ – Abschreibung des 3. NJ	96.000,00 12.000,00
Buchwert nach dem 3. NJ – Abschreibung des 4. NJ	84.000,00 12.000,00
Buchwert nach dem 4. NJ – Abschreibung des 5. NJ	72.000,00 12.000,00
Buchwert nach dem 5. NJ – Abschreibung des 6. NJ	60.000,00 12.000,00
Buchwert nach dem 6. NJ – Abschreibung des 7. NJ	48.000,00 12.000,00
Buchwert nach dem 7. NJ – Abschreibung des 8. NJ	36.000,00 12.000,00
Buchwert nach dem 8. NJ – Abschreibung des 9. NJ	24.000,00 12.000,00
Buchwert nach dem 9. NJ – Abschreibung des 10. NJ	12.000,00 11.999,00
Erinnerungswert	1,00

Abschreibung nach Maßgabe der Leistung

Bei der Abschreibung nach Leistungseinheiten bei beweglichen Anlagegütern wird die Nutzungsdauer des Wirtschaftsgutes nicht in Jahren ausgedrückt, sondern in Leistungseinheiten, die das Wirtschaftsgut während der Dauer seiner Nutzung erzeugen (leisten) kann (Soll-Kapazität).

Betriebswirtschaftlich ist diese Methode bei schwankender Leistungsabgabe zweckmäßig. Steuerrechtlich ist sie nur zulässig, wenn die jährliche Leistungsabgabe nachgewiesen werden kann (z. B. durch Zähler oder Fahrtenbuch).

Beispiel Abschreibung nach Maßgabe der Leistung

Anschaffungskosten des Lkw	120.000,00 EUR
Voraussichtliche Gesamtleistung	500.000 km

Wertminderung je km: $\frac{120.000}{500.000} = \underline{\underline{0{,}24\ EUR}}$

Formel	Berechnung
Abschreibungsbetrag $= \frac{\text{Anschaffungskosten} \cdot \text{Istleistung im Abschreibungsjahr}}{\text{geschätzte Gesamtleistung}}$	$\frac{120.000 \cdot 45.000}{500.000} = \underline{\underline{10.800{,}00\ EUR}}$

	km	Wertminderung je km	Abschreibungsbetrag in EUR	Buchwert in EUR
0				120.000,00
1	45.000	0,24	10.800,00	109.200,00
2	28.000	0,24	6.720,00	102.480,00
3	51.000	0,24	12.240,00	90.240,00
4	78.000	0,24	18.720,00	71.520,00
5	35.000	0,24	8.400,00	63.120,00
6	75.000	0,24	18.000,00	45.120,00
7	65.000	0,24	15.600,00	29.520,00
8	50.000	0,24	12.000,00	17.520,00
9	43.000	0,24	10.320,00	7.200,00
10	30.000	0,24	7.199,00[1]	1,00

[1] *AfA auf den Erinnerungswert*

Darstellung der Abschreibungsrate

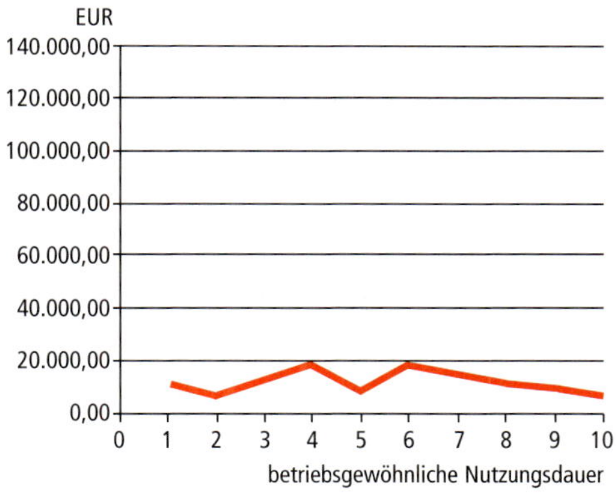

Entwicklung des Buchwertes

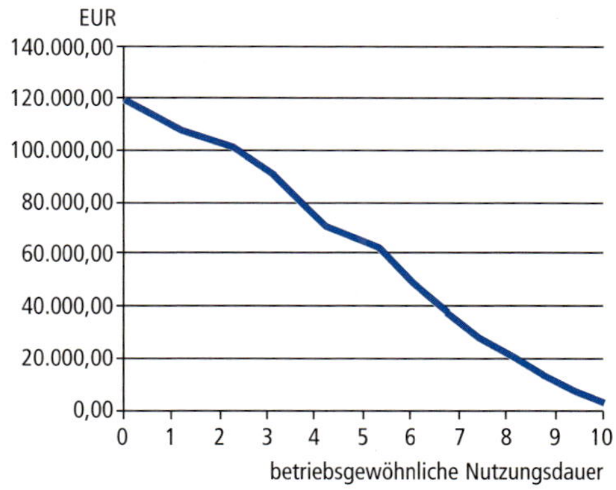

Die beiden Methoden gelten für abnutzbare und selbstständig nutzbare Wirtschaftsgüter des Anlagevermögens, deren Anschaffungs- oder Herstellungskosten 1.000,00 EUR übersteigen.

○ Buchung der Abschreibung

Abschreibungen auf das abnutzbare Anlagevermögen sind Aufwendungen, die im Soll des Aufwandskontos **„Abschreibungen auf Sachanlagen"** und im Haben des entsprechenden Anlagekontos als Minderung des Anlagevermögens gebucht werden.

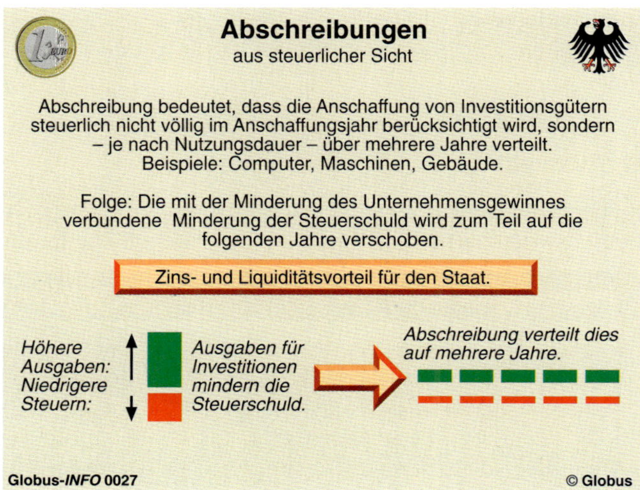

Das Anlagekonto weist dann nach der durchgeführten Abschreibung am Jahresende den Buchwert aus.

Beispiel

Abschlussangaben: 10 % lineare Abschreibungen auf Fuhrpark

Buchung: 491 Abschreibungen auf Sachanlagen 12.000,00 an 034 Fuhrpark 12.000,00

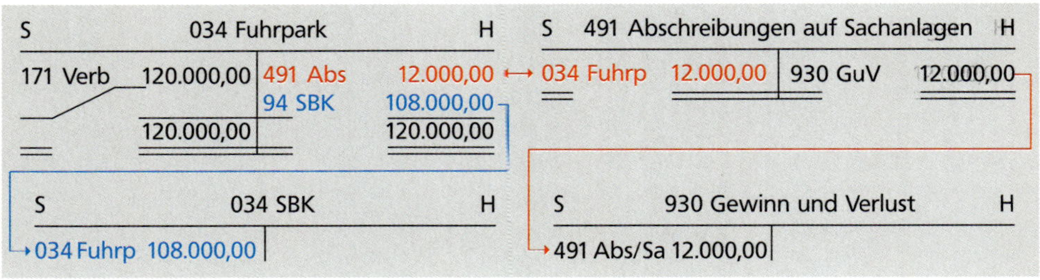

○ Auswirkung der Abschreibung in der Finanzbuchführung

Durch die Abschreibung werden die Anschaffungskosten vermindert. Der verbleibende **Restwert in der Bilanz** wird als Buchwert bezeichnet. In der **GuV-Rechnung** erscheint die **Abschreibung als Aufwand** und somit als Minderung des Gewinnes. Durch die Verteilung der Anschaffungskosten über die Jahre der Nutzung dient die Abschreibung der **richtigen und periodengerechten Erfolgsermittlung.** Im folgenden Schaubild wird verdeutlicht, wie sich die Abschreibungen auswirken:

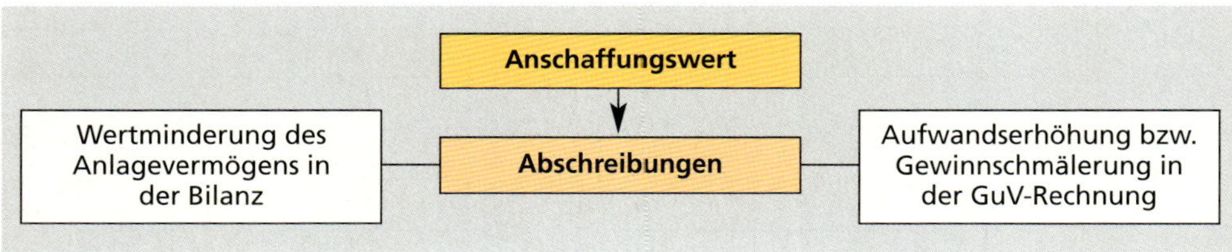

○ Auswirkung der Abschreibung in der Kalkulation

Abschreibungen werden als Teil der Handlungskosten in die Verkaufspreise einkalkuliert. Über die Umsatzerlöse werden sie dadurch zur Refinanzierung der Anschaffungskosten wieder hereingeholt.

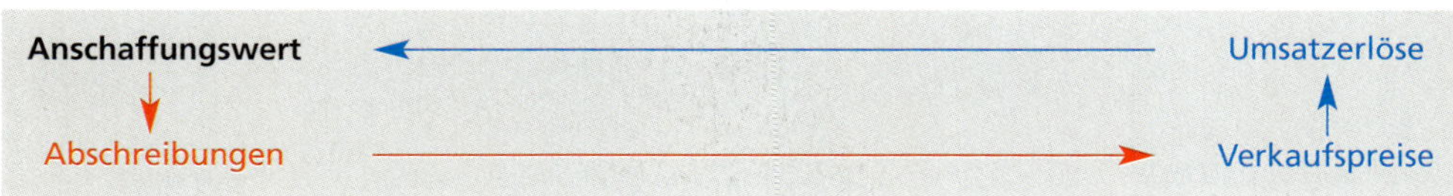

○ Auswahl der Abschreibungsmethode

Je nach Anlagegut ergeben sich für die möglichen Abschreibungsmethoden unter betriebswirtschaftlichen Aspekten unterschiedliche Empfehlungen:

Lineare Abschreibung	Leistungsabschreibung
Empfehlenswert, wenn bei gleichmäßiger Nutzung auch eine gleichmäßige Abnutzung des Anlagegutes unterstellt wird.	Empfehlenswert bei schwankender Leistungsabgabe. Steuerrechtlich jedoch nur zulässig, wenn die jährliche Leistungsabgabe nachgewiesen werden kann (z.B. Zähler oder Fahrtenbuch)

Geringwertige Wirtschaftsgüter des Anlagevermögens

Es handelt sich um geringwertige **abnutzbare** und **selbstständig nutzbare** Wirtschaftsgüter des Anlagevermögens, für die der Gesetzgeber eine Bewertungs- und Verwaltungsvereinfachung anstrebt.

Ab 2010 sind **drei Kategorien** zu unterscheiden, für deren Bewertung Wahlrechte benutzt werden können:

(1) GwG, deren AK oder HStK **150,00 EUR** nicht übersteigen, **können** im Jahr der Anschaffung/Herstellung in voller Höhe als Aufwand angesetzt werden **oder** mit ihren AK/HStK aktiviert und dann über ihre betriebsgewöhnliche Nutzungsdauer abgeschrieben werden (**Wahlrecht**).

(2) GwG mit AK/HStK über **150,00 EUR bis 410,00 EUR** können nach § 6 Abs. 2 Satz 1 EStG sofort als Aufwand erfasst werden oder aktiviert und über ihre betriebsgewöhnliche Nutzungsdauer abgeschrieben werden (**Wahlrecht**).
Voraussetzung für eine Sofortabsetzung ist, dass die GwG unter Angabe des Tages der Anschaffung/Herstellung mit ihren AK/HStK in einem besonderen, laufend zu führenden **Verzeichnis** erfasst werden.

(3) Alternativ zu (2) **können alle GwG** mit AK/HStK **über 150,00 EUR bis 1.000,00 EUR** in einem **Sammelpool** erfasst und über die **Nutzungsdauer von 5 Jahren abgeschrieben** werden.

Entscheidet sich ein Unternehmen für die Möglichkeit (3), muss es alle in diesem Wirtschaftsjahr angeschafften GwG in diesem Wertebereich in dem **Sammelpool** erfassen. Ein Nebeneinander der Alternativen (2) und (3) ist nicht zulässig.

Beispiele

GWG-selbstständig nutzbar	GWG-nicht selbstständig nutzbar
– Regale, Tische, Stühle – Beleuchtungskörper (Lampen) – Kisten, Fässer, Collicos – Flachpaletten zum Transport und zur Lagerung von Waren – Computer-Software	– Einzelbauteile für Regale – Ersatzreifen und Ersatzteile für Fahrzeuge – Drucker für den PC

Beispiel 1

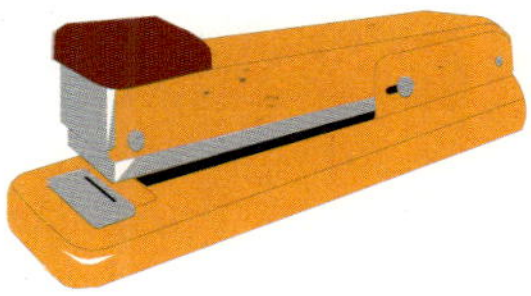

Kassenzettel: Barkauf von zwei Heftzangen für 47,60 EUR einschließlich 19 % Umsatzsteuer

Buchung

491 Büromaterial	40,00		
141 Vorsteuer	7,60	an 151 Kasse	47,60

Beispiel 2

	EUR
Kassenquittung: Kauf eines Regals für das Lager, netto	380,00
+ 19 % Umsatzsteuer	72,20
	452,20

Buchung bei der Anschaffung

037 Geringwertige Wirtschaftsgüter des AV	380,00		
141 Vorsteuer	72,20	an 151 Kasse	452,20

Buchung zum 31.12.

491 Abschreibungen auf Sachanlagen	76,00	an 037 GWG	76,00

○ Abschreibungen bei Anschaffungen im Laufe des Jahres

Wurde das Anlagegut im Laufe des Jahres angeschafft, gilt für die Bemessung des Abschreibungsbetrages eine vereinfachende Regelung (§ 7 Abs. 1 EStG): **Danach vermindert** sich im Jahr der Anschaffung oder Herstellung des Wirtschaftsgutes der auf ein Jahr entfallende AfA-Betrag um jeweils ein Zwölftel für jeden vollen Monat, der dem Monat der Anschaffung oder Herstellung vorangeht. Die AfA darf also nur vom Monat der Anschaffung oder Herstellung an vorgenommen werden.

Beispiel

Anschaffung eines Pkw am 28.05.20..
Anschaffungswert 28.200,00 EUR, betriebsgewöhnliche Nutzungsdauer: 6 Jahre, lineare Abschreibung

AfA-Betrag im Anschaffungsjahr: $\frac{AW \cdot (12 - X^*)}{ND \cdot 12} = \frac{28.200 \cdot (12 - 4)}{6 \cdot 12} = 3.133{,}33$ EUR

* X = volle Monate vor dem Monat der Anschaffung

● Durchschnittsbewertung als Bewertungsvereinfachungsverfahren bei Warenbeständen

Grundsätzlich gilt für die Bewertung der Waren der Grundsatz der Einzelbewertung. Vielfach lassen sich die Anschaffungskosten nur schwer individuell feststellen. Das gilt vor allem für gleichartige Güter aus verschiedenen Anschaffungsvorgängen mit unterschiedlichen Anschaffungspreisen, die gemischt gelagert werden.

Beispiel Schrauben, Nägel, Brenn- und Treibstoffe, Schüttgüter (Getreide, Sand, Kies, Kohle)

Der Gesetzgeber gestattet daher den Grundsatz der Einzelbewertung bei gleichartigen Gütern zu durchbrechen, indem er verschiedene Sammel- oder Gruppenbewertungen zulässt, aus denen die **Durchschnittsbewertung** (vgl. § 240 Abs. 4 HGB) dargestellt wird:

Hiernach wird in der einfachsten Form aus dem Anfangsbestand und den Zugängen während des Geschäftsjahres ein gewogener Durchschnittswert ermittelt.

Beispiel

Eingänge				Abschreibungssatz	
01. 01.	800 kg zu je 7,50 EUR	=	6.000,00 EUR	15. 03.	400 kg
15. 06.	500 kg zu je 6,30 EUR	=	3.150,00 EUR	02. 10.	600 kg
15. 11.	900 kg zu je 6,40 EUR	=	5.760,00 EUR	12. 12.	500 kg
	2.200 kg	=	14.910,00 EUR		1.500 kg
Bestand am 31. 12. = 700 kg					
Durchschnittspreis = $\frac{\text{Wert des Anfansbestandes + Wert der Zugänge}}{\text{Menge aus Anfangsbestand + Zugängen}}$				$\frac{14.910}{2.200}$	= 6,777 EUR/kg
Wertansatz des Warenpostens: 700 x 6,777 = 4.743,90 EUR					

Genauer ist die Rechnung des gewogenen Durchschnitts nach jedem Zugang **(gleitender Durchschnitt)**.

Beispiel (Zahlen wie oben)

01.01.	Anfangsbestand	800 kg	zu je 7,50 EUR	= 6.000,00 EUR
15.03.	Abgang	400 kg	zu je 7,50 EUR	= 3.000,00 EUR
	Bestand	400 kg	zu je 7,50 EUR	= 3.000,00 EUR
15.06.	Zugang	500 kg	zu je 6,30 EUR	= 3.150,00 EUR
	Bestand	900 kg	zu je 6,833 EUR	= 6.150,00 EUR
02.10.	Abgang	600 kg	zu je 6,833 EUR	= 4.100,00 EUR
	Bestand	300 kg	zu je 6,833 EUR	= 2.050,00 EUR
15.11.	Zugang	900 kg	zu je 6,40 EUR	= 5.760,00 EUR
	Bestand	1.200 kg	zu je 6,508 EUR	= 7.810,00 EUR
12.12.	Abgang	500 kg	zu je 6,508 EUR	= 3.254,00 EUR
31.12.	Bestand	700 kg	zu je 6,508 EUR	= 4.556,00 EUR

(Aufrundung)

Beim Vergleich der beiden Formen der Durchschnittsbewertung wird deutlich sichtbar, dass bei der letzten Form die Anschaffungskosten der zuletzt bezogenen Waren den Durchschnittswert wesentlich beeinflussen. Somit ist der gewogene Durchschnittspreis aktueller. Der Inventurwert kann auf diese Weise unmittelbar aus der Lagerdatei ermittelt werden. Der Durchschnittswert kommt nur zum Ansatz, wenn der Tageswert darüber liegt. Sonst ist der Tageswert für die Bilanzierung entscheidend. Die Differenz ist dann abzuschreiben. Gegen die Durchschnittsmethode bestehen keine steuerrechtlichen Bedenken.

• Höchstwertprinzip bei der Bewertung der Schulden

Schulden sind grundsätzlich mit ihrem Nennwert lt. Vertrag oder Rechnung zu bewerten. Liegen die Schulden am Bilanzstichtag jedoch über diesem Nennwert, **müssen die drohenden Verluste** ausgewiesen werden, indem der höhere Wert angesetzt wird (§ 253 HGB).

Beispiel Die Primus GmbH kaufte am 13. November 20.. Personalcomputer im Werte von 20.000 USD, Ziel 60 Tage; Geldkurs für den USD am 13. November 20..: 1 EUR = 1,21 USD

a) **Geldkurs für den USD am 31. Dezember 20..:** 1 EUR = 1,18 USD
Da Verbindlichkeiten gemäß § 253 Abs. 1 Satz 2 HGB mit ihrem Rückzahlungsbetrag anzusetzen sind, muss aus **Vorsichtsgründen** am 31. Dezember .. (vgl. § 252 Abs. 1 Nr. 4 HGB) zum Geldkurs von 1,18 bewertet werden. In der Bilanz wird die Verbindlichkeit daher mit 16.949,15 EUR ausgewiesen **(Höchstwertprinzip)**.

b) **Geldkurs für den USD am 31. Dezember 20..:** 1 EUR = 1,24 USD
Der niedrigere Geldkurs zum Bilanzstichtag bewirkt einen Rückzahlungsbetrag von 16.129,03 EUR, der kleiner ist als der Nennwert der ursprünglichen Verbindlichkeit (16.528,93 EUR). Da gemäß § 252 Abs. 1 Nr. 4 HGB Gewinne nur dann zu berücksichtigen sind, wenn sie zum Abschlussstichtag realisiert sind, darf der sich rechnerisch ergebende Gewinn noch nicht berücksichtigt werden. In der Bilanz sind die Verbindlichkeiten mit 16.528,93 EUR auszuweisen **(Realisationsprinzip)**.

Bewertung von Vermögen und Schulden nach Handelsrecht

- **Bewertungsgrundsätze**
  - **Allgemeine Bewertungsgrundsätze:** Bilanzidentität, Unternehmensfortführung (going concern), Einzelbewertung, Vorsicht (Realisationsprinzip, Imparitätsprinzip)
  - **Besondere Bewertungsgrundsätze für Vermögen und Schulden:**
    - Anschaffungskostenprinzip für das Vermögen (Anschaffungskosten als Wertobergrenze)
    - strenges Niederstwertprinzip für das Umlaufvermögen
    - gemildertes Niederstwertprinzip für das Anlagevermögen
    - Höchstwertprinzip für die Schulden
    - Wertbeibehaltungswahlrecht für Einzelunternehmen und Personengesellschaften

  - Wertaufholungsgebot (Zuschreibung) bei Wertaufholungen für Kapitalgesellschaften

- Realisations-, Anschaffungskosten-, Niederstwertprinzip- und Höchstwertprinzip sind Ausdruck kaufmännischer Vorsicht.
- Zielsetzungen der Bewertung sind Gläubigerschutz, Vermeidung zu hoher Gewinnausschüttung und -versteuerung und Erhaltung der Haftungssubstanz.
- **Bewertung des Anlagevermögens (AV)**
  - **abnutzbares AV:** Anschaffungskosten (AK)
    - planmäßige Abschreibung = **fortgeführte AK**
    - außerplanmäßige Abschreibung bei kurzfristiger Unterschreitung möglich (**Bewertungswahlrecht**), bei voraussichtlich dauernder Unterschreitung zwingend
  - **nicht abnutzbares AV:** Anschaffungskosten
    - Abschreibung auf den niedrigeren Wert möglich bzw. zwingend (siehe abnutzbares AV)
- **Abschreibung**
  - Durch die Abschreibungen werden Wertminderungen der abnutzbaren Sachanlagen erfasst.
  - Die Höhe der Abschreibungsbeträge ist von der Abschreibungsmethode abhängig.
  - **Abschreibungsmethoden**

Lineare Abschreibung	Leistungsabschreibung
Abschreibung in gleich bleibenden Jahresbeträgen **AfA-Satz** = $\frac{100}{ND}$ **AfA-Betrag** = $\frac{\text{Anschaffungskosten} \cdot \text{AFA-Satz}}{100}$ unterstellt gleichmäßigen Werteverschleiß	Abschreibung nach nachgewiesener Jahresleistung AfA-Betrag = $\frac{\text{Anschaffungskosten} \cdot \text{Jahresleistung}}{\text{geschätzte Gesamtleistung}}$ berücksichtigt die schwankende Auslastung von Anlagen in den Jahren der Nutzung

  - Bei der Buchung der Abschreibung erfolgt die **Sollbuchung** auf dem Aufwandskonto „**Abschreibungen auf Sachanlagen**“, die **Habenbuchung** auf dem **Anlagenkonto**.
  - Die Bilanz weist den berichtigten Wert, den **Buch- oder Restwert**, aus.
- Die **Gewinn- und Verlustrechnung** stellt die Abschreibung als **Aufwand** und Minderung des Gewinns dar.
- **Geringwertige Wirtschaftsgüter des Anlagevermögens**

GWG des Anlagevermögens

Anschaffungs- oder Herstellungskosten bis 150,00 EUR Nettowert	**Anschaffungs- oder Herstellungskosten** über 150,00 EUR bis 410,00 EUR Nettowert	**Anschaffungs- oder Herstellungskosten** über 150,00 EUR bis 1.000,00 EUR Nettowert
Sie **können** bei der Anschaffung sofort als Aufwand gebucht werden.	Sie **können** sofort als Aufwand erfasst werden, sind aber dann listenmäßig zu führen.	Sie **können** pro Jahr auf einem Sammelkonto (Pool) erfasst und dann über 5 Jahre abgeschrieben werden.

- **Bewertung des Umlaufvermögens (UV)**
  - **Anschaffungs- oder Herstellungskosten**
  - niedrigerer Wert, wenn der Tageswert niedriger ist (**strenges Niederstwertprinzip**)
  - Liegt der Tageswert am Bilanzstichtag über dem bisherigen Bilanzansatz, ist eine **Zuschreibung bis zum Tageswert** (höchstens bis zu den AK) bei Einzelunternehmen und Personengesellschaften möglich, jedoch zwingend bei Kapitalgesellschaften.
  - Gleichartige Güter des UV aus unterschiedlichen Lieferungen und mit annähernd gleichem Preis dürfen zum gewogenen bzw. gleitenden Durchschnitt bewertet werden (**Bewertungsvereinfachungsverfahren**).
- **Bewertung der Schulden**
  - **Anschaffungskosten** (AK), Nennwert
  - Liegt der Rückzahlungsbetrag am Bilanzstichtag über den AK, ist der höhere Wert anzusetzen (**Höchstwertprinzip**).

1. Berechnen Sie den Abschreibungsbetrag und den Abschreibungssatz einer Maschine für das zweite Jahr der Nutzungsdauer bei linearer Abschreibung und stellen Sie den verbleibenden Buchwert fest.
Anschaffungskosten 43.680,00 EUR, betriebsgewöhnliche Nutzungsdauer sieben Jahre

2. Über eine Maschine liegen Informationen vor:

Anschaffungskosten	600.000,00 EUR
betriebsgewöhnliche Nutzungsdauer	zwölf Jahre

Stellen Sie einen Abschreibungsplan für die ersten drei Nutzungsjahre nach der linearen Abschreibung auf.

3. Nach der Anlagendatei besitzt eine Möbelgroßhandlung folgende Anlagen:
Berechnen Sie bei gleichmäßiger Abschreibung vom Anschaffungswert die Buchwerte dieser Anlagen zum Geschäftsjahresende 31. Dezember 2012.

Anlagegüter laut Anlagenkartei	Anschaffungsjahr	Anschaffungskosten in EUR	betriebsgewöhnliche Nutzungsdauer
1 Lastkraftwagen	Jan. 2009	180.000,00	neun Jahre
1 Elektrolastwagen	Jan. 2010	60.000,00	zehn Jahre
1 Bürocomputer	Jan. 2010	20.000,00	fünf Jahre
1 Panzerschrank	Jan. 2009	14.000,00	zehn Jahre

4. Am Anfang des Geschäftsjahres wurde ein Lkw für 99.000,00 EUR eingekauft. Die betriebsgewöhnliche Nutzungsdauer wird auf neun Jahre geschätzt.

a) Ermitteln Sie bei linearer Abschreibung
   1. den Abschreibungssatz,
   2. den Abschreibungsbetrag,
   3. den Buchwert nach dem 1. Jahr.

b) Bilden Sie die Buchungssätze zum 31. Dezember
   1. zur Erfassung der Abschreibung,
   2. zum Abschluss des Kontos „Abschreibungen auf Sachanlagen",
   3. zum Abschluss des Kontos „Fuhrpark".

5. Welche der folgenden Aussagen treffen auf die lineare Abschreibung zu?
a) Der Abschreibungsbetrag wird jährlich mithilfe eines festen Prozentsatzes vom Anschaffungswert berechnet.
b) Der Abschreibungsbetrag wird jährlich mithilfe eines festen Prozentsatzes vom Buchwert berechnet.
c) Am Ende der geschätzten Nutzungsdauer wird der Nullwert immer erreicht.
d) Es wird eine gleichbleibende Abnutzung unterstellt.
e) Die Wertminderung des Anlagegutes wird gleichmäßig auf die Jahre der Nutzung verteilt.

6. Die Buchwerte von vier Anlagegegenständen zeigen bei linearer Abschreibung folgende Entwicklung im Laufe der Nutzungsjahre:

Anlagegut	Anschaffungswert in EUR	Buchwert nach dem 1. Jahr in EUR	Buchwert nach dem 2. Jahr in EUR
A	69.200,00	64.875,00	60.550,00
B	176.000,00	154.000,00	132.000,00
C	42.900,00	40.040,00	37.180,00
D	125.500,00	100.400,00	75.300,00

Ermitteln Sie für die vier Anlagegegenstände
a) die Abschreibungssätze,
b) die betriebsgewöhnliche Nutzungsdauer,
c) die Buchwerte zum Ende des 3. Nutzungsjahres.

7. Von zwei Anlagegütern gehen zu Beginn des 4. Nutzungsjahres aus der Anlagedatei folgende Werte hervor:

	Lkw	Lagersteuerungsanlage
Anschaffungswert in EUR	89.000,00	174.000,00
aufgelaufene (kumulierte) Abschreibung in EUR	26.700,00	43.500,00

Ermitteln Sie für beide Anlagen bei linearer Abschreibung
a) den jährlichen Abschreibungsbetrag,
b) die betriebsgewöhnliche Nutzungsdauer,
c) den Abschreibungssatz,
d) den Buchwert zum Ende des 3. Jahres,
e) wie viel Prozent von beiden Anlagen bereits abgeschrieben sind.

8. **Konten:**
Fuhrpark Buchwert 60.000,00 EUR
12,5 % Abschreibung vom Anschaffungswert 80.000,00 EUR
Schließen Sie die Konten ab.

9. Berechnen Sie die Abschreibung und buchen Sie.

Fuhrpark:	Anschaffungskosten	80.000,00 EUR
	Buchwert	64.000,00 EUR
	Nutzungsdauer	10 Jahre
	Abschreibungsmethode	linear

10. Berechnen Sie den Abschreibungsbetrag einer Kühlanlage für das 2. Jahr der Nutzungsdauer bei linearer Abschreibung und stellen Sie den verbleibenden Buchwert fest. Anschaffungskosten 109.200,00 EUR, Nutzungsdauer 7 Jahre.

11. Vor Durchführung der Abschreibung weisen die Positionen des Sachanlagevermögens folgende Anschaffungskosten in EUR aus:

Gebäude	870.000,00 EUR	Geschäftsausstattung	120.000,00 EUR
Lager- und Transporteinrichtungen	270.000,00 EUR	Fuhrpark	420.000,00 EUR

Die Abschreibungssätze für die lineare Abschreibung betragen für

Gebäude	4 %	Geschäftsausstattung	10 %
Lager- und Transporteinrichtungen	8 ⅓ %	Fuhrpark	10 %

Bilden Sie die Buchungssätze mit Beträgen

a) zur Erfassung der Abschreibung,
b) zum Abschluss des Kontos Abschreibungen,
c) zum Abschluss der Anlagekonte.

12. Berechnen Sie die Abschreibungssätze für die lineare Abschreibung bei einer betriebsgewöhnlichen Nutzungsdauer von 5, 6, 8, 10, 12, 15, 16 und 20 Jahren.

13. Stellen Sie die Abschreibungsbeträge und die Buchwerte bei der linearen und der Leistungsabschreibung nach dem ersten Nutzungsjahr gegenüber.

Anlagegut	Lkw
betriebsgewöhnliche Nutzungsdauer	10 Jahre
geschätzte Gesamtleistung	480.000 km
Anschaffungskosten	192.000,00 EUR
Leistungsabgabe im 1. Nutzungsjahr lt. Zähler	129.600 km

14. Ein Lkw mit einem Anschaffungswert von 160.000,00 EUR wird nach Maßgabe der Leistung abgeschrieben. Es wird von einer Gesamtleistung während der Nutzungsdauer von 400.000 km ausgegangen.

a) Mit welchem Wert ist der Lkw am Ende des 3. Nutzungsjahres zu erfassen, wenn er im 1. Jahr 70.000 km, im 2. Jahr 72.000 und im 3. Jahr 64.000 km fuhr?
b) Welche Vorteile und Nachteile hat diese Abschreibungsmethode gegenüber der linearen Abschreibung?

15.

Kauf einer Verpackungsanlage gegen Bankscheck	459.000,00 EUR
+ 19 % Umsatzsteuer	87.210,00 EUR
	546.210,00 EUR

Die betriebsgewöhnliche Nutzungsdauer wird auf 12 Jahre festgelegt. Die Leistungsabgabe wird auf 102.000 Arbeitsvorgänge geschätzt.

a) Bilden Sie den Buchungssatz beim Kauf der Anlage.
b) Stellen Sie einen Abschreibungsplan für die ersten drei Abschreibungsjahre bei linearer Abschreibung und bei Abschreibung nach Leistungseinheiten auf.
Die Leistungsabgabe wird im 1. Jahr auf 8.568, im 2. Jahr auf 9.588 und im 3. Jahr auf 4.386 Arbeitsvorgänge geschätzt.

16. Eine Großhandelsunternehmung gibt folgende Daten zu einer Verpackungsanlage bekannt:

Anschaffungskosten	285.600,00 EUR
betriebsgewöhnliche Nutzungsdauer	12 Jahre
Gesamtleistung in Vorgängen	204.000 Vorgänge
Leistungsabgabe im 1. Jahr	20.608 Vorgänge

Berechnen Sie

a) den linearen AfA-Betrag,
b) den linearen AfA-Satz,
c) die AfA nach Leistungseinheiten für das 1. Nutzungsjahr.

17. Die FELD OHG hat am 8. Februar des Geschäftsjahres einen Pkw angeschafft und hierfür folgende Eingangsrechnung erhalten:

MOTOR RABECK e. K.

Motor Rabeck e. K., Egerstraße 7, 47228 Duisburg

Primus GmbH
Koloniestraße 2-4
47057 Duisburg

Geschäftsräume:
Egerstraße 7
47228 Duisburg
Tel.: 0203 685943
Fax: 0203 685922
info@motor-rabeck.de
www.motor-rabeck.de

Betriebsnummer	**Auftrags-Nr.**	**KD NR**	**Datum**
13246833	02123	3991	08.02.20..

Rechnung Nr. 0496

Für Ihre Bestellung danken wir Ihnen, wir werden sie zu den Verkaufsbedingungen, die wir Ihnen mit der Bestellung aushändigten, und zu den besonderen Vereinbarungen ausführen.

		EUR
221 PW 1	Pkw BBW 525 GTI	47.100,00
	+ Überführungskosten	860,00
	+ Zulassungsgebühren	40,00
		48.000,00
	+ 19 % USt.	9.120,00
		57.120,00

Zahlbar sofort ohne Abzug

Bankverbindung:
Commerzbank Duisburg BLZ 350 400 38 Kto-Nr.: 100 767 65
IBAN: DE31350400380010076765 **SWIFT-BIC:** COBADEFF350

Steuernummer: 107/645/9933 **USt-IDNr.:** DE987345633

In der Anlagenbuchhaltung wurde aufgrund der Eingangsrechnung folgende Datei für den Pkw angelegt:

Anlagendatei				**FELD OHG**
Gegenstand: Pkw		**Fahrzeug-Nr.** 23 D 7364		
Fabrikat: BBW 525 GTI		**Lieferer:** Motor Rabeck e. K., Duisburg		
Nutzungsdauer: sechs Jahre		**Anschaffungskosten:**		
Konto: Fuhrpark		**AfA-Satz:** 16 2/3 %		**AfA-Methode:** linear
Datum	**Vorgang**	**Zugang in EUR**	**Abgang/AfA in EUR**	**Bestand in EUR**
08.02.20..	ER 0496			

a) Ermitteln Sie
   - den Anschaffungswert des Pkw (Zugang in EUR),
   - den Abschreibungsbetrag für das erste Nutzungsjahr (AfA in EUR) laut Anlagendatei,
   - den Buchwert zum 31. Dezember des ersten Nutzungsjahres (Bestand in EUR).

b) Bilden Sie die Buchungssätze
   - zur Erfassung der Eingangsrechnung,
   - zur Erfassung der Abschreibung,
   - zum Abschluss des Kontos „Abschreibungen",
   - zum Abschluss des Kontos „Fuhrpark".

18.

Gegenstand	Anschaffungstag	Anschaffungswert	Nutzungsdauer
1. Personalcomputer	3. Februar	960,00 EUR	3 Jahre
2. Lkw	5. Juli	120.000,00 EUR	10 Jahre
3. Locher	9. Dezember	38,00 EUR	10 Jahre
4. Drehstuhl	5. August	400,00 EUR	10 Jahre

a) Wie lauten die Buchungssätze bei der Anschaffung (Kauf auf Ziel)?

b) Mit welchem Betrag sind die einzelnen Gegenstände am Jahresende zu bilanzieren (es wird grundsätzlich linear abgeschrieben)?

c) Welche Buchungen ergeben sich am Jahresende zur Erfassung der Abschreibung?

d) Erläutern Sie am Beispiel der Gegenstände 1, 3 und 4 die Auswertung der GWG kritisch.

19. Erweitern Sie Ihre Lernkatei um folgende Sachwörter: Anschaffungskosten von Anlagen, Anschaffungsnebenkosten, Abschreibungsursachen, Abschreibungen, abnutzbares Anlagevermögen, Abschreibungsplan, AfA-Tabelle, Anlagendatei, Abschreibungsmethoden, lineare Abschreibung, Leistungsabschreibung, Buchwert, Erinnerungswert, geringwertige Wirtschaftsgüter des Anlagevermögens, Abschreibungsauswirkung.

20. Für einen Gabelstapler mit einem Anschaffungswert von 24.000,00 EUR wurde eine Nutzungsdauer von 8 Jahren angenommen. Es wurde dabei die lineare Abschreibungsmethode gewählt. Zurzeit beträgt sein Buchwert noch 15.000,00 EUR.

a) Wie viel EUR werden jährlich abgeschrieben?

b) In welchem Nutzungsjahr befindet sich die Anlage?

c) Bilden Sie die Buchungssätze mit Beträgen
   - zur Erfassung der Abschreibung am Ende des Geschäftsjahres,
   - zum Abschluss des Kontos Abschreibungen,
   - zum Abschluss des Kontos Lagerausstattung.

21. Bilden Sie die Buchungssätze zu folgenden Geschäftsfällen:

	EUR
1. Kauf von Vordrucken für die Kassenabrechnung einschl. 19 % USt	44,03
2. Kauf eines Lochers einschl. 19 % USt	77,35
3. Barkauf eines Tischrechners für das Büro, netto	380,00
+ 19 % USt	72,20

22. Erläutern Sie, welche der folgenden Aussagen
(1) auf die lineare,
(2) auf die Leistungsabschreibung zutreffen.

a) Die Abschreibungsbeträge schwanken von Jahr zu Jahr.

b) Die Abschreibungsbeträge werden immer vom Anschaffungswert berechnet.

c) Sie wird angewandt, wenn der Betrieb die Anlage in den Nutzungsjahren aufgrund der Auftragslage unterschiedlich nutzt.

d) Sie wird jährlich mit gleichem Prozentsatz vom Anschaffungswert ermittelt.

e) Bei ihr wird von Jahr zu Jahr eine gleichmäßige Abnutzung unterstellt.

f) Die Abschreibungsbeträge sind von Jahr zu Jahr gleich.
g) Mit ihr kann ein Werteverfall der Jahresleistung einer Anlage am besten angepasst werden.
h) Der Abschreibungssatz beträgt: $\frac{100}{\text{Nutzungsdauer}}$
i) Der Abschreibungsbetrag ergibt sich aus der Rechnung:

$$\frac{\text{Anschaffungswert} \cdot \text{Jahresleistung}}{\text{Gesamtleistung}}$$

23.

Gegenstand	Anschaffungspreis	Anschaffungsnebenkosten	Nutzungsdauer
1. PC	880,00 EUR	–	3 Jahre
2. Locher	40,00 EUR	–	10 Jahre
3. Kleintransporter	31.000,00 EUR	1.000,00 EUR	8 Jahre
4. Scanner-Kasse	11.500,00 EUR	500,00 EUR	6 Jahre

a) Wie lauten die Buchungssätze bei Anschaffung auf Ziel unter Berücksichtigung von 19 % USt?
b) Mit welchem Betrag sind die einzelnen Gegenstände am Jahresende zu bilanzieren, wenn grundsätzlich die lineare Abschreibung gewählt wurde?
c) Welche Buchungen ergeben sich am Jahresende zur Erfassung der Abschreibung?

24. Ein Kleintransporter mit einem Anschaffungswert von 45.000,00 EUR ist linear in 6 Jahren abzuschreiben.
a) Welcher Betrag ist am Ende des 2. Nutzungsjahres abzuschreiben?
b) Wie lautet die entsprechende Buchung zur Erfassung der Abschreibung?
c) Welchen Buchwert hat der Kleintransporter nach vier Jahren?

25. a) Ermitteln Sie aus nebenstehender Eingangsrechnung der Computer-Willi KG
- den Anschaffungswert eines PC,
- den Abschreibungsbetrag für PC und Bürostühle zusammen.

b) Für den PC wird eine betriebsgewöhnliche Nutzungsdauer von vier Jahren, für die Bürostühle von acht Jahren angenommen.
- Bilden Sie die Buchungssätze zur Erfassung der Eingangsrechnung,
- zur Erfassung der Abschreibung.

Computer-Willi KG — **Hard- und Software**

Computer-Willi KG, Bleichstr. 12, 40211 Düsseldorf

Primus GmbH
Koloniestraße 2–4
47057 Duisburg

Computer-Willi KG
Bleichstr. 12
40211 Düsseldorf
Tel.: 0211 44 404-0
Fax: 0211 44 401
info@computer-willi.de
www.computer-willi.de

RECHNUNG

Lieferdatum:

Kunden-Nr.	Rechnungs-Nr.	Rechnungstag
8462	2301	15.03.20..

Bei Zahlung bitte angeben

Artikel-Nr.	Artikelbezeichnung	Menge	Einzelpreis EUR	Gesamtpreis EUR
23311	Personalcomputer	2	2.250,00	4.500,00
25534	Bürostuhl	2	390,00	780,00

Warenwert, netto	Entgelt, netto	19 % USt EUR	Gesamtbetrag EUR
5.280,00	5.280,00	1.003,20	6.283,20

Zahlbar sofort ohne Abzug

Bankverbindung
Stadtsparkasse Düsseldorf BLZ 300 501 10 Kto.-Nr.: 726 876
IBAN: DE25300501100000726876 **SWIFT-BIC:** DUSSDEDDXXX
Steuernummer: 133/331/4854 **USt-IdNr.:** DE-273284914

26. Erläutern Sie folgende Aussage an einem Beispiel: „Die Abschreibung dient der Verteilung der Anschaffungskosten auf die Jahre der Nutzung der Anlage."

27. Erläutern Sie folgende Aussage an einem Beispiel: „Die Abschreibung dient der Erfassung der Wertminderung und der Refinanzierung der Anschaffungskosten."

28. Ein Großhandelsunternehmen erwarb Anfang Januar 20.. ein Grundstück gegen Zahlung mit Bankscheck für 40.000,00 EUR. An das Finanzamt wurden 3,5 % Grunderwerbsteuer per Banküberweisung bezahlt. Die Notariatskosten für den Grundstückskaufvertrag in Höhe von 1.200,00 EUR zuzüglich 228,00 EUR USt wurden bar bezahlt.
Zum Ende des Geschäftsjahres betrug der Verkehrswert (Tageswert) für dieses Grundstück laut der Grundstückspreisentwicklung in diesem Gebiet 50.000,00 EUR.

a) Berechnen Sie die Anschaffungskosten des Grundstücks und begründen Sie Ihre Entscheidung.

b) Entscheiden Sie über die Bewertung des Grundstücks zum 31. Dezember.
Erläutern Sie in diesem Zusammenhang das Anschaffungskosten- und das Realisationsprinzip.

29. Im Januar des Geschäftsjahres (1. Januar – 31. Dezember) wurde ein 2.000 m² großes unbebautes Grundstück von einer Holzgroßhandlung erworben.

Vertrag, BA: Kauf eines Grundstücks gegen Zahlung mit Bankscheck		180.000,00 EUR
BA: Banküberweisung der Grunderwerbsteuer für den Grundstückserwerb an das Finanzamt: 3,5 % des Kaufpreises		6.300,00 EUR
KB: Gerichtskosten für die Grundbucheintragung bar bezahlt		1.200,00 EUR
ER, BA: Banküberweisung der Notariatskosten, netto	3.200,00 EUR	
+ 19 % Umsatzsteuer	608,00 EUR	3.808,00 EUR

Informationen zum 31. Dezember des Geschäftsjahres:
Die Grundstückspreise stiegen in dieser Lage im Laufe der vergangenen Monate erheblich, weil in diesem Gebiet ein modernes Gewerbezentrum errichtet werden soll. Der m²-Preis ist inzwischen für vergleichbare Grundstücke in diesem Gebiet auf 105,00 EUR gestiegen.
Die Unternehmungsleitung ist der Auffassung, dass das 2.000 m² große Grundstück der Unternehmung entsprechend zu bewerten ist.

a) Berechnen Sie die Anschaffungskosten des Grundstücks insgesamt und je m²!

b) Mit welchem Wert ist das Grundstück zum Bilanzstichtag zu bewerten.

30. **In der Bilanz zum 31. Dezember des Vorjahres** wurde ein unbebautes Grundstück von 2.000 m² mit folgenden Anschaffungskosten bewertet . . . . 188.000,00 EUR
Wegen der Änderung des Bebauungsplanes wurden im laufenden Geschäftsjahr nur noch Grundstückspreise von etwa 70,00 EUR je m² in diesem Gebiet bezahlt. Aufgrund dieser Entwicklung wurde das Grundstück mit dem niedrigeren Wert
von 140.000,00
EUR in der **Bilanz zum 31. Dezember des laufenden Geschäftsjahres** angesetzt.
Es ist anzunehmen, dass diese Preissenkung **voraussichtlich langfristig** andauern wird.
In der **zweiten Jahreshälfte des folgenden Geschäftsjahres** stiegen die Grundstückspreise in diesem Gebiet wieder an, weil eine Autobahnauffahrt in unmittelbarer Nähe neu eingerichtet wird. Die Grundstückspreise stiegen dadurch für vergleichbare Grundstücke auf 120,00 EUR je m².

a) Begründen Sie den Bilanzansatz des unbebauten Grundstücks in der Bilanz des Vorjahres.
b) Bewerten Sie das unbebaute Grundstück zum 31. Dezember des folgenden Geschäftsjahres.
   1. Unterstellen Sie bei Ihrer Entscheidung, dass es sich um eine Einzelunternehmung bzw. Personengesellschaft handelt.
   2. Unterstellen Sie bei Ihrer Entscheidung, dass es sich um eine Kapitalgesellschaft handelt.

31. In der Finanzbuchhaltung einer Großhandlung sind folgende Fälle der Beschaffung von Wirtschaftsgütern des Anlagevermögens zu bearbeiten:

ER, BA vom 10.01.: Kauf von zehn Personalcomputern	19.000,00 EUR
+ 19 % USt	3.610,00 EUR
	22.610,00 EUR

Die betriebsgewöhnliche Nutzungsdauer der Personalcomputer beträgt vier Jahre. Zum Ende des zweiten Nutzungsjahres wird festgestellt, dass die Anschaffungskosten für einen PC dieser Ausstattung aufgrund der technischen Entwicklung nur noch 1.200,00 EUR betragen.
a) Berechnen Sie die Anschaffungskosten für einen Personalcomputer und begründen Sie Ihre Berechnung.
b) Berechnen Sie die fortgeführten Anschaffungskosten der Personalcomputer zum Ende des Geschäftsjahres bei linearer AfA.
c) Erläutern Sie die Auswirkung der Informationen über die Preisentwicklung solcher Computer auf den Bilanzansatz zum 31. Dezember des zweiten Nutzungsjahres.

32. Bei der Inventur des Lagerbestandes einer Elektrogerätegroßhandlung entstand folgendes Bewertungsproblem:

70 Waschmaschinen, Marke „Öko", Anschaffungkosten	à 600,00 EUR
90 Waschmaschinen, Marke „Super-Spar", Anschaffungskosten	à 500,00 EUR

Die Anschaffungskosten solcher Waschmaschinen betrugen jedoch zum Zeitpunkt der Bilanzierung:

Waschmaschine, Marke „Öko"	450,00 EUR
Waschmaschine, Marke „Super-Spar"	570,00 EUR

a) Berechnen Sie den Wertansatz der 160 Waschmaschinen im Inventar und begründen Sie Ihre Entscheidung.
b) Erläutern Sie die Auswirkung Ihrer Bewertung auf die Bilanz und die Gewinn- und Verlustrechnung des Geschäftsjahres.

33. Bei der Inventur des Lagerbestandes eines Möbelgroßhandels entstand folgendes Bewertungsproblem:
Im **November des Geschäftsjahres** waren folgende Einkäufe zu buchen:
1. **ER, BA:** Einkäufe von Möbeln von verschiedenen Lieferern gegen sofortige Zahlung mit Bankscheck
2. **ER, KB:** Barzahlung der Frachtkosten für den Bezug der drei Möbellieferungen

Warenart	Listenpreis, netto	Rabatt	Skonto	Facht, netto	Umsatzsteuer
12 Tische	6.513,24 EUR	6 %	2 %	240,00 EUR	19 %
10 Schränke	8.247,42 EUR	5 %	3 %	400,00 EUR	19 %
10 Regale	3.116,88 EUR	12,5 %	1 %	300,00 EUR	19 %

Zum Zeitpunkt der Inventur waren die im November gekauften Möbel noch vorhanden. Wiederbeschaffungskosten dieser Möbel zum Bilanzstichtag:

Tische . . . . à 430,00 EUR
Schränke . . . . à 850,00 EUR
Regale . . . . à 180,00 EUR

a) Berechnen Sie die Anschaffungskosten der Tische, Schränke und Regale und begründen Sie Ihre Berechnung.
b) Bewerten Sie diese Bestände zum Bilanzstichtag und begründen Sie Ihre Bewertung.

34. In der Finanzbuchhaltung eines Autozubehörgroßhändlers ist folgender Bewertungsvorgang zu entscheiden:

Bei der Inventur des Warenbestandes zum 31. Dezember 20.. (Gesch.-J.: 1. Januar–31. Dezember) wurden u. a. 350 Allwetterreifen, 175/70 R 14 T, gezählt.
Die Anschaffungskosten für diesen Autoreifen betrugen zum Zeitpunkt der Beschaffung: . . . . 120,00 EUR je Reifen

a) Wie ist der Warenposten zum 31. Dezember des Geschäftsjahres zu bewerten, wenn die Wiederbeschaffungskosten eines solchen Reifens zum Bilanzstichtag betrugen:
1. . . . . 150,00 EUR 2. . . . . 102,00 EUR
b) Begründen Sie die von Ihnen getroffenen Entscheidungen.

35. Eine Maschinengroßhandlung kaufte am 10. Dezember 20.. gegen Zielgewährung von 60 Tagen in den USA Waren im Werte von 150.000 USD zum Kurs von 1,22 USD für 1,00 EUR. Mit welchem Wert ist die Verbindlichkeit in der Bilanz anzusetzen, wenn der Kurs zum 31. Dezember 20. . a) 1,17 bzw. b) 1,25 beträgt? Begründen Sie Ihre Entscheidung.

36. Die Ruhr-Stahlhandel GmbH, Duisburg, erhielt im November gegen Gewährung eines Zahlungsziels von 60 Tagen Stahl aus Kanada zum
Rechnungsbetrag von . . . . 270.000,00 kanad. Dollar
Der Devisenkurs bei Lieferung betrug . . . . 1,00 EUR = 1,75 kanad. Dollar
Am **Bilanzstichtag** war der Devisenkurs . . . . 1,00 EUR = 1,80 kanad. Dollar

1. Bewerten Sie die Verbindlichkeit zum Bilanzstichtag.
   Begründen Sie Ihre Entscheidung.
2. Bewerten Sie die Verbindlichkeit für den Fall, dass der Devisenkurs zum Bilanzstichtag 1 EUR = 1,68 kanad. Dollar betragen hätte.

37. Wegen angekündigter Preissteigerungen wurden am 3. Juli d. J. zwei Warenposten gekauft:

	Listenpreis	Rabatt	Skonto binnen 10 Tagen	Anschaffungsnebenkosten
Posten I	60.000,00 EUR	10 %	2 %	1.200,00 EUR
Posten II	40.000,00 EUR	12 1/2 %	3 %	400,00 EUR

a) Zu welchem Wert wurden die Posten am 3. Juli d. J. aktiviert?
b) Mit welchem Wert sind die Waren am 31. Dezember d. J. zu bilanzieren, wenn die Wiederbeschaffungskosten für Ware I auf 62.000,00 EUR gestiegen, für Ware II unerwartet auf 33.000,00 EUR gefallen sind?

38. Eine Farbengroßhandlung bezieht 12.000 kg Lack, Listenpreis 6,00 EUR je kg, Rabatt 15 %, Skonto 3 %, Fracht 542,00 EUR, Versicherung 8‰ des Rechnungspreises, Umsatzsteuer 19 %.
Berechnen Sie die Anschaffungskosten der Sendung.

39. Eine Holzgroßhandlung kauft 2.000 Stück Spanplatten zu je 68,00 EUR Listenpreis (netto) + 19 % Umsatzsteuer. Der Lieferer gewährt 12,5 % Mengenrabatt und 2 % Skonto. Die Bezugskosten betragen 1380,00 EUR zuzüglich 19 % Umsatzsteuer.

a) Mit welchem Wert ist die einzelne Spanplatte zum Jahresabschluss zu bewerten?
b) Welcher Wert ist anzusetzen, wenn der Anschaffungswert zum 31. Dezember
   1. auf 56,00 EUR gefallen ist,
   2. auf 62,00 EUR gestiegen ist?

40. Die Stahlgroßhandlung Wega GmbH, Köln, erhielt im November eine Lieferung hochwertigen Stahls aus Kanada zum Rechnungsbetrag von 750 000,00 Kanadischen Dollar. Der Devisenkurs bei Lieferung betrug 1,00 EUR = 1,74 Kanadische Dollar.

a) Mit welchem Wert muss die Verbindlichkeit in der Bilanz ausgewiesen werden?
b) Wie lauten die Buchungen?
c) Begründen Sie die Wahl des Bilanzansatzes über die dafür wesentlichen Bewertungsgrundsätze und -vorschriften.
d) Mit welchem Wert hätte die Verbindlichkeit ausgewiesen werden müssen, wenn der Devisenkurs zum Bilanzstichtag 1,00 EUR = 1,70 Kanadische Dollar betragen hätte?

41. Im Rahmen der Bewertung der Inventurbestände in der Baustoffgroßhandlung Jörg Berger e. K. sollen Sie festlegen, mit welchem Einzelwert in EUR folgende Wirtschaftsgüter anzusetzen sind:

a) Isolierplatten, die am 10.11. zum Anschaffungswert von 38,00 EUR gekauft, für die der Verkaufspreis mit 54,00 EUR kalkuliert wurde, die der Lieferer in der neusten Preisliste für das folgende Geschäftsjahr für 35,80 EUR anbietet.
b) Grundstück, Luisenstraße 35, mit einem Anschaffungswert von 80.000,00 EUR vor 10 Jahren und einem Tageswert von 175.000,00 EUR am Bilanzstichtag.
c) Eine Verbindlichkeit a. LL. gegenüber einem US-amerikanischen Lieferer von verschiedenen Baustoffen aufgrund der Eingangsrechnung über 47.200,00 USD bei einem Dollarkurs von 1,12 bei Rechnungserteilung und von 1,18 am Bilanzstichtag.
d) Ein Gabelstapler mit einem Anschaffungswert von 48.000,00 EUR, vor genau 3 Jahren angeschafft, und einer linearen Abschreibung über eine betriebsgewöhnliche Nutzungsdauer von 8 Jahren.

42. Bewerten Sei folgende Wirtschaftsgüter der Primus GmbH zum Bilanzstichtag (31.12.) für die Bilanz:

a) **Verbindlichkeit** über 136.000 USD lt. ER vom 02.12., Kurs 1,12. Kurs am 31.12.: 1,25
b) **Grundstück,** Anschaffungswert 160.000,00 EUR; Verkehrswert zum 31.12.: 250.000,00 EUR. Es ist mit einer weiteren Wertsteigerung zu rechnen.
c) **Lkw**
   1. **Bewertung bei der Anschaffung,** Listenpreis 180.000,00 EUR, Sonderrabatt 4 %, Skonto 2 %, Überführungs- und Zulassungskosten 2.656,00 EUR, Kfz-Steuer 8.500,00 EUR, Kfz-Versicherung 4.500,00 EUR
   2. **Bewertung am Ende des 1. Nutzungsjahres:** betriebsgewöhnliche Nutzungsdauer 10 Jahre, lineare Abschreibung.
d) **Warenposten I**
   Anschaffungswert am 14.12. .... 2.650,00 EUR
   Tageswert zum 31.12. .... 2.500,00 EUR
   Warenposten II
   Anschaffungswert am 15.12. .... 5.400,00 EUR
   Tageswert zum 31.12. .... 5.600,00 EUR

43. Die Datei des Artikels „R 200 Möbelpolitur" einer Möbelgroßhandlung ist auszuwerten:

	Zugänge in Stück	Anschaffungskosten je Stück	Abgänge in Stück	Bestand in Stück
01.10.20..: Anfangsbestand	–	4,80		100
14.10.20..: Verkauf lt. AR 102935			50	
22.10.20..: Einkauf lt. ER 385	200	5,40		
05.11.20..: Verkauf lt. AR 112653			140	
16.11.20..: Verkauf lt. AR 112661			80	
22.11.20..: Einkauf lt. ER 4291	300	5,10		
05.12.20..: Verkauf lt. AR 120010			150	
22.12.20..: Verkauf lt. AR 121111			120	

1. Ermitteln Sie
   a) den Endbestand in Stück lt. permanenter Inventur,
   b) den durchschnittlichen Lagerbestand in Stück des letzten Quartals (möglichst genau),
   c) die durchschnittlichen Anschaffungskosten je Stück im letzten Quartal,
   d) die Absatzmenge des letzten Quartals in Stück,
   e) den Wareneinsatz des Artikels R 200 zum Durchschnittswert,
   f) den Inventurwert zum gewogenen Durchschnittspreis zum 31.12.,
   g) die Umschlagshäufigkeit des Artikels (auf eine Stelle genau).
2. In der Preisliste für das kommende Quartal bietet der Hersteller den Artikel zum Festpreis von 5,00 EUR an. Mit welchem Wert ist der Bestand des Artikels im Inventarverzeichnis anzusetzen?
3. Der Artikel wurde im letzten Quartal zum Preis von 80,60 EUR je Karton à 20 Stück verkauft. Dabei hat die Großhandelsunternehmung mit einem Kalkulationsfaktor von 1,55 kalkuliert. Mit welchem durchschnittlichen Anschaffungswert je Stück wurde gerechnet?

2.2 Periodengerechte Erfolgsermittlung

2.2.1 Posten der Rechnungsabgrenzung

Am 28. August 20.. wurde die Feuerversicherungsprämie für Geschäftsgebäude und Inventar der Primus GmbH für die Zeit vom 1. September des laufenden Geschäftsjahres bis zum 31. August des nächsten Jahres in Höhe von 3.600,00 EUR durch Banküberweisung bezahlt. Nicole Höver hat den Geschäftsfall mit folgendem Buchungssatz erfasst:

426 Versicherungen	3.600,00 EUR	an 131 Bank	3.600,00 EUR

Beim Jahresabschluss wurde dieser Aufwand in Höhe von 3.600,00 EUR in das GuV-Konto übernommen. Bei einer Betriebsprüfung durch die Finanzverwaltung wird diese Buchung beanstandet.

ARBEITSAUFTRÄGE

- Suchen Sie nach Gründen, warum diese Buchung beanstandet wurde.
- Bilden Sie den Korrekturbuchungssatz.

Während des Geschäftsjahres fallen gelegentlich Zahlungen für Aufwendungen oder Erträge an, die ganz oder teilweise dem folgenden Geschäftsjahr zuzurechnen sind. In diesen Fällen sind die Aufwendungen und Erträge anteilig auf die Jahre zu verteilen, in denen sie entstanden sind **(periodengerechte Erfolgsermittlung)**.

Ausgaben oder **Einnahmen im laufenden Geschäftsjahr**, die für **Aufwendungen** oder **Erträge nach dem Bilanzstichtag** getätigt werden, sind als Posten der Rechnungsabgrenzung zu erfassen. Zu unterscheiden sind **aktive und passive Rechnungsabgrenzungsposten**, die von allen Kaufleuten gesondert in der Bilanz auszuweisen sind (§§ 247, 266 HGB).

§

§ 250 Abs. 1 HGB: Als Rechnungsabgrenzungsposten sind auf der Aktivseite Ausgaben vor dem Abschlussstichtag auszuweisen, soweit sie Aufwand für eine bestimmte Zeit nach diesem Tag darstellen [...].
Abs. 2 HGB: Auf der Passivseite sind als Rechnungsabgrenzungsposten Einnahmen vor dem Abschlussstichtag auszuweisen, soweit sie Ertrag für eine bestimmte Zeit nach diesem Tag darstellen.

Aktive Rechnungsabgrenzung (ARA)

Wird im laufenden Geschäftsjahr eine **Ausgabe für einen Aufwand des folgenden Geschäftsjahres** getätigt, dann darf sich diese Ausgabe nicht auf den Erfolg des laufenden Geschäftsjahres auswirken. Sie ist als Aufwand erst im folgenden Jahr zu erfassen. Bis zu diesem Zeitpunkt wird sie daher in der Bilanz auf dem aktiven Bestandskonto **„091 Aktive Rechnungsabgrenzung“** (ARA) gespeichert. Diese zeitliche Abgrenzung des Aufwandes wird als vorbereitende Abschlussbuchung durchgeführt.

Beispiel Die Feuerversicherungsprämie für das Geschäftsgebäude und das Inventar (siehe Handlungssituation) betrifft den Aufwand zweier Geschäftsjahre. Zum Zwecke einer periodengerechten Erfolgsermittlung ist der Geschäftsfall so zu buchen, dass im alten Jahr nur 1.200,00 EUR (Versicherungsprämie für vier Monate) **erfolgswirksam** werden. Die Versicherungsprämie für die acht Monate des neuen Geschäftsjahres, also 2.400,00 EUR, dürfen erst im folgenden Geschäftsjahr erfolgswirksam werden.

Das Konto **„091 Aktive Rechnungsabgrenzung“ führt** den Betrag von 2.400,00 EUR **ins neue Geschäftsjahr hinüber** und **grenzt** somit **den Aufwand des alten Geschäftsjahres vom Aufwand des neuen Geschäftsjahres** ab.

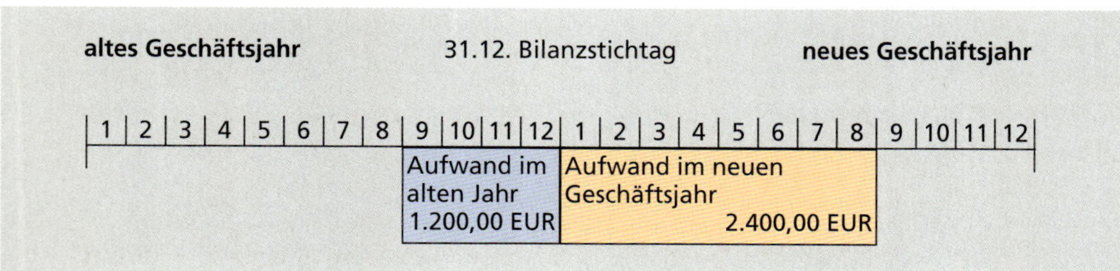

Buchungen im alten Geschäftsjahr		Buchungen im neuen Geschäftsjahr	
28.08.: Zahlung durch Bankscheck		**02.01. Eröffnung**	
426 Versicherungen	3.600,00	091 ARA	2.400,00
an 131 Bank	3.600,00	an 910 EBK	2.400,00
31.12.: zeitliche Abgrenzung		**02.01. Auflösung der aktiven Rechnungsabgrenzung**	
091 ARA	2.400,00	426 Versicherungen	2.400,00
an 426 Versicherungen	2.400,00	an 091 ARA	2.400,00
31.12.: Abschlussbuchungen			
930 GuV	1.200,00		
an 426 Versicherungen	1.200,00		
940 Schlussbilanzkonto	2.400,00		
an 091 ARA	2.400,00		

Kontenmäßige Darstellung der Buchungen im alten Geschäftsjahr:

S	426 Versicherungsbeiträge		H
131	3.600,00	091	2.400,00
		930	1.200,00
	3.600,00		3.600,00

S	091 ARA		H
426	2.400,00	940	2.400,00

S	930 Gewinn und Verlust		H
426	1.200,00		

S	940 Schlussbilanzkonto		H
091	2.400,00		

im neuen Jahr:

S	091 ARA		H
910	2.400,00	426	2.400,00

S	426 Versicherungsbeiträge		H
091	2.400,00		

● Passive Rechnungsabgrenzung (PRA)

Wenn die Unternehmung im Laufe des Geschäftsjahres eine **Einnahme für einen Ertrag des folgenden Geschäftsjahres** erzielt, darf diese Einnahme den Erfolg des laufenden Geschäftsjahres nicht beeinflussen. Bis zu ihrer Erfassung als Ertrag wird sie daher auf dem passiven Bestandskonto **„093 Passive Rechnungsabgrenzung“** (PRA) gespeichert.

Beispiel Am 2. Juni des laufenden Geschäftsjahres hat ein Mieter eines Lagerraumes seine laut Vertrag im Voraus zu zahlende Miete für die Zeit vom 1. Juni bis zum 30. Mai d. f. J. in Höhe von 30.000,00 EUR durch Banküberweisung bezahlt.
Das Konto **„093 Passive Rechnungsabgrenzung“** führt den Betrag von 12.500,00 EUR ins neue Geschäftsjahr hinüber und grenzt somit den Ertrag des alten Geschäftsjahres vom Ertrag des neuen Geschäftsjahres ab.

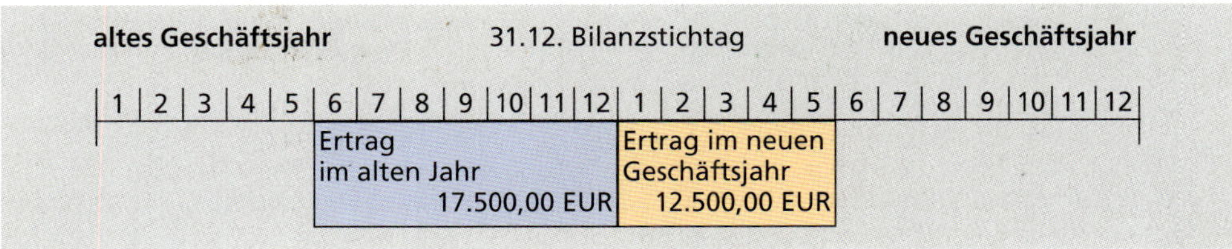

Buchungen im alten Geschäftsjahr			Buchungen im neuen Geschäftsjahr		
02.06.:	**Zahlung durch Banküberweisung**		**02.01.**	**Eröffnung**	
	131 Bank	30.000,00		910 EBK	12.500,00
	an 242 Betriebsfr. Ertr.	30.000,00		an 093 PRA	12.500,00
31.12.:	**zeitliche Abgrenzung**		**02.01.**	**Auflösung der passiven Rechnungsabgrenzung**	
	242 Betriebsfremde Erträge	12.500,00		093 PRA	12.500,00
	an 093 PRA	12.500,00		an 242 Betriebsfremde Erträge	12.500,00
31.12.:	**Abschlussbuchungen**				
	242 Betriebsfremde Erträge	17.500,00			
	an 930 GuV	17.500,00			
	093 PRA	12.500,00			
	an 940 SBK	12.500,00			

Kontenmäßige Darstellung der Buchungen im alten Geschäftsjahr:

S 242 Betriebsfremde Erträge H

S		H	
093	12.500,00	131	30.000,00
930	17.500,00		
	30.000,00		30.000,00

S 093 PRA H

S		H	
940	12.500,00	242	12.500,00

S 930 Gewinn und Verlust H

S		H	
		242	17.500,00

S 940 Schlussbilanzkonto H

S		H	
		093	12.500,00

im neuen Jahr:

S 242 Betriebsfremde Erträge H

S		H	
		093	12.500,00

S 093 PRA H

S		H	
242	12.500,00	910	12.500,00

Es ist durchaus üblich, die Rechnungsabgrenzung direkt bei der Erfassung der Ausgabe oder Einnahme vorzunehmen.

Buchungen:

Beispiel 1 (vgl. Seite 272): zeitliche Abgrenzung des Aufwandes bei der Ausgabe

426 Versicherungen	1.200,00		
091 ARA	2.400,00	an 131 Bank	3.600,00

Beispiel 2 (vgl. Seite 273): zeitliche Abgrenzung des Ertrages bei der Einnahme

131 Bank	30.000,00	an 242 Betriebsfremde Erträge	17.500,00
		an 093 PRA	12.500,00

Posten der Rechnungsabgrenzung

Rechnungsabgrenzungsposten

Rechnungsabgrenzungsposten der Aktivseite (ARA)

- Ausgaben vor dem Bilanzstichtag, die Aufwendungen für die Zeit nach dem Bilanzstichtag darstellen.
- Leistungsforderungen

Rechnungsabgrenzungsposten der Passivseite (PRA)

- Einnahmen vor dem Bilanzstichtag, die Erträge für die Zeit nach dem Bilanzstichtag darstellen.
- Leistungsverbindlichkeiten

1. Die Kraftfahrzeugsteuer für fünf Vertreterfahrzeuge in Höhe von insgesamt 2.610,00 EUR wurde am 31. August 20.. für die Zeit vom 1. September 20.. bis zum 31. August 20.. per Banküberweisung an das Finanzamt bezahlt. Ein Geschäftsjahr dauert vom 1. Januar bis zum 31. Dezember eines Jahres.
a) Buchung bei Zahlung am 1. September 20..
b) Buchung der zeitlichen Abgrenzung zum 31. Dezember 20..
c) Buchung nach der Eröffnung der Bestandskonten im neuen Geschäftsjahr

2. Am 28. Oktober 20.. wird die Miete von insgesamt 5.400,00 EUR für einen gemieteten Ausstellungsraum für die Zeit vom 1. November bis 31. Januar des folgenden Jahres im Voraus mit Banküberweisung bezahlt.
a) Buchung am 28. Oktober 20.. bei Lastschrift der Bank
b) Buchung der zeitlichen Abgrenzung zum 31. Dezember 20..
c) Buchung nach der Eröffnung der Bestandskonten im neuen Geschäftsjahr
d) Begründen Sie die Notwendigkeit der Buchung zum Ende des Geschäftsjahres.
e) Geben Sie den Buchungssatz für den Fall an, dass die zeitliche Abgrenzung bereits bei Buchung der Zahlung vorgenommen worden wäre.

3. **Kontenplan:** 091, 093, 131, 141, 151, 242, 411, 422, 481, 930, 940
Anfangsbestände

131 Bank	39.400,00 EUR	151 Kasse	2.460,00 EUR

Geschäftsfälle EUR

1. **BA vom 25.07.:** Banküberweisung der Jahresprämie für Gebäudefeuerversicherung und Gebäudehaftpflicht für den Versicherungszeitraum 1. August bis 31. Juli 7.200,00
2. **BA vom 29.07.:** Banküberweisung der Halbjahresmiete für vermietete Geschäftsräume für die Zeit vom 1. August bis 31. Januar 4.800,00
3. **BA vom 26.10.:** Banküberweisung der Kraftfahrzeugsteuer für den Geschäftswagen für die Zeit vom 1. November bis 30. April 480,00
4. **KB vom 01.12.:** Barzahlung der Miete für eine gemietete Garage für die Monate Dezember bis einschließlich Februar 210,00
5. **BA vom 27.12.:** Banküberweisung der Bezugskosten für eine Fachzeitschrift für das 1. Quartal des folgenden Geschäftsjahres einschl. 7 % Umsatzsteuer 64,20

Stellen Sie die Salden der obigen Konten nach Durchführung der Abgrenzungen in einer Saldenliste zusammen.

4. Bilden Sie die Buchungssätze
a) bei Zahlung,
b) zum Jahresabschluss zum 31. Dezember,
c) nach Konteneröffnung im neuen Jahr.

1. Banküberweisung der Kfz-Versicherungsprämie am 31. August für die Zeit vom 1. September bis zum 31. August: 1.650,00 EUR
2. Für eine vermietete Garage geht die Januarmiete bereits am 28. Dezember auf das Bankkonto ein: 80,00 EUR
3. Für eine am 1. November gemietete Anlage wurde die Leasingrate für das erste Vierteljahr beim Vertragsabschluss mit Bankscheck gezahlt: 4.800,00 EUR.
4. Am 28. April wird die Kfz-Steuer für einen Lkw für die Zeit vom 1. Mai bis zum 30. April durch Banküberweisung gezahlt: 4.500,00 EUR.
5. Die im Voraus zu zahlende Jahresmiete für vermietete Büroräume geht am 30. April auf das Bankkonto ein: 21.600,00 EUR

2.2.2 Sonstige Verbindlichkeiten und Sonstige Forderungen

Am 31. Dezember stellt Frau Lapp fest, dass die Primus GmbH am 1. September ein Darlehen aufgenommen hat, für das am 31. August des folgenden Geschäftsjahres 600,00 EUR Zinsen zu zahlen sind. Frau Lapp ist sich nicht sicher, ob sie mit der Erfassung dieser Aufwendungen bis zur Vorlage eines Zahlungsbeleges im neuen Geschäftsjahr warten kann.

ARBEITSAUFTRÄGE

- Begründen Sie die Notwendigkeit der Erfassung zum 31. Dezember.
- Stellen Sie den Unterschied dieses Falles zu den Posten der Rechnungsabgrenzung heraus.

Sonstige Verbindlichkeiten

Vielfach liegen am Bilanzstichtag **Aufwendungen** vor, **für die noch keine Zahlungen vorgenommen wurden**. Um eine periodengerechte Erfolgsermittlung sicherzustellen muss der Aufwand am Bilanzstichtag für das alte Geschäftsjahr erfasst werden. Dies geschieht im Rahmen der vorbereitenden Abschlussbuchungen.

Beispiel Am 1. September wurde ein Darlehen aufgenommen, für das am 31. August des folgenden Geschäftsjahres 600,00 EUR Zinsen zu zahlen sind.
Bis zum 31. Dezember (Bilanzstichtag) sind 200,00 EUR Zinsaufwendungen entstanden, die in der Gewinn- und Verlustrechnung des alten Geschäftsjahres zu berücksichtigen sind. Bis zum Tag der Zahlung sind die noch offen stehenden Ausgaben als **Sonstige Verbindlichkeiten** auszuweisen.

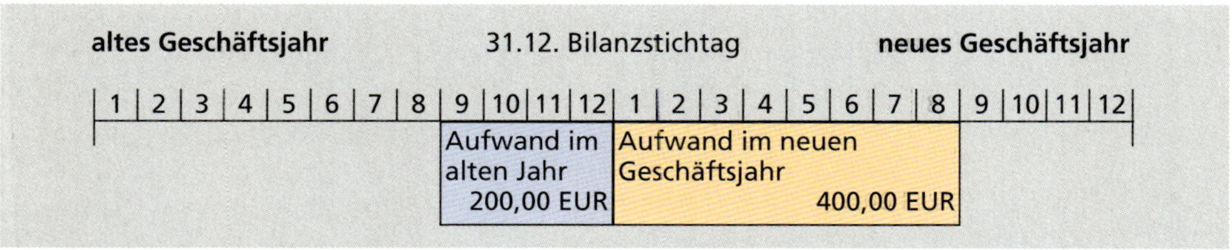

Buchungen im alten Geschäftsjahr	Buchungen im neuen Geschäftsjahr
31.12.: Vorbereitende Abschlussbuchungen 211 Zinsaufwendungen 200,00 an 194 Sonstige Verbindlichkeiten 200,00 **31.12.: Abschlussbuchungen** 930 Gewinn und Verlust 200,00 an 211 Zinsen u. ä. Aufwendungen 200,00 194 Sonstige Verbindlichkeiten 200,00 an 940 SBK 200,00	**02.01. Eröffnung** 910 EBK 200,00 an 194 Sonstige Verbindlichkeiten 200,00 **31.08. Zahlung durch Banküberweisung** 194 Sonstige Verbindlichkeiten 200,00 211 Zinsen u. ä. Aufwendungen 400,00 an 131 Bank 600,00

Sonstige Forderungen

Erträge des abzuschließenden **Geschäftsjahres, die noch nicht vereinnahmt wurden**, müssen wegen der periodengerechten Erfolgsermittlung als Ertrag des abgelaufenen Geschäftsjahres **erfasst** werden. Dies geschieht durch eine vorbereitende Abschlussbuchung.

Beispiel Für ein Darlehen über 40.000,00 EUR, das die Primus GmbH einem Kunden am 31. Juli gewährt hat, sind die Zinsen (9 %) jeweils jährlich nachträglich zu zahlen. Die Zahlung der Zinsen erfolgt also am 1. August des folgenden Jahres durch Banküberweisung.

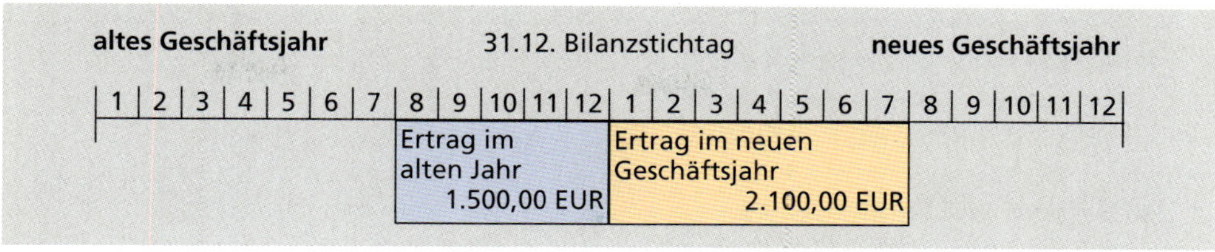

Buchungen im alten Geschäftsjahr	Buchungen im neuen Geschäftsjahr
31.12.: Vorbereitende Abschlussbuchungen 113 Sonstige Forderungen 1.500,00 an 261 Zinsen u. ä. Erträge 1.500,00 **31.12.: Abschlussbuchungen** 261 Zinsen u. ä. Erträge 1.500,00 an 930 Gewinn und Verlust 1.500,00 940 SBK 1.500,00 an 113 Sonstige Forderungen 1.500,00	**02.01. Eröffnung** 113 Sonstige Forderungen 1.500,00 an 910 EBK 1.500,00 **01.08. Banküberweisung der Zinsen** 131 Bank 3.600,00 an 113 Sonstige Forderungen 1.500,00 an 261 Zinserträge 2.100,00

Wesentlicher Unterschied der sonstigen Forderungen und sonstigen Verbindlichkeiten zu den Posten der Rechnungsabgrenzung besteht in der Auswirkung auf die Liquidität in der Zukunft. In den Fällen der Posten der Rechnungsabgrenzung trat die Liquiditätsänderung durch Einnahmen oder Ausgaben im alten Jahr ein. In den Fällen der sonstigen Forderungen und sonstigen Verbindlichkeiten tritt diese Liquiditätsänderung erst im folgenden Jahr ein:

Altes Jahr	31.12. Neues Jahr	Ausweis in der Bilanz
Ausgabe	Aufwand	Aktive Rechnungsabgrenzung (ARA)
Einnahme	Ertrag	Passive Rechnungsabgrenzung (PRA)
Aufwand	Ausgabe	Sonstige Verbindlichkeiten
Ertrag	Einnahme	Sonstige Forderungen

- Beide dienen der zeitlichen Rechnungsabgrenzung der Aufwendungen und Erträge und der periodengerechten Erfolgsermittlung.
- Aufwendungen und Erträge werden den Zeiträumen zugeordnet, die sie wirtschaftlich verursacht haben.

Sonstige Verbindlichkeiten und Sonstige Forderungen

Sonstige Verbindlichkeiten	Sonstige Forderungen
• Am Bilanzstichtag noch nicht erfolgte Ausgaben für einen genauen feststehenden Aufwand des abgelaufenen Geschäftsjahres • Geldverbindlichkeiten, die nach dem Bilanzstichtag zu Ausgaben führen.	• Am Bilanzstichtag noch nicht erfolgte Einnahmen für einen Ertrag aus dem abgelaufenen Geschäftsjahr • Geldforderungen, die nach dem Bilanzstichtag zu Einnahmen führen

1. Für ein Darlehen über 12.000,00 EUR, das einem Kunden gewährt wurde, sind 8 % Zinsen vertragsgemäß halbjährlich nachträglich zu zahlen, und zwar am 30. April und 31. Oktober.
Wie ist zu buchen
a) am 31. Dezember (Bilanzstichtag),
b) zum 1. Januar bei Eröffnung der Konten,
c) am 30. April bei Banküberweisung der Zinsen durch den Kunden?

2. Beim Jahresabschluss wurde festgestellt, dass die Dezembermiete in Höhe von 850,00 EUR für einen gemieteten Lagerraum versehentlich noch nicht bezahlt worden ist.
a) Welche Buchung ist am 31. Dezember vorzunehmen?
b) Wie ist zu buchen, wenn am 2. Januar die rückständige Dezembermiete zusammen mit der Januarmiete durch die Bank überwiesen wird?

3. 1. Die Primus GmbH hat einem Kunden ein kurzfristiges Darlehen von 36.000,00 EUR zu 9 % p. a. gewährt. Die Zinsen sind vertragsgemäß halbjährlich zu zahlen, und zwar jeweils am 1. April für den Darlehenszeitraum vom 30. September bis 31. März und am 1. Oktober für den Zeitraum vom 31. März bis 30. September.
a) Wie ist am 31. Dezember zu buchen?
b) Wie lautet die Buchung am 31. März bei Eingang der Zinszahlung durch Banküberweisung?

2. Die Miete für einen von der Primus GmbH gemieteten Lagerraum beträgt monatlich 2.500,00 EUR. Beim Jahresabschluss der Primus GmbH wird festgestellt, dass die Dezembermiete versehentlich noch nicht bezahlt worden ist.
a) Welche Buchung muss noch mit Datum vom 31. Dezember vorgenommen werden?
b) Wie ist zu buchen, wenn am 5. Januar die rückständige Dezembermiete zusammen mit der Januarmiete durch die Bank überwiesen wird?

3. Die Rechnung der Stadtwerke für den Stromverbrauch für Dezember steht noch aus. Aufgrund der Ablesung an den Zählern vom 31. Dezember hat die Primus GmbH einen Betrag von 7.800,00 EUR ermittelt.
a) Wie lautet die Buchung am 31. Dezember?
b) Wie ist zu buchen, wenn die Rechnung der Stadtwerke in Höhe von 13.200,00 EUR zuzüglich 2.508,00 EUR Umsatzsteuer am 23. Januar eingeht und sofort mit Banküberweisung bezahlt wird?

4. Die am 15. November fällige Gewerbesteuerschuld der Primus GmbH in Höhe von 5.000,00 EUR wurde vom Stadtsteueramt auf Antrag bis zum 15. Februar gestundet.
a) Wie ist folglich noch am 31. Dezember zu buchen?

b) Wie lautet die Buchung, wenn die rückständige Steuerschuld am 13. Februar durch Banküberweisung beglichen wird?

5. Für ein vermitteltes Geschäft stehen der Primus GmbH 1.500,00 EUR Provision zu. Hierfür wurde folgende Lastschriftanzeige erteilt:

Nettoprovision	1.500,00 EUR
+ 19 % Umsatzsteuer	285,00 EUR
	1.785,00 EUR

a) Wie ist am 31. Dezember zu buchen?

b) Welche Buchung ist vorzunehmen, wenn am 16. Januar der in Rechnung gestellte Betrag durch Banküberweisung bezahlt wird?

6. Dem Handelsvertreter stehen laut erfolgter Abrechnung für im Monat Dezember vermittelte Verkäufe 1.800,00 EUR Provision zu. Die hierauf entfallende Umsatzsteuer beträgt 342,00 EUR.

a) Wie ist am 31. Dezember zu buchen?

b) Wie lautet die Buchung, wenn der Handelsvertreter am 8. Januar über den Gesamtbetrag von der Primus GmbH einen Verrechnungsscheck erhält?

4. Ein Kunde erhielt am 1. April 20.. ein Darlehen in Höhe von 80.000,00 EUR zu dem günstigen Zinssatz von 6 % p. a. Die Zinsen sind jeweils halbjährlich im Voraus zahlbar am 1. Oktober und am 1. April eines Jahres. Die letzte Zinszahlung für die Zeit vom 30. September bis zum 30. März des folgenden Geschäftsjahres erfolgte per Banküberweisung in Höhe von 2.400,00 EUR am 1. Oktober des Geschäftsjahres.

a) Buchung der Zinszahlung am 1. Oktober des Geschäftsjahres.

b) Buchung der zeitlichen Abgrenzung zum 31. Dezember 20..

c) Buchung nach der Eröffnung der Bestandskonten im neuen Geschäftsjahr.

d) Stellen Sie fest, ob die Buchung der zeitlichen Abgrenzung einen vorliegenden positiven Unternehmungsgewinn mindert, mehrt oder unverändert lässt.

5. Prüfen Sie die Richtigkeit folgender Aussagen, indem Sie Ihre Entscheidung begründen. Es wird unterstellt, dass vor Buchung der zeitlichen Abgrenzung ein Unternehmungsgewinn vorlag.

a) Aktive Rechnungsabgrenzungsposten speichern Aufwendungen des folgenden Geschäftsjahres.

b) Die Buchung der aktiven Rechnungsabgrenzung führt zur Vermögensmehrung und zur Mehrung des Unternehmungsgewinns.

c) Würde eine notwendige passive Rechnungsabgrenzung nicht vorgenommen, dann ergäbe sich ein zu hoher Unternehmungsgewinn.

d) Im Voraus erhaltene Miete führt zur Notwendigkeit einer aktiven Rechnungsabgrenzung.

e) Mit der Buchung „ARA an Aufwandskonten" sind die für das kommende Geschäftsjahr im Voraus gezahlten Aufwendungen abzugrenzen.

6. **Kontenplan:** 091, 093, 131, 141, 151, 242, 411, 422, 426, 481, 930, 940.

Anfangsbestände:

131 Bank	16.000,00 EUR	151 Kasse	1.640,00

a) Buchen Sie folgende Geschäftsfälle 1 bis 5 am Tage der Ausgabe bzw. Einnahme.

b) Führen Sie beim Abschluss die erforderliche Abgrenzung durch.

c) Geben Sie die Buchungssätze zum Abschluss der Konten an.

d) Eröffnen Sie im neuen Geschäftsjahr die Konten 091 und 093.

e) Lösen Sie die Posten der Rechnungsabgrenzung auf.

Geschäftsfälle	EUR
1. **BA vom 25.07.**: Banküberweisung der Jahresprämie für Gebäudefeuerversicherung und Gebäudehaftpflicht für den Versicherungszeitraum 1. August bis 31. Juli	480,00
2. **BA vom 29.07.**: Banküberweisung der Halbjahresmiete für vermietete Geschäftsräume für die Zeit vom 1. August bis 31. Januar	2.400,00
3. **BA vom 26.10.**: Banküberweisung der Kraftfahrzeugsteuer für den Geschäftswagen für die Zeit vom 1. November bis 30. April	240,00
4. **KB vom 01.12.**: Barzahlung der Miete für eine gemietete Garage für die Monate Dezember bis einschließlich Februar	270,00
5. **BA vom 27.12.**: Banküberweisung der Bezugskosten für eine Fachzeitschrift für das 1. Quartal des folgenden Geschäftsjahres Bezugsentgelte einschließlich 7 % Umsatzsteuer	48,15

7. Einige Sachkonten eines Unternehmens weisen zum Jahresabschluss folgende Werte aus:

		Soll EUR	**Haben** EUR
091	Aktive Rechnungsabgrenzung	1.500,00	1.500,00
093	Passive Rechnungsabgrenzung	940,00	940,00
211	Zinsen u. ä. Aufwendungen	1.200,00	
242	Betriebsfremde Erträge		5.200,00
422	Kfz-Steuer	1.420,00	
426	Versicherungen	2.400,00	

Abschlussangaben:

Führen Sie aufgrund folgender Informationen die zeitlichen Abgrenzungen durch.

1. Für einen vermieteten Geschäftsraum wurde die Halbjahresmiete in Höhe von 2.400,00 EUR für die Zeit vom 1. August bis 31. Januar vertragsgemäß im Voraus gezahlt.
2. Die Gebäudefeuerversicherungsprämie in Höhe von 360,00 EUR war am 28. August für den Versicherungszeitraum 1. September bis 31. August an die Versicherung überwiesen worden.
3. Am 30. September wurden die Halbjahreszinsen in Höhe von 1.200,00 EUR für eine Darlehensschuld Im Voraus bezahlt.
4. Die Kfz-Steuer über 120,00 EUR wurde am 30. November für die Zeit vom 1. Dezember bis 28. Februar bezahlt.

Stellen Sie die Salden der obigen Konten nach Durchführung der Abgrenzungen in einer Saldenliste zusammen.

8. a) Erläutern Sie die Unterschiede zwischen den Posten der Rechnungsabgrenzung und den sonstigen Forderungen und Verbindlichkeiten

b) Die Jahresmiete über 6.000,00 EUR für die Lagerräume wurde am 1. Juli für ein Jahr im Voraus bezahlt und über das Konto 411 Mieten gebucht. Am Ende des Jahres wurde der ganze Betrag auf das Konto 930 GuV übertragen. Bei einer Steuerprüfung im folgenden Geschäftsjahr wird diese Buchung beanstandet. Wie erklären Sie sich diese Kritik?

9. Die Gold GmbH ermittelte ein vorläufiges positives Unternehmensergebnis von 176.000,00 EUR. Sie hatte bei ihrer Erfolgsermittlung folgenden Sachverhalt noch nicht berücksichtigt:

Am 1. Juni des folgenden Geschäftsjahres sind Zinsen für den Kreditzeitraum 30. November bis zum 31. Mai in Höhe von 8 % p. a. an ein Kreditinstitut für einen durch eine Grundschuld gesicherten Kredit von 240.000,00 EUR zu zahlen.

Prüfen Sie die Richtigkeit folgender Aussagen:

a) Die Berücksichtigung des obigen Sachverhalts führt zu einer Erhöhung der Aufwendungen des Geschäftsjahres um 9.600,00 EUR.
b) Die Gold GmbH hat beim Jahresabschluss noch eine Geldverbindlichkeit von 1.600,00 EUR zu erfassen.
c) Das Unternehmungsergebnis würde bei Beachtung des Sachverhalts 184.000,00 EUR betragen.
d) Da es sich bei den Zinsen um Aufwendungen des folgenden Geschäftsjahres handelt, ist eine aktive Rechnungsabgrenzung durchzuführen.
e) Die Berücksichtigung des obigen Sachverhalts führt zu einer Verminderung des Unternehmungsergebnisses und zu einer Erhöhung der ausgewiesenen Verbindlichkeiten.

10. Ordnen Sie die unten stehenden Sachverhalte den folgenden Inhalten ordnungsgemäß zu:

(1) Aktive Rechnungsabgrenzung
(2) Passive Rechnungsabgrenzung
(3) Sonstige Forderungen
(4) Sonstige Verbindlichkeiten
(5) kein Vorgang der zeitlichen Abgrenzung

Sachverhalte:

a) Zum Geschäftsjahresende noch nicht erhaltene Einnahmen für Erträge des kommenden Geschäftsjahres
b) Ausgaben vor dem Geschäftsjahresende für Aufwendungen des kommenden Geschäftsjahres
c) Zum Geschäftsjahresende noch nicht erhaltene Einnahmen für Erträge des Geschäftsjahres
d) Aufwendungen des Geschäftsjahres, die erst im kommenden Geschäftsjahr zu einer Ausgabe führen
e) Ausgaben im Geschäftsjahr für Aufwendungen des Geschäftsjahres
f) Zum Geschäftsjahresende bereits vorliegende Einnahmen für Erträge des folgenden Geschäftsjahres

2.2.3. Rückstellungen

Aufgrund der Betriebsprüfung durch das Finanzamt muss die Primus GmbH mit einer Gewerbesteuernachzahlung rechnen. Herr Müller weist Frau Lapp an, diese Tatsache bei der Erstellung des Jahresabschlusses zu berücksichtigen. Frau Lapp weiß nicht, wie sie die mögliche Nachzahlung erfassen soll, zumal ihr auch ein entsprechender Beleg fehlt.

ARBEITSAUFTRÄGE

- Erläutern Sie die Auswirkungen auf den Jahresabschluss, wenn Frau Lapp die Nachzahlung nicht berücksichtigt.
- Bilden Sie den erforderlichen Buchungssatz.

Ungewisse Verbindlichkeiten für Aufwendungen des Geschäftsjahres

Für zahlreiche Aufwendungen, die dem abgelaufenen Rechnungsjahr zugerechnet werden müssen, stehen zum Jahresabschluss **Höhe** bzw. **Fälligkeit** der zu leistenden Ausgabe noch nicht fest.

Beispiele gemäß § 249 Abs. 1 HGB
- Ungewisse Verbindlichkeiten, wie mögliche Garantieverpflichtungen, zu erwartende Steuernachveranlagungen, zu erwartende Prozesskosten
- Unterlassene Aufwendungen für Instandsetzung, die in den ersten drei Monaten des folgenden Geschäftsjahres nachgeholt werden, wie Dach- oder Kfz-Reparaturen
- Gewährleistungen, die ohne rechtliche Verpflichtung erbracht wurden (Kulanzleistungen)
- Pensionsverpflichtungen (Vorsorgeaufwendungen für leitende Angestellte)

Zum Zwecke einer **periodengerechten** und **vorsichtigen Erfolgsermittlung müssen** für solche Aufwendungen Beträge geschätzt und als **Verbindlichkeiten in Form von Rückstellungen** auf der Passivseite der Bilanz ausgewiesen werden.

Nach § 249 Abs. 2 HGB i. d. F. d. BiMoG dürfen **keine** Rückstellungen für genau umschriebene andere **Aufwendungen**, die dem Geschäftsjahr oder einem früheren Jahr zuzuordnen sind, gebildet werden. Dieses **Passivierungsverbot** wird damit begründet, dass

- **keine echte Außenverpflichtung** vorliege,
- **lediglich eine Korrektur der Ertragslage erfolge**
- und auch **keine periodengerechte Zuordnung** erfolge.

Beispiele Aufwendungen für die Entsorgung von Lösungsmitteln, Aufwendungen für Großreparaturen am Gebäude, Aufwendungen für Generalüberholungen von Verwaltungsgebäuden

Rückstellungen sind Verbindlichkeiten für Aufwendungen, deren Höhe bzw. Fälligkeit am Bilanzstichtag noch nicht feststehen.

Bildung von Rückstellungen

Die Höhe einer Rückstellung muss geschätzt werden. Wegen der Unsicherheit bei der Bemessung besteht

- die **Gefahr der Unterbewertung** (zu niedriger Ansatz der Rückstellung),
- die **Möglichkeit der Überbewertung** (Bildung stiller Reserven durch zu hohen Ansatz der Rückstellung).

Die Rückstellungen sind in der Höhe des nach vernünftiger kaufmännischer Beurteilung **notwendigen Erfüllungsbetrages** anzusetzen. Der Verweis auf den Erfüllungsbetrag impliziert, dass künftige Preis- und Kostensteigerungen bei der Bewertung von Rückstellungen zu berücksichtigen sind. Bei der Bildung der Rückstellung wird der geschätzte Betrag als Aufwand erfasst und dem entsprechenden Rückstellungskonto im Haben gutgeschrieben. Nach § 266 HGB sind für den Ausweis der Rückstellungen drei Konten vorgesehen:

0721	Pensionsrückstellungen	0724	Sonstige Rückstellungen
0722	Steuerrückstellungen		

Auswirkung von Rückstellungen

Rückstellungen werden für Aufwendungen gebildet. Dadurch wird der Gewinn der Rechnungsperiode um diesen Betrag gemindert. Entsprechend vermindern sich die **Steuern**, die vom Gewinn berechnet werden (z. B. Körperschaftsteuer bei GmbH und AG), und die **Ausschüttungen** an die Gesellschafter.

Beispiel Frau Lapp hat aufgrund ihrer Schätzungen folgenden Beleg über die erwartete Gewerbesteuernachzahlung erstellt:

PRIMUS GmbH
Groß- und Außenhandel für Bürobedarf

Buchungsbeleg-Nr. *37653*

		SOLL		HABEN	
Datum	Buchungstext	Konto	EUR	Konto	EUR
31.12.20..	Die Gewerbesteuerabschlusszahlung für das Geschäftsjahr 20.. wird auf 8.000,00 EUR geschätzt.	421	8.000,00	0722	8.000,00

Ausgestellt: *22.12.20..* *I. Lapp* | Genehmigt: *31.12.20..* *M. Müller* | Gebucht: *15.01.20..* *S. 736/3*

S	0722 Steuerrückstellungen		H
940	8.000,00	421	8.000,00

S	421 Gewerbesteuer		H
0722	8.000,00	930	8.000,00

S	940 SBK		H
		0722	8.000,00

S	930 GuV		H
421	8.000,00		

Auflösung von Rückstellungen

Eine Rückstellung ist aufzulösen, wenn **der Grund für ihre Bildung weggefallen ist** und damit der angenommene Aufwand und die geschätzte Schuld nicht entstehen (§ 249 Abs. 3 HGB).

Die Auflösung der Rückstellung im Folgejahr macht in den folgenden Fällen **erfolgswirksame Korrekturbuchungen** notwendig.

Zahlungsverpflichtung > Rückstellung	Zahlungsverpflichtung < Rückstellung
Buchung des bisher nicht erfassten Aufwandes als periodenfremden Aufwand	Buchung eines Ertrages aus der Auflösung von Rückstellungen als periodenfremden Ertrag

Beispiel Am 10. Februar des folgenden Geschäftsjahres geht ein Steuerbescheid über 7.500,00 EUR vom Steueramt der Stadt Duisburg ein.

Der Betrag wird sofort an die Stadtkasse durch Bank überwiesen.

Buchung:

0722 Steuerrückstellungen	8.000,00	an 131 Bank	7.500,00
		an 243 Periodenfremde Erträge	500,00

Ist die **Zahlung höher** (z. B. 9000,00 EUR) **als die gebildete Rückstellung** (8.000,00 EUR), ergibt sich folgende Buchung:

0722 Steuerrückstellungen	8.000,00		
203 Periodenfremde Aufwendungen	1.000,00	an 131 Bank	9.000,00

Rückstellungen

- Rückstellungen sind Verbindlichkeiten, die im Gegensatz zu den anderen ausgewiesenen Verbindlichkeiten der **Höhe** und/oder **Fälligkeit** nach am Bilanzstichtag noch **nicht feststehen**; sie werden daher geschätzt.
- Rückstellungen werden bei der Erfassung im Haben des Kontos 072 Rückstellungen gebucht.

1. Der Kunde Herstadt Warenhaus GmbH hat am 15. Dezember des Geschäftsjahres erhebliche Mängel an zu Beginn des Jahres gelieferten Büromöbeln mit einer 2-Jahres-Garantie gemeldet.

Die Primus GmbH schätzt die im folgenden Geschäftsjahr zu übernehmenden Instandsetzungsaufwendungen für diese Schäden auf etwa 17.000,00 EUR. Am 17. März des folgenden Geschäftsjahres trat der Garantiefall ein. Die Rechnung einer beauftragten Unternehmung zur Durchführung der Reparatur belief sich auf 16.200,00 EUR zuzüglich 19 % Umsatzsteuer. Sie wurde sofort per Banküberweisung bezahlt.

Bilden Sie die Buchungssätze

a) zum 31. Dezember,

b) zum 17. März.

2. Die Miete für einen gemieteten Lagerraum beträgt monatlich 2.400,00 EUR. Beim Jahresabschluss wird festgestellt, dass die Dezembermiete versehentlich noch nicht bezahlt wurde.

a) Welche Buchung muss noch mit Datum vom 31. Dezember vorgenommen werden?

b) Wie ist zu buchen, wenn die rückständige Dezembermiete am 2. Januar zusammen mit der Januarmiete durch die Bank überwiesen wird?

3. Die Rechnung der Stadtwerke für den Stromverbrauch für Dezember steht noch aus. Aufgrund der Ablesung an den Zählern am 31. Dezember wird ein Betrag von 4.800,00 EUR ermittelt.

a) Wie lautet die Buchung am 31. Dezember?

b) Wie ist zu buchen, wenn am 23. Januar die Rechnung der Stadtwerke in Höhe von 6.200,00 EUR zuzüglich 1.178,00 EUR Umsatzsteuer eingeht und sofort mit Banküberweisung bezahlt wird?

4. Zum 31. Dezember wurde festgestellt, dass dringende Reparaturarbeiten am Lagergebäude nicht durchgeführt worden sind. Nach den vorliegenden Kostenvoranschlägen werden die Aufwendungen wahrscheinlich etwa 42.000,00 EUR betragen. Die Instandsetzungsarbeiten sollen im Monat Februar des folgenden Geschäftsjahres durchgeführt werden. Nach Erledigung der Reparaturarbeiten im Februar wurde die Rechnung über 43.100,00 EUR zuzüglich 19 % Umsatzsteuer sofort per Banküberweisung beglichen.

a) Wie lautet die Buchung am 31. Dezember?

b) Wie lautet die Buchung bei Zahlung der Rechnung im Februar des folgenden Geschäftsjahres?

5. Wegen einer strittigen Vertragsabwicklung mit einem Lieferer befindet sich die Primus GmbH zum Ende des Geschäftsjahres in einem Rechtsstreit mit diesem Lieferer. Da der Ausgang des Prozesses ungewiss ist, können möglicherweise Rechtskosten in Höhe von 16.000,00 EUR entstehen. Im Juni des folgenden Geschäftsjahres lag die Abrechnung für den Prozess vor:

Gerichtskosten		4.600,00 EUR
Rechtsanwaltskosten	12.000,00 EUR	
+ 19 % Umsatzsteuer	2.280,00 EUR	14.280,00 EUR

Die Zahlung der Rechnung erfolgte per Banküberweisung.

a) Wie lautet die Buchung am 31. Dezember?

b) Wie lautet die Buchung bei Bezahlung der Rechnungen im Juli des folgenden Jahres?

6. Die Gewerbesteuerabschlusszahlung für das laufende Jahr wird zum 31. Dezember auf 52.000,00 EUR geschätzt. Laut Gewerbesteuerbescheid vom 18. März des folgenden Geschäftsjahres beträgt die restliche Gewerbesteuer 54.000,00 EUR. Die Zahlung der restlichen Gewerbesteuer für das vergangene Geschäftsjahr erfolgte per Banküberweisung.

a) Wie lautet die Buchung zum 31. Dezember des Geschäftsjahres?

b) Wie lautet die Buchung bei Bezahlung per Banküberweisung am 18. März des folgenden Jahres?

7. Geben Sie die Buchungssätze zum Geschäftsjahresende an für eine

(1) Sonstige Forderung

(2) Sonstige Verbindlichkeit

(3) Aktive Rechnungsabgrenzung

(4) Passive Rechnungsabgrenzung

Benutzen Sie zur Formulierung des Buchungssatzes folgende Konten:

113 Sonstige Forderungen	091 Aktive Rechnungsabgrenzung
194 Sonstige Verbindlichkeiten	093 Passive Rechnungsabgrenzung
242 Betriebsfremde Erträge	411 Miete, Pacht, Leasing

8. Ein Großhandelsbetrieb bildet am 31. Dezember für eine einem Kunden gegenüber eingegangene Garantieverpflichtung für eine an ihn gelieferte Maschine eine Rückstellung von 2.500,00 EUR.

Der Kunde musste im neuen Geschäftsjahr einen Mangel an der Maschine durch Reparatur beseitigen lassen. Die quittierte Rechnung über die durchgeführte Maschinenreparatur überreicht er uns am 4. Februar mit der Bitte um Erstattung:

Maschinenreparatur, netto	2.800,00 EUR	
+ 19 % Umsatzsteuer	532,00 EUR	3.332,00 EUR

a) Wie lautet die Buchung zur Bildung der Rückstellung?

b) Wie lautet die Buchung zum Abschluss des Kontos Rückstellungen?

c) Wie lautet die Buchung, wenn dem Kunden am 4. Februar wegen der Maschinenreparatur eine Gutschrift zugeschickt wird?

9. Bilden Sie die Buchungssätze für die folgenden Geschäftsfälle:
10. Geschäftsfälle:

Geschäftsfall	9. EUR	10. EUR
1. a) Aufgrund einer Buch- und Betriebsprüfung durch das Finanzamt ist für das abzuschließende Geschäftsjahr mit einer Gewerbesteuernachzahlung zu rechnen von	6.000,00	10.000,00
b) Wie ist am 24. März zu buchen, wenn der Nachveranlagungsbescheid über … lautet und durch Banküberweisung bezahlt wird?	7.500,00	9.000,00
2. a) Für die noch zu erwartende Jahresabschlusszahlung an die Berufsgenossenschaft wegen der Unfallversicherung wird am 31. Dezember eine Rückstellung gebildet über	5.000,00	3.500,00
b) Aufgrund der Jahresabschlussrechnung der Berufsgenossenschaft vom 29. Januar werden für das vergangene Geschäftsjahr als Beitrag zur Berufsgenossenschaft durch die Bank überwiesen	4.500,00	4.500,00
3. a) Für einen schwebenden Rechtsstreit, der sich zu unseren Ungunsten entwickelt hat, wird am 31. Dezember eine Rückstellung in Höhe von … gebildet.	15.000,00	12.000,00
b) Wie ist zu buchen, wenn wir am 27. April des folgenden Geschäftsjahres an die Gerichtskasse und an den Prozessgegner durch Banküberweisung zahlen	13.000,00	13.000,00
4. a) Aufgrund einer Warenlieferung, für die wir eine einjährige Garantieverpflichtung eingegangen sind, wird eine Rückstellung gebildet von	3.000,00	5.000,00
b) zu **Aufgabe 9**: Der Käufer hat innerhalb der Garantiefrist an uns keine Ansprüche gestellt. Wie ist am Ende des folgenden Geschäftsjahres zu buchen? zu **Aufgabe 10**: Der Käufer hat uns aufgrund der Garantieverpflichtung in Anspruch genommen und für durchgeführte Nachbesserungsarbeiten Rechnung erteilt: netto		3.200,00
+ 19 % Umsatzsteuer		608,00
		3.808,00

Den Rechnungsbetrag haben wir mit Verrechnungsscheck beglichen.

11. Wie verändern die folgenden noch zu buchenden Geschäftsfälle ein vorläufiges positives Unternehmungsergebnis?

Geben Sie die Buchungssätze an und stellen Sie fest, ob das Unternehmungsergebnis a) erhöht, b) vermindert oder c) nicht beeinflusst wird.

1. **31.12.:** Es wird festgestellt, dass am 1. November des Geschäftsjahres Zinsen für die Zeit vom 30. Oktober des Geschäftsjahres bis zum 30. April des folgenden Geschäftsjahres von uns im Voraus bezahlt wurden.

2. **30.12.**: Die Januarmiete für eine vermietete Lagerhalle wurde durch Banküberweisung bezahlt.
3. **31.12.**: Es wird festgestellt, dass am 1. Dezember des Geschäftsjahres der Mieter die Miete für eine gemietete Garage für drei Monate im Voraus an uns überwies.
4. **31.12.**: Es wird festgestellt, dass am 1. November des Geschäftsjahres die Kfz-Steuer für einen Lkw von uns im Voraus für die Zeit vom 1. November des Geschäftsjahres bis zum 30. Oktober des folgenden Geschäftsjahres überwiesen wurde.
5. **20.12.**: Eine fällige Lieferrechnung wurde mit Bankscheck bezahlt.
6. **31.12.**: Die Reparaturaufwendungen für die Instandsetzung einer Lagertransportanlage sollen laut Kostenvoranschlag 4.000,00 EUR betragen. Die Instandsetzung soll im Februar des folgenden Geschäftsjahres durchgeführt werden.
7. **31.12.**: Es wird festgestellt, dass die betrieblichen Stromkosten laut Zählerstand für den Monat Dezember des Geschäftsjahres insgesamt 14.000,00 EUR betragen werden. Die Rechnung ist noch nicht eingetroffen.
8. **31.12.**: Es wird festgestellt, dass die Zinsen für eine Darlehensforderung an uns nachträglich am 1. November des Geschäftsjahres und am 1. Mai des folgenden Geschäftsjahres zahlbar sind.
9. **10.12.**: Die Umsatzsteuerzahllast für den Monat November des Geschäftsjahres wurde an das Finanzamt mit Banküberweisung bezahlt.
10. **31.12.**: Die Gewerbesteuerabschlusszahlung für das Geschäftsjahr wird auf 25.000,00 EUR geschätzt.

3 Vermögens-, Kapital- und Erfolgsstruktur mithilfe von Kennziffern beurteilen

3.1 Die Bilanz statistisch aufbereiten und mithilfe von Kennzahlen zum Vermögensaufbau, zur Finanzierung, Investition und Liquidität auswerten

Die Primus GmbH hat einen Kredit über 400.000,00 EUR zur Finanzierung eines Erweiterungsbaus bei der Kreissparkasse Duisburg beantragt. Auf Verlangen der Kreditsachbearbeiterin hat Herr Müller dem Antrag die nachstehenden Bilanzen der beiden letzten Geschäftsjahre beigefügt. Die Kreditsachbearbeiterin befasst sich intensiv mit den Posten des Anlagevermögens und der Schulden

Bilanzen der Primus GmbH

A	Berichtsjahr	Vorjahr	P	Berichtsjahr	Vorjahr
A. Anlagevermögen			**A. Eigenkapital**		
I. Sachanlagen	907.500,00	782.500,00	I. Gezeichnetes Kapital	600.000,00	600.000,00
B. Umlaufvermögen			II. Gewinnrücklage	156.250,00	50.000,00
I. Vorräte	247.875,00	206.500,00	III. Jahresüberschuss[1]	109.639,50	206.250,00
II. Forderungen und sonstige Vermögensgegenstände	131.625,00	128.500,00	**B. Rückstellungen**[2]	172.500,00	142.500,00
III. Schecks, Kassenbestand, Bundesbankguthaben, Guthaben bei Kreditinstituten	113.000,00	82.500,00	**C. Verbindlichkeiten**[3]	361.610,50	201.250,00
	1.400.000,00	1.200.000,00		1.400.000,00	1.200.000,00

[1] 106.250,00 EUR wurden im Vorjahr den Gewinnrücklagen zugeführt, der Rest den kurzfristigen Verbindlichkeiten. Im Berichtsjahr soll der gesamte Jahresüberschuss ganz im Unternehmen bleiben.

[2]

	Berichtsjahr	Vorjahr
davon Pensionsrückstellungen	125.000,00	100.000,00
Steuerrückstellungen	22.500,00	25.000,00
Sonstige Rückstellungen	25.000,00	17.500,00

[3] davon 150.000,00 EUR (im Vorjahr 50.000,00 EUR) mit einer Laufzeit von über 5 Jahren, die übrigen Verbindlichkeiten haben Laufzeiten unter einem Jahr.

ARBEITSAUFTRÄGE

- Erklären Sie das besondere Interesse der Kreditsachbearbeiterin für das Anlagevermögen und die Schulden.
- Stellen Sie Gründe zusammen, weshalb die Kreditsachbearbeiterin die Vorlagen der beiden letzten Bilanzen verlangt hat.
- Überprüfen Sie, ob Sie nach Auswertung der Bilanzen den beantragten Kredit bewilligen würden.

Notwendigkeit der Auswertung

Mit der Erstellung des Jahresabschlusses (Bilanz und Gewinn- und Verlustrechnung) ist die Aufgabe des kaufmännischen Rechnungswesens nicht erfüllt. Vielmehr will der Unternehmer über eine kritische Auswertung der Zahlen der Buchführung seine **Marktstellung** erkennen und **Daten zur Unternehmenssteuerung** gewinnen.

Die Ergebnisse sind jedoch nicht nur **für** die **Geschäftsleitung** von außerordentlicher Bedeutung, sondern auch **für Außenstehende.** So versuchen die Gläubiger, z. B. Lieferer und Geldgeber, aus den veröffentlichten bzw. vorgelegten Bilanzen Einblick in die Unternehmen zu gewinnen, etwa

- bei Kreditwürdigkeitsprüfungen,
- vor einer Beteiligung.

In diesem Zusammenhang wird beispielsweise erörtert, ob der Betrieb über genügend **Haftungskapital** verfügt, ob die **flüssigen Mittel** reichen, um kurzfristige Schulden zu tilgen, ob die Ertragslage eine Beteiligung sinnvoll erscheinen lässt, ob der richtige **steuerliche Gewinn** dokumentiert wurde.

Die Auswertungsunterlagen dürfen daher keine Zahlen enthalten, die über die wirkliche Vermögens- und Erfolgslage des Unternehmens hinwegtäuschen.

Aufbereitung des Zahlenmaterials

Einzeldaten, z. B. Anlage-, Umlaufvermögen, Kostensumme, Personalkosten oder Umsatz, haben allein und isoliert betrachtet nur geringe Aussagekraft. Von ihnen allein geht kaum ein Anstoß zur kritischen Auseinandersetzung aus. Erst im Vergleich mit anderen Zahlen des Betriebes, z. B. mit dem AV, UV des Vorjahres, mit der Kostensumme des Vorjahres oder den Personalkosten des Vorjahres, dem Umsatz des Vorjahres, werden Abweichungen, Tendenzen und Beziehungen verdeutlicht.

Verhältniszahlen

Zahlen, die zwei statistische Werte in Beziehung setzen, sind **Verhältniszahlen.** Das Verhältnis der Größe einer Zahl zu einer anderen wird in **Prozent** oder **Promille** ausgedrückt.

Verhältniszahlen treten als **Gliederungs-**, **Beziehungs-** und **Messzahlen** auf.

Gliederungszahlen

Eine Gliederungszahl drückt einen Teilwert, einen Anteil oder eine Quote im Verhältnis zum Gesamtwert in Prozent aus.

Beispiel

Anteil einer Kostenart an den Gesamtkosten	Anteil eines Vermögenspostens am Gesamtvermögen	Anteil eines Januarumsatzes am Jahresumsatz
$\frac{\text{Eine Kostenart} \cdot 100}{\text{Gesamtkosten}}$	$\frac{\text{Ein Vermögensposten} \cdot 100}{\text{Gesamtvermögen}}$	$\frac{\text{Januarumsatz} \cdot 100}{\text{Jahresumsatz}}$

Im Zähler der Gliederungszahl steht somit eine **Teilmasse** aus der gleichartigen **Gesamtmasse** im Nenner gegenüber. Gliederungszahlen sind dadurch immer kleiner als 100 %.

Beispiel Die Gesamtaufwendungen der Primus GmbH betrugen laut GuV-Rechnung im letzten Jahr 3 597 353,00 EUR, der Personalaufwand 1.092.500,00 EUR. Wie groß ist der Anteil der Personalaufwendungen an den Gesamtaufwendungen?

Lösung:
3.597.353,00 EUR = 100 %
1.092.500,00 EUR = x %

$$x = \frac{100 \cdot 1.092.500}{3.597.353} = \underline{\underline{30,4\ \%}}$$

Der Anteil der Personalaufwendungen beträgt 30,4 %.

Beziehungszahlen

Beziehungszahlen drücken das **Verhältnis** zweier verschiedenartiger statistischer Zahlen in Prozent aus. Es sollte zwischen den vergleichbaren Werten eine Beziehung oder eine innere Abhängigkeit bestehen.

Beispiel

Verhältnis vom Gewinn zum eingesetzten Kapital	Verhältnis von Aufwand zum erzielten Ertrag	Verhältnis vom Gewinn zu den Selbstkosten
$\frac{\text{Gewinn} \cdot 100}{\text{Eigenkapital}}$	$\frac{\text{Aufwand} \cdot 100}{\text{Ertrag}}$	$\frac{\text{Gewinn} \cdot 100}{\text{Selbstkosten}}$

Beispiel

Die Gesamtaufwendungen der Primus GmbH betrugen laut GuV-Rechnung im letzten Jahr 3.597.353,00 EUR, der Ertrag 3.706.992,50 EUR. Wie hoch sind die Aufwendungen in Prozent, bezogen auf den Ertrag?

Lösung:

3.706.992,50 EUR = 100 %
3.597.353,00 EUR = x %

$$x = \frac{100 \cdot 3.597.353}{3.706.992,50} = \underline{\underline{97,0\ \%}}$$

Der Anteil der Gesamtaufwendungen am Gesamtertrag beträgt 97,0 %.

Messzahlen

Messzahlen drücken das Verhältnis zwischen zwei oder mehreren gleichartigen statistischen Inhalten (Massen) aus. Es sind Vergleichszahlen von mehreren gleichartigen Größen (z. B. Umsatz 2004, 2005, 2006, 2007, 2008, 2009, 2010) mit einer der Größen (= Vergleichsbasis, z. B. Umsatz 2004).

Will man wirtschaftliche Entwicklungen (z. B. Umsatz, Kosten einer Unternehmung) von einem bestimmten Zeitpunkt aus in ihrer Veränderung verfolgen, bedient man sich der Indexzahlen. Das sind **Messzahlen**, welche die durchschnittliche prozentuale Veränderung der statistischen Masse des Beobachtungszeitraumes zum Basiszeitraum berechnen. Dabei wird die jeweils jüngste statistische Angabe auf den Ausgangswert bezogen, der mit 100 gleichgesetzt wird.

Die einzelne Messzahl kann noch nicht als Index bezeichnet werden, da sie noch keinen Einblick in die Entwicklung vermittelt. Erst durch die Aneinanderreihung mehrerer Kennzahlen entsteht ein aussagefähiger Index.

Beispiel

$$\frac{\text{Umsatz 2011} \cdot 100}{\text{Umsatz 2004}} \qquad \frac{\text{Lohnkosten 2011} \cdot 100}{\text{Lohnkosten 2004}} \qquad \frac{\text{Durchschnittliche Lagerdauer 2011} \cdot 100}{\text{Durchschnittliche Lagerdauer 2004}}$$

Die Primus GmbH erzielte mit der Warengruppe „Verbrauch"

Geschäftsjahr	2004	2005	2006	2007	2008	2009	2010	2011
Umsatz in EUR	668.016	714.777	741.498	781.579	801.619	768.218	835.020	888.461
Messzahl	100	107	111	117	120	115	125	133

Die Umsätze der Jahre 2005–2011 werden mit dem Basis- oder Vergleichsjahr 2004 (= 100) verglichen.

Messzahl 2011

668.016 EUR = 100 %
888.461 EUR = x %

$$x = \frac{100 \cdot 835.020}{668.016} = \underline{\underline{133}}$$

○ Durchschnittszahlen

Durchschnittszahlen sind Mittelwerte einer statistischen Reihe ungleicher Größen. Sie geben das Wesen in einer Hilfsgröße an.

Beispiele

- Der durchschnittliche Umsatz der Reisenden kennzeichnet den Mittelwert der statistischen Reihe der ungleichen Umsätze der einzelnen Reisenden.
- Der durchschnittliche Lagerbestand kennzeichnet den Mittelwert der statistischen Reihe der ungleichen Monatsendbestände.

Inhaltlich sind der **einfache** und der **gewogene Durchschnitt** voneinander zu unterscheiden.

● Darstellung des statistischen Zahlenmaterials

Eine sinnvolle und anschauliche Darstellung des gesammelten und rechnerisch aufbereiteten Materials erleichtert die Auswertung. Hierzu bedient sich die Statistik der **Tabelle** und **grafischer** Darstellungen.

○ Die Tabelle

Die Tabelle ist eines der gebräuchlichsten Mittel zur übersichtlichen Darstellung von Zahlen nach bestimmten Ordnungskriterien.

- Eine **Überschrift** (z. B. „Umsatzstatistik") kennzeichnet ihren Inhalt.
- Der **Tabellenkopf** gibt die statistischen Merkmale der Zahlen in den senkrechten Spalten an (z. B. Umsatz, Umsatz je Beschäftigter, Kundenzahl u. Ä.).
- Die **Vorspalte** weist statistische Merkmale der waagerechten Zeilen aus (z. B. Januar, Februar usw.)

Beispiel

Umsatzstatistik									
	Umsatz			Umsatz je Mitarbeiter			Kundenzahl		
Monat	Abrechnungsjahr in EUR	Vorjahr in EUR	in % zur Vergleichszahl	Abrechnungsjahr in EUR	Vorjahr in EUR	in % zur Vergleichszahl	Abrechnungsjahr in EUR	Vorjahr in St.	in % zur Vergleichszahl
Januar	387.000,00	332.500,00	120,0	7.740,00	6.650,00	116,4	120	96	125,0
Februar	348.000,00	330.000,00	116,0	6.960,00	6.000,00	116,0	100	90	111,1
März	369.600,00	330.000,00	112,0	7.392,00	6.600,00	112,0	110	88	125,0
usw.									

○ Grafische Darstellungen

Das Flächendiagramm

Flächendiagramme können als Kreis-, Halbkreis-, Quadrat- oder Rechteckfläche dargestellt werden. Sie eignen sich besonders gut zur Veranschaulichung von Gliederungszahlen, also von Anteilen an einem Ganzen.

Beispiele für Flächendiagramme

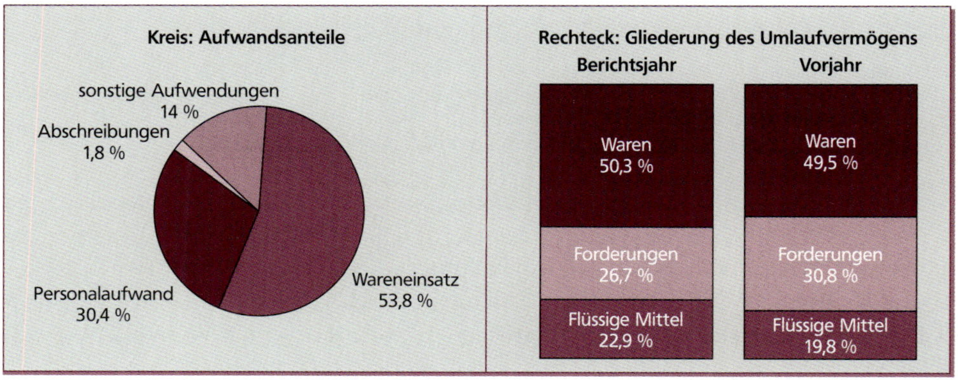

Beispiele
- Umsatzanteil einzelner Artikel, Warengruppen, Reisende am Gesamtumsatz
- Anteile einzelner Kostenarten an den Gesamtkosten
- Anteile der Vermögenspositionen am Gesamtvermögen
- Anteile der Kapitalpositionen am Gesamtkapital

Säulen- oder Stabdiagramme und Balkendiagramme

Statistische Zahlenwerte werden durch die Höhe nebeneinandergestellter **(Stab- oder Säulendiagramme)** oder übereinandergelegter **(Balkendiagramme)** Stäbe oder Säulen vergleichbar dargestellt. Sie eignen sich besonders gut zum Größenvergleich von Anteilen an einem Ganzen, zum Betriebsvergleich oder Zeitvergleich und zur Darstellung einer Entwicklung.

Beispiele
- Umsätze einzelner Artikel oder Warengruppen am Gesamtumsatz
- Lagerbestandsanteile einzelner Artikel oder Warengruppen am Gesamtbestand
- Personalzusammensetzung und Personalbestand in den einzelnen Monaten des Jahres
- Umsätze oder Lagerbestände in den verschiedenen Monaten oder Jahren

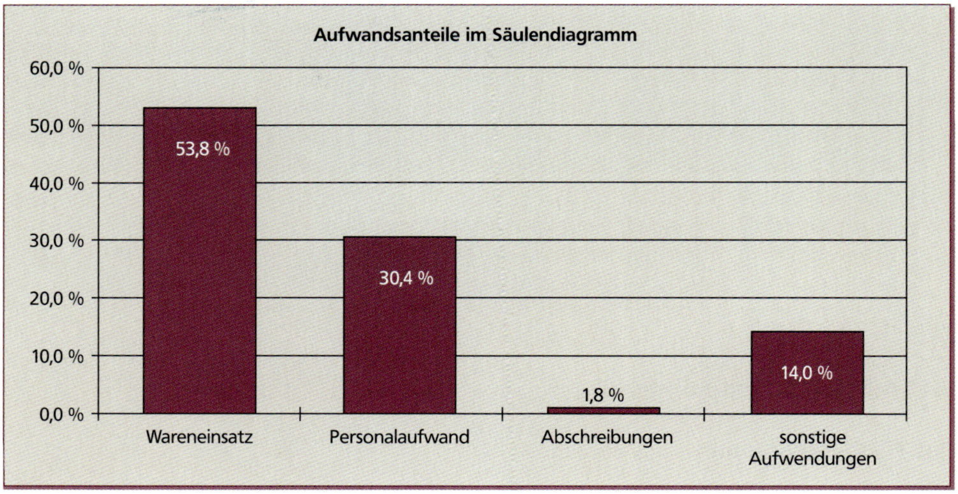

Kurven- oder Liniendiagramm

Kurven- oder Liniendiagramme werden vielfach zur Veranschaulichung von Veränderungen oder Entwicklungen von Beobachtungswerten gewählt.

Beispiele
- Entwicklung des Umsatzes der Unternehmung oder einzelner Artikel oder Warengruppen von Monat zu Monat oder von Jahr zu Jahr
- Entwicklung der Kosten der Unternehmung oder einzelner Kostenarten

Grafische Darstellungen haben gegenüber der **statistischen Tabelle** folgende Vorteile:

- Sie veranschaulichen Größenverhältnisse und Beziehungen zwischen den statistischen Werten in einer bildlichen Darstellung.
- Gemeinsamkeiten und Unterschiede werden optisch verdeutlicht.
- Die Aufmerksamkeit wird ohne zusätzliche Information auf das Wesentliche gelenkt.
- Sie informieren schnell über zusammenhängende Tatbestände.

Entwicklung des Umsatzes und der Kosten der Primus GmbH in den Jahren 1999 bis 2009:

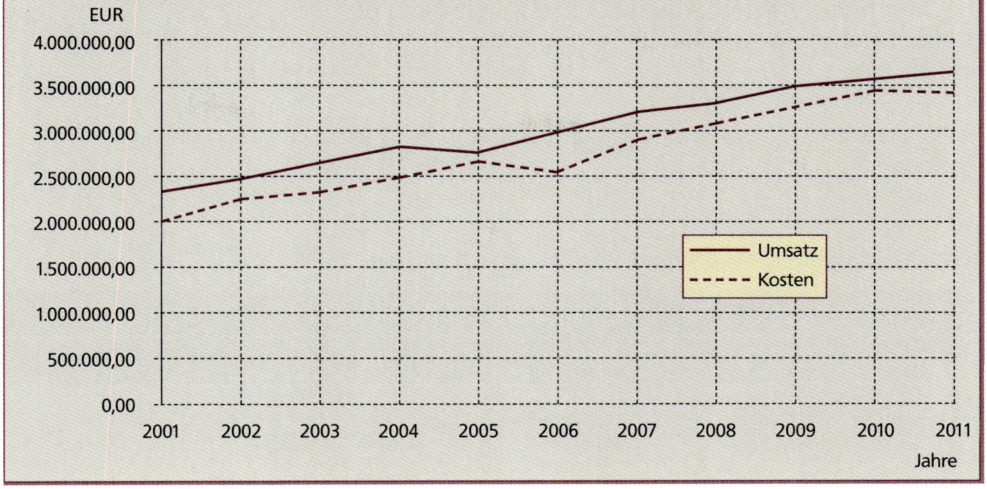

Aufbereitung der Bilanz für Auswertungszwecke

Strukturierung der Bilanz

Für Zwecke der Auswertung muss die Bilanz **aufbereitet** und **strukturiert** werden. Dabei werden gleichartige Positionen zusammengefasst, um die Aussagekraft der Bilanz zu erhöhen.

Das folgende Strukturschema liegt den meisten Bilanzauswertungen zugrunde:

Kapitalbindung	Vermögensstruktur	Bilanzstruktur Kapitalstruktur	Kapitalüberlassung
langfristig	**I. Anlagevermögen**	**I. Eigenkapital** 1. **gezeichnetes Kapital** 2. **Rücklagen** 3. **Jahresüberschuss** **II. Schulden/Fremdkapital** 1. **Langfristige Verbindlichkeiten** mit einer Laufzeit von mehr als fünf Jahren	**langfristig**
mittel- bis kurzfristig	**II. Umlaufvermögen** 1. Warenbestand 2. Forderungen (kurzfristig) – Forderungen a. LL – Sonstige kurzfristige Forderungen – Aktive Rechnungsabgrenzung	2. **Mittelfristige Verbindlichkeiten** mit einer Restlaufzeit von mehr als einem bis fünf Jahren	**mittelfristig**
kurzfristig	3. Liquide Mittel – Guthaben bei Kreditinstituten – Kasse	3. **Kurzfristige Verbindlichkeiten** mit einer Restlaufzeit bis zu einem Jahr – Verbindlichkeiten a. LL – Sonstige Verbindlichkeiten (USt-Zahllast u. a.) – Passive Rechnungsabgrenzung	**kurzfristig**

Statistische Aufbereitung der Bilanz

Die **absoluten Zahlen** sind in **Verhältniszahlen** (Prozentsätze) zur Bilanzsumme (= 100 %) umzurechnen, um die **Vergleichbarkeit** der Werte im Jahresabschluss zu verbessern.

PRAXISTIPP Nutzen sie zur Aufbereitung der Bilanz ein Tabellenkalkulationsprogramm, z. B. Ms-Excel.

Beispiel Aufbereitung der Bilanzen der Bürodesign GmbH (vgl. S. 288)

	Berichtsjahr		Vorjahr		Veränderungen	
Vermögensstruktur	**EUR**	**%**	**EUR**	**%**	**EUR**	**%**
A. Anlagevermögen						
I. Sachanlagen	907.500,00	64,8	782.500,00	65,2	+ 125.000,00	+ 16,0
Summe Anlagevermögen	907.500,00	64,8	782.500,00	65,2	+ 125.000,00	+ 16,0
B. Umlaufvermögen						
I. Warenbestand	247.875,00	17,7	206.500,00	17,2	+ 41.375,00	+ 20,0
II. Kurzfristige Forderungen	131.625,00	9,4	128.500,00	10,7	+ 3.125,00	+ 2,4
III. Liquide Mittel	113.000,00	8,1	82.500,00	6,9	+ 30.500,00	+ 37,0
Summe Umlaufvermögen	492.500,00	35,2	417.500,00	34,8	+ 75.000,00	+ 18,0
Summe Vermögen	1.400.000,00	100,0	1.200.000,00	100,0	+ 200.000,00	+ 16,7

	Berichtsjahr		Vorjahr		Veränderungen	
Kapitalstruktur	**EUR**	**%**	**EUR**	**%**	**EUR**	**%**
I. Eigenkapital	865.889,50	61,8	756.250,00	63,0	+ 109.639,50	+ 14,5
II. Langfristige Schulden	275.000,00	19,6	150.000,00	12,5	+ 125.000,00	+ 83,3
Summe langf. Kapital	1.140.889,50	81,5	906.250,00	75,5	+ 234.639,50	+ 25,9
III. Kurzfristige Schulden	259.110,50	18,5	293.750,00	24,5	– 34.639,50	– 11,8
Summe Schulden	534.110,50	38,2	443.750,00	37,0	+ 90.360,50	+ 20,4
Summe Kapital	1.400.000,00	100,0	1.200.000,00	100,0	+ 200.000,00	+ 16,7

● Auswertung der aufbereiteten Bilanzen mithilfe von Bilanzkennzahlen

○ Vermögensaufbau (Konstitution – Aktivseite)

Der Vermögensaufbau geht bereits weitgehend aus den aufbereiteten Bilanzen hervor. Die hier angegebenen **Prozentsätze** stellen **Intensitätskennziffern** oder **Quoten** dar, die den jeweiligen Anteil des Postens am Gesamtvermögen ausdrücken.

Beispiel

	Berichtsjahr	Vorjahr
Anlagevermögensintensität $= \frac{AV \cdot 100}{Gesamtvermögen}$	$\frac{907.500 \cdot 100}{1.400.000} = \underline{\underline{64,8\ \%}}$	$\frac{782.500 \cdot 100}{1.200.000} = \underline{\underline{65,2\ \%}}$
Umlaufvermögensintensität $= \frac{UV \cdot 100}{Gesamtvermögen}$	$\frac{492.500 \cdot 100}{1.400.000} = \underline{\underline{35,2\ \%}}$	$\frac{417.500 \cdot 100}{1.200.000} = \underline{\underline{34,8\ \%}}$

Allgemeine Aussagen zur Vermögensstruktur

Die **Vermögensstruktur** ist in erster Linie abhängig von der Art und Zielsetzung des Betriebes. So haben Großhandelsunternehmen häufig ein großes Umlaufvermögen (Waren, Forderungen), während etwa Unternehmungen der Grundstoffindustrie sehr anlageintensiv sind.

Das **Anlagevermögen** bildet die **Grundlage der Betriebsbereitschaft.** Es verursacht gleichbleibend hohe fixe Kosten wie Abschreibungen, Instandhaltung, Zinsen, Versicherungsprämien. Dies kann sich in Krisenzeiten besonders negativ auswirken. Daher ist mit dem Anlagevermögen ein großes Risiko verbunden.

Auf der anderen Seite kommen Teile des Anlagevermögens als Sicherheiten für aufgenommene Kredite in Frage. Kreditgeber untersuchen daher, wie weit diese Vermögensteile bereits belastet sind (z. B. mit Hypotheken oder Grundschulden).

Das **Umlaufvermögen** ist der eigentliche **Gewinnträger**. Durch Verkauf der Waren fließen Geldwerte in die Unternehmung (Aufwand und Gewinn) zurück, die zum Zwecke der Wiederbeschaffung, Rationalisierung und Erweiterung eingesetzt werden können.

Aussagen zu den einzelnen Kennziffern

- **Anlagevermögensintensität:** Der Anteil des AV am Gesamtvermögen hat um 0,4 Prozentpunkte abgenommen, ist aber um 16,0 Prozentpunkte gestiegen (vgl. Beispiel S. 294). Das bedeutet, dass im Anlagebereich investiert wurde, erkennbar in der Zunahme von Grundstücken und Gebäuden.
  Aus dieser Entwicklung können folgende betriebswirtschaftliche Aussagen abgeleitet werden:
  - verstärkte langfristige Kapitalbindung
  - Zunahme fixer Kosten (Abschreibungen, Reparaturen, Zinsen)
  - Verbesserung des technischen Standes der Betriebsmittel (Gebäude)
  - Kapazitätserweiterung (Nettoinvestition), die gleichzeitig wegen der verstärkten langfristigen Kapitalbindung erhöhtes Risiko bedeuten kann

Ursachen dieser Entwicklung können z. B. in einer verbesserten Marktstellung (Umsatzsteigerung) oder in der Aufnahme neuer Warengruppen in das Sortiment begründet sein.

Eine umgekehrte Entwicklung kann zurückzuführen sein auf:
  - pessimistische Zukunftserwartungen wegen rückläufiger Aufträge
  - unterlassene Ersatzinvestitionen wegen fehlender liquider Mittel, verschlechterter Kreditwürdigkeit u. a.
  - Anpassung der Betriebsmittel und des Sortiments an die Nachfrage

- **Umlaufvermögensintensität:** Die **Umlaufvermögensintensität** hat um 0,4 Prozentpunkte zugenommen, im Vergleich zum Vorjahr hat das Umlaufvermögen sogar um 18 % zugenommen. Wie die aufbereiteten Bilanzen zeigen, wurde diese Entwicklung insbesondere durch die Zunahme der Warenvorräte und liquiden Mittel verursacht.

Die Zunahme der Warenvorräte kann betriebswirtschaftlich begründet sein:
- in der Verlängerung von Beschaffungszeiten
- in der Wahrnehmung von Sonderangeboten
- in der Nutzung von Mengenrabatten
- in Sortimentserweiterungen

Die Entwicklung der Warenvorräte kann auch in der Ausweitung des Umsatzes oder der saison- und preisbedingten Vorratspolitik begründet sein.

○ Kapitalaufbau

Die Passivseite der Bilanz gibt wichtige Informationen über die **Finanzierung** eines Unternehmens. Sie gibt Auskunft über die Herkunft des Kapitals durch den getrennten Ausweis von **Eigen-** und **Fremdkapital** (Schulden).

Entsprechend dieser Gliederung der Kapitalien können auch für die Passivseite der Bilanz Intensitätskennziffern berechnet werden.

Eigenkapitalintensität (Eigenkapitalquote)

Die Eigenkapitalintensität oder -quote besagt,

- in welchem Umfang sich der Unternehmer selbst bzw. die Gesellschafter an der Finanzierung des Unternehmens und dem damit verbundenen Risiko beteiligen.

Beispiel Die Quote des gezeichneten Kapitals (im Beispiel 42,9 %) zeigt, wie hoch der Anteil des Haftungs- oder Garantiekapitals ist.

Je höher der Eigenkapitalanteil ist, desto größer ist die finanzielle Stabilität wegen der unbegrenzten Überlassungsfristen. Entsprechend wird die Abhängigkeit der Unternehmung von Gläubigern mit zunehmendem Eigenkapital verringert. Andererseits ist jedoch zu beachten, dass mit der Aufnahme neuer Gesellschafter zum Zwecke der Eigenfinanzierung die Rechte und damit die Aktionsfähigkeit der bisherigen Geschäftsführer eingeschränkt werden können.

Beispiel Darüber hinaus sagt die Eigenkapitalquote etwas über die Kreditwürdigkeit des Unternehmens aus, weil sie den Anteil des Haftungskapitals enthält (gezeichnetes Kapital). Im Beispiel hat sich die Eigenkapitalquote geringfügig um 1,2 Prozentpunkte verschlechtert.

Beispiel

	Berichtsjahr	Vorjahr
Eigenkapitalintensität (Eigenkapitalquote) $= \frac{\text{EK} \cdot 100}{\text{Gesamtkapital}}$	$\frac{865.889{,}50 \cdot 100}{1.400.000} = 61{,}8\ \%$	$\frac{756.250 \cdot 100}{1.200.000} = 63{,}0\ \%$
Fremdkapitalintensität (Anspannungskoeffizient) $= \frac{\text{FK} \cdot 100}{\text{Gesamtkapital}}$	$\frac{534.110{,}50 \cdot 100}{1.400.000} = 38{,}2\ \%$	$\frac{443.750 \cdot 100}{1.200.000} = 37{,}0\ \%$

Fremdkapitalintensität (Anspannungskoeffizient)

Die **Fremdkapitalintensität** oder der **Anspannungskoeffizient** gibt Auskunft über die Kapitalanspannung, die durch das Fremdkapital hervorgerufen wird. Besondere Nachteile des Fremdkapitals sind die regelmäßigen Liquiditätsbelastungen durch Zins- und Rückzahlungen ohne Bezug zur Ertragslage.

Beispiel Der Anspannungskoeffizient hat im Beispiel um 1,2 Prozentpunkte zugenommen.

Je höher diese Quote ist, desto stärker wird die Verfügbarkeit über Vermögensteile eingeschränkt, weil Vermögensteile an die Gläubiger als Sicherheiten verpfändet oder übereignet werden mussten. Mit der Abnahme der anzubietenden Sicherheiten verschlechtert sich folglich die Kreditwürdigkeit.

Der **Anteil kurzfristiger Schulden am Gesamtkapital** sagt etwas Näheres über die Anspannung der Liquidität durch laufende Kapitalrückzahlungen und über das Finanzierungsrisiko wegen der kurzfristigen Überlassungsfristen aus.

Beispiel Im Beispiel ist eine deutliche Entlastung der Liquidität um 6 Prozentpunkte festzustellen.

Fremdkapitaldeckung und Verschuldung

Vielfach werden statt der beiden Intensitätskennzahlen die Kennzahlen **Finanzierung** und **Verschuldung** gewählt, die Ähnliches aussagen.

Beispiel

	Berichtsjahr	Vorjahr
Finanzierung (Fremdkapitaldeckung) $= \frac{EK \cdot 100}{FK}$	$\frac{865.889{,}50 \cdot 100}{534.110{,}50} = \underline{\underline{162{,}1\ \%}}$	$\frac{756.250 \cdot 100}{443.750} = \underline{\underline{170{,}4\ \%}}$
Verschuldungskoeffizient $= \frac{FK \cdot 100}{EK}$	$\frac{534.110{,}50 \cdot 100}{865.889{,}50} = \underline{\underline{61{,}7\ \%}}$	$\frac{443.750 \cdot 100}{756.250} = \underline{\underline{58{,}7\ \%}}$

Die **Finanzierung (Fremdkapitaldeckung)** zeigt, wie weit das Fremdkapital durch das Eigenkapital gedeckt ist. Im Beispiel ist diese Kennzahl von 170,4 % auf 162,1 % zurückgegangen.

Der Verschuldungskoeffizient drückt umgekehrt aus, wie weit das Eigenkapital mit Schulden belastet ist. Auch hier bezeugt die Kennziffer zum einen zwar noch einen weiten Kreditspielraum, zum anderen aber doch eine Verschlechterung um 2,5 Prozentpunkte gegenüber dem Vorjahr.

○ Kapitalanlage

Bei Investitionen hat der Unternehmer darauf zu achten, dass das zur Finanzierung benötigte Kapital für die Dauer der Bindung im Vermögen bereitstehen muss.

Kapitalüberlassungsfristen sollen mit **Kapitalbindungsfristen** übereinstimmen **(goldene Finanzierungsregel)**.

Die Einhaltung dieser Regel lässt sich annähernd durch folgende Deckungskennziffern überprüfen:

Beispiel

	Berichtsjahr	Vorjahr
Anlagendeckung I $= \frac{EK \cdot 100}{AV}$	$\frac{865.889{,}50 \cdot 100}{907.500} = \underline{\underline{95{,}4\ \%}}$	$\frac{756.250 \cdot 100}{782.500} = \underline{\underline{96{,}6\ \%}}$
Anlagendeckung II $= \frac{(EK + langfr.\ FK) \cdot 100}{AV}$	$\frac{(865.889{,}50 + 275.000) \cdot 100}{907.500} = \underline{\underline{125{,}7\ \%}}$	$\frac{(756.250 + 150.000) \cdot 100}{782.500} = \underline{\underline{115{,}8\ \%}}$

Anlagendeckung I

Die Kennziffer **Anlagendeckung I** zeigt, ob das Anlagevermögen, das dem Unternehmen auf lange Sicht dienen soll, auch mit Mitteln finanziert wurde, die dem Unternehmen dauernd zur Verfügung stehen.

Das **Anlagevermögen bildet die Grundlage der Betriebsbereitschaft.** Da sich der Verzehr des Anlagevermögens und damit der Rückfluss dieser Wertminderungen über die Erlöse über mehrere Jahre erstreckt, ist eine **langfristige Finanzierung** existenznotwendig für das Unternehmen. Dies gilt noch verstärkt für Krisenzeiten, in denen die Belastungen durch Fremdkapital (Tilgung und Zinsen) wegen verringerter Gewinne erhebliche Schwierigkeiten bereiten.

Beispiel In der Primus GmbH liegt im Berichtsjahr eine Deckung von 95,4 % vor, die sich gegenüber dem Vorjahr geringfügig um 1,2 Prozentpunkte verschlechtert hat.

Anlagendeckung II

Es ist natürlich nicht notwendig und nicht immer zweckmäßig, Anlagevermögen ausschließlich mit Eigenkapital zu finanzieren. Auch **langfristiges Fremdkapital** kann wegen der langfristigen Tilgung (kleine Raten) zu seiner Finanzierung herangezogen werden. Dies ist deshalb sinnvoll, weil zur Erhaltung der Betriebsbereitschaft neben dem Anlagevermögen Teile des Umlaufvermögens (eiserne Bestände) langfristig finanziert werden müssen. Im Beispiel liegt sogar eine Überdeckung vor.

○ Liquidität:

Da das im Anlagevermögen investierte Kapital grundsätzlich langfristig gebunden bleibt, müssen **fällige Schulden** aus dem Umlaufvermögen getilgt werden. Unpünktliche Erfüllung der Zahlungsverpflichtungen kann zum Verlust der Kreditwürdigkeit führen (z. B. bei nicht eingehaltenen Zahlungszielen). Anhaltende **Zahlungsunfähigkeit** führt sogar zur Insolvenz. Daher sollte ein Unternehmen immer in der Lage sein, seinen Verpflichtungen nachzukommen. Das ist langfristig nur möglich, wenn liquide Mittel einer bestimmten Fristigkeit mit entsprechenden Verbindlichkeitsfälligkeiten übereinstimmen.

Wie die mangelhafte Liquidität bringt auch eine **Überliquidität** wirtschaftliche Nachteile mit sich: z. B. Zinsverlust und damit Minderung der Rentabilität.

Zur Beurteilung der Liquidität sind den Verbindlichkeiten (Zahlungsverpflichtungen) die liquiden Mittel gegenüberzustellen. Nach den Kriterien „Flüssigkeit und Fälligkeit“ werden liquide Mittel 1., 2. und 3. Ordnung unterschieden und in einzelnen Liquiditätskennziffern berücksichtigt.

Beispiel

	Berichtsjahr	Vorjahr
Liquidität 1. Grades (= Barliquidität) = $\frac{\text{Liquidität Mittel} \cdot 100}{\text{kurzfr. Verbindlichkeiten}}$	$\frac{113.000 \cdot 100}{259.110,50} = \underline{\underline{43,6\ \%}}$	$\frac{82.500 \cdot 100}{293.750} = \underline{\underline{28,1\ \%}}$
Liquidität 2. Grades (= einzugsbedingte Liquidität) = $\frac{\textbf{(Liquide Mittel} + \text{kurzfr. Forderungen)} \cdot 100}{\text{kurzfr. Verbindlichkeiten}}$	$\frac{(113.000 + 131.625) \cdot 100}{259.110,50} = \underline{\underline{94,4\ \%}}$	$\frac{(82.500 + 128.000) \cdot 100}{293.750} = \underline{\underline{71,8\ \%}}$
Liquidität 3. Grades (= absatzbedingte Liquidität) = $\frac{\textbf{Umlaufvermögen} \cdot 100}{\text{kurzfr. Verbindlichkeiten}}$	$\frac{492.500 \cdot 100}{259.110,50} = \underline{\underline{190,1\ \%}}$	$\frac{417.500 \cdot 100}{293.750} = \underline{\underline{142,1\ \%}}$

Liquidität ist die Fähigkeit der Unternehmung, ihren Verbindlichkeiten fristgemäß nachzukommen.
Ist die Unternehmung dazu in der Lage, befindet sie sich im **finanziellen Gleichgewicht**. Sie wird als liquide bezeichnet.
Ist die Zahlungsfähigkeit größer als der Zahlungsmittelbedarf, liegt **Überliquidität** vor.

Die so gewonnenen Liquiditätskennziffern sollten, selbst wenn sie größer als 100 % sind, mit Vorsicht beurteilt werden. Sie gelten nur für den Bilanzstichtag und geben somit einen Stand an, der sich schnell verändern kann. Aussagen für die nächste Zukunft können nur bei Kenntnis der Fälligkeitsdaten der Verbindlichkeiten einerseits, der Einkaufsplanungen, der Liquidierbarkeit der Posten des Umlaufvermögens, der Umsatzentwicklung, der Marktlage und Zahlungsgepflogenheiten der Kunden andererseits gemacht werden.

Eine im Zeitvergleich rückläufige Tendenz der Liquidität kann auf Fehlentscheidungen oder die Verwendung liquider Reserven zur Finanzierung von Anlagen und Warenvorräten, beispielsweise zum Zwecke der Betriebserweiterung und Umsatzsteigerung, zurückzuführen sein. Parallel zur Liquidität ist also die Entwicklung anderer Bilanzposten zu betrachten.

Beispiel Im Beispiel haben sich alle Liquiditätskennzahlen verbessert. Eine Barliquidität von 43,6 % besagt, dass von 100,00 EUR kurzfristigen Schulden bei sofortiger Fälligkeit nur 43,60 EUR getilgt werden können.
Da jedoch einerseits nicht alle kurzfristigen Verbindlichkeiten gleichzeitig fällig werden, andererseits Teile der Forderungen bis zur Fälligkeit einzelner Verbindlichkeiten ausgeglichen werden, werden die Forderungen in die Berechnung der Liquidität zweiten Grades einbezogen. Mit 94,4 % deutet diese eine fast ausreichende Liquidität an. Positiv ist anzumerken, dass sie gegenüber dem Vorjahr stark gestiegen ist.

Liquiditätsstatus in Staffelform

Beim Liquiditätsstatus om Staffelform handelt sich um eine Gegenüberstellung von Vermögens- und Schuldenteilen, aufgegliedert nach Fristen, in denen sie voraussichtlich zu Einnahmen bzw. zu Ausgaben führen. Diese auf die künftige Zahlungsbereitschaft gerichtete Rechnung soll kurz-, mittel- und langfristige Unter- oder Überdeckung durch vorhandene Mittel erkennen lassen.

Beispiel

	Berichtsjahr	Vorjahr
liquide Mittel	113.000,00	82.500,00
– kurzfristige Verbindlichkeiten	259.110,50	293.750,00
Unterdeckung/Überdeckung	– 146.110,50	– 211.250,00
+ kurzfristige Forderungen	131.625,00	128.500,00
Unterdeckung/Überdeckung	– 14.485,50	– 82.750,00
+ Warenvorräte	247.875,00	206.500,00
Unterdeckung/Überdeckung	233.389,50	123.750,00

	A	B	C	D	E	F	G
1	**Statistische Aufbereitung der Bilanz**						
2							
3		**Berichtsjahr**	**Vorjahr**			**Berichtsjahr**	**Vorjahr**
4	AV	907.500,00	782.500,00		EK	865.889,50	756.250,00
5	UV	492.500,00	417.500,00		FK	534.110,50	443.750,00
6	Summen	1.400.000,00	1.200.000,00		Summen	1.400.000,00	1.200.000,00

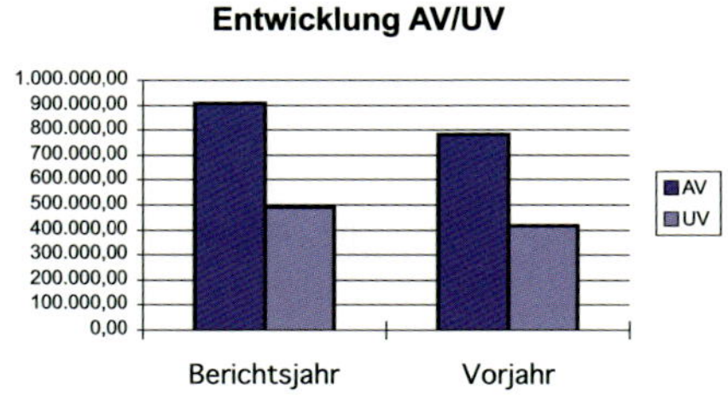

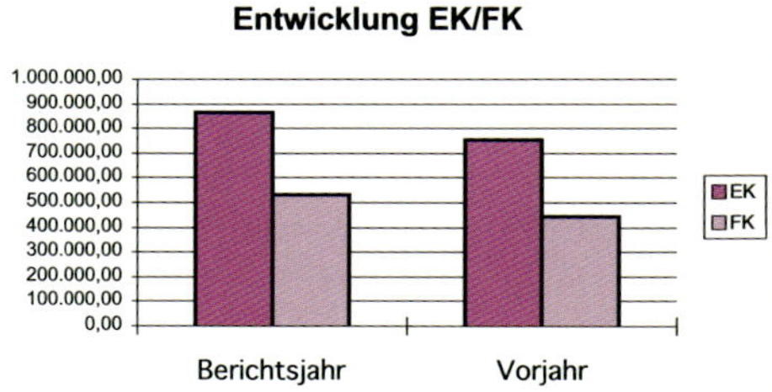

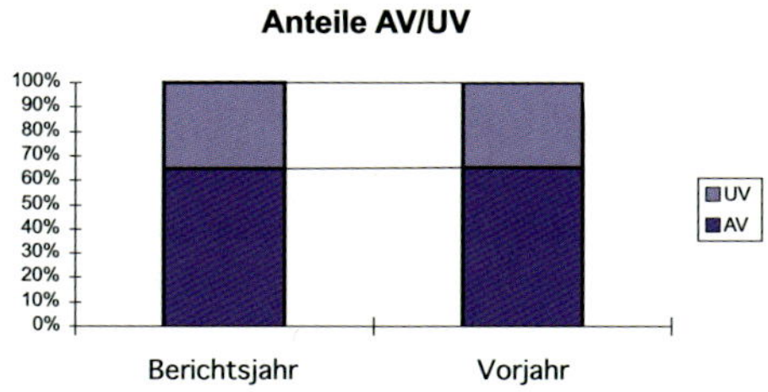

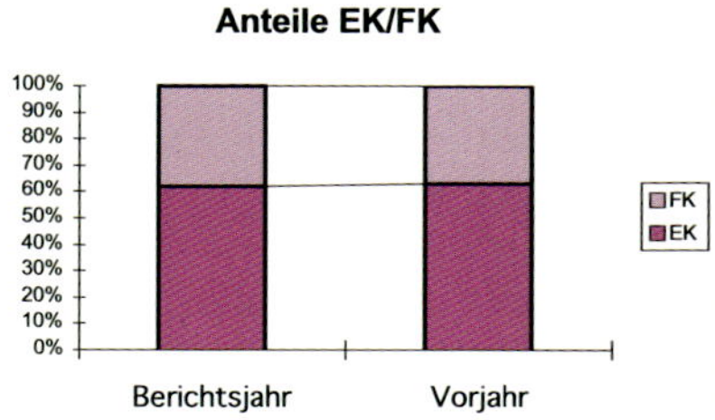

	A	B	C	D	E	F	G
31				Berichtsjahr	Vorjahr		
32				%	%	**Formeln**	
33	**Anlagevermögensintensität:**			64,82	65,21	=B4*100/B6 bzw. =C4*100/C6	
34	**Umlaufvermögensintensität:**			35,18	34,79	=B5*100/B6 bzw. =C5*100/C6	
35	**Eigenkapitalquote:**			61,85	63,02	=F4*100/F6 bzw. =G4*100/G6	
36	**Fremdkapitalquote:**			38,15	36,98	=F5*100/F6 bzw. =G5*100/G6	
37	**Fremdkapitaldeckung:**			162,12	170,42	=F4*100/F5 bzw. =G4*100/G5	
38	**Verschuldungskoeffizient:**			61,68	58,68	=F5*100/F4 bzw. =G5*100/G4	
39	**Anlagendeckung I:**			95,41	96,65	=F4*100/B4 bzw. =G4*100/C4	
40	Eingaben in B4, B5, C4. C5, F4, F5, G4, G5						
41	Ausgaben in D32:E:38 durch Formeln, die sich aus den Berechnungen der einzelnen Kennziffern						
42	ergeben (siehe hierzu die Ausführungen im Sachinhalt)						

Der Liquiditätsstatus des Beispiels zeigt, dass selbst durch die Heranziehung der kurzfristigen Forderungen eine Tilgung der kurzfristigen Verbindlichkeiten nicht zu erreichen ist. Das deutet auf einen Liquiditätsengpass über eine längere Dauer hin. Eine auf das finanzielle Gleichgewicht ausgerichtete Unternehmenspolitik muss daher um eine Umschuldung der kurzfristigen in langfristige Verbindlichkeiten bzw. um eine verstärkte Kreditbeschaffung bemüht sein. Ein zusätzlicher **Schutz gegen drohende Zahlungsunfähigkeit** wäre die Einrichtung einer detaillierten **Finanzplanung** (vgl. S. 135).

Die Bilanz statistisch aufbereiten und mithilfe von Kennzahlen zum Vermögensaufbau, zur Finanzierung, Investierung und Liquidität auswerten

- **Statistische Aufbereitung von Zahlenmaterial**
  - Sie sammelt **Zahlenmaterial aus allen Betriebsbereichen.**
  - Sie ermittelt **statistische Zahlen:**
    - **Verhältniszahlen** als Gliederungs-, Beziehungs- und Messzahlen
    - **Durchschnittszahlen** (einfacher, gewogener Durchschnitt)

- Sie stellt die vergleichbaren Ergebnisse in grafischen Darstellungen (Diagramme) dar:
  - **Flächendiagramme** (Kreis, Rechteck, Halbkreis) zur Veranschaulichung von Anteilen einer Teilmasse an der Gesamtmasse
  - **Säulen- oder Stabdiagramme** zur vergleichenden Darstellung
  - **Kurven- oder Liniendiagramme** zur Darstellung von Entwicklungen, Trends

- **Bilanzauswertung mit Kennzahlen**
  - **Notwendigkeit**
    - Kontrolle und Beurteilung der Geschäftsentwicklung
    - Beurteilung der Kreditwürdigkeit durch Fremdkapitalquote
  - **Auswertung der Bilanz**

Vermögensaufbau	Kapitalanlage
– Anlagevermögensintensität – Umlaufvermögensintensität	– Anlagendeckung I – Anlagendeckung II
Kapitalaufbau – Eigenkapitalintensität (Eigenkapitalquote) – Fremdkapitalintensität (Anspannungskoeffizient) – Finanzierung (Fremdkapitaldeckung) – Verschuldungskoeffizient	**Liquidität** – Liquidität 1. Grades (Barliquidität) – Liquidität 2. Grades (einzugsbedingte Liquidität) – Liquidität 3. Grades (absatzbedingte Liquidität) – Liquiditätsstatus

PRAXISTIPP Nutzen Sie nach Möglichkeit für die Lösung der folgenden Aufgaben ein Tabellenkalkulationsprogramm, z. B. MS-Excel. Die Aufbereitung von Tabellen und die Erstellung von Diagrammen werden dadurch vereinfacht und beschleunigt.

1. Sie werden beauftragt, die untenstehenden Bilanzen eines Handelsbetriebes auszuwerten.

Aktiva	1	2	Passiva	1	2
I. Anlagevermögen			**I. Eigenkapital**	270.000,00	350.000,00
1. Grundstücke	20.000,00	20.000,00	**I. Fremdkapital**		
2. Gebäude	25.000,00	24.000,00	1. Hypothekenschulden über 5 Jahre	40.000,00	40.000,00
3. Fuhrpark	75.000,00	175.000,00	2. Darlehensschulden über 1 Jahr	120.000,00	120.000,00
4. Geschäftsausstattung	30.000,00	26.000,00	3. Verbindlichkeiten a.LL.	170.000,00	190.000,00
I. Umlaufvermögen					
1. Warenbestand	209.700,00	280.300,00			
2. Forderungen a. LL.	140.600,00	96.100,00			
3. Kasse	9.300,00	6.200,00			
4. Bank	90.400,00	72.400,00			
	600.000,00	700.000,00		600.000,00	700.000,00

Ermitteln Sie dabei für beide Jahre die Kennzahlen:

a) zum Vermögensaufbau
   1. Anlagevermögensintensität
   2. Umlaufvermögensintensität

b) zur Finanzierung
   1. Eigenkapitalintensität
   2. Fremdkapitalintensität
   3. Finanzierung
   4. Verschuldungskoeffizient

c) zur Anlagendeckung
   1. Anlagendeckung I
   2. Anlagendeckung II

d) zur Liquidität
   1. Liquidität 1. Grades
   2. Liquidität 2. Grades

Beurteilen Sie die Entwicklung des Unternehmens anhand der Kennzahlen in einem Bericht zur Bilanz!

2. Gegeben ist die Bilanz eines Handelsbetriebes in TEUR:

Aktiva		**Bilanz**	**Passiva**
I. Anlagevermögen		**I. Eigenkapital**	2.200
Bebaute Grundstücke	400	**II. Schulden über 5 Jahre**	
Gebäude	600	Darlehensschulden	600
Fuhrpark	800	**III. Kurzfristige Verbindlichkeiten**	
Betriebs- und Geschäftsausstattung	200	Verbindlichkeiten a. LL	805
II. Umlaufvermögen		Sonstige kurzfr. Verbindlichkeiten	395
Warenbestand	930		
Forderungen a. LL	945		
Kasse	7		
Bank	118		
	4.000		4.000

a) Bereiten Sie die Bilanz durch Umrechnung der absoluten Zahlen in Verhältniszahlen auf!

b) Ermitteln Sie
   1. die Anlagen- und Umlaufvermögensintensität,
   2. die Eigen- und Fremdkapitalintensität und die Finanzierung,
   3. die Anlagendeckung I und II,
   4. die Liquidität 1. und 2. Grades.

3. a) In Großhandelsbetrieben bilden Waren und Forderungen a. LL oft die größten Posten innerhalb des Umlaufvermögens. Wie erklären Sie sich diesen Sachverhalt?

b) Was sagt Ihnen die Bilanz über die Art des Betriebes?

4. a) Warum kann die Finanzierung in unserem Beispiel auf S. 296 f. als gut bezeichnet werden?

b) Wie kann das Verhältnis Eigenkapital : Fremdkapital noch verbessert werden?

c) Wodurch kann eine Verschlechterung eintreten?

d) Wie beurteilen Sie das Verhältnis von Eigenkapital : Fremdkapital = 3 : 4?

e) Die Kennziffer über den Vermögensaufbau änderte sich gegenüber dem Vorjahr von 35 % auf 48 % bei etwa gleichbleibendem Umlaufvermögen. Begründen Sie diese Entwicklung.

5. a) Kauf eines Lkw im Wert von 160.000,00 EUR: Seine Anschaffung wurde mit einem 3-Monatskredit finanziert. Beurteilen Sie diese Entscheidung.

b) Der Deckungsgrad des Anlagevermögens durch langfristiges Kapital entwickelte sich auf 110 % gegenüber 75 %. Die Unternehmung war aus einer Einzelunternehmung in eine KG umgewandelt worden.
   Prüfen Sie, ob die Veränderung der Kennziffer durch diesen Vorgang beeinflusst worden sein kann.

6. a) Warum ist die aus der Bilanz errechnete Zahlungsbereitschaft mit Vorsicht zu behandeln?
b) Welche Angaben müssten Sie haben, um ein genaueres Bild von der Liquidität zu erhalten?
c) Durch welche Maßnahmen kann die Liquidität verbessert werden?
d) Nennen Sie je drei Geschäftsfälle, durch die die Liquidität kurzfristig
1. verbessert,
2. verschlechtert
werden kann.

7. Folgende vereinfachte Bilanzen in Mio. EUR eines Handelsbetriebes sind auszuwerten:

	Vorjahr	Berichtsjahr		Vorjahr	Berichtsjahr
Sachanlagen Finanzanlagen	600 120	700 70	Eigenkapital Langfristiges Fremdkapital	600 375	600 520
Anlagevermögen	720	770			
Warenbestand Forderungen Liquide Mittel	220 140 120	315 210 105	Langfristiges Kapital	975	1.120
Umlaufvermögen	480	630	Kurzfristiges Fremdkapital	225	280
Vermögen	1.200	1.400	Kapital	1.200	1.400

a) Nennen Sie Bilanzposten, die in den einzelnen Vermögens- und Kapitalgruppen enthalten sind.
b) Ermitteln Sie die Intensitätskennziffern der einzelnen Vermögens- und Kapitalgruppen.
c) Ermitteln Sie die prozentualen Veränderungen der Einzelgruppen und geben Sie Ursachen und Folgen an.
d) Ermitteln Sie den Verschuldungskoeffizienten, die Anlagendeckung I und II und die Liquidität 1. und 2. Grades.

8.

Aktiva	Bilanz der Hega-GmbH zum 31. Dezember 20..		Passiva
Grundstücke und Gebäude	70.000,00	Eigenkapital	120.000,00
Maschinen	40.000,00	Hypothekenschulden	85.000,00
Betriebs- u. Geschäftsausstattung	30.000,00	Verbindlichkeiten a. LL	45.000,00
Warenbestand	25.000,00		
Forderungen a. LL	50.000,00		
Bank	35.000,00		
	250.000,00		250.000,00

a) Wie viel Prozent beträgt der Anteil des Anlagevermögens am Gesamtvermögen?
b) Wie viel Prozent beträgt der Eigenkapitalanteil am Gesamtkapital?
c) Wie viel Prozent beträgt die Anlagendeckung durch das Eigenkapital? (auf zwei Stellen nach dem Komma genau)

9. Ermitteln Sie aus unten stehenden Daten (in TEUR) der Peter Voss OHG zum Ende des Geschäftsjahres
a) das Anlagevermögen,
b) das Umlaufvermögen,
c) das Eigenkapital,
d) die Schulden,
e) den Aufwand,
f) den Ertrag,
g) den Gewinn.

Daten der Peter Voss OHG

Gebäude, Grundstücke	800	Bankguthaben	200
Warenbestand	300	Personalaufwand	8.000
Forderungen a.LL	570	Sonstige Erträge	1.000
Verb. gegenüber Banken	650	Rückstellungen	270
Umsatzerlöse/Warenverkauf	25.000	Aufwendungen für Waren/ Wareneinsatz	14.400
Geschäftsausstattung	180	Fuhrpark	450
Abschreibungen	600	Sonstige Aufwendungen	2.400
Verbindlichkeiten a.LL	430	Eigenkapital	1.150

10. In einem Einzelunternehmen ist folgende Bilanz in EUR statistisch auszuwerten:

Aktiva		Bilanz	Passiva
Gebäude	720.000,00	Eigenkapital	960.000,00
Geschäftsausstattung	264.000,00	Darlehensschulden	784.800,00
Fuhrpark	96.000,00	Verbindlichkeiten a. LL	588.000,00
Warenbestände	888.000,00	Umsatzsteuer	55.200,00
Forderungen a. LL	120.000,00	Verb. gegenüber FA und SV	12.000,00
Bank	308.400,00		
Kasse	3.600,00		
	2.400.000,00		2.400.000,00

Ermitteln Sie
a) den prozentualen Anteil des Anlagevermögens, des Umlaufvermögens am Gesamtvermögen,
b) den prozentualen Anteil des Eigenkapitals, der Schulden am Gesamtkapital,
c) den prozentualen Anteil jedes Bilanzpostens an der Bilanzsumme.
Stellen Sie eine gegliederte und aufbereitete Bilanz auf, in der Sie hinter den absoluten Zahlen die Anteile eintragen (vgl. S. 294).

11. Ein Handelsbetrieb ermittelte für einen Artikel die Absatzmengen und die durchschnittlichen Bezugs-/Einstandspreise in den Geschäftsjahren 1 bis 4:

Geschäftsjahr	1	2	3	4
Absatzmengen in Stück	60.000	61.200	62.424	74.909
Durchschnittl. Bezugs-/Einstandspreis in EUR	1,80	1,90	1,95	2,50

Ermitteln Sie
a) den Absatzindex für den Beobachtungszeitraum (Basisjahr 1),
b) den Preisindex des Artikels.

12. In einer Textilgroßhandlung mit 46 Beschäftigten wurden im vergangenen Geschäftsjahr für die einzelnen Warengruppen folgende Daten ermittelt:

Warengruppen	Umsatz in EUR	Beschäftigte	Selbstkosten in EUR
Herrenbekleidung	11.110.000,00	16	10.632.270,00
Damenoberbekleidung	6.250.000,00	10	5.800.000,00
sonstige Textilien	7.640.000,00	20	7.449.000,00
insgesamt	25.000.000,00	46	23.881.270,00

a) Ermitteln Sie für die Warengruppen
   1. die prozentualen Anteile der Umsätze am Gesamtumsatz,
   2. die prozentualen Anteile der Beschäftigten am Gesamtpersonalbestand,
   3. die prozentualen Anteile der Selbstkosten jeder Warengruppe an den Gesamtkosten.

b) Ermitteln Sie für die Warengruppen und das Gesamtunternehmen
   1. den Umsatz je Beschäftigten,
   2. den Umsatz je 100,00 EUR Einsatz (Kosten).

c) Stellen Sie mithilfe eines Tabellenkalkulationsprogramms den prozentualen Anteil der Umsätze am Gesamtumsatz in einem Kreisdiagramm und in einem Stabdiagramm dar.

d) Stellen Sie mithilfe eines Tabellenkalkulationsprogramms Umsatz und Kosten in einem Säulendiagramm dar.

13. Ein Konservengroßhändler erzielte im vergangenen Halbjahr folgende Umsätze:

Monat	TEUR	Monat	TEUR
Januar	1.700	April	2.040
Februar	1.360	Mai	2.210
März	2.125	Juni	1.275

a) Berechnen Sie den Durchschnittsumsatz des Halbjahres.

b) Berechnen Sie den prozentualen Umsatzanteil der einzelnen Monate am Halbjahresumsatz.

c) Veranschaulichen Sie mithilfe eines Tabellenkalkulationsprogramms die Entwicklung der Monatsumsätze in einem Säulendiagramm und in einem Liniendiagramm.

14. Ein Großhandelsunternehmen hat eine Bilanzsumme von 80.000 TEUR. Das Vermögen besteht zu 72 % aus Anlagevermögen, zu 4 % aus liquiden Mitteln, zu 14 % aus Forderungen a. LL. Den restlichen Teil bilden die Warenbestände.
Das zur Finanzierung des Vermögens notwendige Kapital besteht zu 38 % aus Eigenkapital, zu 46 % aus langfristigem und zu 16 % aus kurzfristigem Fremdkapital
Ermitteln Sie

a) das Anlagevermögen,
b) das Fremdkapital,
c) das Eigenkapital,
d) die Anlagendeckung I,
e) die Anlagendeckung II,
f) die Barliquidität (Liquidität 1. Grades),
g) die Liquidität 2. Grades.

3.2 Die Gewinn- und Verlustrechnung statistisch aufbereiten und mithilfe von Kennzahlen zur Ertragslage auswerten

Die Kreditsachbearbeiterin der Hausbank (vgl. S. 287 f.) hat Herrn Müller gebeten, zusätzlich zu den Bilanzen die Gewinn- und Verlustrechnungen der beiden letzten Jahre zur Einsicht nachzureichen.

Gewinn- und Verlustrechnungen der beiden letzten Jahre der Primus GmbH	Berichtsjahr	Vorjahr
Umsatzerlöse	3.564.117,50	3.200.550,00
Sonstige betriebliche Erträge	126.000,00	60.000,00
	3.690.117,50	3.260.550,00
Wareneinsatz einschl. Aufw. für bezogene Leistungen	1.936.250,00	1.798.300,00
Personalaufwand	1.092.500,00	958.450,00
Abschreibungen	63.000,00	60.000,00
Sonstige betriebliche Aufwendungen	442.890,50	221.450,00
	155.477,00	222.350,00
Zinsen u. ä. Erträge	16.875,00	19.500,00
Zinsen u. ä. Aufwendungen	22.105,00	5.100,00
Ergebnis der gewöhnlichen Geschäftstätigkeit	150.247,00	236.750,00
Steuern	40.607,50	30.500,00
Jahresüberschuss/-fehlbetrag	109.639,50	206.250,00

ARBEITSAUFTRÄGE

- Stellen Sie fest, weshalb die Kreditsachbearbeiterin neben den Bilanzen auch die beiden letzten Gewinn- und Verlustrechnungen verlangt.
- Welche weiteren Informationen kann er hieraus für die Kreditgewährung entnehmen?

Aufbereitung der Gewinn- und Verlustrechnung

Die Einbeziehung der Erfolgsrechnung in die Betriebsanalyse ermöglicht genauere Aussagen über die **Aufwands-** und **Ertragsstruktur** und damit über die **Ertragskraft** und ihre Bestimmungsfaktoren. Im Vergleich mit früheren GuV-Rechnungen und in Verbindung mit den Bilanzdaten können zusätzlich Kennziffern zur Entwicklung des Unternehmens gewonnen werden. Wie bei der Bilanzanalyse muss der Ermittlung von Kennzahlen eine entsprechende Aufbereitung vorausgehen.

PRAXISTIPP Nutzen sie auch bei der Aufbereitung der Gewinn- und Verlustrechnung ein Tabellenkalkulationsprogramm.

Im folgenden Beispiel werden in den aufbereiteten GuV-Rechnungen die Anteile (Intensitätskennziffern) der Erträge und der Ergebnisse am Gesamtertrag (= 100 %) und die Anteile der Aufwandsarten an den Gesamtaufwendungen (= 100 %) sowie deren Entwicklung gegenüber dem Vorjahr dargestellt:

Beispiel Aufbereitete Gewinn- und Verlustrechnung der Primus GmbH

	Berichtsjahr		Vorjahr		Veränderungen	
	EUR	%	EUR	%	EUR	%
Umsatzerlöse	3.564.117,50	96,15	3.200.550,00	97,58	+ 363.567,50	+ 11,36
Sonstige betriebliche Erträge	126.000,00	3,40	60.000,00	1,83	+ 66.000,00	+ 110,00
Betriebliche Erträge	3.690.117,50	99,54	3.260.550,00	99,41	+ 429.567,50	+ 13,17
Wareneinsatz einschl. Aufw. für bezogene Leistungen	1.936.250,00	53,82	1.798.300,00	58,50	+ 137.950,00	+ 7,67
Personalaufwand	1.092.500,00	30,37	958.450,00	31,18	+ 134.050,00	+ 13,99
Abschreibungen	63.000,00	1,75	60.000,00	1,95	+ 3.000,00	+ 5,00
Sonstige betriebliche Aufwendungen	442.890,50	12,31	221.450,00	7,20	+ 221.440,50	+ 100,00
Betriebliche Aufwendungen	3.534.640,50	98,26	3.038.200,00	98,84	496.440,50	+ 16,34
Betriebsergebnis	155.477,00	4,19	222.350,00	6,78	– 66.873,00	– 30,08
Zinsen u. ä. Erträge	16.875,00	0,46	19.500,00	0,59	– 2.625,00	– 13,46
Zinsen u. ä. Aufwendungen	22.105,00	0,61	5.100,00	0,17	+ 17.005,00	+ 333,43
Finanzergebnis	– 5.230,00	– 0,14	14.400,00	0,44	– 19.630,00	– 136,32
Ergebnis der gewöhnlichen Geschäftstätigkeit	150.247,00	4,05	236.750,00	7,22	– 86.503,00	– 36,54
Steuern	40.607,50	1,13	30.500,00	0,99	+ 10.107,50	+ 33,14
Jahresüberschuss-/fehlbetrag	109.639,50	2,96	206.250,00	6,29	– 96.610,50	– 46,84

Diese Kennzahlen zeigen, dass sich die Struktur der Aufwendungen und Erträge nur unwesentlich verändert hat, sieht man einmal vom Wareneinsatz einschließlich der Aufwendungen für bezogene Leistungen (z. B. Fremdinstandsetzung) ab. In der Kosten- und Leistungsrechnung wird analysiert, wo die Ursachen der Veränderungen liegen. Externe Beobachter können das allerdings nicht erkennen. Der starke Anstieg der Zinsaufwendungen ist auf eine bedeutende Fremdkapitalaufnahme zurückzuführen (vgl. Bilanz S. 288). Erhöhte Personalaufwendungen können auf Gehaltserhöhungen, Neueinstellungen oder zusätzliche Überstunden zurückzuführen sein. Ansonsten haben sich die Aufwendungen des Berichtsjahres in nahezu gleichem Verhältnis wie die Erträge vermehrt.

Beurteilung der betrieblichen Aufwendungen und Erträge

Unternehmer und Außenstehende beobachten besonders die betrieblichen Aufwendungen und Erträge und deren Entwicklung, weil von diesen langfristig die Existenz und Beurteilung einer Unternehmung abhängig sind. In diesem Zusammenhang werden die wichtigsten Aufwendungen und Erträge des Betriebes als Anteile der gesamten betrieblichen Aufwendungen und Erträge ausgedrückt.

Beispiel

Ertragsintensitäten	Berichtsjahr	Vorjahr
$\text{Umsatzintensität} = \frac{\text{Umsatzerlöse} \cdot 100}{\text{Gesamterträge}}$	$\frac{3.564.117{,}50 \cdot 100}{3.706.992{,}50} = 96{,}15\ \%$	$\frac{3.200.550 \cdot 100}{3.280.050} = 97{,}58\ \%$

Von 100,00 EUR sind 96,15 EUR (97,58 EUR im Vorjahr) betriebliche Erträge

Aufwandsintensitäten	Berichtsjahr	Vorjahr
Wareneinsatzintensität $= \frac{\text{Wareneinsatz} \cdot 100}{\text{Gesamtaufwendungen}}$	$\frac{1.936.250 \cdot 100}{3.597.353} = \underline{\underline{53{,}82\ \%}}$	$\frac{1.798.300 \cdot 100}{3.073.800} = \underline{\underline{58{,}50\ \%}}$
Personalaufwandsintensität $= \frac{\text{Personalaufwand} \cdot 100}{\text{Gesamtaufwendungen}}$	$\frac{1.092.500 \cdot 100}{3.597.353} = \underline{\underline{30{,}37\ \%}}$	$\frac{958.450 \cdot 100}{3.073.800} = \underline{\underline{31{,}18\ \%}}$
Abschreibungsintensität $= \frac{\text{Abschreibungen} \cdot 100}{\text{Gesamtaufwendungen}}$	$\frac{63.000 \cdot 100}{3.597.353} = \underline{\underline{1{,}75\ \%}}$	$\frac{60.000 \cdot 100}{3.073.800} = \underline{\underline{1{,}95\ \%}}$

Die **Aufwandsintensitäten** drücken den Anteil des Verzehrs der wesentlichen Produktionsfaktoren aus, die zur Erzielung der Umsatzerlöse notwendig waren. Je nach Bedeutung der Produktionsfaktoren werden Betriebe eingeteilt in

- wareneinsatzintensive Betriebe bei überwiegender Wareneinsatzintensität,
- lohnintensive Betriebe bei überwiegender Personalaufwandsintensität und
- anlageintensive Betriebe bei überwiegender Abschreibungsintensität.

DV-gestützte statistische Aufbereitung und Auswertung der Gewinn- und Verlustrechnung

Die statistische Aufbereitung der Gewinn- und Verlustrechnung kann ebenfalls mithilfe eines Tabellenkalkulationsprogramms durchgeführt werden.

	A	B	C	D	E	F	G	H	I	J	K
1	**Statistische Aufbereitung der Gewinn- und Verlustrechnung**										
2											
3						**Berichtsjahr**	**Vorjahr**				
4		**Berichtsjahr**	**Vorjahr**		Wareneinsatz	1.936.250,00	1.798.300,00				
5	Erträge	3.706.992,50	3.280.050,00		Personalaufwand	1.092.500,00	958.450,00				
6	Auwendungen	3.597.353,00	3.073.800,00		Abschreibungen	63.000,00	60.000,00				
7	Gewinn	109.639,50	206.250,00		Sonstige Aufw.	505.603,00	257.050,00				
8	Umsatzerlöse	3.564.117,50	3.200.550,00		Gesamtaufwand	3.597.353,00	3.073.800,00				

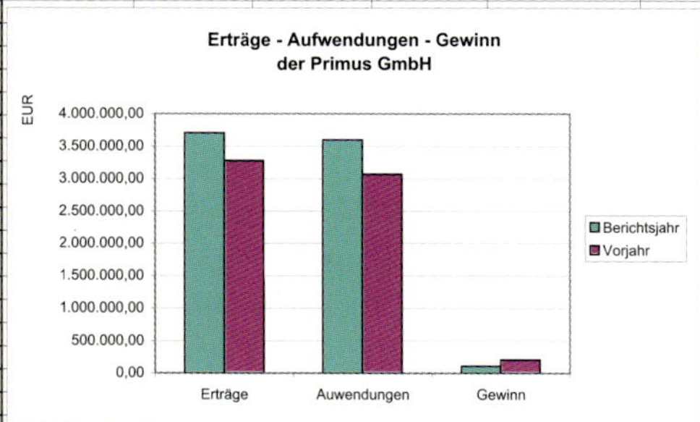

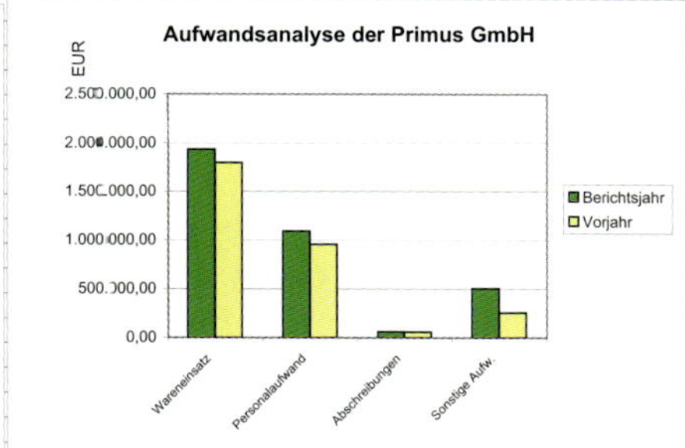

	A	B	C	D	E	F	G	H	I	J	K
28			**Berichtjahr**	**Vorjahr**	**Formeln**						
29	Umsatzintensität				=B8*100/B5 bzw =C8*100/C5						
30	Materialaufwandsintensität				=F4*100/F8 bzw. G4*100/G8						
31	Personalaufwandsintensität				=F5*100/F8 bzw. G5*100/G8						
32	Abschreibungsintensität				=F6*100/F8 bzw. G6*100/G8						
33	Umsatzrentabilität				=B7*100/B8 bzw. C7*100/C8						
34											
35	Eingabe in B6:C8, F4:G7										
36	Ausgaben in C29:D33 nach Formeln, die sich aus den Berechnungen der einzelnen Kennziffern ergeben.										
37	Siehe auch die Ausführungen im Sachinhalt.										

● Rentabilität

Unter Rentabilität wird das prozentuale Verhältnis des Gewinnes (positiv) oder Verlustes (negativ) zum eingesetzten Kapital oder zum erzielten Umsatz verstanden. Entsprechend ist die **Kapitalrentabilität** von der **Umsatzrentabilität** zu unterscheiden.

○ Kapitalrentabilität

Rentabilität des Eigenkapitals (Unternehmerrentabilität)

Die Eigenkapitalrentabilität wird durch das prozentuale Verhältnis des Jahresüberschusses zum Eigenkapital ausgedrückt. Bei der Berechnung wird in der Praxis vielfach das Anfangskapital[1] zugrunde gelegt.

$$\textbf{Eigenkapitalrentabilität (Unternehmerrentabilität)} = \frac{\text{Jahresüberschuss (Gewinn)} \cdot 100}{\text{Eigenkapital am Jahresanfang}}$$

Beispiel

	Berichtsjahr	Vorjahr
Jahresüberschuss/-fehlbetrag	109.639,50	206.250,00
Eigenkapital – Anfangsbestand	756.250,00	650.000,00
Eigenkapital-rentabilität	$\frac{109.639,50 \cdot 100}{756.250} = \underline{\underline{14,50\ \%}}$	$\frac{206.250 \cdot 100}{650.000} = \underline{\underline{31,7\ \%}}$

Unterstellt man im obigen Beispiel einen landesüblichen Zinssatz für langfristig gebundenes Kapital von 6 %, verbleibt beispielsweise im Vorjahr eine Risikoprämie von 25,7 % (31,7 – 6).

Geringe Eigenkapitalrentabilität und Risikoprämie, die auch auf eine niedrige Ausschüttung schließen lassen, können dazu führen, dass Gesellschafter ihre Anteile veräußern. Dadurch könnten sich negative Auswirkungen auf den Börsenkurs von Aktiengesellschaften und damit auf Möglichkeiten künftiger Kapitalbeschaffung ergeben. Unter Berücksichtigung der Risikoprämie sollte die Eigenkapitalrentabilität über dem landesüblichen Zinssatz für langfristiges Kapital liegen.

Rentabilität des Gesamtkapitals (Unternehmungsrentabilität)

Bei der Gesamtrentabilität wird der mit dem Gesamtkapital erzielte Reinertrag (Gewinn + gezahlte Fremdkapitalzinsen) dem Gesamtkapital am Jahresanfang gegenübergestellt:

$$\textbf{Gesamtkapitalrentabilität (Unternehmungsrentabilität)} = \frac{\text{(Jahresüberschuss + Fremdkapitalzinsen)} \cdot 100}{\text{Gesamtkapital am Jahresanfang}}$$

[1] *häufig auch das durchschnittliche Eigenkapital:* $\frac{\text{Anfangsbestand + Endbestand}}{2}$

Beispiel

	Berichtsjahr	Vorjahr
Jahresüberschuss **Fremdkapitalzinsen** **Gesamtkapital – Anfangsbestand**	109.639,50 22.105,00 1.200.000,00	206.250,00 5.100,00 1.150.000,00
Gesamtkapital-rentabilität	$\frac{(109.639{,}50 + 22.105) \cdot 100}{1.200.000} = \underline{\underline{11\ \%}}$	$\frac{(206.250 + 5.100) \cdot 100}{1.150.000} = \underline{\underline{18{,}4\ \%}}$

Mit der Gesamtkapitalrentabilität kann nachgewiesen werden, ob sich der Einsatz des Fremdkapitals gelohnt hat. Liegt sie über dem landesüblichen Zinssatz, kann die Eigenkapitalrentabilität durch fremdfinanzierte Investitionen verbessert werden. Umgekehrt tritt eine Minderung der Eigenkapitalrentabilität ein, wenn der Zinssatz für Fremdkapital die Gesamtkapitalrentabilität übersteigt.

○ Umsatzrentabilität

Die Umsatzrentabilität gibt den prozentualen Anteil des Betriebsgewinns (Jahresüberschuss) am Umsatzerlös an.

Beispiel

	Berichtsjahr	Vorjahr
Jahresüberschuss **Umsatzerlöse**	109.639,50 3.564.117,50	206.250,00 3.200.550,00
Umsatzrentabilität $= \frac{\text{Jahresüberschuss} \cdot 100}{\text{Umsatzerlöse}}$	$\frac{109.639{,}50 \cdot 100}{3.564.117{,}50} = \underline{\underline{3{,}1\ \%}}$	$\frac{206.250 \cdot 100}{3.200.550{,}00} = \underline{\underline{6{,}4\ \%}}$

Die Umsatzrentabilität drückt den Gewinnanteil je 100,00 EUR Umsatzerlös aus, der für Ausschüttungen oder Investitionen im Unternehmen verwendet werden kann. Das Ergebnis aus dem Beispiel liegt im Vorjahr weit und im Berichtsjahr geringfügig über dem Durchschnitt der deutschen Handelsbetriebe (etwa 3 %). Für die stark gefallenen Rentabilitätskennziffern können externe Betrachter nur die Haupteinflussgrößen des Gewinns, nämlich gestiegene Kosten einerseits oder gesunkene Umsatzerlöse andererseits, verantwortlich machen.

● Finanzanalyse mithilfe des Cashflow

Cashflow bedeutet in wörtlicher Übersetzung **Zahlungs-** oder **Kassenfluss** (cash = Kasse, flow = Fluss, Strömung): Es ist ein **„Kassenüberschuss"** bzw. **„finanzwirtschaftlicher Überschuss"** gemeint, der über die reine Aufwandsdeckung hinausreicht und somit zunächst im Unternehmen bleibt und zur **Finanzierung von Investitionen**, zur **Rückzahlung von Verbindlichkeiten** und zur **Ausschüttung von Gewinnen** zur Verfügung steht. Neben der Ertragslage wird mit dieser Kennzahl in erster Linie der **Selbstfinanzierungsspielraum** aufgezeigt.

Ausgangsgröße für die Berechnung des Cashflow ist der Jahresüberschuss. Der Jahresüberschuss ist um alle Aufwendungen des Berichtsjahres zu erhöhen, die im selben Jahr nicht ausgabewirksam waren und somit dem Unternehmen für spätere Finanzierungszwecke (Anlagenkäufe, Pensionszahlungen) zur Verfügung stehen.

Beispiel Abschreibungen auf Anlagen, Einstellung in langfristige Rückstellungen (Pensionsrückstellungen)

Berechnung des Cashflows vom Jahresüberschuss	Berichtsjahr	Vorjahr
Jahresüberschuss	109.639,50	206.250,00
+ Abschreibungen auf Anlagen	63.000,00	60.000,00
+ Erhöhung der langfristigen Rückstellungen	25.000,00	20.000,00[1]
Cashflow	197.639,50	286.250,00

Der Cashflow gibt gegenüber dem Gewinn einen Einblick in die Selbstfinanzierung, indem er aufzeigt, welche Mittel dem Unternehmen durch Gewinn, Abschreibungen und langfristige Rückstellungsbildung für Investitionen, Schuldentilgungen und Ausschüttungen in dem Abrechnungsjahr zugeflossen sind. Das prozentuale Verhältnis von Cashflow zum Umsatz drückt den Anteil der so über die Umsatzerlöse zugeflossenen Mittel aus. Diese Kennzahl gibt somit wichtige Hinweise für künftige Finanzplanungen. Möglichen Kapitalgebern gibt sie Informationen über die Fähigkeit des Unternehmens, aus eigener Kraft Kredite zurückzuzahlen (Kreditwürdigkeit). Der Cashflow kann ebenfalls als Prozentsatz zu den Investitionen, den Schulden und dem Nominalkapital (gezeichnetes Kapital) ausgedrückt werden. Mithilfe des Cashflows können Aussagen zum Innenfinanzierungs-, Kreditspielraum und zur Ausschüttungsfähigkeit des Unternehmens gemacht werden.

Beispiel

	Berichtsjahr	Vorjahr
Cashflow-Umsatzrate $= \frac{\text{Cashflow} \cdot 100}{\text{Umsatzerlöse}}$	$\frac{197.639,50 \cdot 100}{3.564.117,50} = \underline{\underline{5,55\ \%}}$	$\frac{286.250 \cdot 100}{3.200.550} = \underline{\underline{8,94\ \%}}$

Das Ergebnis im Beispiel sagt aus, dass von 100,00 EUR Umsatzerlösen etwa 5,55 EUR (Vorjahr 8,94 EUR) für Finanzierungszwecke zur Verfügung stehen.

Die Gewinn- und Verlustrechnung statistisch aufbereiten und mithilfe von Kennzahlen zur Ertragslage auswerten

- **Intensität einzelner Ertrags- und Aufwandsarten:** Verhältnis einzelner Aufwands- oder Ertragsarten zum Gesamtaufwand oder Ertrag
- **Rentabilität:** Verhältnis von Gewinn zum eingesetzten Kapital oder Umsatz
- **Cashflow:** Kassenzufluss durch Gewinn, Abschreibungen und Einstellung in die langfristigen Rückstellungen

[1] *Erhöhung gegenüber dem vorangegangenen Geschäftsjahr*

1. a) Erstellen Sie für die Betriebe I und II (Stahlhandel) aufgrund der Angaben der Finanzbuchhaltung die Gewinn- und Verlustrechnung in Kontenform.

b) Berechnen Sie für die Betriebe I und II folgende Vergleichszahlen:

1. den Anteil der Aufwendungen für Waren (Wareneinsatz), der Personalaufwendungen und der Abschreibungen an den Gesamtaufwendungen,
2. den Anteil der Aufwendungen für Waren (Wareneinsatz), Personalaufwendungen, Abschreibungen und des Gewinns am Umsatz.

Aufwendungen und Erträge		Betrieb I EUR	Betrieb II EUR
2100	Zinsen und ähnliche Aufwendungen	12.000,00	115.000,00
2200	Steuern vom Einkommen und Ertrag	15.000,00	5.000,00
2600	Sonstige Zinsen und ähnliche Erträge	111.000,00	20.000,00
3010	Aufwendungen für Waren/Wareneinsatz	4.439.600,00	3.464.500,00
4010	Löhne	2.822.400,00	1.845.000,00
4020	Gehälter	1.176.000,00	723.125,00
4040	Soziale Abgaben	1.411.200,00	844.375,00
4200	betr. Steuern, Beiträge, Versicherungen	325.800,00	359.500,00
4300	Energie, Betriebsstoffe	146.800,00	135.500,00
4400	Werbe- und Reisekosten	470.400,00	927.000,00
4700	Betriebskosten/Instandhaltung	352.800,00	300.000,00
4910	Abschreibungen	588.000,00	975.000,00
8010	Umsatzerlöse/Warenverkauf	12.825.000,00	11.192.500,00

2. Ein Großhandelsunternehmen hatte in den beiden letzten Jahren folgende Aufwendungen und Erträge in Mio. EUR:

Aufwands-bzw. Ertragsarten	Vorjahr	Berichtsjahr
Umsatzerlöse/Warenverkauf	1.500	1.800
Aufwendungen für Waren/Wareneinsatz	400	500
Personalkosten	300	320
Abschreibungen	120	200
Gewerbesteuer	120	125
Energie, Betriebsstoffe	70	85
Werbe- und Reisekosten	150	140
Allgemeine Verwaltung	140	160

a) Ermitteln Sie die Intensitätskennziffern der einzelnen Aufwandsarten.

b) Erläutern Sie die Aufwandsstruktur der beiden Jahre und ihre Veränderung.

c) Nennen Sie Gründe für die Aufwandsstrukturveränderung, bezogen auf die einzelnen Aufwandsarten.

3. a) Das Eigenkapital eines Handelsbetriebes (Einzelunternehmen) beträgt 650.000,00 EUR, der Unternehmergewinn 26.000,00 EUR.

1. Berechnen und beurteilen Sie die Unternehmerrentabilität!
2. Wie kann die Rentabilität verbessert werden?

b) Welche Überlegungen sind vor der Aufnahme eines Darlehens anzustellen?

c) Die Umsatzrentabilität eines Betriebes ist in den letzten Jahren von 4 % auf 3 % und 2 % gefallen.

1. Wie erklären Sie sich das?
2. Welche Maßnahmen empfehlen Sie?

4. Ein Großhandelsunternehmen hatte im Vorjahr und im Berichtsjahr folgende Aufwendungen und Erträge in Mio. EUR:

	Vorjahr	Berichtsjahr
Aufw. für Waren/Wareneinsatz	410	515
Personalaufwand	228	120
Abschreibungen	280	380
Sonstige betriebliche Aufwendungen	150	140
betriebliche Steuern	60	45
Umsatzerlöse/Warenverkauf	1.200	1.500

a) Ermitteln Sie die Intensitätskennziffern der einzelnen Aufwandsarten an den Umsatzerlösen.
b) Erläutern Sie die Aufwandsstruktur der beiden Jahre und ihre Veränderungen.
c) Nennen Sie Gründe für die Aufwandsstrukturänderung, bezogen auf die einzelnen Aufwandsarten.

5. Zur Beurteilung der Rentabilitätsentwicklung legt ein Großhandelsbetrieb folgende Werte der letzten vier Jahre vor:

	Jahr 1	Jahr 2	Jahr 3	Jahr 4
Eigenkapital in TEUR	8.000	8.200	8.800	9.000
Jahresüberschuss in TEUR	800	1.000	1.100	720
Umsatz in TEUR	20.000	32.800	40.000	45.000

Errechnen Sie für die vier Jahre
a) die Eigenkapitalrentabilität,
b) die Umsatzrentabilität.

6. Das GuV-Konto der Baustoffgroßhandlung Karl Klein e. K. (Daten in TEUR) ist abzuschließen und auszuwerten:

S — 8020 Gewinn- und Verlustkonto der Baustoffgroßhandlung Karl Klein e. K. — H

3010	Aufwend. für Waren/ Wareneinsatz	12.200	8010	Umsatzerlöse/ Warenverkauf	27.450
4000	Personalkosten	7.250			
4100	Mieten/Leasing	2.000			
4200	Steuern	1.100			
4260	Versicherungsbeiträge	300			
4300	Energie/Betriebsstoffe	600			
4410	Werbung	1.250			
4600	Kosten der Warenabgabe	170			
4800	Büromaterial, Postentgelte/Telek.	250			
4910	Abschreibungen auf Sachanlagen	500			
—		?			
		?			?

S	0600 Eigenkapital	H
?	EBK	15.000

Ermitteln Sie
a) den Reingewinn in TEUR,
b) das Eigenkapital zum Jahresende in TEUR,
c) die Eigenkapital- oder Unternehmerrentabilität, bezogen auf das Eigenkapital am Jahresanfang,
d) die Umsatzrentabilität.

7. Ermitteln Sie aus unten stehenden Angaben in Tausend EUR (TEUR)
a) das Eigenkapital,
b) das Anlagevermögen,
c) das Fremdkapital,
d) das Umlaufvermögen,
e) den Reingewinn.

Aufwendungen für Waren	800	Forderungen a. LL	120
Grundstücke und Gebäude	810	Rücklagen	190
Umsatzerlöse/Warenverkauf	1.200	Rückstellungen	20
Hypothekenschulden	250	Warenbestände (Sollbestände)	230
Verbindlichkeiten a. LL	160	Gezeichnetes Kapital	800
Fuhrpark	220	Löhne und Gehälter	280
Gewerbesteuer	20	Bankguthaben	40

8. a) Errechnen Sie aus folgenden Angaben (in Mio. EUR) für die letzten beiden Geschäftsjahre eines Industriebetriebes
1. die Eigenkapitalrentabilität,
2. die Umsatzrentabilität.

	Jahr 1	Jahr 2
Gewinn	18	12
Eigenkapital	180	180
Umsatz	500	600

b) Geben Sie Gründe für die wesentlichen Veränderungen an!

9. Die Buchhaltung eines Großhandelsunternehmens liefert für die letzten drei Jahre folgende Zahlen in EUR:

	1. Jahr	2. Jahr	3. Jahr
Eigenkapital	150.000,00	175.000,00	200.000,00
Fremdkapital (Schulden)	100.000,00	125.000,00	115.000,00
Zinsen für Fremdkapital	4.800,00	7.500,00	6.000,00
Reingewinn	25.000,00	35.000,00	50.000,00
Umsatzerlöse, netto	580.000,00	750.000,00	960.000,00

a) Errechnen Sie die Eigenkapital-, Gesamtkapital- und Umsatzrentabilität.
b) Beurteilen Sie die Entwicklung des Unternehmens.

10. a) Errechnen Sie aus folgenden Angaben (in Mio. EUR) für die letzten beiden Jahre eines Großhandelsunternehmens
1. die Eigenkapitalrentabilität,
2. die Gesamtkapitalrentabilität,
3. die Umsatzrentabilität,
4. die Cashflow-Eigenkapitalrentabilität,
5. die Cashflow-Umsatzrate.

	1	2
Gewinn	18	12
Abschreibungen	20	18
Einstellung in die langfristigen Rückstellungen	6	6
Fremdkapitalzinsen	12	15
Eigenkapital	180	180
Fremdkapital	120	180
Umsatz	500	600

b) Geben Sie Gründe für die wesentlichen Veränderungen an.

11. Zur Feststellung der Rentabilitätsentwicklung legt ein Großhandelsunternehmen folgende Werte der letzten 4 Jahre vor:

	1	2	3	4
Eigenkapital in TEUR (Anfangsbestand)	4.000	4.100	4.400	4.500
Fremdkapital (Schulden) in TEUR – AB	2.000	2.000	3.000	4.000
Gewinn in TEUR	400	500	550	360
Durchschnittl. Fremdkapitalzinssatz	6 %	6 %	7 %	7 %
Umsatzerlöse in TEUR	10.000	16.400	20.000	22.500
Bildung von Pensionsrückstellungen in TEUR	50	70	80	170
Abschreibungen in TEUR	900	1.100	1.700	1.300

a) Errechnen Sie für die vier Jahre
   1. den Zinsaufwand für das Fremdkapital,
   2. den Ertrag des Gesamtkapitals,
   3. die Eigenkapitalrentabilität,
   4. die Gesamtkapitalrentabilität,
   5. die Umsatzrentabilität,
   6. den Cashflow.

b) Erläutern Sie die Entwicklung der Kennzahlen 3–6.

12. Zum Jahresende ermittelte die Buchhaltung der Bürotec GmbH folgende vorläufige Werte in TEUR zum Jahresabschluss:

S	930 Gewinn und Verlust		H
301 Wareneingang/AfW.	30.000	801 Warenverkauf/Umsatzerlöse	51.000
400–490 Verschiedene Kostenarten	16.500		

S	940 Schlussbilanzkonto		H
Anlagevermögen	12.000	Gezeichnetes Kapital	10.000
Umlaufvermögen	20.000	Gewinnrücklagen	2.000
		Fremdkapital	15.500

Vor dem Abschluss der Konten „Gewinn und Verlust" und „Schlussbilanzkonto" sind noch Abschreibungen auf Anlagen von 1.500 TEUR aufgrund der Bewertung des Inventars zu erfassen.

Ermitteln Sie danach folgende im Jahresabschluss auszuweisenden Werte:

a) das Anlagevermögen,
b) den Gewinn,
c) das Eigenkapital,
d) die Bilanzsumme,
e) den Rohgewinn,
f) den durchschnittlichen Handlungskostenzuschlagssatz,
g) den erzielten Gewinnzuschlagssatz,
h) die Eigenkapitalrentabilität,
i) die Umsatzrentabilität (auf eine Stelle nach dem Komma runden).

3.3 Gesamtergebnis, neutrales Ergebnis und Betriebsergebnis ermitteln

3.3.1 Betriebsfremde, betrieblich außerordentliche und betrieblich ordentliche Aufwendungen und Erträge an Beispielen erläutern

Herr Müller lässt die Ergebnisentwicklung in der Finanzbuchhaltung untersuchen. Schon nach wenigen Stunden erhält er von Frau Lapp folgende Anmerkungen zu Einzelpositionen der GuV-Rechnung des Abrechnungsjahres:

Konto	Anmerkungen	EUR
21 Zinsen u. ä. Aufwendungen	Hypothekenzinsanteil für vermieteten Betriebsgebäudeteil	3.100,00
242 Betriebsfremde Erträge	Ein Teil des Betriebsgebäudes wurde zu Gewerbezwecken vermietet. Erträge hieraus	126.000,00
26 Zinsen u. ä. Erträge	Überschüssige flüssige Mittel wurden einem Zugewinnsparen zugeführt. Zinsen hieraus	16.875,00
301 Wareneingang/ Aufw. für Waren	Waren wurden durch Überschwemmung vernichtet (kein Versicherungsschutz)	118.750,00
42 Steuern	Grundsteueranteil für vermietete Gebäudeteile	1.250,00
47 Betriebskosten/ Instandhaltung	Dachreparatur am vermieteten Gebäudeteil Dachreparatur am betrieblich genutzten Gebäudeteil	14.293,00 88.000,00
48 Allgemeine Verwaltungskosten	Anzeigen „Vermietung gewerblicher Räume"	585,00
49 Abschreibungen	Abschreibungsanteil des vermieteten Gebäudeteils	9.000,00

Herrn Müller fällt ein Stein vom Herzen. Der Betrieb hat besser gewirtschaftet, als es das Ergebnis ausweist.

ARBEITSAUFTRAG

- Versuchen Sie diese Auffassung zu begründen.

Grundkosten und neutraler Aufwand

Die **Beurteilung der Wirtschaftlichkeit des Betriebes** aufgrund der Gewinn- und Verlustrechnung führt zu **falschen Aussagen**, weil neben dem **Zweckaufwand betriebsfremde** und **betrieblich außerordentliche Aufwendungen** und **Erträge** hierin enthalten sind.

Grundkosten/Zweckaufwand

Der Werteverzehr einer Rechnungsperiode wird als **Aufwand** bezeichnet. Da er im Zusammenhang mit der Verfolgung des eigentlichen Betriebszweckes der Großhandelsunternehmung entstand, ist er zugleich **Zweckaufwand**, der im selben Umfang Kosten darstellt **(aufwandsgleiche Kosten = Grundkosten).** Er wird in gleicher Höhe in das Betriebsergebnis und in die Kosten- und Leistungsrechnung übernommen.

Beispiele

	Aufwand der FiBu in EUR	Kosten der KLR in EUR
Stromverbrauch in den Abteilungen Lager, Einkauf, Verkauf im Monat Juni	2.200,00	2.200,00
Wareneinsatz (Anschaffungskosten der verkauften Waren) im Juni	158.750,00	158.750,00
Löhne für die Lagerarbeiter und Gehälter für die Angestellten im Monat Juni	71.000,00	71.000,00
Werbeaktion im Monat Juni	19.000,00	19.000,00

Betriebsfremde Aufwendungen

Aufwendungen, die **nicht** mit der Verfolgung des eigentlichen **Betriebszweckes** angefallen sind, werden als **betriebsfremde Aufwendungen** bezeichnet.

Beispiele

	Aufwand der FiBu in EUR	Kosten der KLR in EUR
Dachreparatur am vermieteten Gebäudeanteil	14.293,00	–
Abschreibungsanteil des vermieteten Gebäudes	9.000,00	–
Anzeigen „Vermietung gewerblicher Räume"	585,00	–
Grundsteueranteil für vermietetes Gebäude	1.250,00	–
Hypothekenzinsanteil für vermietetes Gebäude	3.100,00	–

Der hier entstehende Aufwand steht in keiner Verbindung zum eigentlichen Betriebszweck, An- und Verkauf von Bürobedarf, sondern im Zusammenhang mit dem Nebenziel „Vermietung". Somit darf dieser Aufwand auch nicht in die Kostenrechnung einfließen.

Die in der Finanzbuchhaltung erfassten betriebsfremden Aufwendungen der Primus GmbH sind somit von den Aufwendungen abzugrenzen, die der Absatz des Bürobedarfs verursacht.

○ Betrieblich außerordentliche Aufwendungen

Betrieblich außerordentliche Aufwendugen sind zwar Aufwendungen, die bei der Verfolgung des eigentlichen Betriebszweckes entstanden sind, aber sie

- fallen teilweise nur **einmalig und/oder völlig unerwartet** an und sind **untypisch** für das normale Betriebsgeschehen der Rechnungsperiode (= **Zufallsaufwand**),
- lassen sich vielfach **keinem bestimmten Abrechnungszeitraum zurechnen (= zeitraumneutrale Aufwendungen),**
- betreffen oft eine **bereits abgeschlossene Rechnungsperiode (= periodenfremde Aufwendungen).**

Beispiele

	Aufwand der FiBu in EUR	Kosten der KLR in EUR
Warenverderb durch Hochwasser	118.750,00	–
Dachreparatur am betrieblich genutzten Gebäude	88.000,00	–

Würden diese betrieblich außerordentlichen Aufwendungen wie Kosten behandelt, würden die Aussagen zur **Wirtschaftlichkeit** und zum **Betriebsergebnis verfälscht**. Daher müssen die betrieblich außerordentlichen Aufwendungen von den Zweckaufwendungen abgegrenzt werden.

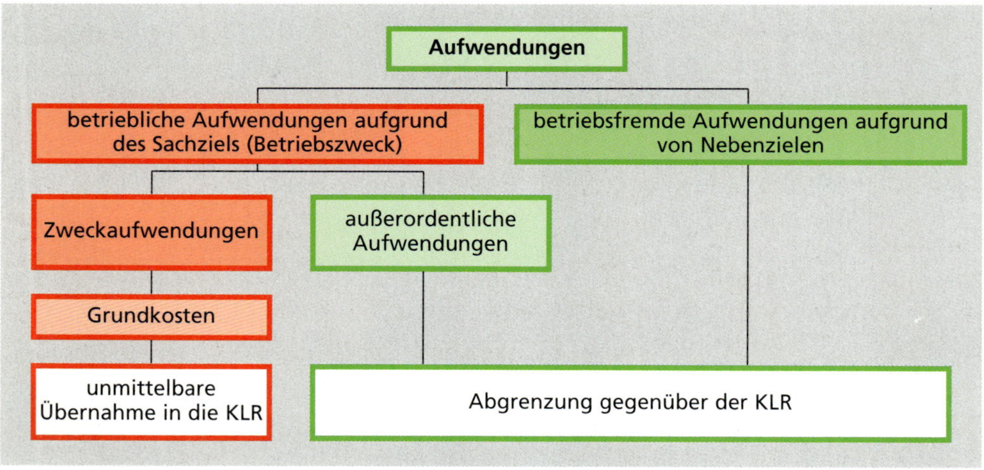

Die **abgegrenzten Aufwendungen** werden also nicht in die KLR übernommen. Sie werden daher auch als **neutrale Aufwendungen** bezeichnet.

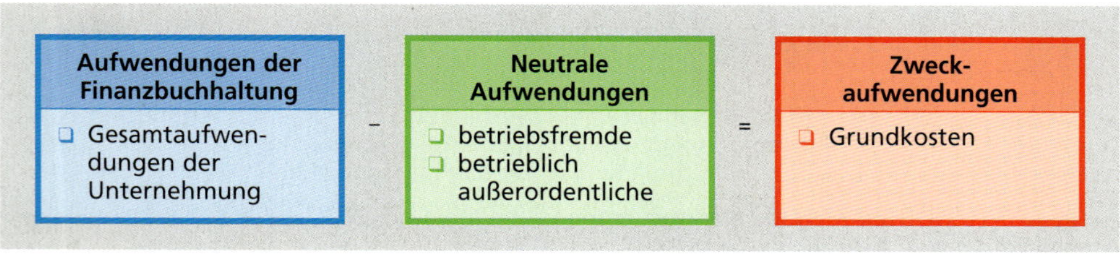

Leistungen und neutrale Erträge

Der größte Teil der in der Finanzbuchhaltung erfassten Erträge wird über den Umsatz der Waren erzielt. Es sind betriebliche Erträge aufgrund der Sachzielverfolgung. Diese betrieblichen Erträge sind auch Mittelpunkt der KLR; denn sie sind ja die Ursache und das Ergebnis der entstandenen Kosten. In der KLR werden diese typischen betrieblichen Erträge einer Rechnungsperiode als **Leistungen** bezeichnet.

Beispiel Die typische Leistungen der Primus GmbH sind die Umsatzerlöse aus dem Verkauf der vier Warengruppen Bürotechnik, Büroeinrichtung, Verbrauch und Organisation.

Ihnen sind die Kosten zuzurechnen. Sie werden damit zu **„Kostenträgern“**.

Beispiel Bei der Berechnung der Verkaufspreise der einzelnen Arikel aller drei Warengruppen sind die Kosten des Betriebes anteilig zuzurechnen.

Von den Leistungen sind die **betriebsfremden** und **betrieblich außerordentlichen** Erträge als **„neutrale Erträge“** abzugrenzen.

- **Betriebsfremde Erträge:** Sie werden nicht durch die eigentliche Betriebstätigkeit verwirklicht, sondern sind das Ergebnis der Verwirklichung von Nebenzielen.

  Beispiele Mieterträge aus Wohnungen in betriebseigenen Gebäuden; Zinserträge aus gewährten Darlehen an Nichtkunden

- **Betrieblich außerordentliche Erträge:** Sie stehen zwar im Zusammenhang mit dem Betriebsgeschehen, sind jedoch nicht Ergebnisse des Betriebsprozesses. Vielfach stellen sie nur die Stornierung eines zu hohen Aufwandes früherer Perioden dar.

  Beispiele
  - Rückerstattung von Gewerbesteuern, Zinsen für Kundendarlehen
  - Erträge aus dem Verkauf von betrieblichen Anlagen über Buchwert

Betriebsfremde und betrieblich außerordentliche Erträge sind von den betriebstypischen Erträgen (Umsatzerlöse) abzugrenzen, damit kein falsches Bild von der Ertragskraft des Betriebes entsteht.

Beispiele

	Ertrag der FiBu in EUR	Leistungen der KLR in EUR
Mieterträge aus vermieteten Gebäuden	126.000,00	–
Zinserträge aus Zugewinnsparvertrag	16.875,00	–
Umsatzerlöse aus dem Verkauf von Büroartikeln	3.564.117,50	3.564 117,50

Erträge der Finanzbuchhaltung		Neutrale Erträge		Zweckerträge
Gesamterträge der Unternehmung	–	betriebsfremde betrieblich außerordentliche	=	Leistungen des Betriebes

Betriebsfremde, betrieblich außerordentliche und betrieblich ordentliche Aufwendungen und Erträge an Beispielen erläutern

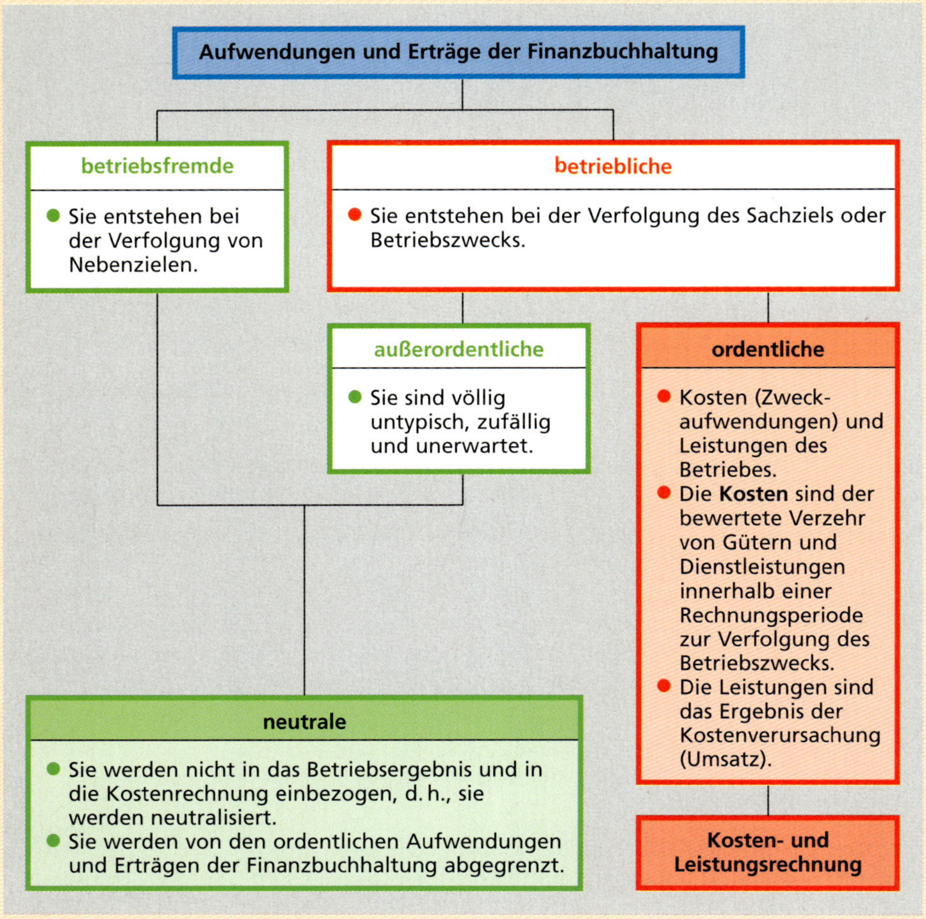

1. In einem Großhandelsunternehmen wurden im Monat Februar in der Finanzbuchhaltung folgende Aufwendungenn und Erträge erfasst:

	TEUR
1. Wareneinsatz	3.390
2. Warenverderb durch falsche Lagerung	60
3. Miete für das Verwaltungsgebäude	600
4. Lohnzahlungen an die Lagerarbeiter	1.900
5. Reparatur eines Lkw, der durch einen selbst verschuldeten Unfall beschädigt wurde	16
6. Treibstoff für Lkw	460
7. Gehaltszahlungen	1.240
8. Reparatur eines Schadens an einer Abfüllanlage aufgrund eines Bedienungsfehlers	205

9. Eingang der Jahresmiete für eine vermietete Ausstellungshalle	36
10. Ausgangsfrachten für den Versand von Waren an Kunden	71
11. Aufwendungen für Werbung und Reise	270
12. Abschreibungen auf betriebsnotwendige Anlagen	740
13. Dachreparaturen	
a) an der Lagerhalle des Betriebes	48
b) an der vermieteten Ausstellungshalle	6
14. Verzugszinsen für überfällige Liefererrechnungen	90
15. Energie für Lagerräume	355
16. Zinsgutschrift der Hausbank für die Anlage überschüssiger flüssiger Mittel	14
17. Warenverkäufe	10.240

Ermitteln Sie aus diesen Vorgängen

a) die Summe der Kosten und die Summe der Leistungen,
b) die Summe der betriebsfremden Aufwendungen und die Summe der betriebsfremden Erträge,
c) die Summe der betrieblich außerordentlichen Aufwendungen und die Summe der betrieblich außerordentlichen Erträge.

2. Im Konto 301 Wareneingang/AfW. ist ein Warenverderb im Werte von 600.000,00 EUR infolge einer Überschwemmung enthalten.
Erläutern Sie, wie sich diese Entscheidung
a) auf die Wirtschaftlichkeitsbeurteilung,
b) auf die Wettbewerbssituation des Betriebes
auswirken kann, wenn dieser Betrag unverändert in die KLR übernommen wird.

3. a) Nennen Sie die Merkmale des Kostenbegriffes.
b) Grenzen Sie die Kosten von den neutralen Aufwendungen ab.
c) Begründen Sie die Notwendigkeit der Abgrenzung von Kosten und neutralen Aufwendungen zur Beurteilung der Wirtschaftlichkeit eines Betriebes.
d) Erläutern Sie die Merkmale des Leistungsbegriffes analog zum Kostenbegriff S. 317.

4. Ordnen Sie die Fälle 1 bis 6 einer Möbelgroßhandlung den Erträgen dieser Übersicht zu:

	Erträge	
Leistungen a)	Betrieblich außerordentliche b)	betriebsfremde c)

1. Verkauf von Möbeln
2. Mieteinnahmen
3. Zinsgutschrift der Bank aus der Anlage liquider Mittel
4. Rückerstattung zu viel bezahlter Gewerbesteuer
5. Verzugszinsen für überfällige Ausgangsrechnungen
6. Verkauf verschiedener Artikel zur Möbelbehandlung (Wachs, Lack u. a.)

5. Die Buchführung eines Haushaltsgerätegroßhandels, der Mixer und Elektromesser vertreibt, stellt der Unternehmungsleitung folgende Daten zur Erfolgsanalyse der beiden letzten Quartale des Geschäftsjahres zur Verfügung:

Konto	Kontenbezeichnung	3. Quartal EUR	4. Quartal EUR
21	Zinsen u. ähnliche Aufwendungen	16.800,00	16.800,00
301	Aufwendungen für Waren/Wareneingang	835.000,00	888.000,00
401	Löhne	312.200,00	309.600,00
402	Gehälter	620.000,00	614.900,00
41	Mieten, Pachten, Leasing	94.200,00	107.400,00
42	Steuern, Beiträge, Versicherungen	57.800,00	54.200,00
43	Energie, Betriebsstoffe	27.600,00	29.400,00
44	Werbe- und Reisekosten	65.000,00	81.900,00
47	Betriebskosten, Instandhaltung	91.000,00	102.800,00
48	Allgemeine Verwaltung	66.900,00	59.400,00
49	Abschreibungen	85.100,00	88.600,00
	Aufwendungen insgesamt	2.271.600,00	2.353.000,00
242	Betriebsfremde Erträge	24.000,00	29.000,00
801	Umsatzerlöse/Warenverkauf Mixer	1.754.000,00	1.405.000,00
811	Umsatzerlöse/Warenverkauf Elektromesser	901.000,00	875.000,00
	Erträge insgesamt	2.679.000,00	2.309.000,00

a) Ermitteln Sie den Erfolg für das 3. und 4. Quartal.
b) Stellen Sie die Veränderungen (Abweichungen) in Prozent fest.
c) Worauf können die Abweichungen zurückzuführen sein?
d) Zeigen Sie die Informationsmängel der GuV-Rechnung auf, wenn Sie den Einfluss der einzelnen Warengruppen auf den Erfolg bestimmen wollen.
e) Welche Maßnahme schlagen Sie vor, um bessere Informationen über die Aufwandsverursachung zu erhalten?

6. Entscheiden Sie, ob folgende Geschäftsfälle einer Holzgroßhandlung
a) Zweckaufwand,
b) betrieblich außerordentlich oder
c) betriebsfremd
sind

1. Dachreparatur an einem vermieteten Teil des Betriebsgebäudes
2. Lohnzahlungen an die Lagerarbeiter
3. Schaden aufgrund eines Bedienungsfehlers an einem Gabelstapler
4. Holzeinkauf
5. Holzentnahme zur Reparatur der Treppe an einem vermieteten Lagergebäude
6. Holz ist wegen unsachgemäßer Lagerung nicht mehr absetzbar
7. Kassenfehlbetrag
8. Gewerbesteuernachzahlung für das vergangene Rechnungsjahr
9. Holz ist wegen eines Wasserrohrbruchs unbrauchbar
10. Zinsen aus der Anlage überflüssiger liquider Mittel
11. Miete für eine gemietete Lagerhalle
12. Zahlung der Kfz-Steuer für einen Betriebs-Pkw
13. Ausgaben für eine Einführungswerbung
14. Telefonentgelte
15. Vertreterprovision
16. Totalschaden eines Lkw durch selbst verschuldeten Unfall

7. Erläutern Sie an je zwei Beispielen aus der Primus GmbH

a) Zweckaufwand/Grundkosten,
b) betriebsfremde Aufwand,
c) betriebliche außerordentlicher Aufwand,
d) Leistungen,
e) betriebsfremder Ertrag,
f) betrieblich außerordentlicher Ertrag.

8. In einer Baustoffgroßhandlung erfasste ein Mitarbeiter in der Buchhaltung die Entnahme von Dachziegeln und Isoliermaterial im Werte von 38.000,00 EUR für die Reparatur und Modernisierung eines vermieteten betriebseigenen Gebäudes auf dem Konto **Wareneingang/Aufwendungen für Waren**.
Erläutern Sie die Behandlung dieses Vorganges in der Kostenrechnung.

3.3.2 Abgrenzungsrechnung zur Ermittlung des Betriebsergebnisses erstellen

Herr Müller hat sich eingehend mit den Informationen von Frau Lapp zu einzelnen Positionen der GuV-Rechnung des Abrechnungsjahres auseinandergesetzt (vgl. S. 316). Jetzt will er wissen, wie der Betrieb gewirtschaftet hat, um eventuell erforderliche Maßnahmen einzuleiten.

Um eine bessere Übersicht über die Leistung des Betriebes zu erhalten, bittet er Herrn Zimmer, den Leiter der KLR und des Controllings, um eine tabellarische Aufstellung, in der die betriebsfremden und die betrieblich außerordentlichen Aufwendungen und Erträge gesondert ausgewiesen werden.

ARBEITSAUFTRÄGE

- Erläutern Sie, was diese Aufstellung bezweckt und wie sie aufgebaut sein könnte.
- Führen Sie die Abgrenzungsrechnung unter Berücksichtigung der Informationen auf S. 324 f. durch.

Aufbau der Abgrenzungsrechnung

Um das eigentliche Ergebnis der Betriebstätigkeit erkennen zu können, müssen aus den Aufwendungen und Erträgen der Finanzbuchhaltung die betriebsfremden und die betrieblich außerordentlichen Aufwendungen bzw. Erträge abgegrenzt werden.

Die Abgrenzungsrechnung ist dann folgendermaßen aufgebaut:

Werte der Finanzbuchhaltung	Abgrenzungsrechnung	Kosten- und Leistungsrechnung
Gegenüberstellung aller Aufwendungen und Erträge der Unternehmung durch die Finanzbuchhaltung	Gegenüberstellung betriebsfremder und betrieblich außerordentlicher Aufwendungen und Erträge	Gegenüberstellungen der Zweckaufwendungen (Kosten) und Umsatzerlöse für Waren (Leistungen)
Ergebnis der Unternehmung **= Gesamtergebnis**	Ergebnis der Abgrenzungsrechnung **= neutrales Ergebnis**	Ergebnis durch die Zweck oder Sachzielverfolgung **= Betriebsergebnis**

Durchführung der Abgrenzungsrechnung, Aufbau der Abgrenzungsrechnung

Zur Vorbereitung der Abgrenzungsrechnung werden die Aufwendungen und Erträge der GuV-Rechnung in die Spalte „Werte der Finanzbuchhaltung“ übernommen (vgl. S. 306). Der Saldo aus dieser Gegenüberstellung ist das Gesamtergebnis der Unternehmung.

Danach werden aufgrund der Angaben der Finanzbuchhaltung (vgl. S. 316) die betriebsfremden und betrieblich außerordentlichen Aufwendungen und Erträge ausgesondert und in der Abgrenzungsrechnung gegenübergestellt. Der Saldo aus den abgegrenzten Aufwendungen und Erträgen ergibt das **neutrale Ergebnis**.

Nach Abgrenzung der betriebsfremden und betrieblich außerordentlichen Aufwendungen und Erträge verbleiben die Kosten und Leistungen des Betriebes, die dann in der Kosten- und Leistungsrechnung weiterverarbeitet werden. Der Saldo aus der Gegenüberstellung von Kosten und Leistungen ergibt das **Betriebsergebnis**.

Kosten > Leistungen = betrieblicher **Verlust**

Kosten < Leistungen = betrieblicher **Gewinn**

Beispiel Abgrenzungsrechnung

Aufwands- und Ertragspositionen / Abgrenzungsrechnung			I Werte der Finanzbuchhaltung		II Abgrenzungsrechnung		III Kosten- und Leistungsarten	
			1	2	3	4	5	6
Z	Konto	Bezeichnung	Aufwendungen	Erträge	betriebsfr. u. betriebl. außerordentl. Aufwendungen	betriebsfr. u. betriebl. außerordentl. Erträge	Kosten	Leistungen
01	210	Zinsen u. ä. Aufwendungen	22.105,00	–	3.100,00	–	19.005,00	–
02	242	Betriebsfremde Erträge	–	126.000,00	–	126.000,00	–	–
03	260	Zinsen u. ä. Erträge	–	16.875,00	–	16.875,00	–	–
04	301	Wareneing./AfW	1.936.250,00	–	118.750,00	–	1.817.500,00	–
05	401	Löhne	465.000,00	–	–	–	465.000,00	–
06	402	Gehälter	627.500,00	–	–	–	627.500,00	–
07	420	Steuern	40.607,50	–	1.250,00	–	39.357,50	–
08	430	Energie/ Betriebsstoffe	90.003,00	–	–	–	90.003,00	–
09	440	Werbe- und Reisekosten	78.400,00	–	–	–	78.400,00	–
10	470	Betriebskosten/ Instandhaltung	129.762,50	–	102.293,00	–	27.469,50	–
11	480	AVK	144.725,00	–	585,00	–	144.140,00	–
12	490	Abschreibungen	63.000,00	–	9.000,00	–	54.000,00	–
13	801	Warenverkauf/UE		3.564.117,50	–	–	–	3.564.117,50
			3.597.353,00	3.706.992,50	234.978,00	142.875,00	3.362.375,00	3.564.117,50
			109.639,50	–	–	92.103,00	201.742,50	–
			3.706.992,50	3.706.992,50	234.978,00	234.978,00	3.564.117,50	3.564.117,50

Abstimmung der Ergebnisse

Das **Betriebsergebnis** unterscheidet sich vom **Gesamtergebnis** der Unternehmung durch das **neutrale Ergebnis** gemäß Abgrenzungsrechnung.

Abstimmung der Ergebnisse	Beispiel
Betriebsergebnis ± neutrales Ergebnis lt. Abgrenzungsrechnung	+ 201.742,50 - 92.103,00
= Gesamtergebnis (= Unternehmungsergebnis)	+ 109.639,50

Abgrenzungsrechnung zur Ermittlung des Betriebsergebnisses erstellen

- Die Gewinn- und Verlustrechnung der Finanzbuchhaltung enthält **betriebsfremde und betrieblich außerordentliche Aufwendungen und Erträge**.
- Zur Beurteilung des Betriebes und für Zwecke der Kosten- und Leistungsrechnung müssen diese **abgrenzt oder neutralisiert** werden.

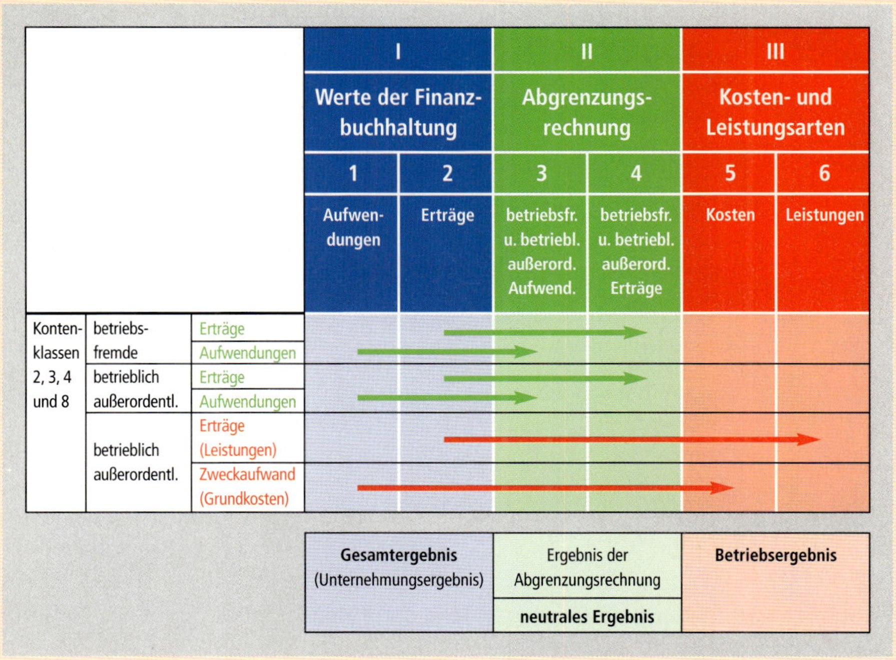

- Die Abgrenzungsrechnung dient der **Ermittlung des Betriebsergebnisses**.
- In der Abgrenzungsrechnung werden die betriebsfremden und die betrieblich außerordentlichen Aufwendungen und Erträge von dem Ergebnis der Finanzbuchhaltung abgegrenzt.
- Nach Durchführung der Abgrenzungsrechnung sind die ermittelten Ergebnisse **zur Kontrolle miteinander abzustimmen**.

1. Aus folgenden Angaben der Finanzbuchhaltung der Großhandlung Peter Abel & Co. OHG ist die Abgrenzungsrechnung durchzuführen:

Konto	Aufwands- und Ertragspositionen mit Erläuterungen	EUR
211	Zinsaufwendungen davon entfallen 11.550,00 EUR auf Hypothekenzinsen für das vermietete Lagergebäude	93.500,00
242	Betriebsfremde Erträge (Mieterträge)	115.500,00
261	Zinserträge insgesamt aus Darlehen an Nichtkunden	148.500,00
301	Wareneingang/Aufwendungen für Waren davon 33.000,00 EUR für Reparaturen im vermieteten Gebäude verwendet und 64.200,00 EUR Warenverderb	6.765.000,00
40	Personalaufwendungen	4.730.000,00
421–424	Betriebliche Steuern davon Grundsteuer für vermieteten Gebäudeteil 4.950,00 EUR	550.000,00
426	Versicherungen davon für vermieteten Gebäudeteil 9.350,00 EUR	123.750,00
44	Werbe- und Reisekosten davon Anzeigen für Vermietung von Betriebsgebäuden 2.750,00 EUR	524.250,00
46	Kosten der Warenabgabe	1.028.500,00
47	Betriebskosten, Instandhaltung davon 46.750,00 EUR für Dachreparatur des vermieteten Lagergebäudes und 125.000,00 EUR für Reparaturen am Betriebsgebäude	404.250,00
48	Allgemeine Verwaltung	325.500,00
491	Abschreibungen auf Sachanlagen davon entfallen 16.500,00 EUR auf das vermietete Lagergebäude	495.000,00
801	Warenverkauf/Umsatzerlöse	15.400.000,00

2. Die Finanzbuchhaltung der Textilgroßhandlung Josef Faden e. K. gibt zur Durchführung der Abgrenzungsrechnung folgende Informationen:

Konto	Aufwands- und Ertragspositionen mit Erläuterungen	EUR
211	Zinsaufwendungen davon 2.600,00 EUR Hypothekenzinsen für das vermietete Lagergebäude	39.000,00
242	Betriebsfremde Erträge Mieterträge aus der Vermietung eines Lagergebäudes	136.500,00

Konto	Aufwands- und Ertragspositionen mit Erläuterungen	EUR
261	Zinserträge davon 13.000,00 EUR aus betriebsfremden Geschäften; der Rest aus der vorübergehenden Anlage nicht benötigter liquider Mittel	234.000,00
301	Wareneingang/Aufwendungen für Waren davon wurden 34.600,00 EUR Gardinenstoffe für vermietete Gebäude verwendet; Warenverderb durch feuchte Lagerung 18.400,00 EUR	910.000,00
40	Personalaufwendungen	1.383.000,00
421–424	Betriebliche Steuern davon 1.800,00 EUR Grundsteueranteil für das vermietete Lagergebäude, die restlichen Steuern sind Kostensteuern	113.000,00
426	Versicherungen davon 1.200,00 EUR Gebäudeversicherung für vermietete Lagergebäude	83.000,00
44	Werbe- und Reisekosten davon 390,00 EUR für eine Zeitungsanzeige wegen der Vermietung des Lagergebäudes	123.500,00
47	Betriebskosten, Instandhaltung davon 8.125,00 EUR für Reparaturen am vermieteten Gebäude und 184.000,00 EUR an betrieblich genutzten Gebäuden	299.000,00
48	Allgemeine Verwaltung	320.000,00
491	Abschreibungen auf Sachanlagen davon entfallen 6.500,00 EUR auf das vermietete Lagergebäude	308.000,00
801	Warenverkauf/Umsatzerlöse	3.087.500,00

3. Die Finanzbuchhaltung eines Großhandelsbetriebes wies für das abgelaufene Geschäftsjahr folgende Werte aus:

Konto	Kontobezeichnung	EUR	EUR
211	Zinsaufwendungen	35.000,00	–
242	Betriebsfremde Erträge	–	180.000,00
261	Zinserträge	–	1.000,00
301	Wareneingang/Aufwend. f. Waren	1.450.000,00	–
40	Personalkosten	1.300.000,00	–
42	Betriebliche Steuern	130.000,00	–
44	Werbe- und Reisekosten	250.000,00	–
47	Betriebskosten/Instandhaltung	185.000,00	–
48	Allgemeine Verwaltung	510.000,00	–
49	Abschreibungen auf Sachanlagen	250.000,00	–
801	Warenverkauf/Umsatzerlöse	–	4.200.000,00

Zu den obigen Positionen liegen folgende Informationen vor:

Konto	Anmerkungen	EUR
211	Zinsaufwendungen für betrieblich notwendiges Fremdkapital	35.000,00
242	Mieterträge	180.000,00
261	Verzugszinsen für verspätet bezahlte Kundenrechnungen	1.000,00
301	Warenverderb, Warendiebstahl	21.000,00
42	a) Gewerbesteuernachzahlung für das vergangene Geschäftsjahr b) Grundsteuer für vermietete Gebäudeteile	15.000,00 2.500,00
47	Reparaturen a) am vermieteten Gebäudeteil b) am betrieblich genutzten Gebäudeteil	12.000,00 63.000,00
49	Davon entfallen auf den vermieteten Gebäudeteil	12.000,00
	Ansonsten handelt es sich um betrieblich ordentliche Erträge und um Zweckaufwand	

Führen Sie die Abgrenzungsrechnung durch und stimmen Sie die Ergebnisse miteinander ab.

4. Für eine Großhandelsunternehmung ist zu entscheiden, ob folgende Aufwendungen für die KLR geeignet sind: EUR

a) Warenverderb 17.000,00
b) Reparatur des Daches eines Lagergebäudes 120.000,00
c) Nachzahlung von Gewerbesteuer für das Vorjahr 18.000,00
d) Ein Lkw erleidet auf der Fahrt zu Kunden einen selbst verschuldeten Unfallschaden 50.000,00
e) Anstrich eines vermieteten Gebäudes 26.000,00

Begründen Sie Ihre Entscheidung.

5. Erläutern Sie die Aufgaben der Abgrenzungsrechnung.

6. Erklären Sie die Abweichungen des Betriebsergebnisses vom Ergebnis der Finanzbuchhaltung.

Wiederholung: Unternehmensergebnisse aufbereiten, bewerten und nutzen

Übungsaufgaben

1. Die Bürotec GmbH plant den Warenumsatz und -einsatz der Warengruppe „Büroeinrichtung" für das kommende Geschäftsjahr. Grundlage für die Planung bilden die Quartalwerte in TEUR des letzten Geschäftsjahres lt. Warenwirtschaft. Planungsergebnis soll eine Umsatzsteigerung von 6 % bei gleichzeitigem Absenken des durchschnittlichen Lagerbestandes um 20 % sein.

Quartal	Anfangsbestände	Wareneinsatz	Warenumsatz	Endbestände
I	750	1.840	3.220	910
II	600	1.680	2.940	725
III	970	2.720	4.760	1.600
IV	850	2.440	4.270	1.440
		8.680	15.190	

Ermitteln Sie
a) den durchschnittlichen Lagerbestand im letzten Jahr,
b) die Lagerumschlagshäufigkeit,
c) den durchschnittlichen Kalkulationszuschlagssatz,
d) den geplanten Umsatz in EUR der Warengruppe für das kommende Jahr,
e) den geplanten Wareneinsatz in EUR, wenn der Kalkulationszuschlagssatz unverändert bleiben soll,
f) den geplanten durchschnittlichen Lagerbestand in EUR,
g) welche Umschlagshäufigkeit erreicht werden müsste, um die Planvorgaben zu realisieren.

2. Ermitteln Sie aus untenstehenden Angaben der Bürotec in TEUR:
a) das Anlagevermögen,
b) das Umlaufvermögen,
c) das Eigenkapital,
d) das Fremdkapital,
e) die Eigenkapitalquote,
f) die Barliquidität,
g) die Anlagendeckung I,
h) die Anlagendeckung II,
i) den Aufwand,
j) den Ertrag,
k) den Jahresüberschuss (Gewinn),
l) die Eigenkapitalrentabilität.

A	Bilanz in TEUR am Anfang des Jahres		P
I Anlagevermögen		**I Eigenkapital**	
Gebäude, Grundstücke	5.000	Gezeichnetes Kapital	4.000
Geschäftsausstattung	950	Rücklagen	1.000
Fuhrpark	1.750	Jahresüberschuss	3.000
II Umlaufvermögen		**II Schulden**	
Warenbestand	1.500	Hypothekenschulden*	1.500
Forderungen a. LL	1.900	Darlehensschulden*	1.250
Bankguthaben	1.400	Verbindlichkeiten a. LL	1.750
	12.500		12.500

* mit einer Restlaufzeit über 5 Jahre

S	GuV in TEUR		H
Wareneingang/Aufw. f. Waren	28.800	Umsatzerlöse	50.000
Personalaufwand	16.000	Sonstige Erträge	2.000
Abschreibungen	1.200		
Sonstige Aufwendungen	4.800		

3. Im Rahmen der Bewertung der Inventurbestände in der Bürobedarfsgroßhandlung Bürotec GmbH sollen Sie festlegen, mit welchem Einzelwert in EUR folgende Wirtschaftsgüter anzusetzen sind:

a) **Warengruppe „Bürotechnik"**: Faxgerät TA Inkjet-Fax 640 TI, das am 10.11. zum Anschaffungswert von 416,00 EUR gekauft, für das der Verkaufspreis mit 498,00 EUR kalkuliert wurde, das der Lieferer in der neuesten Preisliste für das folgende Geschäftsjahr für 398,00 EUR anbietet

b) **Warengruppe „Verbrauch"**: Kopierpapier X-Offit 1.000 Bl.
Anschaffungswert vom 15.12. .... 3,58 EUR
Verkaufspreis .... 6,45 EUR
Angebotspreis lt. Preisliste für das folgende Geschäftsjahr .... 3,78 EUR

c) Grundstück, Escher Straße 217, mit einem Anschaffungswert von 250.000,00 EUR vor 10 Jahren und einem Tageswert von 480.000,00 EUR am Bilanzstichtag

d) Verbindlichkeit a. LL gegenüber einem US-amerikanischen Lieferer von verschiedenen Laserdruckern aufgrund der Eingangsrechnung über 58.000,00 USD bei einem Dollarkurs zur Zeit der Rechnungserteilung von 1,00 EUR = 1,10 USD und von 1,00 EUR = 1,05 USD am Bilanzstichtag

e) Gabelstapler mit einem Anschaffungswert von 54.000,00 EUR, vor genau 4 Jahren angeschafft, mit einer linearen Abschreibung über eine betriebsgewöhnliche Nutzungsdauer von 10 Jahren

4.

A — Bilanz der Bürotec GmbH, Köln, zum 31. Dez. 20.. in TEUR — P

A		P	
A. Anlagevermögen		**A. Eigenkapital**	
1. Grundstücke und Gebäude	1.100	1. Stammkapital	1.200
2. Fuhrpark	850	2. Gewinnrücklagen	600
3. Betriebs- und Geschäftsausstattung	750	3. Jahresüberschuss	450
B. Umlaufvermögen		**B. Rückstellungen**	
1. Warenbestand	340	1. Rückstellungen für Pensionen	350
2. Forderungen a. LL	210	2. Steuerrückstellungen (kurzfristig)	40
3. Bank	343	3. Andere kurzfristige Rückstellungen	50
4. Kasse	7	**C. Verbindlichkeiten**	
		1. Verbindlichkeiten gegenüber Kreditinstituten	
		– langfristige	500
		– kurzfristige	200
		2. Verbindlichkeiten a. LL	150
		3. Sonstige Verbindlichkeiten	60
	3.600		3.600

GuV der Bürotec GmbH, Köln, für das Geschäftsjahr 20.. in TEUR	TEUR	TEUR
Warenumsatz	7.200	
Sonstige betriebliche Erträge	300	
		7 500
Wareneinsatz	3.100	
Personalkosten	2.500	
Abschreibungen	350	
Sonstige betriebliche Aufwendungen	250	
		1.300

GuV der Bürotec GmbH, Köln, für das Geschäftsjahr 20.. in TEUR		
	TEUR	TEUR
Zinsaufwendungen Zinserträge	100 40	
Finanzergebnis	60	
Ergebnis der betriebsgewöhnlichen Geschäftstätigkeit		1.240
Außerordentliche Aufwendungen Außerordentliche Erträge	580 90	
Außerordentliches Ergebnis		490
Ergebnis vor Steuern Betriebliche Steuern		750 300
Jahresüberschuss		450

Ermitteln Sie
a) die Umlaufvermögensintensität,
b) die Eigenkapitalquote,
c) die Anlagendeckung I,
d) die Barliquidität,
e) die Eigenkapitalrentabilität,
f) die Umsatzrentabilität.

5. Die Datei des Artikels „R 200 Möbelpolitur" der Bürotec GmbH ist auszuwerten:

		Zugänge in Stück	Anschaffungskosten je Stück	Abgänge in Stück	Bestand in Stück
01.10.20..:	Anfangsbestand		4,80		100
14.10.20..:	Verkauf lt. AR 102935			50	50
22.10.20..:	Einkauf lt. ER 385	200	5,40		250
05.11.20..:	Verkauf lt. AR 112653			140	110
16.11.20..:	Verkauf lt. AR 112661			80	30
22.11.20..:	Einkauf lt. ER 4291	300	5,10		330
05.12.20..:	Verkauf lt. AR 120010			150	180
22.12.20..:	Verkauf lt. AR 121111			120	60

1. Ermitteln Sie
   a) den Endbestand in Stück lt. permanenter Inventur,
   b) den durchschnittlichen Lagerbestand in Stück des letzten Quartals,
   c) die durchschnittlichen Anschaffungskosten je Stück im letzten Quartal,
   d) die Absatzmenge des letzten Quartals in Stück,
   e) den Wareneinsatz des Artikels R 200 zum Durchschnittswert,
   f) den Inventurwert zum gewogenen Durchschnittspreis zum 31.12.,
   g) die Umschlagshäufigkeit des Artikels (auf eine Stelle genau).
2. In der Preisliste für das kommende Quartal bietet der Hersteller den Artikel zum Festpreis von 5,00 EUR an. Mit welchem Wert ist der Bestand des Artikels im Inventarverzeichnis anzusetzen?
3. Der Artikel wurde im letzten Quartal zum Preis von 80,60 EUR je Karton à 10 Stück verkauft. Dabei hat die Unternehmung mit einem Kalkulationsfaktor von 1,55 kalkuliert. Mit welchem durchschnittlichen Anschaffungswert je Stück wurde gerechnet?

6. Werten Sie folgende Angaben in EUR aus der Bilanz der Bürotec GmbH aus:

Anlagevermögen	2.800.000,00
Umlaufvermögen	4.100.000,00
davon liquide Mittel	297.000,00
Eigenkapital	3.850.000,00
Schulden	3.150.000,00
davon langfristige	1.500.000,00
kurzfristige	1.650.000,00

Berechnen Sie
a) die Anlagevermögensintensität,
b) die Eigenkapitalquote,
c) die Liquidität 1. Grades (Barliquidität).

7. Ermitteln Sie aus nachstehenden Angaben in TEUR aus der GuV-Rechnung der Bürotec GmbH gemäß § 275 Abs. 2 HGB (siehe nebenstehenden Gesetzestext)

a) das Rohergebnis,
b) das betriebliche Ergebnis,
c) das Finanzergebnis,
d) das Ergebnis der gewöhnlichen Geschäftstätigkeit,
e) das außerordentliche Ergebnis.
f) den Jahresüberschuss,

Angaben	TEUR
Wareneinsatz	4.900
Personalaufwand	3.700
Abschreibungen	700
Sonstige betriebliche Aufwendungen	960
Zinserträge	520
Zinsaufwendungen	360
außerordentliche Aufwendungen	1.080
außerordentliche Erträge	180
Körperschaftsteuer	600
Kapitalertragsteuer	200
Umsatzerlöse/Warenverkauf	11.850
Sonstige betriebliche Erträge	350

§

§ 275 Abs. 2 HGB

(2) Bei Anwendung des Gesamtkostenverfahrens sind auszuweisen:

1. Umsatzerlöse
2. Erhöhung oder Verminderung des Bestands an fertigen und unfertigen Erzeugnissen
3. andere aktivierte Eigenleistungen
4. sonstige betriebliche Erträge
5. Materialaufwand:
   a) Aufwendungen für Roh-, Hilfs- und Betriebsstoffe und für bezogene Waren
   b) Aufwendungen für bezogene Leistungen
6. Personalaufwand:
   a) Löhne und Gehälter
   b) soziale Abgaben und Aufwendungen für Altersversorgung und für Unterstützung, davon für Altersversorgung
7. Abschreibungen:
   a) auf immaterielle Vermögensgegenstände des Anlagevermögens und Sachanlagen sowie auf aktivierte Aufwendungen für die Ingangsetzung und Erweiterung des Geschäftsbetriebs

b) auf Vermögensgegenstände des Umlaufvermögens, soweit diese die in der Kapitalgesellschaft üblichen Abschreibungen überschreiten
8. sonstige betriebliche Aufwendungen
9. Erträge aus Beteiligungen,
davon aus verbundenen Unternehmen
10. Erträge aus anderen Wertpapieren und Ausleihungen des Finanzanlagevermögens,
davon aus verbundenen Unternehmen
11. sonstige Zinsen und ähnliche Erträge,
davon aus verbundenen Unternehmen
12. Abschreibungen auf Finanzanlagen und auf Wertpapiere des Umlaufvermögens
13. Zinsen und ähnliche Aufwendungen,
davon an verbundene Unternehmen
14. Ergebnis der gewöhnlichen Geschäftstätigkeit
15. außerordentliche Erträge
16. außerordentliche Aufwendungen
17. außerordentliches Ergebnis
18. Steuern vom Einkommen und vom Ertrag
19. sonstige Steuern
20. Jahresüberschuss/Jahresfehlbetrag

Aufgaben zur Prüfungsvorbereitung

1. Die Primus GmbH plant ihren Warenumsatz und -einsatz des Sortimentsbereiches Büroeinrichtung für das kommende Halbjahr. Grundlage für die Planung bilden die Werte in TEUR des letzten Geschäftshalbjahres lt. Warenwirtschaft. Planungsergebnis soll eine Umsatzsteigerung von 5 % sein.

Monat	Anfangsbestände	Wareneinsatz	Warenumsatz	Endbestände
Juli	325	310	775	300
August	300	280	700	510
September	510	420	1.050	535
Oktober	535	450	1.125	480
November	480	366	915	455
Dezember	455	324	810	405
		2.150	5.375	

Ermitteln Sie
a) den durchschnittlichen Lagerbestand im letzten Halbjahr,
b) die Lagerumschlagshäufigkeit im letzten Halbjahr,
c) die Handelsspanne im letzten Halbjahr,
d) den geplanten Umsatz für das kommende Halbjahr,
e) den geplanten Wareneinsatz für das kommende Halbjahr, wenn die Handelsspanne unverändert bleiben soll.

2. Zwei Anlagegüter der Bürotec GmbH werden am Ende des 6. Nutzungsjahres folgendermaßen für die Vorbereitung des Anlagengitters dargestellt:

Anlagegüter	Anschaffungswert in EUR	Kumulierte Abschreibungen in EUR	Abschreibung des Jahres in EUR	Buchwert des Berichtsjahres in EUR	Buchwert des Vorjahres in EUR
Lkw	220.000,00	132.000,00	22.000,00	88.000,00	
Automatische Lagersteuerungs- und Transportanlage	640.000,00		40.000,00		440.000,00

Beide Anlagegüter wurden bisher linear abgeschrieben.

a) Ermitteln Sie für den Lkw
   aa) den Abschreibungssatz,
   ab) den Buchwert des Vorjahres,
   ac) wie viel Prozent abgeschrieben sind.

b) Ermitteln Sie für die automatische Lagersteuerungs- und Transportanlage
   ba) den Buchwert des Geschäftsjahres,
   bb) die betriebsgewöhnliche Nutzungsdauer,
   bc) die kumulierte Abschreibung,
   bd) wie viel Prozent abgeschrieben sind (eine Stellen nach dem Komma)?

3. Bewerten Sie folgende Wirtschaftsgüter der Bürotec GmbH zum Bilanzstichtag (31.12.) für die Bilanz:

a) **Verbindlichkeit** über 136.000 USD lt. ER vom 02.12., Kurs: 1,00 EUR = 1,15 USD, Kurs am 31.12. 1,00 EUR = 1,08 USD

b) **Grundstück**, Anschaffungswert 160.000,00 EUR; Verkehrswert zum 31.12.: 250.000,00 EUR. Es ist mit einer weiteren Wertsteigerung zu rechnen.

c) **Lkw**
   ca) Bewertung bei der Anschaffung am 16.01., Listenpreis 180.000,00 EUR, Sonderrabatt 4 %, Skonto 2 %, Überführungs- und Zulassungskosten 2.656,00 EUR, Kfz-Steuer 8.500,00 EUR, Kfz-Versicherung 4.500,00 EUR
   cb) Bewertung am Ende des 1. Nutzungsjahres: betriebsgewöhnliche Nutzungsdauer 10 Jahre, lineare Abschreibung

d) da) **Warenposten I**
   Anschaffungswert am 14.12. . . . . 2.650,00 EUR
   Tageswert zum 31.12. . . . . 2.500,00 EUR
   db) **Warenposten II**
   Anschaffungswert am 15.12. . . . . 5.400,00 EUR
   Tageswert zum 31.12. . . . . 5.600,00 EUR

4. Aus der Originalinventurliste der Primus GmbH, Großhandel für Bürobedarf, gehen folgende Daten hervor:

Artikelnummer	Artikelbezeichnung	Einstands-/Bezugspreis	Listenverkaufspreis	Sollbestand		Istbestand		Inventurdifferenz	
				St.	EUR	St.	EUR	St.	EUR
128B488	Primus Textmarker 6 Stück	2,30	4,14	400		395			
312B561	Primus 270 Board Marker 10 Stück	12,50	22,50	256		252			

a) Ermitteln Sie
   aa) den Inventurbestand des Artikels 128B488 in EUR
   ab) die Inventurdifferenz beider Artikel zusammen in EUR
b) Welche der folgenden Gründe für Abweichungen der Istbestände von den Sollbeständen können in den gegebenen Beispielen zutreffen?
1. Beim Wareneingang wurde eine geringere Menge eingetragen als tatsächlich geliefert wurde.
2. Beim Kommissionieren wurden zu wenig Ware ausgegeben.
3. Warenabgänge wurden nicht in voller Höhe erfasst.
4. Den Kunden wurde eine größere Menge berechnet als geliefert.
5. Ware wurde gestohlen.

5. Werten Sie nachstehende Konten der Finanzbuchhaltung der Bürotec GmbH in TEUR aus.

S		**GuV**	H
Wareneingang/AfW	14.400	Umsatzerlöse/Warenverkauf	25.000
Personalaufwand	8.000	Mieterträge	1.000
Abschreibungen	600		
Sonstige betriebliche Aufwendungen	2.400		
Jahresüberschuss	600		
	26.000		26.000

S		**Schlussbilanzkonto**	H
Gebäude, Grundstücke	1.000	Gezeichnetes Kapital	800
Geschäftsausstattung	480	Rücklagen	350
Fuhrpark	550	Jahresüberschuss	600
Warenbestand	300	Rückstellungen	270
Forderungen a. LL	570	Darlehensschulden[1]	650
Bankguthaben	200	Verbindlichkeiten a. LL	430
	3.100		3.100

[1] Restlaufzeit: 8 Jahre

Ermitteln Sie:
a) das Anlagevermögen,
b) das Umlaufvermögen,
c) das Eigenkapital,
d) das Fremdkapital,
e) den Aufwand,
f) den Ertrag,
g) den Rohgewinn,
h) den Jahresüberschuss,
i) die Barliquidität (eine Stelle nach dem Komma),
j) die Umsatzrentabilität,
k) die Eigenkapitalrentabilität, bezogen auf das Eigenkapital am Jahresanfang (eine Stelle nach dem Komma).

6. Bestimmen Sie, in welchen der Spalten 1 bis 6 der Abgrenzungsrechnung lt. folgender Grafik die unten stehenden Sachverhalte der Baustoffgroßhandlung Jörg Kaiser GmbH erfasst werden:

Abgrenzungsrechnung / Aufwands- und Ertragspositionen	I Werte der Finanzbuchhaltung		II Abgrenzungsrechnung		III Kosten- und Leistungsarten	
	1	2	3	4	5	6
Bezeichnung	Aufwendungen	Erträge	betriebsfr. u. betriebl. außerordentl. Aufwendungen	betriebsfr. u. betriebl. außerordentl. Erträge	Kosten	Leistungen

Sachverhalte

a) Umsatzerlöse/Warenverkäufe
b) Wareneinsatz
c) bilanzmäßige Abschreibung
d) Instandhaltung vermieteter Gebäudeteile
e) kalkulatorische Abschreibung
f) Mieterträge aus vermieteten Gebäudeteilen
g) Warenverderb
h) Löhne der Lagerarbeiter

7. Bei einem Betriebsvergleich der Bürotec GmbH mit dem Hauptkonkurrenten, der Schäfer & Co. KG, Großhandlung für Bürobedarf, wurden für die Warengruppe Bürotechnik folgende Werte ermittelt:

	Bürotec GmbH	**Schäfer & Co. KG**
Durchschnittlicher Lagerbestand in EUR	?	168.000,00
Umschlagshäufigkeit	4-mal	?
Wareneinsatz in EUR	840.000,00	?
Lagerdauer in Tagen	?	60
Durchschnittlicher kalkulatorischer Lagerzinssatz bei einem Marktzinssatz von 9 %	?	?

a) **Berechnen Sie für die Schäfer & Co. KG**
   aa) die Umschlagshäufigkeit,
   ab) den Wareneinsatz in EUR,
   ac) den kalkulatorischen Lagerzinssatz.

b) **Berechnen Sie für die Bürotec GmbH**
   ba) den durchschnittlichen Lagerbestand,
   bb) die durchschnittliche Lagerdauer in Tagen,
   bc) den kalkulatorischen Lagerzinssatz,
   bd) bei welchem Wareneinsatz die Bürotec GmbH bei dem ermittelten durchschnittlichen Lagerbestand dieselbe Umschlagshäufigkeit wie die Schäfer & Co. KG erreichen würde.

8. Für den Sortimentsbereich „Bürotechnik" ermittelte die Finanzbuchhaltung der Bürotec GmbH folgende Daten in EUR im Geschäftsjahr 20..:

Warenanfangsbestand	180.000,00
Warenverkäufe/Umsatzerlöse	2.320.000,00
Wareneinkäufe	1.147.500,00
Warenrücksendungen durch Kunden	24.500,00
Rücksendungen an Lieferer	45.000,00
Kundenskonti	111.500,00
Liefererskonti	32.500,00
Warenbezugskosten	70.000,00
Warenendbestand lt. Inventur	120.000,00

a) Ermitteln Sie
   aa) den Wareneinsatz,
   ab) den Nettoumsatz,
   ac) den durchschnittlichen Lagerbestand,
   ad) die Umschlagshäufigkeit,
   ae) die durchschnittliche Lagerdauer,
   af) den durchschnittlichen Kalkulationszuschlag.

b) Bilden Sie die Buchungssätze für folgende Umbuchungen:
   ba) Rücksendungen an Lieferer
   bb) Warenbezugskosten
   bc) Warenbestandsveränderungen
   bd) Liefererskonti
   be) Rücksendungen durch Kunden
   bf) Kundenskonti

Berufsorientierte Projekte für den Groß- und Außenhandel durchführen

1 Grundlagen der Projektarbeit im Groß- und Außenhandel verstehen

Die Geschäftsleitung der Primus GmbH beobachtet seit geraumer Zeit, dass immer mehr Mitbewerber ihre Waren auch im Online-Handel anbieten und so die Zielgruppen der privaten Endverbraucher und der gewerblichen Kunden erreichen. Die Umsätze im Online-Handel sind in der Branche seit Jahren stetig steigend, während über die klassischen Vertriebswege kaum noch Umsatzsteigerungen zu erreichen sind.

Im Rahmen der regelmäßigen Abteilungsleitersitzung der Primus GmbH wird über die Eröffnung eines Online-Shops beraten.

Frau Primus: *„... wir sollten also den Schritt wagen. Die Zahlen und die Erfahrungen in der Branche sprechen einfach für sich."*

Herr Müller: *„Ja, da haben Sie recht. Die Bedeutung des Internet-Handels ist wirklich nicht mehr zu leugnen. Die Umsätze steigen und steigen. Auch immer mehr kleinere und mittelständische Unternehmen beschaffen Ihre Waren zunehmend im Online-Handel. Der Verkauf an die Endverbraucher ist sehr verlockend, 365 Tage im Jahr, kein Ladenschluss – das muss sich einfach rechnen. Worauf warten wir eigentlich noch?"*

Herr Winkler: *„Nun, wenn wir uns zu diesem Schritt entscheiden, dann muss das Ganze auch vom ersten Tag an klappen. Wir können es uns nicht leisten, dass es hier zu Pannen kommt. Dies würde nur dazu führen, dass wir Kunden an Mitbewerber verlieren – vom Imageschaden einmal ganz abgesehen."*

Frau Primus: *„Da haben Sie natürlich recht. Das ist ein Schritt, der unsere Unternehmensstruktur nachhaltig verändert – das muss sehr gut geplant werden. Ich denke, mit der Einrichtung des Online-Shops haben wir ein großes Projekt vor uns."*

Herr Müller: *„Ja, ganz bestimmt. Bis zur nächsten Sitzung sollte sich jeder von uns einmal Gedanken darüber machen, was mögliche Eckpunkte dieses Projektes sein könnten und welche Anforderungen wir an die Projektmanagerin oder den Projektmanager stellen."*

ARBEITSAUFTRÄGE

- Sammeln Sie in der Klasse Projekte, die in ihrem Ausbildungsbetrieb bereits durchgeführt wurden bzw. werden.
- Nennen Sie mögliche Tätigkeitsbereiche des Projektmanagements.
- Erläutern Sie, welche Anforderungen an eine/-n Projektmanager/-in gestellt werden, damit Projekte in Unternehmen erfolgreich durchgeführt werden können.
- Nennen Sie Eigenschaften, über welche Projektteammitglieder verfügen sollten.

Merkmale von Projekten

Seit jeher werden Projekte auch in Groß- Außenhandelsunternehmen geplant und durchgeführt. So sind zum Beispiel die Suche und der Bezug neuer Geschäftsräume, die Aufnahme und Vermarktung eines neuen Artikels oder die Erschließung neuer Geschäftsfelder kaum vorstellbar, ohne dass die Verantwortlichen diese **Projekte** geplant hätten. In den meisten Fällen geschieht dies weitgehend **formlos** und allein aufgrund der Erfahrungen und der Kenntnisse der Verantwortlichen.

Dies kann zu **unbefriedigenden Ergebnissen, unnötig hohen Kosten, unzufriedenen Kunden und hohen Belastungen aller Beteiligten** führen.

In vielen Zusammenhängen wird heute vieles vorschnell zum „Projekt" erklärt. Der **Begriff des Projektes** ist jedoch klar definiert:[1]

> Laut **DIN 69901** ist ein Projekt ein „Vorhaben, das im Wesentlichen durch die Einmaligkeit der Bedingungen in ihrer Gesamtheit gekennzeichnet ist, z. B. Zielvorgabe, zeitliche, finanzielle, personelle und andere Begrenzungen, Abgrenzungen gegenüber anderen Vorhaben, projektspezifische Organisation".

Ein **Projekt** sollte demnach folgende Kriterien erfüllen:

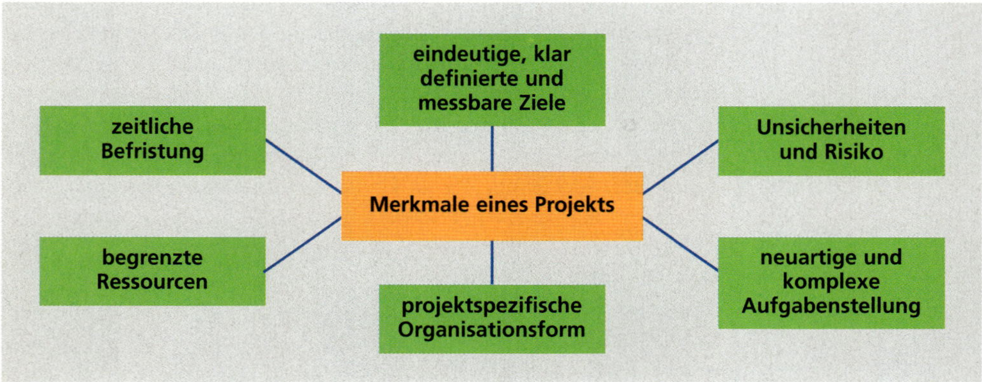

PRAXISTIPP In einem Unternehmen sollte ein möglichst **einheitliches Begriffsverständnis** bestehen. Andernfalls sind Missverständnisse und Konflikte vorprogrammiert. Informieren Sie sich deshalb, was in Ihrem Ausbildungsbetrieb unter einem Projekt und unter Projektmanagement verstanden wird.

[1] *In der Praxis gibt es viele unterschiedliche Ausformungen des Projektbegriffes und des Projektmanagements. Die hier dargestellt Form ist daher als* **ein** *mögliches Beispiel anzusehen.*

Projektmanagement

Die erfolgreiche Durchführung von Projekten hängt im Wesentlichen vom **Projektmanagement** ab. Darunter wird einerseits die **generelle Arbeits- und Organisationsform** zur Bearbeitung von Projekten verstanden. Andererseits beschreibt das Projektmanagement aber auch die **Führungs- und Managementaufgabe** im Projekt. Seine zentrale Aufgabe besteht in der **Organisation, Planung, Steuerung und Überwachung** aller Aufgaben und Ressourcen, die notwendig sind, um die angestrebten Projektziele zu erreichen.

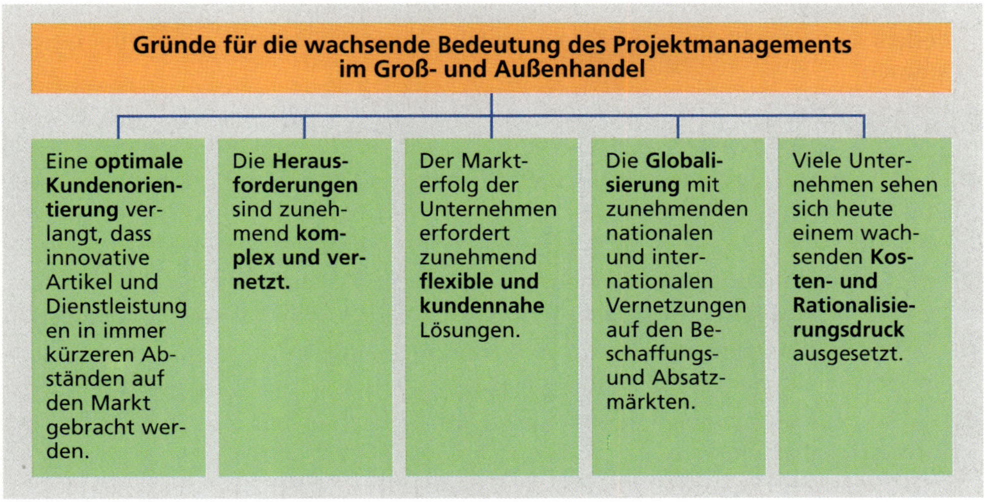

Ein **effizientes Projektmanagement** sorgt dafür, dass eine deutlich definierte Aufgabe in einem überschaubaren Rahmen mit klaren Zielen in einem festen Zeit- und Kostenrahmen von eigens dafür abgestellten Mitarbeitern bearbeitet wird. Dadurch entstehen **Arbeitsstrukturen**, die ...

- ... einen zügigen und reibungslosen Informationsfluss gewähren,
- ... sich leichter kontrollieren lassen und
- ... sich flexibler an veränderte Gegebenheiten anpassen lassen.

Im Einzelnen lassen sich die folgenden **Bausteine als Tätigkeitsbereiche** ableiten:

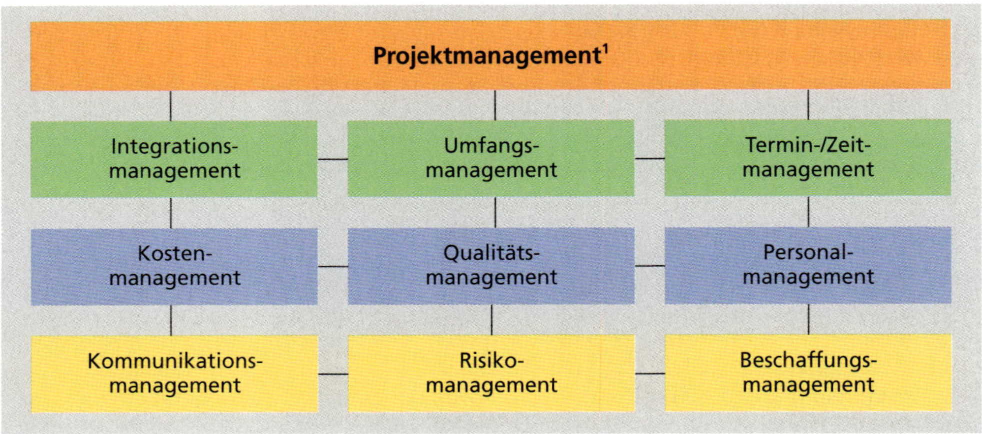

[1] *Schaubild vgl. http://www.pm-handbuch.com/grundlagen.htm abgerufen am 10.06.2010*

- Das **Integrationsmanagement** koordiniert die verschiedenen Elemente eines Projektes.
  Beispiel Projektplanung, Projektdurchführung und Projektauswertung
- Das **Umfangsmanagement** untersucht in regelmäßigen Abständen, ob sich das Projekt auf dem richtigen Weg befindet und ob die gesetzten Projektziele erreicht werden.
- Das **Termin-/Zeitmanagement** zielt auf die Einhaltung des geplanten Zeitrahmens ab und sollte alle beteiligten Projektgruppen einbinden. Ein Projektplan dient dabei häufig als Kommunikationsmittel.
- Das **Kostenmanagement** zielt auf die Budgeteinhaltung ab. Hierfür ist der Kostenverlauf zu beobachten, damit gegebenenfalls Gegenmaßnahmen eingeleitet werden können.
- Das **Qualitätsmanagement** soll sicherstellen, dass die festgelegten Qualitätsansprüche erreicht oder sogar übertroffen werden.
- Das **Personalmanagement** beinhaltet die effiziente Zuordnung des Personals nach Fähigkeiten und verfügbaren Kapazitäten aber auch unter dem Aspekt der Teamentwicklung.
- Das **Kommunikationsmanagement** hat zum Ziel, dass sämtliche Projektinformationen rechtzeitig erstellt, gesammelt und an die jeweils Beteiligten verbreitet werden.
- Das **Risikomanagement** bearbeitet alles, was notwendig ist, um Projektrisiken festzustellen, zu analysieren und darauf zu reagieren.
- Das **Beschaffungsmanagement** sorgt für die Integration und Zusammenarbeit mit Partnern und Lieferanten.

Ablauf von Projekten

Die zielgerichtete Durchführung von Projekten erfordert eine systematische Herangehensweise. Zu diesem Zweck hat es sich bewährt, Projekte in verschiedene **Teilschritte** zu unterteilen.

1. Definitionsphase (vgl. S. 348 ff.): Die dem Projekt zugrunde liegende Ausgangssituation wird analysiert. Die Projektidee wird daraufhin konkretisiert und zunächst grob geplant. Es werden Entscheidungen über eine Projektorganisation getroffen, es werden mögliche Projektziele abgeleitet und die Projektkosten geschätzt. Am Ende steht der Projektauftrag.

↓

2. Planungsphase (vgl. S. 358 ff.): Das Projektteam konkretisiert die Planung. Es werden einzelne Arbeitspakete geschnürt und in einem Projektstrukturplan zusammengefasst. Dieser wird dann durch die Termin-, Kosten- und Personalplanung ergänzt. Das Projektteam sucht nach möglichen Projektrisiken und nach Gegenmaßnahmen, um diese Risiken bereits im Vorfeld auszuschließen.

↓

3. Durchführungsphase (vgl. S. 367 ff.): Die Projektziele werden in mehreren Phasen umgesetzt und durch Meilensteine, welche wesentliche Zwischenergebnisse im Projekt darstellen, abgeschlossen. Durch permanentes Projektcontrolling wird die Planung immer wieder an die aktuellen Rahmenbedingungen angepasst.

↓

4. Abschlussphase (vgl. S. 375 ff.): Das Projekt wird präsentiert und evaluiert (bewertet). Die Projektdokumentation wird vervollständigt und der Projektabschlussbericht erstellt. Abschließend erfolgt die Entlastung des Projektteams, womit das Projekt beendet ist.

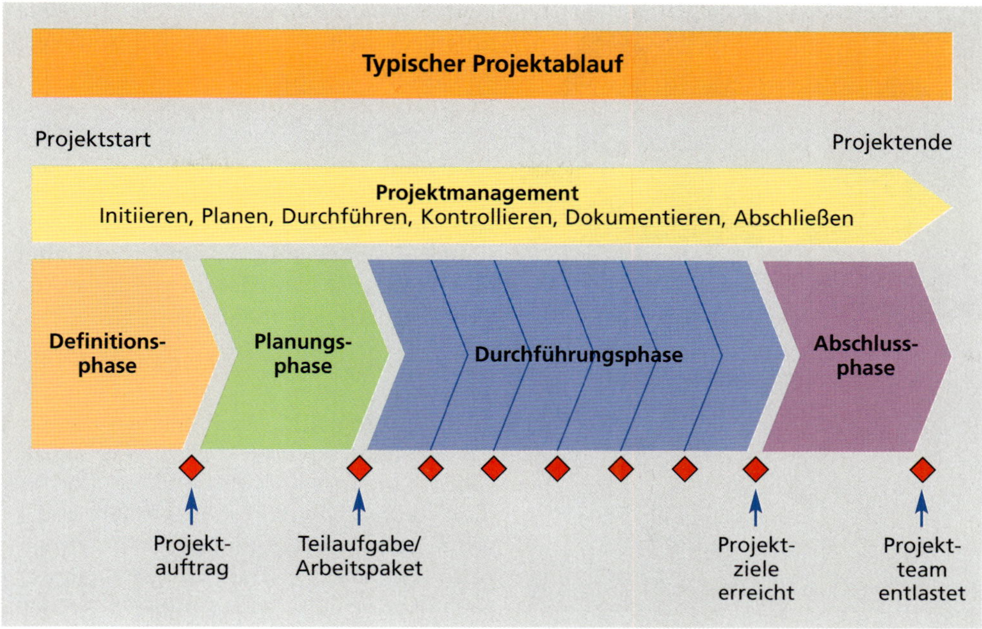

Anforderungen an die Projektleitung (Projektmanager/-in)

Neben **organisatorischen Fähigkeiten** und dem rein **technischen Können** in Bezug auf das Projekt sind vor allem die **sozialen Fähigkeiten** der Projektleitung für den Projekterfolg sehr wichtig. Diese muss zwischen den einzelnen Teammitgliedern ausgleichen, sich eventuell vor den Projektauftraggebern rechtfertigen und nach außen hin repräsentieren. Als Projektleitungen sind **Multitalente** mit Fingerspitzengefühl und viel Empathie gefordert. LF 5

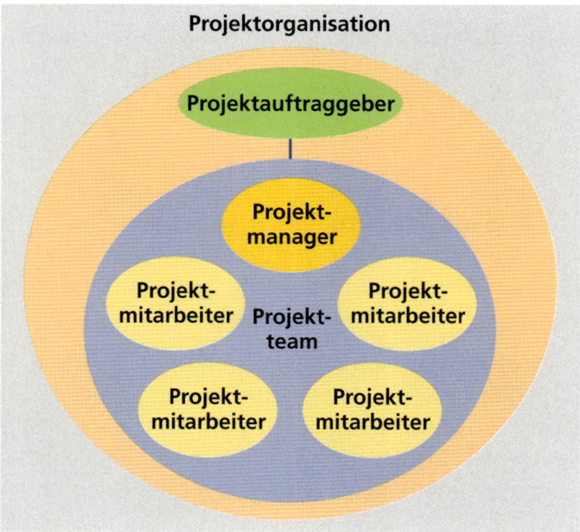

Der oder die Projektmanager/-in ist **Ansprechpartner** und **Vertrauensperson** für alle am Projekt Beteiligten. Dazu gehört auch, dass sie innerhalb des Projektteams vermittelt, Entscheidungen trifft und diese mit den Projektauftraggebern abstimmt. Je kleiner ein Projektteam ist, desto demokratischer sollten Entscheidungen gefällt werden. Im Projektverlauf muss die Projektleitung den **Überblick** behalten. In jedem Projekt können ungeplante Situationen auftreten. Gute Projektmanager zeichnen sich dadurch aus, dass sie auftretende **Probleme flexibel angehen und lösen.**

LF 1

LF 1

Eine zentrale Anforderung an die Projektleitung liegt im Bereich der **Sozialkompetenz**. So liegt es an der Projektleitung, das **Team** zu **motivieren** und **mitzuziehen**. Regelmäßiges **Feedback** in Form von konstruktiver Kritik und Anerkennung für erledigte Aufgaben erleichtern dies. Denn aus **Wertschätzung** und Lob innerhalb eines Teams entsteht ein hohes Maß an **Arbeitszufriedenheit**, welche sich wiederum positiv auf den Projektverlauf auswirkt.

Auch die angemessene **Vertretung des Projektes nach außen** ist wichtig und stärkt das interne Teamgefühl. Die Projektleitung muss das Team und das Projekt gegenüber Auftraggebern, anderen Kollegen und ggf. den **Medien entsprechend repräsentieren** und ist somit „Verkäufer des Projektes", Organisator und Fachmann in inhaltlichen Fragen. Es ist wichtig, dass die Teammitglieder merken, dass die gemeinsame Projektarbeit auch außerhalb der Gruppe bekannt ist und entsprechend geachtet wird.

LF 5

Ein weiterer Aufgabenbereich der Projektleitung ist es, **die Kooperation im Projektteam** zu fördern. In den meisten Fällen müssen Menschen aus unterschiedlichen Bereichen und Hierarchien zusammenarbeiten, um die Projektziele zu erreichen. Das ist nicht immer einfach und bietet zahlreiche Anlässe für **Konflikte**: Unterschiedliche Ansichten über die gestellten Projektziele, Meinungsverschiedenheiten über Vorgehensweisen oder Prioritäten, Bereichsegoismen und persönliche Spannungen erschweren oft die Zusammenarbeit und müssen durch die Projektleitung ausgeglichen werden.

LF 1 ● Teamarbeit in Projekten

Teamarbeit ist heute in Groß- und Außenhandelsunternehmen weit verbreitet. Von einem **Team** spricht man immer dann, wenn zwei oder mehrere Personen sich zusammenschließen oder vorübergehend zusammenarbeiten, um eine bestimmte Aufgabe oder ein festgelegtes Ziel zu erreichen.

Die Mitarbeiter in einem Team können Prozesse selbstständig gestalten und an Entscheidungsprozessen teilhaben – dies führt neben besseren Arbeitsergebnissen in der Regel auch zu einer höheren Arbeitszufriedenheit. So kann sich jeder mit seinen individuellen Stärken einbringen und Entscheidungen werden im Team gemeinsam getroffen. Teamarbeit wird getragen durch Toleranz, Akzeptanz und Wertschätzung gegenüber den anderen Mitgliedern des Teams.

Ein Projektteam zusammenstellen

In einem **Projektteam** arbeiten mehrere Mitarbeiter – meistens aus unterschiedlichen Abteilungen des Unternehmens – für einen befristeten Zeitraum zusammen, um ein Projekt zu bewältigen. Das Projektteam wird von einem Projektleiter geführt und nach Projektende wieder aufgelöst. Entscheidend ist, dass es der Projektleitung gelingt, ein gut funktionierendes Team zusammenzustellen.

Das Projektteam muss zusammenpassen. Deshalb spielen die **Kompetenzen** der einzelnen Teammitglieder eine wichtige Rolle. Diese beziehen sich sowohl auf ihre sozialen als auch auf die kommunikativen Kompetenzen. Für die flexible und reibungslose Zusammenarbeit sind außerdem die fachlichen und methodischen Kompetenzen wichtig. Sie müssen aufeinander abgestimmt sein:

- Zum einen muss es im Team Überschneidungen von Fähigkeiten und Kompetenzen geben, sodass – bei Abwesenheit – ein Teammitglied die Aufgaben des anderen übernehmen kann.
- Zum anderen müssen sich die Teammitglieder **ergänzen**, sodass ihre jeweiligen Stärken besser zur Geltung kommen und die Schwächen ausgeglichen werden.

Die Teammitglieder sollten die folgenden Kompetenzen und Fähigkeiten in das Team mit einbringen:

- **Gemeinsinn:** Grundvoraussetzung für den gemeinsamen Erfolg ist der Wille jedes Einzelnen, sich im und für das Team zu engagieren.
- **Sachlichkeit:** Themen auf der zwischenmenschlichen Ebene sind für die Teamarbeit tabu. Sie hemmen den Prozess. Die Teammitglieder sollten sich deshalb an der Sache – dem Projekt – orientieren und einen freundlichen Umgang untereinander pflegen.
- **Offenheit:** Der Mensch hält gern an dem fest, was er kennt und was ihm vertraut ist. Doch das blockiert. Arbeitet ein Team schon zu lange zusammen, verhärten sich bekannte Verhaltensweisen und der Raum für Kreativität und Weiterentwicklung wird immer enger. Es ist deshalb wichtig, immer wieder für neue Anstöße von außen zu sorgen. Sich zum Beispiel bewusst der Kritik nicht beteiligter Kollegen zu stellen, oder neue Mitglieder ins Team zu integrieren. Meist erkennen Neuankömmlinge sofort, wo noch Schwächen liegen, und bringen frischen Wind in den Arbeitsprozess.
- **Zuverlässigkeit:** Jeder im Team muss sich auf den anderen verlassen können. Deshalb müssen Absprachen eingehalten und übernommene Aufgabe mit Sorgfalt ausgeführt werden.
- **Flexibilität:** Immer wieder kann es zu unvorhergesehenen Änderungen und Abweichungen im Projektverlauf kommen. Dies verlangt von allen Teammitgliedern sich zügig an die neuen Bedingungen anzupassen. So müssen schon einmal neue Aufgaben übernommen werden oder zeitliche Vereinbarungen neu gestaltet werden.
- **Konfliktfähigkeit:** In jedem Team kann es zu Ärger und Konflikten kommen. Mit diesen lösungsorientiert umzugehen ist nicht immer leicht und verlangt von dem Teammitgliedern die grundsätzliche Bereitschaft sich den Konflikten zu stellen, um diese sachlich und fair zu lösen.

Einen Teamfindungsprozess durchlaufen

Ein gutes und somit funktionierendes Team zusammenzustellen ist in der Praxis nicht immer selbstverständlich, es kann auch zu Konflikten kommen. So bringt jedes Teammitglied ganz eigene Ziele und einen eigenen Hintergrund in das Projekt ein, der den Umgang der Projektmitglieder untereinander prägt.

LF 1, 5

- Kompetenzgerangel,
- Macht- und Führungsanspruch,
- Sympathie oder Vorurteile

spielen in der engen Zusammenarbeit eine große Rolle. Hier sind zusätzliche Umgangsregeln sehr hilfreich, speziell wenn es darum geht, **Konflikten** vorzubeugen oder sie beizulegen, ohne das Projekt zu belasten.

In jeder Projektarbeit kann es schon einmal zu Konfliktreaktionen der Teammitglieder untereinander kommen. Die Bandbreite der Reaktionen reicht vom unterschwelligen Brodeln bis hin zum offenen Konflikt.

Beispiel Die Gruppe fühlt sich durch die verspätete Abgabe einer vereinbarten Arbeit verletzt. Folge: Der Teamgeist krankt und Kommentare wie „Er wird uns sicher bald die Ehre erweisen" oder „Wir arbeiten doch gerne für dich mit" offenbaren die verletzten Gefühle in der Gruppe. Die scheinbar netten Aussagen verraten sich durch einen süffisanten Unterton als heftige Rügen.

Es gibt immer zwei Ebenen, auf denen kommuniziert wird.

1. **Sachebene:** Sie beschreibt, **was** zu tun ist.
2. **Beziehungsebene:** Sie beschreibt, **wie** etwas geschieht.

Vergleichbar mit der Spitze eines Eisbergs verlaufen **15 %** der zwischenmenschlichen Kommunikation auf der **Sachebene**. Die restlichen **85 %** hingegen werden durch die **Beziehungsebene**, also durch Gefühle, Erfahrungen oder Vorurteile ausgefüllt. Bleiben die Gefühle im Verborgenen – **also unter der Wasseroberfläche** – bieten sie die ideale Grundlage für Spannungen, Störungen und Konflikte, die wiederum Projektteams und somit Projekte erheblich beeinträchtigen können. Die Beziehungsebene bestimmt in höherem Maße als die Sachebene, wie die Aussagen des Gegenüber verstanden werden. Sie spiegelt das Verhältnis der Kommunikationspartner zueinander wider und natürlich auch die unausgesprochene Meinung, die diese voneinander haben.

Durch die Zusammenstellung eines Projektteams wird dieses nicht automatisch zum Hochleistungsteam, das allen Anforderungen der Projektarbeit gewachsen ist. **Teamentwicklung** ist ein **Veränderungs- und Entwicklungsprozess**. Durch Orientierung auf ein gemeinsames Ziel verändert ein Team im Lauf der Zeit sein Selbstverständnis und seine Leistungsfähigkeit. Bis die Zusammenarbeit in „Bestform" funktioniert, muss die Gruppe streckenweise einen beschwerlichen Weg gehen: Unterschwellige und offene Konflikte setzen dem gesamten Team zu.

Experten haben **vier Phasen der Teamentwicklung** ausgemacht:

1. Forming-phase

Eine Art **Testphase**, in der sich die einzelnen Teammitglieder vorsichtig in Augenschein nehmen. Der Umgangston ist höflich. Jetzt ist der richtige Zeitpunkt, um Rollen, Teilaufgaben und Arbeitsmethoden klar zu definieren.

2. Storming-phase

Hat sich die Gruppe erst mal etabliert, folgt eine **Phase der Turbulenzen** und der offenen Konfrontationen. Jeder versucht sich zu behaupten. Status und Rollen werden neu verteilt. Meist geht das sogar mit offenen Konflikten einher.

3. Norming-phase

Jetzt sind die **Beziehungsfragen der Teammitglieder geklärt** und es geht um Sachfragen. Aufgabenverteilung, Arbeitsmethoden und **Spielregeln** für den Umgang miteinander werden jetzt endgültig geklärt. Es entsteht **Kooperation**.

4. Performing-phase

Die **Basis für konstruktive Zusammenarbeit** ist geschaffen: Die Rollen sind geklärt, die Aufgaben verteilt, interpersonelle Probleme gelöst oder entschärft. Die Energie des Teams wird nun ganz der Aufgabe gewidmet.

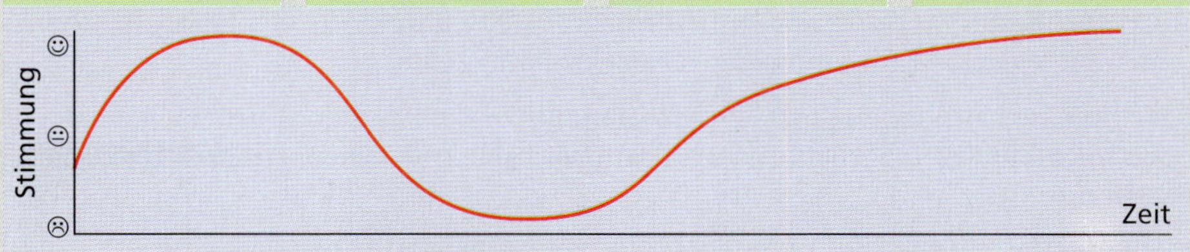

Ein Instrument auf dem Weg zu einem guten Projektteam ist **Feedback**. Gemeint ist damit, dass ein Projektmitglied Rückmeldungen der anderen Mitglieder auf sein Handeln bekommt. Diese können positiver oder aber auch negativer Art sein. Entscheidend dabei ist jedoch, wie das Feedback gegeben wird. Eine Rückmeldung sollte niemals beleidigend sein, sondern so konstruktiv, dass sie dem Empfänger ermöglicht, das Feedback zu akzeptieren und davon zu profitieren. Am einfachsten wird das, wenn es eine regelmäßige Feedback-Runde gibt. Dann kommt es nicht zu aufgestauten Emotionen, die sich irgendwann unsachlich entladen. LF 1

Eine gute Feedbackkultur innerhalb eines Projektteams stärkt das Engagement und die Motivation der einzelnen Teammitglieder und hilft Fehler sowie auftretende Fehlentwicklungen im Projektverlauf rechtzeitig zu erkennen.

PRAXISTIPP So fördern Sie Teamarbeit in Projekten:

1. Vertrauen Sie den Mitgliedern Ihres Projektteams.
2. Unterstützen Sie autonomes Arbeiten.
2. Vermeiden Sie Bürokratie.
3. Arbeiten Sie in räumlicher Nähe statt über größere Distanzen.
4. Halten Sie Terminabsprachen ein.

Ein wesentliches Ziel dieses Teamfindungsprozesses ist es, dass sich schließlich ein gewisses **„WIR-Gefühl“** einstellt, welches durch das Bewusstsein geprägt ist gemeinsam,

„im Team", etwas zu schaffen, was ein Einzelner nicht bewältigen könnte. Somit lassen sich komplexe Aufgaben als Projekte leichter und effizienter bewältigen.

Einsatz von Projektmanagement-Software

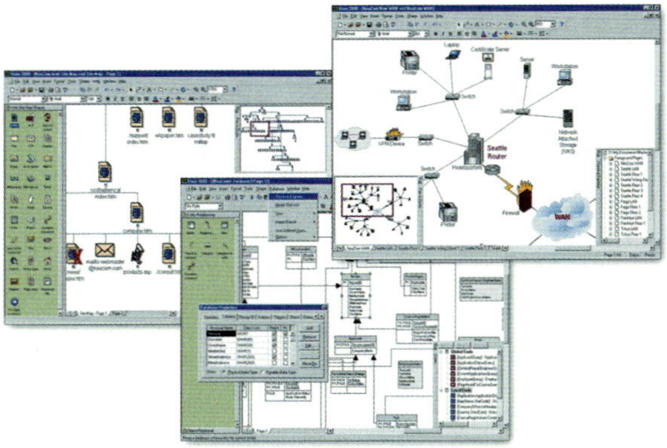

Es gibt eine Vielzahl **von Projektmanagement-Software (PM-Software)**, welche die Projektleitung und das Projektteam bei der Planung, Durchführung und Auswertung von Projekten unterstützen. Der **Einsatz von PM-Software spart Aufwand und Mühe**, damit **Zeit** und somit letztendlich auch **Geld**. Routineaufgaben werden erleichtert, zahlreiche Formatvorgaben unterstützen das Projektteam. Außerdem können Risiken, Probleme sowie Fehler im Projekt vermieden oder wenigstens minimiert werden und der Informationsfluss zwischen allen am Projekt Beteiligten wird effizienter.

Trotz dieser überzeugenden Argumente für den Einsatz einer PM-Software sollten Sie sich immer über Folgendes im klaren sein:

- Auch die beste PM-Software kann Projekte nicht automatisch planen, sondern ist „nur" ein Werkzeug für ein besseres Projektmanagement.
- PM-Software kann einen guten Projektmanager besser machen – aus einem schlechten oder mittelmäßigen Projektmanager wird sie aber nie einen guten Projektmanager machen.
- Der Einsatz von PM-Software ist kein Garant für den Projekterfolg.
- PM-Software ist zwangsläufig komplex und bedarf einer intensiven Einarbeitung, bevor der Umgang mit der Software beherrscht und damit zur Erleichterung wird.
- PM-Software erfordert eine detaillierte, überlegte und wohlstrukturierte Eingabe und eine konsequente Pflege von Informationen zum Projekt, die von allen am Projekt Beteiligten gewissenhaft durchgeführt werden müssen.

Grundlagen der Projektarbeit im Groß- und Außenhandel verstehen

- Ein **Projekt** ist ein Vorhaben, das im Wesentlichen durch die Einmaligkeit der Bedingungen gekennzeichnet ist. Dies betrifft z. B. Zielvorgabe, zeitliche, finanzielle, personelle und andere Begrenzungen sowie eine projektspezifische Organisation.
- Ein **systematisches Projektmanagement** gewährleistet die effektive und zielgerichtete Durchführung von Projekten.
- Die zentrale Aufgabe des Projektmanagements besteht in der **Organisation, Planung, Steuerung und Überwachung** aller Aufgaben und Ressourcen, die notwendig sind, um die angestrebten Projektziele zu erreichen.

- Um Projekte zielgerichtet durchführen zu können, unterteilt man Projekte in einzelne **Projektphasen**: Definitionsphase, Planungsphase, Durchführungsphase und Abschlussphase.
- Die **Projektleitung** (Projektmanager/-in) ist Ansprechpartner und Vertrauensperson für alle am Projekt Beteiligten und muss über organisatorische, technische und soziale Fähigkeiten verfügen.
- Die meisten Projekte werden in **Teamarbeit** durchgeführt.
- Die Arbeit im Team wird wesentlich durch die **Beziehungsebene** der Teammitglieder untereinander bestimmt.
- Häufig sind Störungen auf der **Beziehungsebene Ursachen für Konflikte** in Projektteams.
- Die **Entwicklung eines Teams** durchläuft eine Formingphase, eine Stormingphase, eine Normingphase und Performingphase.
- **PM-Software** ist ein nützliches Werkzeug zur Planung, Durchführung und Auswertung von Projekten.

1. Begründen Sie, warum ein systematisches Projektmanagement für Groß- und Außenhandelsbetriebe von Vorteil ist.

2. Erstellen Sie eine Checkliste, mit deren Hilfe Sie prüfen können, ob bestimmte Aufgaben und Vorhaben eines Groß- und Außenhandelsunternehmens als Projekte geeignet sind.

3. Erstellen Sie ein Mind-Map, welches die Teilaufgaben für die Projektleitung im Rahmen der einzelnen Projektphasen darstellt.

4. Die Unternehmensleitung der Primus GmbH ist auf der Suche nach einer möglichen Projektleitung. Erstellen Sie ein Anforderungsprofil, welches als Grundlage für eine mögliche Stellenbeschreibung herangezogen werden kann. Nennen Sie darin die zentralen Fähigkeiten, über welche eine Projektleitung verfügen sollte und bestimmen Sie den gewünschten Ausprägungsgrad auf einer Skala von 1 bis 6.

5. Neue (Projekt-)Teams durchlaufen verschiedene Phasen, bis sie sich zu einem leistungsfähigen Team zusammengefunden haben.

a) Beschreiben Sie diese Phasen der Teamentwicklung.

b) Erläutern Sie an konkreten Beispielen aus ihrer Schule, wie Sie die einzelnen Phasen der Teamentwicklung im Rahmen von Gruppenarbeit in Ihrem Unterricht erlebt haben.

6. Eine erfolgreiche Projektarbeit mit qualitativ guten Ergebnissen wird nur mit einem gut funktionierenden Projektteam möglich.

a) Skizzieren Sie, welche Vorteile das Arbeiten im Team hat.

b) Entwickeln Sie eine Checkliste, welche bei der Bildung von Projektteams hilfreich sein kann.

7. Neue (Projekt-)Teams durchlaufen verschiedene Phasen, bis sie sich zu einem leistungsfähigen Team zusammengefunden haben.

a) Beschreiben Sie diese Phasen der Teamentwicklung.

b) Erläutern Sie an konkreten Beispielen aus ihrer Schule, wie Sie die einzelnen Phasen der Teamentwicklung im Rahmen von Gruppenarbeit in Ihrem Unterricht erlebt haben.

8. Selbst wenn es gelingt, relativ schnell ein funktionierendes Team zusammenzustellen, ist damit nicht unbedingt ein dauerhaftes Funktionieren der Teamarbeit sichergestellt. Entwickeln Sie eine Übersicht in Tabellenform, die in der ersten Spalte die Ursachen für mögliche Teamstörungen benennt und in der zweiten Spalte mögliche Maßnahmen zur Bewältigung der genannten Störung aufzeigt.

9. Begründen Sie, warum Feedback für den Teamerfolg wichtig ist.

10. Als Klasse beschließen Sie eine Abschlusszeitung (bzw. Schülerzeitung) zu erstellen und zu vertreiben. Bestimmen Sie vor dem Hintergrund dieser Zielsetzung eine Projektleitung und stellen Sie ein Projektteam zusammen, das alle anfallenden Aufgaben im Rahmen dieses Projektes bewältigen kann.
(Selbstverständlich können Sie auch mehrere Projektteams gründen, welche parallel an diesem Projekt arbeiten.)

2 Ein Projekt in den einzelnen Phasen durchführen

2.1 Projekte definieren

Heute ist wieder die regelmäßige Abteilungsleitersitzung der Primus GmbH. Wie in der vorherigen Sitzung verabredet wurde, sollen heute wichtige Eckpunkte der Projektidee, einen Online-Shop zu gründen, festgelegt werden.

Frau Primus: *„... nachdem wir uns in der vergangenen Woche bereits fast einig darüber waren, einen Online-Shop zu gründen, sollten wir diese Projektidee in unserer heutigen Arbeitssitzung weiter ausgestalten."*

Herr Müller: *„Daraus ergibt sich für uns ein strammes Programm. Frau Primus und ich haben uns intensiv auf den heutigen Nachmittag vorbereitet. Der vorliegenden Tagesordnung können Sie entnehmen, was wir heute mit Ihnen bearbeiten wollen."*

Abteilungsleitersitzung Primus GmbH

AGENDA

- Situationsanalyse
- Festlegung der Projektziele
- Projektorganisation
- Schätzung des Kostenrahmens
- endgültige Entscheidung zur Projektdurchführung
- ggf. Projektauftrag

Herr Winkler: *„Das ist ja in der Tat eine ganze Menge, vielleicht können wir ja die Personalfrage zum Projektmanagement vorziehen. Ich habe mich in meiner Abteilung umgehört und Frau Koslowski hat ihr Interesse an der Projektleitung bekundet, was ich nur unterstützen kann.*

Frau Primus: *„Nun mal nicht so schnell Herr Winkler, natürlich haben Herr Müller und ich uns auch bereits Gedanken dazu gemacht, wer die Projektleitung übernehmen könnte. Ich würde aber vorschlagen, dass wir uns an den vorgeschlagenen Ablauf der Agenda halten."*

Herr Winkler: *„OK, ich wollte ja nur…"*

ARBEITSAUFTRÄGE

Begeben Sie sich in Arbeitsgruppen und bearbeiten Sie die folgenden Aufgaben. Visualisieren Sie ihre Ergebnisse auf Plakaten.

- Sammeln Sie in Stichworten mögliche Projektziele, welche die Primus GmbH mit dem Online-Shop erreichen möchte.
- Entscheiden Sie sich für eine Möglichkeit, wie das **„Projekt Online-Shop"** in das bestehende Organigramm der Primus GmbH integriert werden könnte. Begründen Sie Ihre Entscheidung.
- Unterbreiten Sie einen Vorschlag, welche Mitarbeiterin oder welchen Mitarbeiter der Primus GmbH Sie für die Projektmanagerin oder den Projektmanager haben. Begründen Sie Ihren Vorschlag.

In dieser **Projektphase** geht es darum, die **Projektidee** weiter zu **konkretisieren**. Dabei muss nicht aus jeder Projektidee am Ende auch zwingend ein Projekt erwachsen. Im Gegenteil – es zeugt von einer ausgeprägten Projektkultur, wenn Ideen kritisch beleuchtet werden und man am Ende zu der Erkenntnis gelangt, dass es besser ist, das Projekt abzulehnen oder auf einen späteren Zeitpunkt zu verschieben. Um sich darüber Klarheit zu verschaffen, müssen in dieser Projektphase die folgenden Aufgaben erledigt werden.

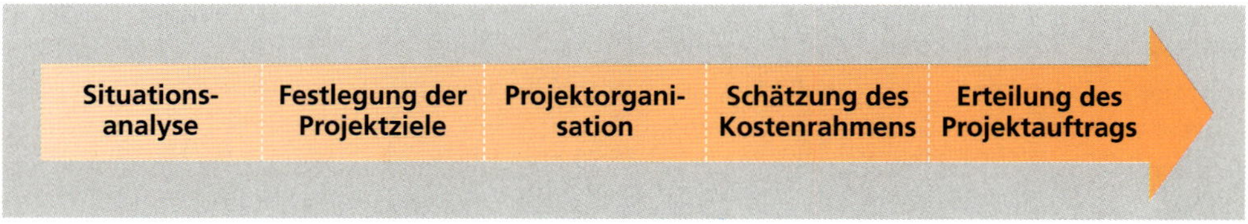

Situationsanalyse

Ein erster wichtiger Schritt in einem Projekt ist die genaue Analyse der Ausgangs- und Problemsituation. Dazu müssen die zugrunde liegenden Probleme in einem Unternehmen zunächst einmal erkannt werden.

Beispiel

Projekt: Primus Online-Shop

Situationsanalyse

- Die Verkaufszahlen der Primus GmbH stagnierten in den vergangenen Quartalen.
- Mitarbeiter des Verkaufs berichten, dass immer mehr Kunden bei Mitbewerbern online bestellen.
- Herr Winkler berichtet, dass immer mehr Onlineanbieter als Mitbewerber auf den Markt kommen.
- Mitarbeiter der Primus GmbH regen an, einen Online-Shop zu gründen.
- Außendienstmitarbeiter berichten von Kunden, welche die angebotenen Artikel online bestellen möchten.

Das Erkennen der Probleme ist jedoch nur ein erster Schritt. Entsteht daraus eine Projektidee, so müssen die Projektverantwortlichen in der **Problembeschreibung** versuchen, diese Probleme näher zu erfassen, damit sie daraus einen klaren Projektauftrag und effektive Lösungswege ableiten können.

Beispiel

Projekt: Primus Online-Shop

Brainstorming

Frau Primus und Herr Müller sammeln Antworten auf folgende Fragen:

1. Welche Auslöser gab es für die Projektidee?
2. Welche Schwachstellen und Probleme bestehen zurzeit?
3. In welchen Bereichen besteht Optimierungsbedarf?

Die gesammelten Antworten wurden auf Karteikarten festgehalten und dann auf einem Plakat geordnet zu Ergebnissen zusammengefasst.

Im nächsten Schritt gilt es, eine **Ursache-Wirkungs-Analyse** durchzuführen: Wie konnte es zu diesem Problem kommen und welche Konsequenzen ergeben sich daraus für das Unternehmen? Oft können aus den Problemursachen bereits mögliche Problemlösungen abgeleitet werden.

Beispiel Frau Primus und Herr Müller erörtern mit der Abeilungsleiterrunde die nebenstehenden Fragen. Man erkennt sehr schnell, dass eine wesentliche Ursache des Problems darin begründet ist, dass es der Primus GmbH am notwendigen technischen Know-how fehlt, eine entsprechende Internetpräsenz aufzubauen und darüber einen Onlinehandel abzuwickeln. Dies führt in einzelnen Sortimentsbereichen bereits jetzt zu deutlichen Umsatzeinbußen.

URSACHE-WIRKUNGS-ANALYSE

- Wo liegen mögliche Ursachen für die Probleme?
- Welche messbaren Auswirkungen ergeben sich daraus?
- Wurden Hinweise auf das Problem nicht bereits zu früheren Zeitpunkten beachtet?

PRAXISTIPP
- Dokumentieren Sie die Ergebnisse der Situationsanalyse.
- Erst wenn alle Projektbeteiligten ein klares Verständnis von der zugrunde liegenden Situation besitzen, sollten Sie damit beginnen, die Projektziele festzulegen.

Festlegung der Projektziele

In der Festlegung klarer, eindeutiger und messbarer Projektziele liegt einer der **Haupterfolgfaktoren** der Projektarbeit. Es sollte daher immer der Grundsatz gelten:

„Kein Projekt ohne klare Ziele!“

Gute Projektziele zeichnen sich dadurch aus, dass sie
- verständlich,
- messbar,
- positiv,
- zeitgebunden und
- erreichbar

formuliert werden.

Nur wenn dies beachtet wurde, können Projektziele im Projektverlauf die folgenden **Funktionen** übernehmen:
- **Präzisierungsfunktion**: Alle Projektbeteiligten wissen genau, worum es im Projekt geht.
- **Orientierungsfunktion**: Bei allen angedachten Projektmaßnahmen orientiert man sich an den Zielen.
- **Motivationsfunktion**: Das Erreichen von Zielen wirkt motivierend.
- **Kontrollfunktion**: War die Projektarbeit erfolgreich?

Dabei lassen sich die Projektziele hauptsächlich in die drei Zielkomponenten **Sachziel, Terminziel und Kostenziel** zerlegen. Diese drei Zielgrößen beeinflussen sich wechselseitig und konkurrieren bisweilen miteinander.

Beispiel Soll das Projekt in einem kürzeren Zeitraum durchgeführt werden, führt dies in den meisten Fällen dazu, dass die Kosten steigen..

Mit Blick auf den Projektauftrag (vgl. S. 355) muss die Projektleitung sicherstellen, dass ein **ausgewogenes Zieldreieck entsteht**. Dies bedeutet, dass die angestrebten Sachziele in der vereinbarten Zeit und zu den geplanten Kosten (vgl. S. 354) erreicht werden.

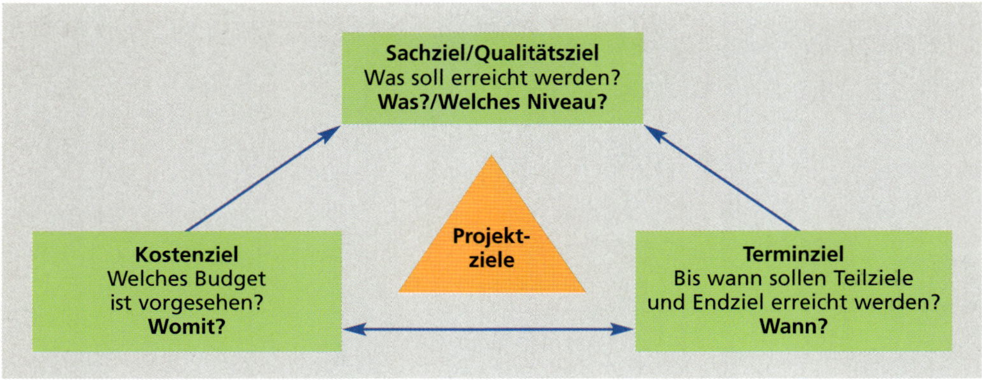

Weil einzelne Ziele nicht isoliert betrachtet werden können, führt dies in der Praxis dazu, dass oft eines der Ziele im Vordergrund steht.

Beispiel Allen Projektbeteiligten der Primus GmbH ist klar, dass das Projekt nur dann erfolgreich sein kann, wenn das angestrebte Sachziel – „Einrichtung eines Online-Shops" – erreicht wird, ohne dass Pannen während der Markteinführung auftreten. Dies führt dazu, dass Kosten- und Terminziele zunächst nachrangig sind.

In der praktischen Umsetzung hat es sich bewährt, die Projektziele in mehreren Ebenen zu strukturieren. Dem **Projektgesamtziel** werden **Projektteilziele** zugeordnet. Oft wird das Erreichen eines Teilziels als **Meilenstein** definiert. Die messbaren Ergebnisse beschreiben den konkreten Output des Projekts.

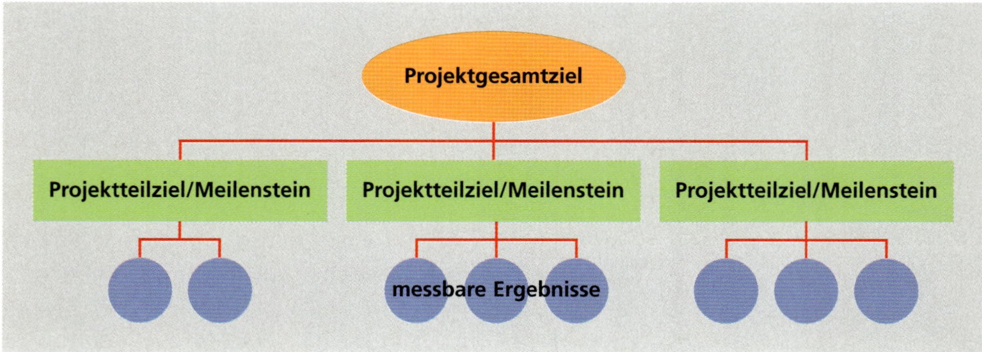

Beispiel

Projekt: Primus Online-Shop	
1. Projektgesamtziel	– Bis zum Juli des folgenden Jahres tritt die Primus GmbH mit einen Online-Shop in den Markt ein.
2. Projektteilziele/Meilensteine	– Bis März wird ein entsprechendes Sortiment zusammengestellt, das im Online-Shop angeboten werden soll. – Bis Mai wird eine entsprechende Internetplattform aufgebaut.
3. Messbare Ergebnisse	– Vorlage eines Kataloges, der die Artikel enthält, die im Online-Shop angeboten werden sollen. – Lauffähige Testversion der Internetplattform vorhanden.

Aus der konsequenten Auseinandersetzung mit den Zielen eines Projektes ergibt sich, dass zum Ende dieses Prozesses ein zumeist **scharf umrissenes und deutlich definiertes** Projekt steht, welches die ursprüngliche Projektidee eindeutig und klar bestimmt.

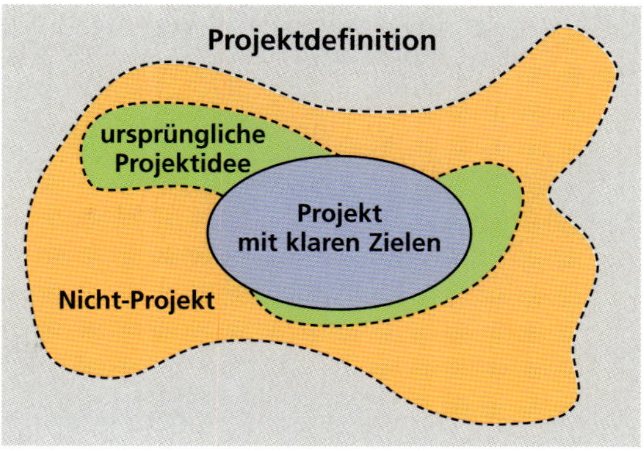

● Projektorganisation

Wenn die ersten grundsätzlichen Entscheidungen zum Projekt getroffen wurden, muss in einem nächsten Schritt überlegt werden, wie das Projekt in die vorhandene Unternehmensstruktur eingebettet werden kann. Dabei lassen sich **drei typische Formen** unterscheiden:

- **Stabs-Projektorganisation**
- **Matrix-Projektorganisation**
- **reine Projektorganisation**

In der **Stabs-Projektorganisation** wird die grundlegende Unternehmensstruktur nicht verändert. Die Projektleitung koordiniert die Arbeit mit den verschiedenen Abteilungen, hat aber in der Regel keine Weisungsbefugnis. Diese Organisationsform ist besonders für kleinere Projekte geeignet.

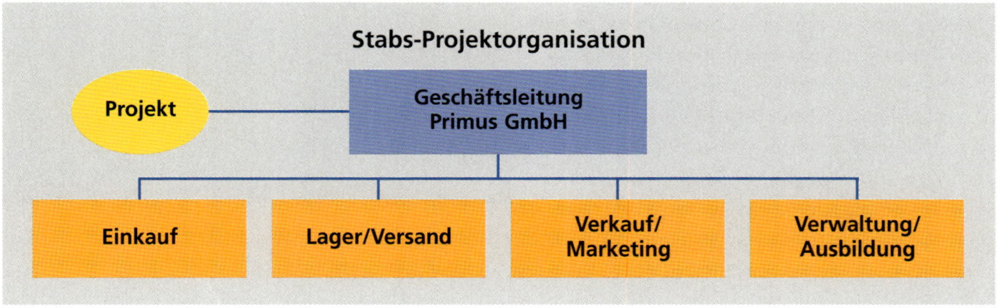

Die **Matrix-Projektorganisation** setzt Projektmanager ein, welche als projektbezogene Stellen genauso weisungsbefugt sind wie die jeweiligen Liniensysteme – folglich müssen sich beide abstimmen. Es ergibt sich eine ganzheitlichere Denkweise und eine bessere Vernetzung der Projektaufgaben.

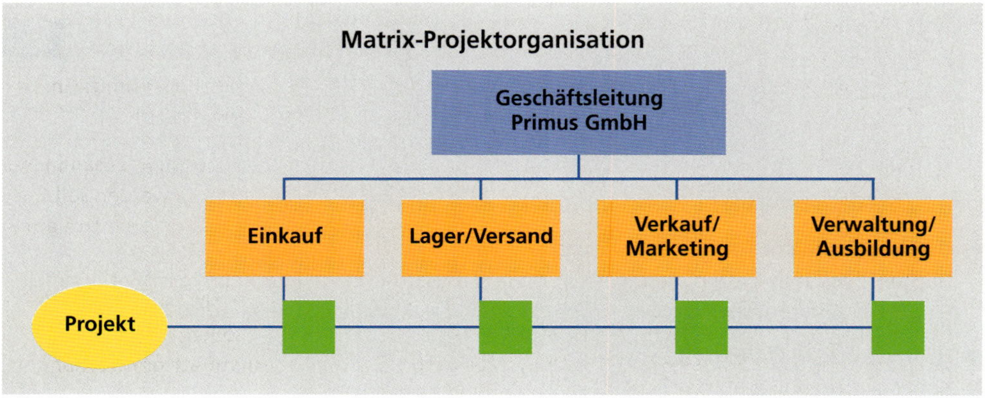

Die **reine Projektorganisation** sieht die Einrichtung einer eigenen Projektorganisation vor, die mit einem Projektmanager besetzt wird. Die Projektmitglieder werden aus den Abteilungen abgezogen oder als Fachleute extern beschafft und der Projektleitung unterstellt. So ergibt sich eine variable Organisationsstruktur, die insbesondere für größere und wichtige Projekte geeignet erscheint.

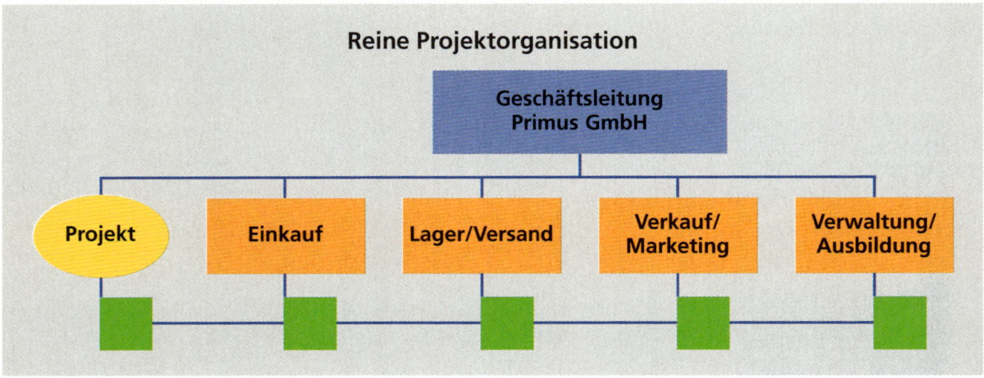

Beispiel Während der Abteilungsleitersitzung wird intensiv über die mögliche Projektorganisation diskutiert. Letztendlich entscheidet man sich vor dem Hintergrund der großen Bedeutung des Projekts für die weitere Unternehmensentwicklung für die **reine Projektorganisation**. Als **Projektmanagerin** fällt die Wahl schließlich auf **Frau Braun**. Als Assistentin der Geschäftsleitung verfügt sie über genügend Know-how in technischen Belangen und zudem ist sie in Fragen der Personalführung erfahren. Die Geschäftsführung überlässt es ihr, ein **Projektteam zusammenzustellen**. Dazu kann sie zunächst auf bisherige Mitarbeiter der einzelnen Abteilungen zurückgreifen. Da sich bisher kein EDV-Spezialist in der Primus GmbH befindet, bekommt sie den Auftrag, einen neuen Mitarbeiter zu finden, welcher dann speziell für diese Aufgabe eingestellt wird.

Schätzung des Kostenrahmens

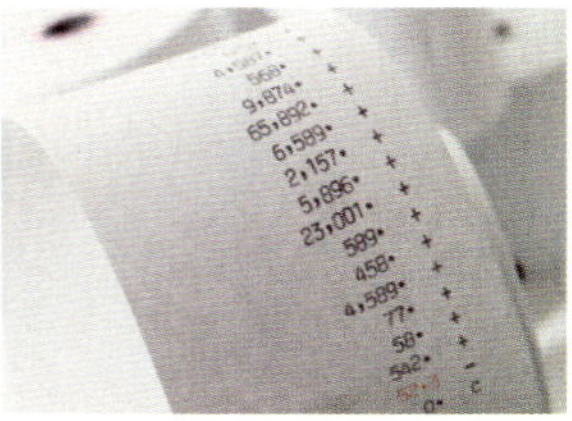

Sobald der Umfang, die Ziele und die Form der Projektorganisation geklärt sind, sollte eine **Aufwands- und Kostenschätzung** erfolgen. Vor dem endgültigen Projektstart ist dies eine letzte Kontroll- und somit Entscheidungsgrundlage, ob das Projekt überhaupt durchgeführt werden kann. In dieser ersten Schätzung sollten auf alle Fälle die direkten und indirekten Projektkosten erfasst werden.

- **direkte Projektkosten**

  Beispiele Personalkosten, Reisekosten, Materialkosten und Anschaffungskosten von Anlagegütern, Beratungskosten usw., die direkt dem Projekt zugerechnet werden können.

- **indirekte Projektkosten**

  Beispiel Raumkosten, Stromkosten, sonstige Gemeinkosten

PRAXISTIPP Versuchen Sie, **alle** mit dem Projekt in Verbindung stehenden Kosten zu erfassen. Oft werden **interne Personalkosten,** welche „ohnehin bezahlt werden müssen", nicht dem Projektbudget zugeordnet. Dies stellt dann eine Verfälschung der tatsächlichen Projektkosten dar.

Beispiel Frau Primus und Herr Müller schätzen gemeinsam mit den anwesenden Abteilungsleitern die vermuteten Projektkosten. Dazu haben sie eine Tabelle vorbereitet, die sie während der Sitzung durcharbeiten und ergänzen.

Aufwands- und Kostenschätzung in der Definitionsphase	
Projekttitel	Einrichtung Online-Shop in der Primus GmbH
Projektleitung	Frau Braun
Datum	12. November 20..

Lfd. Nr.	Aufwendungen und Kosten im Projekt	Kostenarten				Gesamt
		Personalkosten in EUR	Reisekosten in EUR	Sachmittelkosten in EUR	Sonstige Kosten in EUR	in EUR
1	Anschaffung neuer EDV und Software	0	500	17.000	200	17.700
2	Abstellung einer Projektmanagerin	50.000	0	0	0	50.000
3	Einstellung EDV-Spezialist/in	40.000	0	0	0	40.000
4	sonstige Projektmitarbeiter	100.000	0	0	0	100.000
5	Schulung und Beratung der Mitarbeiter/-innen	0	1.000	0	3.000	4.000
6	Raummiete incl. Nebenkosten	0	0	0	6.600	6.600
7	Aufbau Internetplattform	0	1.000	1.500	10.000	12.500
8	Katalogerstellung	3.000	0	15.000	4.000	22.000
9	Aufgabe 9	0	0	0	0	0
10	Aufgabe n	0	0	0	0	0
	Gesamt	**193.000**	**2.500**	**33.500**	**23.800**	**252.800**

Erteilung des Projektauftrages

Wird die Durchführung des ausgewählten Projektes auch nach der vorläufigen Aufwands- und Kostenschätzung weiterhin als sinnvoll angesehen, dann sollte ein Projektauftrag erstellt werden. **Projektaufträge** haben den Charakter von **Verträgen** zwischen Auftraggebern und dem Projektteam. Dadurch wird **Verbindlichkeit** erzeugt, die bei internen Projekten ebenso wichtig ist, wie bei Projekten, die für einen Kunden durchgeführt werden. Der unterschriebene Projektauftrag ist somit der **Startschuss** für konkrete Planungen des Projektteams. Die **Inhalte** des Projektauftrags können individuell gestaltet werden. Sie sollten jedoch eindeutig formuliert sein, um Missverständnisse und Unklarheiten von vornherein zu vermeiden. Dabei hat es sich bewährt, die folgenden **Punkte** mit in den Projektauftrag aufzunehmen:

- Projekttitel
- Projektzeitraum (Beginn und Ende)
- Projektorganisation (Leitung und Mitarbeiter)
- Projektgesamtziel
- Projektteilziele/Meilensteine
- Projektkosten
- Unterschriften der Projektauftraggeber und Projektleitung

Beispiel

PROJEKTAUFTRAG			
Projekttitel:	Online-Shop		
Start:	November 20..	**Ende:**	Juni 20..
Projektleitung:	Frau Braun		
Projektauftraggeber:	Geschäftsleitung der Primus GmbH		
Projektteam:	Name N. N. N. N.	Abteilung: N. N. N. N.	
Projektgesamtziel:	Bis zum Juli des folgenden Jahres erfolgt der Markteintritt mit einem Online-Shop		
Projektteilziele/ Meilensteinziele:	– Bis März wird ein entsprechendes Sortiment zusammengestellt, das im Online-Shop angeboten werden soll. – Bis Mai wird eine entsprechende Internetplattform aufgebaut.		
Personalkosten:	193.000,00 EUR		
Sachmittelkosten:	33.500,00 EUR		
Sonstige Kosten:	23.800,00 EUR		
Gesamtprojektkosten/ Projektbudget:	252.800,00 EUR		
Sonstige relevante Informationen:			
Projektentscheidung			
Einreichung Projektauftrag:	*15. Oktober 20.. Braun* Datum, Unterschrift Projektleitung		
Projektentscheidung:	☐ Das Projekt wird bewilligt. ☐ Das Projekt wird unter der Einhaltung folgender Auflagen bewilligt: ☐ Das Projekt wird abgelehnt. Begründung: Datum, Unterschrift Auftraggeber		

Projekte definieren

- Im Rahmen der **Projektdefinition** wird die **Projektidee** weiter konkretisiert.
- In der **Situationsanalyse** werden die Probleme benannt, die zur Projektidee führten. Im Rahmen einer **Ursache-Wirkungs-Analyse** werden darauf aufbauend die Konsequenzen erfasst, die sich für das Unternehmen ergeben.
- Jedes **Projekt** braucht **klare Ziele**.
- Die Projektziele lassen sich in die **Zielkomponenten Sachziel, Terminziel und Kostenziel** zerlegen.
- Dem **Projektgesamtziel** werden **Projektteilziele** zugeordnet. Oft wird das Erreichen eines Teilziels als **Meilenstein** bezeichnet.
- Als typische **Organisationsformen** des Projektmanagements kommen **Stabs-Projektorganisation**, **Matrix-Projektorganisation** und die **reine Projektorganisation** infrage.
- Auf Basis der Projektziele wird die **Kostenplanung** des Projekts erstellt. Dabei sind alle **direkten und indirekten Kosten** des Projektes zu erfassen.
- Im **Projektauftrag** werden die **wesentlichen Rahmenbedingungen und Vereinbarungen** zum Projekt zwischen Auftraggebern und dem Projektteam schriftlich festgehalten.
- **Projektaufträge** haben den Charakter von **Verträgen**.
- **Punkte im Projektauftrag:** Projekttitel, Start, Projektleitung, Projektauftraggeber, -team, -gesamtziel, -teilziele, Personalkosten, Sachmittelkosten, sonstige Kosten, Gesamtprojektkosten, Projektentscheidung.

1. Beschreiben Sie, welche Konsequenzen sich aus einer oberflächlichen Situationsanalyse für den weiteren Verlauf eines Projektes ergeben können.

2. Formulieren Sie drei mögliche Projektteilziele für das Projekt „Erstellung der Unternehmenshomepage".

3. Erläutern Sie anhand des Beispiels – „Gründung eines Online-Shops" – zu welchen Konflikten es zwischen einzelnen Projektzielen kommen kann.

4. Prüfen Sie mithilfe einer Checkliste, ob die Absicht der Primus GmbH, einen Online-Shop einzurichten, als Projekt geeignet ist. Begründen Sie Ihre Entscheidung.

Projektmerkmal	Ausprägung	Begründung
Das geplante Vorhaben hat klare und messbare Ziele	☒ ja ☐ nein	Das Projekt hat das klare Ziel, einen Online-Shop einzurichten

5. Begründen Sie, warum die Formulierung von Projektzielen eine große Bedeutung für den erfolgreichen Projektverlauf hat.

6. Erläutern Sie die Vor- und Nachteile der Stabs-Projektorganisation, der Matrix-Projektorganisation und der reinen Projektorganisation.

7. Erläutern Sie die Bedeutung eines Projektauftrages.

8. Formulieren Sie für Ihr Projekt „Erstellen einer Abschlusszeitung/Schülerzeitung" mögliche Projektziele, erstellen Sie für eine erste Schätzung der Kosten einen vorläufigen Kostenplan und füllen Sie einen Projektantrag aus.

2.2 Projekte planen

Nach der Übertragung der Projektleitung hat Svenja Braun ihr Projektteam zusammengestellt. Aus der Einkaufabteilung ist Gerd Buderbach und aus der Verkaufs-/Marketingabteilung Katharina Koslowski ins Projektteam berufen worden. Als EDV-Fachmann für den Aufbau und die technische Betreuung des Online-Shops hat sie Sascha Engels eingestellt. Nun plant Frau Braun in ihrem Büro die weiteren Arbeitsschritte.

ARBEITSAUFTRÄGE

- Schreiben Sie eine Einladung zum Kick-off-Meeting an die Mitglieder des Projektteams.
- Erstellen Sie zur Identifizierung von Arbeitspaketen ein Mind-Map mit Aufgaben, die bei der Umsetzung des Projektes notwendig sind.

Komplexe Aufgaben werden oftmals mit Ungeduld angegangen. Möglichst schnell sollen greifbare Erfolge erzielt werden. In der Regel führt solch **ein voreiliges Handeln** aber zum Gegenteil: Es wird ineffizient gearbeitet und die Aufgaben werden bestenfalls teilweise gelöst. Eine effiziente und erfolgreiche Projektarbeit setzt voraus, dass das gesamte Projekt im Voraus durchdacht und sauber geplant wird. Die Planungsphase dient der weiteren Konkretisierung der in der Definitionsphase begonnenen Überlegungen. Ziel der Planungsphase ist ein **detaillierter Projektplan**, der wiederum verschiedene Teilpläne enthält. Im Projektmanagement unterteilt man zu diesem Zweck den Planungsprozess in die folgenden Teilschritte:

Teilaufgaben ausdifferenzieren und Arbeitspakete schnüren	Projektstrukturplan erstellen und den Projektablauf festlegen	Kosten und Ressourcenplan aufstellen	Risiken erkennen und vermeiden

PRAXISTIPP Als einen zeitlichen Richtwert für die Planungsphase sollten Sie etwa 20 % bis 25 % der gesamten Projektdauer ansetzen.

Kick-off-Meeting

Wenn das Projektteam feststeht und der Projektauftrag erteilt wurde, lädt die Projektleitung zu einem ersten Treffen des neuen Projektteams ein. In diesem **Kick-off-Meeting** sollen sich die Mitglieder des Projektteams **kennenlernen** und über die wesentlichen **Rahmenbedingungen** des Projektes informiert werden. Die Projektleitung muss dafür sorgen, dass alle **ein gemeinsames Ver-**

ständnis von den Projektzielen und -inhalten haben und die **Rollen und Verantwortlichkeiten** einzelner Projektmitglieder bekannt sind.

Mögliche Agenda eines Kick-off-Meetings

- Begrüßung durch die Projektleitung
- Vorstellungsrunde (sofern Projektmitglieder nicht bekannt)
- Konkretisierung der Grobplanung
  - Ausgangssituation, Projektumfeld
  - Projektziele (Gesamtziel, Teilziele)
  - Projektphasen, Meilensteine
  - Projektrisiken und -chancen
- Regeln der Zusammenarbeit
- Festlegung der Aufgaben- und Verantwortungsbereiche
- weitere Vorgangsweise
- offene Punkte

PRAXISTIPP Sorgen Sie mit dafür, dass das Kick-off-Meeting zu einem Erfolg wird. Denn das erste Arbeitstreffen des Projektteams stellt viele Weichen für die zukünftige Zusammenarbeit.

Teilaufgaben festlegen und Arbeitspakete schnüren

Möglichst zügig sollte man das gesamte Projekt überblicken und planen. Dabei hilft es, wenn man versucht, von vornherein möglichst viele zusammenhängende **Teilaufgaben** einzugrenzen. Teilaufgaben sind typischerweise Phasen eines Projektes. Wenn das Gesamtprojekt in verschiedene Teilaufgaben unterteilt wurde, können diese wiederum in sogenannte **Arbeitspakete** aufgeteilt werden. Dazu überlegt man, welche Aufgaben für die Erreichung der Teilaufgaben im Einzelnen erledigt und in welcher Reihenfolge sie abgeschlossen werden müssen, damit kein Leerlauf entsteht.

Die kleinere Einheit eines Arbeitspaketes kann man viel besser überblicken und **Risiken**, **Kosten** und **Arbeitsaufwand** genauer einschätzen, als wenn man sich das gesamte Projekt ansieht. Die definierten Arbeitspakete werden dann auf die **Mitarbeiter**, entsprechend ihren Fähigkeiten und ihrem Vorwissen, verteilt. Es empfiehlt sich, für jedes einzelne Arbeitspaket klare Festlegungen und Absprachen zu treffen.

Notwendige Absprachen für einzelne Arbeitspakete:

- Verantwortliche Personen
- Genaue Beschreibung des Arbeitspaketes
- Abgrenzung zu anderen Aufgaben: Was wird gemacht, was nicht
- Zeitschätzung in Stunden und Tagen
- Kostenabschätzung
- Auflistung der denkbaren Risiken

Diese Absprachen **sollten schriftlich fixiert** werden und für alle Teammitglieder einsehbar aufbewahrt werden, damit die laufenden Prozesse problemlos kontrolliert werden können und in der Folge keine Details übersehen werden.

PRAXISTIPP Damit keine Verantwortungslücken entstehen, sollte jedes Arbeitspaket einen einzelnen Verantwortungsträger haben.

Beispiel Die Primus GmbH grenzt die folgenden Teilaufgaben und Arbeitspakete ab:

Gründung Online-Shop		
Teilaufgabe 1: Sortimentszusammenstellung	**Teilaufgabe 2:** Aufbau der Internetplattform	**Teilaufgabe 3:** Marketingplanung
Arbeitspaket 1.1 Artikelsichtung und -auswahl	**Arbeitspaket 2.1** Entwurf Online-Shop	**Arbeitspaket 3.1** Werbeplan
Arbeitspaket 1.2 Artikelpräsentation und -beschreibung	**Arbeitspaket 2.2** Aufbau Online-Shop	**Arbeitspaket 3.2** Gestaltung Werbemittel
Arbeitspaket 1.3 …	**Arbeitspaket 2.3** …	**Arbeitspaket 3.3** …

Einen Projektstrukturplan erstellen und den Projektablauf festlegen

Die zuvor festgelegten Teilaufgaben und Arbeitspakete werden anschließend in eine systematische und übersichtliche Gliederung überführt und im **Projektstrukturplan** dargestellt. Der Projektstrukturplan stellt die Verknüpfung zwischen dem verantwortlichen **Bearbeiter**, **Arbeitspaket und Zeitbedarf** dar. Er ist eine direkte Handlungsanleitung für alle am Projekt beteiligten und ist somit ein **zentrales Planungsinstrument** für das Projektmanagement.

Die Teilaufgaben und Arbeitspakete eines Projektstrukturplans werden durchnummeriert, um die Übersichtlichkeit und Eindeutigkeit zu gewähren.

Beispiele
- **Teilaufgaben: 1, 2, 3, …**
- **Arbeitspakete: 1.1, 1.2, 1.3, …; 2.1, 2.2, 2.3, …**

PRAXISTIPP Zahlreiche Computerprogramme zum Projektmanagement unterstützen Sie bei der Erstellung eines Projektstrukturplans. Der Einsatz von z. B. MS-Excel oder MS-Project reicht in den meisten Fällen aus.

Beispiel Einfacher Projektstruktur- und -ablaufplan zur Aufgaben- und Terminplanung

Projekttitel	Einrichtung Online-Shop
Projektleitung	Frau Braun
Datum	9.Novemer 20..

PSP-Code	Teilaufgabe/Arbeitspaket	Termine		Personaleinsatzplan		Kalenderjahr 20..																											
		Start	Ende	Verantwortung	Mitarbeit	1	2	3	4	5	6	7	8	9	10	11	12	13	14	15	16	17	18	19	20	21	22	23	24	25	26	27	28
1	**Sortimentsaufbau**																																
1.1	Artikelsichtung und -auswahl	03.01.20..	19.01.20..	Buderbach		■	■	■																									
1.2	Artikelpräsentation und -beschreibung	21.01.20..	28.02.20..	Buderbach					■	■	■	■	■	■																			
1.3	Messebesuch	24.02.20..	26.02.20..	Buderbach	Braun									■																			
1.4	Angebote vergleichen	21.02.20..	31.03.20..	Buderbach									■	■	■	■	■	■															
1.5	Artikelliste ggf. erweitern	01.04.20..	15.04.20..	Buderbach	Braun														■	■													
1.6	…																																
2	**Aufbau Internetplattform**																																
2.1	Entwurf Online-Shop	01.04.20..	15.04.20..	Engels															■	■													
2.2	Aufbau Online-Shop	17.04.20..	30.04.20..	Engels																	■	■											
2.3	Bilder und Button	24.04.20..	05.05.20..	Engels																		■	■										
2.4	Programmierung	07.05.20..	19.05.20..	Engels																				■	■								
2.5	Testphase	21.05.20..	02.06.20..	Engels																					■	■							
2.6	…																																
3	**Marketingplanung**																																
3.1	Werbeplan erstellen	17.04.20..	24.04.20..	Koslowski																	■												
3.2	Gestaltung Werbemittel	25.04.20..	06.05.20..	Koslowski	Agentur																	■	■	■	■								
3.3	Stammkundenwerbung	08.05.20..	30.06.20..	Koslowski																						■			■	■		■	
3.4	Neukundenwerbung	08.05.20..	30.06.20..	Koslowski																						■	■	■		■	■	■	
3.5	…																																
4	**Raumgestaltung und Umzug**																																

In vielen Projekten wird unter hohem Zeitdruck gearbeitet. Das Erreichen der festgelegten Terminziele hat eine hohe Priorität. Auf diese Termine arbeiten alle Beteiligten hin. Damit sie auch eingehalten werden können, ist eine **präzise Terminplanung** unerlässlich. Stehen die Teilaufgaben und die Arbeitspakete fest, werden im Projektstrukturplan die geschätzte Dauer eines jeden Arbeitspaketes sowie dessen logische Abhängigkeit eingetragen, sodass sich aus dem Projektstrukturplan ein **Projektablaufplan** ergibt.

Darin wird entschieden, welches Paket zuerst bearbeitet werden muss, welche parallel ausgeführt werden und welche auf anderen Arbeitspaketen aufbauen. Sobald die Reihenfolge der Arbeitspakete feststeht und geklärt ist, wann mit dem ersten Arbeitsschritt begonnen werden kann oder muss, können alle weiteren Termine ermittelt werden. Dabei geht man meistens rückwärts vor, denn üblicherweise steht der Endtermin des Projektes fest.

PRAXISTIPP Gehen Sie bei Ihren Planungen nicht von zu optimistischen Annahmen aus und planen Sie zeitliche Puffer ein.

Kosten- und Ressourcenplan

Ein weiterer wichtiger Teil einer Projektdetailplanung ist die genaue Kosten- und Ressourcenplanung. Aufbauend auf dem erstellten Projektstrukturplan und den Kostenschätzungen aus der Projektdefinition wird deshalb **ein Kosten- und Ressourcenplan** erstellt. Er zeigt an, was man wann bezahlen muss und welches Budget man letztendlich braucht. Zudem wird für alle am Projekt Beteiligten deutlich, **wer wann womit** beschäftigt ist und **welche Materialien** benötigt werden.

Erfolgt in der Definitionsphase die Kostenschätzung näherungsweise und aufgrund des definierten Projektrahmens, so werden die Kosten in der Planungsphase aufgrund **tatsächlich geplanter Arbeitspakete und Aufgaben** kalkuliert.

PRAXISTIPP Ihr Projektziel bestimmt die Kosten des Projekts.

Falsch ist die Vorgehensweise:
1. Was habe ich zur Verfügung?
2. Was kann ich damit erreichen?
3. Welche Leistung werde ich dafür erbringen?

Der richtige Ansatz sollte vielmehr lauten:
1. Was will ich erreichen?
2. Wie werde ich vorgehen?
3. Welches Budget benötige ich dafür?

Zur genauen Kostenplanung hat sich das folgende Vorgehen bewährt:

1. Festlegung der Verantwortung und Mitarbeit für jedes Arbeitspakt → **Personaleinsatzplanung**.
2. Mit den zugeteilten Teammitgliedern wird der Arbeitsaufwand pro Arbeitspaket geschätzt (in Stunden, Tagen oder Wochen). Hierbei können Erfahrungswerte früherer Projekte herangezogen werden → **Aufwandsschätzung**.
3. Durch die Multiplikation der Arbeitsaufwände mit den individuellen Stundensätzen der zugeteilten Teammitglieder werden die Personalkosten errechnet → **Personalkostenplanung**.
4. Abschließend werden pro Arbeitspaket die sonstigen Kosten wie z. B. Reisekosten, Beratungskosten, Materialkosten, Druckkosten, Marketingkosten, IT-Kosten etc. geplant und erfasst. → **Sonstigkostenplanung**.

PRAXISTIPP Die in diesem Schritt ermittelten Projektkosten sollten nicht höher sein als das bewilligte Projektbudget. Andernfalls sollten Sie die Planung anpassen oder den Projektauftrag neu abstimmen.

Risiken erkennen und vermeiden

Beim Projektmanagement spricht man bei grundsätzlich allen **Unwägbarkeiten** von **Risiken**, die den Projekterfolg hinauszögern oder gefährden können. Jedes Projekt beinhaltet aufgrund seiner Komplexität verschiedene **Projektrisiken**. Der Eintritt eines solchen Risikos kann Kosten erhöhen, Bearbeitungszeiten verlängern, die Zielerreichung gefährden oder sogar den Abbruch eines gesamten Projekts bewirken. Dabei gilt: Je höher die Wahrscheinlichkeit für die Ursache eines Risikos ist, desto wahrscheinlicher tritt das Risiko selbst ein.

Aus diesen Gründen ist es notwendig, im Rahmen des **Risikomanagements** Projektrisiken schon in der Planungsphase zu **erkennen**, zu **bewerten** und in der Folge geeignete **Gegenmaßnahmen** vorzubereiten.

Ursache

Möglicher Schaden

Gegenmaßnahmen

Die häufigsten Risikoarten im Rahmen von Projekten sind:

- **Akzeptanzrisiken**: Erarbeitete Lösungen werden von Betroffenen abgelehnt.
- **Qualitätsrisiken**: Ergebnis entspricht nicht der geforderten und gewünschten Qualität.
- **Auslastungsrisiken**: Personalressourcen und Materialressourcen sind nicht in ausreichendem Maße verfügbar (z. B. zeitliche Überlastung, Krankheit, vorrangige Arbeiten).
- **Kostenrisiken**: Projektbudget reicht nicht aus.
- **Terminrisiken**: Terminvorgaben und Absprachen werden nicht eingehalten.

Als ein mögliches Instrument zur Risikokalkulation kann die nachfolgende Tabelle (Beispiel) herangezogen werden. In ihr werden für jedes Arbeitspaket die denkbaren Risiken erfasst. Zudem wird aufgeführt, durch welche Maßnahmen sie einzugrenzen sind, was die einzelnen Maßnahmen kosten und wie groß der jeweilige Aufwand ist. Daraus erschließt sich etwa, ob Aufwand und Kosten der Gegenmaßnahme im Verhältnis zu dem möglichen Schaden stehen.

Beispiel

Projekt: Primus Online-Shop					
Name des Arbeitspaketes					
mögliche Risiken oder Probleme	Mit welcher Wahrscheinlichkeit treten sie ein?	Welche Tragweite hätte der Schaden jeweils und welche Kosten werden dadurch verursacht?	denkbare Ursachen	mögliche Gegenmaßnahmen	Was kosten diese Maßnahmen?
Arbeitspaket: 2.1 Entwurf Homepage					
Entwurf der Homepage findet keine Akzeptanz bei der Geschäftsleitung	geschätzte Wahrscheinlichkeit von 25 %	– Neuentwurf wäre notwendig. – Die nachfolgenden Arbeiten wären unbrauchbar. – Projektverzögerung – Zusatzkosten von ca. 3.500,00 EUR.	– Es fehlen klare bzw. frühzeitige Absprachen. – unterschiedlicher Geschmack	– frühzeitiger Abgleich verschiedener Entwürfe mit der Geschäftsführung. – eindeutige Zustimmung für Weiterarbeit an Entwurf sicherstellen	Es entstehen keine weiteren Kosten.
...					

Das Risikomanagement in einem Projekt sollte ein kontinuierlicher Prozess sein. Die Projektleitung muss das Risikomanagement als eine **Kernaufgabe** für die gesamte Projektdauer begreifen.

PRAXISTIPP Weil Projektteams oftmals „viele Feuer" gleichzeitig löschen müssen, lohnt es sich, über „Brandrisiken" bzw. mögliche „Brandursachen" frühzeitig nachzudenken.

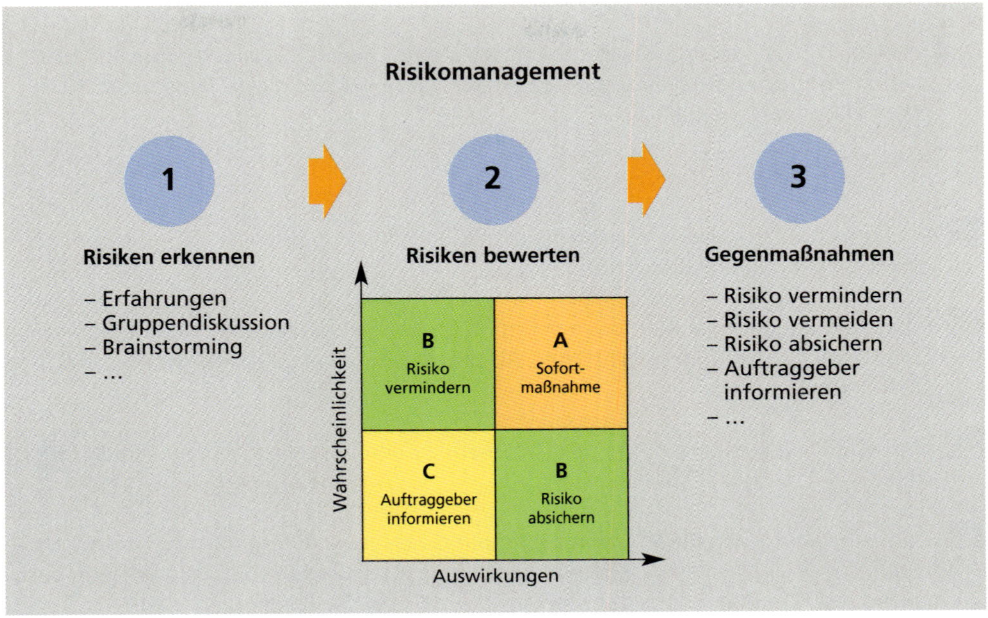

Vgl.: http://www.pm-handbuch.com/pics/graphics/risikomanagement_einfach.pdf – abgerufen am 10.06.2010

Projekte planen

- Eine **detaillierte Projektplanung** ist eine Grundvoraussetzung für eine erfolgreiche Projektdurchführung.
- Beim **Kick-off-Meeting** trifft sich das neue Projektteam zum ersten Mal. Die Projektmitglieder lernen sich kennen und werden über die Projektziele informiert.
- Um das Gesamtprojekt besser zu überblicken, sollte das Projekt in **Teilaufgaben** unterteilt werden. Teilaufgaben sind Hauptaufgaben oder Phasen eines Projektes.
- **Teilaufgaben** fassen gleichartige **Arbeitspakete** zusammen.
- Ein **Arbeitspaket** bezeichnet ein Bündel einzelner Aufgaben, die der Zielerreichung des Projektes dienen.
- Die festgelegten Teilaufgaben und Arbeitspakete werden in eine systematische und übersichtliche Gliederung überführt und in einem **Projektstrukturplan** dargestellt. Dieser ist ein zentrales Planungsinstrument für das Projektmanagement.
- Der Projektstrukturplan unterstützt eine **präzise Terminplanung**. Stehen die Teilaufgaben und die Arbeitspakete sowie deren logische Abhängigkeit fest, wird die Dauer eines jeden Arbeitspaketes eingetragen.

- In der Planungsphase werden die **Kosten und Ressourcen** auf Basis der tatsächlich geplanten Arbeitspakte kalkuliert.
- Zur Kosten- und Ressourcenplanung gehören die Bereiche Personaleinsatzplanung, Personalkostenplanung sowie die Planung der sonstigen Kosten.
- Bereits in der Planungsphase gilt es im Rahmen des **Risikomanagements**, Risiken zu **erkennen** und diese zu **bewerten**, um in der Folge ggf. **Gegenmaßnahmen** einzuleiten.

1. Beschreiben Sie in eigenen Worten die einzelnen Teilschritte, welche im Rahmen der Projektplanung zu durchlaufen sind.

2. Entwickeln Sie ein Formular, das zur Definition von Arbeitspaketen eingesetzt werden kann. Darauf sollten die wesentlichen Absprachen zu einem Arbeitspaket festgehalten werden können.

3. Begründen Sie, warum das Risikomanagement zu den Kernaufgaben der Projektleitung zählt.

4. Für den geplanten Online-Shop hat die Primus GmbH neue Büroräume angemietet. Diese haben eine Fläche von 90 m^2 und können ab dem ersten Januar 20.. schlüsselfertig bezogen werden. Die Warmmiete dafür beträgt 520,00 EUR. Die Räume sind mit einem für Büroräume geeigneten Bodenbelag ausgestattet und haben an den Wänden eine einfache Raufasertapete. Für die Einrichtung der Räume wird mit einem Durchschnittwert von 75,00 EUR pro m^2 gerechnet. Das Projektteam hat alle vor diesem Hintergrund anfallenden Aufgaben zur **Teilaufgabe „Raumgestaltung und Umzug"** zusammengefasst.

a) Gestalten Sie eine Einladung mit Zielen und Agenda für ein Planungstreffen des Projektteams, in welcher diese Teilaufgabe genauer geplant werden soll. Bilden Sie Gruppen.
b) Identifizieren Sie mögliche Arbeitspakete, die im Rahmen dieser Teilaufgabe zu bewältigten sind.
c) Ergänzen Sie den auf S. 361 dargestellten Projektstrukturplan und stellen Sie darin dar, wann und in welcher Reihenfolge Ihre Arbeitspakete sinnvollerweise in den Projektablauf eingebunden werden sollten. Bestimmen Sie die für die jeweiligen Arbeitspakete verantwortlichen Personen.
d) Verwenden Sie das in Aufgabe 2 entwickelte Formular für die Arbeitspakete und schätzen Sie die Kosten der jeweiligen Arbeitspakete.
e) Vergleichen Sie ihre ermittelten Kosten mit den Kosten, die dem Projektauftrag (vgl. Aufwands- und Kostenschätzung in der Definitionsphase auf S. 355) zugrunde gelegt wurden, und unterbreiten Sie Vorschläge, wie Sie mit möglichen Differenzen umgehen.
f) Ermitteln Sie mögliche Risiken, die sich in der Projektumsetzung für diese Teilaufgabe ergeben können. Verwenden Sie exemplarisch für ein Arbeitspaket die auf S. 364 vorgestellte Tabelle und entwickeln Sie mögliche Gegenmaßnahmen.

5. Bestimmen Sie für Ihr Projekt „Erstellen einer Abschlusszeitung/Schülerzeitung" notwendige Teilaufgaben und Arbeitspakete. Stellen Sie diese in einem Projektstrukturplan in Listenform dar, aus dem sich auch die Zeitplanung ablesen lässt. (Vorlagen für einen Projektstrukturplan befinden sich im Lehrerhandbuch.)

2.3 Projekte durchführen

Während der Projektdurchführung muss Frau Braun erkennen, dass es immer wieder zu Problemen und Konflikten im Projektteam kommt und das, obwohl das Projekt sauber definiert und geplant war. Zunehmend reagiert sowohl sie selbst als auch das gesamte Projektteam gereizter. Durch eine dreiwöchige Krankheit von Herrn Buderbach hat sich die Erstellung der Artikelliste für den geplanten Online-Shop verzögert.

Einen Großteil der anfallenden Aufgaben hat Frau Braun daraufhin persönlich übernommen.

Die Projektmitglieder beklagen, sie wüssten nicht genau, was zu tun sei, weil die gesamte Planung durch diese Verzögerung durcheinandergeraten sei. Auch die Kommunikation innerhalb des Projektteams wird als nicht gut angesehen. Vielfach wird kritisiert, dass Informationen nur spärlich oder sehr verspätet an die Projektmitglieder fließen.

ARBEITSAUFTRÄGE

- Entwickeln Sie konkrete Ideen, wie die Kommunikation und somit der Informationsfluss während des Projektablaufs verbessert werden können.
- Was sollte die Projektleitung unternehmen, um auf Herrn Buderbachs Krankheit zu reagieren? Nennen Sie geeignete Handlungsschritte.

Nach Abschluss der Planungsphase geht das Projekt in die **Durchführung**. Die Projektleitung ist in dieser Phase der Dreh- und Angelpunkt. Auf der einen Seite muss sie dafür sorgen, dass Absprachen und Vereinbarungen aus der Definitions- und Planungsphase eingehalten werden. Auf der anderen Seite muss sie schnell und flexibel auf Veränderungen und Schwierigkeiten im Projektablauf reagieren, da Planabweichungen nicht zu vermeiden sind. Zusammenfassend ergeben sich in der Durchführungsphase die folgenden Kernaufgaben:

Projektsteuerung	Projektkontrolle	Projektdokumentation

Projektsteuerung

Unter **Projektsteuerung** werden alle Maßnahmen verstanden, die den tatsächlichen Projektverlauf mit der ursprünglichen Planung in Einklang zu bringen. Die Projektleitung muss hier agieren und ist gefordert, **das Projekt aktiv zu beeinflussen** und somit zu steuern. Sie ist während der Projektdurchführung in erster Linie dafür verantwortlich, dass alle Projektbeteiligten in ausreichendem Maße über den Projektfortschritt informiert werden. Dies kann in Form von schriftlichen Fortschrittsberichten, Projektsitzungen, Zwischenpräsentationen oder persönlichen Gesprächen erfolgen.

Projektstatusbericht

Durch den **Projektstatusbericht** wird der Stand des Projektes erfasst und dokumentiert. Dadurch erhalten sowohl die Projektleitung und das Projektteam als auch die Projektauftraggeber einen schnellen Eindruck über den aktuellen Stand des Projektes und können so, wenn nötig, entsprechend reagieren.

PROJEKTSTATUSBERICHT		
Projekttitel:	...	
Projektleiterin:	...	
Datum:	...	
Berichtszeitraum	vom ...	bis ...
Status:	☐ kritisch ☐ teilweise kritisch ☐ planmäßig	
Kurzbeschreibung des Projektstatus	...	
Erreichte Qualität:	...	
Bisherige Kosten:	...	
Status der Termine:	...	
Nächste Schritte/ Meilensteine:	...	
Notwendige/ anstehende Entscheidungen:	...	
Unterschrift Projektleitung	Unterschrift Auftraggeber	

PRAXISTIPP Ein Projektstatusbericht sollte regelmäßig erstellt und dem Projektauftraggeber vorgelegt werden. So wird dieser über den Projektverlauf informiert und kann Änderungswünsche rechtzeitig äußern.

○ Besprechungen des Projektteams

In der Phase der Projektdurchführung muss die Projektleitung dafür Sorge tragen, dass die **Kommunikation** zwischen allen am Projekt Beteiligten funktioniert. Dazu sind Besprechungen ein unerlässliches Instrument. Auf diesen Sitzungen muss die Projektleitung das Projektteam über den aktuellen Stand und die Entwicklung des Projektes **informieren**. Auftretende **Probleme** können im Team **erörtert** werden und es kann gemeinsam nach **Lösungen gesucht** werden.

Sollten daraus neue Aufgaben entstehen, so können der im Rahmen dieser Besprechungen unter den Projektmitgliedern verteilt werden.

PRAXISTIPP Besprechungen im Projektteam sollten stets gut vorbereitet werden, damit sie von allen Teilnehmern als effizient empfunden werden und zu verwertbaren Ergebnissen führen.

Beispiel Nach Herrn Buderbachs Erkrankung lädt Frau Braun zu einer Besprechung des Projektteams ein, um die dadurch aufgetretenen Probleme zu lösen. Dabei plant sie den folgenden Sitzungsverlauf:

AGENDA – BESPRECHUNG PROJEKTTEAM

- Begrüßung der Teilnehmer
- Ernennung eines Protokollanten
- Informationen zum Projektstatus
- aufgetretene Probleme: Hier: Krankheit Herr Buderbach
- Entwicklung von Lösungsvorschlägen im Team
- Vereinbarungen von Maßnahmen
  - Festlegung von Verantwortungsbereichen
  - Zeitschiene
- Vereinbarung des nächsten Sitzungstermins

Projektkontrolle

Ziel der Projektkontrolle ist es, ein **Frühwarnsystem** aufzubauen, das es der Projektleitung ermöglicht, zügig auf eine Planabweichung zu reagieren.

PRAXISTIPP Der Projektleitung sollten Sie jederzeit darüber Auskunft geben können, welche Fortschritte das Projekt macht und ob der Termin und das Budget eingehalten werden können.

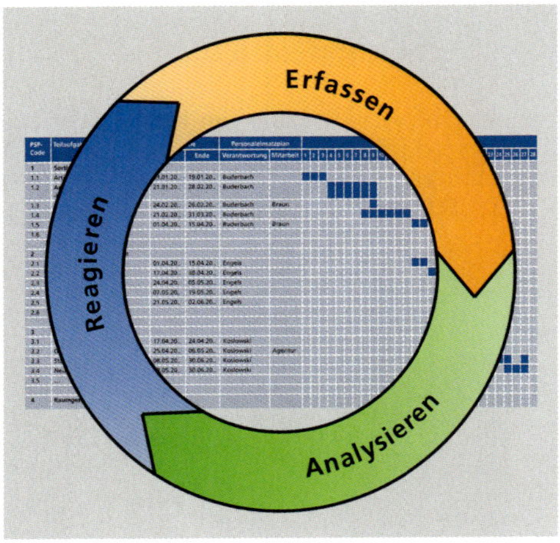

Die Projektkontrolle läuft idealerweise in einer Art Kreislauf ab:

1. **Erfassung von Ist-Daten:** Stellt dar, wie die Abarbeitung der einzelnen Arbeitspakete läuft.
2. **Analyse der Ist-Daten:** Die Ist-Daten werden mit der Projektplanung verglichen und die Auswirkungen auf den weiteren Projektverlauf werden analysiert.
3. **Reaktionen bei Planungsabweichungen**: Ist das Erreichen des Projektziels gefährdet, müssen entsprechende Gegenmaßnahmen getroffen werden.

Zentrale Bereiche der Projektkontrolle sind:
- **Terminkontrolle**
- **Kostenkontrolle und**
- **Ergebniskontrolle.**

○ Terminkontrolle

Die **Terminkontrolle** überprüft während der Projektdurchführung, ob der **Projektablaufplan** (vgl. S. 361) eingehalten wird. Als Kontrollpunkte ergeben sich die im Projektablaufplan zeitlich **festgelegten Arbeitspakete und Meilensteine**. Unter Zugrundelegung des Projektablaufplans und des Projektstatusberichtes (vgl. S. 368) lassen sich Ist-Abweichungen von der Soll-Planung schnell und einfach erkennen. Durch die Terminkontrolle erhält die Zeitplanung mehr Verbindlichkeit und es wird vermieden, dass das Projekt ins Stocken gerät, weil zum Beispiel wichtige Vorarbeiten nicht erledigt wurden.

Beispiel Aufgrund von Herrn Buderbachs Erkrankung wird der Projektablaufplan geändert: Frau Braun nimmt den geplanten Messebesuch allein wahr. Herr Buderbach arbeitet in dieser Zeit weiter an der Artikelpräsentation.

○ Kostenkontrolle

Die **Kostenkontrolle** geschieht auf Basis des in der Projektplanung festgelegten **Kosten- und Ressourcenplans** (vgl. S. 362). Diese Kosten stellen die **Soll-Kosten** dar und werden mit den tatsächlich angefallenen Kosten, den **Ist-Kosten**, verglichen. Oft passiert es, dass die tatsächlich anfallenden Projektkosten während der Projektdurchführung aus den Augen verloren werden. Die Projektkosten sind jedoch eine zentrale Projektzielgröße, deren Nichteinhaltung den Projekterfolg gefährden kann, weil die erhoffte Projektrendite dann meist nicht mehr erreicht werden kann.

Beispiel Die Kosten für die Anschaffung neuer Hard- und Software wurden im Kostenplan zunächst mit 17.700,00 EUR angesetzt. Letztlich entstanden jedoch Kosten in Höhe von 22.000,00 EUR. Durch Nachverhandlungen mit dem Lieferanten konnten 1.500,00 EUR eingespart werden. Zudem fielen die veranschlagten Reisekosten von 500,00 EUR nicht an. Es verbleibt jedoch eine Differenz von 2.300,00 EUR.

○ Ergebniskontrolle

Die **Ergebniskontrolle** untersucht, ob die angestrebten Qualitätsziele auch erreicht wurden. Je rechtzeitiger während des Projektverlaufs Qualitätsmängel bemerkt und Korrekturmaßnahmen ergriffen werden, desto kostengünstiger fallen diese in der Regel aus. Deshalb ist es wichtig, dass die Ergebniskontrolle nicht erst abschließend erfolgt, sondern bereits während **jeder Projektphase**. So muss während der Definitionsphase darauf geachtet werden, dass die Projektziele sauber definiert werden und während der Planungsphase müssen unmissverständliche Arbeitspakete geschnürt werden, die in einen aussagekräftigen Projektablaufplan in Verbindung mit einem detaillierten Kostenplan münden.

○ Mögliche Gegenmaßnahmen

Werden bei der Auswertung der Ist-Daten Probleme bezüglich Kosten, Aufwand, Terminen oder Produktqualität erkannt, müssen entsprechende **Gegenmaßnahmen** getroffen werden. Sonst unterliegt das gesamte Projekt dem Risiko, dass die Projektziele nicht erreicht werden, der Projektrahmen nicht eingehalten wird und die Auftraggeber letztendlich unzufrieden sind. Bei der Suche nach geeigneten Maßnahmen sind stets zwei Kriterien ausschlaggebend:

- **Wirkung** – Welche Wirkungen hat eine Gegenmaßnahme auf Termine, Budget, Produktqualität und den Projekterfolg?
- **Kosten** – Was kostet eine bestimmte Gegenmaßnahme?

Um die richtige Maßnahme auszuwählen, müssen diese beiden Faktoren gegeneinander abgewogen werden. Ein Patentrezept für die Lösung solcher Probleme gibt es nicht.

Beispiel Bei einem drohenden Terminverzug des gesamten Projektes sind folgenden Maßnahmen zur Projektsteuerung möglich:

1. **Verkürzung der Dauer** terminbestimmender Vorgänge durch
   - **Erhöhung der verfügbaren Kapazität** (Überstunden, zusätzliches Personal, Fremdvergabe von Teilaufgaben)
   - **höhere Effizienz** in der Durchführung (Schulungen, externe Spezialisten, ...)
2. **Verminderung des Leistungsumfangs** und/oder der Leistungsqualität von Teilaufgaben oder des gesamten Projektes
3. **Verschieben von Terminen,** notfalls des Projektendtermins

Bei einer drohenden **Aufwands- oder Kostenüberschreitung** bleiben als mögliche Steuerungsmaßnahmen nur die

- **höhere Effizienz** bei der Auftragsabwicklung oder die
- **Verminderung des Leistungsumfangs** bzw. der **Leistungsqualität**.

PRAXISTIPP Lassen Sie sich größere Änderungen im Projektablauf, in den Verantwortungsbereichen und der Projektkosten immer erst durch die Auftraggeber bestätigen. Stellen Sie einen Projektänderungsantrag und setzen Sie die Änderungen erst dann um, wenn sie genehmigt wurden.

Beispiel Für die Kostenüberschreitung bei der Anschaffung neuer Hard- und Software stellt Frau Braun bei der Geschäftsleitung einen Projektänderungsantrag.

PROJEKTÄNDERUNGSAUFTRAG	
Projekttitel:	Online-Shop
Projektleiterin:	Frau Braun
Datum:	15. Januar 20..
Kurzbeschreibung Änderungsgrund:	Trotz Nachverhandlungen mit Lieferanten und Einsparungen bei den Reisekosten wird das Budget für die Position „EDV" um 2 300,00 EUR überschritten
Vorgeschlagene Änderungen:	1) Budgeterhöhung oder 2) Server mit geringerer Leistung bestellen
Auswirkung auf die Projektqualität:	1) keine, bei Budgeterhöhung 2) höhere Störanfälligkeit bei geringerer Leistung
Auswirkung auf die Projektkosten:	1) Erhöhung 2) keine
Auswirkungen auf den Projektablauf:	1) keine 2) Verzögerung droht aufgrund neuer Verhandlungen
Sonstige relevante Informationen	Das Projektteam und insbesondere Herr Buderbach schlagen eine Budgeterhöhung vor.
Projektentscheidung	
Einreichung Projekt-änderungsantrag:	*15.01.20.. Braun* Datum, Unterschrift Projektleitung
Projektentscheidung:	☐ Die Änderung wird bewilligt. ☐ Die Änderung wird unter der Einhaltung folgender Auflagen bewilligt: ☐ Die Änderung wird abgelehnt. Begründung: __________ Datum, Unterschrift Auftraggeber

Projektdokumentation

Sämtliche Arbeitsschritte eines Projekts sollten **möglichst lückenlos** dokumentiert werden. Dies erfolgt meistens durch computergestützte oder manuelle Ablage projektrelevanter Daten und Unterlagen. Sauber dokumentierte Projekte sind im Sinne eines professionellen **Wissensmanagements** von großer Bedeutung. Projektverläufe werden so transparent und nachvollziehbar – auch für den Auftraggeber – dargestellt und dokumentiert. Die Dokumentation dient dem Informationsfluss während der Projektdurchführung und gibt zukünftigen Projektteams hilfreiche Informationen und Erfahrungen, welche Sie dann für ihr Projekt verwenden können.

Beispiel Für viele Zwecke der Dokumentation hat es sich bewährt, Aktennotizen bzw. Gesprächsnotizen anzufertigen. Für diesen Zweck liegt in der Bürodesign GmbH das folgende Formblatt vor:

Aktennotiz /Gesprächsnotiz	
Projekttitel	
Projektleitung:	
Datum	
Urzeit	
Sachverhalt	
Aktennotiz/Gesprächsnotiz angefertigt durch:	

Für die einzelnen Projektphasen empfiehlt es sich, folgende Dokumente zu sammeln, um sie dann in einem **Projekthandbuch** zusammenzuführen.

Projektphase	Definition	Planung	Durchführung	Abschluss
Dokument	– Problemanalyse – Problembeschreibung – Ursache-Wirkungs-Analyse – Projektziele – Aufwands- und Kostenschätzung – Projektauftrag	– Projektorganisation – Beschreibung der Arbeitspakete – Projektstruktur und -ablaufplan – Kosten- und Ressourcenplan – Risikoanalyse	– Sitzungsprotokolle – Projektstatusberichte – Projektänderungsanträge	– Präsentationsunterlagen – Abschlussbericht

Projekte durchführen

- Die zentralen Bereiche des Projektmanagements während der Projektdurchführung sind **Projektsteuerung, Projektkontrolle und Projektdokumentation.**
- **Projektstatusberichte** und **Besprechungen des Projektteams** garantieren den Informationsfluss für alle Projektbeteiligen während der Projektdurchführung.
- Ziel der **Projektkontrolle** ist es, ein **Frühwarnsystem** aufzubauen, das es der Projektleitung ermöglicht, zügig auf eine Planabweichung zu reagieren.
- Die **Projektkontrolle** läuft in einem **Kreislauf** ab: Erfassung der Ist-Daten-Analyse der Ist-Daten – Reaktionen und Änderungen.
- Die zentralen Bereiche der Projektkontrolle **sind Termin-, Kosten- und Ergebniskontrolle**.

- Sind Änderungen in der Projektstruktur notwendig, sollten diese mithilfe eines **Projektänderungsantrages** mit den Projektauftraggebern abgestimmt werden.
- Sämtliche Arbeitsschritte eines Projekts sollten **möglichst lückenlos** dokumentiert und in einem **Projekthandbuch** zusammengeführt werden.

1. Beschreiben Sie in eigenen Worten die Kernbereiche des Projektmanagements in der Phase der Projektdurchführung.

2. Erläutern Sie in eigenen Worten die drei zentralen Bereiche der Projektkontrolle.

3. Erstellen Sie sich als Hilfsmittel der Projektkontrolle eine Übersicht über mögliche Soll-Ist-Abweichungen, die Im Rahmen des Projektes – „Einrichtung eines Online-Shops" auftreten können. Erfassen Sie darin exemplarisch fünf Bereiche, die Ihrer Meinung nach im Rahmen der Projektkontrolle überprüft werden sollten.
Legen Sie sich dazu eine Vorlage nach dem folgenden Beispiel an:

Kontrollbereich	Soll	Ist
Fertigstellung der Artikelliste des Online-Shops	Bis zum 15. April	

4. Das Projektteam entscheidet sich für die Verwendung standardisierter Formulare. Entwickeln Sie eine Protokollvorlage, für den Einsatz in Projektteambesprechungen.

5. Erstellen Sie unter Verwendung des abgebildeten Vordrucks auf S. 368 einen Projektstatusbericht, in welchem Herrn Buderbachs Krankheit erfasst wird.

6. Greifen Sie die von Ihnen in der Eingangssituation (vgl. S. 367) entwickelten Lösungsvorschläge auf, wie das Projektteam auf die Krankheit Herrn Buderbachs reagieren kann und entscheiden Sie sich in Ihrer Gruppe für eine Alternative.
Stellen Sie daraufhin einen Projektänderungsantrag, den Sie an die Geschäftsleitung der Primus GmbH weiterleiten.

7. Das Projektteam beschließt, eine Formatvorlage zu entwerfen, die als Vorlage für alle zukünftigen Projektdokumentationen in der Primus GmbH dienen kann. Entwickeln Sie stellvertretend für das Projektteam „Online-Shop" diese Formatvorlage, in welche alle wichtigen Dokumente des Projektes eingebunden werden.

8. Erstellen Sie exemplarisch für fünf ausgewählte Dokumente eine Übersicht, aus der hervorgeht, an welche Person das jeweilige Dokument weitergeleitet werden soll.

9. Zeigen Sie Lösungen auf, wie sich die Projektleitung und ein Projektteam verhalten sollen, wenn ein Projektmitglied seine Arbeit nicht zufriedenstellend und zuverlässig erledigt.

10. Ihr Projekt „Erstellen einer Abschlusszeitung/Schülerzeitung" wird durchgeführt. Erstellen Sie nach jedem Meilenstein einen Projektstatusbericht und achten Sie auf eine lückenlose Dokumentation des Projektes.

2.4 Projekte abschließen

Trotz einiger kleinerer Pannen während der Projektdurchführung ist es dem Projektteam um Frau Braun gelungen, den Online-Shop pünktlich zum 1. Juli in Betrieb zu nehmen. Die meisten Mitarbeiter des Projektteams haben einen neuen Aufgabenbereich im neu entstandenen Online-Shop gefunden. Obwohl Frau Braun mit dem Ergebnis ihrer Arbeit sehr zufrieden ist, mehren sich die kritischen Nachfragen und Anmerkungen:

So beschwert sich Frau Koslowski, dass das Projektteam keinerlei Rückmeldung geschweige denn „ein Danke“ von der Geschäftsführung der Primus GmbH erfahren habe – und das, obwohl man nahezu Tag und Nacht gearbeitet habe, um das ehrgeizige Ziel zu erreichen. Auch Mitarbeiter aus den anderen Abteilungen merken an, dass sie nicht ausreichend Informationen über den neuen Online-Shop hätten. Als sich dann auch noch Herr Müller darüber beschwert, dass kein Abschlussbericht zum Projekt vorliegt, um die Erfahrungen für weitere Projekte zu nutzen, ist Frau Braun endgültig frustriert.

ARBEITSAUFTRÄGE

- Erläutern Sie die näheren Gründe der Unzufriedenheit von Frau Koslowski, von Mitarbeitern/-innen andere Abteilungen der Primus GmbH und von Herrn Müller.
- Zeigen Sie Lösungsansätze auf, um diesen Problemen zu begegnen.
- Sammeln Sie mögliche Gliederungspunkte, die Ihrer Meinung nach in den Abschlussbericht des Projektes „Gründung eines Online-Shops“ gehören.

Der **Projektabschluss** ist der **Schlusspunkt** eines Projektes und sollte aktiv gestaltet werden. Das ist wichtig, um die Projektergebnisse vorzustellen, die offizielle Phase der Projektarbeit abzuschließen, ein Resümee zu ziehen, aus den gemachten Erfahrungen zu lernen und die Mitglieder des Projektteams zu entlasten. Die Abschlussphase sollte deshalb in jedem Projekt – erfolgreich oder nicht – ein fester Bestandteil sein. Alle Beteiligten des Projektteams haben viel Energie in den Aufbau des Teams und in ihre Arbeit investiert und zwischen den verschiedenen Personen sind Beziehungen entstanden. Die Auflösung des Teams bedeutet immer auch Abschied nehmen. Dieser Abschied sollte bewusst vorgenommen werden, beispielsweise durch eine gemeinsame Rückschau im Projektteam.

Um diesem Anliegen gerecht zu werden, greift das Projektmanagement in der Abschlussphase auf die folgenden Instrumente zurück:

Projektpräsentation | **Projektrückblick und -bewertung** | **Projektabschlussbericht**

LF 1

Projektpräsentation

Die **Projektpräsentation** soll verschiedene Interessenten über die wesentlichen Aspekte zum Projektverlauf und über das Projektergebnis informieren. Dabei sind die zukünftigen Anwender und Mitarbeiter eine genauso wichtige Zielgruppe wie die Projektauftraggeber. Für das Projektteam ergibt sich durch eine gelungene Präsentation die Möglichkeit, die eigene Arbeit in einem positiven Licht darzustellen und so für eine breite **Akzeptanz** des Projektes zu sorgen.

An eine Abschlusspräsentation werden – abhängig von den Zuhörern und dem Inhalt – besondere Anforderungen gestellt, die insbesondere bei der Planung und Vorbereitung zu beachten sind. Deshalb sollten die folgenden Fragen gewissenhaft beantwortet werden, bevor man an die genaue Ausarbeitung der Präsentation geht:

- Welche Erwartungen, Vorerfahrungen, Einstellungen und welchen Wissensstand haben die Zuhörer?
- Welche Ziele verfolgt die Präsentation? Soll informiert, überzeugt oder für ein (Anschluss-)Projekt geworben werden?
- Wie viel Zeit steht für die Präsentation zur Verfügung?

Eine Projektpräsentation sollte stets sehr gut und gewissenhaft vorbereitet werden, weil sie ein Höhepunkt des Projektes ist und die Arbeit von Wochen oder gar Monaten dargestellt wird.

Beispiel Zur Projektpräsentation des Online-Shops lädt Frau Braun alle Mitarbeiter der Primus GmbH sowie Frau Primus und Herrn Müller ein. Im Wesentlichen sollen die Teilnehmer über den Projektverlauf und das Projektergebnis informiert werden. So ist es Frau Braun ein besonderes Anliegen, alle Mitarbeiter über das Sortiment und die vereinbarten Abläufe im neuen Online-Shop zu informieren. Zu diesem Zweck hat sie den folgenden Ablauf der Projektpräsentation geplant, welche sie auf einem Flipchart darstellt.

Projektpräsentation „Online-Shop" der Primus GmbH

AGENDA
- Projektauftrag
- Projektziele
- Darstellung des Projektablaufs
- Aufbau und Struktur des Online-Shops
- Sortiment des Online-Shops
- Erfahrungen mit Projektmanagement
- aktueller Status und Ausblick
- Fragen

Projektrückblick und -bewertung

Ein wichtiger Bereich in der Abschlussphase eines Projektes ist **der Projektrückblick** und die **Projektbewertung**. Durch sie kann die Qualität der Projektarbeit überprüft werden und für die Durchführung von zukünftigen Projekten können wertvolle Erkenntnisse gewonnen werden. Das betrifft gleichermaßen gute wie schlechte Erfahrungen.

Der **Projektrückblick** ist ein bewusstes Nachdenken über den vergangenen Projektverlauf. Leitfragen können dabei sein:

- Welche Projektphasen waren besonders gelungen und woran lag das?
- Welche Projektphasen waren nicht sehr gelungen, woran lag das?
- Welche Ziele wurden erreicht/nicht erreicht?
- Welche Empfehlungen würden wir zukünftigen Projektteams geben?
- …

Die **Projektbewertung** ist eine systematischere und stärker zielgerichtete Sammlung, Analyse und Bewertung von Informationen über die geleistete Projektarbeit. Sie bewirkt Selbstvergewisserung über die Qualität der geleisteten Arbeit, sie dient der Rechenschaftslegung gegenüber den Projektauftraggebern und sie zeigt Entwicklungs- und Veränderungsalternativen für zukünftige Projekte auf. Häufig sind Fragebögen typische Bewertungsinstrumente; jedoch können auch vorhandene Daten wie Kostenpläne und tatsächlich angefallene Kosten ausgewertet werden.

Beispiel Die Projektmanagerin Frau Braun entwickelt einen Fragebogen, den sie an die Mitglieder des Projektteams austeilt. Mit ihm soll ermittelt werden, wie zufrieden das Projektteam mit der Projektleitung ist.

Auszüge aus dem Fragebogen:

Aussagen	Diese Aussage			
	trifft zu	trifft überwiegend zu	trifft weniger zu	trifft nicht zu
Es gab klare Zielvereinbarungen zwischen der Projektleitung und den Teammitgliedern.				
Die Projektleitung sorgte für einen guten Informationsfluss.				
Die Projektleitung sorgte für einen kollegialen Austausch zur gerechten Aufteilung der Arbeitspakete.				

Wenn Sie möchten, können Sie hier nun Ihre Beurteilungen kommentieren.

Aussage Nr.	Mein Kommentar

Für die Durchführung des Projektrückblicks und der ersten Auswertung bietet sich die **Projektabschlusssitzung** an. Die Projektabschlusssitzung ist die letzte offizielle Veranstaltung eines Projektes. Im Rahmen dieser letzten Sitzung sollten neben einem Projektrückblick vor allem Vereinbarungen getroffen werden, wie mit den Erkenntnissen der Projektbewertung verfahren wird.

Beispiel Für die Projektabschlusssitzung hat Frau Braun an das Projektteam eine Einladung verschickt, aus der die folgende Agenda hervorgeht:

Einladung zur Projektabschlusssitzung

AGENDA

- Rückblick
  - Welche Projektphasen waren besonders gelungen und woran lag das?
  - Welche Projektphasen waren nicht sehr gelungen, woran lag das?
  - Welche Ziele wurden erreicht/nicht erreicht?
  - Welche Empfehlungen würden wir zukünftigen Projektteams geben?
- Anerkennung und Kritik
- Erkenntnisse der Projektleitung aus der Fragebogenauswertung
- Erfahrungssicherung für künftige Projekte
  - Was kann aus dem Projektverlauf gelernt werden?
  - Welche Maßnahmen werden konkret getroffen, um Fehler nicht zu wiederholen?
- zukünftige Aufgabengebiete der Projektteammitglieder
- Information über den Projektabschluss
  - Wer bekommt den Abschlussbericht?
  - Wer wird nur kurz über den Projektabschluss informiert?
  - Umgang mit den Evaluationsergebnissen

anschließend: gemeinsamer Projektausklang im Rathauskeller

PRAXISTIPP Nach langer und intensiver Zusammenarbeit in einem Projekt kann eine kleine **Abschlussfeier** im informellen Rahmen durchaus angemessen und sinnvoll sein. Spätestens hier können Erfolge gefeiert und Spannungen und Konflikte, die während der Projektarbeit zwischen einzelnen Mitgliedern des Projektteams entstanden sind, begraben werden.

Projektabschlussbericht

Auf der Basis der Projektdokumentation (vgl. S. 372) und den Ergebnissen in der Projektabschlusssitzung wird zum Projektende ein **Projektabschlussbericht** erstellt. Dieser hat in komprimierter Form die wesentlichen Planungs- und Durchführungsschritte des Projektes darzustellen.

Mögliche **Inhalte eines Projektabschlussberichts** können sein:

- Projektbeschreibung (Ausgangssituation, Ziele, Inhalte, Budget)
- Projektdetailplanung (Projektstrukturplan, Terminplan, Meilensteinplanung, Kostenplan)
- Projektrealisierung (Projektänderungen, Probleme und Störungen während der Durchführung, Erfahrungen)
- Projektergebnisse (Soll-Ist-Vergleich in Bezug auf Qualität, Kosten, Zeit)
- Anregungen für künftige Projekte

PRAXISTIPP Ein Projektabschlussbericht sollte – sofern er keine vertraulichen Informationen beinhaltet – archiviert werden. Zukünftige Projektteams haben so die Möglichkeit, aus den Dokumentationen und Berichten vorangegangener Projekte zu lernen und diese für sich nutzbar zu machen.

Die **formelle Entlastung** des Projektteams erfolgt durch die Unterzeichnung des Abschlussberichts durch den Auftraggeber. Dieser prüft besonders die Zielerreichung in Bezug auf Qualität, Kosten und Zeit. Der Auftraggeber kann gegebenenfalls auch Nachbesserungen und Nacharbeiten veranlassen. Gleichzeitig mit der Entlastung des Projektteams erfolgt auch **die Auflösung der Projektorganisation.**

Beispiel Als Projektleiterin ist Frau Braun für die Erstellung des Projektabschlussberichts verantwortlich. Der Geschäftsleitung der Primus GmbH legt sie einen Projektabschlussbericht mit der folgenden Gliederung vor:

1 Projektauftrag
- 1.1 Ausgangssituation
- 1.2 Projektziele
- 1.3 Projektorganisation

2 Bewertung
- 2.1 Projektverlauf
- 2.2 Zielerreichung

3 Konsequenzen

4 Entlastung und Auflösung der Projektorganisation

5 Anhänge
- Projektstrukturplan
- Terminplan
- Kosten- und Ressourcenplan
- sonstige relevante Dokumente

Nach Beendigung des Projekts werden die Projektergebnisse
- **genutzt,**
- **umgesetzt** oder gegebenenfalls auch
- **weiterentwickelt.**

Durch die Auflösung der Projektorganisation ist das bisherige Projektteam grundsätzlich von sämtlichen Projektaufgaben entbunden. Sollten weitere Umsetzungs- oder Anpassungsschritte notwendig sein, so werden diese üblicherweise neuen Verantwortlichen ausgeführt. Die Praxis hat jedoch gezeigt, dass das spezifische Wissen des Projektteams (und besonders der ehemaligen Projektleitung) von großem Nutzen sein kann. Es sollte deshalb sichergestellt werden, dass dieses Wissen auch nach dem Projekt noch verfügbar ist.

Dabei sollte jedoch vermieden werden, dass bereits abgeschlossene Projekte eine Projektleitung noch jahrelang „verfolgen". Sobald der Arbeitsaufwand für Nach- und Umsetzungsarbeiten ein vertretbares Maß überschreitet, sollte überlegt werden, ein Folgeprojekt zu initiieren oder die betroffenen Mitarbeiter entsprechend für diese Aufgaben abzustellen.

Projekte abschließen

- Der **Projektabschluss** ist der **offizielle Schlusspunkt** eines Projektes und sollte aktiv gestaltet werden.
- Die zentralen Instrumente der Projektabschlussphase sind die Projektpräsentation, der Projektrückblick und die -bewertung sowie der Projektabschlussbericht.
- Die **Projektpräsentation** soll verschiedene Interessenten über die wesentlichen Aspekte des Projektverlaufs und über das Projektergebnis informieren.
- Einen wichtigeen Bereich in der Abschlussphase eines Projektes stellen **Projektrückblick** und **Projektbewertung** dar. Durch sie wird der **Erfolg** des Projektes überprüft und **Erfahrungen** können für weitere Projekte nutzbar gemacht werden.
- Der **Projektrückblick** ist ein bewusstes Nachdenken über den vergangenen Projektverlauf.
- Die **Projektbewertung** ist die systematische und zielgerichtete Sammlung, Analyse und Bewertung von Informationen über die geleistete Projektarbeit.
- Die **Projektabschlusssitzung** ist die letzte offizielle Veranstaltung eines Projektes.
- Auf der Basis der Projektdokumentation und der Projektabschlusssitzung wird der **Projektabschlussbericht** erstellt. Dieser stellt in komprimierter Form die wesentlichen Planungs- und Durchführungsschritte des Projektes dar.
- Die **formelle Entlastung** des Projektteams erfolgt durch die Unterzeichnung des Abschlussberichts durch den Auftraggeber.
- Nach dem Projektabschluss wird das **Projektteam aufgelöst** und von seinen Aufgaben entbunden.

1. Erläutern Sie mögliche Konsequenzen, wenn das Projekt keine angemessene Abschlussphase hat.

2. Skizzieren Sie die inhaltlichen Schwerpunkte der Präsentation „Gründung eines Online-Shops" für die folgenden Zielgruppen:
- Geschäftsleitung der Primus GmbH
- Kunden des Online-Shops
- Mitarbeiter der Primus GmbH

3. Im Rahmen der Projektpräsentation sollen u.a. die Projektziele im Rahmen eines PowerPoint-Vortrages dargestellt werden. Entwickeln Sie zu diesem Zweck eine entsprechende PowerPoint-Folie.

4. Als Projektmanagerin möchte Frau Braun gerne die Teamarbeit im Projekt auswerten. Ihr war es ein besonderes Anliegen, dass sich alle Beteiligten wohl fühlten, dass eine produktive Stimmung im Projektteam herrschte und sich alle stets gut informiert fühlten. Entwickeln Sie für diesen Zweck einen Fragebogen.

5. Werten Sie nach der Durchführung Ihres Projektes „Erstellen einer Abschlusszeitung/Schülerzeitung" das Projekt aus. Gehen Sie dabei ganz besonders auf die Rolle der Projektleitung ein und geben Sie sich gegenseitig eine Rückmeldung, wie der Arbeitsprozess innerhalb der Arbeitsgruppe verlaufen ist.

Übungsaufgaben: Berufsorientierte Projekte für den Groß- und Außenhandel durchführen

Vorbemerkung

Dieses Lernfeld bietet Ihnen die Möglichkeit, ein eigenes Projekt im Team zu planen, durchzuführen und zu präsentieren. Die Erfahrungen, die Sie dabei machen werden, sind für Ihre berufliche Zukunft sicher bedeutsam. Folgen Sie auch den zahlreichen Arbeitsaufträgen, die von Ihnen eine lückenlose **Dokumentation** der einzelnen Projektphasen und der (Zwischen-)Ergebnisse fordern. Dies gehört zwingend zum Projektmanagement. Sie können somit nach Abschluss des Projektes ein Projekthandbuch vorweisen, das ihre Leistung nachweist und vielleicht sogar in einem späteren Bewerbungsverfahren von Nutzen sein kann.

Vorbereitung des Projektes

1. Sammeln Sie in der Klasse mögliche **Projektideen**. Diese sollten mit konkreten Problemen/Zielen ihrer Ausbildungsbetriebe zu tun haben, überschaubar und leistbar (!) sein (Beispiele: Verbesserung der Arbeitsplatzgestaltung, Verbesserung bestimmter Bereiche der Auftragsabwicklung oder der Lagerorganisation, Pflege von Kundendaten, statistische Erfassung der Außendienstfahrten etc.).

2. Stimmen Sie über die drei bis fünf (je nach Klassengröße) am interessantesten erscheinenden Projektideen ab.

3. Ordnen Sie sich der Projektidee zu, die Ihnen am interessantesten erscheint bzw. von der Sie meinen, sich gut einbringen zu können. Bilden Sie so Ihre **Projektteams** (Größe: 4–6 Personen). Selbstverständlich können auch mehrere Projektteams die gleiche Idee bearbeiten. Klären Sie auch, ob weitere Kriterien die Bildung der Projektteams beeinflussen sollen (z. B. Betriebe mit ähnlichen Sachzielen oder Strukturen; projekterfahrene Schülerinnen und Schüler mit -unerfahrenen usw.).

4. Einigen Sie sich innerhalb der Teams auf fünf bis sieben **„Grundsätze unserer Zusammenarbeit"** und halten Sie diese schriftlich fest.

5. Bestimmen Sie innerhalb der Teams eine Projektleitung.

Definitionsphase

6. Geben Sie Ihrem Projekt einen **Titel**.

7. Führen Sie eine **Situationsanalyse** durch. Halten Sie diese schriftlich fest.

8. Legen Sie **Sachziel, Terminziel** und **Kostenziel** (grob) fest.

9. Erstellen Sie einen **Projektauftrag**.

10. Stellen Sie die Situationsanalyse und den Projektauftrag in der Klasse vor und lassen Sie sich ein **Feedback** geben.

11. Legen Sie Ihre Situationsanalyse und den Projektauftrag in dem betreffenden **Ausbildungsbetrieb** vor.

Planungsphase

12. Ermitteln Sie für Ihr Projekt **Teilaufgaben** und die dazu gehörenden **Arbeitspakete**. Legen Sie die **Verantwortlichen** für die Arbeitspakete fest.

13. Erstellen Sie einen **Projektstruktur- und -ablaufplan**.

14. Erstellen Sie ggf. einen **Kosten- und Ressourcenplan**.

15. Führen Sie eine **Risikobewertung** zu den einzelnen Arbeitspaketen durch und halten Sie, falls nötig, Risiken und mögliche Gegenmaßnahmen schriftlich fest.

Durchführungsphase

16. Führen Sie während der Projektdurchführung regelmäßig **Sitzungsprotokolle** und einen **Projektstatusbericht**.

17. Tauschen Sie sich von Zeit zu Zeit mit **anderen Projektteams** über den Arbeitsstand, auftretende Schwierigkeiten und deren Bewältigung aus.

18. Erstellen Sie ggf. **Projektänderungsaufträge** und legen Sie diese dem Auftraggeber vor.

19. Legen Sie – spätestens jetzt – ein übersichtliches und ansprechendes **Projekthandbuch** an.

Abschlussphase

20. Bereiten Sie **Präsentationen** Ihres Projektes für Ihre Klasse und für Ihren Auftraggeber vor. Beachten Sie dabei die unterschiedlichen Ansprüche der beiden Zielgruppen.

21. Führen Sie die Präsentationen durch.

22. Geben Sie anderen Projektteams ein konstruktives **Feedback**.

23. Erstellen Sie einen **Projektabschlussbericht** und legen Sie diesen Ihrem Auftraggeber vor. Bitten Sie um Entlastung.

24. Führen Sie eine **Projektabschlusssitzung** durch. Erstellen Sie dabei
a) eine Liste dessen, was Sie im Laufe des Projektes gelernt haben,
b) eine Liste von Empfehlungen, die Sie anderen Projektteams geben würden.

25. Sammeln Sie die **Ergebnisse** der einzelnen Projektteams zu Arbeitsauftrag 4 in der Klasse.

Gebundene Aufgaben zur Prüfungsvorbereitung

1. Die Primus GmbH plant, für Kunden einen „Tag der offenen Tür" mit Produktpräsentationen, Vorführungen und Betriebsbesichtigungen durchzuführen. Um die damit verbundenen umfangreichen Aufgaben bewältigen zu können, wird ein Projektteam gebildet. Bringen Sie die folgenden Schritte der Projektbildung und -durchführung in die richtige Reihenfolge, indem Sie die Ziffern 1 bis 5 neben den Schritten eintragen. (Beginnen Sie mit „Grundlegende Festlegung ..."!)

- Zusammenstellung eines Projektteams durch den Projektleiter ...
- Bestimmung des Projektleiters
- Grundlegende Festlegung des Projektzieles durch die Geschäftsführung
- Detailformulierung des Projektzieles durch den Projektleiter und Kommunikation der Ziele an die Beteiligten des Projektes; Steuerung des Projektes bzw. Überwachung des Projektablaufes (Soll-Ist-Vergleich)
- Abschließende Analyse des Projekterfolges

2. Innerhalb des kontinuierlichen Verbesserungsprozesses werden verschiedene Arbeitsgruppen gebildet. Sie engagieren sich in der Arbeitsgruppe „Optimierung der Arbeitsabläufe bei der Projektdurchführung".
Entscheiden Sie, welche Besetzung der Arbeitsgruppe, am sinnvollsten ist.

1. Besetzung mit Mitarbeitern aus der Personalabteilung, die tagtäglich damit zu tun hat
2. Besetzung mit Mitarbeitern aus fach-, berufs- und hierarchieübergreifenden Bereichen
3. Besetzung mit Mitgliedern des Betriebsrats, der sich am besten mit den Sorgen und Wünschen der Mitarbeiter auskennt
4. Besetzung mit Personen der Geschäftsführung, die letztendlich die Entscheidungen trifft
5. Besetzung mit Mitgliedern der Jugend- und Auszubildendenvertretung, die den Betrieb objektiv beurteilen kann

3. Stellen Sie fest, wozu Projektorganisation dient.

1. Sie dient dazu, die Komplexität zu strukturieren.
2. Sie dient dazu, die zeitliche Endlichkeit des Projektes zu verhindern.
3. Sie dient dazu, den Umfang zu gliedern und damit unüberschaubar zu machen.
4. Sie dient dazu, nur interne Bereiche abgestimmt tätig werden zu lassen.
5. Sie dient dazu, Komplexität aufzubauen.

4. Sie werden gebeten, zusammen mit drei weiteren Mitarbeitern innerhalb der kommenden vier Wochen die nächste Hausmesse der Primus GmbH vorzubereiten. Sie wollen sich möglichst gut in das Team einbringen und alles vermeiden, was einer Teambildung schadet. Wählen Sie **2** Bedingungen aus, die eine gute Zusammenarbeit fördern.

1. Sie haben als Team kein gemeinsames Büro.
2. Sie versuchen bei Teamsitzungen, zuerst Ihre Vorstellung von der Hausmesse gegen die Meinung der anderen durchzusetzen.
3. Sie stehen als Auszubildende/Auszubildender dem Auftrag des Teams unkritisch gegenüber und erledigen automatisch alle Aufträge der anderen Teammitglieder.
4. Sie stimmen sich als Team über die weiteren erforderlichen Maßnahmen für die Hausmesse ab.
5. Sie vereinbaren im Team keine Besprechungstermine.
6. Sie einigen sich im Team auf Zwischenziele als Meilensteine.
7. Sie laden zu Teamsitzungen nach dem Zufallsprinzip ein.

5. In einer Arbeitsgruppe sollen Sie die Rolle des Moderators übernehmen. Entscheiden Sie, welche 4 Aufgaben Sie in dieser Rolle unter anderem haben.

1. Als Moderator geben Sie alleine die Zielsetzung der Arbeit vor.
2. Als Moderator sind Sie für die der Zielsetzung angepasste Methodenwahl zuständig.
3. Als Moderator sorgen Sie für die Einhaltung der vereinbarten Spielregeln.
4. Als Moderator sprechen Sie auftretende Störungen des Arbeitsprozesses an.
5. Als Moderator bringen Sie Ihre Meinung in die Diskussion ein.
6. Als Moderator sorgen Sie für die Präsentation der Arbeitsergebnisse.
7. Als Moderator beeinflussen Sie die Entscheidungsfindung durch eigene Lösungsvorschläge.
8. Als Moderator ergreifen Sie für eine Gruppe Partei.

6. Im Projektteam sind Konflikte aufgetreten. Sie arbeiten am Prozess der Konfliktlösung mit, der in der Regel in sechs Stufen abläuft. Bringen Sie die folgenden Stufen bei der Konfliktlösung in die richtige Reihenfolge indem Sie die Ziffern 1 bis 6 neben den Stufen eintragen.

- Bestimmung des Projektleiters
- Mögliche Lösungswege entwickeln
- Entscheidung umsetzen
- Konfliktursache erkennen und definieren
- Lösungserfolg überprüfen
- Mögliche Lösungswege bewerten
- Entscheidung treffen

7. Sie sollen eine Übersicht erstellen, um die Termineinhaltung und Terminüberwachung für unterschiedliche Arbeitsbereiche bzw. Aufgaben zu erleichtern. Bringen Sie die folgenden Arbeitsschritte in die richtige Reihenfolge, indem Sie die Ziffern 1 bis 6 neben den Arbeitsschritten eintragen.

- Die Arbeit wird in sinnvolle Teilaufgaben gegliedert.
- Die Gesamtaufgabe wird definiert.
- Die einzelnen Zeitvorgaben werden ermittelt.
- Der Terminplan wird laufend kontrolliert.
- Ein Terminplan wird erstellt.
- Falls nötig, werden Planänderungen vorgenommen.

8. Zu Beginn einer Projektgruppensitzung hat der Moderator am Flip-Chart sechs Kommunikationsregeln aufgeführt. Benennen Sie 2 Regen, die jedoch eine optimale Kommunikation **behindern** würden.

1. Die gemeinsam erarbeiteten Lösungen werden von allen getragen.
2. Nonverbale Kommunikationsformen sind zu vermeiden.
3. Alle Meinungen werden gehört.
4. Die Beiträge des Moderators haben Vorrang.
5. Persönliche Angriffe werden nicht zugelassen.
6. In der Gruppe sollte niemand bevorzugt werden.

Abschlussprüfungen

1. Wirtschafts- und Sozialkunde

(60 Minuten, 30 Aufgaben, 100 Punkte, 1-2, 4-14, 3 und 15 je 1,5, 17, 19–25, 29–30 je 3 Punkte, Aufgaben 16, 18 je Lösung 2 Punkte, 26, 27 je 2 Punkte, 28 5 Punkte)

1. Was ist unter dem Begriff „Tarifautonomie" zu verstehen?
1. Das Streikrecht der Arbeitnehmer
2. Die Unabhängigkeit der Tarifpartner bei den Tarifverhandlungen
3. Die Möglichkeit für die Arbeitgeber, abgeschlossene Tarifverträge aus wirtschaftlichen Gründen zu ändern
4. Die selbstständige Festlegung der Löhne und Gehälter durch die Arbeitgeber
5. Das Recht der Aussperrung durch die Arbeitgeber

☐

2. Welche Aussage über Tarifverträge ist richtig?
1. Tarifverträge stellen eine Empfehlung an die Mitglieder der Tarifparteien dar, sie sind nicht rechtsverbindlich.
2. Tarifverträge werden erst dann rechtsverbindlich, wenn der Bundesarbeitsminister zugestimmt hat.
3. Wird ein Tarifvertrag für allgemein verbindlich erklärt, gilt er für alle Arbeitsverhältnisse, die in seinen Geltungsbereich fallen.
4. Von den Bestimmungen eines Tarifvertrages können Arbeitgeber nicht abweichen.
5. Während der Laufzeit von Tarifverträgen sind Streiks und Aussperrungen nur dann erlaubt, wenn sie vier Wochen vorher angekündigt wurden.

☐

3. Welchem Wirtschaftsbereich haben Sie die Großhandlung Müller KG zuzuordnen?
1. Dem primären Sektor
2. Dem sekundären Sektor
3. Dem tertiären Sektor
4. Dem quartären Sektor
5. Der Urerzeugung
6. Dem Dienstleistungssektor

☐ ☐

4. Wer wird bei Tarifverhandlungen im gegenseitigen Zusammenwirken als Sozialpartner bezeichnet?
1. Die Handwerkskammern und Industrie- und Handelskammern
2. Die Gewerkschaften und die Bundesagentur für Arbeit
3. Die Sozialversicherungsträger und die Ämter für Gewerbeschutz (= Gewerbeaufsichtsämter)
4. Die Betriebsräte und die Arbeitsgerichte
5. Die Arbeitgeber- und Arbeitnehmerverbände

☐

5. Welche Aussage über die Gewerkschaften ist richtig?
1. Die Gewerkschaften sollen Auseinandersetzungen zwischen Arbeitgebern und Arbeitnehmern verhindern.
2. Die Gewerkschaften beschließen mit den Arbeitgeberverbänden, um wie viel Prozent die Preise im kommenden Jahr höchstens steigen dürfen.

3. Die Gewerkschaften treten bei Tarifverhandlungen dafür ein, dass die Arbeitnehmer mit ihren Einkommen am Wirtschaftswachstum beteiligt werden.
4. Bei Arbeitsstreitigkeiten zwischen Arbeitgebern und Arbeitnehmern dürfen die Gewerkschaften nur in bestimmten Ausnahmefällen Rechtsschutz und Rechtshilfe gewähren.
5. Die Gewerkschaften haben die Aufgabe, die Betriebsratswahlen ordnungsgemäß durchzuführen. ☐

6. Wer schließt Betriebsvereinbarungen ab?
1. Die Gewerkschaft und die Geschäftsführung
2. Der Betriebsrat und die Gewerkschaft
3. Die Industrie- und Handelskammer und die Gewerkschaft
4. Der Betriebsrat und die Geschäftsleitung
5. Die Geschäftsleitung und die Industrie- und Handelskammer ☐

7. Was wird im Manteltarifvertrag geregelt?
1. Urlaubsdauer
2. Höhe der Bezüge
3. Ausbildungsdauer
4. Art und Auszahlung des Arbeitsentgelts
5. Beginn und Ende der täglichen Arbeitszeit ☐

8. Was beschreibt den Begriff „Marktpreis" richtig?
1. Die Höhe des Marktpreises wird allein durch die anfallenden Kosten bestimmt.
2. Für die Höhe des Marktpreises ist in erster Linie das Verhältnis von Angebot und Nachfrage entscheidend.
3. Der vom Hersteller empfohlene Verkaufspreis ist ein typischer Marktpreis, der Preisgleichheit am Markt gewährleistet.
4. Wettbewerber vereinbaren für einen bestimmten Artikel in ihrem Einzugsbereich einheitliche Preise für einen ausgeglichenen Markt.
5. Nicht das Verhältnis von Angebot und Nachfrage ist ein typischer Marktpreis, sondern allein die betriebliche Kalkulationsgrundlage. ☐

9. Prüfen Sie, wodurch die Bestände an Devisen in der Volkswirtschaft der Bundesrepublik Deutschland zunehmen können, wenn alle anderen Einflussfaktoren unverändert bleiben!
1. Der Staat vergibt an inländische Betriebe große Aufträge.
2. Ausländische Arbeitnehmerinnen und Arbeitnehmer überweisen Geldbeträge in ihre Heimatländer.
3. Der Bund fördert die Einfuhr von lebensnotwendigen Gütern durch entsprechende Prämien.
4. Die Bundesregierung übernimmt die Bürgschaft für einen Millardenkredit an ein russisches Unternehmen.
5. Der Anstieg des US-Dollar-Kurses führt zu einer starken Belebung des Exports. ☐

10. In welchem Fall steigt der Gleichgewichtspreis?
1. Wenn bei steigendem Angebot die Nachfrage sinkt
2. Wenn bei steigendem Angebot die Nachfrage unverändert bleibt
3. Wenn bei sinkendem Angebot die Nachfrage steigt
4. Wenn bei sinkendem Angebot die Nachfrage sinkt
5. Wenn bei unverändertem Angebot die Nachfrage sinkt ☐

11. Die Primus GmbH plant die Übernahme der Office GmbH, eines Büromöbelherstellers in Magdeburg. Wie bezeichnen Sie diesen Vorgang korrekt, wenn die Office GmbH dabei sowohl ihre wirtschaftliche als auch ihre rechtliche Selbstständigkeit vollständig verliert?

1. Arbeitsgemeinschaft
2. Fusion
3. Konzern
4. Strategische Allianz
5. Kartell

12. Ergänzen Sie in dem nachfolgenden Kreislaufschema den fehlenden Begriff auf der gepunkteten Linie und tragen Sie dessen Kennziffer in das Kästchen ein!

1. Löhne und Gehälter
2. Warenumsatz
3. Arbeitsleistungen
4. Wareneinsatz
5. Investitionen

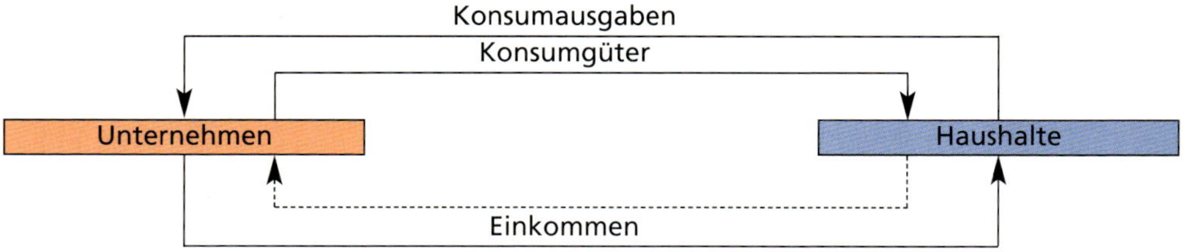

13. Stellen Sie fest, welche Maßnahme u. a. dem Verbraucherschutz dient.

1. Die Bundesregierung setzt für landwirtschaftliche Produkte Mindestpreise fest.
2. Die Hersteller verkürzen die Garantiezeiten ihrer Produkte.
3. Die zunehmende wirtschaftliche Konzentration stärkt die Marktmacht der Anbieter.
4. Die Hersteller in der Bundesrepublik Deutschland müssen ihre Waren mit Preisempfehlungen auszeichnen.
5. Die Verbraucherzentralen veröffentlichen vergleichende Preisinformationen.

14. Prüfen Sie, welche Beschreibung zur Eigentumsübertragung richtig ist.

1. Bei der Eigentumsübertragung an unbeweglichen Sachen sind in der Regel keine Formvorschriften zu beachten.
2. Eigentum kann nur der Besitzer übertragen, weil er die tatsächliche Gewalt über eine Sache hat.
3. Die Eigentumsübertragung an beweglichen Sachen erfolgt in der Regel durch Einigung und Übergabe.
4. Der gutgläubige Käufer erwirbt in der Regel das Eigentum an gestohlenen Sachen.
5. Der Eigentumsvorbehalt ist eine Vereinbarung, durch die der Erwerber zunächst nur die rechtliche Gewalt über eine Sache erhält.

15. Für welche zwei Verträge schreibt das Gesetz die Schriftform vor?

1. Für den Werkvertrag
2. Für den Teilzahlungsvertrag (Ratenvertrag)
3. Für den Leihvertrag
4. Für den Kaufvertrag
5. Für den Berufsausbildungsvertrag

16. Ordnen Sie den zuständigen Versicherungen je eine Leistung der Versicherungsträger zu!

Leistungen der Versicherungsträger

1. Kurzarbeitergeld
2. Kosten der Vorsorgeuntersuchung
3. Unfallrente
4. Altersruhegeld
5. Berufshilfe
6. Schmerzensgeld

Zuständige Versicherungen

a) Krankenversicherung
b) Rentenversicherung der Arbeiter und Angestellten
c) Arbeitslosenversicherung

17. Welche Aussage über das ökonomische Prinzip ist richtig?

1. Es besagt, dass der Verbraucher durch seine Nachfrage die Produktion beeinflusst.
2. Es erklärt, dass mit einem möglichst hohen Mitteleinsatz ein maximaler Ertrag zu erreichen sei.
3. Es beinhaltet, dass die Preise sinken, wenn das Angebot stärker steigt als die Nachfrage.
4. Es sagt aus, dass die Einhaltung dieses Prinzips eine Rahmenbedingung für den Ablauf eines Wirtschaftsprozesses sei.
5. Es gibt an, dass mit gegebenen Mitteln ein maximaler Ertrag zu erwirtschaften sei.

☐

18. Ordnen Sie den beschriebenen Fällen je eine Vertragsart zu!

Verträge

1. Werkvertrag
2. Werklieferungsvertrag
3. Leihvertrag
4. Mietvertrag
5. Pachtvertrag
6. Kaufvertrag

Rechtliche Folgen

a) Herr Schmieder kauft an einer Tankstelle Sommerreifen und lässt sie gleich montieren.
b) Der Bauer Schäfer überlässt Herrn Wagner für 1.000,00 EUR einen Fischteich zum Angeln.
c) Frau Meier borgt sich von ihrer Nachbarin einen Rasenmäher, den sie nach Gebrauch wieder zurückgibt.

☐

19. Entscheiden Sie, welches Merkmal untypisch ist für die soziale Marktwirtschaft.

1. Steuerung der Konjunktur durch Fiskal- und Geldpolitik
2. Tarifautonomie der Sozialpartner
3. Soziale Bindung und Verpflichtung des Eigentums
4. Staatliche Fixierung der Verkaufspreise für Existenzgründer
5. Aktive Wettbewerbspolitik durch Missbrauchs- und Fusionskontrolle

☐

20. Die Bundesregierung berät Maßnahmen zur Absicherung von Beziehern niedriger Einkommen. Stellen Sie fest, welche Maßnahme dieser Zielsetzung dient und im Rahmen der sozialen Marktwirtschaft realisierbar ist.

1. Einführung eines Höchstlohns für Nachtarbeiter
2. Abschaffung des Kinderfreibetrages bei der Einkommenssteuer
3. Preisstopp bei Benzin für Berufspendler
4. Erhöhung des allgemeinen Umsatzsteuersatzes von 19 auf 20 %
5. Erhöhung des Kindergeldes bis zu einer bestimmten Einkommensgrenze

☐

21. Sie sollen die Aufteilung des Volkseigentums in Einkommen aus unselbstständiger Tätigkeit und in Einkommen aus Unternehmertätigkeit und Vermögen feststellen. Welche Größe gibt Ihnen darüber Auskunft?

1. Das nominale Wirtschaftswachstum
2. Die Kaufkraft des EUR
3. Der Beschäftigungsgrad
4. Die Lohnquote
5. Die Sparquote

☐

22. Eine Analyse der letzten Monatsberichte der Deutschen Bundesbank und der Europäischen Zentralbank nährt die Hoffnung auf eine deutliche Konjunkturbelebung. Prüfen Sie, in welcher Situation eine Erhöhung der Mindestreservesätze durch die EZB am wahrscheinlichsten ist.

1. Die Binnennachfrage bleibt schwach, das Wachstum der Geldmenge M3 hat sich weiter abgeschwächt, die Lohnabschlüsse sind moderat.
2. Das Verbrauchervertrauen hat sich erneut eingetrübt, der private Konsum bleibt schwach, auf dem Arbeitsmarkt zeigt siche keine Entspannung.

3. Die Verbraucherpreise sind stark gestiegen, die Wirtschaft ist reichlich mit Liquidität versorgt, an den Aktienmärkten zeigen sich deutliche Anzeichen eines Überschwangs.
4. Sie Bruttoanlageinvestition stagnieren, das Staatsdefizit ist erneut gestiegen, das Handelsbilanzdefizit hat sich ausgeweitet.
5. Die Weltkonjunktur schwächt sich ab, die Rohölpreise verharren auf hohem Niveau, die Arbeitslosigkeit ist leicht rückläufig.

☐

23. Sie werden damit beauftragt, die Marketingmaßnahmen der Büromöbel HEIN GmbH darauf zu kontrollieren, ob diese mit den gesetzlichen Bestimmungen im Einklang stehen. Stellen Sie fest, welche Maßnahmen der Büromöbel HEIN GmbH gegen das Gesetz gegen den unlauteren Wettbewerb (UWG) verstößt.

1. Sie wirbt mit kostenlosen Zugaben von Schreibtischauflagen beim Kauf von Büromöbeln.
2. Sie wirbt mit dem Slogan für einen Bürostuhl „Unser Neuer ist der Beste, den wir je hatten."
3. Sie wirbt in der Wochenendausgabe einer Tageszeitung vom 03./04.03.20.. für einen Schreibtisch, der seit zwei Jahren für 400,00 EUR verkauft wird: „Sensationeller Einführungspreis 399,00 EUR – nur bis zum 10.03.20..!"
4. Sie vergleicht in Werbespots die Vorteile ihrer aus Holz gefertigten Möbel mit den Nachteilen von Möbeln aus Kunststoff.
5. Sie verkauft ihre Produkte an verschiedene Zielgruppen zu unterschiedlichen Preisen.

☐

24. Prüfen Sie, welche gesamtwirtschaftliche Situation eine Rezession beschreibt.

1. Die Staatsquote ist hoch, die Steuereinnahmen nehmen zu, das Verbrauchervertrauen wächst.
2. Die Bruttoanlageinvestitionen steigen, die Einzelhandelsumsätze erhöhen sich, die Exporte verharren auf hohem Niveau.
3. Das gesamtwirtschaftliche Produktionspotenzial ist voll ausgelastet, die Rohstoffpreise steigen stark an, die Kreditnachfrage ist hoch.
4. Die Binnennachfrage ist schwach, die Investitionsbereitschaft nimmt ab, die Sparquote steigt, die Arbeitslosigkeit nimmt zu.
5. Die Zahl der offenen Stellen nimmt zu, die Exporte steigen an, die Aktienbörsen zeigen eine freundliche Tendenz.

☐

25. Im Wirtschaftskreislauf eines Landes haben die folgenden drei Zahlungsströme zugenommen:

- Unternehmen an Haushalte
- Haushalte an Unternehmen und
- Haushalte an Staat

Führen Sie eine mögliche Ursache für diese Veränderung an.

1. Der Einkommensteuertarif wurde angehoben.
2. Die Umsatzsteuersätze wurden gesenkt.
3. Die Tariflöhne und -gehälter wurden allgemein erhöht.
4. Die Abgaben für die Sozialversicherung sind gestiegen.
5. Die Verbraucher haben Ersparnisse aufgelöst, um mehr zu konsumieren.

☐

26. Welche der folgenden Aussagen zur Personalverwaltung sind zutreffend?

1. Der Arbeitnehmer hat nur in Ausnahmefällen das Recht zur Einsicht in seine Personalakte.
2. Das Entgelt für einen Angestellten muss spätestens am 10. des laufenden Monats überwiesen sein.
3. Die Krankenkasse übernimmt in der Regel bei Krankheit eines Arbeitnehmers die Lohnfortzahlung des Entgelts ab dem 1 Tag der Arbeitsunfähigkeit.

4. Der Arbeitnehmer kann die Ausstellung eines neuen Zeugnisses verlangen, wenn das alte Zeugnis falsche Angaben oder negative Beurteilungen enthält.
5. Ein qualifiziertes Zeugnis enthält außer den Angaben über Dauer und Art der Beschäftigung Angaben über Leistung und Verhalten.
6. Ein qualifiziertes Zeugnis muss vom Wohlwollen des Arbeitgebers getragen sein und das weitere berufliche Fortkommen des Arbeitnehmers erleichtern.

27. Bei welchen der folgenden Sachverhalte ist eine außerordentliche Kündigung durch den Arbeitgeber möglich?

1. Im Urlaub bricht sich ein Mitarbeiter ein Bein und ist anschließend acht Wochen arbeitsunfähig.
2. Wegen Schließung einer Filiale muss ein Mitarbeiter freigesetzt werden.
3. Durch eine Fehlbedienung des Computers am Arbeitsplatz löscht ein Mitarbeiter versehentlich betriebswichtige Daten.
4. Wegen vereister Straßen kommt ein Mitarbeiter zu spät zur Arbeit.
5. Bei einem Mitarbeiter wird bei einer Taschenkontrolle ein originalverpacktes Notebook aus dem eigenen Uternehmen gefunden, es existiert kein Kaufbeleg.
6. Ein Mitarbeiter gibt Kalkulationsunterlagen von Kundenaufträgen an die Konkurrenz weiter.

28. In welchen der folgenden Fälle werden die Leistungen von 1) der Deutschen Rentenversicherung, 2) der Bundesagentur für Arbeit, 3) den Krankenkassen, 4) den Berufsgenossenschaften, 5) keinem der genannten Versicherungsträger getragen?

a) Nach Erreichung des 60. Lebensjahres wird dem Abteilungsleiter „Verwaltung" das bisher angesparte Kapital aus einer Lebensversicherung ausgezahlt.
b) Für die Rückenerkrankung einer Verkäuferin, die nicht als Berufskrankheit anerkannt ist, wird eine Heilbehandlung übernommen.
c) Ein Auszubildender muss sich nach einem Unfall auf dem Weg zur Berufsschule in ärztliche Behandlung begeben.
d) Eine Angestellte der Primus GmbH erhält nach einem nicht arbeitsbedingten Unfall Rente wegen Erwerbsunfähigkeit.
e) Ein Mitarbeiter der Primus GmbH, dem betriebsbedingt gekündigt wurde, nimmt an einer Umschulung teil.

29. Welche Aussagen über Besitz bzw. Eigentum ist richtig?

1. Nur das Eigentum untersteht dem Schutz des Gesetzes.
2. Besitz ist der tatsächliche, Eigentum die rechtliche Herrschaft über eine Sache.
3. Besitz ist die rechtliche, Eigentum die tatsächliche Herrschaft über eine Sache.
4. Durch Übergabe wird der Erwerber Eigentümer, durch Einigung und Übergabe Besitzer.
5. Der Besitzer kann mit der Sache nach Belieben verfahren, der Eigentümer nicht.

30. Welche Aussage über die GmbH ist richtig?

1. Die GmbH unterliegt nicht der Körperschaftsteuer.
2. Die Gesellschafter haben das Recht auf Privatentnahmen.
3. Die Gesellschafter haften nur mit dem Privatvermögen.
4. Die Gesellschafter haften mit dem Geschäfts- und Privatvermögen.
5. Die Gesellschafter haften nur mit ihrem Geschäftsvermögen.

2. Kaufmännische Steuerung und Kontrolle

(90 Minuten, 10 Aufgaben, 100 Punkte)

1. 14 Punkte

PRIMUS GmbH
Groß- und Außenhandel für Bürobedarf

Primus GmbH, Koloniestraße 2–4, 47057 Duisburg

Herbert Blank e. K.
Bürofachgeschäft
Cäcilienstr. 86
46147 Oberhausen

Beleg-Nr. 341

Anschrift: Koloniestraße 2–4
47057 Duisburg
Telefon: 0203 44533690
Telefax: 0203 4453698
info@modellunternehmen-primus.de
www.modellunternehmen-primus.de

Rechnung

Ihr Auftrag vom 20.05.20..

KOPIE

Kunden-Nr.	Rechnungs-Nr.	Rechnungstag
10170	16666	15.06.20..
Bei Zahlung bitte angeben		

Pos.	Artikel-Nr.	Artikelbezeichnung	Menge	Einzelpreis EUR	Gesamtpreis EUR
1	150B391	Tischkopierer Primus Z-52	20	699,50	13.990,00
		5 % Rabatt			699,50
					13.290,50
		+ Verpackung			120,00
					13.410,50
		19 % USt			2.548,00
					15.958,50

Warenwert netto	Verpackung	Fracht EUR	Entgelt netto	Ust-%	Ust-EUR	Gesamtbetrag
EUR 13.290,50	EUR 120,00		EUR 13.410,50	19	2.548,00	EUR 15.958,50

Zahlbar binnen 10 Tagen abzüglich 2 % Skonto, binnen 30 Tagen netto

Bankverbindungen
Sparkasse Duisburg BLZ 350 500 00 Kto-Nr. 360 058 796
IBAN: DE12350500000360058796 **SWIFT-BIC:** DUISDE33XXX
Postbank Dortmund BLZ 440 100 46 Kto-Nr.: 286 778-431
IBAN: DE76440100460286778431 **SWIFT-BIC:** PBNKDEFF440

Steuernummer: 134/130/0146 **USt-IDNr.:** DE12659333

Theodor Bühler **Internationale Speditions- und Transport GmbH**

Theodor Bühler GmbH, Rotdornstraße 126, 47269 Duisburg

Primus GmbH
Koloniestraße 2–4
47057 Duisburg

Theodor Bühler
Internationale Speditions- und Transport GmbH
Rotdornstraße 126
47269 Duisburg
Telefon 0203 587 465
Telefax 0203 587 466
info@buehler-spedition.de
www.buehler-spedition.de

Beleg-Nr. 342

Rechnung

Kunden-Nr.	Rechnungs-Nr.	Datum	Blatt
297430	15809	16.06.20..	1

Art der Leistung	Betrag in EUR
Für den Transport von 20 Tischkopierern von Duisburg nach Oberhausen, netto	140,00
+ 19 % Umsatzsteuer	26,60
	166,60

Zahlbar sofort netto

Bankverbindung
Sparkasse Duisburg BLZ 350 500 00 Kto-Nr: 775 328
IBAN: DE62350500000000775328 **SWIFT-BIC:** DUISDE33XXX

Steuernummer: 134/111/8538 USt-IDNr.: DE908897119

PRIMUS GmbH
Groß- und Außenhandel für Bürobedarf

Primus GmbH, Koloniestraße 2-4, 47057 Duisburg

Herbert Blank e. K.
Bürofachgeschäft
Cäcilienstr. 86
46147 Oberhausen

Beleg-Nr. 343

Anschrift: Koloniestraße 2–4
47057 Duisburg
Telefon: 0203 44533690
Telefax: 0203 4453698
info@modellunternehmen-primus.de
www.modellunternehmen-primus.de

Rechnung

KOPIE

Kunden-Nr.	Rechnungs-Nr.	Rechnungstag
10170	16669	20.06.20..
Bei Zahlung bitte angeben		

Pos.	Artikel-Nr.	Artikelbezeichnung	Menge	Einzelpreis EUR	Gesamtpreis EUR
1		Vereinbarungsgemäß belasten wir Sie für die Zustellung von 20 Tischkopierern mit Fracht, netto			140,00
		+ 19 % Umsatzsteuer			26,60
					166,60

Zahlbar sofort netto

Bankverbindungen
Sparkasse Duisburg BLZ 350 500 00 Kto-Nr. 360 058 796
IBAN: DE12350500000360058796 **SWIFT-BIC:** DUISDE33XXX
Postbank Dortmund BLZ 440 100 46 Kto-Nr.: 286 778-431
IBAN: DE76440100460286778431 **SWIFT-BIC:** PBNKDEFF440

Steuernummer: 134/130/0146 **USt-IDNr.:** DE12659333

PRIMUS GmbH
Groß- und Außenhandel für Bürobedarf

Primus GmbH, Koloniestraße 2–4, 47057 Duisburg

Herbert Blank e. K.
Bürofachgeschäft
Cäcilienstr. 86
46147 Oberhausen

Beleg-Nr. 344

Anschrift: Koloniestraße 2–4
47057 Duisburg
Telefon: 0203 44533690
Telefax: 0203 4453698
info@modellunternehmen-primus.de
www.modellunternehmen-primus.de

Gutschrift Nr. 89

KOPIE

Ihre Beanstandung vom:	16.06.20..
Unsere Lieferung vom:	15.06.20..
Unsere Rechnung Nr.:	16666
vom:	15.06.20..

Begründung der Gutschrift	Menge	Einzelpreis EUR	Gesamtpreis EUR
Aufgrund Ihrer Beanstandung gewähren wir Ihnen wegen geringfügiger Beschädigung an zwei Tischkopierern einen Preisnachlass, netto	1		120,00
+ 19% Umsatzsteuer			22,80
			142,80

Um gleichlautende Buchung wird gebeten. Duisburg, den 20.06.20..

Bankverbindungen
Sparkasse Duisburg BLZ 350 500 00 Kto-Nr. 360 058 796
IBAN: DE12350500000360058796 **SWIFT-BIC:** DUISDE33XXX
Postbank Dortmund BLZ 440 100 46 Kto-Nr.: 286 778-431
IBAN: DE76440100460286778431 **SWIFT-BIC:** PBNKDEFF440

Steuernummer: 134/130/0146 **USt-IDNr.:** DE12659333

Konto	Kontoauszug		Auszug	Blatt
360058796	SPARKASSE DUISBURG	BLZ 350 500 00	237	1

Buch.-Tag	Wert	PN	Erläuterung/Verwendungszweck	Umsätze
26.06.	26.06.	0853	HERBERT BLANK EK, OBERHAUSEN KD-NR 10170, RG-NR 16666, ABZUEGL GUTSCHRIFT NR 89 UND 2% SKONTO VOM RESTBETRAG ZUZUEGL RG-NR 16669	15.665,99 H

Beleg-Nr. 345

KREDITZUSAGE EUR 80.000

IHR AKTUELLER KONTOSTAND UM 16:00 UHR EUR 87.953,70 H

BS	Letzter Auszug	Auszugsdatum	Alter Kontostand	Neuer Kontostand
44	22.11.20..	24.11.20..	EUR 30.250,75 H	EUR 87.953,70 H

PRIMUS GMBH, KOLONIESTRASSE 2-4, 47057 DUISBURG
IBAN: DE1235050000360058796 SWIFT-BIC: DUISDE33XXX

a) Buchen Sie **Punkte**

aa) die Kopie der Rechnung Nr. 16666 an das Bürofachgeschäft Herbert Blank e. K.	1
ab) die Rechnung Nr. 15809 von Theodor Bühler	1
ac) die Kopie der Rechnung Nr. 16669 an das Bürofachgeschäft Herbert Blank e. K.	1
ad) die Gutschrift Nr. 89	1
ae) den Bankkontoauszug	2

b) Ermitteln Sie

ba) den Betrag der Umsatzsteuerkorrektur aufgrund des Skontoabzugs,	2
bb) den Effektivzinssatz, der dem Skontosatz entspricht (auf zwei Stellen runden),	2
bc) den Nettoumsatz aufgrund der fünf Belege,	2
bd) die Umsatzsteuerzahllast aufgrund der fünf Belege.	2

2. 9 Punkte

Im Zusammenhang mit dem Einkauf von 40 Schreibtischen „Classic" sind in der Primus GmbH folgende Belege vorzukontieren und auszuwerten:

BÜRODESIGN GMBH
Herstellung von Büromöbeln

Bürodesign GmbH, Stolberger Straße 188, 50933 Köln

Primus GmbH
Groß- und Außenhandel für Bürobedarf
Koloniestraße 2–4
47057 Duisburg

Bürodesign GmbH
Stolberger Str. 188
50933 Köln
Tel.: 0221 6683550
Fax: 0221 668-357
info@buerodesign-online.de
www.buerodesign-online.de

Rechnung

Kunden-Nr.	Rechnungs-Nr.	Rechnungstag
20344	10112	18.06.20..
Bei Zahlung bitte angeben		

Pos.	Artikel-Nr.	Artikelbezeichnung	Menge	Einzelpreis EUR	Gesamtpreis EUR
1	100 301	Schreibtisch „Classic"	40	136,14	5.445,60

Warenwert netto	Verpackung	Fracht	Entgelt netto	USt-%	USt-EUR	**Gesamtbetrag**
5.445,60		209,20	5.654,80	19	1.074,41	6.729,21

Ziel: 50 Tage
Skonto: 14 Tage/2 %

Bankverbindungen:
Sparkasse KölnBonn BLZ 370 501 98 - Kto-Nr. 85 313 948
IBAN: DE11370501980085313948 **SWIFT-BIC:** COLSDE33XXX

Steuernummer: 223/876/8734 **USt-IDNr.:** DE102938477

	Punkte
a) Wie lautet die Buchung	
aa) der Rechnung von der Bürodesign GmbH,	1
ab) des Kontoauszugs der Primus GmbH?	2
b) Ermitteln Sie aus beiden Belegen	
ba) den Anschaffungswert eines Schreibtisches „Classic"	2
bb) die absetzbare Vorsteuer,	2
bc) den Effektivzinssatz, der dem Skontosatz entspricht (auf zwei Stellen runden).	2

Konto 360058796 — Kontoauszug SPARKASSE DUISBURG — BLZ 350 500 00 — Auszug 87 — Blatt 1

Buch.-Tag	Wert	PN	Erläuterung/Verwendungszweck	Umsätze
01.07.	01.07.	8340	BUERODESIGN GMBH, KÖLN, KD-NR 20344, RG-NR 10112 ABZUEGL. 2% SKONTO	6.594,63 S

KREDITZUSAGE EUR 80.000

IHR AKTUELLER KONTOSTAND UM 9:30 UHR EUR 122.274,90 H

BS	Letzter Auszug	Auszugsdatum	Alter Kontostand	Neuer Kontostand
44	30.06.20..	27.06.20..	EUR 128.869,53 H	EUR 122.274,90 H

PRIMUS GMBH, KOLONIESTRASSE 2-4, 47057 DUISBURG
IBAN: DE12350500000360058796 SWIFT-BIC: DUISDE33XXX

3. 9 Punkte

Konto 360058796 — Kontoauszug SPARKASSE DUISBURG — BLZ 350 500 00 — Auszug 91 — Blatt 1

Buch.-Tag	Wert	PN	Erläuterung/Verwendungszweck	Umsätze
28.07.	28.07.	1260	VORAUSSICHTLICHE SV-BEITRÄGE AOK-HALLE AUGUST V. 14.08.20.. ABZUEGL. 2% SKONTO	17.500,00 S

KREDITZUSAGE EUR 80.000

IHR AKTUELLER KONTOSTAND UM 14:30 UHR EUR 101.700,00 H

BS	Letzter Auszug	Auszugsdatum	Alter Kontostand	Neuer Kontostand
44	10.08.20..	11.08.20..	EUR 119.200,00 H	EUR 101.700,00 H

PRIMUS GMBH, KOLONIESTRASSE 2-4, 47057 DUISBURG
IBAN: DE12350500000360058796 SWIFT-BIC: DUISDE33XXX

PRIMUS GmbH
Groß- und Außenhandel für Bürobedarf

Quittung

Gehaltsvorschuss für den Monat August für Frau Doris Hahn *500,00* EUR

Duisburg den, *29.07.20..* (Datum) — *Doris Hahn* (Unterschrift des Empfängers)

PRIMUS GmbH
Groß- und Außenhandel für Bürobedarf

Gehaltsliste Juli (Auszug)

Name	Bruttogehälter	Lohnsteuer	Solidaritätszuschlag	Kirchensteuer	Sozialversicherungsbeiträge	Gesamtabzüge	Nettoauszahlung	Arbeitgeberanteil
…	…	…	…	…	…	…	…	…
…	…	…	…	…	…	…	…	…
	88.000,00	13.250,00	900,00	600,00	9.250,00	24.500,00	63.500,00	8.640,00
Auszahlung durch Banksammelüberweisung								

a) Kontieren Sie die drei Belege der Primus GmbH

	Punkte
aa) Beleg 1	1
ab) Beleg 2	1
ac) Beleg 3	3
ad) Beleg 4	2
b) Ermitteln Sie die Personalkosten der Primus GmbH im Monat Juli aufgrund der vier Belege.	2

Konto 360058796 — Kontoauszug SPARKASSE DUISBURG — BLZ 350 500 00 — Auszug 92 — Blatt 1

Buch.-Tag	Wert	PN	Erläuterung/Verwendungszweck	Umsätze
10.08.	10.08.	1110	FINANZAMT STEUER-NR 032-130-0146 LST SOLZ KIST JULI	14.750,00 S
10.08.	10.08.	3870	BERUUFSGENOSSENSCHAFT DUISBURG NR 937454	3.800,00 S

KREDITZUSAGE EUR 80.000

IHR AKTUELLER KONTOSTAND UM 14:30 UHR EUR 83.150,00 H

BS	Letzter Auszug	Auszugsdatum	Alter Kontostand	Neuer Kontostand
44	10.08.20..	11.08.20..	EUR 101.700,00 H	EUR 83.150,00 H

PRIMUS GMBH, KOLONIESTRASSE 2-4, 47057 DUISBURG
IBAN: DE12350500000360058796 SWIFT-BIC: DUISDE33XXX

4. 14 Punkte

Intertechnik GmbH
Maschinen aller Art

Intertechnik GmbH, Kruppstr. 98, 45147 Essen

Primus GmbH
Groß- und Außenhandel
Koloniestraße 2-4
47057 Duisburg

Anschrift: Kruppstr. 98, 45147 Essen
Telefon: 0201 55645
Telefax: 0201 55647
info@intertechnik.de
www.intertechnik.de

Rechnung

Ihr Auftrag vom 19.02.20..

Kunden-Nr.	Rechnungs-Nr.	Rechnungstag
6352	26321	06.03.20..
Bei Zahlung bitte angeben		

Pos.	Artikel-Nr.	Artikelbezeichnung	Menge	Einzelpreis EUR	Gesamtpreis EUR
1	289967	Lagersteuerungsanlage	1	250.000,00	250.000,00
		– 8 % Sonderrabatt			20.000,00
					230.000,00
		+ 19 % USt			43.700,00
					273.700,00

Zahlung binnen 10 Tagen abzüglich 2 % Skonto
binnen 30 Tagen netto

Bankverbindung:
Deutsche Bank Essen BLZ 360 700 50 Kto-Nr.: 91 111 723
IBAN: DE78360700500091111723 SWIFT-BIC: DEUTDEDEXXX

Steuernummer: 110/321/4411 USt-IDNr.: DE327841234

Rubitex GmbH
und die Sauberkeit stimmt
Reinigungsbedarf

Rubitex GmbH, Brunostr. 8, 45147 Essen

Primus GmbH
Koloniestraße 2-4
47057 Duisburg

Anschrift: Brunostr. 8, 45147 Essen
Telefon: 0203 556710
Telefax: 0201 556710
info@rubitex.de
www.rubitex.de

RG-Nr. 94053 KD-NR: 574683 Datum: 06.03.20..

20 St.	Besen	3,48	69,60
15 l	Bodenpflege	8,45	126,75
			196,35

Betrag dankend erhalten
Duisburg, den 06.03.20..
RUBITEX GmbH

Bankverbindung
Deutsche Bank Duisburg BLZ 350 700 30 Kto-Nr. 435 746 11
IBAN: DE46350700300043574611 SWIFT-BIC: DEUTDEDE350

Steuernummer: 107/126/8765 USt-IDNr.: DE874475759

Konto 360058796 — Kontoauszug SPARKASSE DUISBURG — BLZ 350 500 00 — Auszug 38 — Blatt 1

Buch.-Tag	Wert	PN	Erläuterung/Verwendungszweck	Umsätze
16.08.	16.08.	8340	INTERTECHNIK AG, ESSEN KD-NR 6352, RG-NR 26321, ABZGL 2 % SKONTO	268.226,00 S
16.08.	16.08.	0475	KRANKENHAUS GMBH DUISBURG, KD-NR 10140, RG-NR 12653, ZUZGL 9 % VERZUGSZINSEN FUER 45 TAGE	26.715,03 S

KREDITZUSAGE EUR 80.000

IHR AKTUELLER KONTOSTAND UM 10:30 UHR EUR 236.943,75 H

BS	Letzter Auszug	Auszugsdatum	Alter Kontostand	Neuer Kontostand
44	15.03.20..	17.03.20..	EUR 476.454,72 H	EUR 236.943,75 H

PRIMUS GMBH, KOLONIESTRASSE 2-4, 47057 DUISBURG
IBAN: DE12350500000360058796 SWIFT-BIC: DUISDE33XXX

	Punkte
a) Ermitteln Sie aus den drei Belegen	
aa) die Anschaffungskosten der Lagersteuerungsanlage,	2
ab) den Umsatzsteueranteil der Rechnung von Laubmann Nachfolger e. K.,	2
ac) den Betrag der Verzugszinsen im Überweisungsbetrag von 26.715,03 EUR,	2
ad) den Abschreibungsbetrag zum 31.12. des Anschaffungsjahres bei linearer Abschreibung und einer betriebsgewöhnlichen Nutzungsdauer von 10 Jahren.	2
b) Buchen Sie	
ba) die Rechnung der Intertechnik AG,	1
bb) die Rechnung von Laubmann Nachfolger e. K.,	1
bc) die Lastschrift lt. Kontoauszug,	2
bd) die Gutschrift lt. Kontoauszug, die Verzugszinsen wurden dem Kunden in Rechnung gestellt,	1
be) Umbuchung: Abschreibung.	1

5. 11 Punkte

Zum Jahresabschluss liegt Ihnen folgendes GuV-Konto zur Auswertung vor:

S	930 Gewinn und Verlust		H
301 Wareneingang/A.f.W.	10.000.000,00	801 Warenverkauf/UE	16.500.000,00/UE
402 Gehälter	2.727.500,00		
404 Gesetzliche soziale Aufwendungen	600.000,00		
430 Energie/Brennstoffe	222.500,00		
481 Bürobedarf	465.000,00		
491 Abschreibungen auf Sachanlagen	1.000.000,00		
060 Eigenkapital	1.485.000,00		
	16.500.000,00		16.500.000,00

	Punkte
a) Ermitteln Sie	
aa) den Rohgewinn,	2
ab) die Umsatzrentabilität,	2
ac) den durchschnittlichen Handlungskostenzuschlagssatz,	2
ad) den durchschnittlichen Gewinnzuschlagssatz (eine Stelle nach dem Komma),	2
ae) den Personalkostenanteil an den Gesamtkosten (Personalkostenintensität) (eine Stelle nach dem Komma).	2
b) Welche Aussage zum GuV-Konto ist richtig?	1

ba) Aus dem GuV-Konto ergibt sich eine Warenendbestand lt. Inventur von 10.000.000,00 EUR.

bb) Der Abschlussbuchungssatz für dieses Konto lautet:
060 Eigenkapital an 930 GuV

bc) Der ausgewiesene Saldo ist ein Reingewinn.

bd) Die Aufbewahrungsfrist dieses GuV-Kontos beträgt 6 Jahre.

6. 6 Punkte

Werten Sie folgende Angaben in EUR aus der Bilanz der Primus GmbH aus:

Anlagevermögen	2.100.000,00	Schulden/Fremdkapital	2.400.000,00
Umlaufvermögen	4.900.000,00	davon langfristige	790.000,00
davon liquide Mittel	322.000,00	kurzfristige	1.610.000,00
Eigenkapital	4.600.000,00		

Berechnen Sie | **Punkte**

a) die Anlagevermögensintensität, 2
b) die Eigenkapitalquote (eine Stelle nach dem Komma), 2
c) die Liquidität 1. Grades (Barliquidität). 2

7. 12 Punkte

Computec GmbH & Co. KG
Hard- und Softwarevertrieb

Computec GmbH & Co. KG, Volksparkstr. 12-20, 22525 Hamburg

Hard- und Softwarevertrieb
Volksparkstr. 12-20, 22525 Hamburg
Telefon (040) 24 46-69
Telefax (040) 24 46-64
info@computec.de
www.computec.de

Primus GmbH
Groß- und Außenhandel für Bürobedarf ①
Koloniestraße 2–4
47057 Duisburg

Rechnung

Ihre Bestellung von	Kunden-Nr.	Rechnungs-Nr.	Rechnungstag
	05839 ②	13521 ③	07.03.20.. ④

Pos.	Artikel-Nr.	Artikelbezeichnung	Menge	Einzelpreis EUR	Gesamtpreis EUR
1	253391 ⑤	Tischkopierer „Primus Z-52" – 5 % Mengenrabatt	45 ⑥	499,64 ⑦	22.483,80 1.124,19

Warenwert netto	Verpackung	Fracht	Entgelt netto	USt-%	USt-EUR	**Gesamtbetrag**
21.359,61		1.280,00	22.639,61	19	4.301,53	26.941,14

Zahlung: innerhalb von 10 Tagen mit 2,5 % Skonto oder
innerhalb von 60 Tagen netto Kasse

Bankverbindung
Postbank Hamburg BLZ 200 100 20 Kto-Nr.: 671 190-870
IBAN: DE04200100200671190870 **SWIFT-BIC:** PBNKDEFF200

Bei Zahlung bitte Rechnungs- und Kunden-Nr. angeben

Steuernummer: 224/645/1022 **USt-IDNr.:** DE775539486

a) Bei welchen der mit den Ziffern ① bis ⑦ gekennzeichneten Daten handelt es sich | **Punkte**
aa) um Stammdaten, 1
ab) um Bewegungsdaten? 1

b) Im Zusammenhang mit der Bearbeitung des Beleges fallen u. a. folgende Tätigkeit an; bringen Sie diese mit den Ziffern 1 bis 6 in die richtige Reihenfolge: 1
(1) Sachliche und rechnerische Prüfung
(2) Eingang in der Poststelle
(3) Ablage des Belegs
(4) Weitergabe an die Einkaufsabteilung
(5) Eingangs- und Kontrollstempel anbringen
(6) Erfassung im Warenwirtschaftssystem mit integrierter Buchung

c) Buchen Sie den Beleg. 1

d) Die Rechnung soll am 16.03.2012 bezahlt werden
   da) Wie viel EUR müssen überwiesen werden? 2
   db) Welchem Jahreszinssatz entsprechen die 2,5 % Skonto? 2
   dc) Wie lautet die Buchung beim Rechnungsausgleich? 2
   dd) Über welchen Betrag lautet der Umsatzsteuerkorrekturbetrag? 1

e) Bis zu welchem Zeitpunkt muss der Beleg aufbewahrt werden, 1
   ea) bis zum 07. März 2018,
   eb) bis zum 31. Dezember 2018,
   ec) bis zum 07. März 2022,
   ed) bis zum 31. Dezember 2022,
   ee) bis zum 16. März 2022,
   ef) bis zum 17. März 2022?

8. 11 Punkte

BÜRODESIGN GMBH
Herstellung von Büromöbeln

Bürodesign GmbH, Stolbergerstr. 188, 50933 Köln

Primus GmbH
Groß- und Außenhandel für Bürobedarf
Koloniestr. 2-4
47057 Duisburg

Anschrift: Stolberger Str. 188
50 933 Köln
Telefon: 0221 668-3550
Telefax: 0221 668-357
info@buerodesign-onnline.de
www.buerodesign-online.de

Bankverbindung:
Sparkasse Köln-Bonn
BLZ 370 501 90 - Kto-Nr. 85 313 948
IBAN: DE11370507980085313948
SWIFT-BIC: COLSDE33XXX

Ihr Zeichen, Ihre Nachricht vom	Unser Zeichen, unsere Nachricht vom	Telefon, Name	Datum
	kö, be	3510, Frau König	28.07.20..

Ihre Anfrage vom 24. Juli 20.. nach „Schreibtisch Komfort“

Sehr geehrte Frau Chamberlain,

wir danken Ihnen für Ihr Interesse an unserem

Schreibtisch Komfort, Bestell-Nr. 100401,

den wir Ihnen zum Listenpreis von 148,00 EUR abzüglich 6 % Einführungsrabatt anbieten können. Darüber hinaus gewähren wir auf den Einführungspreis bei einer Abnahme von 10 Stück einen Mengenrabatt von 4 %. Die Preise gelten ab Werk Köln. Bei Lieferungen mit unseren eigenen Werkfahrzeugen berechnen wir eine Lieferpauschale von 51,20 EUR.

Zum Rechnungsausgleich gewähren wir Ihnen ein Zahlungsziel von 50 Tagen, bei Zahlungen innerhalb von 14 Tagen 2 % Skonto.

Erfüllungsort und Gerichtsstand sind Köln.

Wir erwarten Ihre Bestellung und sichern Ihnen eine Lieferung binnen 10 Tagen zu.

Mit freundlichen Grüßen

i. A. *Behrendt*

Helmut Behrendt

a) Werten Sie das Angebot der Bürodesign GmbH für die Kalkulation aus und ermitteln Sie **Punkte**
   aa) den Bezugs-/Einstandspreis für einen Schreibtisch „Komfort“ bei einer werkseitigen Lieferung der Bürodesign GmbH, einer Abnahmemenge von 10 Stück und Skontoinanspruchnahme. 2
   ab) den Verkaufspreis unter Berücksichtigung von 50 % Handlungskosten, 20 % Gewinn, 2 % Kundenskonto, 10 % Kundenrabatt (auf zwei Stellen genau). 2

b) Im Rahmen der Einführung soll der Verkaufspreis von 238,00 EUR nicht überschritten werden. Ermitteln Sie

ba) den Kalkulationszuschlagssatz, 2
bb) den Kalkulationsfaktor (auf drei Stellen genau), 1
bc) den verbleibenden Gewinn pro Schreibtisch in EUR und in Prozent (auf zwei Stellen genau), 2
bd) den verbleibenden Gewinn in Prozent (auf zwei Stellen genau). 2

9. 8 Punkte
Bestimmen Sie, in welchen der Spalten 1 bis 6 der Abgrenzungsrechnung lt. folgender Grafik die untenstehenden Sachverhalte der Primus GmbH erfasst werden:

Abgrenzungsrechnung / Aufwands- und Ertragspositionen	I		II		III	
	Werte der Finanzbuchführung		Abgrenzungsrechnung		Kosten- und Leistungsarten	
	1	2	3	4	5	6
Bezeichnung	Aufwendungen	Erträge	betr.-fremde und betriebl. a. o. Aufwendungen	betr.-fremde und betriebl. a. o. Erträge und verrechn. kalk. Kosten	Kosten	Leistungen

Sachverhalte	Punkte
a) Umsatzerlöse/Warenverkäufe	1
b) Wareneinsatz	1
c) Bilanzmäßige Abschreibung	1
d) Instandhaltung vermieteter Gebäudeteile	1
e) Kalkulatorische Abschreibung	1
f) Mieterträge aus vermieteten Gebäudeteilen	1
g) Warenverderb	1
h) Kalkulatorische Wagnisse	1

10. 6 Punkte
Bewerten Sie folgende Wirtschaftsgüter der Primus GmbH zum Bilanzstichtag für die Bilanz: **Punkte**

a) **Verbindlichkeit** über 136.000 USD ($) lt. ER vom 02.12.., Kurs 1 EUR = 1,33 $. Kurs am 31.12.: 1 EUR = 1,28 $ 1
b) **Grundstück**, Anschaffungswert 160.000,00 EUR; Verkehrswert zum 31.12...: 250.000,00 EUR. Es ist mit einer weiteren Wertsteigerung zu rechnen. 1
c) **Lkw**
   ca) **Bewertung bei der Anschaffung im Januar des Geschäftsjahres,** Listenpreis 180.000,00 EUR, Sonderrabatt 4 %, Skonto 2 %, Überführungs- und Zulassungskosten 2.656,00 EUR, Kfz-Steuer 8.500,00 EUR, Kfz-Versicherung 4.500,00 EUR. 1
   cb) **Bewertung am Ende des 1. Nutzungsjahres:** betriebsgewöhnliche Nutzungsdauer 10 Jahre, lineare Abschreibung. 1
d) da) **Warenposten I**
   Anschaffungswert am 14.12... 2.650,00 EUR
   Tageswert zum 31.12... 2.500,00 EUR 1
   db) **Warenposten II**
   Anschaffungswert am 15.12... 5.400,00 EUR
   Tageswert zum 31.12... 5.600,00 EUR 1

3. Großhandelsgeschäfte

(100 Punkte, 180 Minuten)

I. Situationsaufgabe (60 Punkte)

Sie sind Mitarbeiter/-in in der Einkaufsabteilung der Primus GmbH, Groß- und Außenhandel für Bürobedarf, Koloniestr. 2-4, 47057 Duisburg.

Ihnen obliegt die regelmäßige Auswertung von Lagerbestandsdateien, die Erarbeitung von Bestellvorschlägen, die Führung einer Bestellvorschlagsdatei (Bestellvorschlagsliste) und die Durchführung und Überwachung von Bestellungen.

Für eine Bestellung von Registraturlochern liegen Ihnen die Liefererdatei des bisherigen Hauptlieferanten Bürotec GmbH und die entsprechende Lagerbestandsdatei vor:

Liefererdatei

Lieferer-Nr.:	5669	Tel:	0341 554645
Firma:	Bürotec GmbH	Fax:	0341 554849
Straße:	Fabrikstr. 24–30	E-Mail:	info@buerotec.com
PLZ/Ort:	04125 Leipzig	Ansprechpartner	
		Name:	Frau Asbach
		Durchwahl:	-152
		Bankverbindung	
		Name:	Deutsche Bank Leipzig
		BLZ:	860 700 00
		Konto-Nr.:	91 111 723
		IBAN:	DE85860700000091111723
		SWIFT-BIC:	DEUTDE8LXXX
Lieferbedingung:	bis 1.000,00 EUR Auftragswert 50,00 EUR, sonst frei Haus	Sortiment:	Bürogeräte, -möbel, -einrichtung
Zahlungsbedingung:	Zahlungsziel 30 Tage Skonto: 10 Tage 2 %	Mindestbestellwert:	500,00 EUR
Erfüllungsort/ Gerichtsstand:	gesetzliche Regelung	Lieferzeit:	7 Tage
Anmerkung:			

Lagerbestandsdatei

Art.-Nr.	Artikel-Bezeichnung/Lieferant		Bezugs-/Einstandspreis:
200B071	Registraturlocher		5,00 EUR
Bestell-Nr.	289905		Listenverkaufspreis:
			11,00 EUR
Mindestbestand: 500		Höchstbestand: 3.750	
Tag	**Zugang in Stück**	**Abgang in Stück**	**Bestand in Stück**
01.01.04			2.750
30.01.04		1.750	1.000
05.02.04		500	500
06.02.04	3.250		3.750
28.02.04		1.400	2.350

Mindestbestand: 500		Höchstbestand: 3.750	
Tag	Zugang in Stück	Abgang in Stück	Bestand in Stück
10.03.04		1.850	500
17.03.04	3.250		3.750
20.03.04		1.625	2.125
24.03.04		625	1.500
31.03.04		1.250	250

1. (9 Punkte)

	Punkte
a) Erläutern Sie in diesem Zusammenhang die Bedeutung einer	
aa) Liefererdatei,	2
ab) Lagerbestandsdatei,	2
ac) Bestellvorschlagsdatei (Bestellvorschlagsliste).	2
b) Formulieren Sie drei Eintragungen, die unter „Anmerkung" in der Liefererdatei stehen könnten.	3

2. (12 Punkte)

Ermitteln Sie aus der Lagerbestandsdatei zum Artikel 200B071 (Registraturlocher) und der Liefererdatei (Bürotec GmbH)

	Punkte
a) den durchschnittlichen Lagerbestand des ersten Quartals unter Berücksichtigung der Monatsendbestände,	2
b) die Umschlaghäufigkeit (auf zwei Stellen nach dem Komma runden),	2
c) die durchschnittliche Lagerdauer (auf ganze Zahl runden),	2
d) den durchschnittlichen Tagesabsatz im ersten Quartal (bei durchschnittlich 25 Arbeitstagen im Monat),	2
e) den Meldebestand,	2
f) den Kalkulationszuschlag.	2

3. (6 Punkte)

Ermitteln Sie aus der Lagerbestandsdatei in Verbindung mit der Liefererdatei für den zu bestellenden Artikel 200B071 (Registraturlocher)

	Punkte
a) einen begründeten Vorschlag für die Bestellmenge der Bestellung am 31. März d. J.,	2
b) den daraus folgenden Auftragswert (Bestellvolumen),	2
c) das voraussichtliche Lieferdatum, wenn am Abend des 31. März d. J. per E-Mail bestellt wird.	2

4. (6 Punkte)

Begründen Sie je eine Information, die von der Einkaufsabteilung nach erfolgter Bestellung für

a) das Lager,
b) die Verkaufsabteilung,
c) die Finanzabteilung

in das Warenwirtschaftssystem einzugeben ist.

5. (12 Punkte)

Nach der Bestellung erhalten Sie eine Auftragsbestätigung von der Bürotec GmbH. Hierin bestätigt sie den gewünschten Liefertermin. Allerdings verweist die Bürotec GmbH auf die beigefügten und geänderten Allgemeinen Geschäftsbedingungen mit aktualisierter

Preisliste. Hiernach ist der Listeneinkaufspreis der bestellten Registraturlocher ab einem Bestellwert von 15.000,00 EUR um 5 % reduziert. Ferner sind die Zahlungsbedingungen auf „Zahlung binnen 20 Tage netto, innerhalb 7 Tagen abzüglich 2 % Skonto" abgeändert worden. Außerdem gilt ab sofort „Erfüllungsort und Gerichtsstand für beide Teile ist Leipzig".

a) Begründen Sie (mit rechnerischem Nachweis), ob Sie unter diesen geänderten Bedingungen Ihre Bestellmenge aufrecht erhalten sollten.
b) Ermitteln Sie den Effektivzins des Liefererkredits (auf zwei Stellen hinter dem Komma mit Zinssatzformel) und leiten Sie daraus eine Entscheidung für die Zahlung ab, wenn der bankübliche Zinssatz 10 % beträgt.
c) Stellen Sie diese einzelvertragliche Regelung hinsichtlich der Zahlung der gesetzlichen Regelung gegenüber.
d) Erläutern Sie
   da) die Klausel zum Erfüllungsort und Gerichtsstand im Unterschied zur bisher geltenden Regelung,
   db) zwei Nachteile dieser neuen Regelung aus Sicht der Primus GmbH.
e) Beurteilen Sie, ob in diesem Falle ein Kaufvertrag zustande gekommen ist.

6. (8 Punkte)
Ein Kunde der Primus GmbH, die Sachsonia Versicherung AG, 30159 Hannover, benötigt 220 Stück des Druckertisches „Euratio". Diese werden im Auftrag der Primus GmbH per Strecke von der Bürotec GmbH direkt an die Sachsonia Versicherung AG in Hannover geliefert. Für die Kalkulation der Frachtkosten liegen Ihnen Auszüge aus den Frachttabellen der Bürotec GmbH vor.

Frachtkosten in EUR inkl. Verladekosten für Bürotische pauschal je angefangene 10 Stück				
Frachtzone	bis 200 Stück	ab 201 bis 400 Stück	ab 401 bis 600 Stück	ab 601 bis 800 Stück
1	78,00	60,00	55,00	50,00
2	84,00	65,00	60,00	55,00
3	92,00	70,00	65,00	60,00
4	102,00	80,00	75,00	70,00

PLZ-Gebiet	Frachtzone	PLZ-Gebiet	Frachtzone	PLZ-Gebiet	Frachtzone
47000-47999	2	30000-30999	3	04000-04999	4
48000-48999	2	31000-31999	3	05000-05999	5
49000-49999	3	32000-32999	4	06000-06999	5

a) Nennen Sie
   aa) drei Vorteile,
   ab) zwei Nachteile des Streckengeschäftes im vorliegenden Fall für die Primus GmbH.
b) Ermitteln Sie die Frachtkosten der Sendung.

7. (7 Punkte)
Am 6. Mai d. J. bestellt die Primus GmbH des Weiteren 500 Bürodrehstühle, Modell 1640, bei der Bürotec GmbH. In der Auftragsbestätigung wird der gewünschte Liefertermin

„Lieferung zum 13. Mai d. J." bestätigt. Als die Ware am 17. Mai immer noch nicht eintrifft, erkundigt sich die Primus GmbH nach dem Verbleib der Ware und erfährt per Fax von der Bürotec GmbH, dass aufgrund eines Versehens in der Auftragsbearbeitung die Ware an einen anderen Kunden versandt wurde, der eigentlich erst später beliefert werden sollte. Die Bürotec GmbH entschuldigt sich für dieses Versehen und verspricht, dass die endgültige Lieferung „möglichst bald" erfolgen soll. Ein genauer Termin könne im Moment aber leider nicht genannt werden, da ein Rohstofflieferer Lieferschwierigkeiten habe.

Die Primus GmbH befürchtet, dass sie nun einen Großkunden, dem 400 Bürodrehstühle zum 29. Mai fest zugesagt worden waren, nicht rechtzeitig beliefern kann. Durch Zufall erfährt sie, dass ein Mitbewerber der Bürotec GmbH zur sofortigen Auslieferung der Gesamtmenge des von ihr gewünschten Artikels in der Lage ist. Der Bezugs-/Einstandspreis bei diesem Mitbewerber liegt jedoch 15 % höher als bei der Bürotec GmbH.

a) Prüfen Sie ausführlich, ob alle Voraussetzungen zur Nichtrechtzeitig-Lieferung (Lieferungsverzug) gegeben sind.
b) Begründen Sie, welche Rechte die Primus GmbH
   ba) grundsätzlich nach dem BGB gegebenenfalls beim Vorliegen des Verzugs in Anspruch nehmen kann,
   bb) unter betriebswirtschaftlichen Aspekten sinnvollerweise in Anspruch nehmen sollte.

II. Sprachlicher Teil (25 Punkte)

Schreiben Sie in dieser Situation zur Wahrung ihrer rechtlichen Interessen einen Brief an die Bürotec GmbH. Beachten Sie die DIN 5008.

III. Außenhandelsgeschäfte (15 Punkte)

Die restlichen 100 Bürodrehstühle waren für die Einrichtungsunternehmung Pero Nicolic in Belgrad bestimmt. Dieser ist ein alter Bekannter von Frau Primus aus der Zeit, als Herr Nicolic als Angestellter in Duisburg gearbeitet hat. Die Unternehmung Nicolic hat sich in Serbien auf die Einrichtung von Büros spezialisiert.

Herr Nicolic hat schon einige Kaufverträge mit der Primus GmbH abgeschlossen, die stets ohne jegliche Beanstandungen von beiden Seiten korrekt abgewickelt wurden. Bei allen Verträgen waren die Lieferbedingungen „FOB Antwerpen" (Belgien) sowie die Zahlungsbedingung „unwiderrufliches Dokumentenakkreditiv" (L/C) vereinbart worden.

Wegen der verspäteten Lieferung der Ware kann auch bei diesem Vertrag der ursprünglich vorgesehene Liefertermin „28. Mai d. J." von der Primus GmbH in Duisburg nicht eingehalten werden. Der Verkaufsleiter der Primus GmbH schickt deshalb ein Fax an die Unternehmung Nicolic, schildert darin den Grund für die Lieferungsverzögerung und bietet eine Teillieferung der noch vorhandenen Lagermenge von 60 Bürodrehstühlen an. Der Rest der Bürodrehstühle soll Ende Juni/Anfang Juli d. J. geliefert werden.

Herr Nicolic zeigt Verständnis für die Situation der Primus GmbH und ist mit der vorgeschlagenen Regelung einverstanden.

1. (4 Punkte)
Nennen Sie zwei Änderungen, die im Akkreditiv vorgenommen werden müssten und auf die die Primus GmbH Herrn Nicolic aufmerksam machen sollte.

2. (7 Punkte)

Die Primus GmbH muss die Ware lt. Akkreditiv stets gegen Konnossement „clean on board" liefern.	**Punkte**
a) Erklären Sie dieses Konnossement.	2
b) Nennen Sie vier Funktionen des Konnossements und erklären Sie eine davon.	5

3. (4 Punkte)

Erklären Sie, welche	**Punkte**
a) Risiken,	2
b) Kosten,	2

die Primus GmbH bei dem bisher vereinbarten Incoterm „FOB Antwerpen" übernehmen muss.

Sachwortverzeichnis

C

D

E

F

G